GRUNDRISSE DES RECHTS

Brox / Walker · Allgemeines Schuldrecht

Allgemeines Schuldrecht

Begründet von

Dr. Hans Brox †
ehemals Bundesverfassungsrichter und
o. Professor
an der Universität Münster

seit der 28. Auflage fortgeführt von

Dr. Wolf-Dietrich Walker
o. Professor an der
Universität Gießen

43., aktualisierte Auflage 2019

C.H.BECK

Zitiervorschlag: *Brox/Walker* SchuldR AT § Rn.

www.beck.de

ISBN Print 978 3 406 72818 1
ISBN E-Book 978 3 406 73051 1

Wilhelmstraße 9, 80801 München
Druck und Bindung: Druckerei C.H.Beck, Nördlingen
(Adresse wie Verlag)

Satz: Thomas Schäfer, www.schaefer-buchsatz.de
Umschlaggestaltung: Druckerei C.H.Beck Nördlingen

Gedruckt auf säurefreiem, alterungsbeständigem Papier
(hergestellt aus chlorfrei gebleichtem Zellstoff)

Vorwort zur 43. Auflage

Das Konzept dieses Grundrisses besteht nach wie vor darin, als Lernbuch den ersten Einstieg in das Allgemeine Schuldrecht und gleichzeitig eine effiziente Wiederholung zu ermöglichen. Wer zur Examensvorbereitung tiefer einsteigen will, erhält Anregungen durch Hinweise auf weiterführende Literatur und auf wichtige aktuelle Entscheidungen insbesondere des Bundesgerichtshofs.

Das Werk wurde wiederum vollständig auf Änderungsbedarf überprüft und aktualisiert. Im Vordergrund stand bei dieser Auflage die Einarbeitung neuer Rechtsprechung. Erwähnt seien beispielhaft die Entscheidungen des Bundesgerichtshofs zum Anspruch auf geschlechtergerechte Formularsprache, zur Erfüllungswirkung von Zahlungen bei Inanspruchnahme des Zahlungsdienstleisters PayPal und zur Verwirkung des verbraucherschützenden Widerrufsrechts sowie die Entscheidung des Bundesarbeitsgerichts zur Anwendbarkeit der Schadenspauschale beim Schuldnerverzug im Arbeitsrecht. Ferner wurde das neue Schrifttum zum Allgemeinen Schuldrecht in dem Umfang, wie es dem Konzept des Buches entspricht, bis Januar 2019 eingearbeitet oder jedenfalls nachgewiesen. Meinen Mitarbeiterinnen und Mitarbeitern sowie aufmerksamen Lesern der Vorauflage danke ich für ihre hilfreichen Hinweise und Anregungen.

Gießen, im Februar 2019 *Wolf-Dietrich Walker*

Inhaltsübersicht

6. Kapitel. Verbraucherschutz bei Verbraucherverträgen und besonderen Vertriebsformen

7. Kapitel. Verantwortlichkeit des Schuldners

8. Kapitel. Störungen im Schuldverhältnis

9. Kapitel. Schadensersatzpflicht

10. Kapitel. Beteiligung Dritter am Schuldverhältnis

11. Kapitel. Mehrheit von Gläubigern und Schuldnern

Inhaltsverzeichnis

4. Kapitel. Inhalt der Schuldverhältnisse

5. Kapitel. Erlöschen der Schuldverhältnisse

6. Kapitel. Verbraucherschutz bei Verbraucherverträgen und besonderen Vertriebsformen

7. Kapitel. Verantwortlichkeit des Schuldners

8. Kapitel. Störungen im Schuldverhältnis

10. Kapitel. Beteiligung Dritter am Schuldverhältnis

Abkürzungsverzeichnis

aA	anderer Ansicht
aaO	am angegebenen Ort
Abs.	Absatz
AcP	Archiv für die civilistische Praxis
aE	am Ende
aF	alte Fassung
AG	Aktiengesellschaft
AGB	Allgemeine Geschäftsbedingungen
AGBG	Gesetz zur Regelung des Rechts der Allgemeinen Geschäftsbedingungen (aufgehoben)
AGG	Allgemeines Gleichbehandlungsgesetz
AktG	Aktiengesetz
Alt.	Alternative
Anm.	Anmerkung
AP	Arbeitsrechtliche Praxis
arg. e	Argument aus
Art.	Artikel
AS	Allgemeines Schuldrecht
AT	Allgemeiner Teil
Aufl.	Auflage
BAG	Bundesarbeitsgericht
BayObLG	Bayerisches Oberstes Landesgericht
BB	Betriebs-Berater
BBG	Bundesbeamtengesetz
Bd.	Band
Bearb.	Bearbeiter
Beil.	Beilage
BeurkG	Beurkundungsgesetz
BGB	Bürgerliches Gesetzbuch
BGB-InfoV	BGB-Informationspflichten-Verordnung
BGBl.	Bundesgesetzblatt
BGH	Bundesgerichtshof
BGHZ	Entscheidungen des Bundesgerichtshofes in Zivilsachen
BKR	Zeitschrift für Bank- und Kapitalmarktrecht
BRRG	Beamtenrechtsrahmengesetz
BS	Besonderes Schuldrecht
BSG	Bundessozialgericht

BT-Drs.	Bundestagsdrucksache
BVerfG	Bundesverfassungsgericht
BVerfGE	Entscheidungen des Bundesverfassungsgerichts
bzw.	beziehungsweise
c. i. c.	culpa in contrahendo
CR	Computer und Recht
DAR	Deutsches Autorecht
DB	Der Betrieb
ders.	derselbe
dh	das heißt
dies.	dieselbe(n)
Diss.	Dissertation
DNotZ	Deutsche Notar-Zeitschrift
DRiZ	Deutsche Richterzeitung
EFZG	Entgeltfortzahlungsgesetz
EG	Europäische Gemeinschaft
EGBGB	Einführungsgesetz zum Bürgerlichen Gesetzbuch
Einf.	Einführung
Einl.	Einleitung
EnWG	Energiewirtschaftsgesetz
ErbR	Erbrecht
EU	Europäische Union
EuGH	Gerichtshof der Europäischen Gemeinschaften
evtl.	eventuell
EWiR	Entscheidungen zum Wirtschaftsrecht
f., ff.	folgend (-er, -e, -es)
FamRZ	Zeitschrift für das gesamte Familienrecht
FernAbsG	Fernabsatzgesetz (aufgehoben)
Fn.	Fußnote
FS	Festschrift
G	Gesetz
GBO	Grundbuchordnung
gem.	gemäß
GenG	Genossenschaftsgesetz
GewO	Gewerbeordnung
GG	Grundgesetz
ggf.	gegebenenfalls
GmbHG	Gesetz betreffend die Gesellschaften mit beschränkter Haftung
grds.	grundsätzlich

GS .... Gedächtnisschrift
GSZ .... Großer Senat in Zivilsachen
GVG .... Gerichtsverfassungsgesetz
GWB .... Gesetz gegen Wettbewerbsbeschränkungen

Halbs. .... Halbsatz
HausratsVO .... Hausratsverordnung (aufgehoben)
HausTWG .... Gesetz über den Widerruf von Haustürgeschäften und ähnlichen Geschäften (aufgehoben)
HGB .... Handelsgesetzbuch
HintG .... Hinterlegungsgesetze (der Länder)
hL .... herrschende Lehre
hM .... herrschende Meinung
HO .... Hinterlegungsordnung (aufgehoben)
HöfeO .... Höfeordnung
HPflG .... Haftpflichtgesetz
HR .... Handelsrecht
HRefG .... Handelsrechtsreformgesetz

idF .... in der Fassung
idR .... in der Regel
ieS .... im engeren Sinne
iHv .... in Höhe von
InsO .... Insolvenzordnung
iSd .... im Sinne des/der
IuR .... Informatik und Recht
iVm .... in Verbindung mit

JA .... Juristische Arbeitsblätter
JArbSchG .... Jugendarbeitsschutzgesetz
JR .... Juristische Rundschau
Jur. Blätter .... Juristische Blätter
JurA .... Juristische Analysen
JURA .... Juristische Ausbildung
JuS .... Juristische Schulung
JZ .... Juristenzeitung

LM .... Lindenmaier-Möhring, Nachschlagewerk des Bundesgerichtshofs
LMK .... Lindenmaier-Möhring – Kommentierte BGH-Rechtsprechung

mAnm .... mit Anmerkung
maW .... mit anderen Worten
MDR .... Monatsschrift für Deutsches Recht

mE	meines Erachtens
MMR	Multimedia und Recht
mN	mit Nachweisen
Mot.	Motive zum Entwurf eines Bürgerlichen Gesetzbuches
mwN	mit weiteren Nachweisen
NJW	Neue Juristische Wochenschrift
NJW-RR	Neue Juristische Wochenschrift – Rechtsprechungs-Report
Nr.	Nummer
NZA	Neue Zeitschrift für Arbeitsrecht
NZA-RR	Neue Zeitschrift für Arbeitsrecht – Rechtsprechungs-Report
NZM	Neue Zeitschrift für Miet- und Wohnungsrecht
OHG	Offene Handelsgesellschaft
OLG	Oberlandesgericht
PBefG	Personenbeförderungsgesetz
ProdHaftG	Produkthaftungsgesetz
Prot.	Protokolle der Kommission für die 2. Lesung des Entwurfs des Bürgerlichen Gesetzbuches
RG	Reichsgericht
RGZ	Entscheidungen des Reichsgerichts in Zivilsachen
Rn.	Randnummer
Rspr.	Rechtsprechung
S.	Seite, Satz
s.	siehe
SAE	Sammlung Arbeitsrechtlicher Entscheidungen
SGB	Sozialgesetzbuch
SJZ	Süddeutsche Juristenzeitung
sog.	sogenannt(e, er, es)
Sonderbeil.	Sonderbeilage
StGB	Strafgesetzbuch
str.	streitig
stRspr	ständige Rechtsprechung
StVG	Straßenverkehrsgesetz
StVO	Straßenverkehrs-Ordnung
StVZO	Straßenverkehrs-Zulassungs-Ordnung
TzBfG	Teilzeit- und Befristungsgesetz

u.	und
ua	unter anderem
UKlaG	Unterlassungsklagegesetz
UStG	Umsatzsteuergesetz
usw.	und so weiter
uU	unter Umständen
UWG	Gesetz gegen den unlauteren Wettbewerb
VerbrKrG	Gesetz über Verbraucherkredite (aufgehoben)
VersR	Versicherungsrecht (Zeitschrift)
vgl.	vergleiche
VO	Verordnung
Vorbem.	Vorbemerkung
VuR	Verbraucher und Recht
VVG	Versicherungsvertragsgesetz
VwGO	Verwaltungsgerichtsordnung
WährungsG	Währungsgesetz
WG	Wechselgesetz
WM	Wertpapiermitteilungen
zB	zum Beispiel
ZEuP	Zeitschrift für Europäisches Privatrecht
ZfA	Zeitschrift für Arbeitsrecht
ZfPW	Zeitschrift für die gesamte Privatrechtswissenschaft
ZGS	Zeitschrift für das gesamte Schuldrecht
ZIP	Zeitschrift für Wirtschaftsrecht und Insolvenzpraxis
zit.	zitiert
ZJS	Zeitschrift für das Juristische Studium
ZPO	Zivilprozessordnung
zT	zum Teil
ZVG	Zwangsversteigerungsgesetz
ZVR	Zwangsvollstreckungsrecht
ZZP	Zeitschrift für Zivilprozess

Paragrafen ohne Gesetzesangabe sind solche des BGB.

Schrifttumsverzeichnis

1. Lehrbücher, Grundrisse, Grundkurse und Repetitorien:

Brömmelmeyer, Schuldrecht Allgemeiner Teil, 2014 (zit. *Brömmelmeyer* SchuldR AT)
Brox/Henssler, Handelsrecht, 22. Aufl., 2016 (zit. *Brox/Henssler* HandelsR)
Brox/Rüthers/Henssler, Arbeitsrecht, 19. Aufl., 2016 (zit. *Brox/Rüthers/Henssler* ArbR)
Brox/Walker, Allgemeiner Teil des BGB, 42. Aufl., 2018 (zit. *Brox/Walker* BGB AT)
Brox/Walker, Besonderes Schuldrecht, 43. Aufl., 2019 (zit. *Brox/Walker* SchuldR BT)
Brox/Walker, Erbrecht, 28. Aufl., 2018 (zit. *Brox/Walker* ErbR)
Brox/Walker, Zwangsvollstreckungsrecht, 11. Aufl., 2018 (zit. *Brox/Walker* ZwangsVollstrR)
Däubler, BGB-Kompakt, 3. Aufl., 2008 (zit. *Däubler* BGB)
Eckert, Schuldrecht Allgemeiner Teil, 4. Aufl., 2004 (zit. *Eckert* SchuldR AT)
Emmerich, Das Recht der Leistungsstörungen, 6. Aufl., 2005 (zit. *Emmerich* LeistungsstörungsR)
Esser/Schmidt, Schuldrecht, Bd. 1: Allgemeiner Teil, Teilband 1, 8. Aufl., 1995; Teilband 2, 8. Aufl., 2000 (zit. *Esser/Schmidt* SchuldR I AT)
Fikentscher/Heinemann, Schuldrecht, 11. Aufl., 2017 (zit. *Fikentscher/Heinemann* SchuldR)
Förster, Schuldrecht Allgemeiner Teil, 3. Aufl., 2015 (zit. *Förster* SchuldR AT)
Gernhuber, Handbuch des Schuldrechts: Das Schuldverhältnis, 1989 (zit. *Gernhuber* SchuldR-HdB)
Grunewald, Bürgerliches Recht, 9. Aufl., 2014 (zit. *Grunewald* BürgerlR)
Harke, Allgemeines Schuldrecht, 2010 (zit. *Harke* SchuldR)
Hirsch, Allgemeines Schuldrecht, 11. Aufl., 2018 (zit. *Hirsch* SchuldR)
U. Huber, Handbuch des Schuldrechts: Leistungsstörungen, Bd. 1 und 2, 1999 (zit. *Huber* SchuldR-HdB I)
Joussen, Schuldrecht I – Allgemeiner Teil, 5. Aufl., 2018 (zit. *Joussen* SchuldR AT)
Kaiser, Bürgerliches Recht, 12. Aufl., 2009 (zit. *Kaiser* BürgerlR)
Kittner, Schuldrecht, 3. Aufl., 2003 (zit. *Kittner* SchuldR)
Lange, Schuldrecht AT, 5. Aufl., 2018 (zit. *Lange* SchuldR AT)
Larenz, Lehrbuch des Schuldrechts, Bd. I, 14. Aufl., 1987 (zit. *Larenz* SchuldR AT)
Looschelders, Schuldrecht Allgemeiner Teil, 16. Aufl., 2018 (zit. *Looschelders* SchuldR AT)
Medicus/Lorenz, Schuldrecht I, Allgemeiner Teil, 21. Aufl., 2015 (zit. *Medicus/Lorenz* SchuldR I)

Medicus/Petersen, Bürgerliches Recht, 26. Aufl., 2017 (zit. *Medicus/Petersen* BürgerlR)
Musielak/Hau, Grundkurs BGB, 15. Aufl., 2017 (zit. *Musielak/Hau* GK BGB)
Musielak/Hau, Examenskurs BGB, 3. Aufl., 2014 (zit. *Musielak/Hau* EK BGB)
Oetker/Maultzsch, Vertragliche Schuldverhältnisse, 5. Aufl., 2018 (zit. *Oetker/Maultzsch* Schuldverhältnisse)
Petersen, Examens-Repetitorium Allgemeines Schuldrecht, 8. Aufl., 2017 (zit. *Petersen* SchuldR AT)
Schellhammer, Schuldrecht nach Anspruchsgrundlagen, 10. Aufl., 2018 (zit. *Schellhammer* SchuldR AGL)
Schlechtriem/Schmidt-Kessel, Schuldrecht, Allgemeiner Teil, 6. Aufl., 2005 (zit. *Schlechtriem/Schmidt-Kessel* SchuldR AT)
Schmidt, E., Das Schuldverhältnis, 2004 (zit. *Schmidt* Schuldverhältnis)
Schmidt, R., Schuldrecht Allgemeiner Teil, 12. Aufl., 2018 (zit. *Schmidt* SchuldR AT)
Weiler, Schuldrecht Allgemeiner Teil, 4. Aufl., 2017 (zit. *Weiler* SchuldR AT)
H. P. Westermann/Bydlinski/Weber, BGB-Schuldrecht, Allgemeiner Teil, 8. Aufl., 2014 (zit. *Westermann/Bydlinski/Weber* BGB-SchuldR AT)
Wörlen/Metzler-Müller, Schuldrecht AT, 13. Aufl., 2018 (zit. *Wörlen/Metzler-Müller* SchuldR AT)

2. Kommentare:

Bamberger/Roth/Hau/Poseck, Beck,scher Online-Kommentar zum Bürgerlichen Gesetzbuch, Stand 2018 (zit. BeckOK BGB/*Bearbeiter*)
Dauner-Lieb/Langen, Nomos Kommentar BGB, Bd. 2: Schuldrecht, Teilband 1 (§§ 241 – 610) und 2 (§§ 611 – 853), 3. Aufl., 2016 (zit. NK-BGB/*Bearbeiter*)
Erman, Handkommentar zum Bürgerlichen Gesetzbuch, Bd. 1, 15. Aufl., 2017 (zit. Erman/*Bearbeiter*)
Jacoby/v. Hinden, Studienkommentar BGB, 16. Aufl., 2018 (zit. Jacoby/Hinden/*Bearbeiter*)
Jauernig, Bürgerliches Gesetzbuch, 17. Aufl., 2018 (zit. Jauernig/*Bearbeiter*)
Juris PraxisKommentar BGB, Bd. 2.1 Schuldrecht §§ 241–432, 7. Aufl., 2014 (zit. jurisPK-BGB/*Bearbeiter*)
Münchener Kommentar zum Bürgerlichen Gesetzbuch, Bd. 2.1 (§§ 241 – 310), 8. Aufl., 2019; Bd. 2.2 (§§ 311 – 432), 7. Aufl., 2016 (zit. MüKoBGB/*Bearbeiter*)
Palandt, Bürgerliches Gesetzbuch, 78. Aufl., 2019 (zit. Palandt/*Bearbeiter*)
RGRK, Das Bürgerliche Gesetzbuch, Kommentar, hrsg. von Reichsgerichtsräten und Bundesrichtern, II. Band, 12. Aufl., 1978 ff. (zit. RGRK/*Bearbeiter*)
Prütting/Wegen/Weinreich, BGB Kommentar, 13. Aufl., 2018 (zit. Prütting/Wegen/Weinreich/*Bearbeiter*)

Schulze/Dörner/Ebert/Hoeren/Kemper/Saenger/Scheuch/Schreiber/Schulte-Nölke/Staudinger/Wiese, Bürgerliches Gesetzbuch, Handkommentar, 10. Aufl., 2018 (zit. HK-BGB/*Bearbeiter*)
Soergel, Bürgerliches Gesetzbuch, Teilbände zum Schuldrecht, 13. Aufl., 2005 ff. (zit. Soergel/*Bearbeiter*)
v. Staudinger, Kommentar zum Bürgerlichen Gesetzbuch, Teilbände zum Allgemeinen Schuldrecht, 2011 ff. (zit. Staudinger/*Bearbeiter*)

3. Fallsammlungen und Anleitungsbücher:

Balzer/Kröll/Scholl, Die Schuldrechtsklausur, 4. Aufl., 2015 (zit. *Balzer/Kröll/Scholl* Schuldrechtsklausur)
Becker, Vertragliche Schuldverhältnisse, 2002 (zit. *Becker* Schuldverhältnisse)
Braun, Der Zivilrechtsfall, 5. Aufl., 2012 (zit. *Braun* Zivilrechtsfall)
Dauner-Lieb/Arnold/Dötsch/Kitz, Fälle zum neuen Schuldrecht, 2002 (zit. *DADK* SchuldR)
Fezer, Klausurenkurs zum Schuldrecht Allgemeiner Teil, 8. Aufl., 2013 (zit. *Fezer* SchuldR AT)
Fritzsche, Fälle zum Schuldrecht I – vertragliche Schuldverhältnisse, 7. Aufl., 2016 (zit. *Fritzsche* SchuldR I)
Fritzsche, Fälle zum Schuldrecht II – gesetzliche Schuldverhältnisse, 5. Aufl., 2019 (zit. *Fritzsche* SchuldR II)
Höland/Lode/Meyer, Fälle mit Lösungen aus dem Schuldrecht, 2004 (zit. *HLM* SchuldR)
Köhler/Fritzsche, Fälle zum neuen Schuldrecht, 2002 (zit. *Köhler/Fritzsche* SchuldR)
Köhler/Lorenz, Prüfe Dein Wissen, Schuldrecht I, 22. Aufl., 2014 (zit. *Köhler/Lorenz* SchuldR I)
Kornblum/Stürner, Fälle zum Allgemeinen Schuldrecht, 8. Aufl., 2017 (zit. *Kornblum/Stürner* AllgSchuldR)
Martinek/Omlor, Grundlagenfälle zum BGB für Anfänger, 3. Aufl., 2017 (zit. *Martinek/Omlor* BGB für Anfänger)
Olzen/Maties, Zivilrechtliche Klausurenlehre mit Fallrepetitorium, 8. Aufl., 2015 (zit. *Olzen/Maties* ZivilR)
Schimmel, Juristische Klausuren und Hausarbeiten richtig formulieren, 13. Aufl., 2018 (zit. *Schimmel* Klausuren)
Schwab/Löhnig, Falltraining im Zivilrecht 1, 6. Aufl., 2016 (zit. *Schwab/Löhnig* Falltraining ZivilR)
Strauß/Büßer, BGB Allgemeiner Teil und Schuldrecht – Fälle und Lösungen, 2. Aufl., 2003 (zit. *Strauß/Büßer* BGB AT/SchuldR)
Sutschet, 20 Probleme aus dem Schuldrecht Allgemeiner Teil, 8. Aufl., 2019 (zit. *Sutschet* SchuldR AT)
Werner, O./Werner, A., Fälle für Anfänger im Bürgerlichen Recht, 13. Aufl., 2018 (zit. *Werner/Werner* BürgerlR)
Wörlen/Schindler, Anleitung zur Lösung von Zivilrechtsfällen, 9. Aufl., 2009 (zit. *Wörlen/Schindler* ZivilR)

4. Ausgewählte Werke zur Schuldrechtsreform 2002:

Canaris, Schuldrechtsmodernisierung 2002 (zit. *Canaris* Schuldrechtsmodernisierung)

Dauner-Lieb/Heidel/Lepa/Ring (Hrsg.), Das neue Schuldrecht 2002 (zit. *DHLR* SchuldR)

Dauner-Lieb/Konzen/Schmidt (Hrsg.), Das neue Schuldrecht in der Praxis, 2003 (zit. *Dauner-Lieb/Konzen/Schmidt* Neues SchuldR)

Ehmann/Sutschet, Modernisiertes Schuldrecht, 2002 (zit. *Ehmann/Sutschet* Neues SchuldR)

Ernst/Zimmermann (Hrsg.), Zivilrechtswissenschaft und Schuldrechtsreform, Tübingen, 2001, mit Beiträgen zum Allgemeinen Schuldrecht von U. Huber, Dauner-Lieb, Hager (zit. *Ernst/Zimmermann* Zivilrechtswissenschaft und Schuldrechtsreform)

Henssler/v. Westphalen, Praxis der Schuldrechtsreform, 2. Aufl., 2003 (zit. *Henssler/v. Westphalen* Schuldrechtsreform Praxis)

Huber/Faust, Schuldrechtsmodernisierung, 2002 (zit. *Huber/Faust* SchuldRMod)

Kohte/Micklitz/Rott/Tonner/Willingmann, Das neue Schuldrecht – Kompaktkommentar, 2003 (zit. KMRTW-SchuldR/*Bearbeiter*)

Lorenz/Riehm, Lehrbuch zum neuen Schuldrecht, 2002 (zit. *Lorenz/Riehm* Neues SchuldR)

Olzen/Wank, Die Schuldrechtsreform, 2002 (zit. *Olzen/Wank* Schuldrechtsreform)

Schmidt-Räntsch, Das neue Schuldrecht, 2001 (zit. *Schmidt-Räntsch* Neues SchuldR)

Schulze/Schulte-Nölke (Hrsg.), Die Schuldrechtsreform vor dem Hintergrund des Gemeinschaftsrechts, 2001, mit Beiträgen zum Allgemeinen Schuldrecht von Canaris, Grigoleit, Fleischer, Köndgen, S. Lorenz, Magnus, Mankowski, Heinrichs, Schmidt-Räntsch, Dörner, Micklitz, Ulmer (zit. *Schulze/Schulte-Nölke* Schuldrechtsreform)

Schwab/Witt (Hrsg.), Examenswissen zum neuen Schuldrecht, 2. Aufl., 2003 (zit. *Schwab/Witt* Examenswissen Neues SchuldR)

Westermann, Das Schuldrecht 2002 (zit. *Westermann* SchuldR)

1. Kapitel. Standort und Bedeutung des Schuldrechts

§ 1. Standort und Bedeutung des Schuldrechts

Fall a: V verkauft an K am 1.4. einen antiken Schrank für 9.000 EUR. Der Schrank soll am 2.4. geliefert und bezahlt werden. In der Nacht vom 1. zum 2.4. stiehlt D den Schrank, beschädigt ihn beim Transport und überlässt ihn dann dem B. Wer kann von B Herausgabe des Schrankes und von D Schadensersatz wegen der Beschädigung verlangen? Wer, wenn der Schrank erst am Abend des 2.4. bei K gestohlen wird? → Rn. 1, 7 1

Fall b: Im Fall a verkauft V nach Abschluss des Kaufvertrags mit K den Schrank für 9.500 EUR an K 1, der den Schrank sofort mitnimmt und auch nicht mehr herzugeben bereit ist. Rechte des K? → Rn. 9

I. Begriff und gesetzliche Regelung

1. Begriff

Das Schuldrecht ist der Teil des Privatrechts, der die Schuldverhältnisse behandelt.

a) **Schuldrecht als Teil des Privatrechts.** Das Privatrecht regelt Rechtsverhältnisse zwischen einzelnen gleichgeordneten Rechtssubjekten. Es geht hier also nicht um eine Über- und Unterordnung, die in der Regel für das öffentliche Recht kennzeichnend ist.

Im **Fall a** ergeben sich die Verpflichtungen des V und des K aus dem Kaufvertrag (§ 433), also aus dem Privatrecht. Die Frage, wer gegenüber dem Staat zur Zahlung von Umsatzsteuer (= Mehrwertsteuer) verpflichtet ist, regelt das Steuerrecht, das zum öffentlichen Recht gehört.

b) **Schuldverhältnisse als Gegenstand des Schuldrechts.** Das 2
Schuldverhältnis ist ein Rechtsverhältnis, aufgrund dessen eine Person (= Schuldner) der anderen (= Gläubiger) etwas schuldet, dh ihr gegenüber zur Leistung (§ 241 I) und/oder zur Rücksicht (§ 241 II) verpflichtet ist. Aus dem Schuldverhältnis als einer Sonderverbindung zwischen Personen ergibt sich also die **Pflicht (Schuld, Verbindlichkeit)** des Schuldners, sich gegenüber dem Gläubiger in einer be-

stimmten Weise zu verhalten. Dem kann aus Sicht des Gläubigers das **Recht (der Anspruch, die Forderung)** auf das Verhalten des Schuldners entsprechen. Zwingend ist das jedoch nicht (zu Einzelheiten → § 2 Rn. 4 ff.).

Beispiele: A verpflichtet sich vertraglich gegenüber B, diesem ein bestimmtes Originalgemälde zu schenken (§§ 516, 518); B kann dann von A Übereignung des Bildes verlangen. – Der Kraftfahrer K gerät mit seinem Fahrzeug in Folge Unachtsamkeit auf den Bürgersteig und verletzt den Fußgänger F; dieser kann von K Ersatz seines Körper- und Sachschadens fordern (§ 823).

2. Gesetzliche Regelung

3 **a) Regelung im zweiten Buch des BGB.** Das Schuldrecht wird im zweiten Buch des BGB (§§ 241–853) behandelt. Die ersten sieben Abschnitte mit den §§ 241–432 bilden das Allgemeine Schuldrecht. Im achten Abschnitt dieses Buches hat der Gesetzgeber bestimmte, im praktischen Leben häufig vorkommende Schuldverhältnisse ausdrücklich geregelt (§§ 433–853; Besonderes Schuldrecht).

Entsprechend der auch sonst zu beobachtenden Systematik des BGB sind die bei allen oder bei mehreren der einzelnen Schuldverhältnisse auftauchenden Probleme zusammengefasst und im Allgemeinen Schuldrecht den einzelnen Schuldverhältnissen vorangestellt.

Dieses Bestreben, das Gemeinsame auszuklammern („Ausklammerungsprinzip"), zeigt vor allem der Allgemeine Teil des BGB: Was für **alle** Bücher des BGB gilt, ist im ersten Buch des BGB geregelt.

Beispiel: § 433 setzt einen Kauf**vertrag** voraus. § 929 S. 1 verlangt für den Eigentumsübergang neben der Übergabe einen Übereignungs**vertrag**. Wie ein Vertrag, der im Schuld- und Sachenrecht ebenso wie im Familien- und Erbrecht eine Rolle spielt, zustande kommt, ergibt sich aus den Bestimmungen des Allgemeinen Teils (§§ 145 ff., 116 ff., 104 ff.).

Das Gesetz geht aber auch im Rahmen des Schuldrechts in seinem Aufbau vom Allgemeinen zum Besonderen.

So beginnt das zweite Buch des BGB mit der abstrakten Bestimmung des § 241 I, dass der Gläubiger vom Schuldner eine Leistung zu fordern berechtigt ist. Um welche Leistung es sich im konkreten Fall handelt, richtet sich nach dem jeweiligen Schuldverhältnis (zB Kauf, § 433; Miete, § 535; usw.).

Beschädigt X aus Unachtsamkeit den von Y geliehenen Kriminalroman, so hat er dem Y Schadensersatz zu leisten. Schadensersatzpflichtig ist aber auch der Autofahrer, der mit seinem Fahrzeug infolge zu schnellen Fahrens auf den Bürgersteig gerät und den Y anfährt, so dass dessen Buch beschädigt wird. Die

Frage, worauf der Schadensersatzanspruch gerichtet ist (Ersatz nur der unleserlich gewordenen Seiten? Lieferung eines neuen Buches? Desselben Inhalts? Lieferung eines anderen Krimis? Zahlung des Anschaffungspreises? usw.), stellt sich gleichermaßen in beiden Fällen. Deshalb sind diese Regeln des Schadensersatzes ausgeklammert und vorweg in den §§ 249 ff. behandelt. Andernfalls hätte der Gesetzgeber sie bei jedem Schuldverhältnis wiederholen müssen.

Hat jemand gegen einen anderen eine Forderung auf Zahlung von 300 EUR, so regelt das Allgemeine Schuldrecht in den §§ 362 ff., wie diese Forderung erlischt (zB durch Erfüllung, Aufrechnung mit einer Gegenforderung). Dabei ist es gleichgültig, aus welchem Grund die Forderung besteht (zB aus Kauf-, Miet- oder Werkvertrag oder aus § 823).

b) Reform der gesetzlichen Regelung zum 1.1.2002 durch das Schuldrechtsmodernisierungsgesetz. Die gesetzliche Regelung des Schuldrechts ist seit dem Inkrafttreten des BGB am 1.1.1900 bis zum 31.12.2001 im Kern unverändert geblieben. Der Gesetzgeber hat im Jahr 2001 die Verpflichtung zur Umsetzung von drei EU-Richtlinien, namentlich der Verbrauchsgüterkaufrichtlinie 1999/94/EG vom 25.5.1999, der E-Commerce-Richtlinie 2000/31/EG vom 8.6.2000 und der Zahlungsverzugsrichtlinie 2000/35/EG vom 29.6.2000, zum Anlass genommen, das verbreitet als reformbedürftig angesehene Schuldrecht grundlegend umzugestalten. Das Schuldrechtsmodernisierungsgesetz ist am 1.1.2002 in Kraft getreten. Es hat zu tiefgreifenden Änderungen auch des Allgemeinen Schuldrechts, insbesondere des Leistungsstörungsrechts (→ §§ 21 ff.), geführt. Ferner wurden die vorher selbständigen Verbraucherschutzgesetze wie das Gesetz über die Allgemeinen Geschäftsbedingungen, das Verbraucherkreditgesetz, das Gesetz über den Widerruf von Haustürgeschäften, das Fernabsatzgesetz und das Teilzeit-Wohnrechtegesetz in das BGB integriert. Dadurch sollte das Recht für den Bürger übersichtlicher gestaltet und einer Rechtszersplitterung vorgebeugt werden. Aufgrund der zahlreichen Änderungen können Rechtsprechung und Schrifttum aus der Zeit vor der Schuldrechtsreform heute nur noch mit Einschränkungen als Belege für Streitfragen nach aktuellem Recht herangezogen werden. 4

Die Schuldrechtsreform wurde während ihrer Vorbereitung und nach ihrem Inkrafttreten von zahlreichen, zum Teil sehr kritischen Stellungnahmen aus dem Schrifttum begleitet und nachbereitet (siehe die ausgewählten Literaturhinweise speziell zur Schuldrechtsreform im Schrifttumsverzeichnis). Zwar gab es im Grundsatz für die Reform des Schuldrechts eine durchaus breite Zustimmung. Kritik wurde aber vor allem an dem Zeitdruck geübt, unter dem das Reformvorhaben innerhalb kurzer Zeit verwirklicht wurde. Vielfach wurde befürchtet, dass das immer als gesetzestechnisch vorbildlich angesehene BGB durch die zahlreichen Änderungen und Einfügungen an ganz verschiedenen Stellen seine innere Geschlossenheit verliert. Zwar wurden die zahlreichen von der Schuldrechtsreform aufgeworfenen Fragen im Schrifttum und von der Rechtsprechung so intensiv analysiert und diskutiert, dass die Grundstruktur des neuen Schuldrechts im Wesentlichen als geklärt gilt.[1] Die Praxis hat sich jedenfalls auf das im Jahr 2002 geänderte Schuldrecht eingestellt. Allerdings trägt die fortlaufende Einfügung von zahlreichen weiteren verbraucherschützenden Vorschriften im Allgemeinen (§§ 312ff.) und im Besonderen Schuldrecht (§§ 675cff.) nicht gerade zur besseren Lesbarkeit und Verständlichkeit des BGB bei.

5 **c) Geltung auch für Schuldverhältnisse nach den anderen Büchern des BGB.** Das Allgemeine Schuldrecht gilt grundsätzlich auch für solche Schuldverhältnisse, die sich aus den übrigen Büchern des BGB ergeben.

Beispiele: Anspruch des Erklärungsempfängers gegenüber dem nach § 119 Anfechtenden (§ 122); Anspruch des Finders auf Finderlohn (§ 971); Unterhaltsanspruch gegen den in gerader Linie Verwandten (§ 1601); Anspruch des Vermächtnisnehmers gegen den Erben auf Leistung des vermachten Gegenstandes (§ 2174).

6 **d) Geltung auch für Schuldverhältnisse nach anderen Gesetzen.** Auch außerhalb des BGB gibt es zahlreiche Gesetze, nach denen Schuldverhältnisse entstehen. Auf sie sind die Regeln des Allgemeinen Schuldrechts ebenfalls anwendbar, soweit in diesen Gesetzen nicht etwas anderes bestimmt ist.

Beispiele: StVG, HPflG, LuftverkehrsG, ProdHaftG, HGB, WG, ScheckG.

II. Unterscheidung zum Sachenrecht

7 Beim **Schuldrecht** geht es um Schuldverhältnisse, also um **Sonderverbindungen zwischen einzelnen Personen**. Das **Sachenrecht** dagegen regelt nicht das Rechtsverhältnis einer Person zu einer anderen, sondern ordnet die **Beziehung einer Person zu einer Sache** (zB Eigentum, Pfandrecht).

Das **Schuldrecht** gibt dem Gläubiger ein Recht auf Leistung nur gegen eine bestimmte Person; diese Forderung ist also ein **relatives**

1 Einen Überblick über die Rechtsprechung zu den ersten fünf Jahren „neues" Schuldrecht gibt *Lorenz* NJW 2007, 1.

Recht und kann regelmäßig nur durch den Schuldner verletzt werden. Das **Sachenrecht** hingegen gibt dem Inhaber des Rechts ein **absolutes Recht**; es richtet sich gegen jedermann. So kann zB der Eigentümer einer Sache diese von dem Besitzer herausverlangen (§ 985); er kann ferner von dem, der das Eigentum beeinträchtigt, Beseitigung und bei Besorgung weiterer Beeinträchtigungen Unterlassung verlangen (§ 1004).

Im **Fall a** hat K am 1.4. mit Abschluss des Kaufvertrags nur eine Forderung gegen V auf Übereignung des Schrankes erworben (§ 433 I 1). Eigentümer bleibt weiterhin V, weil die dingliche Einigung und die Übergabe nach § 929 S. 1 noch nicht erfolgt sind. Er allein kann also von B Herausgabe des Schrankes verlangen (§ 985); ihm steht wegen der Verletzung seines Eigentums ein Schadensersatzanspruch gegen D zu (§ 823 I). – Hat K am 2. 4. durch Einigung und Übergabe (§ 929 S. 1) von V das Eigentum an dem Schrank erworben, dann stehen ihm die genannten Ansprüche zu **(Fall a, 2. Frage).**

Das („dynamische“) Schuldrecht ist auf Änderung des gegenwärtigen Zustandes, das („statische“) Sachenrecht auf dessen Erhaltung gerichtet. Die Forderung zielt auf Erfüllung, das dingliche Recht auf Beherrschung der Sache. 8

Der Kaufvertrag bezweckt einen Güteraustausch (Schrank gegen Geld; § 433). Der Eigentümer des Schrankes kann mit diesem nach Belieben verfahren und andere von jeder Einwirkung ausschließen (§ 903).

Das BGB trennt zwischen dem schuldrechtlichen (= obligatorischen) Verpflichtungsgeschäft und dem sachenrechtlichen (= dinglichen) Verfügungsgeschäft (Trennungsprinzip). Durch den Schuldvertrag (zB Kauf) ändert sich sachenrechtlich nichts. Die Änderung der Zuordnung einer Sache zu einer Person tritt erst durch Übereignung, Verpfändung usw. ein. 9

So kann V im **Fall b** das Eigentum an dem Schrank noch auf K 1 übertragen (§ 929 S. 1), obwohl der Schrank schon an K verkauft war. K 1 wird durch die Übereignung von V Eigentümer des Schrankes. K hat nur gegen V einen Anspruch auf Schadensersatz statt der Leistung (§§ 280, 283; → § 22 Rn. 49 ff.), weil V seine Verpflichtung aus dem Kaufvertrag mit K nicht mehr erfüllen kann; denn V ist zur Übereignung außer Stande, da er das Eigentum auf K 1 übertragen hat. Gegen K 1 hat K regelmäßig keinen Anspruch; lediglich unter den strengen Voraussetzungen des § 826 (vorsätzliche sittenwidrige Schädigung[2]) besteht ein Schadensersatzanspruch.

---

2 *Brox/Walker* SchuldR BT § 47.

10 Auch bei den Kaufgeschäften des täglichen Lebens muss der (schuldrechtliche) Kaufvertrag von den (sachenrechtlichen) Übereignungen der Kaufsache und der Geldstücke unterschieden werden, obwohl in der Praxis die Geschäfte zeitlich häufig zusammenfallen.

Beispiel: K will von einem Straßenhändler, der eine Sportzeitung vertreibt, ein Exemplar erwerben. Ohne ein Wort zu sagen, gibt er ihm einen Euro. Darin sind das Angebot auf Abschluss eines Kaufvertrags über ein Exemplar, das Angebot auf Einigung über den Eigentumsübergang an dem Geldstück und dessen Übergabe zu erblicken. Händigt der Händler dem K ebenfalls wortlos ein Zeitungsexemplar aus, so nimmt er damit das Kaufangebot und das Angebot auf Übereignung des Geldes an. Gleichzeitig macht er dem A – in Erfüllung des Kaufvertrags – ein Angebot auf Übereignung des Eigentums an der Zeitung, das K mit der Entgegennahme annimmt.

11 Die Wirksamkeit des sachenrechtlichen hängt nicht von der Wirksamkeit des schuldrechtlichen Geschäfts ab; gleiches gilt umgekehrt (Abstraktionsprinzip).

Verfügungen, die auch ohne gültiges Verpflichtungsgeschäft vorgenommen worden sind, können nach §§ 812ff. rückabgewickelt werden.[3]

III. Bedeutung

12 Das Schuldrecht enthält die wesentlichen Regelungen für den auf Bedarfsdeckung gerichteten geschäftlichen Verkehr im privaten und wirtschaftlichen Bereich. Dabei geht es vor allem um die auf die Herstellung und den Austausch von Vermögensgütern gerichteten Geschäfte (zB Werkvertrag, Kaufvertrag). Die wichtigsten Vertragstypen sind im Besonderen Schuldrecht (§§ 433ff.) geregelt. Das Schuldrecht bezweckt zudem den Ausgleich ungerechtfertigter Vermögensverschiebungen (§§ 812ff.) und den Ersatz von Schäden an Personen und Gütern (§§ 823ff.).

Den genannten Zielen dient auch das Allgemeine Schuldrecht (§§ 241–432). Es umfasst nämlich die allgemeinen Regeln, die für alle Verträge (→ § 3 Rn. 2ff.) und für die gesetzlichen Schuldverhältnisse (→ § 3 Rn. 10ff.) von Bedeutung sein können. So enthält es zB Bestimmungen über die Begründung und das Erlöschen von Schuldverhältnissen sowie über die Rechtsfolgen, die bei einer Störung in der Abwicklung solcher Verhältnisse eintreten sollen.

3 *Brox/Walker* SchuldR BT §§ 39ff.

2. Kapitel. Begriff und Abgrenzung des Schuldverhältnisses

§ 2. Begriff und Abgrenzung des Schuldverhältnisses

Schrifttum: *Hadding,* Leistungspflichten und Leistungsstörungen nach „modernisiertem" Schuldrecht, FS Konzen, 2006, 193; *Hammen,* Die Rechtsnatur der Gefälligkeitsverhältnisse, FS 400 Jahre JLU Gießen, 2007, 435; *Meyer-Pritzl,* Die Naturalobligation, Ad Legendum 2018, 132; *Schulze,* Nicht erzwingbare Leistungsforderungen im Zivilrecht, JuS 2011, 193; *Schur,* Leistung und Sorgfalt, 2001; *Witt,* Aktive Wahrnehmung der Interessen des anderen Teils als Schuldnerpflicht, NJW 2012, 3130. 1

Fall a: A nimmt jeden Tag seinen Arbeitskollegen B in seinem Wagen gegen Beteiligung an den Benzinkosten zur Arbeitsstelle mit. An einem Montag verspätet sich A. B verlangt von ihm Ersatz seines Verdienstausfalls. → Rn. 29

Fall b: A sagt dem B zu, ihn in seinem Wagen zum Schützenfest in den Nachbarort mitzunehmen. Später überlegt er es sich anders. B verlangt Beförderung. → Rn. 30

I. Begriff

Der Begriff des Schuldverhältnisses wird vom Gesetz in doppeltem Sinne verwandt:

1. Schuldverhältnis im weiteren Sinne

Unter einem Schuldverhältnis im weiteren Sinne versteht man ein Rechtsverhältnis zwischen mindestens zwei Personen, kraft dessen wenigstens eine gegenüber der anderen zur Leistung (§ 241 I) und/oder zur Rücksicht (§ 241 II) verpflichtet ist (→ § 1 Rn. 2). Gemeint ist also das Rechtsverhältnis als „Organismus", aus dem sich eine ganze Reihe von Einzelansprüchen (= Forderungen = Schuldverhältnisse im engeren Sinne) und Pflichten ergeben können.

Im weiteren Sinne wird der Begriff gebraucht zB in der Überschrift des zweiten Buches des BGB („Recht der Schuldverhältnisse"), in § 273 I („sofern nicht aus dem Schuldverhältnisse sich ein anderes ergibt“) oder in § 241 II („Das Schuldverhältnis kann … verpflichten.“).

Beispiele: Aus dem Organismus „Kauf“ oder „Mietverhältnis“ entstammen verschiedene Einzelansprüche (vgl. §§ 433 ff. bzw. §§ 535 ff.). – Eine Gesellschaft (§ 705) kann ein besonders komplexer Organismus sein (zB Beitrags-, Mitarbeits-, Nachschusspflicht; Anspruch auf Gewinnausschüttung, Aufwendungsersatz, Auseinandersetzungsguthaben usw.).

2. Schuldverhältnis im engeren Sinne

2 Als Schuldverhältnis im engeren Sinne bezeichnet man das Recht auf eine Leistung (§ 241 I 1), den einzelnen schuldrechtlichen Anspruch, dh die Forderung des Gläubigers gegen den Schuldner. Gegenstand der Leistung kann sowohl ein positives Tun als auch ein Unterlassen des Schuldners sein (§ 241 I 2).

Beispiele: Zahlung des Kaufpreises von 9.000 EUR (§ 433 II), der Miete von 1.000 EUR für einen Monat (§ 535 II); Unterlassen von Konkurrenzgeschäften.

3 Meist gebraucht das Gesetz den Begriff im engeren Sinne. Wenn zB die Überschrift des vierten Abschnitts des zweiten Buches des BGB Erlöschen der Schuldverhältnisse lautet, so ist damit das Erlöschen der Forderung gemeint; denn wenn der Schuldner die geschuldete Leistung bewirkt (§ 362 I), zB den Kaufpreis zahlt, dann erlischt damit nur die betreffende Forderung, nicht aber das Schuldverhältnis im weiteren Sinne (Kaufvertrag). In der wissenschaftlichen Diskussion wird der Begriff des Schuldverhältnisses dagegen oft im weiteren Sinne gebraucht. Zur Bezeichnung des Schuldverhältnisses im engeren Sinne bedient man sich der Begriffe „Anspruch“ oder „Forderung“.

II. Pflichten des Schuldners und Forderungsrecht des Gläubigers

4 Jedes Schuldverhältnis im weiteren Sinne enthält mindestens eine Pflicht des Schuldners. Dem kann auf Seiten des Gläubigers eine Forderung entsprechen.

Das Gesetz geht grundsätzlich davon aus, dass Schuldverhältnisse nur zu einmaligen Leistungen verpflichten. Für Schuldverhältnisse, die auf länger andauernde oder wiederholte Leistungen gerichtet sind (sog. **Dauerschuldver-**

hältnisse), gibt es Sondervorschriften (zB Miet-, Pacht-, Leihverhältnis; Verwahrung; Arbeits- und Gesellschaftsverhältnis). Die Vertragsparteien können auch andere Verträge zu Dauerschuldverhältnissen ausgestalten. Das ist zB bei den Sukzessivlieferungsverträgen iSd § 510 I Nr. 3 der Fall, bei denen die insgesamt zu liefernde Menge nicht von vornherein feststeht (zB Bierlieferungsvertrag zwischen Brauerei und Gastwirt[1]), hierfür gelten Besonderheiten (vgl. etwa → § 17 Rn. 12ff.). Keine Dauerschuldverhältnisse sind jedoch solche Verträge, nach denen eine von vornherein festgelegte Gesamtleistung lediglich in mehreren Teilen oder Raten erbracht werden soll (sog. **Teillieferungsverträge** iSd § 510 I Nr. 1, zB Vertrag über die Lieferung eines mehrbändigen Lexikons[2] und sog. **Teilzahlungsgeschäfte** iSd § 506 III, zB Teilzahlungskauf[3]).

1. Pflichten des Schuldners

a) **Primärpflichten.** Das Schuldverhältnis kann dem Schuldner eine Reihe von Pflichten auferlegen. Diese lassen sich in verschiedene Kategorien einteilen. Dabei hat sich allerdings keine einheitliche Terminologie herausgebildet. Zum Teil wird zwischen Hauptpflichten und verschiedenen weiteren Verhaltens-, Neben-, Schutz- oder Sorgfaltspflichten unterschieden. Der Wortlaut des § 241 und die Gesetzesbegründung[4] legen es nahe, zwischen Leistungspflichten und Schutzpflichten zu unterscheiden (siehe den Überblick in → Rn. 15). 5

aa) **Leistungspflichten** sind diejenigen Pflichten des Schuldners, denen ein Forderungsrecht des Gläubigers entspricht (vgl. § 241 I 1). Sie sind selbständig einklagbar. Die Leistung kann in einem Tun oder Unterlassen bestehen (§ 241 I 2).

Ob eine Verpflichtung im Klagewege durchsetzbar ist, ergibt sich aus der Vereinbarung oder dem Gesetz (zB „kann verlangen"). Fehlt es an einer eindeutigen Regelung, muss durch Auslegung ermittelt werden, ob die Gesetzesverfasser oder die Parteien Klagbarkeit gewollt haben.

(1) **Hauptleistungspflichten** heißen diejenigen Leistungspflichten, die für das konkrete Schuldverhältnis wesentlich sind, ihm sein Gepräge geben. Sie ergeben sich bei den vertraglichen Schuldverhältnissen aus der Vereinbarung der Parteien (ggf. iVm der gesetzlichen Definitionsnorm für den jeweiligen Geschäftstyp) und bei gesetzlichen Schuldverhältnissen (allein) aus dem Gesetz. 6

Beispiele: Bei einem Kauf ist der Verkäufer (kraft Vertrags) zur Übereignung und Übergabe der Sache in mangelfreiem Zustand (§ 433 I 1 und 2)

1 Vgl. auch *Brox/Walker* SchuldR BT § 18 Rn. 20.
2 *Brox/Walker* SchuldR BT § 18 Rn. 17.
3 *Brox/Walker* SchuldR BT § 18 Rn. 6 ff.
4 Vgl. BT-Drs. 14/6040, 125.

und der Käufer zur Zahlung des Kaufpreises (§ 433 II) verpflichtet. Im Falle einer ungerechtfertigten Bereicherung ist der Schuldner (kraft Gesetzes) zur Herausgabe des rechtsgrundlos Erlangten verpflichtet (§ 812 I).

7 Beim gegenseitigen Vertrag stehen die Hauptleistungspflichten der beiden Teile in einem Austauschverhältnis. Daran knüpfen die §§ 320, 326 besondere Rechtsfolgen (Einzelheiten → § 13 Rn. 12ff. und → § 22 Rn. 29ff.).

8 (2) Als **Nebenleistungspflichten** kann man alle anderen selbständig einklagbaren Pflichten bezeichnen. Sie können auf die ordnungsgemäße Erbringung und Nutzung der eigenen Hauptleistung (dh auf das Erfüllungsinteresse des Gläubigers) bezogen sein, aber auch einen anderen, selbständigen Zweck (zB Schutz des Integritätsinteresses des Gläubigers) verfolgen. Ob und in welchem Umfang sie bestehen, hängt maßgeblich vom konkreten Schuldverhältnis ab.

Beispiele für auf die Hauptleistung bezogene Nebenleistungspflichten: Pflicht des Verkäufers zur Versendung, Aufbewahrung oder Versicherung der Kaufsache; Pflicht zur Beratung oder zur Erteilung einer Bedienungsanleitung; ferner Auskunfts- und Rechenschaftspflichten (vgl. → § 10 Rn. 8ff.).

9 Derartige Auskunfts- und Rechenschaftspflichten sind im Auftragsrecht als Pflichten des Beauftragten in § 666 ausdrücklich genannt. Darauf verweisen zahlreiche andere Vorschriften (Beispiele aus dem Schuldrecht: §§ 675 I, 681 S. 2; 713). Aus diesen Bestimmungen ist der allgemeine Rechtsgedanke zu entnehmen, dass diese Pflichten jeden Schuldner treffen, der fremde Angelegenheiten besorgt. Sie müssen selbständig einklagbar sein; denn erst wenn der Schuldner Auskunft erteilt und Rechenschaft abgelegt hat, ist der Gläubiger in der Lage, zB das Erlangte vom Schuldner herauszuverlangen.

Beispiele für sonstige Nebenleistungspflichten: Abnahmepflicht des Käufers nach § 433 II[5] (jedenfalls im Regelfall), Pflichten des Dienstberechtigten (Arbeitgebers) zur Krankenfürsorge und zu Schutzmaßnahmen aus §§ 617, 618.

10 Nebenleistungspflichten können vertraglich vereinbart werden. Ob das der Fall ist, muss ggf. durch Auslegung (§§ 133, 157) ermittelt werden. Einige Nebenleistungspflichten sind ausdrücklich im Gesetz genannt (vgl. neben § 666 zB § 402, § 379 I HGB). Sie können sich aber auch aus § 242 ergeben. Danach ist die Leistung nämlich so zu bewirken, wie Treu und Glauben mit Rücksicht auf die Verkehrssitte es erfordern.

11 bb) Den Leistungspflichten des § 241 I stehen die **Schutzpflichten**, die zT auch als **weitere Verhaltens-, Sorgfalts-, Rücksichtnahme-**

5 Vgl. *Brox/Walker* SchuldR BT § 2 Rn. 20.

oder Nebenpflichten bezeichnet werden, gegenüber. Sie sind in § 241 II angesprochen. Danach kann das Schuldverhältnis seinem Inhalte nach jeden Teil zur Rücksicht auf die Rechte, Rechtsgüter und Interessen des anderen Teils verpflichten. Diese Pflichten sind anders als die Leistungspflichten nicht selbständig einklagbar; denn der Begünstigte hat keinen Anspruch auf ihre Beobachtung (vgl. den Wortlaut von § 241 II [Verpflichtung des Schuldners] im Gegensatz zu dem des § 241 I [Forderungsrecht des Gläubigers]). Gleichwohl sind sie nicht ohne Bedeutung. Im Falle ihrer Verletzung kann nämlich – wie bei der Verletzung von Leistungspflichten auch – ein Rücktrittsrecht (§ 324) oder ein Schadensersatzanspruch (§§ 280 I, 282) des Begünstigten entstehen (→ § 25 Rn. 3 ff.).

Die Schutzpflichten dienen vornehmlich dem Integritätsinteresse 12
des anderen Teils. Er soll vor Schäden bewahrt werden, die ihm aus der Durchführung des Schuldverhältnisses erwachsen können. Insbesondere Vertragsparteien haben sich bei der Abwicklung des Schuldverhältnisses so zu verhalten, dass die Rechtsgüter (auch das Vermögen) des anderen Teils nicht verletzt werden.[6]

Beispiele: Der Malermeister, der vertraglich verpflichtet ist, eine Wohnung zu tapezieren, muss nicht nur diese Arbeiten fachgerecht ausführen, sondern hat auch darauf zu achten, dass bei der Arbeit die Möbel des Auftraggebers nicht beschädigt werden. – Wer ein Tier mit einer übertragbaren Krankheit verkauft, muss den Käufer zumindest dann auf die Ansteckungsgefahr hinweisen, wenn er erkennt, dass der Käufer die Gefahr nicht bemerkt. – Der Zuschauer eines Fußballspiels ist verpflichtet, störende Handlungen wie das „Auf-den-Platz-Stürmen“ während des Spiels[7] oder das Abbrennen von Pyrotechnik[8] zu unterlassen. – Eine Vertragspartei darf gem. § 241 II von der anderen Vertragspartei nichts verlangen, was nicht geschuldet ist (zB Zahlung eines noch nicht fälligen Kaufpreises); sie darf auch kein Gestaltungsrecht (zB Rücktritt) ausüben, das (mangels Rücktrittsgrund) nicht besteht.[9]

Beantragt ein spielsüchtiger Besucher einer Spielbank zum Schutz vor sich selbst eine Spielsperre und wird diese von der Spielbank erteilt, ergibt sich daraus die Schutzpflicht der Spielbank, die Einhaltung der Spielsperre im Rahmen des Zumutbaren auch zu überwachen.[10] Die Überweisungsbank hat im Überweisungsverkehr zum Schutz ihres Kunden eine Hinweis- oder Warnpflicht, wenn ihr der unmittelbar bevorstehende wirtschaftliche Zusammenbruch des Überweisungsempfängers oder der Empfängerbank bekannt ist

6 *BGH* NJW 2008, 2245.
7 *OLG Rostock* NJW 2006, 1819 f.
8 *BGH* NJW 2016, 3715 Rn. 11 mAnm *Mäsch* JuS 2017, 261.
9 *BGH* NJW 2009, 1262. Zur Schadensersatzpflicht wegen einer Verletzung dieser Pflicht siehe noch → § 20 Rn. 14 und → § 25.
10 *BGH* NJW 2006, 362.

oder wenn sie aufgrund konkreter Anhaltspunkte den Verdacht hat, dass ihr Kunde durch eine Straftat eines anderen Teilnehmers am bargeldlosen Zahlungsverkehr geschädigt werden soll.[11]

Die Rücksichtnahmepflichten dürfen aber nicht überstrapaziert werden. So hat ein Bankkunde aus Vertrag unter Berücksichtigung von § 241 II keinen Anspruch darauf, dass seine Bank in ihren Vordrucken und Formularen eine auf alle Geschlechter bezogene Sprache (zB der Kontoinhaber/die Kontoinhaberin; der Kunde/die Kundin) verwendet.[12] Nach dem allgemeinen Sprachgebrauch und Sprachverständnis wird von einer grammatisch männlichen Personenbezeichnung jedes natürliche Geschlecht erfasst (generisches Maskulinum). Deshalb liegt in der Verwendung von Vordrucken mit männlichen Personenbezeichnungen keine Benachteiligung von Kundinnen wegen ihres Geschlechts. Ein Anspruch auf Verwendung einer geschlechtergerechten Sprache folgt auch nicht aus dem allgemeinen Persönlichkeitsrecht (Art. 2 I iVm Art. 1 I GG) und ebenfalls nicht aus anderen Anspruchsgrundlagen.

13 Inhalt und Umfang derartiger Schutzpflichten können je nach Art und Intensität des Schuldverhältnisses verschieden sein.

In § 241 II werden die Schutzpflichten nicht näher konkretisiert. Vor seiner Einführung zum 1.1.2002 wurden sie aus § 242 abgeleitet.[13] Auf die dabei von Rechtsprechung und Literatur gebildeten Fallgruppen kann nach wie vor zurückgegriffen werden.

Bei Dauerschuldverhältnissen (zB Miet-, Pachtverhältnis) sind die Schutzpflichten stärker ausgeprägt als bei solchen Geschäften, die sich in einem einmaligen Austausch erschöpfen (zB Kauf). Gesteigerte Bedeutung erhalten sie bei Schuldverhältnissen mit einer starken persönlichen Bindung der Parteien (zB Gesellschafts-, Arbeitsverhältnis).

Insbesondere das Arbeitsrecht legt den Parteien sehr weitreichende Schutzpflichten auf. Man spricht deshalb verbreitet von Fürsorgepflicht (des Arbeitgebers) und Treuepflicht (des Arbeitnehmers). Aus diesen Bezeichnungen dürfen jedoch keine besonderen Rechtsfolgen abgeleitet werden. Es handelt sich vielmehr um Schutzpflichten, wenn auch um besonders weitgehende.

14 Die Annahme von Schutzpflichten setzt nicht das Bestehen von Leistungspflichten voraus. Das Schuldverhältnis kann sich auch auf solche Pflichten iSd § 241 II beschränken. Man spricht hier von einem Schuldverhältnis ohne primäre Leistungspflichten. Ein solches entsteht insbesondere durch die Aufnahme von Vertragsverhandlun-

---

11 *BGH* NJW 2008, 2245 (2246).
12 *BGH* NJW 2018, 1671 Rn. 50 mAnm *Omlor* JuS 2018, 575; dazu *Bachmann* NJW 2018, 1648.
13 Vgl. BT-Drs. 14/6040, 125.

gen, die Anbahnung eines Vertrags und ähnliche geschäftliche Kontakte (§ 311 II, c. i. c., → § 5 Rn. 4 ff.). Ein auf Schutzpflichten beschränktes Schuldverhältnis kann auch im Verhältnis zu solchen Personen entstehen, die nicht selbst Vertragspartner werden sollen (§ 311 III, → Rn. 9).

Schutzpflichten iSd § 241 II können auch bei Unwirksamkeit des Vertrags bestehen. Jedoch ist stets zu prüfen, ob der Unwirksamkeitsgrund nicht auch der Annahme eines auf Schutzpflichten beschränkten Schuldverhältnisses entgegensteht (Minderjährigkeit, Fehlen von Vertretungsmacht).

b) Sekundärpflichten. Von den bislang erörterten Primärpflichten 15
sind die Sekundärpflichten zu unterscheiden. Sie ergeben sich anders als jene nicht unmittelbar aus dem Schuldverhältnis. Sie können vielmehr erst als Folge der Störung primärer Pflichten (Leistungs- oder Schutzpflichten) entstehen. Sie treten entweder neben die Primärpflicht (vgl. § 280 I und § 280 II) oder an ihre Stelle (vgl. § 280 III und § 346).

Beispiele: Hat K gegen V einen Anspruch auf Lieferung eines Lastkraftwagens bis spätestens zum 15. Mai, so tritt nach Ablauf dieses Tages neben die primäre Leistungspflicht (auf Übergabe und Übereignung) die sekundäre Pflicht auf Ersatz des Verzögerungsschadens (§§ 280 I, II, 286; → § 23 Rn. 2 ff.). Wird der Wagen vor Lieferung durch Verschulden des V zerstört, so ist dieser statt zur Übereignung zum Schadensersatz verpflichtet (§§ 280 I, III, 283; → § 22 Rn. 49 ff.). – Verschrammt der Malermeister im o. g. Beispiel (→ Rn. 12) in Folge Unachtsamkeit den Schrank, muss er Schadensersatz wegen Schutzpflichtverletzung leisten (§§ 280 I, 241 II; → § 25 Rn. 3 ff.).

Übersicht

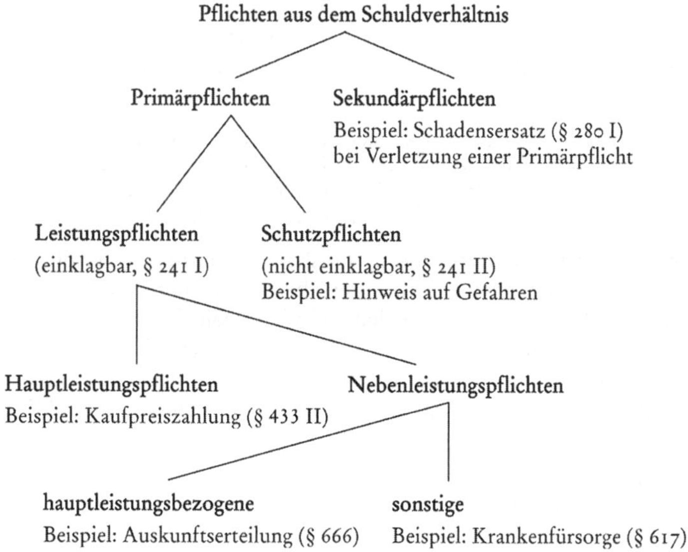

16 c) **Obliegenheiten.** Von den soeben beschriebenen Pflichten jeder Partei des Schuldverhältnisses gegenüber der jeweils anderen Partei sind die sog. Obliegenheiten zu unterscheiden. Es handelt sich hierbei um „Pflichten gegen sich selbst". Sie bestehen nur im Eigeninteresse. Die andere Partei kann sie daher nicht einklagen, und ihr erwächst bei ihrer Verletzung kein Sekundäranspruch. Derjenige, den sie treffen, muss lediglich Rechtsnachteile in Kauf nehmen, wenn er sie nicht beachtet.

Beispiele: Schadensminderungs"pflicht" gem. § 254 (→ § 31 Rn. 36 ff.), Untersuchungs- und Rügeobliegenheit gem. § 377 HGB.

2. Forderungsrecht des Gläubigers

17 a) **Forderung als relatives Recht.** Aufgrund des Schuldverhältnisses kann der Gläubiger – wie gesehen – ein Forderungsrecht gegen den Schuldner haben (§ 241 I), und zwar nur gegen ihn. Deshalb bezeichnet man das Forderungsrecht als ein **relatives Recht** (→ § 1 Rn. 7).

Der Käufer eines noch nicht übereigneten Schrankes hat keine Rechte gegenüber demjenigen, der sich an dem Schrank zu schaffen macht. Ihm steht lediglich ein Forderungsrecht gegen den Verkäufer zu (§ 433 I 1). Er ist auch nicht befugt, sich den Schrank ohne oder gar gegen den Willen des Verkäufers aus dessen Wohnung zu holen.

b) Durchsetzbarkeit der Forderung. Die Rechtsordnung gibt dem Gläubiger die Möglichkeit, sein Forderungsrecht gegen den Schuldner **mit Hilfe des Staates durchzusetzen.** Der Gläubiger kann seine Forderung gegen den Schuldner einklagen und aus dem Urteil, das der Klage stattgibt, die Zwangsvollstreckung gegen ihn betreiben. 18

Liefert der Verkäufer den verkauften Schrank nicht, so kann der Käufer gegen ihn Klage erheben mit dem Antrag, den Verkäufer zu verurteilen, den Schrank an den Käufer zu übereignen und zu übergeben. Wird der Klage durch Urteil stattgegeben und liefert der Verkäufer trotzdem nicht, so hat der Käufer die Möglichkeit, den Gerichtsvollzieher mit der Zwangsvollstreckung zu beauftragen. Der Gerichtsvollzieher nimmt den Schrank dem Verkäufer weg und übergibt ihn dem Käufer (vgl. §§ 883 I, 897 I ZPO).[14] Die zum Eigentumserwerb nach § 929 erforderliche Einigungserklärung des Verkäufers gilt mit der Rechtskraft des Urteils als abgegeben (§ 894 S. 1 ZPO).[15]

III. Schuld und Haftung

1. Begriffsbestimmungen

Schuld ist das Leistensollen des Schuldners (= Verpflichtetsein = Verbindlichkeit = Leistungspflicht; → Rn. 4 ff.). Demgegenüber bedeutet **Haftung** das Unterworfensein des Schuldners unter den zwangsweisen Zugriff des Gläubigers (→ Rn. 20 ff.). 19

Der Ausdruck Haftung wird allerdings nicht einheitlich verwandt. Haften wird auch im Sinne von „schulden“ gebraucht (zB § 840 I).[16] Mit Haftung bezeichnet man häufig auch das Einstehenmüssen für entstandene Schäden (Eltern haften für ihre Kinder; vgl. § 832).[17]

2. Gegenstand der Haftung

Wenn der Schuldner für seine Schuld auch haftet, er also dem Zugriff des Gläubigers unterworfen ist, so fragt sich, womit er haftet. 20

14 *Brox/Walker* ZwangsVollstrR Rn. 1052, 1121.
15 *Brox/Walker* ZwangsVollstrR Rn. 1111 ff.
16 *Brox/Walker* SchuldR BT § 51 Rn. 13 ff.
17 *Brox/Walker* SchuldR BT § 48 Rn. 14 ff.

a) Haftung mit dem gesamten Vermögen. Regelmäßig haftet der Schuldner nicht – wie in früheren Rechtsordnungen – mit seiner Person, sondern mit seinem ganzen Vermögen **(unbeschränkte Vermögenshaftung)**.

Zahlt der Käufer den Kaufpreis von 9.000 EUR nicht, so kann der Verkäufer sich ein Urteil beschaffen und aus ihm die Zwangsvollstreckung in das Vermögen des Schuldners betreiben: Der Gerichtsvollzieher nimmt Geld in der genannten Höhe beim Schuldner weg, oder er pfändet Mobilien (zB ein Klavier und zwei Teppiche), versteigert die Gegenstände und befriedigt aus dem Versteigerungserlös den Gläubiger. Das Vollstreckungsgericht pfändet und überweist eine Forderung des Schuldners gegen einen Dritten (häufig Lohnforderung gegen den Arbeitgeber des Schuldners) dem Gläubiger zur Einziehung; der Dritte zahlt die gepfändete Forderung an den Pfändungspfandgläubiger. Ein Grundstück des Schuldners wird vom Vollstreckungsgericht versteigert. Einzelheiten der verschiedenen Vollstreckungsmöglichkeiten ergeben sich aus der ZPO und dem Zwangsversteigerungsgesetz. Ausnahmsweise unterliegen bestimmte Vermögensstücke nicht der Zwangsvollstreckung, nämlich die nach § 811 I ZPO[18] unpfändbaren Gegenstände (wie etwa Tisch, Stuhl, Bett, Arbeitsgerät), die der Schuldner unbedingt zum Leben braucht, und die nach §§ 850ff. ZPO[19] unpfändbaren Forderungen, wie etwa ein bestimmter Teil des Arbeitseinkommens; das Existenzminimum soll dem Schuldner und seiner Familie erhalten bleiben.

21 Eine unbeschränkte Vermögenshaftung hilft dem Gläubiger dann nicht, wenn der Schuldner kein pfändbares Vermögen mehr hat. Für den Gläubiger ist es sicherer, wenn ihm für seine Forderung ein dingliches Sicherungsrecht an einem Gegenstand zusteht **(Sachhaftung)**.

Beispiel: Eine Bank gibt ihrem Kunden ein Darlehen von 10.000 EUR. Zur Sicherung für die Rückzahlungsforderung (§ 488 I 2) bestellt der Kunde der Bank ein Pfandrecht an einem wertvollen Schmuckstück (§§ 1204ff.), eine Hypothek oder eine Grundschuld an seinem Grundstück (§§ 1113ff., 1191ff.). Zahlt der Kunde das Geld nicht zurück, kann die Bank das Schmuckstück bzw. das Grundstück versteigern lassen und sich aus dem Erlös befriedigen.

Nicht nur der Schuldner, sondern auch ein Dritter kann dem Gläubiger ein solches dingliches Sicherungsrecht an einem ihm gehörenden Gegenstand bestellen. Dann ist der Dritte nicht Schuldner des Gläubigers, wohl aber haftet er dem Gläubiger mit dem Gegenstand.

---

18 *Brox/Walker* ZwangsVollstrR Rn. 276 ff.
19 *Brox/Walker* ZwangsVollstrR Rn. 539 ff.

b) Haftung mit einem Teil des Vermögens. Ausnahmsweise haftet für die Schuld nicht das ganze Schuldnervermögen, sondern nur eine selbständige Vermögensmasse des Schuldners **(beschränkte Vermögenshaftung).** 22

Beispiel: Mit dem Tod des Erblassers gehen dessen Aktivvermögen und auch dessen Schulden auf den Erben über (§§ 1922 I, 1967 I). Schuldete also der Erblasser dem G 3.000 EUR, so ist jetzt der Erbe Schuldner dieser Verbindlichkeit. Für diese Schuld haftet das ganze Vermögen des Erben, also sein persönliches (Eigen-)Vermögen und das bisherige Vermögen des Erblassers (= Nachlass). Das Gesetz räumt aber dem Erben die Möglichkeit ein, die Haftung für die genannte Nachlassschuld auf den Nachlass zu beschränken (§ 1975).[20]

c) Haftung mit der Person. Hat der Schuldner eine Handlung vorzunehmen, die ausschließlich von seinem Willen abhängt (zB Erteilung einer Auskunft, eines Zeugnisses), und kommt er dem nicht nach, so kann er dazu vom Gericht durch Zwangsgeld oder Zwangshaft angehalten werden (§ 888 ZPO).[21] In den seltenen Fällen der Inhaftierung kennt unser Recht also heute noch eine **Haftung des Schuldners mit seiner Person.** 23

3. Schuld ohne Haftung

Eine Schuld ohne Haftung ist dann gegeben, wenn sie zwar vom Schuldner erfüllt, die Erfüllung aber vom Gläubiger nicht erzwungen werden kann. Da die Schuld also nicht einklagbar, jedenfalls aber nicht vollstreckbar ist, spricht man von **unvollkommenen** oder **natürlichen Verbindlichkeiten**, von **Naturalobligationen**. Hat der Schuldner aber geleistet, kann er das zur Erfüllung Geleistete nicht wegen ungerechtfertigter Bereicherung (§ 812) vom Gläubiger zurückverlangen, da die Forderung bestand. 24

Diese Naturalobligationen spielten im gemeinen Recht eine Rolle. Heute wird sehr Verschiedenartiges unter diesem Begriff zusammengefasst.[22] Zum Teil versteht man darunter die nicht im Klagewege durchsetzbaren Forderungen (a), zum Teil aber auch die Fälle, in denen überhaupt keine Verbindlichkeit besteht (b). 25

a) Verjährte Forderungen. Die verjährte Forderung ist zwar einklagbar. Der Gläubiger erhält auch ein obsiegendes Urteil, wenn der Schuldner

20 *Brox/Walker* ErbR § 37 Rn. 1 ff., 11 ff.
21 *Brox/Walker* ZwangsVollstrR Rn. 1076 ff.
22 Dazu *Schulze* JuS 2011, 193.

die Verjährungseinrede nicht geltend macht (vgl. § 214 I). Aus dem Urteil kann der Gläubiger die Zwangsvollstreckung betreiben. Erhebt der Schuldner aber mit Recht die Einrede der Verjährung, wird die Klage abgewiesen. – Jedoch kann das zur Befriedigung des verjährten Anspruchs Geleistete nicht zurückgefordert werden (§ 214 II). Trotz der Verjährung ist der Gläubiger nicht gehindert, bei Bestehen eines Pfandrechts oder einer Hypothek Befriedigung aus dem verpfändeten Gegenstand zu suchen (§ 216).

26 **b) Spiel, Wette, Ehevermittlung.** Aus Spiel, Wette, Ehevermittlung kann nicht geklagt werden; in diesen Fällen entsteht überhaupt keine Schuld (§§ 762, 656[23]). Dennoch kann das Geleistete nicht zurückgefordert werden (§§ 762 I 2, 656 I 2). Da keine Forderung besteht, kann auch nicht wirksam ein Pfandrecht bestellt werden.

IV. Schuldverhältnis und Gefälligkeitsverhältnis

1. Abgrenzung

27 Im Gegensatz zum Schuldverhältnis begründet ein Gefälligkeitsverhältnis keine Verpflichtung, die versprochene Gefälligkeit zu erbringen.

Wenn A den B zu einem Essen oder einem Fest einlädt und B die Einladung dankend annimmt, erhält B keinen Anspruch auf das Essen, auf Teilnahme am Fest; A ist nicht rechtlich, sondern nur gesellschaftlich verpflichtet.

28 Die Abgrenzung des Gefälligkeitsverhältnisses vom Schuldvertrag ist theoretisch leicht möglich: Der Schuldvertrag besteht aus zwei Willenserklärungen, also aus Willensäußerungen, die auf Erzeugung einer Rechtswirkung gerichtet sind. Bei den rein gesellschaftlichen Abmachungen fehlt gerade der Wille, sich rechtlich zu verpflichten. Was aber im Einzelfall gewollt ist, lässt sich nicht immer leicht feststellen.

Im **Fall b** soll die Mitnahme im Kraftwagen aus Gefälligkeit erfolgen; B kann also nicht die Beförderung zum Schützenfest verlangen. Eine Gefälligkeitsfahrt wird aber bei Vereinbarung einer Beteiligung an den Kosten nicht vorliegen **(Fall a).** Das gilt auch, wenn zwei Arbeitskollegen übereinkommen, dass nicht jeder einzeln mit seinem Wagen zur Arbeitsstätte fährt, sondern abwechselnd einer den anderen mitnimmt. Wenn aber ein Arbeitnehmer, der sich nicht arbeitsfähig fühlt, von seinem Arbeitskollegen während der Arbeitszeit mit dem Kraftfahrzeug nach Hause gebracht wird, handelt es sich in der Regel um eine Gefälligkeit ohne rechtlichen Bindungswillen der Beteiligten.[24]

---

23 *Brox/Walker* SchuldR BT § 29 Rn. 77, § 34 Rn. 4.
24 *BGH* MDR 1992, 555.

Die Unentgeltlichkeit mag Anhaltspunkt für eine bloße Gefälligkeit sein. Zwingend ist ein solcher Schluss jedoch nicht, da das Gesetz auch unentgeltliche Verträge, also Schuldverhältnisse, kennt (zB Schenkung, Leihe, Auftrag, unentgeltliche Verwahrung). Bei einem besonderen Interesse dessen, dem eine Zusage gemacht ist, wird regelmäßig ein Schuldverhältnis gegeben sein zB Mitnahme des Nachbarn zu einem für ihn wichtigen Termin; **Fall a**). 29

Im **Fall a** ist A zur Beförderung verpflichtet. Verletzt er schuldhaft diese Pflicht, muss er Schadensersatz (Ersatz des Verdienstausfalls) leisten (→ § 31 Rn. 15 ff.).

2. Folgen einer Gefälligkeit

Liegt eine bloße Gefälligkeit vor, so besteht kein Anspruch auf Erfüllung (zB **Fall b**) und auch kein Schadensersatzanspruch wegen Nichterfüllung. Es können aber trotz fehlender Hauptleistungspflicht Schutzpflichten (vgl. § 241 II) bestehen, deren Verletzung Schadensersatzansprüche auslöst (vgl. zum Schuldverhältnis ohne primäre Leistungspflicht → Rn. 14). Außerdem kommen Ansprüche aus Gesetz (zB aus unerlaubter Handlung) in Betracht. 30

Hilft ein Transportunternehmer seinem Geschäftsfreund aus Gefälligkeit mit einem Fahrer aus, so ist er zwar nicht zur Überlassung, wohl aber zur sorgfältigen Auswahl verpflichtet.[25]

Wird jemand aus Gefälligkeit von einem Kraftwagenfahrer mitgenommen, so kann man daraus allein nicht auf einen stillschweigenden Vertrag auf Ausschluss der Haftung des Fahrers schließen. Der Fahrer kann vor Fahrtbeginn einen Haftungsausschluss ausdrücklich vereinbaren; dabei ist jedoch zu beachten, dass ein Nichtgeschäftsfähiger einen solchen Vertrag nicht wirksam schließen kann (vgl. §§ 105, 108).

Dagegen lassen sich gesetzliche Haftungsregelungen für Vertragsverhältnisse selbst dann nicht ohne Weiteres auf ein Gefälligkeitsverhältnis übertragen, wenn Vertrags- und Gefälligkeitsverhältnis sich ähneln.

So haftet zwar der Entleiher, der die Sache unbefugt einem Dritten zum Gebrauch überlässt, ohne Verschulden für den von diesem verursachten Schaden (vgl. § 603 S. 2). Das gilt aber nicht bei der Gebrauchsüberlassung aus bloßer Gefälligkeit.[26]

---

25 Vgl. BGHZ 21, 102 = *BGH* NJW 1956, 1313.
26 *BGH* NJW 2010, 3087.

3. Kapitel. Entstehung von Schuldverhältnissen

§ 3. Arten der Entstehung von Schuldverhältnissen

1 Ein Schuldverhältnis kann durch Rechtsgeschäft, durch geschäftlichen Kontakt oder kraft Gesetzes entstehen.

I. Entstehung durch Rechtsgeschäft

Nach § 311 I ist zur rechtsgeschäftlichen Begründung (sowie zur Änderung des Inhalts) eines Schuldverhältnisses regelmäßig ein Vertrag erforderlich; ausnahmsweise genügt ein einseitiges Rechtsgeschäft.

1. Entstehung durch Vertrag

Eine vertragliche Begründung des Schuldverhältnisses setzt einander entsprechende Willenserklärungen (Angebot und Annahme; §§ 145 ff.) voraus.

Nach den Verpflichtungen, die sich aus dem Vertrag ergeben, kann man unterscheiden:

2 **a) Gegenseitige Verträge.** Gegenseitige Verträge liegen vor, wenn der eine Vertragsteil eine Leistung gerade deshalb verspricht, weil auch der andere sich zu einer Leistung verpflichtet. Man nennt sie auch synallagmatische (Austausch-)Verträge, weil ihre Hauptleistungspflichten (→ § 2 Rn. 6) im Austauschverhältnis stehen.

Beispiele: Kauf (Bild gegen Zahlung von 5.000 EUR), Tausch (Pferd gegen Auto), Mietvertrag (Gebrauchsüberlassung gegen Zahlung einer Miete), Pachtvertrag (Gaststätte gegen eine Pacht), Dienstvertrag (Dienst als Aushilfskellner gegen eine Vergütung von 400 EUR), Werkvertrag (Reparatur eines Pkw gegen Vergütung von 300 EUR).

Die Besonderheit dieser Verträge besteht in der gegenseitigen Abhängigkeit der beiderseitigen Hauptverpflichtungen zur Leistung und zur Gegenleistung. Der eine Vertragsteil kann seine Leistung solange verweigern, bis der andere die Gegenleistung erbringt (Einzelheiten: §§ 320–322; → § 13 Rn. 12 ff.). Leistet der eine Vertragsteil nicht oder nicht richtig, so wird davon möglicherweise sein Anspruch auf die Gegenleistung beeinflusst (§§ 323, 326; → § 22 Rn. 29ff. und → § 23 Rn. 67ff.).

b) Unvollkommen zweiseitig verpflichtende Verträge. Unvollkommen zweiseitig verpflichtende Verträge liegen vor, wenn nur für **einen** Vertragsteil Leistungspflichten entstehen, unter Umständen sich aber auch eine Verpflichtung des anderen Vertragsteils ergeben kann. Man spricht von **zufällig** zweiseitigen Verträgen. 3

Beispiele: Beim Auftrag ist notwendigerweise nur der Beauftragte verpflichtet (§ 662[1]). Im Einzelfall kann aber auch der Auftraggeber verpflichtet sein, nämlich zum Aufwendungsersatz (§ 670); dieser ist kein Entgelt für die Leistung des Beauftragten. Der Vertrag über eine unentgeltliche Verwahrung enthält nur eine Pflicht des Verwahrers (§§ 688, 690); hat dieser aber Aufwendungen gemacht, muss der Hinterleger sie ersetzen (§ 693[2]). Gegenstand des Leihvertrags ist die Pflicht zur unentgeltlichen Gebrauchsüberlassung (§ 598[3]); Pflichten des Entleihers können sich aus §§ 601ff. ergeben.

c) Einseitig verpflichtende Verträge. Einseitig verpflichtende Verträge liegen vor, wenn immer nur eine Vertragspartei zur Leistung verpflichtet ist. 4

Beispiele: Schenkungsversprechen (§ 518),[4] Bürgschaft (§ 765).[5]

2. Entstehung durch einseitiges Rechtsgeschäft

Ausnahmsweise kann ein Schuldverhältnis auch durch ein einseitiges Rechtsgeschäft begründet werden. Dafür seien zwei Beispiele genannt: 5

a) Auslobung. Auslobung (§ 657) ist das öffentlich bekannt gemachte Versprechen einer Belohnung für die Vornahme einer Handlung (zB Zeitungsanzeige: Schwarzer Pudel namens Prinz entlaufen. Wiederbringer erhält 200 EUR Belohnung.). Derjenige, der die Handlung vornimmt (den Erfolg herbeiführt), hat einen Anspruch auf die Belohnung, auch wenn er nicht mit Rücksicht auf die Auslobung gehandelt hat (§ 657 aE).

b) Vermächtnis. Vermächtnis (§ 1939) ist die in einer Verfügung von Todes wegen enthaltene Zuwendung eines Vermögensvorteils, die nicht Erbeinsetzung ist (zB Testament: X ist mein Erbe; V soll 6

1 *Brox/Walker* SchuldR BT § 29.
2 *Brox/Walker* SchuldR BT § 30 Rn. 20.
3 *Brox/Walker* SchuldR BT § 16 Rn. 2.
4 *Brox/Walker* SchuldR BT § 9 Rn. 9.
5 *Brox/Walker* SchuldR BT § 32 Rn. 1.

mein Klavier haben.). Für den Vermächtnisnehmer wird das Recht begründet, von dem Beschwerten die Leistung des vermachten Gegenstandes zu fordern (§ 2174[6]; im Beispielsfall hat also V nach dem Tode des Erblassers einen Anspruch gegen X auf Übereignung des Klaviers).

3. Keine Entstehung durch unbestellte Lieferung oder sonstige Leistung[7]

7 Liefert ein Unternehmer (§ 14) einem Verbraucher (§ 13) bewegliche Sachen (§ 90) oder erbringt er ihm Leistungen sonstiger Art (zB Dienstleistungen), ohne dass dem eine Bestellung zugrunde liegt, so ist darin regelmäßig ein Angebot nach § 145 auf Abschluss eines Vertrags zu sehen. Allein dadurch wird ein vertraglicher Anspruch und damit ein vertragliches Schuldverhältnis nicht begründet (§ 241a I); dafür ist vielmehr noch eine Annahmeerklärung erforderlich. § 241a ist nicht zum Nachteil des Verbrauchers abdingbar und findet auch dann Anwendung, wenn seine Geltung durch anderweitige Gestaltungen umgangen werden soll (§ 241a III).

Die Definition von **Waren** in § 241a als „bewegliche Sachen, die nicht aufgrund von Zwangsvollstreckungsmaßnahmen oder anderen gerichtlichen Maßnahmen verkauft werden", trägt der Terminologie der Verbraucherrechterichtlinie 2011/83/EU vom 25.10.2011 Rechnung.

§ 241a wird nur in solchen Fällen **relevant**, in denen gemäß § 151 ein Vertrag schon durch die bloße Betätigung des Annahmewillens – etwa durch Zueignung (Signieren des Buches) oder Gebrauch (des Kleides) – zustande kommen würde. In einem bloßen Schweigen des Angebotsempfängers ist nämlich schon nach allgemeinen Grundsätzen nicht die Annahme eines Vertrags zu sehen. Dem Verbraucher bleibt trotz § 241a I die Möglichkeit, gegenüber dem Unternehmer ausdrücklich oder konkludent (zB durch Kaufpreiszahlung) die Annahme des Angebotes zu erklären.

8 Eine **unbestellte Leistung** iSd § 241a I liegt auch dann vor, wenn dem Verbraucher statt der bestellten eine nach Qualität und Preis gleichwertige Leistung angeboten und er darauf hingewiesen wird, dass er zur Annahme nicht verpflichtet ist und die Kosten der Rücksendung nicht zu tragen hat. Die anderslautende Regelung in § 241a III aF wurde mit Wirkung zum 13.6.2014 gestrichen, weil sie nicht mit der Verbraucherrechterichtlinie vereinbar war.[8] Wenn der Unternehmer dem Verbraucher statt der bestellten eine andere, nach Qualität und Preis gleichwertige Sache anbieten will, bleibt ihm nichts

---

6 *Brox/Walker* ErbR § 27 Rn. 2 ff.

7 Dazu *Köhler* JuS 2014, 865, der für eine richtlinienkonforme (einschränkende) Auslegung des § 241a plädiert; dagegen *Jäckel/Tonikidis* JuS 2014, 1064.

8 BT-Drs. 17/12637, 45.

anderes übrig, als vor der Versendung das Einverständnis des Verbrauchers einzuholen. Andernfalls handelt es sich um eine unbestellte Leistung im Sinne von § 241a I.

§ 241a I schließt nicht nur vertragliche, sondern auch gesetzliche Ansprüche 9
wie den auf Herausgabe der Sache (§§ 985, 812) oder etwaiger Nutzungen iSd § 100 (§§ 987f., 818) sowie auf Schadensersatz (§§ 989, 990 oder §§ 311 II, 280, → § 25 Rn. 11ff.) aus. Der Verbraucher wird zwar nicht Eigentümer der Sache, kann aber gleichwohl nach Belieben mit ihr verfahren. Eine Ausnahme gilt jedoch gem. § 241a II, wenn die Leistung nicht für den Empfänger bestimmt war oder in der irrigen Vorstellung einer Bestellung erfolgte und der Empfänger dies erkannt hat oder bei Anwendung der im Verkehr erforderlichen Sorgfalt (→ § 20 Rn. 14) hätte erkennen können.

II. Entstehung kraft Gesetzes

Schuldverhältnisse können auch ohne Rechtsgeschäft unmittelbar 10
kraft Gesetzes entstehen.[9] Vier wichtige Gruppen von Tatbeständen sind im Schuldrecht geregelt:

1. Geschäftlicher Kontakt

Gemäß § 311 II entsteht ein Schuldverhältnis ohne primäre Leistungspflichten, aber mit Schutzpflichten nach § 241 II durch

- die Aufnahme von Vertragsverhandlungen (Nr. 1),
- die Anbahnung eines Vertrags, bei welcher der eine Teil im Hinblick auf eine etwaige rechtsgeschäftliche Beziehung dem anderen Teil die Möglichkeit zur Einwirkung auf seine Rechte, Rechtsgüter und Interessen gewährt oder ihm diese anvertraut (Nr. 2),
- ähnliche geschäftliche Kontakte (Nr. 3).

Verletzt einer der Beteiligten seine Pflichten aus § 241 II, kann er 11
über die Vorschriften des Deliktsrechts (BS §§ 40ff.) hinaus schadensersatzpflichtig sein, auch wenn es zu einem Vertragsschluss noch nicht gekommen ist (Haftung aus culpa in contrahendo; Einzelheiten: → § 25 Rn. 11ff.).

Beispiel: K möchte im Kaufhaus V einkaufen. Dort rutscht er auf einer Bananenschale aus, die der sonst zuverlässige Angestellte A dort liegen lassen hat. Hier greift § 831 I 1 wegen der Exkulpationsmöglichkeit des V nach § 831 I 2 nicht. Zwar fehlt es an einer vertraglichen Verbindung zwischen K und V; es liegt aber bereits ein Schuldverhältnis des geschäftlichen Kontaktes

9 Siehe dazu eine Einführung von *Röthel* JURA 2012, 362.

vor, aufgrund dessen V dem K gem. §§ 280 I, 311 II iVm § 278 auf Schadensersatz haftet.

2. Unerlaubte Handlung

12 Die §§ 823 ff. bestimmen eine Ersatzpflicht für zurechenbare Schädigungen; die Forderung des geschädigten Gläubigers geht auf Ersatz des rechtswidrig und schuldhaft verursachten Schadens.[10]

Beispiele: Jemand wirft mutwillig fremde Fensterscheiben ein. Ein Kraftfahrer fährt bei Glatteis zu schnell, gerät auf den Bürgersteig und verletzt einen Fußgänger.

3. Ungerechtfertigte Bereicherung

13 Hat jemand auf Kosten eines anderen ohne Rechtsgrund einen Vermögensvorteil erlangt, so ist diese Vermögensverschiebung nach §§ 812 ff. rückgängig zu machen.[11]

Beispiele: Die Herde des X weidet auf der Wiese des Y. Dadurch erspart X Futterkosten, und Y erleidet einen Vermögensverlust. Diese Vermögensverschiebung erfolgt ohne Rechtsgrund (zB Gestattungsvertrag). – A übereignet ein Bild an B. Später stellt sich heraus, dass der zugrunde liegende Kaufvertrag nichtig oder durch Anfechtung vernichtet worden ist. A kann von B nach § 812 Rückübereignung des Bildes verlangen.

4. Geschäftsführung ohne Auftrag

14 Wenn jemand ein Geschäft für einen anderen besorgt, ohne von ihm beauftragt oder sonst dazu berechtigt zu sein, dann entsteht ein gesetzliches Schuldverhältnis, aus dem sich für beide Beteiligten Pflichten ergeben können (§§ 677 ff.).[12]

Beispiel: Ein Kraftfahrer, der einen Schwerverletzten auf dessen Bitten ins Krankenhaus bringt, kann seine Aufwendungen (Fahrtkosten, Verbandsmaterial) vom Verletzten nach § 670 ersetzt verlangen; denn zwischen beiden ist ein Vertrag (Auftrag) zustande gekommen. Ein Vertragsschluss scheidet aber aus, wenn der Verletzte bewusstlos ist. Der Aufwendungsersatzanspruch ergibt sich hier aus dem gesetzlichen Schuldverhältnis der Geschäftsführung ohne Auftrag (§ 683).

---

10 *Brox/Walker* SchuldR BT §§ 44, 45.
11 *Brox/Walker* SchuldR BT §§ 39 ff.
12 *Brox/Walker* SchuldR BT § 36.

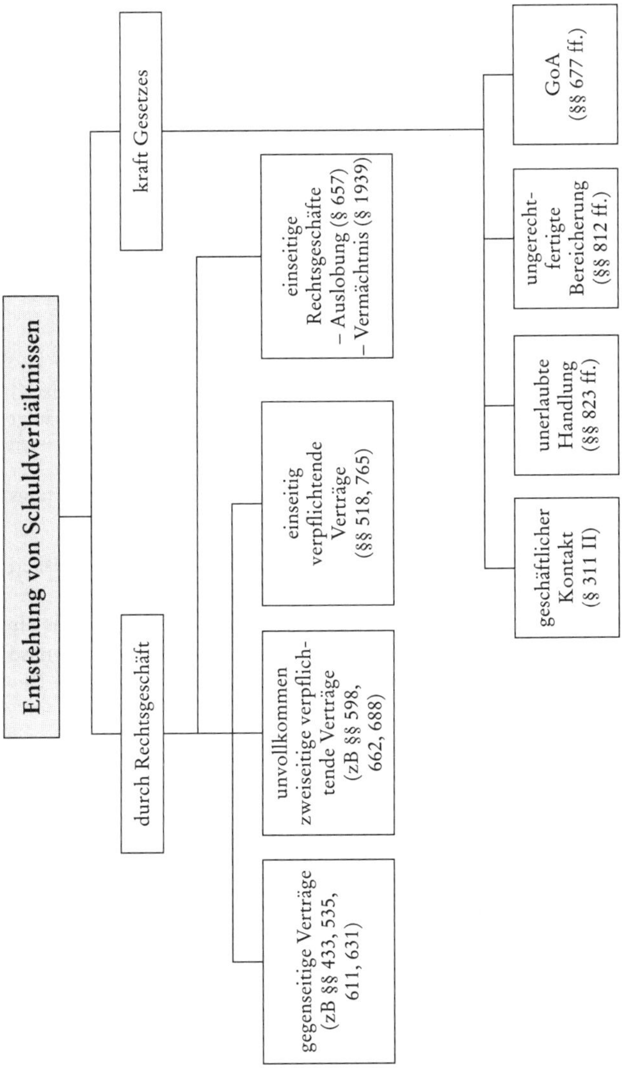
Entstehung von Schuldverhältnissen
durch Rechtsgeschäft
kraft Gesetzes
gegenseitige Verträge (zB §§ 433, 535, 611, 631)
unvollkommen zweiseitige verpflichtende Verträge (zB §§ 598, 662, 688)
einseitig verpflichtende Verträge (§§ 518, 765)
einseitige Rechtsgeschäfte
– Auslobung (§ 657)
– Vermächtnis (§ 1939)
geschäftlicher Kontakt (§ 311 II)
unerlaubte Handlung (§§ 823 ff.)
ungerechtfertigte Bereicherung (§§ 812 ff.)
GoA (§§ 677 ff.)

III. Zusammentreffen von rechtsgeschäftlichen und gesetzlichen Schuldverhältnissen

15 Rechtsgeschäftlich und gesetzlich begründete Schuldverhältnisse können zusammentreffen. Deshalb kann **ein** Anspruch möglicherweise auf **mehrere** Anspruchsgrundlagen gestützt werden (sog. Anspruchsgrundlagenkonkurrenz). So ist zB ein Schadensersatzanspruch oft aus Vertrag (wegen Schlechterfüllung) und aus den Vorschriften über unerlaubte Handlungen (etwa wegen Körper- oder Eigentumsverletzung) herzuleiten.

Beispiel: Der Kraftfahrzeugmeister S stellt bei einer Inspektion am Fahrzeug des G die Bremsen falsch ein. Bei der anschließenden Fahrt erleidet G deshalb einen Unfall, bei dem er verletzt und das Fahrzeug schwer beschädigt wird. G kann seinen Schaden (Arztkosten, Verdienstausfall, Reparaturkosten für das Fahrzeug) von insgesamt 10.000 EUR von S ersetzt verlangen. Der Anspruch ist sowohl wegen schuldhafter Schlechterfüllung des Werkvertrags als auch wegen unerlaubter Handlung begründet.

16 Kommen mehrere Anspruchsgrundlagen in Betracht, dann müssen **alle** geprüft werden. Das gilt sowohl beim Zusammentreffen von einem rechtsgeschäftlichen und einem gesetzlichen Schuldverhältnis als auch dann, wenn gleichzeitig mehrere gesetzliche Schuldverhältnisse (zB wegen unerlaubter Handlung und wegen ungerechtfertigter Bereicherung) vorliegen.

Im **Beispielsfall** sind sowohl etwaige vertragliche als auch gesetzliche Ansprüche zu erörtern. Stellt sich dabei zB heraus, dass der Werkvertrag nichtig ist, dann bleibt jedenfalls der Anspruch aus § 823 I bestehen, der keinen Vertrag voraussetzt. – Werden in einem Prozess zwischen S und G die Tatsachen streitig, aus denen sich der Verschuldensvorwurf ergibt, kann die Forderung bei Unaufklärbarkeit des Sachverhaltes nur auf die vertragliche Anspruchsgrundlage gestützt werden, weil dafür gem. § 280 I 2 das Verschulden vermutet wird.

Hat für S sein Geselle X den Werkvertrag mit G abgeschlossen und durch unsachgemäße Arbeit den Unfall herbeigeführt, so kann G sowohl gegen X als auch gegen S vorgehen. Gegen X bestehen allerdings nur Ansprüche aus unerlaubter Handlung (§ 823) und nicht aus Vertrag; denn X hat den Werkvertrag nicht in eigenem Namen, sondern als Vertreter des S in dessen Namen abgeschlossen. Vertragspartner des G ist daher nur S (§ 164 I). Dieser hat dem G für ein Verschulden des X aus Vertrag (§ 278; → § 20 Rn. 23 ff.) und für eigenes

Verschulden aus unerlaubter Handlung (§ 831 I 1[13]) einzustehen. Weist S aber nach, dass er X sorgfältig ausgewählt und überwacht hat, dann entfällt ein Anspruch aus unerlaubter Handlung (§ 831 I 2), während seine vertragliche Haftung hiervon unberührt bleibt.

Die vorstehenden Erörterungen haben gezeigt, wie wichtig es ist, sämtliche 17
Anspruchsgrundlagen zu untersuchen. Auch der Richter hat alle in Frage kommenden Anspruchsgrundlagen zu durchdenken. Er darf nicht über streitige Tatsachen Beweis erheben, wenn der Klage schon nach einer anderen Norm stattzugeben ist, deren tatsächliche Voraussetzungen unstreitig sind. So wäre es verfehlt, etwa für den Anspruch des G gegen S auf Ersatz der Reparaturkosten für das beschädigte Fahrzeug darüber Beweis zu erheben, ob S den X sorgfältig ausgewählt hat (§ 831 I 2), wenn feststeht, dass zwischen S und G ein gültiger Werkvertrag zustande gekommen ist; denn wegen § 278 kann der Klage schon aufgrund des unstreitigen Sachverhalts stattgegeben werden. Ohne Prüfung des vertraglichen Anspruchs hätte der Richter den Rechtsstreit uU falsch entschieden, mindestens aber die Entscheidung hinausgezögert und den Parteien durch die Beweisaufnahme unnötige Kosten verursacht.

§ 4. Begründung von Schuldverträgen

Schrifttum: *Hennemann/Nemeczek,* Die Formbedürftigkeit von Vertrags- 1
änderungen, ZGS 2011, 157; *Hoffmann/Stegemann,* Die Parteiautonomie im internationalen Schuldvertragsrecht, JuS 2013, 207; *Kaulbach,* Typenzwang im BGB?, JuS 2011, 397.

Fall a: Einem Zugezogenen verweigert das Wasserwerk die Belieferung mit Wasser, die einzige Apotheke den Verkauf eines lebenswichtigen Medikaments, das einzige Kino den Zutritt. Mit Recht? → Rn. 10

Fall b: V verkauft an K in notarieller Urkunde ein Grundstück. Später stellt sich heraus, dass die Ratenzahlungsvereinbarung nicht beurkundet ist. Da das Grundstück inzwischen an K aufgelassen und K im Grundbuch eingetragen ist, verlangt V von K Rückübereignung. → Rn. 21, 23

Fall c: A verpflichtet sich in einem schriftlichen Vertrag, dem B gegen Zahlung von 30.000 EUR sein ganzes Vermögen mit allen Aktiva und Passiva zu übertragen. Gültig? Wie ist die Rechtslage, wenn A in einem notariellen Vertrag sein in fünf Jahren vorhandenes Vermögen verkauft? → Rn. 15, 26

13 *Brox/Walker* SchuldR BT § 48 Rn. 3 ff.

I. Schuldvertrag und Vertragsfreiheit

Ein Schuldverhältnis kann durch Vertrag entstehen (§ 311 I). Der Vertrag, der die Begründung eines Schuldverhältnisses zum Inhalt hat, wird als Schuldvertrag bezeichnet.

Durch den Vertragsschluss wird in der Regel vermieden, dass eine Partei durch besonders ungünstige Verpflichtungen belastet wird. Die Vertragsparteien verfolgen – vor allem bei den gegenseitigen Verträgen (→ § 3 Rn. 2) – entgegengesetzte Interessen: Der Verkäufer zB will einen möglichst hohen Kaufpreis erzielen, der Käufer dagegen möglichst wenig zahlen. Zu einem Vertragsschluss kommt es, wenn beide Parteien ihre Ziele zurückstecken und sich schließlich auf einen mittleren Preis einigen. Durch diese Anpassung werden im Vertragsmechanismus regelmäßig gerechte Ergebnisse erzielt, wenn beide Parteien in etwa gleich stark sind. Deshalb ist der Gesetzgeber des BGB vom Grundsatz der Vertragsfreiheit ausgegangen.

Die Vertragsfreiheit ist verfassungsrechtlich gewährleistet und bedeutet, dass der Einzelne frei darin ist, ob und mit wem er einen Vertrag schließt (Abschlussfreiheit) und welchen Inhalt des Vertrags er mit dem Vertragspartner vereinbart (Gestaltungsfreiheit).

1. Vertragsfreiheit und Verfassung

2 **a) Verfassungsrechtlicher Schutz und Schranken der Vertragsfreiheit.** Die Vertragsfreiheit ist in dem Grundrecht auf freie Entfaltung der Persönlichkeit (Art. 2 I GG) enthalten, da dieses Grundrecht die Vertragsfreiheit zwingend voraussetzt. Die Grundrechtsnormen sind nicht bloße Programmsätze, sondern unmittelbar geltendes Recht (Art. 1 III GG), an das auch der Gesetzgeber gebunden ist.

3 Er kann nur unter den Voraussetzungen des Art. 2 I GG die Vertragsfreiheit beschränken. Nach dieser Bestimmung hat jeder das Recht auf freie Entfaltung seiner Persönlichkeit, soweit er nicht die Rechte anderer verletzt und nicht gegen die verfassungsmäßige Ordnung oder das Sittengesetz verstößt. Rechte anderer werden durch den Schuldvertrag praktisch nicht verletzt, da die Vertragsparteien nur sich selbst und nicht auch Dritte zu einer Leistung verpflichten können. Verträge, die gegen das Sittengesetz verstoßen, sind nach § 138 I nichtig. Zur verfassungsmäßigen Ordnung iSd Art. 2 I GG gehören nicht schon alle formell ordnungsgemäß ergangenen Ge-

setze; denn dann wäre jede Einschränkung der Entfaltungsfreiheit durch einfaches Gesetz möglich. Gemeint sind damit vielmehr nur solche Gesetze, die sowohl formell als auch materiell mit der Verfassung in Einklang stehen, insbesondere den obersten Grundwerten der freiheitlich demokratischen Grundordnung nicht widersprechen.[1]

b) Bedeutung der Verfassung für die Ausübung der Vertragsfreiheit. Bei Ausübung der danach bestehenden Vertragsfreiheit sind die Parteien nicht an die Grundrechte gebunden. Die Grundrechte sollen den Bürger nur vor der staatlichen Macht schützen, nicht aber eine unmittelbare Drittwirkung im Verhältnis der Bürger untereinander entfalten (Ausnahme: Art. 9 III GG). Diese Auffassung entspricht der klassischen Theorie der Grundrechte und der Entstehungsgeschichte des GG. 4

Wenn also zB der Gleichheitssatz des Art. 3 GG nur den Staat, nicht aber den Einzelnen bindet, dann ist dieser nicht gehindert, etwa denjenigen Vertragspartnern, die seine politischen Anschauungen teilen, besonders günstige Vertragsbedingungen zuzugestehen. Zu verbotenen Ungleichbehandlungen nach dem Allgemeinen Gleichbehandlungsgesetz (AGG) siehe → Rn. 9.

Da das GG in seinem Grundrechtsteil aber auch eine objektive Wertordnung aufgerichtet hat, die für unsere ganze Rechtsordnung verbindlich ist, wirken die grundrechtlichen Wertmaßstäbe über die sog. Generalklauseln (zB §§ 138, 242, 826) mittelbar auf das Privatrecht und damit auf die Rechtsbeziehungen unter Privaten ein. Dogmatisch wird diese Wirkung der Grundrechte heute zunehmend mit der Schutzgebotsfunktion der Grundrechte erklärt. Danach ist der Gesetzgeber (hilfsweise der Richter) verpflichtet, im Zivilrecht Vorkehrungen zum Schutz der Grundrechte gegen vertragliche Beeinträchtigungen zu schaffen, insbesondere wenn es an einem annähernden Kräftegleichgewicht der Beteiligten fehlt.[2] 5

So ist etwa ein Vertrag nichtig, in dem jemand sich seine Gewissensfreiheit abkaufen lässt. Die Nichtigkeit wird aber nicht unmittelbar durch das Grundrecht aus Art. 4 I GG bewirkt; sie ergibt sich vielmehr aus § 138 unter Berücksichtigung des Wertgehalts des Art. 4 I GG.

1 Vgl. BVerfGE 20, 150 = NJW 1966, 1651.
2 BVerfGE 81, 242 (255 f.) = NJW 1990, 1469 (1470); 89, 214 (232); 98, 365 (395); *BGH* ZIP 2013, 304 (306) (soziales Machtverhältnis erforderlich).

2. Abschlussfreiheit

6 a) **Bedeutung.** Die Abschlussfreiheit gibt dem Einzelnen die Möglichkeit zu entscheiden, ob er überhaupt und mit wem er einen Vertrag schließt.

Ihm steht es frei, sein Bild zu verkaufen oder nicht. Er ist nicht verpflichtet, das von mehreren günstigste oder zeitlich erste Angebot anzunehmen.

Dieser Grundsatz ist in bestimmten Fällen durch Abschlussverbote und Abschlussgebote eingeschränkt.

7 **b) Abschlussverbote.** Abschlussverbote sind zB die gesetzlichen Beschäftigungsverbote. So dürfen etwa Jugendliche (zwischen 15 und 18 Jahren, § 2 II JArbSchG) nicht mit bestimmten gefährlichen oder gesundheitsschädlichen Arbeiten betraut werden (vgl. §§ 22ff. JArbSchG). Verträge, die gegen ein solches gesetzliches Verbot verstoßen, sind nach § 134 nichtig.

In bestimmten Fällen wird die Gültigkeit des Vertrags von einer staatlichen Genehmigung abhängig gemacht. Bis zur Genehmigung ist der Vertrag schwebend unwirksam; bei Versagung der Genehmigung ist er nichtig.

Beispiel: Vertrag zur Veräußerung eines land- oder forstwirtschaftlichen Grundstücks (Grundstückverkehrsgesetz).

8 **c) Abschlussgebote.** Abschlussgebote werden in einer Reihe von Gesetzen festgelegt: Der Gesetzgeber gebietet, ein bestimmtes Vertragsangebot anzunehmen (Kontrahierungszwang).

Beispiele: § 22 Personenbeförderungsgesetz (Sartorius Nr. 950), § 18 des Gesetzes über die Elektrizitäts- und Gasversorgung (EnWG, Sartorius Nr. 830).

Für bestimmte Unternehmen kann sich ein Abschlussgebot aus dem **Diskriminierungsverbot** des **§ 20 III GWB** ergeben. Wenn die Verweigerung eines Vertragsabschlusses als unbillige Behinderung oder unterschiedliche Behandlung und damit als Diskriminierung iSd § 20 III GWB anzusehen ist, folgt aus dem Verbot einer solchen Diskriminierung das Gebot zum Abschluss des verlangten Vertrags.

9 Ferner ist die Abschlussfreiheit durch das **Allgemeine Gleichbehandlungsgesetz** vom 14.8.2006[3] **(AGG)** eingeschränkt. Durch dieses Gesetz wurden

3 BGBl. I 1897; in Kraft getreten am 18.8.2006.

vier EG-Richtlinien[4] gegen Diskriminierungen im Arbeitsrecht und im Zivilrecht umgesetzt. Aufgrund des AGG dürfen Arbeitgeber, Anbieter von Waren oder Dienstleistungen, Vermieter und Versicherungsgesellschaften ihre Vertragspartner nicht mehr frei aussuchen. Die Auswahl darf grundsätzlich nicht mehr aus Gründen der Rasse oder wegen der ethnischen Herkunft, des Geschlechts, der Religion oder Weltanschauung, einer Behinderung, des Alters oder der sexuellen Identität erfolgen (§§ 1, 2 I Nr. 1, 8 AGG). Allerdings sind in §§ 8–10, 20 AGG Ausnahmetatbestände vorgesehen.

Im **Arbeitsrecht** ist gem. § 8 I AGG eine Unterscheidung nach einem der genannten Kriterien zulässig, wenn dieses eine wesentliche und entscheidende berufliche Anforderung darstellt (asiatischer Kellner in einem China-Restaurant). Eine Differenzierung nach dem Alter ist gem. § 10 AGG zulässig, wenn sie objektiv und angemessen und durch ein legitimes Ziel gerechtfertigt ist (zB Anknüpfung an ein Mindestmaß an Berufserfahrung und damit mittelbar auch an das Alter).

Im **Zivilrecht** unterliegen gem. § 19 V AGG solche Verträge nicht den genannten Diskriminierungsverboten, bei denen zwischen den Vertragspartnern oder ihren Angehörigen ein besonderes Nähe- oder Vertrauensverhältnis begründet wird (der Hauseigentümer vermietet eine Einliegerwohnung im selbst bewohnten Haus). Davon abgesehen gelten die meisten Diskriminierungsverbote (außer Rasse und ethnische Herkunft) gem. § 19 I, II AGG nur bei Massengeschäften (zB mit Hotels, Restaurants, Kaufhäusern, Vermietungsgesellschaften) und privatrechtlichen Versicherungsverträgen. Selbst bei diesen sind entsprechende Unterscheidungen gem. § 20 AGG zulässig, wenn dafür ein sachlicher Grund besteht (zB Gefahrvermeidung, Schutz der Intimsphäre, Unterstützung typischerweise leistungsschwacher Gruppen).

Außerdem kann sich ein **Kontrahierungszwang** aus **§§ 826, 249** 10
ergeben: Erfüllt die Ablehnung eines Vertragsangebots den Tatbestand einer sittenwidrigen Schädigung, die nach § 826 zum Schadensersatz verpflichtet, so folgt daraus mittelbar eine Pflicht zur Annahme des Angebots. So hat die Rechtsprechung einen Kontrahierungszwang bejaht, wenn jemand eine Monopolstellung hat und deshalb nur mit ihm ein Vertrag geschlossen werden kann. Dabei spielt es keine Rolle, ob es sich um eine öffentlich-rechtliche Körperschaft oder um ein Unternehmen des Privatrechts handelt. Neuerdings wird mit Recht nicht auf die Monopolstellung, sondern darauf abgestellt, ob eine **öffentliche Versorgungsaufgabe** besteht, die im allgemeinen Interesse von dem Unternehmen zu besorgen ist (Versorgung mit lebenswichtigen Gütern, **Fall a:** Wasser, Medikament, nicht Kinobesuch).

---

4 Antirassismus-Richtlinie 2000/43/EG vom 29.6.2000; Rahmen-Richtlinie 2000/78/EG vom 27.11.2000; Gleichbehandlungs-Richtlinie 2002/73/EG vom 23.9.2002; Gleichstellungs-Richtlinie 2004/113/EG vom 13.12.2004.

11 **d) Hoheitlich diktierte Verträge.** Das Gesetz kannte in der Vergangenheit auch Fälle, in denen durch Hoheitsakt, also nicht durch Willenserklärung, die Wirkungen eines Vertrags herbeigeführt werden (sog. diktierte Verträge).

Beispiel: Bei Scheidung einer Ehe konnte der Richter aufgrund der bis zum 31.8.2009 geltenden HausratsVO zu Gunsten eines der geschiedenen Ehegatten ein Mietverhältnis an der bisherigen Ehewohnung begründen (§ 5 der früheren HausratsVO).

Hier wurde das Vertragsprinzip aufgegeben. Vielmehr entstand durch staatlichen Hoheitsakt ein Rechtsverhältnis, das im Übrigen den privatrechtlichen Regeln (zB des Mietvertrags) unterlag. Die diktierten Verträge spielten vor allem in Zeiten der Zwangsbewirtschaftung eine Rolle; ihre Bedeutung ist mit dem Abbau der Zwangswirtschaft immer mehr zurückgegangen.

Die HausratsVO wurde mit Wirkung zum 1.9.2009 durch §§ 1568a, 1568b sowie §§ 200ff. FamFG ersetzt. Nach § 1568a hat ein Ehegatte jetzt einen Anspruch auf Überlassung der Ehewohnung, und er tritt kraft Gesetzes mit Rechtskraft der gerichtlichen Entscheidung im Wohnungszuweisungsverfahren in das von dem anderen Ehegatten begründete Mietverhältnis ein oder er setzt ein von beiden begründetes Mietverhältnis allein fort. Eine richterliche Rechtsgestaltung des Mietverhältnisses gibt es dagegen nicht mehr.

3. Gestaltungsfreiheit

12 **a) Grundsatz.** Die Vertragsparteien sind frei darin, was sie als Inhalt des Vertrags bestimmen. Sie brauchen also nicht einen Vertragstyp auszuwählen, der im Gesetz (zB §§ 433ff.) geregelt ist. Diese **Typenfreiheit** im Schuldrecht erklärt sich daraus, dass es beim Schuldvertrag regelmäßig nur um die Interessen der Vertragsparteien selbst geht. Dort, wo Interessen Dritter im Spiele sind, werden der Gestaltungsfreiheit der Parteien Grenzen gesetzt.

Beispiele: Dingliche Rechte können nur in den gesetzlich vorgesehenen Formen (Eigentum, Pfandrecht, Hypotheken, Grundschulden, Dienstbarkeiten) begründet werden (Typenzwang im Sachenrecht). – Beim Gesellschaftsvertrag sind die Parteien regelmäßig frei in der Gestaltung des Innenverhältnisses (der Parteien untereinander); dagegen sind im Außenverhältnis (gegenüber Dritten) die Gesetzesbestimmungen im Allgemeinen zwingend.

13 Grundsätzlich können also die Parteien des Schuldvertrags einen atypischen Vertrag schließen, dessen wesentliches Element keinem

der geregelten Verträge entspricht (zB Energielieferungsvertrag). Oft liegt ein gemischter Vertrag vor, der die Elemente verschiedener Vertragstypen enthält.

So setzt sich der Vertrag über ein Mittagessen im Gasthaus aus Elementen des Kaufs (der Speise), der Miete (des Geschirrs) und des Dienstvertrags (Bedienung) zusammen.

Auch wenn die Parteien einen bestimmten Vertragstyp wählen, können sie einzelne gesetzliche Regeln abbedingen. 14

Beispiel: Das Gesetz gibt dem Käufer bei einem Mangel der Kaufsache (§§ 434, 435)[5] die Rechte aus § 437. Der Käufer kann vorrangig Nacherfüllung nach Maßgabe des § 439 verlangen (§ 437 Nr. 1). Ist die zur Nacherfüllung gesetzte Frist fruchtlos verstrichen oder eine Fristsetzung ausnahmsweise entbehrlich, kann der Käufer nach seiner Wahl von dem Vertrag zurücktreten oder den Kaufpreis mindern (§ 437 Nr. 2) **und** Schadens- oder Aufwendungsersatz verlangen (§ 437 Nr. 3). Die Parteien können aber zB vereinbaren, dass der Rücktritt ausgeschlossen sein und die Minderung auch ohne einen vergeblichen Nachbesserungsversuch des Verkäufers in Betracht kommen soll. Möglich ist auch ein vertraglicher Ausschluss der Mängelrechte (Grenze: §§ 444, 476 I, III)[6].

Die Parteien von internationalen Verträgen können sogar vereinbaren, welches nationale Recht auf den Vertrag anwendbar sein soll. Wenn sie von dieser sogenannten Rechtswahlfreiheit Gebrauch machen, ersparen sie sich die oft komplizierte Suche nach der für das Vertragsverhältnis maßgeblichen Rechtsordnung.[7] 14a

b) Gesetzliche Beschränkungen der Gestaltungsfreiheit. Nur ausnahmsweise sind der Gestaltungsfreiheit durch zwingende gesetzliche Bestimmungen Grenzen gesetzt. 15

Ein Vertrag, der **gegen ein gesetzliches Verbot** oder **gegen die guten Sitten** verstößt, ist nichtig (§§ 134, 138).

Eine **Verpflichtung über das künftige Vermögen** eines Vertragspartners oder den **Nachlass eines noch lebenden Dritten** ist nichtig (siehe § 311b II, IV; **Fall c, 2. Frage**).

Zum Schutze eines Vertragspartners verbieten §§ 276 III, 444 bestimmte Haftungsfreistellungen.

Auch die Vorschriften über die Gestaltung rechtsgeschäftlicher Schuldverhältnisse durch Allgemeine Geschäftsbedingungen enthalten Einschränkungen der Gestaltungsfreiheit (§§ 305 ff., → Rn. 28 ff.).

---

5 *Brox/Walker* SchuldR BT § 4 Rn. 6 ff.
6 *Brox/Walker* SchuldR BT § 4 Rn. 31a ff.
7 Dazu *Hoffmann/Stegemann* JuS 2013, 207.

Daneben finden sich auch im Miet- und Arbeitsrecht zahlreiche zwingende Bestimmungen, die zu Ungunsten des sozial Schwächeren nicht abbedungen werden können (zB Regelungen zum Kündigungsschutz, zum Mindesturlaub).

Für die Wahl des anwendbaren Rechts bei internationalen Verträgen im EU-Raum ergeben sich die Grenzen aus der europäischen Verordnung über das auf vertragliche Schuldverhältnisse anzuwendende Recht (sog. Rom I-VO).[8]

4. Formfreiheit

16 **a) Grundsatz.** Grundsätzlich kann jeder Vertrag **formlos** geschlossen werden. Es genügen also mündliche Erklärungen. Auch eine bestimmte Körperbewegung reicht aus, wenn daraus eine Willenserklärung entnommen werden kann (zB Handheben oder Kopfnicken als Annahme eines Angebots).

17 **b) Formzwang in Ausnahmefällen.** Ausnahmsweise besteht dann ein **Formzwang**, wenn er durch Parteivereinbarung oder Gesetz vorgesehen ist.

aa) Die **Vertragsparteien** können die Gültigkeit des Vertrags von der Beachtung einer bestimmten Form abhängig machen, um einen später erforderlichen Beweis zu sichern und/oder eine größere Rechtsklarheit zu erreichen. Wird die Form nicht eingehalten, ist der Vertrag im Zweifel nichtig (§ 125 S. 2).

18 bb) Das **Gesetz** schreibt in besonders genannten Fällen eine Form des Vertrags oder nur einer der beiden Willenserklärungen vor. Gesetzgeberischer Grund dafür ist meist die Beweissicherung oder der Schutz vor Übereilung.

Wenn zB § 550 die Schriftform für einen Mietvertrag vorsieht, der für länger als ein Jahr geschlossen wird, so soll dadurch vor allem der Beweis über den Vertragsinhalt gesichert werden; das ist besonders bei der Veräußerung des vermieteten Wohnraumes für den Erwerber wichtig, der anstelle des Vermieters in dessen Rechte und Pflichten eintritt (§ 566)[9].

Beim Bürgschaftsvertrag bedarf nur die Willenserklärung des Bürgen der Schriftform (§ 766 S. 1). Er soll dadurch vor Übereilung geschützt werden. Dieses Schutzes bedarf er dann nicht, wenn er die Hauptverbindlichkeit erfüllt hat (§ 766 S. 3) oder wenn er Kaufmann ist (§ 350 HGB)[10].

---

8 VO (EG) Nr. 593/2008 vom 17.6.2008, ABlEU Nr. L 177/6.
9 *Brox/Walker* SchuldR BT § 12 Rn. 5 ff.
10 *Brox/Henssler* HandelsR Rn. 383.

An besonderen Formen sieht das Gesetz vor: die Schriftform (§ 126), die elektronische Form (§ 126a), die Textform (§ 126b) die öffentliche Beglaubigung der Unterschrift (§ 129; Schutz vor Fälschung der Unterschrift) und die notarielle Beurkundung (§ 128; vgl. auch § 127a). Ist die gesetzlich vorgeschriebene Form nicht eingehalten, so ist der Vertrag nichtig (§ 125 S. 1). 19

c) **Form der notariellen Beurkundung.** Das Allgemeine Schuldrecht schreibt in drei Fällen eine notarielle Beurkundung des ganzen Vertrags zwingend vor (§ 311b I, III, V). 20

aa) Die praktisch bedeutsamste Formvorschrift enthält § 311b I 1 für solche Verträge, welche die **Verpflichtung zur Übereignung oder zum Erwerb eines Grundstückes** enthalten. Gemeint sind also die Verpflichtungsgeschäfte (zB Kauf, Tausch), nicht die Verfügungsgeschäfte (zB Übereignungsvertrag).

Wie das Eigentum am Grundstück übertragen wird, ergibt sich aus dem Sachenrecht (Auflassung und Eintragung, §§ 925, 873). Welche Voraussetzungen gegeben sein müssen, damit der Erwerber im Grundbuch als Eigentümer eingetragen wird, bestimmt die Grundbuchordnung (vgl. §§ 13, 19, 20, 29, 39 GBO).

Nicht alle Verpflichtungsgeschäfte, die sich auf ein Grundstück beziehen, fallen unter § 311b I. So enthält zB ein Miet- oder Pachtvertrag über ein Grundstück keine Verpflichtung zur **Übereignung** oder zum **Erwerb** des Grundstücks.

Die Formvorschrift **bezweckt** eine Sicherung des Beweises und einen Schutz vor Übereilung. Eine Beweissicherung wird nur dann erzielt, wenn der **ganze** Vertrag einschließlich der Gegenleistungsverpflichtungen und aller Nebenabreden beurkundet ist. Es reicht nicht aus, dass in dem beurkundeten Vertrag auf nicht beurkundete Anlagen (zB Baupläne) verwiesen wird (vgl. §§ 13 I, 13a BeurkG).[11] Eine nicht beurkundete Abmachung ist nach §§ 125 S. 1; 311b I 1 nichtig; dann ist im Zweifel der ganze Vertrag nichtig (§ 139, **Fall b**). Im Einzelfall kann es zwar gegen Treu und Glauben (dazu → § 7) verstoßen, wenn sich eine Partei auf die Formnichtigkeit beruft.[12] Dafür gelten aber nach der Rechtsprechung strenge Voraussetzungen: Das Scheitern des Rechtsgeschäfts an dem Formmangel muss zu einem Ergebnis führen, das für die betroffene Partei schlechthin untragbar ist (zB 21

11 BGHZ 74, 346 = NJW 1979, 1496.
12 Vgl. BGHZ 92, 164 (171) = NJW 1985, 1778.

Existenzgefährdung oder besonders schwere Treuepflichtverletzung) [13]. Wird ein niedrigerer als der mündlich vereinbarte Kaufpreis beurkundet, etwa weil die Parteien auf diese Weise Grunderwerbsteuern und Gebühren sparen wollen, so ist der beurkundete Vertrag als Scheingeschäft (§ 117 I) und der gewollte wegen Formmangels (§ 311b I 1) nichtig.

22 § 311b I soll nicht nur den Veräußerer, sondern auch den Erwerber schützen. Deshalb bedarf auch die Verpflichtung zum Erwerb eines Grundstücks, insbesondere ein sog. Kaufanwärtervertrag, in dem der Käufer sich verpflichtet, einen späteren Verkaufsantrag des Grundstücksverkäufers anzunehmen, der notariellen Beurkundung.

Bevollmächtigt jemand einen anderen zum Abschluss eines Grundstücksveräußerungsvertrags, so bedarf die Vollmachtserteilung selbst keiner Form (§ 167 II). Ist sie aber unwiderruflich erteilt, muss sie nach dem Schutzzweck des § 311b I notariell beurkundet sein.

23 Wenn bei einem formnichtigen Veräußerungs- oder Erwerbsvertrag die Parteien die Auflassung (§ 925) erklärt haben und die Eintragung im Grundbuch erfolgt ist, dann bedarf es des Schutzes vor Übereilung nicht mehr. Deshalb wird nach § 311b I 2 der Mangel der Form durch (gültige) Auflassung und Eintragung geheilt. Mit der Übereignung wird also der nicht oder nicht vollständig beurkundete Veräußerungsvertrag in vollem Umfange (einschließlich aller Nebenabreden) gültig **(Fall b).** Ist ein niedrigerer Kaufpreis beurkundet, als die Parteien übereinstimmend gewollt haben, tritt Heilung des Formmangels ein, wenn das Grundstück an den Käufer aufgelassen und dieser im Grundbuch als Eigentümer eingetragen wird. Der Käufer ist damit verpflichtet, den nur mündlich vereinbarten Kaufpreis zu zahlen.

§ 311b I 2 heilt aber nach Wortlaut und Sinn nur den Formmangel. Bei sog. doppelnichtigen Verträgen werden andere Mängel des Kausalgeschäfts, wie etwa die Nichtigkeit wegen Geschäftsunfähigkeit eines Vertragspartners oder die auf einer AGB-Inhaltskontrolle beruhende Unwirksamkeit, nicht geheilt.[14] Ferner führen Auflassung und Eintragung nicht zum Zustandekommen eines formwirksamen Vertrags, wenn zuvor das formnichtige Angebot zum Vertragsschluss bereits wegen nicht fristgerechter Annahmeerklärung gem. §§ 146, 148 erloschen war.[15]

13 *BGH* NJW 2004, 3331; 1998, 2350.
14 *BGH* ZIP 2016, 2069 Rn. 30 mAnm *Riehm* JuS 2016, 935.
15 *BGH* ZIP 2016, 2069 Rn. 29 ff.

Die **Aufhebung** eines Grundstückskaufvertrags muss notariell beurkundet werden, wenn der Käufer bereits Eigentümer des Grundstücks geworden ist; denn dann ist er zur Rückübereignung des Grundstücks verpflichtet. 24

In anderen Fällen (zB wenn die Auflassung erklärt ist und der Käufer den Eintragungsantrag gestellt hat oder eine Vormerkung für ihn eingetragen worden ist) kann der Vertrag formlos aufgehoben werden.[16]

bb) Auch Verträge, in denen sich ein Vertragspartner **verpflichtet**, sein **gegenwärtiges** Vermögen oder einen Bruchteil davon zu übertragen oder mit einem Nießbrauch zu belasten, müssen notariell beurkundet werden (§ 311b III). Diese Norm bezweckt den Schutz vor Übereilung.[17] Für die Anwendung des § 311b III kommt es entscheidend darauf an, ob nach dem Parteiwillen das Vermögen als solches veräußert werden soll. Wollen die Parteien allerdings nur einzelne Gegenstände übertragen, so bedarf der Verpflichtungsvertrag selbst dann keiner Form, wenn diese Gegenstände objektiv das ganze Vermögen des Veräußerers darstellen. 25

Die Formvorschrift betrifft das Verpflichtungsgeschäft, nicht die Verfügungsgeschäfte. Durch Erfüllung des Verpflichtungsvertrags wird – anders als bei § 311b I 2 – der Mangel der Form nicht geheilt. Das Gesetz kennt keinen allgemeinen Grundsatz der Heilung von Formmängeln, und Spezialregelungen wie § 311b I 2 und § 518 II können wegen ihrer besonderen Zwecke nicht auf die formunwirksame Vermögensübertragung angewendet werden.[18] Bereits übereignete Sachen können nach § 812 zurückverlangt werden.

§ 311b III behandelt den formbedürftigen Vertrag über das **gegenwärtige** Vermögen. Demgegenüber ist der Verpflichtungsvertrag über das **künftige** Vermögen in jedem Falle nichtig (§ 311b II). Der Grund dafür liegt darin, dass sich niemand gleichsam seiner Erwerbsfähigkeit begeben und damit jeden Antrieb zu eigenem Erwerb verlieren soll.[19] 26

Im **Fall c, 1. Frage,** ist der Vertrag formnichtig (§§ 311b III; 125 S. 1; gegenwärtiges Vermögen); bei der **2. Frage** ergibt sich die Nichtigkeit aus § 311b II (künftiges Vermögen).

cc) Eine weitere Formvorschrift enthält § 311b V für Verträge unter künftigen gesetzlichen Erben über ihren Erb- oder Pflichtteil. 27

---

16 So mit Recht *Reinicke/Tiedtke* NJW 1982, 2286; siehe auch *Pohlmann* DNotZ 1993, 355; *Eckardt* JZ 1996, 934; anders aber BGHZ 83, 395.
17 Mot. II, 188.
18 *BGH* NJW 2017, 885 Rn. 11 f. mAnm *Wellenhofer* JuS 2017, 467.
19 Mot. II, 186 f.

Allerdings ist ein Verpflichtungsvertrag über den Nachlass eines noch lebenden Dritten normalerweise nichtig (§ 311b IV; ebenso beim Vertrag über den Pflichtteil oder ein Vermächtnis aus dem Nachlass eines noch lebenden Dritten). Niemand soll auf den Tod eines anderen spekulieren.[20]

Demgegenüber wird ein Bedürfnis für einen solchen Vertrag unter zukünftigen **gesetzlichen** Erben (§§ 1924 ff.) vom Gesetz anerkannt.[21] Dieser Vertrag bedarf nach § 311b V der notariellen Beurkundung, damit ein Schutz vor Übereilung gewährleistet ist.

Beispiel: Ein Sohn des noch lebenden Erblassers braucht Geld, weil er ein Geschäft eröffnen will. Da ein Erbvertrag mit dem Vater nicht zu erreichen ist, schließt er mit seinem Bruder einen Vertrag, nach dem der Bruder ihm seinen künftigen Erbteil abkauft. Der Vertrag hat nur schuldrechtliche und keine erbrechtliche Bedeutung. Tritt der Erbfall später ein, muss der Sohn seinen Anteil am Nachlass nach § 2033 auf seinen Bruder übertragen.

II. Gestaltung des Vertrags durch Allgemeine Geschäftsbedingungen

28 **Schrifttum:** *Becker*, Die AGB-Inhaltskontrolle im unternehmerischen Geschäftsverkehr aus teleologischer Sicht, JZ 2010, 1098; *Berger*, Für eine Reform des AGB-Rechts im Unternehmerverkehr, NJW 2010, 465; *Berger/Kleine*, AGB-Gestaltung und Transparenzgebot, NJW 2007, 3526; *Bieder*, Der Schutz vor täuschungsgeeigneten Formularverträgen. Überlegungen zur Konkretisierung des AGB-rechtlichen Transparenzgebots (§ 307 Abs. 1 S. 2 BGB), AcP 216 (2016), 911; *Blattner*, Fitnessverträge – Wirksamkeit von AGB zu Laufzeitklauseln und außerordentlicher Kündigung, MDR 2012, 743; *Bloching/Ortolf*, Schriftformklauseln in der Rechtsprechung von BGH und BAG, NJW 2009, 3393; *Eisenhardt*, Summierung formularvertraglicher und ausgehandelter Renovierungsklauseln, WuM 2013, 332; *Hager*, Grundlagen des Deutschen Verbraucherschutzes, JA 2011, 721; *Hamann/Rudnik*, Formulararbeitsverträge auf dem Prüfstand, JURA 2009, 335, 486; *Henke*, „Berühren verpflichtet zum Kauf" – ein Sonderfall des Vertragsschlusses im Selbstbedienungsladen, JA 2017, 339; *Hennrichs*, Die Kontrolle von Allgemeinen Geschäftsbedingungen, in: DHLR SchuldR 169; *Kappus*, Inhaltskontrolle gesetzesretizierender Klauseln, NJW 2003, 322; *Koch*, Auswirkungen der Schuldrechtsreform auf die Gestaltung Allgemeiner Geschäftsbedingungen, WM 2002, 2137, 2217; *ders.*, AGB-Klauseln zur Verkürzung der Verjährung von Schadensersatzansprüchen, MDR 2016, 61; *Kötz*, Der Schutzzweck der AGB-Kontrolle – Eine rechtsökonomische Skizze, JuS 2003, 209; *Lange*, Auslegung, Unklarheitenregel und Transparenzklausel, ZGS 2004, 208;

20 Vgl. Mot. II, 182 ff.
21 Vgl. Prot. I, 456.

Leuschner, Gebotenheit und Grenzen der AGB-Kontrolle, AcP 207 (2007), 491; *ders.*, AGB-Kontrolle im unternehmerischen Verkehr, JZ 2010, 875; *ders.*, Die Kontrollstrenge des AGB-Rechts, NJW 2016, 1222; *Löhnig/Gietl*, Grundfälle zum Recht der Allgemeinen Geschäftsbedingungen, JuS 2012, 393 und 494; *Maier-Reimer*, AGB-Recht im unternehmerischen Rechtsverkehr – Der BGH überdreht die Schraube, NJW 2017, 1; *Maier-Reimer/Niemeyer*, Unternehmenskaufvertrag und AGB-Recht, NJW 2015, 1713; *Miethaner*, AGB oder Individualvereinbarung – die gesetzliche Schlüsselstelle „im Einzelnen ausgehandelt“, NJW 2010, 3121; *Müller/Schmitt*, Verlängerungsklauseln in der AGB-Kontrolle, NJW 2017, 1991; *Neideck*, Die Einbeziehung von AGB in der Fallbearbeitung, JA 2011, 492; *Peter*, Haftungsklauseln in Allgemeinen Geschäftsbedingungen, JURA 2015, 121; *Petersen*, Die Einbeziehung Allgemeiner Geschäftsbedingungen, JURA 2010, 667; *Pfeiffer*, Entwicklungen und aktuelle Fragestellungen des AGB-Rechts, NJW 2017, 913; *ders.*, Neues Schuldrecht – neues Leitbild im AGB-Recht, in: Dauner-Lieb/Konzen/Schmidt Neues SchuldR 225; *Renner*, Die „Natur des Vertrags“ nach § 307 Abs. 2 Nr. 2 BGB, AcP 213 (2013), 677; *Schäfer*, Vertragsschluss unter Einbeziehung von Allgemeinen Geschäftsbedingungen gegenüber Fremdmuttersprachlern, JZ 2003, 879; *Schinkels*, Konditionenverschlechterung durch modifizierende Verlängerungsklauseln bei Dauerschuldverhältnissen, NJW 2015, 1473; *Schmidt*, AGB-Recht in der Fallbearbeitung, Ad Legendum 2/2010, 95; *ders.*, Die Haftung für die Verwendung unwirksamer Allgemeiner Geschäftsbedingungen, WuM 2010, 191; *ders.*, Einbeziehung von AGB im unternehmerischen Geschäftsverkehr, NJW 2011, 3329; *ders.*, Einbeziehung von AGB im Verbraucherverkehr, NJW 2011, 1633; *Stöhr*, Die Bestimmung der Transparenz im Sinne von § 307 Abs. 1 S. 2 BGB – Ein Plädoyer für eine empirische Herangehensweise, AcP 216 (2016), 558; *P. W. Tettinger*, Zu den Freizeichnungsmöglichkeiten des Verkäufers einer mangelhaften Sache, AcP 205 (2005), 1; *Thüsing*, Was sind die Besonderheiten des Arbeitsrechts?, NZA 2002, 591; *Walker*, Die Verbandsklage nach dem Unterlassungsklagengesetz (UKlaG), in: DHLR SchuldR 183; *Weick*, Schuldrechtsreform, Transparenz und Gesetzgebungstechnik, JZ 2002, 442; *v. Westphalen*, Nach der Schuldrechtsreform: Neue Grenzen für Haftungsfreizeichnungs- und Haftungsbegrenzungsklauseln, BB 2002, 209; *ders.*, AGB-Recht im zweiten Halbjahr 2018, NJW 2019, 269; *Willems*, Rückzahlung in Gutscheinform beim Verbraucherwiderruf, NJW 2018, 1049; *Wolf/Lindacher/Pfeiffer*, AGB-Recht, 6. Aufl., 2013.

Schrifttum zum früheren AGBG: siehe Nachweise in 34. Auflage.

Die Freiheit der inhaltlichen Gestaltung des Vertrags wird oft weitgehend durch Allgemeine Geschäftsbedingungen (AGB; §§ 305 ff.) eingeschränkt.

Seit 1977 war das Recht der AGB in einem eigenen Gesetz, dem AGB-Gesetz, geregelt. Im Zuge der Schuldrechtsreform hat der Gesetzgeber mit Wirkung zum 1.1.2002 auch den materiell-rechtlichen Teil des AGB-Gesetzes ebenso wie andere Sondergesetze in das BGB integriert (zur Übernahme der verfahrensrechtlichen Vorschriften des AGB-Gesetzes in das UKlaG siehe → Rn. 59). Inhaltlich sind mit der Integration des AGB-Gesetzes lediglich geringe Änderungen des vor der Schuldrechtsreform geltenden Rechts verbunden. Abgesehen von einigen Anpassungen an einzelne im Rahmen der Schuldrechtsreform geänderte Vorschriften des BGB wurden die früheren Regelungen des AGBG weitgehend wörtlich übernommen und in wenigen Vorschriften zusammengefasst. Deshalb kann zur Auslegung der §§ 305 ff. die zum früheren AGBG ergangene Rechtsprechung im Wesentlichen noch herangezogen werden. Die Einordnung der Regelungen über Allgemeine Geschäftsbedingungen in das Allgemeine Schuldrecht war im Rahmen der Schuldrechtsreform heftig umstritten. Der Gesetzgeber hat sich für diesen Standort und nicht für den Allgemeinen Teil des BGB entschieden, weil durch Allgemeine Geschäftsbedingungen regelmäßig von den dispositiven Bestimmungen des Schuldrechts abgewichen werden soll. In der Gesetzesbegründung[22] ist aber ausdrücklich klargestellt, dass durch diesen Standort keine Einschränkung des Anwendungsbereichs allein auf Schuldverträge bezweckt ist, sondern lediglich der Schwerpunkt des Anwendungsbereichs betont werden soll. Die §§ 305 ff. finden daher zB auch auf Verträge auf dem Gebiet des Sachenrechts oder auf einseitige Rechtsgeschäfte, die mit einer vertraglichen Beziehung im Zusammenhang stehen, Anwendung.

1. Begriff

29 Die Anwendbarkeit der §§ 305 ff. setzt voraus, dass es um die Gestaltung eines Vertrags durch AGB geht. AGB sind alle für eine Vielzahl von Verträgen vorformulierten Vertragsbedingungen, die eine Vertragspartei (Verwender) der anderen bei Abschluss eines Vertrags stellt (§ 305 I 1).

a) Vertragsbedingungen. Unter Vertragsbedingungen sind Bestimmungen zu verstehen, die Inhalt des Vertrags werden sollen. Dabei kann es sich um fast den ganzen Vertragsinhalt oder nur um einzelne Vertragsbestandteile handeln.

Beispiele: Ein Formularvertrag wie der Einheitsmietvertrag enthält bis auf die Angabe des Mietobjekts, des Mietzinses und des Beginns der Mietzeit alle Vertragsbestimmungen. – Zahlungs- oder Lieferungsbedingungen treffen nur Regelungen über einzelne Vertragsteile.

30 **b) Für eine Vielzahl von Verträgen vorformuliert.** Die Vertragsbedingungen müssen für eine Vielzahl von Verträgen vorformuliert sein. Eine „Vielzahl" setzt die Absicht einer mindestens dreimaligen

---

22 BT-Drs. 14/6040, 149.

Verwendung voraus.[23] Nicht erforderlich ist, dass die Bedingungen gegenüber verschiedenen Vertragspartnern verwendet werden sollen.[24] Ferner spielt es keine Rolle, ob der Verwender selbst, sein Interessenverband oder ein Dritter sie aufgesetzt hat. Deshalb reicht es aus, wenn ein Dritter die Bedingungen für eine Vielzahl von Verträgen vorformuliert hat, selbst wenn die Vertragspartei, die die Klauseln stellt, sie nur in einem einzigen Vertrag verwenden will.[25] Es ist auch gleichgültig, ob die Bestimmungen einen äußerlich gesonderten Vertragsbestandteil bilden oder in die Vertragsurkunde selbst aufgenommen werden, welchen Umfang sie haben, in welcher Schriftart sie verfasst sind und welche Form der Vertrag hat (§ 305 I 2).

So kann in einem notariellen Vertrag auf (zB vorgedruckte oder mittels PC ausgedruckte) Bedingungen Bezug genommen oder können diese selbst in den Text der notariellen Urkunde aufgenommen werden. AGB sollen nach Ansicht des BGH sogar dann vorliegen, wenn ein Notar Klauseln aus einem Formularbuch entnimmt und sich eine Partei diese einseitig zu ihren Gunsten zunutze macht.[26]

c) Vom Verwender gestellt. Die Vertragsbedingungen müssen dem 31
Vertragspartner von dem Verwender gestellt, also einseitig auferlegt werden. Daran fehlt es, wenn die Vertragsbedingungen zwischen den Parteien im Einzelnen ausgehandelt werden (§ 305 I 3). Ein Aushandeln liegt nach ständiger Rspr. des BGH nur dann vor, wenn der Verwender die in seinen AGB enthaltenen Bestimmungen ernsthaft zur Disposition stellt und dem Verhandlungspartner Gestaltungsfreiheit zur Wahrung eigener Interessen einräumt mit zumindest der realen Möglichkeit, die inhaltliche Ausgestaltung der Vertragsbedingungen beeinflussen zu können.[27] Davon kann keine Rede sein, wenn der Verwender die Vertragsbedingung als nicht verhandelbar darstellt, selbst wenn der Vertragspartner den Vertrag erst nach juristischer Prüfung der Klausel abschließt.[28] Allein der Umstand, dass der Vertragspartner des Verwenders zwischen zwei Varianten wählen kann, reicht ebenfalls für eine ausgehandelte Individualabrede nicht aus, sofern keine Möglichkeit besteht, alternativ eigene Textvorschläge ein-

23 *BGH* NJW 2002, 138.
24 *BGH* NJW 2004, 1454 f.
25 *BGH* ZIP 2005, 1604.
26 BGHZ 74, 210; kritisch: *Stürner* JZ 1979, 758; anders auch: *BGH* NJW 1991, 843.
27 *BGH* NJW 1992, 2759 (2760) mwN; 2000, 1110, (1111 f.); 2002, 2388 (2389); 2010, 1131 (1132 f.); 2016, 1230 (1231 f.).
28 *BGH* NJW 2013, 856 f.

zubringen und durchzusetzen.[29] Bei umfangreichen oder nicht leicht verständlichen Klauseln setzt „Aushandeln“ zusätzlich voraus, dass der Verwender die andere Vertragspartei über den Inhalt und die Tragweite der Klauseln im Einzelnen belehrt.[30]

Kommen die Parteien bei dem Aushandeln der Vertragsbedingungen schließlich zu dem Ergebnis, man wolle die auch sonst gebräuchlichen Zahlungsbedingungen – als für beide Parteien zweckmäßig – vereinbaren, liegt trotz des vorformulierten Textes eine Individualvereinbarung vor, da dieser Text von beiden Parteien frei ausgehandelt und nicht von einer Partei der anderen diktiert ist. Deshalb finden die §§ 305 ff. keine Anwendung. Umgekehrt wird aus einer vom Verwender gestellten vorformulierten Vereinbarung nicht dadurch eine Individualvereinbarung, dass auf Wunsch des Vertragspartners eine Textänderung vorgenommen wird, die aber nicht zu einer Änderung des wesentlichen Inhalts der Klausel führt.[31] Der Verwender kann sich zur Darlegung eines Aushandelns nach § 305 I 3 auch nicht ausschließlich auf eine individualrechtliche Vereinbarung berufen, nach der über die Klauseln „ernsthaft und ausgiebig verhandelt wurde“.[32] Andernfalls könnte der Schutz der §§ 305 ff. leicht umgangen werden.

2. Vorteile und Nachteile von AGB

32 Die Verwendung von AGB bringt insbesondere für den Verwender Vorteile, aber vor allem für den Vertragspartner auch Nachteile mit sich:

a) Vorteile von AGB für den Verwender. Der Verwender verspricht sich von der Vertragsgestaltung durch vorformulierte Bedingungen mehrere Vorteile. So haben die AGB beim Abschluss von Massenverträgen (insbesondere der Großunternehmen, Banken und Versicherungen) eine **Rationalisierungsaufgabe**. Gleichlautende Lieferungs- und Zahlungsbedingungen für eine Vielzahl von täglich geschlossenen Verträgen erleichtern die Geschäftsabwicklung. Ferner dienen die AGB der **Risikobegrenzung des Verwenders**. Diese wird insbesondere durch die vorformulierte Vereinbarung eines Eigentumsvorbehalts, eines Ausschlusses bestimmter Schadensersatzansprüche sowie einer Einschränkung der Rechte des Vertragspartners bei mangelhafter Leistung erreicht. Schließlich kann durch AGB bei

29 *BGH* ZIP 2018, 1123 Rn. 16.
30 *BGH* NJW 2005, 2543 f.
31 *BGH* NJW 2013, 1668 (1669); vgl. auch *BGH* NJW 2013, 1431 (1432) mAnm *Schwab* JuS 2014, 69.
32 *BGH* NJW 2014, 1725 (1727 f.).

solchen Vertragsverhältnissen, die im Gesetz nur unzureichend geregelt sind (zB Leasingvertrag, Automatenaufstellungsvertrag), erreicht werden, dass die gegenseitigen **Rechte und Pflichten immer umfassend geregelt** sind.

b) Nachteile von AGB für den Vertragspartner. Auf der anderen Seite ist nicht zu verkennen, dass die Verwendung von AGB für den Vertragspartner des Verwenders schwere Nachteile mit sich bringen kann. Es unterbleibt ein Aushandeln der Vertragsbestimmungen insoweit, als sie in den AGB festgelegt sind. Der Vertragspartner ist zwar frei darin, ob er mit dem Verwender überhaupt einen Vertrag abschließt; entscheidet er sich aber dazu, muss er sich mit der Geltung der AGB einverstanden erklären. Dazu ist er praktisch gezwungen, wenn er die Ware dringend braucht und der Verwender der AGB eine Monopolstellung hat. Gleiches gilt, wenn er zwar unter mehreren Anbietern wählen kann, diese aber die von ihrem Interessenverband aufgestellten AGB zum Vertragsinhalt machen. Es liegt nahe, dass die Interessen dessen, der die AGB formuliert oder von seinem Interessenverband übernommen hat, in den AGB besser geschützt werden als die des Vertragspartners (zB günstige Risikoverteilung). Nicht selten werden die Rechte des Partners einseitig verkürzt (zB Ausschluss von Schadensersatzansprüchen). Es kommt hinzu, dass ein juristisch und geschäftlich ungeschulter Partner die vielen, oft sehr kleingedruckten Bestimmungen nicht liest oder in ihrer Bedeutung nicht erkennt. Obwohl also formal die Vertragsfreiheit auch bei der Vereinbarung von AGB gewahrt bleibt, handelt es sich in der Sache vielfach um ein einseitiges Diktat des Verwenders. 33

Vor diesen Gefahren soll der Vertragspartner des Verwenders, insbesondere der Verbraucher, durch die §§ 305 ff. geschützt werden. Zu diesem Zweck enthalten die §§ 305 ff. detaillierte Regelungen dazu, unter welchen Voraussetzungen AGB Bestandteil eines Vertrags werden, wie sie auszulegen sind und wann sie inhaltlich unwirksam sind. Die §§ 305 ff. unterliegen nicht der Disposition der Vertragsparteien, sondern sind zwingendes Recht.[33]

Soweit die §§ 305 ff. keine Sonderregelungen enthalten, gelten im Übrigen die allgemeinen Regeln über die Auslegung (§§ 133, 157) und über die Wirksamkeit (zB §§ 134, 138) von Willenserklärungen.

33 *BGH* NJW 2014, 1725 (1728).

3. Einbeziehung in den Vertrag

34 Die AGB sind keine Rechtsnormen wie etwa Tarifverträge, denen der Gesetzgeber ausdrücklich Normencharakter beigelegt hat. Die Geltung der AGB beruht immer auf rechtsgeschäftlicher Grundlage. Rechtlich verbindlich werden sie erst, wenn sie durch Einbeziehungs- oder Rahmenvereinbarung zum Inhalt des einzelnen Vertrags geworden sind.

35 **a) Einbeziehungsvereinbarung im Einzelfall.** Die Einbeziehungsvereinbarung ist kein besonderes Rechtsgeschäft, sondern ein Teil des Vertrags. Sie setzt voraus:

aa) Der Verwender muss die andere Vertragspartei **bei Vertragsschluss ausdrücklich auf die AGB hinweisen** (§ 305 II Nr. 1). Das gilt auch dann, wenn bereits beim Abschluss früherer Verträge auf die AGB Bezug genommen worden war.[34]

Ein Hinweis **nach** Vertragsschluss (zB auf dem Lieferschein, der Rechnung) genügt nicht, da es sich um einen Antrag auf Vertragsänderung handelt, den der Vertragspartner nicht anzunehmen braucht. Aus einem Schweigen des Partners oder der Annahme der Leistung durch ihn kann nicht auf eine Annahme des Änderungsangebots geschlossen werden.

36 **Ausnahmsweise**, wenn nämlich ein ausdrücklicher Hinweis wegen der Art des Vertragsschlusses nur unter unverhältnismäßigen Schwierigkeiten möglich ist, genügt ein **deutlich sichtbarer Aushang** am Ort des Vertragsschlusses (§ 305 II Nr. 1). Das gilt für Verträge des täglichen Lebens, bei denen AGB üblicherweise zu erwarten sind, ein ausdrücklicher Hinweis in der Praxis aber kaum möglich ist.

Beispiele: Beförderung durch die Straßenbahn; Bewachung des Kraftfahrzeugs auf bewachtem Parkplatz.

37 bb) Der Vertragspartner muss **in zumutbarer Weise von dem Inhalt der AGB Kenntnis nehmen können** (§ 305 II Nr. 2). Dafür ist grundsätzlich ein objektiver Maßstab anzulegen. Die AGB müssen nach Art und Größe des Schriftbildes für einen Durchschnittskunden mühelos lesbar und ohne übermäßigen Zeitaufwand auch verständlich sein. Bei einer Bestellung über das Internet genügt es, wenn die AGB des Anbieters über einen auf der Bestellseite gut sichtbaren Link aufgerufen und ausgedruckt werden können.[35]

---

34 *BGH* DB 1986, 2074.
35 *BGH* NJW 2006, 2976 (2977).

Liegt aber eine für den Verwender **erkennbare körperliche Behinderung** 38
der anderen Vertragspartei vor, darf die Möglichkeit der Kenntnisverschaffung nicht allein objektiv am Durchschnittskunden gemessen werden. Vielmehr muss die körperlich bedingte Einschränkung der Wahrnehmungsfähigkeit angemessen berücksichtigt werden (vgl. § 305 II Nr. 2). Zu denken ist insbesondere an Menschen mit Sehbehinderung. Sie bedürfen weiterer Hilfsmittel wie etwa der Übergabe der AGB in einer Form, die ihnen die Kenntnisnahme vor Vertragsschluss ermöglicht. Das kann im Einzelfall durch Übergabe in elektronischer oder akustischer Form oder auch in Braille-Schrift erfolgen.[36]

Erkennt der Verwender, dass es sich bei dem Kunden um einen Ausländer handelt, der die AGB nicht verstehen kann, muss er sich erbieten, eine Übersetzung vornehmen zu lassen. Allerdings kann der Kunde auf eine Übersetzung und überhaupt auf eine Kenntnisnahme verzichten.

cc) Der Vertragspartner muss **mit der Geltung der AGB einverstanden sein** (§ 305 II aE); das Einverständnis kann ausdrücklich oder konkludent erklärt werden. 39

Hat der Verwender auf die AGB ausdrücklich hingewiesen und schließt der Partner ohne Widerspruch gegen die AGB den Vertrag, so sind diese Inhalt des Vertrags.

b) Rahmenvereinbarung. Die Rahmenvereinbarung ist eine von den Vertragsparteien für eine bestimmte Art von künftigen Rechtsgeschäften **im Voraus** getroffene Vereinbarung über die Geltung bestimmter AGB (§ 305 III). Dadurch soll es den Parteien erspart werden, jeweils bei Abschluss eines neuen Vertrags wieder die Geltung der AGB zu vereinbaren. 40

Beispiel: Bei der Aufnahme einer Bankverbindung vereinbaren die Bank und ihr Kunde, dass für alle künftigen Geschäfte die AGB der Bank gelten sollen.

aa) Wirksam ist eine solche Rahmenvereinbarung nur, wenn die **in § 305 II bezeichneten Erfordernisse erfüllt** sind (§ 305 III). 41

Die Bankbedingungen gelten also nur dann für die künftigen Geschäfte, wenn die Bank ausdrücklich darauf hinweist, der Bankkunde davon Kenntnis nehmen kann und mit der Geltung einverstanden ist.

bb) Es kann nur die Geltung **bestimmter** AGB, nicht aber der AGB in ihrer jeweiligen Fassung vereinbart werden. Andernfalls hätte es der Verwender in der Hand, die AGB ohne Einverständnis des Partners einseitig zu seinen Gunsten zu ändern. 42

36 BT-Drs. 14/6040, 150.

Will die Bank im Laufe der Zeit ihre AGB ändern, so werden die geänderten Bedingungen nur unter den Voraussetzungen des § 305 II, also insbesondere bei Einverständnis des Kunden, Vertragsinhalt.

43 **c) Keine überraschende Klausel.** Selbst wenn die Voraussetzungen des § 305 II, III erfüllt sind, so wird eine Bestimmung der AGB dennoch nicht Vertragsbestandteil, wenn sie nach den Umständen, insbesondere nach dem äußeren Erscheinungsbild des Vertrags, so ungewöhnlich ist, dass der Vertragspartner des Verwenders mit ihr nicht zu rechnen braucht (§ 305c I). Diese Bestimmung will den Partner vor Überraschungen schützen; er soll darauf vertrauen dürfen, dass die AGB sich im Rahmen dessen halten, was bei einem solchen Vertrag normalerweise zu erwarten ist.

Beispiele: K kauft von V eine Kaffeemaschine. Nach den AGB verpflichtet er sich außerdem zum monatlichen Bezug einer bestimmten Menge Kaffee. – Obwohl es auf der Vorderseite eines Vertragsformulars „Dauer ein Jahr" heißt, ist auf der Rückseite eine Klausel enthalten, nach der sich die Vertragsdauer automatisch verlängert, wenn nicht bis zu einem bestimmten Termin gekündigt wird.[37] – In einem Formularmietvertrag findet sich unter der Überschrift „Aufrechnung, Zurückbehaltung" eine Klausel, wonach die verschuldensunabhängige Haftung des Vermieters für anfängliche Mängel der Mietsache (§ 536a I)[38] ausgeschlossen wird.[39]

4. Auslegung von AGB und Vorrang der Individualabrede

44 Bei der normativen Auslegung von AGB aus der Sicht des Empfängerhorizontes kommt es im Gegensatz zu den allgemeinen Regeln nicht auf die Person des konkreten Vertragspartners, sondern auf den Empfängerhorizont eines Durchschnittsempfängers an. Das ist die Konsequenz daraus, dass die AGB für eine Vielzahl von Geschäften gedacht sind.

Nach § 305c II gehen **Auslegungszweifel zu Lasten des Verwenders**. Diese Regel von der kundenfreundlichen Auslegung[40] kommt allerdings nur dann zum Zug, wenn sich durch Auslegung kein eindeutiges Ergebnis erzielen lässt.

45 Nach § 305b gilt der **Vorrang der Individualabrede**. Diese Vorschrift spielt immer dann eine Rolle, wenn eine Klausel in AGB im Widerspruch zu einer einzeln ausgehandelten Vereinbarung steht.

---

37 Vgl. *BGH* NJW 1989, 2255.
38 *Brox/Walker* SchuldR BT § 11 Rn. 15.
39 *BGH* NJW 2010, 3152 (3153 f.).
40 *BGH* NJW 2012, 2337 (2340).

Deshalb ändert zB die Regelung in den AGB, wonach Zusatzvereinbarungen zum Vertrag nur wirksam sind, wenn sie schriftlich getroffen werden, nichts an der Wirksamkeit einer individuell getroffenen mündlichen Vereinbarung; denn durch diese vorrangige Individualvereinbarung ist gleichzeitig das in den AGB festgelegte Schriftformerfordernis aufgehoben.

5. Inhaltskontrolle

Aus den §§ 307–309 ergibt sich, unter welchen Voraussetzungen solche AGB, die wirksam in den Vertrag einbezogen wurden, aus inhaltlichen Gründen unwirksam sind. Die in diesen Vorschriften geregelte Inhaltskontrolle ist bei denjenigen Bestimmungen in AGB vorzunehmen, durch die von Rechtsvorschriften abweichende oder diese ergänzende Regelungen vereinbart werden **(§ 307 III)**. Das sind die meisten Klauseln. Ausgenommen sind lediglich rein deklaratorische Klauseln, die eine gesetzliche Regelung (in jeder Hinsicht richtig) nur wiederholen,[41] ferner Klauseln über die Bestimmung der Hauptleistung und ihres Preises sowie über das Entgelt für eine rechtlich nicht geregelte, zusätzlich angebotene Sonderleistung,[42] weil diese Inhalte gar nicht gesetzlich geregelt sind, sondern ausgehandelt werden. **46**

Beispiel: Kreditbearbeitungsentgelte und Entgelte für alle SMS-TAN, auch wenn diese gar nicht für einen Zahlungsauftrag verwendet werden, sind keine Gegenleistung für eine vergütungsfähige Leistung des Kreditgebers und damit nicht Bestandteil der Hauptleistung, sondern Kosten für Tätigkeiten, die der Kreditgeber aufgrund gesetzlicher Pflichten oder im eigenen Interesse erbringt (zB Bearbeitung des Darlehensantrags und Prüfung der Bonität des Kunden). Klauseln in den AGB der Banken über Bearbeitungsentgelte sind daher gem. § 307 III kontrollfähige Preisnebenabreden.[43]

§ 307 ist die Generalklausel der Inhaltskontrolle. Die Vorschrift spielt als Auffangtatbestand nur dann eine Rolle, wenn die Klausel nicht schon nach den §§ 308, 309 unwirksam ist. Die in § 308 aufgelisteten konkreten Klauseln sind nicht immer unwirksam, können aber im Einzelfall unwirksam sein, wenn sie zu einer unangemessenen Benachteiligung des Vertragspartners führen (deshalb „Klauselverbote mit Wertungsmöglichkeit"). Die in § 309 genannten Klauseln sind dagegen immer unwirksam. **47**

Aus dem Inhalt der §§ 307–309 ergibt sich, dass diese Vorschriften in umgekehrter Reihenfolge zu prüfen sind. Erst ist zu untersuchen,

41 *BGH* NJW 2012, 2337 (2338).
42 *BGH* NJW 2017, 3222 Rn. 20.
43 *BGH* NJW 2014, 2420 (2422 ff.); 2017, 3222 Rn. 26 ff.

ob die Klausel nach § 309 immer unwirksam ist. Nur wenn das nicht der Fall ist, stellt sich die Frage, ob die Klausel unter § 308 fällt und jedenfalls im Einzelfall unwirksam ist. Nur wenn auch das zu verneinen ist, geht es zuletzt um die Frage, ob ein Verstoß gegen den Auffangtatbestand des § 307 vorliegt.

48 **a) Klauselverbote ohne Wertungsmöglichkeit.** Die in den 15[44] Nummern des § 309 aufgelisteten Klauseln sind immer unwirksam, ohne dass es auf eine Einzelfallprüfung ankommt.

Beispiele: Der Haftungsausschluss durch den Veranstalter eines Reitturniers für Schäden, die Besuchern, Teilnehmern und Pferdebesitzern durch leichte Fahrlässigkeit des Veranstalters entstehen, verstößt gegen § 309 Nr. 7 Buchst. a;[45] denn danach kann die Haftung für fahrlässig verursachte Lebens-, Körper- oder Gesundheitsschäden nicht in AGB ausgeschlossen werden. Aus dem gleichen Grund ist auch die Regelung in den Versteigerungsbedingungen eines Auktionshauses, wonach dem Käufer keine Ansprüche gegen das Auktionshaus wegen Sachmängeln zustehen, unwirksam; denn davon werden auch etwaige Schadensersatzansprüche des Ersteigerers gem. § 437 Nr. 3 wegen Körper- und Gesundheitsschäden wegen eines Sachmangels erfasst, für die eine Haftung nach § 309 Nr. 7 Buchst. a in AGB nicht ausgeschlossen werden kann.[46] Eine danach unzulässige Haftungsbegrenzung ist auch die zeitlich begrenzte Durchsetzbarkeit solcher Ansprüche durch Abkürzung der gesetzlichen Verjährungsfristen.[47] – In den AGB eines Möbelverkäufers heißt es: „Die Haftung für Schäden, die nicht auf der Verletzung des Lebens, des Körpers oder der Gesundheit beruhen, ist ausgeschlossen, es sei denn, dass die Pflichtverletzung des Verkäufers oder seines Erfüllungsgehilfen vorsätzlich begangen wurde.“ Dieser Haftungsausschluss für jedes nicht vorsätzliche Verschulden verstößt gegen § 309 Nr. 7 Buchst. b; danach kann nämlich die Haftung bei Sachschäden auch für grob fahrlässige Pflichtverletzungen nicht ausgeschlossen werden. Bei einer vorsätzlichen oder grob fahrlässigen Schädigung darf die Ersatzpflicht nicht auf den Zeitwert einer Sache beschränkt werden; denn dieser kann niedriger sein als die Kosten einer Ersatzbeschaffung, so dass in dem Abstellen auf den Zeitwert eine unzulässige Haftungsbeschränkung liegen kann.[48] Ebenfalls nach § 309 Nr. 7 Buchst. b unwirksam ist die Klausel in den Möbelversand-AGB eines Online-Shops, wonach die Haftung für Verzögerungen durch ein eingeschaltetes Transportunternehmen ausge-

44 Nr. 15 zu unzulässigen AGB-Klauseln in Werkverträgen wurde eingefügt durch das Gesetz zur Reform des Bauvertragsrechts und zur Änderung der kaufrechtlichen Mängelhaftung vom 28.4.2017 mit Wirkung zum 1.1.2018 (BGBl. I S. 969).

45 *BGH* NJW 2011, 139; ebenso *BGH* NJW-RR 2015, 738 mAnm *Riehm* JuS 2015, 1036 für einen Haftungsausschluss bei grobem Verschulden in Gebrauchtwagenkauf-AGB.

46 *BGH* NJW 2013, 3570 mAnm *Schwab* JuS 2014, 550.

47 *BGH* NJW 2013, 2584 (2585).

48 *BGH* NJW 2013, 2502 (2503).

schlossen wird.[49] – Die Klausel in den AGB eines Luftfahrtunternehmens, wonach bei einer Rücklastschrift eine Bearbeitungsgebühr von 50 EUR pro Buchung anfällt, stellt eine nach § 309 Nr. 5 unwirksame Schadenspauschalierung dar.[50] Auch die Klausel in den AGB eines Freizeitbadbetreibers, wonach beim Verlust des Armbandes mit Chip die volle Höhe des darin eingeräumten Kredits zu entrichten ist, verstößt gegen § 309 Nr. 5 Buchst. a, sofern ein Schaden in dieser Höhe nach dem gewöhnlichen Lauf der Dinge nicht zu erwarten ist.[51] – Eine Verkürzung der Verjährungsfrist für alle Mängelansprüche in den AGB eines Gebrauchtwagenvertrags verstößt gegen § 309 Nr. 7 Buchst. a und b, wenn die dort genannten Ansprüche (zB Schadensersatz wegen schuldhafter Körper- oder Gesundheitsverletzung oder wegen vorsätzlicher oder grob fahrlässiger Pflichtverletzung) nicht ausgenommen sind; denn in der Verjährungsverkürzung liegt ein nach dieser Vorschrift unzulässiger (teilweiser) Haftungsausschluss.[52] – Dagegen verstößt folgende Schadenspauschalierungsklausel in einem Kfz-Kaufvertrag für den Fall der Nichtabnahme des Fahrzeugs nicht gegen § 309 Nr. 5 Buchst. b: „Verlangt der Verkäufer Schadensersatz, so beträgt dieser 10 % des Kaufpreises. Der Schadensersatz ist höher oder niedriger anzusetzen, wenn der Verkäufer einen höheren oder der Käufer einen niedrigeren Schaden nachweist".[53] – Die von einem Unternehmer in einem Online-Anmeldeformular vorgegebene und von dem Kunden (Verbraucher) zwingend durch Anklicken mit einem Häkchen im Kontrollkasten zu versehende Bestätigung „Widerrufsbelehrung zur Kenntnis genommen und ausgedruckt oder abgespeichert" verstößt gegen § 309 Nr. 12 Buchst. b und ist damit unwirksam; denn gem. § 361 III trägt der Unternehmer die Beweislast für die nicht fristgerechte Widerrufserklärung und damit für die ordnungsgemäße Widerrufsbelehrung (vgl. § 312d I 1 iVm Art. 246a § 1 II EGBGB), und die Bestätigung führt zu einer Beweislaständerung.[54] – Eine sog. Ausschlussklausel in einem Arbeitsvertrag, wonach Ansprüche aus dem Arbeitsvertrag verfallen, wenn sie nicht innerhalb einer bestimmten Frist schriftlich geltend gemacht werden, ist gem. § 309 Nr. 13 Buchst. b unwirksam. Danach dürfen in AGB Anzeigen und Erklärungen, die gegenüber dem Klauselverwender oder einem Dritten abzugeben sind, nicht an eine strengere Form als die Textform (§ 126b) gebunden werden.

b) Klauselverbote mit Wertungsmöglichkeit. Alle in § 308 aufgelisteten Klauseln enthalten unbestimmte Rechtsbegriffe (zB „unangemessen lange", „hinreichend bestimmt", „sachlich gerechtfertigter Grund", „zumutbar", „besondere Bedeutung"). Deren Vorliegen muss in jedem Einzelfall unter Vornahme einer Wertung geprüft werden. 49

49 *BGH* NJW 2014, 454 ff.
50 *BGH* NJW 2009, 3570.
51 *BGH* NJW-RR 2015, 690.
52 *BGH* NJW 2013, 2584 (2585).
53 *BGH* NJW 2010, 2122 ff.
54 *BGH* NJW 2014, 2857 (2859 f.).

Beispiele: Eine in den AGB vorgesehene Lieferfrist von sechs Monaten kann beim Kauf eines Möbelstücks unangemessen lange iSv § 308 Nr. 1 sein, während sie beim Kauf eines neuen Pkw üblich und zulässig sein kann. – Vereinbarte Zahlungs-, Überprüfungs- oder Abnahmefristen in AGB können nach § 308 Nr. 1a, 1b selbst dann unangemessen lang sein, wenn sie noch nicht gem. § 271a unwirksam sind. – Die Klausel eines Versandhandelsunternehmens, bei fehlender Lieferbarkeit einen gleichwertigen Ersatzartikel zu liefern, kann einen für den Verbraucher unzumutbaren Änderungsvorbehalt iSv § 308 Nr. 4 enthalten.[55]

50 **c) Generalklausel zur Inhaltskontrolle.** Da der gesetzliche Katalog unzulässiger Klauseln nicht alle in der Praxis vorkommenden Klauseln, die aus Gründen der Vertragsgerechtigkeit unzulässig sein sollen, enthalten kann, stellt § 307 als Auffangtatbestand eine Generalklausel auf. Danach sind AGB unwirksam, wenn sie den Vertragspartner des Verwenders entgegen den Geboten von Treu und Glauben unangemessen benachteiligen (§ 307 I 1). Das ist nach der Rechtsprechung der Fall, wenn der Verwender eigene Interessen missbräuchlich für sich durchzusetzen versucht, ohne von vornherein die Interessen seines Vertragspartners hinreichend zu berücksichtigen und ihm einen angemessenen Ausgleich zuzugestehen.[56]

Eine solche unangemessene Benachteiligung hat der BGH etwa angenommen, wenn bei einer ausschließlich in digitaler Kommunikation (also ohne eigenhändige Unterschrift) vereinbarten und abgewickelten Online-Partnerschaftsvermittlung in einer Vertragsklausel nur für die Kündigung des Vertrags durch den Verbraucher Schriftform (also mit eigenhändiger Unterschrift) verlangt wurde.[57]

Auch solche Klauseln, die in den Anwendungsbereich der §§ 309, 308 fallen und nach diesen Vorschriften nicht zu beanstanden sind, können immer noch nach § 307 unwirksam sein.[58]

aa) In den zwei Fällen des § 307 II ist **im Zweifel** eine unangemessene Benachteiligung zu bejahen:

(1) Eine Bestimmung der AGB ist **mit wesentlichen Grundgedanken der abbedungenen gesetzlichen Regelung nicht zu vereinbaren** (§ 307 II Nr. 1).

---

55 *BGH* NJW 2005, 3567.

56 *BGH* NJW 2016, 2800 (2801); 2016, 1230 (1232); 2013, 856 (858); 2012, 1431 mwN; BGH NJW 2013, 2502 (2503 f.).

57 *BGH* NJW 2016, 2800 (2801). Ein Verstoß gegen § 309 Nr. 13 spielte zur Zeit der Entscheidung noch keine Rolle, weil in der damaligen Fassung dieser Norm noch Schriftform erlaubt war.

58 *BGH* ZIP 2018, 1067 Rn. 17.

Beispiele: Die AGB einer Bank sehen vor, dass die Bank dem Kunden Auslagen in Rechnung stellen darf, wenn sie in seinem Auftrag oder mutmaßlichen Interesse tätig wird (insbesondere für Ferngespräche, Porti). Diese Auslagenersatzklausel ist mit dem Grundgedanken der §§ 670, 683 nicht vereinbar, wonach der Beauftragte oder der Geschäftsführer ohne Auftrag nur solche Aufwendungen ersetzt verlangen kann, die er den Umständen nach für erforderlich halten darf.[59] Sie ist deshalb gem. § 307 II Nr. 1 unwirksam. Gleiches gilt für Klauseln in den AGB von Banken über Bearbeitungsentgelte für solche Tätigkeiten, die das Kreditinstitut im eigenen Interesse oder aufgrund gesetzlicher Pflichten erbringt.[60] – Wenn die AGB einer Bausparkasse vorsehen, dass eine Darlehensgebühr entgegen dem gesetzlichen Leitbild des § 488 I 2 unabhängig von der Laufzeit des Darlehens zu zahlen ist und mit ihr allgemeine Verwaltungskosten der Bausparkasse auf den Kunden abgewälzt werden sollen, liegt darin eine Abweichung von einem wesentlichen Grundgedanken der gesetzlichen Regelung, durch die der Kunde unangemessen benachteiligt wird.[61] – Ebenfalls unwirksam sind AGB von Sparkassen, wonach der Erbe eines Kunden seine Berechtigung nur durch Vorlage eines Erbscheins nachweisen kann und es im Ermessen der Sparkasse liegt, ausnahmsweise auf die Vorlage eines Erbscheins zu verzichten; denn dadurch wird der Erbe gezwungen, auch bei unstreitiger Erbfolge oder einfacherer Nachweismöglichkeit (zB öffentliches Testament) das kosten- und zeitaufwendige Erbscheinverfahren durchzuführen.[62] – Die formularmäßige Verlängerung der sechsmonatigen Vejährungsfrist des § 548 in einem Mietvertrag soll nach Ansicht des BGH selbst dann wegen Unvereinbarkeit mit dem Grundgedanken dieser Vorschrift nach § 307 I 1, II Nr. 1 unwirksam sein, wenn sie „symmetrisch“ sowohl für die Ansprüche des Vermieters (§ 548 I) als auch für die Ansprüche des Mieters (§ 548 II) vereinbart wird.[63] Eine solche Verjährungserschwerung sei sachlich nicht gerechtfertigt und widerspreche dem gesetzgeberischen Anliegen, schnell für Rechtssicherheit zu sorgen. – Nach den AGB eines Maklers soll der Anspruch auf Maklerlohn ohne Rücksicht auf die Maklerleistung entstehen. Diese Klausel verstößt nicht gegen eine der in §§ 308 f. enthaltenen Spezialregeln, wohl aber gegen die Generalklausel des § 307. Nach dem gesetzlichen Leitbild des Maklerrechts hängt die Entstehung des Lohnanspruchs davon ab, dass der angestrebte Vertrag durch Nachweis oder Vermittlung des Maklers zustande kommt (§ 652). Eine davon abweichende AGB ist unwirksam (§ 307 II Nr. 1); dann gilt gem. § 306 II (→ Rn. 56) die gesetzliche Regelung des § 652. – Eine Ausschlussfrist in einem Arbeitsvertrag, wonach ein Anspruch verfällt, wenn er nicht innerhalb von weniger als drei Monaten ab Fälligkeit schriftlich geltend gemacht wird, ist wegen der kurzen Frist mit wesentlichen Grundgedanken des gesetzlichen Verjährungsrechts

59 *BGH* NJW 2012, 2337 (2338).
60 *BGH* NJW 2014, 2420 (2427 ff.).
61 *BGH* NJW 2017, 1461 Rn. 31 ff.
62 *BGH* NJW 2013, 3716 (3719).
63 *BGH* NJW 2017, 3707 Rn. 21 ff.

nicht vereinbar.[64] – Die Preisanpassungsklausel eines Gasversorgungsunternehmens, wonach das Unternehmen bei einer Änderung der Bezugspreise die Kundenpreise anpassen darf, benachteiligt den Vertragspartner unangemessen, wenn keine Anpassungspflicht nach unten bei gesunkenen Bezugskosten besteht.[65] – Die AGB des Lieferanten einer von ihm einzubauenden Küche bestimmen, dass „der Kaufpreis spätestens bei Anlieferung der Gegenstände ohne Abzug zu bezahlen" ist. Das ist nicht mit § 641[66] vereinbar, wonach der Besteller eines Werks grundsätzlich erst dann zur Zahlung verpflichtet sein soll, wenn das Werk vollständig hergestellt ist.[67] – Ein wesentlicher Grundgedanke der gesetzlichen Regelung ist, dass eine Schadensersatzpflicht regelmäßig nur bei Verschulden besteht; deshalb ist eine Klausel in AGB, die eine Haftung auch für den unverschuldeten Verlust einer Sache begründet, wegen Verstoßes gegen § 307 II Nr. 1 unwirksam.[68]

51 (2) Eine Bestimmung der AGB schränkt wesentliche Rechte oder Pflichten, die sich aus der Natur des Vertrags ergeben, so ein, dass die **Erreichung des Vertragszwecks gefährdet** ist (§ 307 II Nr. 2). Insbesondere dürfen die AGB nicht zu einer Aushöhlung von Hauptleistungspflichten der Parteien eines gegenseitigen Vertrags führen.

Beispiele: In den AGB eines Bewachungsunternehmens ist die Haftung für fahrlässig mangelhafte Bewachung ausgeschlossen. Damit ist eine ordnungsgemäße Erfüllung des Bewachungsvertrags in Frage gestellt, so dass der Vertragszweck gefährdet ist. Gleiches hat der BGH bei einem formularmäßigen Ausschluss von Schadensersatzansprüchen des Mieters gegen den Vermieter angenommen; denn die Hauptleistungspflicht des Vermieters zur Erhaltung der Mietsache zum vertragsmäßigen Gebrauch dürfte selbst dann nicht sanktionslos verletzbar sein, wenn der Vermieter nur leicht fahrlässig handele.[69]

52 (3) Weitere **Beispiele** (zT noch zu § 9 AGBG, der Vorgängervorschrift des § 307) aus der Rechtsprechung: **Arbeitsvertrag**: Zahlung einer Leistungszulage „unter Ausschluss jeden Rechtsanspruchs" (soll eine unangemessene Abweichung von dem Grundsatz „pacta sunt servanda" sein).[70] Eine **doppelte Schriftformklausel**, wonach abweichende vertragliche Vereinbarungen der Schriftform bedürfen und auch die Aufhebung des Schriftformerfordernisses schriftlich erfolgen muss, führt nach der Rechtsprechung des BAG[71] grds. zu

64 *BAG* NJW 2006, 795 (797) (zusätzlich Fall von § 307 II Nr. 2).
65 *BGH* NJW 2009, 2662 (dazu *BVerfG* NJW 2011, 1339); 2009, 2667 (2670); 2010, 993; weitere Entscheidungen zu unwirksamen Preisanpassungsklauseln in Energieversorgungsverträgen: *BGH* NJW 2010, 2789; 2010, 2793; 2011, 1342.
66 Dazu *Brox/Walker* SchuldR BT § 25 Rn. 3.
67 *BGH* NJW 2013, 1431 (1432) mAnm *Schwab* JuS 2014, 69.
68 *BGH* NJW-RR 2015, 690 (691).
69 *BGH* NJW 2002, 673.
70 *BAG* ZIP 2007, 1673 ff.; **anders** aber *BAG* NZA 2009, 310.
71 *BAG* NZA 2008, 1233; 2009, 316; vgl. auch *OLG Rostock* NJW 2009, 3376.

einer unangemessenen Benachteiligung des Vertragspartners; denn sie kann bei diesem den unzutreffenden Eindruck erwecken, als sei auch eine mündliche Individualabrede entgegen § 305b (→ Rn. 45) unwirksam. Dadurch kann der Vertragspartner davon abgehalten werden, Rechte geltend zu machen, die ihm aufgrund einer mündlichen Individualvereinbarung zustehen. Der BGH[72] hat die Wirksamkeit einer doppelten Schriftformklausel offengelassen; jedenfalls sei die Klausel wegen des Vorrangs der Individualvereinbarung nach § 305b wirkungslos. **Autokauf**: Ausschluss der vereinbarten Gebrauchtwagengarantie, wenn die empfohlenen Inspektions- und Wartungsarbeiten nicht durchgeführt werden, unabhängig von der Ursächlichkeit für den eingetretenen Schaden;[73] **Autovermietung**: Koppelung der Fälligkeit von Schadensersatzansprüchen an Einsichtnahme in polizeiliche Ermittlungsakten.[74] Dagegen ist es keine unangemessene Benachteiligung, wenn die dem Mieter eines Kraftfahrzeugs gewährte Haftungsfreistellung davon abhängig gemacht wird, dass er bei Unfällen die Polizei hinzuzieht.[75] **Autowaschanlagen**: Haftungsbeschränkung auf Vorsatz und grobe Fahrlässigkeit;[76] **Breitbandkabelanschlussvertrag**: Keine unangemessene Benachteiligung bei Pflicht des Kabelanschlusskunden, für den Einzug des monatlichen Nutzungsentgelts eine Einzugsermächtigung zu erteilen;[77] **Bürgenhaftung**: Formularmäßige Ausdehnung der Haftung über das Kreditlimit hinaus;[78] **Fitness-Studio**: Wirksame Klauseln über stillschweigende Vertragsverlängerung,[79] 24-monatige Vertragsbindung[80] sowie über Entgeltpflicht trotz Nichtnutzung des Studios;[81] **Kabelanschlussunternehmen**: 20-jährige Vertragsdauer;[82] **Kreditinstitut**: Entgelte für Nichtausführung von Daueraufträgen und Überweisungen sowie für Rückgabe von Schecks und Lastenschriften mangels Deckung[83] sowie für Verwaltung von Freistellungsaufträgen[84] und für die Bearbeitung und Überwachung von Pfändungsmaßnahmen;[85] **Kundenkreditkarte**: Verlagerung des Missbrauchsrisikos auf den Kunden ohne Rücksicht auf dessen Verschulden;[86] **Mietvertrag**: Vorauszahlungsklauseln in Wohnraummietverträgen[87] und starrer Fristenplan für Schönheitsreparaturen unabhängig vom tatsächlichen Re-

72 *BGH* NJW 2017, 1017 Rn. 16 ff. mAnm *Emmerich* JuS 2017, 1024.
73 *BGH* NJW 2014, 209 (211); NJW 2011, 3510 (3512 f.); 2008, 214 f.
74 *BGH* NJW 1994, 1788.
75 *BGH* NJW 2009, 3229.
76 *BGH* NJW 2005, 422 (424).
77 *BGH* NJW 1996, 988.
78 *BGH* BB 1995, 1705.
79 *BGH* JZ 1997, 1007.
80 *BGH* NJW 2012, 1431.
81 *BGH* NJW 1997, 193.
82 *BGH* NJW 1997, 3022.
83 *BGH* NJW 1998, 309.
84 *BGH* NJW 1997, 2752.
85 *BGH* NJW 1999, 2276.
86 *BGH* NJW 1991, 1886.
87 *BGH* NJW 1995, 254.

novierungsbedarf;[88] zweijähriger Kündigungsausschluss im Mietvertrag über ein von einem Studenten angemietetes Zimmer;[89] **Partnerschaftsvermittlungsvertrag**: Laufzeitverlängerungsklausel;[90] **TV-Abonnementvertrag**: Preisanpassungsklauseln, wenn der Grund für die Preiserhöhung nicht überprüfbar ist und die Preisanpassung auch zur Erzielung eines zusätzlichen Gewinns möglich ist;[91] **Versicherungsbedingungen**: Uneingeschränktes Recht des Versicherers, Prämien, Tarife und sonstige versicherungsvertragliche Rechte und Pflichten abzuändern.[92]

Diese Aufzählung ist lediglich beispielhaft. Eine kaum übersehbare Zahl von weiteren Fällen ist in den Kommentaren zu § 307 nachgewiesen.

53 bb) Eine unangemessene Benachteiligung kann sich auch daraus ergeben, dass die **Bestimmung nicht klar und verständlich** ist (§ 307 I 2). Diese Vorschrift regelt das sogenannte **Transparenzgebot** für AGB. In AGB sollen die Rechte und Pflichten des Vertragspartners durch eine entsprechende Ausgestaltung und geeignete Formulierung der Vertragsbedingungen durchschaubar, richtig, bestimmt und möglichst klar dargestellt werden.[93] Aus der Formulierung des § 307 I 2 („kann sich ergeben") folgt, dass ein Verstoß gegen das Transparenzverbot nicht automatisch zur Unwirksamkeit der Klausel führt, sondern nur dann, wenn sich im Einzelfall aufgrund einer sorgfältigen Abwägung aller Umstände eine unangemessene Benachteiligung des Vertragspartners feststellen lässt. Das ist zu bejahen, wenn die Gefahr besteht, dass der Vertragspartner aufgrund der Intransparenz davon abgehalten wird, seine Rechte geltend zu machen.[94]

Beispiele für Verstoß gegen das Transparenzgebot: In einem **TV-Abonnementvertrag** behält sich der Unternehmer eine Preiserhöhung wegen der nicht näher beschriebenen „Erhöhung der Bereitstellungskosten" vor, ohne die Voraussetzungen und den Umfang einer Preiserhöhung näher zu regeln.[95] – Die von einem Gasversorgungsunternehmen mit seinen Kunden vereinbarte **Gaspreisanpassungsklausel**, wonach sich der Gaspreis ändert, wenn eine Änderung der allgemeinen Tarifpreise eintritt, ist intransparent, weil der Umfang der Preisänderung (volle oder prozentuale Weitergabe der Tarifänderung oder Preisbestimmungsrecht des Versorgungsunternehmens) nicht hinreichend klar

88 *BGH* NJW 2004, 2586; vgl. auch NJW 2005, 425 und 1188 sowie NJW-RR 2009, 656.
89 *BGH* NJW 2009, 3506.
90 *BGH* NJW 1999, 276.
91 *BGH* NJW 2008, 360 ff.
92 *BGH* NJW 1998, 454.
93 Grundlegend BGHZ 106, 42 (49) = NJW 1984, 232 f.
94 *BGH* NJW 2015, 2244 (2245) mAnm *Gutzeit* JuS 2016, 354 und *Pottgiesser* EWiR 2015, 543;NJW 2007, 3632.
95 *BGH* NJW 2008, 360 (361).

ist.[96] Ebenso intransparent ist eine Vertragsanpassungsklausel, von der Preisanpassungen und „vertragswesentliche Regelungen“ ausgenommen sind;[97] denn der juristische Laie kann nicht erkennen, welche Regelungen sich dahinter verbergen. – Die Koppelung der ausdrücklichen vertraglichen Zusage des Arbeitgebers, jedes Jahr ein Weihnachtsgeld in bestimmter Höhe zu zahlen, mit dem Vorbehalt, die Zahlung erfolge freiwillig und begründe keinen Rechtsanspruch, ist nach der Rechtsprechung des BAG widersprüchlich und verstößt gegen das Transparenzgebot.[98] – Die Verkürzung der Verjährungsfrist in AGB beim Gebrauchtwagenkauf ist intransparent, wenn sie sich einerseits nicht auf Schadensersatzansprüche bezieht, andererseits im Widerspruch dazu aber alle Ansprüche wegen Verletzung der Nachbesserungspflicht erfassen soll.[99] – Eine sog. **salvatorische Klausel** mit dem Inhalt „soweit gesetzlich zulässig“ verstößt jedenfalls dann gegen das Verständlichkeitsgebot, wenn die Rechtslage nicht ernstlich zweifelhaft ist.[100]

6. Umgehungsverbot

Da nach den §§ 307 ff. viele Klauseln gesetzlich verboten sind, werden „findige“ Verfasser von AGB nach Wegen suchen, auf denen die Vorschriften zur Gestaltung rechtsgeschäftlicher Schuldverhältnisse durch AGB umgangen werden können. Das soll das Umgehungsverbot des § 306a verhindern. Die Vorschrift greift schon beim Vorliegen des objektiven Tatbestandes ein; eine Umgehungsabsicht ist nicht erforderlich. 54

Beispiel: Der Warenumsatz wird nicht durch Kaufverträge, sondern durch Gesellschaftsverträge geregelt, da die §§ 305 ff. bei Gesellschaftsverträgen keine Anwendung finden (§ 310 IV 1). Da durch diese Vertragsgestaltung die Vorschriften über die Allgemeinen Geschäftsbedingungen umgangen werden, greifen gem. § 306a die §§ 305 ff. doch ein.

7. Rechtsfolgen bei Nichteinbeziehung oder Unwirksamkeit

a) Wirksamkeit des Vertrags im Übrigen. Welche Rechtsfolgen sich für den Vertrag im Übrigen ergeben, wenn AGB entweder nicht wirksam in den Vertrag einbezogen wurden oder inhaltlich unwirksam sind, ist in § 306 geregelt. Nach § 306 I bleibt grundsätzlich der Vertrag im Übrigen (also ohne die betreffende AGB) wirksam. Darin liegt eine Abweichung von § 139, wonach Teilnichtigkeit grundsätz- 55

96 *BGH* NJW 2009, 578 f.
97 *BGH* NJW 2016, 2101 (2103 f.).
98 *BAG* NZA-RR 2009, 576 (577).
99 *BGH* NJW 2015, 2244 (2245 f.).
100 *BGH* NJW 2013, 1668.

lich zur Gesamtnichtigkeit führt. Eine Ausnahme gilt gem. § 306 III, wenn ein Festhalten an dem Vertrag ohne die unwirksame Klausel für eine Vertragspartei (im Zweifel für den Verwender) eine unzumutbare Härte darstellen würde, weil durch den Wegfall der AGB das Vertragsgleichgewicht erheblich verändert würde. Dann ist der Vertrag insgesamt nichtig. Dem Vertragspartner des Verwenders kann in einem solchen Fall ein Schadensersatzanspruch wegen vorvertraglicher Pflichtverletzung gem. §§ 280 I, 311 II zustehen.

Beispiel: Eine vertragliche Nachzahlungsklausel für den Fall einer nach Vertragsschluss eintretenden Wertsteigerung des verkauften Grundstücks erweist sich gem. § 307 als unwirksam. Wenn der Verkäufer den Kaufvertrag ohne eine solche Klausel aber gar nicht geschlossen hätte, ist gem. § 306 III nicht nur die Nachzahlungsklausel, sondern der gesamte Vertrag unwirksam.[101]

§ 306 I gilt auch, wenn nur ein Teil einer AGB-Klausel unwirksam ist. Falls die Klausel teilbar ist und ohne den unwirksamen Teil noch verständlich ist und einen Sinn hat, bleibt die Klausel im Übrigen also wirksam.

Beispiele: In einem vorformulierten Vertrag ist eine zweistufige Verfallklausel enthalten. Danach verfallen Ansprüche aus dem Vertrag, wenn sie nicht innerhalb von drei Monaten nach Fälligkeit schriftlich geltend gemacht und im Falle einer Ablehnung innerhalb von zwei Wochen nach Ablehnung eingeklagt werden. Obwohl die zweite Stufe der Verfallklausel (Klage innerhalb zwei Wochen nach Ablehnung) zu kurz bemessen und wegen unangemessener Benachteiligung gem. § 307 I 1, II Nr. 2 unwirksam ist, bleibt die Klausel hinsichtlich der ersten Stufe (Geltendmachung innerhalb von drei Monaten nach Fälligkeit) wirksam.[102] – Ein Zahnarzt verwendet formularmäßige Einverständniserklärungen des Patienten zu einer Abtretung an eine Abrechnungsgesellschaft und einer weiteren Abtretung an ein Kreditinstitut. Das sind zwei inhaltlich voneinander trennbare, einzeln aus sich heraus verständliche Regelungen, die Gegenstand einer gesonderten Wirksamkeitsprüfung sein können.[103]

56 **b) Lückenfüllung durch Anwendung gesetzlicher Vorschriften oder ergänzende Vertragsauslegung.** Falls ein Vertrag wegen der Unwirksamkeit von AGB unvollständig wird, ist die so entstehende Lücke gem. § 306 II durch Anwendung der **gesetzlichen Vorschriften** zu füllen. So wird etwa eine unangemessen lange Lieferzeit (§ 308 Nr. 1) durch eine solche Lieferzeit ersetzt, die sich aus den Umstän-

101 *BGH* NJW-RR 2002, 1136 f.
102 *BAG* NZA 2008, 699 f.
103 *BGH* NJW 2014, 141 ff.

den ergibt (vgl. § 271 I). Dabei kann auf die für den jeweiligen Kaufgegenstand üblichen Lieferzeiten zurückgegriffen werden.

Eine Lückenfüllung durch **ergänzende Vertragsauslegung** kommt nur ausnahmsweise in Betracht, wenn geeignete gesetzliche Vorschriften nicht zur Verfügung stehen und eine ersatzlose Streichung der Klausel das vertraglich vereinbarte Gleichgewicht von Leistung und Gegenleistung völlig einseitig zugunsten des Kunden verschiebt.[104]

c) **Keine geltungserhaltende Reduktion.** Dagegen gibt es bei AGB keine geltungserhaltende Reduktion, wonach eine unzulässige Klausel mit dem nach dem Gesetzeswortlaut gerade noch zulässigen Inhalt wirksam wäre; andernfalls würde der Verwender von unzulässigen AGB überhaupt kein Risiko eingehen. 57

8. Gerichtliche Geltendmachung der Unwirksamkeit von AGB

a) **Individualrechtsschutz.** Jeder Vertragspartner kann in einem Individualrechtsstreit die Unwirksamkeit der ihm gegenüber verwendeten AGB geltend machen, indem er selbst Rechte aus dem Vertrag einklagt oder sich gegen die Inanspruchnahme aus dem Vertrag wehrt, jeweils unter Berufung auf die Unwirksamkeit der zugrunde gelegten AGB. Diese werden dann vom Gericht inzident überprüft. Außerdem kann jeder Vertragspartner mit einer Feststellungsklage die Unwirksamkeit von AGB geltend machen. 58

b) **Rechtsschutz durch Verbandsklagen nach dem UKlaG.** Da es insbesondere den von AGB betroffenen Verbrauchern häufig schon wegen des Prozessrisikos an einer Klagebereitschaft fehlt, räumt das Unterlassungsklagengesetz (UKlaG) auch bestimmten Verbänden das Recht ein, unwirksame AGB klageweise zu beanstanden. Klageberechtigt sind rechtsfähige Verbraucherschutzverbände (§§ 3 I Nr. 1, 4 UKlaG), rechtsfähige Verbände zur Förderung gewerblicher Interessen (§ 3 I Nr. 2 UKlaG), Industrie- und Handelskammern sowie Handwerkskammern (§ 3 I Nr. 3 UKlaG). Sie können den Verwender und den Empfehler (zB Berufs- oder Interessenverbände) unwirksamer AGB auf Unterlassung, den Empfehler darüber hinaus auch auf Widerruf der Empfehlung verklagen (§ 1 UKlaG). Für das gerichtliche Verfahren in solchen Rechtsstreitigkeiten gelten die Regeln der 59

104 *BGH* NJW 2010, 298 (302); 2010, 3505 (3507); 2011, 1342 (1345); *BVerfG* NJW 2011, 1339 (1341).

Zivilprozessordnung sowie einzelne davon abweichende Regeln nach dem UKlaG (§§ 5 ff. UKlaG). Die Urteile in einem solchen Verbandsklageverfahren haben insofern eine erhöhte Breitenwirkung, als sich auch jeder an diesem Verfahren gar nicht beteiligte Vertragspartner eines Verwenders auf die im Urteil festgestellte Unwirksamkeit einer ihm gegenüber verwendeten Klausel berufen darf (§ 11 UKlaG).

9. Anwendbarkeit der §§ 305 ff. in Sonderfällen

60 Der Anwendungsbereich der §§ 305 ff. wird gem. § 310 für verschiedene Sonderfälle eingeschränkt (in einer Klausur vorab zu prüfen), für Verbraucherverträge dagegen erweitert.

a) Verwendung gegenüber einem Unternehmer oder einer juristischen Person des öffentlichen Rechts. Wenn AGB gegenüber einem Unternehmer, einer juristischen Person des öffentlichen Rechts oder einem öffentlich-rechtlichen Sondervermögen verwendet werden, finden gem. § 310 I die Vorschriften über die Einbeziehung von AGB (§ 305 II, III) und über besondere Klauselverbote (§§ 308 Nr. 1, 2–8 und 309) keine Anwendung. Dagegen findet eine Inhaltskontrolle nach der Generalklausel des § 307 auch hier statt (§ 310 I 2).[105]

61 **b) Allgemeine Versorgungsbedingungen.** Auf Verträge der Elektrizitäts-, Gas-, Fernwärme- und Wasserversorgungsunternehmen gegenüber sogenannten Sonderabnehmern (Abnehmer, die nicht auf gesetzlicher Grundlage, sondern aufgrund frei vereinbarter Verträge beliefert werden) finden die §§ 308 und 309 keine Anwendung, soweit die Versorgungsbedingungen nicht zum Nachteil der Abnehmer von Verordnungen über allgemeine Bedingungen für die entsprechende Versorgung von Tarifkunden abweichen (§ 310 II). Sinn: Sonderabnehmer sollen nicht besser gestellt werden als Tarifabnehmer.

62 **c) Verbraucherverträge.** Da eine natürliche Person als Verbraucher bei Vertragsverhandlungen im privaten Bereich dem Unternehmen regelmäßig unterlegen ist, soll sie gem. § 310 III auch dann durch die §§ 305 ff. vor missbräuchlichen Klauseln geschützt werden, wenn nicht alle Voraussetzungen erfüllt sind, die an AGB zu stellen sind.

---

105 *BGH* ZIP 2016, 474 (Unwirksamkeit der Einschränkung der Aufrechnungsmöglichkeit gegenüber einem gewerblichen Mieter).

aa) **Voraussetzung** des § 310 III ist das Vorliegen eines Verbrauchervertrags zwischen einem Unternehmer iSd § 14 und einem Verbraucher iSd § 13. Der Unternehmer muss bei Abschluss des Rechtsgeschäfts in Ausübung seiner gewerblichen oder selbständigen beruflichen Tätigkeit handeln. Auf Verbraucherseite darf der Zweck des Vertragsschlusses gerade nicht der gewerblichen oder selbständigen beruflichen Tätigkeit zuzurechnen sein. Um welchen Vertragstyp es sich im Einzelfall handelt, spielt keine Rolle. **63**

bb) Die **Rechtsfolgen** des § 310 III bei Vorliegen eines Verbrauchervertrags bestehen darin, dass die §§ 305 ff. mit folgenden **Besonderheiten** anzuwenden sind: **64**

(1) Die AGB gelten auch dann als vom Unternehmer gestellt, wenn sie tatsächlich von einem Dritten (etwa einem Notar, Makler, Architekt) gestellt wurden (§ 310 III Nr. 1). Darin liegt eine Abweichung von § 305 I 1.

Nur dann, wenn die AGB vom Verbraucher selbst in den Vertrag eingeführt worden sind (zB dem Mietvertrag wird ein Mietvertragsformular auf Vorschlag des Verbrauchers zugrunde gelegt), ist der Verbraucher nicht schutzwürdig, so dass die §§ 305 ff. nicht zu beachten sind.

(2) Die Auslegungsregel des § 305c II, die Rechtsfolgen des § 306 bei Nichteinbeziehung oder Unwirksamkeit sowie die §§ 307–309 über die Inhaltskontrolle finden auf vorformulierte Vertragsbedingungen auch dann Anwendung, wenn diese nur zur einmaligen Verwendung bestimmt sind und soweit der Verbraucher aufgrund der Vorformulierung auf ihren Inhalt keinen Einfluss nehmen konnte (§ 310 III Nr. 2). Auch darin liegt eine Abweichung von § 305 I 1. Ferner gilt der Vorrang der Individualabrede nach § 305b (→ Rn. 45) auch für vorformulierte Einmalbedingungen in Verbraucherverträgen, obwohl § 310 III Nr. 2 nicht auf § 305b verweist; denn dabei handelt es sich um einen allgemeinen Rechtsgrundsatz.[106] **65**

(3) Bei der Beurteilung, ob eine Klausel den Verbraucher unangemessen benachteiligt, ist nicht nur eine generalisierende, überindividuelle Betrachtung anzustellen (§ 307); vielmehr sind auch die den Vertragsschluss begleitenden, also die konkreten individuellen Umstände zu berücksichtigen (§ 310 III Nr. 3). **66**

Beispiel: Die Überrumpelung des Partners beim Vertragsschluss spricht für eine Unwirksamkeit.

---

106 *BAG* NZA 2017, 58 Rn. 35.

67 **d) Verträge auf dem Gebiet des Erb-, Familien- und Gesellschaftsrechts sowie arbeitsrechtliche Kollektivverträge.** Nach § 310 IV finden die §§ 305ff. keine Anwendung bei Verträgen auf dem Gebiet des Erb-, Familien- und Gesellschaftsrechts. In diesen Bereichen dürften vorformulierte Vertragsbedingungen ohnehin selten sein. Außerdem ist hier in der Regel der Verwender der jeweiligen anderen Vertragspartei nicht überlegen.

68 Ebenfalls gelten die §§ 305ff. nicht bei Tarifverträgen (zwischen Arbeitgeberverbänden oder Arbeitgebern auf der einen und Gewerkschaften auf der anderen Seite), Betriebsvereinbarungen (zwischen Arbeitgeber und Betriebsrat) und Dienstvereinbarungen (zwischen Dienststelle und Personalvertretung). Bei derartigen **Kollektivverträgen** ist ein besonderer Schutz zu Gunsten einer Seite nicht erforderlich.

69 Auf **Arbeitsverträge** zwischen dem Arbeitgeber und dem einzelnen Arbeitnehmer (§ 611a) sind die §§ 305ff. dagegen grundsätzlich anwendbar (§ 310 IV 2). Eine derartige Inhaltskontrolle im Arbeitsrecht hat die arbeitsgerichtliche Rechtsprechung ohnehin schon vor Inkrafttreten dieser Regelung vorgenommen. Allerdings sollen die **im Arbeitsrecht geltenden Besonderheiten** angemessen berücksichtigt werden. Deshalb muss insbesondere bei den unter § 309 fallenden Klauseln ohne Wertungsmöglichkeit stets geprüft werden, ob diese entgegen der gesetzlichen Regelung wegen der besonderen Interessenlage im Arbeitsverhältnis ausnahmsweise wirksam sind.

Beispiel: Im formularmäßigen Arbeitsvertrag darf entgegen § 309 Nr. 6 eine Vertragsstrafe für den Fall vereinbart werden, dass der Arbeitnehmer sein Arbeitsverhältnis vertragswidrig nicht antritt und sich damit vom Arbeitsvertrag löst.[107] Entsprechendes gilt, wenn die Vertragsstrafe für den Fall einer vorzeitigen Beendigung des Arbeitsverhältnisses durch eine unwirksame Eigenkündigung des Arbeitnehmers vereinbart wird.[108] Eine Besonderheit des Arbeitsrechts besteht nämlich darin, dass der Arbeitgeber seinen Anspruch auf Erbringung der vereinbarten Arbeitsleistung gem. § 888 III ZPO nicht im Wege der Zwangsvollstreckung durchsetzen und mangels Nachweisbarkeit eines konkreten Schadens meistens auch keinen Schadensersatzanspruch realisieren kann. Ohne eine Vertragsstrafe könnte der Arbeitnehmer seine vertragliche Arbeitspflicht also sanktionslos verletzen. Allerdings können auch solche im Grundsatz zulässigen Vertragsstrafenvereinbarungen bei Unklarheit über die Höhe der Strafe wegen Verstoßes gegen das Transparenzgebot des § 307 I 2 (→ Rn. 53) unwirksam sein.[109]

---

107 *BAG* NZA 2004, 727 ff.
108 *BAG* ZIP 2018, 1045 Rn. 16.
109 *BAG* ZIP 2018, 1045 Rn. 17 ff.

Bei Klauseln mit Wertungsmöglichkeit iSv § 308 können die Besonderheiten des Arbeitsrechts bei der Ausfüllung der unbestimmten Rechtsbegriffe dieser Norm berücksichtigt werden. § 310 IV 2 war wegen seiner Unbestimmtheit schon Anlass für zahlreiche Streitigkeiten.[110]

Prüfung der Wirksamkeit von AGB

I. Anwendbarkeit der §§ 305 ff. (§ 310)
II. Vorliegen von AGB (§ 305 I)
1. Vertragsbedingungen
2. Für eine Vielzahl von Verträgen formuliert (Ausnahme bei Verbraucherverträgen: § 310 III Nr. 2)
3. Vom Verwender gestellt (wird fingiert bei Verbraucherverträgen: § 310 III Nr. 1); liegt nicht vor, wenn Vertragsbedingung im Einzelnen ausgehandelt (§ 305 I 3)

III. Einbeziehungskontrolle
1. Einbeziehung im Einzelfall (§ 305 II)
   a) Ausdrücklicher Hinweis oder deutlich sichtbarer Aushang (§ 305 II Nr. 1)
   b) Möglichkeit der Kenntnisnahme (§ 305 II Nr. 2)
   c) Einverständnis des Vertragspartners (§ 305 II aE)
2. Einbeziehung durch Rahmenvereinbarung (§ 305 III)
3. Keine überraschende Klausel (§ 305c I)

IV. Ggf.: Auslegung der AGB
1. Auslegungszweifel zu Lasten des Verwenders (§ 305c II)
2. Vorrang der Individualabrede (§ 305b)

V. Inhaltskontrolle (falls gem. § 307 III eröffnet)
1. Klauselverbote ohne Wertungsmöglichkeit (§ 309)
2. Klauselverbote mit Wertungsmöglichkeit (§ 308)
3. Generalklausel zur Inhaltskontrolle (§ 307)

III. Keine faktischen Vertragsverhältnisse

Schrifttum: *Baer-Kaupert,* Schuldrechtliche Verpflichtung aus sozialtypischem Verhalten, 1970; *Erman,* Faktische Vertragsverhältnisse oder Geschäftsführung ohne Auftrag, NJW 1965, 421; *Esser,* Gedanken zur Dogmatik der 70

110 Siehe zB *BAG* NZA 2004, 727; 2005, 1053; NJW 2005, 1820; siehe auch MüKoBGB/*Basedow* § 310 Rn. 135 ff.

„faktischen Schuldverhältnisse“, AcP 157 (1957), 86; *Haupt,* Über faktische Vertragsverhältnisse, 1941; *Kellmann,* Schuldverhältnisse aus sozialtypischem Verhalten, NJW 1971, 265; *Lambrecht,* Die Lehre vom faktischen Vertragsverhältnis, 1994; *Lehmann,* Faktische Vertragsverhältnisse, NJW 1958, 1; *Simitis,* Die faktischen Vertragsverhältnisse, 1957; *Wieacker,* Willenserklärung und sozialtypisches Verhalten, FS *OLG Celle,* 1961, 263.

Verträge kommen durch Angebot und Annahme zustande (§§ 145 ff.). Demgegenüber meinte eine von *Haupt* begründete Lehre über faktische Vertragsverhältnisse, dass vertragliche Schuldverhältnisse in bestimmten Fällen auch ohne entsprechende Willenserklärungen allein durch ein rein tatsächliches Verhalten entstehen können. Mit dieser Konstruktion wollte man einen rechtsgeschäftlichen Erfolg ohne Willenserklärungen begründen, weil man die Anwendung der außervertraglichen Regeln (unerlaubte Handlung, ungerechtfertigte Bereicherung, Geschäftsführung ohne Auftrag) nicht für sachgerecht hielt. Dabei ging es insbesondere um drei Fälle, nämlich um ohne wirksamen Vertrag vollzogene Dauerschuldverhältnisse, um die Inanspruchnahme von Leistungen im modernen Massenverkehr und um die Inanspruchnahme einer Leistung bei gleichzeitiger Ablehnung eines Vertrags.

Die Lehre von den faktischen Vertragsverhältnissen findet im Gesetz keine Stütze und führt teilweise zu sachwidrigen Ergebnissen. Sie wird heute auch nicht mehr ernsthaft vertreten. Alle genannten Fälle lassen sich auch ohne sie lösen.

1. Ohne wirksamen Vertrag vollzogene Dauerschuldverhältnisse

71 Eine Fallgruppe der faktischen Vertragsverhältnisse waren die ohne wirksamen Vertrag vollzogenen Dauerschuldverhältnisse. Bei diesen besteht die Verpflichtung in einem dauernden Verhalten (zB Gebrauchsüberlassung) oder in wiederkehrenden Leistungen (zB monatliche Mietzahlung, tägliche Arbeitsleistung). Beruht ein Dauerschuldverhältnis auf einem von vornherein nichtigen oder durch Anfechtung mit Wirkung ex-tunc vernichteten Vertrag und sind inzwischen bereits Leistungen erbracht worden, ist eine Rückabwicklung für die Vergangenheit oft kaum möglich.

Beispiel: Ist der Arbeitsvertrag durch Anfechtung rückwirkend vernichtet worden, kann die bereits erbrachte Arbeitsleistung nicht wieder rückgängig gemacht werden. Ein Anspruch auf Wertersatz (§ 818 II) ist dann nicht gegeben, wenn der Arbeitgeber durch die Arbeitsleistung nicht bereichert wurde oder die Bereicherung inzwischen weggefallen ist (§ 818 III). Die während des Vollzugs des Arbeitsverhältnisses erbrachten sonstigen Leistungen des Arbeitgebers wie zB Urlaubsgewährung und Entgeltfortzahlung bei Krankheit sind ohne Rechtsgrund erfolgt.

Da die gesetzlichen Ansprüche insbesondere des Bereicherungsrechts hier zu sachwidrigen Ergebnissen führen, wurde für die Zeit des Vollzugs des Arbeitsverhältnisses ein faktisches Vertragsverhältnis konstruiert, aus dem sich dann vertragliche Ansprüche ergeben sollten.

Im **Beispielsfall** hatte nach dieser Lehre der Arbeitnehmer bis zur Anfechtung oder Geltendmachung der Nichtigkeit alle arbeitsvertraglichen Rechte und Pflichten. Er brauchte die gegebenenfalls erhaltene Entgeltfortzahlung bei Krankheit nicht zurückzuzahlen und für den genommenen Urlaub keinen Wertersatz zu leisten.

Um zu solchen Ergebnissen zu kommen, bedarf es der Lehre vom faktischen Vertrag jedoch nicht. Da der Gesetzgeber die besondere Problematik der vollzogenen Dauerrechtsverhältnisse nicht gesehen hat, kann zB bei der Irrtumsanfechtung (etwa durch teleologische Reduktion des § 142 I) eine Vernichtung ex-nunc angenommen werden, so dass bis zur Anfechtung vertragliche Ansprüche gegeben sind.[111] Ist dagegen der Vertrag wegen mangelnder Geschäftsfähigkeit einer Partei oder wegen arglistiger Täuschung nichtig, so ging die Lehre vom faktischen Vertrag zu weit, weil nach ihr auch für die nicht geschäftsfähige Partei vertragliche Pflichten und für den arglistig Täuschenden vertragliche Rechte entstehen konnten; hier ist die Anwendbarkeit von Vertragsrecht wegen der besonderen Schutzwürdigkeit des nicht Geschäftsfähigen und der fehlenden Schutzwürdigkeit des Täuschenden sachwidrig. Entsprechendes wie für vollzogene Arbeitsverhältnisse gilt auch für vollzogene Gesellschaftsverhältnisse, wenn der Gesellschaftsvertrag unwirksam ist. Richtigerweise spricht man in solchen Fällen nicht vom faktischen, sondern vom **fehlerhaften Arbeits- oder Gesellschaftsverhältnis**. Eine – wenn auch fehlerhafte – Vereinbarung muss allerdings vorliegen, um Vertragsrecht anwenden zu können. Fehlt es an jeglicher Vereinbarung oder stehen die Unwirksamkeitsgründe einer Anwendung von Vertragsrecht entgegen, sind die ausgetauschten Leistungen trotz aller Schwierigkeiten nach §§ 812ff. rückabzuwickeln. 72

111 Einzelheiten: *Brox*, Die Einschränkung der Irrtumsanfechtung, 1960, 233 ff. (271 ff.).

2. Inanspruchnahme von Leistungen im Massenverkehr

73 Im modernen Massenverkehr werden öffentlich angediente Versorgungsleistungen (zB Gas, Wasser, Elektrizität, Beförderung) vielfach in Anspruch genommen, ohne dass entsprechende Erklärungen abgegeben werden. Die Gegenleistungen ergeben sich aus Tarifen. Die Lehre vom faktischen Vertragsverhältnis meinte, eine solche Inanspruchnahme müsse nach ihrer sozialtypischen Bedeutung die Rechtsfolgen eines rechtsgeschäftlichen Handelns hervorrufen **(Schuldverhältnisse aus sozialtypischem Verhalten)**. Danach bedurfte es also keiner auf einen Rechtserfolg gerichteten Erklärung; mangelnde Geschäftsfähigkeit spielte keine Rolle, eine Anfechtung sollte ausgeschlossen sein.

Sachgerechte Ergebnisse lassen sich auch in solchen Fällen ohne diese Lehre erreichen. Regelmäßig wird die zu einem Vertragsschluss erforderliche konkludente Willenserklärung dessen, der die Leistung in Anspruch nimmt, vorliegen. Wer einen Bus oder eine Straßenbahn besteigt, weiß, dass er damit eine Willenserklärung auf Abschluss eines entgeltlichen Beförderungsvertrags abgibt. Nur so ist sein Verhalten aus Sicht des Empfängerhorizontes auch aufzufassen. Im Übrigen verstieß die Lehre vom faktischen Vertragsverhältnis gerade in solchen Fällen gegen die auf den Schutz des nicht Geschäftsfähigen gerichtete Wertung des BGB; denn sie ermöglichte es, dass etwa ein Kind aus seinem faktischen Verhalten auf Erfüllung in Anspruch genommen werden konnte. Davon ganz abgesehen ist kein Grund dafür gegeben, die Anbieter von öffentlichen Versorgungsleistungen rechtlich anders zu behandeln als andere Vertragspartner.

3. Inanspruchnahme einer Leistung bei widersprüchlichem Verhalten

74 Schließlich braucht auf die Lehre vom faktischen Vertragsverhältnis auch dann nicht zurückgegriffen zu werden, wenn jemand die ihm angebotene Leistung annimmt und gleichzeitig einen Vertragsschluss ablehnt. Schulbeispiel ist der Fall, in dem ein Autofahrer dem Wärter eines gebührenpflichtigen Parkplatzes erklärt, er wolle zwar parken, verzichte aber auf die Bewachung und verweigere deshalb die Zahlung.[112] Auch in diesem Fall liegt nämlich nicht nur ein faktisches Verhalten, sondern eine konkludente Willenserklärung des

112 BGHZ 21, 319 = NJW 1956, 1475.

Autofahrers vor; denn sein Verhalten lässt keine andere Auslegung zu als die auf Abschluss eines entgeltlichen Bewachungsvertrags, und seine dazu im Widerspruch stehende Erklärung (protestatio facto contraria) ist unbeachtlich.

IV. Vorverträge

Schrifttum: *Henrich,* Vortrag, Optionsvertrag, Vorrechtsvertrag, 1965; *Ritzinger,* Der Vorvertrag in der notariellen Praxis, NJW 1990, 1201; *K. Schmidt,* Zur Durchsetzung vorvertraglicher Pflichten, DNotZ 1990, 708. **75**

1. Zweck

Stehen dem Abschluss eines Schuldvertrags zur Zeit noch tatsächliche oder rechtliche Hindernisse entgegen, wollen die Parteien sich aber bereits jetzt verpflichten, in der Zukunft einen Schuldvertrag abzuschließen, kommt für sie ein Vorvertrag in Betracht. Dabei handelt es sich um einen Vertrag, durch den für eine oder beide Parteien die Pflicht begründet wird, einen anderen schuldrechtlichen Vertrag, den Hauptvertrag, zu schließen (Abschlusspflicht).

Weigert sich die verpflichtete Partei, den Hauptvertrag zu schließen, kann die andere Partei sie auf Abschluss, dh auf Abgabe einer entsprechenden Willenserklärung, verklagen; mit der Rechtskraft des Urteils gilt die Willenserklärung als abgegeben (§ 894 ZPO).

2. Inhalt

Da aus dem Vorvertrag auf Abschluss des Hauptvertrags geklagt **76**
werden kann, muss der Richter in der Lage sein, den Inhalt des Hauptvertrags aus dem Vorvertrag zu entnehmen. Deshalb müssen die Bestimmungen des Hauptvertrags aus dem Vorvertrag mindestens bestimmbar sein (zur Bestimmbarkeit der Leistung: → § 6 Rn. 1 ff.).

3. Form

Bedarf der Hauptvertrag einer Form, um vor Übereilung zu schüt- **77**
zen (zB § 311b I), so trifft dieser gesetzgeberische Grund auch für den Vorvertrag zu. Geht es dagegen bei der Formvorschrift nur um die Beweissicherung, braucht der Vorvertrag nicht in dieser Form geschlossen zu sein.

4. Bedeutung

78 Der Vorvertrag hat in der Praxis keine große Bedeutung: Da der hieraus Berechtigte zunächst auf Abschluss des Hauptvertrags klagen muss und erst dann die Rechte aus dem Hauptvertrag geltend machen kann, ziehen die Parteien meistens einen anderen Weg vor. Will zB K von V nach seinem Urlaub einen Pkw erwerben, so erreicht er dieses Ziel einfacher als durch einen Vorvertrag dadurch, dass er sich bereits jetzt ein unwiderrufliches Verkaufsangebot von V geben lässt, das er später annehmen oder ablehnen kann. Stattdessen hätten die Parteien auch gleich den Kaufvertrag abschließen und die Fälligkeit der Leistungen auf einen späteren Zeitpunkt festlegen können. Im Einzelfall ist also zu prüfen, ob die Vertragspartner nur die Verpflichtung, einen Hauptvertrag abzuschließen, oder ob sie nicht vielmehr unmittelbar die sich aus diesem ergebenden Rechte und Pflichten begründen wollten.[113]

§ 5. Entstehung von vorvertraglichen Schuldverhältnissen

1 **Schrifttum:** *Bergjan,* Die Haftung aus culpa in contrahendo beim Letter of Intent, ZIP 2004, 395; *Dassbach,* Vorvertragliche Informationspflichten, JA 2016, 325; *Finn,* Zur Haftung des Sachverständigen für fehlerhafte Wertgutachten gegenüber Dritten, NJW 2004, 3752; *Frassek,* Umfang der Haftung eines vertraglichen Ratgebers und Einbeziehung Dritter in den Schutzbereich vorvertraglicher Pflichten – BGH, NJW-RR 2003, 1035, JuS 2004, 285; *Hauck/Blaut,* Die (quasi-)vertragliche Haftung von Plattformbetreibern, NJW 2018, 1425; *Keller,* Schuldverhältnis und Rechtskreisöffnung, 2007; *Kersting,* Informationshaftung Dritter: Vertrauen auf Verlässlichkeit, JR 2008, 312; *Leyens,* Expertenhaftung: Ersatz von Vermögensschäden im Dreipersonenverhältnis nach Bürgerlichem Recht, JuS 2018, 217; *Lieb,* Culpa in contrahendo und Dritthaftung, in: DHLR SchuldR § 3 C; *Lorenz,* Grundwissen – Zivilrecht: Culpa in contrahendo (§ 311 II, III BGB), JuS 2015, 398; *Reischl,* Schuldverhältnis des „geschäftlichen Kontakts“ durch Gefälligkeitshandlungen, FS Musielak, 2004, 411; *Schumacher/Valeska,* Culpa in contrahendo und Sachverständigenhaftung nach neuem Schuldrecht, ZGS 2002, 450; *Schwab,* Grundfälle zu culpa in cotrahendo, Sachwalterhaftung und Vertrag mit Schutzwirkung für Dritte nach neuem Schuldrecht, JuS 2002, 773, 872; *Theisen,* Rechtsfolgen eines Schadensersatzanspruchs aus culpa in contrahendo, NJW 2006, 3102.

Schrifttum aus der Zeit vor der Schuldrechtsreform: *Crezelius,* Culpa in contrahendo des Vertreters ohne Vertretungsmacht, JuS 1977, 796; *Dahm,* Vorvertraglicher Drittschutz, JZ 1992, 1167; *Gottwald,* Die Haftung für culpa in contrahendo, JuS 1982, 877; *Herrmann,* Die Sachwalterhaftung vermögens-

113 *BGH* NJW 1962, 1812.

sorgender Berufe, JZ 1983, 422; *Horn,* Culpa in Contrahendo, JuS 1995, 378; *Jhering,* Culpa in contrahendo, JherJb 4, 1; *Lieb,* Culpa in contrahendo und rechtsgeschäftliche Entscheidungsfreiheit, FS Medicus, 1999, 337; *Medicus,* Ansprüche auf das Erfüllungsinteresse aus Verschulden bei Vertragsverhandlungen, FS Herm. Lange, 1992, 539; *Michalski,* Das Rechtsinstitut der culpa in contrahendo (c. i. c.), JURA 1993, 22; *Picker,* Positive Forderungsverletzung und culpa in contrahendo, AcP 183 (1983), 369; *Reinicke/Tiedtke,* Schadensersatzverpflichtungen aus Verschulden beim Vertragsabschluß nach Abbruch von Vertragsverhandlungen ohne triftigen Grund, ZIP 1989, 1093; *Tiedtke,* Der Inhalt des Schadensersatzanspruchs aus Verschulden beim Vertragsabschluß wegen fehlender Aufklärung, JZ 1989, 569; *M. Weber,* Haftung für in Aussicht gestellten Vertragsabschluß, AcP 192 (1992), 390.

Fall a: K, der von V einen Pkw kaufen will, macht mit dem besichtigten Fahrzeug eine Probefahrt. Durch Verschulden des V bleibt der Pkw unterwegs in einer einsamen Gegend liegen. K muss sich mit einer Taxe zurückbringen lassen und hohe Fahrtkosten bezahlen. Ersatzansprüche gegen V? → Rn. 2, 5

Fall b: Der Obdachlose K begibt sich in das Warenhaus des V, um sich dort aufzuwärmen. Dort wird er durch ein umstürzendes Regal, das ein Angestellter des V nicht ordnungsgemäß gesichert hat, leicht verletzt. K verlangt von V Schadensersatz. → Rn. 6, 7

Fall c: K begibt sich mit seinem minderjährigen Kind M in ein Kaufhaus, um dort „zu stöbern". K rutscht auf dem nicht ordnungsgemäß gereinigten Boden aus und verletzt sich. Muss V Schadensersatz leisten? Wie ist die Rechtslage, wenn M ausrutscht und sich verletzt? → Rn. 7, 13

Fall d: V beauftragt den Sachverständigen D mit der Bewertung seines Grundstücks. D geht in seinem Gutachten fahrlässig von einem zu hohen Wert aus. Dadurch verleitet er den K zu einem ungünstigen Kaufabschluss. Rechte des K? → Rn. 11

Fall e: V verhandelt als Stellvertreter des K mit dem Eigentümer E über den Kauf von dessen Grundstück. Er veranlasst den E aufgrund falscher Informationen zu einem Verkauf unter Wert, weil er das Grundstück anschließend zu diesem Preis aufgrund eines Vorvertrags mit K von diesem selbst erwerben will. → Rn. 12

I. Gesetzliche Regelung

Nach § 311 II kann ein Schuldverhältnis mit Pflichten nach § 241 II (Schutzpflichten) auch schon in einem vorvertraglichen Stadium entstehen. Diese Regelung wurde im Rahmen der Schuldrechtsreform mit Wirkung zum 1.1.2002 in das BGB eingefügt.[1] Dadurch wurde

1 BT-Drs. 14/6040, 162 f.

aber lediglich eine positive Regelung für ein Rechtsinstitut geschaffen, das schon vorher unter dem Stichwort „culpa in contrahendo“ (c. i. c.) als ein zentrales Rechtsinstitut des deutschen Zivilrechts gewohnheitsrechtlich anerkannt war.

So hatte der Gedanke, dass es auch vorvertragliche Pflichten geben kann, für deren Verletzung eine Haftung in Betracht kommt, in zahlreichen Einzelbestimmungen (zB §§ 122, 179; §§ 307, 309 aF; §§ 523 I, 524 I, 600, 694) eine konkrete Ausgestaltung erfahren. In dem früheren § 11 Nr. 7 AGBG war ausdrücklich eine Klausel in AGB für unwirksam erklärt, in der „für Schäden aus der Verletzung von Pflichten bei den Vertragsverhandlungen“ die Haftung für grobe Fahrlässigkeit ausgeschlossen war.

Allerdings ist in § 311 II das Rechtsinstitut der c. i. c. nicht umfassend geregelt. Lediglich die Voraussetzungen für das Entstehen eines vorvertraglichen Schuldverhältnisses sind hier aufgelistet. Über den Inhalt und die Reichweite der hierdurch begründeten Pflichten trifft die Vorschrift nur durch den Verweis auf § 241 II eine Aussage. Daraus ist zu ersehen, dass es sich um ein **Schuldverhältnis ohne primäre Leistungspflichten** handelt, in dem **lediglich Schutzpflichten** bestehen.

II. Bedeutung

2 Das vorvertragliche Schuldverhältnis entsteht zwar gerade ohne Vertrag und gehört insofern zu den gesetzlichen Schuldverhältnissen; es hat aber zum Teil die Wirkungen eines rechtsgeschäftlichen Schuldverhältnisses. Das ist unter anderem aus der systematischen Stellung des § 311 II im Abschnitt III über „Schuldverhältnisse aus Verträgen“ und aus der Überschrift des § 311 „rechtsgeschäftliche und rechtsgeschäftsähnliche Schuldverhältnisse“ zu ersehen. Darin liegt auch die Bedeutung des vorvertraglichen Schuldverhältnisses. Es kann in solchen Fällen, in denen allein die Anwendung der §§ 823 ff. über unerlaubte Handlungen nicht zu sachgerechten Ergebnissen führt, Grundlage eines Schadensersatzanspruchs wegen Pflichtverletzung nach § 280 I iVm §§ 311 II, 241 II sein.

Im **Fall a** hat K gegen V keine vertraglichen Schadensersatzansprüche, weil es (noch) nicht zu einem Vertragsschluss gekommen ist. Auch nach den §§ 823 ff. kann K die Taxikosten nicht von V ersetzt verlangen, da dieser weder ein absolutes Rechtsgut des K (§ 823 I) noch ein Schutzgesetz (§ 823 II) verletzt hat, noch den K sittenwidrig geschädigt hat (§ 826). Hätten V und K dagegen einen Kaufvertrag vor Antritt der Probefahrt abgeschlossen, käme ein Schadensersatzanspruch wegen Verletzung einer Schutzpflicht in Betracht. Es wäre aber sachwidrig, wenn die Haftung des V wegen Schutzpflichtverletzung davon abhängig wäre, ob der Vertrag (zufällig) vor oder nach der Probefahrt geschlossen wurde. Eine gleiche Lösung beider Fälle wird dadurch erreicht, dass gem. § 311 II die Pflichten des § 241 II zur Rücksicht auf die Rechtsgüter, Rechte und Interessen des anderen Teils auch schon im Stadium vor Vertragsschluss bestehen.

Selbst wenn die schädigende Handlung einen Tatbestand des § 823 erfüllt, sie aber von einer Hilfsperson ausgeführt wird, ist ein Schadensersatzanspruch gegen den Geschäftsherrn nur begründet, wenn diese Person als Verrichtungsgehilfe in Ausübung der Verrichtung den Schaden zugefügt hat und dem Geschäftsherrn nicht der Entlastungsbeweis gelingt (§ 831).[2] 3

Ist bei der Probefahrt vor Abschluss des Vertrags K durch den Angestellten des V körperlich verletzt worden (§ 823), scheidet ein Schadensersatzanspruch gegen V aus, wenn dieser nachweist, dass ihn bei der Auswahl und Überwachung des Angestellten kein Verschulden trifft (§ 831 I 2).[3] War aber bereits der Kaufvertrag abgeschlossen, hat V für das Verschulden des Angestellten ohne die Möglichkeit eines Entlastungsbeweises einzustehen (§ 278; → § 20 Rn. 23 ff., 42). Auch hier hinge also ohne den § 311 II die Haftung des Geschäftsherrn davon ab, ob schon ein Vertrag abgeschlossen war oder nicht.

Die Ergebnisse in den beiden Beispielsfällen wurden schon immer als sachwidrig empfunden, zumal unabhängig vom Zeitpunkt des Vertragsschlusses zwischen den Beteiligten eine Sonderbeziehung besteht, in der die Rechtsgüter, Rechte und Interessen jeder Partei in erhöhtem Maße dem Einfluss der anderen Partei ausgesetzt sind.

III. Voraussetzungen für die Entstehung eines vorvertraglichen Schuldverhältnisses

§ 311 II regelt, unter welchen Voraussetzungen ein vorvertragliches Schuldverhältnis mit gegenseitigen Schutzpflichten entsteht. Dafür reicht irgendein „sozialer Kontakt“ etwa im Sinne einer bloßen räumlichen Nähe nicht aus; es muss sich vielmehr um einen geschäftlichen Kontakt handeln. Ein solcher entsteht nach § 311 II nur in folgenden drei Fällen: 4

2 *Brox/Walker* SchuldR BT § 48 Rn. 3 ff.
3 *Brox/Walker* SchuldR BT § 48 Rn. 6 ff.

1. Vertragsverhandlungen

5 Nach Nr. 1 entsteht ein vorvertragliches Schuldverhältnis mit der Aufnahme von Vertragsverhandlungen. Dieses Rechtsverhältnis der Vertragsverhandlungen endet, wenn die Verhandlungen endgültig abgebrochen werden oder wenn es in Folge der Verhandlungen zum Vertragsschluss kommt; ab dann besteht ein vertragliches Schuldverhältnis.

Im **Fall a** kann die Tatsache, dass K mit dem von ihm ausgesuchten Fahrzeug eine Probefahrt durchführt, dafür sprechen, dass er sich bereits in Vertragsverhandlungen mit V befindet.

2. Vertragsanbahnung

6 Das in Nr. 2 genannte Schuldverhältnis der Vertragsanbahnung hat geringere Voraussetzungen als dasjenige der Vertragsverhandlungen. Hier reicht es aus, dass ein Unternehmer sein Geschäftslokal dem Kundenverkehr öffnet, um potentiellen Kunden die Möglichkeit der Kontaktaufnahme zum Zwecke des Vertragsschlusses zu geben, und dass ein Interessent zu diesem Zweck das Geschäft betritt. Dadurch setzt er nämlich seine Rechtsgüter, Rechte und Interessen der Einwirkungsmöglichkeit des Unternehmers in erhöhtem Maße aus.

Diese Voraussetzung liegt etwa vor, wenn jemand ein Kaufhaus in der Absicht betritt, dort etwas zu kaufen (nicht in **Fall b**). Von einer Vertragsanbahnung ist auch auszugehen, wenn ein Kunde seinen Pkw in eine Reparaturwerkstatt bringt und um Prüfung bittet, ob sich eine Reparatur wirtschaftlich noch lohnt.[4]

3. Ähnliche geschäftliche Kontakte

7 Von ähnlichen geschäftlichen Kontakten iSv Nr. 3 kann in einem noch weiter vorgelagerten Stadium gesprochen werden, in dem ein Vertrag zwar noch nicht angebahnt, aber vorbereitet werden soll. Die Nr. 3 bildet einen Auffangtatbestand für solche vertraglichen Schuldverhältnisse, die nicht schon von Nr. 1 und Nr. 2 erfasst werden. Erforderlich ist nur, dass durch die Aufnahme des Kontaktes mit dem Ziel, vielleicht einen Vertrag abzuschließen oder anderweitig geschäftlich mit dem anderen Teil zu verkehren, diesem eine erhöhte Einwirkungsmöglichkeit auf die Rechtsgüter, Rechte und Interessen eröffnet wird.

---

4 *BGH* NJW 2017, 3586 Rn. 11.

In **Fall c** ist es unerheblich, ob es später zu einem Kaufvertrag zwischen V und K kommt oder jedenfalls kommen sollte. Der Kunde braucht nämlich nicht einmal eine konkrete Absicht zum Vertragsschluss zu haben. Es reicht für einen geschäftlichen Kontakt vielmehr aus, wenn er sich über das Angebot informieren will, um dann über einen Vertragsschluss zu entscheiden. Eine solche potentielle Rechtsbeziehung ist allerdings erforderlich. Im **Fall b** ist das Betreten eines Kaufhauses allein zum Zwecke des Aufwärmens kein „geschäftlicher" Kontakt. Eine Schadensersatzpflicht des V kommt also nur dann in Betracht, wenn die Voraussetzungen für eine unerlaubte Handlung (§ 823 bei eigener Verletzung einer Verkehrssicherungspflicht[5] oder § 831 mit Entlastungsmöglichkeit bei unerlaubter Handlung eines Verrichtungsgehilfen[6]) vorliegen.

IV. Beteiligte des vorvertraglichen Schuldverhältnisses

1. Potentielle Vertragspartner

Ein vorvertragliches Schuldverhältnis besteht grundsätzlich zwischen denjenigen Beteiligten, die bei einem Abschluss des bereits vorbereiteten, angebahnten oder bereits verhandelten Vertrags Vertragspartner geworden wären (zB der Betreiber des Kaufhauses und der Kaufinteressent, der im Kaufhaus durch ein umgestürztes Regal verletzt wurde). 8

2. Dritte

Schon vor der Neuregelung des vorvertraglichen Schuldverhältnisses in § 311 II war allgemein anerkannt, dass neben dem vertraglichen Schuldverhältnis ein vertragsähnliches Schuldverhältnis zwischen einem der Beteiligten und einem Dritten, der nicht selbst Vertragspartei werden soll, entstehen kann. Daraus kann der Dritte sowohl berechtigt als auch verpflichtet sein. Das ist seit dem 1.1.2002 in § 311 III 1 ausdrücklich im Gesetz so geregelt. Damit ist allerdings noch nicht viel gewonnen; denn die Voraussetzungen für das vertragsähnliche Schuldverhältnis zu dem Dritten sind nicht gesetzlich geregelt, sondern müssen den von der Rechtsprechung aufgestellten Regeln entnommen werden. Im Wesentlichen geht es um folgende Fallgruppen: 9

a) Bei Inanspruchnahme besonderen Vertrauens. In § 311 III 2 ist exemplarisch der Fall genannt, dass der Dritte bei der Vertragsan- 10

5 *Brox/Walker* SchuldR BT § 45 Rn. 32 ff.
6 *Brox/Walker* SchuldR BT § 48 Rn. 3 ff.

bahnung in besonderem Maße Vertrauen für sich in Anspruch nimmt und dadurch die Vertragsverhandlungen oder den Vertragsschluss erheblich beeinflusst.[7]

Beispiel: Der Gebrauchtwagenhändler, der beim Verkauf eines Pkw nur als Vermittler oder als Vertreter des Eigentümers auftritt, haftet dem Käufer, wenn dieser wegen der besonderen Fachkenntnisse des Händlers auf dessen Angaben und Beratung vertraut.

11 **b) Sachwalterhaftung.** § 311 III 2 betrifft auch die Fälle der sog. Sachwalterhaftung. Dabei geht es um die Haftung von Sachverständigen und anderen Auskunftspersonen, die (ohne Eigeninteresse am Vertragsschluss) durch ihre Äußerungen entscheidend zum Vertragsschluss beitragen, weil sich ein Verhandlungspartner auf ihre Sachkunde, Objektivität und Neutralität verlässt.[8]

Im **Fall d** besteht zwar zwischen dem Grundstückskäufer K und dem Sachverständigen D kein Vertrag, aber gem. § 311 III 2 ein Schuldverhältnis, weil K sich bei dem Vertragsschluss mit V maßgeblich von dem (unzutreffenden) Gutachten des D hat beeinflussen lassen. Aufgrund der schuldhaft falschen Angaben zum Grundstückswert hat D eine Pflichtverletzung begangen, die zu einem Schadensersatzanspruch des K gem. §§ 280 I, 311 III, 241 II führen kann. Das gleiche Ergebnis wird teilweise nicht über die Anwendung des Rechtsinstituts der culpa in contrahendo, sondern nach den Regeln vom Vertrag (zwischen V und D) mit Schutzwirkung für Dritte (K) (dazu → § 33) erzielt.

Die Haftung des Sachwalters geht nicht weiter als diejenige der Vertragspartei (zB des Verkäufers eines Kfz), in deren Auftrag der Sachwalter (zB ein Kfz-Sachverständiger) tätig wird. Haftet also bei einem Sachmangel der Kaufsache der Verkäufer als Vertragspartei wegen des Vorrangs der Nacherfüllung (§§ 437 Nr. 1, 439)[9] nicht auf Schadensersatz, kann auch der von dem Verkäufer eingeschaltete Sachwalter (der Kfz-Sachverständige) nicht auf Schadensersatz in Anspruch genommen werden.[10]

12 **c) Bei Eigeninteresse des Dritten am Vertragsschluss.** Seit langem anerkannt ist die Haftung eines Dritten aus c. i. c., wenn er zB als Stellvertreter für eine Vertragspartei oder als Makler am Zustandekommen eines Vertrags beteiligt ist und zwar kein besonderes Ver-

---

7 Vgl. dazu schon aus der Zeit vor der Schuldrechtsreform *BGH* DB 2002, 1879 mwN
8 BT-Drs. 14/6040, 163; *BGH* NJW-RR 2011, 462 (463).
9 *Brox/Walker* SchuldR BT § 4 Rn. 40.
10 *BGH* NJW-RR 2011, 462 (463 f.) mAnm *Schinkels* LMK 2011, 315341.

trauen in Anspruch nimmt, aber ein erhebliches Eigeninteresse am Vertragsschluss hat; dieses Eigeninteresse muss über ein bloßes Provisionsinteresse hinausgehen, und der Dritte muss „gleichsam in eigener Sache" tätig werden (qualifiziertes Eigeninteresse)[11].

Im **Fall e** war V bei dem Vertragsschluss mit E zwar nicht Vertragspartei, sondern lediglich Vertreter des K. Er war jedoch an dem ausgehandelten Kaufpreis für das Grundstück genauso interessiert wie der Käufer selbst, weil er aufgrund des Vorvertrags mit dem Käufer zum Abkauf zu dem mit E ausgehandelten Preis berechtigt war.

Dieser Fall der Eigenhaftung des Dritten aus c. i. c. ist zwar nicht von dem nicht abschließenden § 311 III 2 erfasst, aber dem Grunde nach durch § 311 III 1 anerkannt. Die genannten Voraussetzungen für die Einbeziehung des Dritten (gleichsam in eigener Sache tätig) sind von der Rechtsprechung schon vor der Schuldrechtsreform entwickelt worden.

d) Schutzpflichten zu Gunsten Dritter. Bei der Einbeziehung von Dritten auf Gläubigerseite geht es um das Rechtsinstitut der c. i. c. mit Schutzwirkung für Dritte. Der geschützte Dritte braucht nicht geschäftsfähig zu sein. 13

Im **Fall c** war zwar beim Betreten des Kaufhauses klar, dass nicht das minderjährige Kind M, sondern allenfalls K Partei eines Kaufvertrags werden sollte. Wenn sich aber die Schutzpflichten des V aus dem vorvertraglichen Schuldverhältnis mit K auch auf M erstreckt haben, kann diesem wegen der erlittenen Verletzung ein Schadensersatzanspruch gegen V zustehen.

Ob der Gesetzgeber die Einbeziehung Dritter in den Schutzbereich eines Vertrags bei der Regelung des § 311 III wirklich im Auge hatte, ist nicht ganz eindeutig; aber der Wortlaut der Vorschrift erfasst diesen Fall. Die tatbestandlichen Voraussetzungen für die Erweiterung des Schutzbereiches eines vorvertraglichen Schuldverhältnisses auf einen Dritten lassen sich der Rechtsprechung zu diesem Rechtsinstitut schon aus der Zeit vor der Schuldrechtsreform entnehmen (Einzelheiten: → § 33 Rn. 6).

---

11 *BGH* DB 2002, 1878 (1879); ZIP 1988, 1577; NJW 1990, 506.

4. Kapitel. Inhalt der Schuldverhältnisse

Der Inhalt des einzelnen Schuldverhältnisses ergibt sich aus der getroffenen Vereinbarung oder unmittelbar aus dem Gesetz. Hierauf ist im Folgenden näher einzugehen. Nur wenn der Inhalt des Schuldverhältnisses ermittelt ist, kann die Frage beantwortet werden, ob die Schuld zB durch Erfüllung erloschen ist (dazu → § 14) oder eine Störung im Schuldverhältnis vorliegt (dazu → §§ 21 ff.) und deshalb etwa eine Schadensersatzpflicht des Schuldners (zB → § 22 Rn. 49 ff.) besteht.

§ 6. Bestimmung des Schuldinhalts

1 **Schrifttum:** *Hromadka,* Das Leistungsbestimmungsrecht des Arbeitgebers, DB 1995, 1609; *Joussen,* Das Gestaltungsrecht des Dritten nach § 317 BGB, AcP 203 (2003), 429; *Kronke,* Zur Funktion und Dogmatik der Leistungsbestimmung nach § 315 BGB, AcP 183 (1983), 113; *Rieble/Gutfried,* Spezifikationskauf und BGB-Schuldrecht, JZ 2008, 593.

Fall a: Die Gesellschafter A und B, die ihre Gesellschaft auflösen und das Vermögen unter sich gleichmäßig aufteilen wollen, vereinbaren, dass A die Verteilung vornehmen soll. Was kann B machen, wenn er mit der Verteilung nicht einverstanden ist? → Rn. 6

Fall b: Wie ist die Rechtslage, wenn C die Verteilung vornehmen soll? Nach der Verteilung ist B nicht einverstanden und veranlasst C, eine andere Auseinandersetzung vorzunehmen. Muss A sich die neue Aufteilung gefallen lassen? → Rn. 11, 12

Fall c: Was gilt, wenn B geltend macht, A habe den C arglistig über den Wert der Vermögensgegenstände getäuscht und daher sei eine falsche Verteilung vorgenommen worden? Er will die Erklärung des C anfechten. Kann auch C anfechten? → Rn. 12

I. Bestimmtheit der Leistung

Bei einem vertraglichen Schuldverhältnis muss der Leistungsinhalt bestimmt oder jedenfalls bestimmbar sein. Denn zu einer unbestimmten Leistung kann der Schuldner nicht verurteilt werden, und eine Zwangsvollstreckung ist nicht möglich.

Häufig sind schuldrechtliche Verpflichtungen nicht in allen Einzelheiten durch die Parteien **bestimmt**, zB wenn Regelungen über Art, Gegenstand, Ort oder Zeit der Leistung fehlen. Ein Schuldverhältnis ist aber trotzdem wirksam entstanden, wenn sich der Leistungsinhalt ermitteln lässt, er also **bestimmbar** ist. Dazu sind vielfach im Wege der Auslegung objektiv feststehende Umstände heranzuziehen, etwa beim Kauf der Laden- oder Listenpreis, beim Erwerb von Wertpapieren der Kurswert. Ergänzend greifen gesetzliche Regeln ein (vgl. zB §§ 269, 271 I, 311c, 612 II, 632 II).

Beispiel: Ist ein Pkw zur Reparatur gegeben, so wird in der Regel die Vergütung nicht vorher festgelegt. Es ist aber die übliche Vergütung vereinbart (§ 632 II).

Der Schuldinhalt kann auch dadurch bestimmt sein, dass auf eine andere Schuldverpflichtung Bezug genommen wird (vgl. zB bei der Bürgschaft auf die Hauptverbindlichkeit).

II. Bestimmung durch eine Partei oder einen Dritten

Die Parteien können die nähere Bestimmung des Vertragsinhalts 2
aber auch bei Vertragsschluss ausdrücklich offenlassen und vereinbaren, dass die nähere Vertragsgestaltung durch eine Partei (§§ 315 f.; → Rn. 3 ff.) oder durch einen Dritten (§§ 317 ff.; → Rn. 10 ff.) erfolgen soll. Eine gesetzlich besonders geregelte nachträgliche Leistungsbestimmung durch eine Partei liegt bei der Vereinbarung einer Gattungs- (→ § 8 Rn. 1) oder Wahlschuld (→ § 8 Rn. 8) vor. In diesen Fällen steht der Leistungsinhalt zwar bei Vertragsabschluss noch nicht vollständig fest; er soll aber nach der Parteivereinbarung vor Erfüllung der Verpflichtung bestimmt werden. Wollen dagegen die Parteien sich erst später über die Bestimmung des Leistungsinhalts einigen, so liegt noch kein Vertrag vor (§ 154).

1. Bestimmung durch eine Partei

a) **Bestimmungsberechtigter.** Die Bestimmung der Leistung oder 3
einzelner Modalitäten kann sowohl dem Gläubiger als auch dem Schuldner vorbehalten sein (§ 315). Für gegenseitige Verträge gibt das Gesetz eine Auslegungsregel: Ist das Entgelt einer Leistung nicht bestimmt, so ist zur Bestimmung berechtigt, wer das Entgelt zu fordern hat (§ 316).

4 Es ist aber zu beachten, dass vielfach auch bei mangelnder ausdrücklicher Bestimmung die Gegenleistung durch Auslegung ermittelt werden kann (vgl. → Rn. 1): dann sind die §§ 315 f. nicht anwendbar.[1] Ist dagegen die Gegenleistung nach Taxen oder Gebühren unter Festlegung nur von Mindest- bzw. Höchstbeträgen zu ermitteln, kann der Forderungsberechtigte nach §§ 315 f. innerhalb dieser Grenzen die Gegenleistung festsetzen.

So kann etwa der Arzt im Rahmen der ärztlichen Gebührenordnung sein Honorar bemessen; eine Anwendung der §§ 612 II, 632 II würde nicht zur Bestimmung der Vergütung ausreichen.

Beispiele für ein Bestimmungsrecht des Gläubigers: die Vereinbarung „Preis freibleibend" oder „Berichtigung des Preises bei bestimmten Voraussetzungen", Zeitpunkt der Lieferung der Ware (auf Abruf).

Beispiele für ein Bestimmungsrecht des Schuldners: Versprechen des Arbeitgebers, seine Arbeiter versichern zu lassen; Bestimmung der Vermächtnisleistung nach § 2156.[2]

5 **b) Bestimmung durch Willenserklärung.** Die Bestimmung erfolgt durch rechtsgestaltende Willenserklärung der berechtigten Partei. Die Erklärung ist unwiderruflich wie jede Willenserklärung, die Teil eines Vertrags geworden ist; sie bedarf keiner Form, auch wenn der Vertrag selbst oder das Leistungsversprechen formbedürftig ist. Die allgemeinen Regeln zur Nichtigkeit und Anfechtbarkeit sind anwendbar.

6 **c) Bestimmung nach billigem Ermessen.** Die Bestimmung ist, falls nichts anderes vereinbart ist, nach billigem Ermessen zu treffen (§ 315 I; **Fall a**). Entspricht sie dem nicht, so ist sie für den Vertragspartner nicht verbindlich (§ 315 III 1). Die Bestimmung muss dann durch Urteil getroffen werden (§ 315 III 2); diese Möglichkeit besteht auch, wenn die Bestimmung verzögert wird. Die Bestimmung erfolgt durch das Gericht selbst, also nicht durch den Vertragspartner auf Anweisung des Gerichts.

Dem Bestimmungsberechtigten steht also ein Ermessensspielraum zu; es ist demnach nicht nur ein einziges „richtiges" Ergebnis denkbar. Erst wenn die Grenzen des billigen Ermessens überschritten sind, ist die Bestimmung durch das Gericht zu ersetzen und nicht schon dann, wenn das Gericht eine andere Festsetzung für richtig hält.[3]

---

1 BGHZ 94, 98 (101) = NJW 1985, 1895.
2 *Brox/Walker* ErbR § 27 Rn. 21.
3 BGHZ 41, 280 = NJW 1964, 1617; *BGH* NJW-RR 1991, 1248.

Darüber, ob der Vertragspartner zur Bestimmung verpflichtet ist, besteht Streit.[4] Diese Frage lässt sich nicht allgemein beantworten. Ob eine solche Verpflichtung besteht, ist im Einzelfall durch Auslegung zu ermitteln, wird aber im Regelfall zu bejahen sein, wenn der Vertragspartner gerade an der Vertragsabwicklung interessiert ist. Die Streitfrage hat Bedeutung für etwaige Verzugsfolgen (§§ 280 I, II, 286; 280 I, III, 281; 295). Durch die Klage nach § 315 III 2 wollte der Gesetzgeber einen einfachen Weg eröffnen, den Vertragsinhalt bestimmen zu lassen;[5] ohne diese Regelung müsste nach dem allgemeinen Prozessrecht auf Vornahme der Bestimmung geklagt und entsprechend vollstreckt werden (vgl. §§ 887, 888 ZPO)[6]. Unter besonderen Voraussetzungen kann der Vertragspartner sogar selbst die Fälligkeit herbeiführen.[7] 7

d) Bestimmung nach freiem Ermessen. Haben die Parteien vereinbart, dass die Bestimmung nach freiem Ermessen (nach Belieben) einer Partei erfolgen soll, sind die §§ 315, 316 nicht anwendbar. 8

Bei der Prüfung, ob die Parteien billiges oder freies Ermessen vereinbart haben, ist nicht allein auf den Wortlaut des Vertrags abzustellen; regelmäßig ist die Vereinbarung eines **billigen** Ermessens anzunehmen (vgl. § 315: „im Zweifel"); zB bei der Klausel „Preis freibleibend".

Ergibt sich dagegen, dass die Parteien freies Ermessen oder Belieben gewollt haben, so stellt sich stets die Frage, ob dann überhaupt ein wirksamer Vertrag vorliegt:[8] Darf der **Gläubiger** nach Belieben entscheiden, kann Nichtigkeit wegen § 138 (Knebelung des Schuldners; zB Bestimmung des Kaufpreises durch den Verkäufer) gegeben sein; ist der **Schuldner** in der Bestimmung frei, so kann es an einer genügenden Gebundenheit des Schuldners überhaupt fehlen (zB Bestimmung des Kaufpreises durch den Käufer).

Besteht ein wirksames Bestimmungsrecht nach freiem Ermessen, ist bei Unbilligkeit nicht die Klage nach § 315 III 2 gegeben, da das Gericht in diesem Fall nicht eine Entscheidung nach billigem Ermessen treffen darf. Die Bestimmung ist erst unverbindlich, wenn ein Verstoß gegen §§ 134, 138 anzunehmen ist. Wird sie verzögert, so sind **bei einer Verpflichtung zur Bestimmung** die normalen Klagemöglichkeiten gegeben (auf Vornahme der Bestimmung, § 888 ZPO, oder auf Schadensersatz). Nach dem Parteiwillen kann im Einzelfall auch eine Unwirksamkeit entsprechend § 319 II (→ Rn. 15) anzunehmen sein, wenn die Parteien die Bestimmung als eine Bedingung (§ 158 I) angesehen haben. 9

---

4 Vgl. MüKoBGB/*Würdinger* § 315 Rn. 39, 41 mN
5 Mot. II, 192.
6 Dazu *Brox/Walker* ZwangsVollstrR Rn. 1065 ff.
7 Vgl. *BGH* NJW 1983, 2934.
8 Vgl. Erman/*Hager* BGB § 315 Rn. 18.

2. Bestimmung durch einen Dritten

10 Die Parteien können auch vereinbaren, dass ein Dritter – oder mehrere Dritte – den Leistungsinhalt bestimmen (§§ 317ff.); das geschieht häufig dann, wenn für diese Bestimmung besondere Sachkunde erforderlich ist, gleichzeitig aber auch eine neutrale und vertrauenswürdige Person über die Vertragspflichten entscheiden soll.

Beim echten Vertrag zu Gunsten Dritter (→ § 32 Rn. 2) ist der Drittbegünstigte zwar nicht Vertragspartei. Er wird aber trotzdem nicht als Dritter iSv § 317 angesehen, weil er wie ein Vertragspartner berechtigt ist, die vereinbarte Leistung zu fordern (§ 328 I). Auf das Leistungsbestimmungsrecht des Drittbegünstigten findet deshalb nicht § 317, sondern § 315 Anwendung.[9]

11 **a) Inhalt des Bestimmungsrechts.** Nach dem Wortlaut des § 317 muss dem Dritten die **Bestimmung der Leistung** überlassen sein; darunter fällt auch die Bestimmung nur einer Leistungsmodalität.

Beispiel: A und B schließen einen Kaufvertrag über ein Gemälde mit der Vereinbarung, dass C den Kaufpreis und den Leistungsort bestimmen soll; vgl. auch **Fall b**.

Häufig soll ein Dritter nicht eine fehlende Vertragsbestimmung ergänzen, den bisher unbestimmten Vertrag also gestalten, sondern einen vorhandenen, aber nur vom Unkundigen nicht bestimmbaren Vertragsinhalt feststellen oder Tatsachen festlegen, die erst mittelbar für den Inhalt der Leistung Bedeutung haben (sog. Schiedsgutachter ieS).

So ist der Dritte Schiedsgutachter, wenn im Beispielsfall die Parteien als Kaufpreis den Schätzwert zuzüglich eines Aufschlags vereinbart haben und der Dritte den Schätzpreis ermitteln oder wenn im **Fall b** der Dritte C die Gegenstände bewerten soll.

Auf die Vereinbarung eines Schiedsgutachtens sind die Vorschriften der §§ 317ff. entsprechend anwendbar, so dass eine scharfe Trennung, die im Einzelfall schwierig sein kann, nicht erforderlich ist.

Davon zu unterscheiden ist aber der **Schiedsrichter** iSd §§ 1025ff. ZPO. Der Schiedsrichter soll anstelle des Gerichts für die Parteien ein streitiges Rechtsverhältnis verbindlich entscheiden; die §§ 317ff. sind nicht anwendbar. Für die Abgrenzung ist nicht die Ausdrucksweise der Parteien entscheidend, sondern die von den Parteien gewollte Funktion des Dritten:

Der Schiedsgutachter stellt nur Tatbestandselemente fest, so dass die Entscheidung über den Anspruch dem Gericht vorbehalten ist, während der

9 *BGH* NJW-RR 2003, 1355.

Schiedsrichter das Rechtsverhältnis abschließend zwischen den Parteien entscheidet.[10]

b) Bestimmung durch Willenserklärung. Die Bestimmung des Dritten erfolgt durch Erklärung gegenüber einem der Vertragsschließenden (§ 318 I); sie ist unwiderruflich **(Fall b).** Eine Anfechtung wegen Irrtums, Drohung oder arglistiger Täuschung ist möglich; das Anfechtungsrecht steht aber nach § 318 II nur den Vertragschließenden zu. 12

Der Dritte soll nicht anfechten können, weil er an der Anfechtung kein Interesse hat[11] (**Fall c**). Die Anfechtung muss auch in den Fällen des § 123 unverzüglich nach Kenntnis des Anfechtungsgrundes erfolgen (§ 318 II 2).

c) Bestimmung nach billigem Ermessen. Der Dritte hat die Bestimmung im Zweifel nach billigem Ermessen zu treffen (§ 317 I). Seine Bestimmung ist für die Parteien unverbindlich, wenn sie **offenbar unbillig** ist. Die Bestimmung erfolgt dann durch Urteil (§ 319 I 2). Die im Vergleich zu § 315 (Unverbindlichkeit schon bei Unbilligkeit) unterschiedliche Regelung bringt zum Ausdruck, dass regelmäßig bei der Bestimmung durch einen Dritten eher die Gewähr der Richtigkeit gegeben ist als bei der Bestimmung durch eine Partei. Es soll nur dann der gerichtliche Spruch an die Stelle der Erklärung des Dritten treten, wenn der Dritte den Maßstab von Treu und Glauben in grober und für den unbefangenen, sachkundigen Beurteiler sofort erkennbarer Weise verletzt hat.[12] 13

Eine Bestimmung durch Urteil erfolgt auch dann, wenn der Dritte die Bestimmung nicht treffen kann oder will oder sie verzögert (§ 319 I 2). Diese Regelung entspricht der üblichen Parteiabsicht: Wenn ein Dritter nach billigem Ermessen entscheiden soll, kommt es nicht so sehr auf die Person des Entscheidenden als vielmehr auf die Sachlichkeit der Entscheidung an. Deshalb kann an seiner Stelle das Gericht die Bestimmung treffen.[13] 14

d) Bestimmung nach freiem Belieben. Die Parteien können auch vereinbaren, dass der Dritte nach freiem Belieben entscheidet. Dann kommt eine Bestimmung durch Urteil nicht in Betracht; denn die Parteien legen gerade auf die Bestimmung des Dritten entscheidendes 15

10 BGHZ 6, 335.
11 Prot. I, 471.
12 StRspr; vgl. *BGH* NJW 1958, 2067; 1991, 276; siehe ferner *Looschelders* SchuldR AT Rn. 201 ff.
13 Prot. I, 468 f. gegen den Entwurf, Mot. II, 193, der Unwirksamkeit annehmen wollte.

Gewicht. Trifft der Dritte die Bestimmung nicht oder verzögert er sie, so ist der Vertrag unwirksam (§ 319 II).

Der Dritte ist regelmäßig nicht zur Abgabe der Erklärung verpflichtet, es sei denn, er hat eine entsprechende Verpflichtung übernommen; in diesem Fall könnte er zur Abgabe der Erklärung nach § 888 ZPO angehalten werden.

Bei offenbarer Unbilligkeit ist die Bestimmung – entgegen § 319 I – nicht unverbindlich; nur bei einem Verstoß gegen §§ 134, 138 ist der Vertrag nichtig.

16 **e) Bestimmung durch mehrere Dritte.** Soll die Bestimmung durch mehrere Dritte erfolgen, so ist ihre Übereinstimmung erforderlich (§ 317 II). Fehlt diese, so sind die Folgen ebenso, als wenn keine Bestimmung erfolgt wäre (vgl. → Rn. 15). Bei der Bestimmung einer Summe (zB Kaufpreis) besteht dagegen die Möglichkeit, aus den Summen der verschiedenen Auffassungen eine Durchschnittssumme zu bilden (§ 317 II); dadurch wird eine Bestimmung auf einfachem Wege erreicht.[14]

§ 7. Grundsatz von Treu und Glauben

1 **Schrifttum:** *Beater*, Generalklauseln und Fallgruppen, AcP 194, (1994), 82; *Canaris*, Die Vertrauenshaftung im deutschen Privatrecht, 1971; *Gernhuber*, § 242 BGB – Funktionen und Tatbestände, JuS 1983, 764; *Kegel*, Verwirkung, Vertrag und Vertrauen, FS Pleyer, 1986, 513; *Knops*, Gläubigerkenntnis und Schuldnervertrauen als Verwirkungsvoraussetzungen, NJW 2018, 425; *Mader*, Rechtsmißbrauch und unzulässige Rechtsausübung, 1994; *Ohly*, Generalklausel und Richterrecht, AcP 201, (2001), 1; *Pawlowski*, Verfassungsrechtliche Vorgaben für die Auslegung des § 242 BGB?, JZ 2002, 627; *Petersen*, Die Grenzen zulässiger Rechtsausübung, JURA 2008, 759; *Rösler*, Arglist im Schuldvertragsrecht, AcP 207 (2007), 564; *Singer*, Das Verbot widersprüchlichen Verhaltens, 1993; *Teichmann*, Nebenverpflichtungen aus Treu und Glauben, JA 1984, 545, 709; *ders.*, Venire contra factum proprium – Ein Teilaspekt rechtsmißbräuchlichen Handelns, JA 1985, 497; *Stauder*, Die Verwirkung zivilrechtlicher Rechtspositionen, 1995; *R. Weber*, Entwicklung und Ausdehnung des § 242 BGB zum „königlichen Paragrafen", JuS 1992, 631.

Fall a: S schuldet dem G die Rückzahlung eines Darlehens von 1.000 EUR. Er will seine Verbindlichkeit nach einer ausgedehnten Kneipentour morgens um 2.00 Uhr bei G tilgen. Kann G die Annahme ablehnen, ohne dadurch in Annahmeverzug (§§ 293 ff.) zu geraten? → Rn. 8

14 Mot. II, 194.

Fall b: V verkauft seine Bäckerei mit Rücksicht auf die günstige Lage zu einem hohen Kaufpreis an K. Kurz darauf eröffnet V im Nebenhaus eine Bäckerei. → Rn. 10

Fall c: S will eine Geldschuld von 1.000 EUR bei G begleichen. In der Wohnung des G stellt sich heraus, dass S einen Euro zu wenig mitgebracht hat. G lehnt daraufhin unter Hinweis auf § 266 die Annahme des Geldes ab. → Rn. 15

Fall d: G verlangt von S vor Ablauf der Verjährungsfrist Zahlung von Schadensersatz und droht gleichzeitig Klage an. S erklärt sich zu Verhandlungen über die Höhe des Anspruchs bereit. Auf den Hinweis des G, er müsse die Forderung jetzt einklagen, da sie in Kürze verjähre (vgl. § 214 I), antwortet S, die Einrede der Verjährung werde er im Prozess nicht erheben. Als die Verhandlungen scheitern, erhebt G Klage. S macht geltend, die Forderung sei inzwischen verjährt. → Rn. 16

I. Bedeutung des § 242

1. Treu und Glauben als allgemeiner Rechtsgrundsatz

Nach § 242 ist der Schuldner verpflichtet, die Leistung so zu bewirken, wie Treu und Glauben mit Rücksicht auf die Verkehrssitte es erfordern. Wenn auch die Bestimmung sich ihrem Wortlaut nach nur an den Schuldner wendet und dessen Leistungspflicht näher bestimmt, so ist damit ihr Anwendungsbereich keineswegs erschöpft. Rechtsprechung und Wissenschaft haben vielmehr aus § 242 in Verbindung mit den §§ 133, 157 den allgemeinen Rechtsgedanken entwickelt, dass jeder in Ausübung seiner Rechte und Erfüllung seiner Pflichten nach Treu und Glauben zu handeln, dh auf die berechtigten Interessen des anderen Teils Rücksicht zu nehmen hat. Das Gebot zur Rücksichtnahme gilt demnach nicht nur für den Schuldner, sondern ebenso für den Gläubiger.

§ 133 betrifft die Auslegung der einzelnen **Willenserklärung**, § 157 hingegen die Auslegung des zustande gekommenen **Vertrags**, während sich § 242 seinem Wortlaut nach nur auf die **Leistungspflicht des Schuldners** bezieht, gleichgültig, ob sie auf Vertrag oder Gesetz beruht.

Der Grundsatz von Treu und Glauben ist eine Generalklausel. Er beherrscht das gesamte Rechtsleben und gewinnt über das Schuldrecht hinaus überall dort Bedeutung, wo zwischen mehreren Personen eine rechtliche Sonderverbindung besteht. So findet er zB auch im Sachenrecht, im öffentlichen Recht und im Verfahrensrecht Anwendung.

2. Abgrenzung und Anwendungsbereich

2 **a) Treu und Glauben und Billigkeit.** Die Bedeutung des § 242 würde gründlich verkannt, wenn man in ihm eine allgemeine Billigkeitsnorm erblickte, die es dem Richter gestattete, sich über gesetzliche Wertungen hinwegzusetzen, um zu einem von ihm als billig empfundenen Ergebnis zu gelangen. Würde der Richter den Grundsatz von Treu und Glauben so handhaben, dann verstieße er gegen einen Fundamentalsatz der Verfassung, wonach er an Gesetz und Recht gebunden ist (vgl. Art. 20 III, 97 GG). Außerdem wäre keine Rechtssicherheit mehr gewährleistet, weil die richterlichen Entscheidungen nicht voraussehbar wären.

3 **b) Treu und Glauben und Rechtsfortbildung.** Ebenso wenig enthält § 242 eine allgemeine Ermächtigung zu einer richterlichen Rechtsfortbildung aus Billigkeitsgründen. Die Lösung neuer Rechtsprobleme obliegt in erster Linie dem Gesetzgeber. Der Richter ist zwar auch befugt, durch Rechtsfortbildung Lücken des Gesetzes auszufüllen; hierbei ist er aber stets an die Wertungen des Gesetzgebers in bereits vorhandenen Bestimmungen gebunden, die er auf nicht geregelte, aber ähnlich gelagerte Fälle zu übertragen hat. Da § 242 selbst der Konkretisierung durch andere gesetzliche Wertungen bedarf (→ Rn. 5), ist er wenig geeignet, für die Ausfüllung von Gesetzeslücken brauchbare Maßstäbe zu liefern.

Der Grundsatz von Treu und Glauben dient deshalb nicht dazu, selbständig neue Rechtsinstitute zu schaffen; seine Aufgabe besteht vielmehr vornehmlich darin, bereits vorhandene Rechtssätze oder Rechtsbeziehungen nach ihrem Sinn und Zweck näher auszuformen oder die Grenzen einer formal gegebenen Rechtsstellung aufzuzeigen.

4 **c) Subsidiarität von Treu und Glauben.** Um bei der Anwendung des § 242 nicht zu vorschnellen Billigkeitsurteilen zu gelangen, muss immer zunächst geprüft werden, ob nicht die (ggf. analog anzuwendenden) spezialgesetzlichen Regelungen nach ihrem Sinn und Zweck eine sachgerechte Lösung des konkreten Falles ermöglichen. In den weitaus meisten Fällen wird das zu bejahen sein und sich deshalb ein Zurückgreifen auf den allgemeinen Grundsatz von Treu und Glauben erübrigen. Nur wenn sich ausnahmsweise herausstellt, dass die (auch analoge) Anwendung des Gesetzes wegen der Besonderheit des konkreten Falles den einen oder anderen Teil in einer offenbar unbilligen, dem Sinn des Rechtsverhältnisses widersprechenden Weise benachtei-

ligt, kann als ultima ratio über § 242 ein Interessenausgleich herbeigeführt werden. Der Grundsatz von Treu und Glauben hat insoweit nur eine subsidiäre Bedeutung.

d) Konkretisierung durch gesetzliche Wertungen und Verkehrssitte. § 242 enthält keine fertige Regel dafür, was im Einzelfall Treu und Glauben entspricht. Zu ihrer Anwendung bedarf diese Generalklausel vielmehr einer näheren Konkretisierung. Wichtige Anhaltspunkte bieten hierbei gesetzliche Interessenbewertungen, die in anderen Normen ihren Ausdruck gefunden haben. Zu erwähnen sind hier nicht zuletzt die Wertentscheidungen des Grundgesetzes. Eine weitere Hilfe bei der Ausfüllung dieser Generalklausel bildet die Verkehrssitte, auf die § 242 ausdrücklich verweist. Hierunter ist die im Verkehr tatsächlich herrschende Übung zu verstehen, nach der in einer großen Zahl gleichartiger Fälle verfahren wird. Das wichtigste Beispiel für eine Verkehrssitte bilden die Handelsbräuche der Kaufleute.[1] 5

e) Begründung im Einzelfall. Nur wenn man bei der Bestimmung dessen, was der Grundsatz von Treu und Glauben im Einzelfall erfordert, diese verschiedenen rechtlichen Gesichtspunkte beachtet, lassen sich willkürliche Zufallsergebnisse verhindern. Auch die Anwendung des § 242 erfordert also in jedem Einzelfall eine eingehende Begründung, die erkennen lässt, dass und nach welchen rechtlichen Kriterien die gegensätzlichen Interessen der Beteiligten gegeneinander abgewogen werden. 6

II. Einzelne Anwendungsfälle

Rechtsprechung und Schrifttum haben sich ständig darum bemüht, die bei der Anwendung des § 242 auftretenden Einzelprobleme zu ordnen und zu bestimmten Fallgruppen zusammenzufassen, um bei der Handhabung dieser Generalklausel eine gewisse Rechtssicherheit zu erreichen. Die dabei entwickelten Regeln bieten aber immer nur einen ersten Anhaltspunkt und müssen in jedem einzelnen Fall daraufhin überprüft werden, ob sie der besonderen Interessenlage des konkreten Lebenssachverhalts gerecht werden. Hier sollen, ohne An- 7

1 § 346 HGB; *Brox/Henssler* HandelsR Rn. 16 ff.

spruch auf nur annähernde Vollständigkeit, einige Anwendungsbereiche des Grundsatzes von Treu und Glauben aufgezeigt werden.

1. Bestimmung der Art und Weise der Leistung

8 Nach seinem unmittelbaren Anwendungsbereich ist § 242 dafür maßgebend, **wie** eine vertragliche oder gesetzliche Verpflichtung zu erfüllen ist. Auch ohne eine besondere gesetzliche Regelung kann es dem Schuldner nach Treu und Glauben verwehrt sein, seine Leistung zu einer bestimmten Zeit oder an einem bestimmten Ort zu erbringen.

Im **Fall a** ist es mit § 242 nicht vereinbar, dass S dem G das Darlehen nachts um 2.00 Uhr zurückzahlen will (Leistung zur Unzeit). G kann die Annahme des Geldes ablehnen, ohne in Annahmeverzug (dazu → § 26) zu geraten.

2. Begründung von Pflichten im Schuldverhältnis

9 Der Grundsatz von Treu und Glauben wirkt sich auch bei der Auslegung aus. Das folgt bereits aus § 157.

Hat beispielsweise K bei V ein Abendkleid gekauft, dann ist V auch ohne besondere Abrede verpflichtet, das gekaufte Kleid zu verpacken, damit K es unversehrt nach Hause transportieren kann.

Für eine ergänzende Vertragsauslegung ist dort Raum, wo die Parteien einen für sie wichtigen gegenwärtigen oder zukünftigen Umstand bei ihrer Willensbildung nicht berücksichtigt haben, so dass ihre Vereinbarung lückenhaft ist. Bei der Ausfüllung dieser Vertragslücke bildet der Grundsatz von Treu und Glauben einen wichtigen Maßstab. Abzustellen ist nämlich darauf, wie die Parteien bei billiger und vernünftiger Berücksichtigung aller Umstände, vor allem der beiderseitigen Interessen, den offen gebliebenen Punkt geregelt haben würden.

10 **a) Pflichten im vertraglichen Schuldverhältnis und in ähnlichen rechtlichen Sonderverbindungen.** Im Rahmen **vertraglicher Beziehungen** sind die Parteien nach Treu und Glauben gehalten, eine sinnvolle Durchführung des Vertrags zu ermöglichen und den anderen Teil vor vermeidbaren Schädigungen zu bewahren. Die ergänzende Vertragsauslegung führt daher häufig zur Begründung vertraglicher Nebenleistungs- und Schutzpflichten iSv § 241 II (→ § 2 Rn. 8 ff.), die auf ein Tun oder Unterlassen gerichtet sein können. Zu nennen

sind hier vor allem Obhuts-, Erhaltungs-, Auskunfts- oder Anzeigepflichten (→ § 2 Rn. 11 ff.). Ob und in welchem Umfang sich derartige Pflichten ergeben, lässt sich nicht allgemein beantworten; entscheidend sind immer die Besonderheiten des jeweiligen Vertragsverhältnisses und die für seinen Abschluss maßgebenden Erwägungen der Parteien.

Im **Fall b** führt die ergänzende Vertragsauslegung, für die auch Treu und Glauben eine Rolle spielen (vgl. § 157) dazu, dass V die zweite Bäckerei nicht eröffnen darf; denn die Parteien sind bei der Bemessung des Kaufpreises davon ausgegangen, dass dem K der Kundenstamm des V erhalten bleiben sollte.

Die Begründung vertraglicher Pflichten mit Hilfe des Grundsatzes von Treu und Glauben wirkt sich vor allem bei einer Verletzung dieser Pflichten und einem darauf gestützten Schadensersatzanspruch nach § 280 I aus (→ § 25 Rn. 3 ff.).

Auch in anderen **rechtlichen Sonderverbindungen** wie etwa einem familienrechtlichen Verhältnis können sich aus § 242 Pflichten für die Beteiligten ergeben. So wurde lange darüber diskutiert, ob der sog. Scheinvater einer Tochter, der seine Vaterschaft erfolgreich angefochten hat, von der mit ihm verheirateten Mutter der Tochter grundsätzlich Auskunft über die Person des Erzeugers verlangen kann, wenn er bei diesem wegen des an die Tochter gezahlten Unterhalts Rückgriff nehmen will. Der BGH hat einen solchen Auskunftsanspruch aus § 242 hergeleitet.[2] Zwar hat das BVerfG[3] in einem anderen Fall diese Rechtsprechung für verfassungswidrig erklärt. Durch einen solchen Auskunftsanspruch werde unzulässig in das allgemeine Persönlichkeitsrecht der Mutter nach Art. 2 I iVm Art. 1 I GG eingegriffen. Dies umschließe das Recht, geschlechtliche Beziehungen zu einem bestimmten Partner nicht offenbaren zu müssen. Aber das BVerfG hat ausdrücklich darauf hingewiesen, dass gegen die Begründung von Auskunftsansprüchen in Sonderverbindungen auf Grundlage der Generalklausel des § 242 verfassungsrechtlich im Grundsatz nichts einzuwenden sei.[4]

b) Pflichten im nachvertraglichen Schuldverhältnis. Auch nach der Beendigung eines Vertragsverhältnisses können sich aus § 242 nachwirkende Pflichten ergeben (sog. culpa post contrahendum). Es handelt sich um vertragliche Nebenleistungspflichten, die darauf gerichtet sind, nach Erfüllung der Hauptpflichten eine Handlung vorzunehmen oder zu unterlassen. 11

Beispiele: Erteilung wahrheitsgemäßer Auskünfte des früheren Arbeitgebers gegenüber dem jetzigen Arbeitgeber des Arbeitnehmers; Duldung eines Um-

2 *BGH* NJW 2014, 2571 f.
3 *BVerfG* NJW 2015, 1505 Rn. 23 ff.
4 *BVerfG* NJW 2015, 1505 Rn. 39.

zugsschildes bei Verlegung der Arztpraxis nach Beendigung des Mietvertrags; Gewährung der Einsichtnahme des Patienten in die Krankenunterlagen.[5]

12 **c) Pflichten im vorvertraglichen Schuldverhältnis.** Unter Berufung auf den Grundsatz von Treu und Glauben hat die Rechtsprechung schon lange vor der Schuldrechtsreform bereits für die Zeit der Vertragsverhandlungen das Bestehen bestimmter Sorgfalts- und Aufklärungspflichten angenommen, deren schuldhafte Verletzung eine Schadensersatzpflicht auslöst (culpa in contrahendo; → § 25 Rn. 11 ff.). Heute hat dieses vorvertragliche Schuldverhältnis zwar in § 311 II eine gesetzliche Grundlage. Bei der Ermittlung der Pflichten kann jedoch nach wie vor auf den Grundsatz von Treu und Glauben zurückgegriffen werden.

3. Abänderung der vertraglichen Leistungspflicht

13 Auf § 242 beruhte auch die Lehre vom **Fehlen oder Wegfall der Geschäftsgrundlage**, die vor allem in der Zeit nach dem ersten Weltkrieg entwickelt worden ist, um bestehende Vertragsverhältnisse den einschneidenden wirtschaftlichen Veränderungen der Inflationszeit anpassen zu können. Seit der Schuldrechtsreform sind die Voraussetzungen und die Rechtsfolgen bei einer Störung der Geschäftsgrundlage in § 313 geregelt (Einzelheiten: § 27). Für die Frage, wie die Anpassung eines Vertrags an die geänderten Umstände erfolgen soll, ist aber trotz dieser Regelung auf den hypothetischen Parteiwillen und damit auch auf den Grundsatz von Treu und Glauben (vgl. § 157) zurückzugreifen.

4. Einwand der unzulässigen Rechtsausübung

14 Aus § 242 ergibt sich über die §§ 226, 826 hinaus der allgemeine Grundsatz, dass jede gegen Treu und Glauben verstoßende Rechtsausübung unzulässig ist. Dieser Grundsatz dient hier dazu, eine an sich gegebene formale Rechtsstellung zu begrenzen, gleichgültig ob es sich etwa um Forderungsrechte, Gestaltungsrechte oder Einreden handelt. Zu beachten ist allerdings, dass § 242 nicht dazu verwendet werden darf, jede als unbillig empfundene Rechtsverfolgung zu verhindern, weil sonst an die Stelle des Rechts mehr oder weniger klare Billigkeitserwägungen treten würden. Der Einwand der unzulässigen

5 Vgl. BGHZ 85, 327 (339).

Rechtsausübung kann deshalb nur in besonders gelagerten Ausnahmefällen durchgreifen.

Die Rechtsprechung hat auch hier bestimmte Fallgruppen einer unzulässigen Rechtsausübung gebildet. Zu erwähnen sind vor allem:

a) **Rechtsmissbrauch.** Die Ausübung eines Rechts ist unredlich 15
und damit unzulässig, wenn mit ihr nicht die durch Vertrag oder Gesetz geschützten Interessen verwirklicht werden sollen, sondern das Recht **zweckwidrig** verwendet wird. Die Annahme eines Rechtsmissbrauchs erfordert eine sorgfältige und umfassende Prüfung aller maßgeblichen Umstände des Einzelfalls und muss auf besondere Ausnahmefälle beschränkt bleiben.[6]

Im **Fall c** handelt G rechtsmissbräuchlich, wenn er wegen des unbedeutenden Restbetrages von 1 EUR die Annahme der 999 EUR ablehnt. Dagegen handelt der Bieter einer eBay-Versteigerung nicht rechtsmissbräuchlich, wenn er auf der Erfüllung eines im Wege der Internetauktion geschlossenen Kaufvertrags oder auf Schadensersatz wegen Nichterfüllung besteht, obwohl zwischen seinem Gebot (Startgebot von 1 EUR) und dem Wert des Kaufgegenstandes (über 5.000 EUR) ein grobes Missverhältnis besteht.[7] Die Möglichkeit eines „Schnäppchens“ ist für solche Auktionen charakteristisch, und der Verkäufer geht dieses Risiko durch Wahl eines niedrigen Startgebots bewusst ein.

b) **Widersprüchliches Verhalten.** Der Berechtigte darf ein Recht 16
nicht geltend machen, wenn er sich dadurch mit seinem früheren Verhalten in Widerspruch setzen würde („venire contra factum proprium“).

So kann S im **Fall d** nicht mit Erfolg die Verjährungseinrede erheben. Denn die Berufung des Schuldners auf die Verjährung ist dann treuwidrig und unwirksam, wenn der Gläubiger aus dem gesamten Verhalten des Schuldners für diesen erkennbar das Vertrauen geschöpft hat und auch schöpfen durfte, der Schuldner werde die Verjährungseinrede nicht geltend machen.[8] Das gilt nicht nur dann, wenn der Schuldner den Gläubiger absichtlich von der Erhebung der Klage abgehalten hat; vielmehr kann Treuwidrigkeit auch vorliegen, wenn der Schuldner durch sein Verhalten objektiv – sei es auch unabsichtlich – bewirkt hat, dass die Klage nicht rechtzeitig erhoben wurde.[9]

---

6 *BGH* NJW 2015, 548 (549) mAnm *Dastis* JURA 2015, 376 und Anm. *Riehm* JuS 2015, 355.
7 *BGH* NJW 2015, 548 f. mAnm *Dastis* JURA 2015, 376 und Anm. *Riehm* JuS 2015, 355.
8 *BGH* WM 1991, 739.
9 *BGH* DB 2014, 479 (480).

Wenn ein Kunde bei seiner Online-Bestellung wahrheitswidrig eine vorformulierte Bestätigung ankreuzt, er habe die Widerrufsbelehrung abgerufen und ausgedruckt oder abgespeichert, ist es ihm nicht stets nach Treu und Glauben verwehrt, seine Bestellung später zu widerrufen und die Einhaltung der Widerrufsfrist (§ 355 II 1) damit zu begründen, er habe keine formgültige Widerrufsbelehrung erhalten. Das Ankreuzen einer solchen vorformulierten Bestätigung entfaltet keine rechtliche Wirkung (→ § 4 Rn. 48 und → § 19 Rn. 31), so dass der Vertragspartner daraus auch nicht den Einwand der unzulässigen Rechtsausübung herleiten kann.[10]

17 **c) Verwirkung.** Ein Sonderfall des widersprüchlichen Verhaltens ist die Verwirkung. Ein Recht ist verwirkt, dh es kann, ohne verjährt zu sein, nicht mehr ausgeübt werden, wenn es der Berechtigte über längere Zeit nicht geltend gemacht hat und sich die jetzige Geltendmachung für den Gegner als unzumutbar erweist (illoyal verspätete Geltendmachung). Ein längerer Zeitablauf (Zeitmoment) allein macht die Rechtsausübung noch nicht unzulässig; anderenfalls würden die gesetzlichen Verjährungsvorschriften durch § 242 jede Bedeutung verlieren. Hinzutreten müssen stets besondere Umstände (Umstandsmoment), welche die verspätete Geltendmachung des Rechts als unredlich erscheinen lassen.[11] Ein Verstoß gegen Treu und Glauben wird vor allem anzunehmen sein, wenn der Gegner aus dem Verhalten des Berechtigten schließen durfte, dass dieser sein Recht nicht mehr ausüben werde, und er sich darauf tatsächlich eingestellt hat.

War beispielsweise der Vermieter V berechtigt, dem Mieter M fristlos zu kündigen, dann kann er dieses Recht nicht mehr ausüben, wenn er in Kenntnis des Kündigungsgrundes mehrere Monate untätig bleibt.

18 **d) Arglistiges Verhalten.** Der Gläubiger verstößt gegen Treu und Glauben, wenn er eine Leistung fordert, die er dem Schuldner aus einem anderen Grund alsbald wieder zurückzuerstatten hätte („dolo facit [oder: agit], qui petit, quod statim redditurus est“).

Beispiel: M klagt gegen V aus einem Vorvertrag auf Abschluss eines Mietvertrags. Es steht aber schon jetzt fest, dass V den Mietvertrag aus wichtigem Grund kündigen kann. Hier erstrebt M eine Rechtsstellung, die er sogleich wieder aufgeben muss.

---

10 *BGH* NJW 2014, 2857 (2859 f.).
11 *BGH* NJW 2018, 1390 Rn. 9; NJW 2016, 3720, Rn. 25.

Anwendungsfälle von Treu und Glauben (§ 242)

Bestimmung der Art und Weise der Leistung	Begründung von Pflichten – in vertraglichen Schuldverhältnissen: Nebenleistungs- und Schutzpflichten – in vorvertraglichen Schuldverhältnissen: Schutzpflichten – in nachvertraglichen Schuldverhältnissen: Nebenleistungspflichten	Vertragsauslegung und -anpassung (§§ 157, 313)	Einwand unzulässiger Rechtsausübung – Rechtsmissbrauch – venire contra factum proprium – Verwirkung – dolo facit (agit)

§ 8. Gattungsschuld, Wahlschuld und Ersetzungsbefugnis

Schrifttum: *Bartels/Sajnovits*, Die Rolle der Beschaffung beim Gattungskauf, JZ 2014, 322; *Blum*, Konkretisierung der Gattungsschuld beim minderjährigen Gläubiger, JuS 2018, 838; *Canaris*, Die Bedeutung des Übergangs der Gegenleistungsgefahr im Rahmen von § 243 II BGB und § 275 II BGB, JuS 2007, 793; *Gruber*, Das drohende Ende der Stückschuld, JZ 2005, 707; *Hahn*, Die zivilrechtliche Ersetzungsbefugnis, 2011; *Samhat*, Die Gefahrtragung nach erfolgter Konkretisierung im modernisierten Schuldrecht, JURA 2013, 1003. 1

Fall a: Der Landwirt L schuldet dem Händler H 50 Zentner seiner Haferernte. Vereinbarungsgemäß schickt L den Hafer mit der Bahn an H auf dessen Kosten ab. Unterwegs verdirbt das Getreide infolge eines Unfalls. H verlangt 50 Zentner Hafer von L. → Rn. 1, 5, 6

Fall b: Der Pferdehändler P hat dem Bauern B nach dessen Wahl das Pferd Max oder das Pferd Frieda verkauft. P hatte seine Pferde stets bei B eingestellt. Als Max durch Unachtsamkeit des B stirbt, wählt dieser das andere Pferd. P meint, er brauche nicht mehr zu leisten. → Rn. 8, 13

Fall c: Wie ist die Rechtslage, wenn P dem B das Pferd Max verkauft hat, dem B aber vorbehalten ist, das Pferd Frieda zu nehmen? → Rn. 16

Sonderfälle eines unbestimmten, aber bestimmbaren Leistungsinhalts sind Gattungs- und Wahlschulden; von der Wahlschuld ist die Ersetzungsbefugnis zu unterscheiden.

I. Gattungsschuld

1. Begriff

Eine Gattungsschuld liegt vor, wenn die geschuldete Leistung nur **nach allgemeinen Merkmalen** (Gattungsmerkmalen) bestimmt ist.

Beispiele: 3 Zentner Kartoffeln, 1 VW Golf. Wenn K nach Katalog ein Radio bestimmter Marke bei V bestellt, überlässt er ihm die Auswahl des Geräts dieser Marke, mit dessen Lieferung der Kaufvertrag erfüllt wird.

Die Merkmale der Gattung, aus der zu leisten ist, richten sich nach der Parteivereinbarung. Je mehr Merkmale festgelegt sind, desto stärker ist der Umfang der Gattung eingegrenzt.

Soll der Schuldner 100 l Wein liefern, kann er zB mit Rhein- oder Moselwein erfüllen. Sind dagegen 100 l Niersteiner Jahrgang 2009 vereinbart, muss der Schuldner Wein dieser Sorte und dieses Jahrgangs liefern.

Eine Gattungsschuld besteht auch dann, wenn die geschuldete Sache nach der Parteivereinbarung aus einer bestimmten Menge entnommen werden soll (Vorratsschuld, **beschränkte Gattungsschuld**).

Beispiel: 50 Zentner Hafer der diesjährigen Ernte (**Fall a**); anders dagegen, wenn die gesamte Ernte verkauft wird, da nun keine Auswahl mehr getroffen werden kann.

2. Abgrenzung

2 Eine **Stückschuld** liegt vor, wenn die geschuldete Sache nach **individuellen Merkmalen** (Sondermerkmalen) konkret bestimmt ist (Speziesschuld).

Beispiele: Dieses Gemälde, dieser gebrauchte VW, das Reitpferd Max. Der Schuldner einer solchen Sache kann nur mit dieser konkreten Sache erfüllen.

Ob eine Gattungs- oder eine Stückschuld vorliegt, hängt von der Parteivereinbarung ab. Dagegen ist die Unterscheidung zwischen vertretbaren und unvertretbaren Sachen nach objektiven Maßstäben (Maß, Zahl und Gewicht, § 91) zu treffen. Vielfach sind vertretbare Sachen Gattungsschulden, unvertretbare Sachen Stückschulden; aber diese Begriffspaare brauchen nicht zusammenzutreffen.

Beispiele: Der bei der Besichtigung gewählte neue VW Golf ist zwar eine vertretbare Sache, aber Stückschuld. Ist A verpflichtet, dem B irgendein Grundstück bestimmter Größe und Beschaffenheit zu verkaufen, dann handelt es sich zwar um eine unvertretbare (weil nicht bewegliche – § 91) Sache, aber doch um eine Gattungsschuld.

3. Rechtliche Bedeutung

Der Schuldner einer Gattungsschuld ist nicht verpflichtet, bestimmte Stücke aus der Gattung zu liefern. Er kann vielmehr die zu leistenden Sachen auswählen und braucht nicht die wertvollsten anzubieten. Er ist nach § 243 I nur gehalten, solche **mittlerer Art und Güte** zu leisten (vgl. auch § 360 HGB: „Handelsgut mittlerer Art und Güte")[1]. 3

Eine andere Regelung findet sich zB für den Sachdarlehensvertrag in § 607 I 2 (Sachen **gleicher** Art und Güte; BS § 17 Rn. 24 f.) und für das Gattungsvermächtnis in § 2155.[2]

Hat die gelieferte Sache minderwertige Qualität, dann liegt keine vertragsgemäße Erfüllung vor, und der Gläubiger kann die Leistung zurückweisen; er kann als Käufer aber auch die Leistung annehmen und die Rechte aus §§ 437 ff. geltend machen. 4

Während der Schuldner einer Stückschuld nach § 275 I von seiner Verpflichtung zur Leistung wegen Unmöglichkeit schon dann frei wird, wenn sich das Leistungshindernis auf die konkret geschuldete Sache beschränkt (zB das verkaufte Bild wird vernichtet; → § 22 Rn. 3), wird der Schuldner einer Gattungsschuld erst dann frei, wenn die ganze Gattung nicht mehr existiert (zB: es gibt keinen Niersteiner 2009 mehr) oder wenn aus ihr bereits durch Konkretisierung eine Stückschuld geworden ist (§ 243 II; → Rn. 6), deren Erfüllung unmöglich ist. 5

Auch wenn zB das ganze Lager des Schuldners durch Brand vernichtet wird, bleibt die Leistungspflicht des Schuldners bestehen; er muss sich dann die entsprechenden Stücke der Gattung beschaffen. Besteht dagegen nur eine beschränkte Gattungsschuld **(Fall a)**, so wird der Schuldner von der Leistung frei, wenn der gesamte Vorrat, also hier die gesamte Hafererernte des L, untergegangen ist.

---

1 *Brox/Henssler* HandelsR Rn. 366.
2 *Brox/Walker* ErbR § 27 Rn. 19.

4. Konkretisierung

6 Der Schuldner, der aus einer Gattung zu leisten verpflichtet ist, hat ein Interesse daran, dass aus der Gattungsschuld eine Stückschuld wird, damit bei einem Untergang § 275 I eingreift. Eine Beschränkung seiner Schuld auf die Zahl der zu leistenden Stücke erreicht der Schuldner durch Konkretisierung. Diese Konkretisierung tritt nach § 243 II dann ein, wenn der Schuldner **das zur Leistung seinerseits Erforderliche** getan hat.

Was der Schuldner dazu im Einzelnen unternehmen muss, richtet sich nach der getroffenen Vereinbarung. Es kommt also vor allem darauf an, ob der Schuldner verpflichtet ist, die Sache dem Gläubiger zu bringen, an ihn abzuschicken oder nur zum Abholen bereitzustellen (zur Bring-, Schick- und Holschuld: → § 12 Rn. 12ff.). Bei der Holschuld ist zur Konkretisierung erforderlich, aber auch ausreichend, dass der Schuldner die für den Gläubiger bestimmten Stücke aus der Gattung ausgesondert und den Gläubiger benachrichtigt hat.

Im **Fall a** lag eine Schickschuld vor. Leistungsort sollte der Wohnort des L bleiben (§ 269 III). Leistungshandlung des L war also neben dem Bereitstellen des Getreides auch das Absenden. Mit diesen Handlungen hat L das zur Bewirkung der geschuldeten Leistung seinerseits Erforderliche getan, so dass Konkretisierung eingetreten ist. Durch den Untergang des Getreides ist er von seiner Leistungspflicht frei geworden (§ 275 I). Auch im Versandhandel liegt grundsätzlich eine Schickschuld vor, so dass Konkretisierung mit Übergabe an die Transportperson eintritt.[3]

7 Ist die Konkretisierung eingetreten, bindet sie auch den Schuldner. Er soll sie nicht wieder rückgängig machen können;[4] dadurch soll verhindert werden, dass der Schuldner auf Kosten des Gläubigers spekuliert. Jedoch verstößt der Gläubiger gegen Treu und Glauben, wenn er sich ohne Grund weigert, eine gleichwertige Sache anzunehmen.[5]

Will der Schuldner die bestellten 50 Zentner Hafer beim Gläubiger abliefern und trifft er ihn nicht an, so ist zwar die Konkretisierung eingetreten. Der Gläubiger hat jedoch keinen Anspruch auf diesen Hafer, wenn der Schuldner die 50 Zentner an einen anderen Kunden liefert (§ 242). Auch der Schuldner kann sich dann nicht auf die Konkretisierung berufen.

---

3 *BGH* NJW 2003, 3341; aA *OLG Stuttgart* NJW-RR 1999, 1576.
4 Mot. II, 12, 74; Prot. I, 287; vgl. *BGH* NJW 1982, 873; *Looschelders* SchuldR AT § 13 Rn. 18 f.
5 Erman/*Westermann* BGB § 243 Rn. 18; MüKoBGB/*Emmerich* § 243 Rn. 31 ff.; gegen eine Bindung des Schuldners: *Medicus/Petersen* BürgerlR Rn. 262 mN.

II. Wahlschuld

1. Begriff

Eine **Wahlschuld** liegt vor, wenn **mehrere verschiedene** Leistungen in der Weise geschuldet werden, dass nur die eine **oder** die andere zu bewirken ist (§ 262). Im Gegensatz dazu bezieht sich die Gattungsschuld auf eine von mehreren **gleichartigen** Leistungsmöglichkeiten. Die Wahlschuld kann auf Rechtsgeschäft oder Gesetz beruhen. 8

Beispiele für rechtsgeschäftliche Wahlschuld: B verpflichtet sich, das eine oder das andere Pferd zu liefern **(Fall b)**; der Erblasser setzt ein Wahlvermächtnis aus (§ 2154)[6].

Beispiel für gesetzliche Wahlschuld: § 179 I.

2. Wahlrecht

a) Inhaber und Ausübung des Wahlrechts. Das Wahlrecht kann dem Gläubiger oder dem Schuldner eingeräumt sein (zB durch Vertrag, durch testamentarische Anordnung oder durch Gesetz). Im Zweifel ist der Schuldner wahlberechtigt (§ 262). Die Wahl erfolgt durch Erklärung gegenüber dem anderen Teil (§ 263 I). 9

b) Rechtsfolgen nach Ausübung des Wahlrechts. Mit der Wahl der Leistung gilt diese als von Anfang an allein geschuldet (§ 263 II). 10

c) Rechtsfolgen bei Nichtausübung des Wahlrechts. Die wahlberechtigte Partei ist nicht zur Wahl verpflichtet. Übt der Wahlberechtigte sein Wahlrecht nicht aus, so ist zu unterscheiden, ob dem Gläubiger oder dem Schuldner die Wahlmöglichkeit zusteht: 11

aa) Verzögert der wahlberechtigte **Gläubiger** die Wahl, so kann ihm der Schuldner hierfür eine angemessene Frist setzen (§ 264 II 1). Nach deren fruchtlosem Ablauf geht das Wahlrecht auf den Schuldner über (§ 264 II 2).

bb) Übt der wahlberechtigte **Schuldner** sein Wahlrecht nicht aus, so verliert er es nicht. Der Gläubiger muss vielmehr auf Bewirkung der einen oder anderen Leistung nach Wahl des Schuldners klagen. 12

---

6 Dazu *Brox/Walker* ErbR § 27 Rn. 20.

Klageantrag: Der Beklagte wird verurteilt, nach seiner Wahl an den Kläger das Pferd Max oder das Pferd Frieda zu liefern.

Nimmt der Schuldner die Wahl dann nicht bis zum Beginn der Zwangsvollstreckung vor, kann der Gläubiger die Zwangsvollstreckung auf die eine oder die andere Leistung richten (§ 264 I, 1. Halbs.). Solange er die Leistung nicht ganz oder zum Teil erhalten hat, kann der Schuldner das Wahlrecht aber noch dadurch ausüben, dass er durch die Leistung **einer** Sache seine Verbindlichkeit erfüllt (§ 264 I, 2. Halbs.).

Hat also der Gläubiger ein dem oben genannten Klageantrag entsprechendes Urteil erlangt, so kann er den Gerichtsvollzieher beauftragen, zB das Pferd Max beim Schuldner abzuholen. Dieser bleibt aber weiterhin berechtigt, dem Gerichtsvollzieher das Pferd Frieda zu übergeben. Mit einem bloß wörtlichen Angebot kann der Schuldner aber die Zwangsvollstreckung in das Pferd Max nicht abwenden.

3. Unmöglichkeit

13 Ist die Wahl noch nicht ausgeübt und ist eine der Leistungen unmöglich, dann beschränkt sich das Schuldverhältnis auf die übrigen Leistungen (§ 265 S. 1). Die Beschränkung auf die noch möglichen Leistungen tritt nur dann nicht ein, wenn der **nicht wahlberechtigte** Teil die Unmöglichkeit **zu vertreten** hat (§ 265 S. 2).

Da im **Fall b** der nicht wahlberechtigte Schuldner P die Unmöglichkeit nicht zu vertreten hat, beschränkt sich das Schuldverhältnis auf das lebende Pferd Frieda (§ 265 S. 1). Davon unabhängig besteht eine Schadensersatzpflicht des B für das gestorbene Pferd. Wäre dagegen das Pferd Max durch Verschulden des P verendet, so hätte B weiterhin sein Wahlrecht (§ 265 S. 2). Er hätte also die Möglichkeit, entweder das Pferd Frieda oder anstelle des eingegangenen Pferdes Max Schadensersatz statt der Leistung zu verlangen.

III. Ersetzungsbefugnis

1. Begriff

14 Eine Ersetzungsbefugnis (alternative Ermächtigung, facultas alternativa) liegt vor, wenn nur eine Leistung geschuldet wird und an deren Stelle eine andere vom Schuldner erbracht (Ersetzungsbefugnis des Schuldners) oder vom Gläubiger verlangt (Ersetzungsbefugnis des Gläubigers) werden kann. Im Gegensatz zur Wahlschuld wird

also hier von Anfang an nur **eine** Leistung geschuldet; eine andere kann aber ersatzweise ohne Zustimmung des anderen Teils verlangt oder an Erfüllungs statt erbracht werden. Die Vorschriften über die Wahlschuld finden daher keine Anwendung.

2. Ersetzungsbefugnis des Schuldners

Eine Ersetzungsbefugnis des Schuldners kann vertraglich verein- 15
bart werden oder sich aus dem Gesetz ergeben.

Eine vertraglich vereinbarte Ersetzungsbefugnis des Schuldners kann vorliegen, wenn beim Kauf eines Neuwagens verabredet wird, dass der Verkäufer den Altwagen des Käufers unter Anrechnung auf den Kaufpreis zu einem bestimmten Betrag in Zahlung nimmt. Dann ist der Käufer nicht verpflichtet, wohl aber berechtigt, den Altwagen als Teil der Gegenleistung hinzugeben.[7] Eine solche Ersetzungsbefugnis wurde zeitweilig nicht mehr vereinbart. Meist wollte der Autohändler zur Vermeidung der Umsatzsteuer (volle Besteuerung des Zwischenumsatzes) den Altwagen nicht erwerben, sondern diesen im Namen oder jedenfalls für Rechnung des Kunden verkaufen. Nachdem jedoch seit 1990 § 25a UStG nur noch die Preisdifferenz der Umsatzsteuer unterwirft, stehen steuerliche Gründe einer Ersetzungsbefugnis nicht mehr entgegen.[8] Das Gesetz sieht in zahlreichen Fällen eine Ersetzungsbefugnis des Schuldners vor, zB die Berechtigung, statt der Leistung Geld zu zahlen (§§ 251 II 1, 528 I 2).

Da nur die **eine** Leistung geschuldet ist, wird der Schuldner bei Unmöglichkeit von der Leistung frei (§ 275), auch wenn er die Ersatzleistung noch erbringen könnte (anders bei Wahlschuld, § 265 S. 1; → Rn. 13).

3. Ersetzungsbefugnis des Gläubigers

Besteht eine vertragliche oder gesetzliche Ersetzungsbefugnis des 16
Gläubigers, kann dieser statt der geschuldeten Leistung eine andere – meist ebenfalls vorher festgelegte – verlangen **(Fall c)**.

Beispiele: Der Gläubiger kann statt Rückzahlung in Geld Pfandbriefe verlangen. Gesetzliche Fälle: §§ 249 II 1, 340, 843 III.

Im Unterschied zur Wahlschuld mit einer Wahlberechtigung des Gläubigers kann der Schuldner bei der Ersetzungsbefugnis die geschuldete Leistung anbieten und den Gläubiger damit in Annahmeverzug bringen (anders § 264 II). Wird dem Schuldner die Leistung

7 BGHZ 46, 338; 89, 128.
8 Jauernig/*Stürner* BGB §§ 364, 365 Rn. 2.

zufällig unmöglich, so braucht er die Ersatzleistung nicht zu erbringen; denn die Ersetzungsbefugnis ist mit dem Wegfall der geschuldeten Leistung entfallen (Ausnahme bei § 251 I).

Im **Fall c** kann B das Pferd Frieda nicht mehr verlangen, wenn das allein geschuldete Pferd Max eingegangen ist.

§ 9. Geld- und Zinsschuld

1 **Schrifttum:** *Bezzenberger,* Das Verbot des Zinseszinses, WM 2002, 1617; *Freitag*, Die Geldschuld im europäischen Privatrecht, AcP 213 (2013), 128; *Herresthal,* Das Ende der Geldschuld als sog. qualifizierte Schickschuld, ZGS 2008, 259; *Heyers*, Rechtsnatur der Geldschuld und Überweisung – welche Konsequenzen sind aus der Rechtsprechung des EuGH für das nationale Recht zu ziehen?, JZ 2012, 398; *Kähler,* Zur Entmythisierung der Geldschuld, AcP 206 (2006), 805; *Kirchhoff*, Das Verbot von Wertsicherungsklauseln im neuen Preisklauselgesetz, DNotZ 2007, 913; *Martens*, Grundfälle zu Geld und Geldschulden, JuS 2014, 105 und 200; *Schwab*, Geldschulden als Bringschulden?, NJW 2011, 2833.

Fall a: A hat B für die Anschaffung einer Wohnungseinrichtung ein Darlehen zu 8 % in Höhe von 30.000 EUR unkündbar auf fünf Jahre gewährt. Als B den gleichen Betrag nebst Zinsen zurückzahlen will, verlangt A einen höheren Betrag, weil eine Geldentwertung eingetreten sei. → Rn. 1
Fall b: Kann B schon vorzeitig den Darlehensvertrag kündigen, weil er ein günstigeres Darlehen bekommen kann? → Rn. 12

I. Geldschuld

1. Begriff und Inhalt

Häufigster Gegenstand eines Schuldverhältnisses ist die Verpflichtung zur Geldleistung. Geld ist sowohl Wertmaßstab für Leistungen und Güter als auch gesetzliches Zahlungsmittel.

Wird ein bestimmter Geldbetrag geschuldet, so sind dem Gläubiger in gültiger Währung Zahlungsmittel in Höhe des **Nennbetrages** (Nominalbetrag) zu erbringen, und zwar unabhängig davon, welche Kaufkraft dieser Betrag hat („Euro = Euro"; **Fall a**).

2 Neben den Geldschulden, die durch einen bestimmten Nennbetrag festgelegt sind, bestehen in Geld zu erfüllende Verbindlichkeiten, deren Umfang sich nach dem Wert eines Gegenstandes oder eines Vermögens richtet (zB Schadensersatz- und Pflichtteilsansprüche; sog.

Wertschulden). Solange diese Schulden nicht in einem Geldbetrag ausgedrückt sind, werden sie durch Wertschwankungen nicht berührt.

Beispiel: S hat eine Fensterscheibe im Wert von 150 EUR zertrümmert und deshalb Schadensersatz zu leisten (§ 823 I). Als eine neue eingesetzt wird, kostet diese bereits 165 EUR. Diesen Betrag hat S zu entrichten.

Da der Gläubiger einer Nennbetragsschuld Gefahr läuft, bei Geld- 3
entwertung wirtschaftlich benachteiligt zu werden, vereinbaren die Parteien häufig eine Wertsicherung (zB Bemessung des Pachtzinses nach der jeweiligen Höhe eines bestimmten Beamtengehaltes). Solche Wertsicherungsklauseln waren zum Schutz der deutschen Währung vor inflationären Entwicklungen bis zum 31.12.1998 unter den Voraussetzungen des damaligen § 3 WährungsG genehmigungspflichtig. Diese Vorschrift wurde durch das Gesetz zur Einführung des EUR[1] aufgehoben, so dass die frühere Genehmigungspflicht zum 1.1.1999 entfallen ist. Zwar darf nach § 1 des Preisklauselgesetzes auch heute noch der Betrag von Geldschulden nicht durch den Preis oder Wert von anderen Gütern oder Leistungen bestimmt werden, die mit den vereinbarten Gütern oder Leistungen nicht vergleichbar sind. Von diesem Verbot gibt es in §§ 2ff. Preisklauselgesetz jedoch zahlreiche Ausnahmen.

Dennoch kann vor allem bei langfristigen Geldschulden das Fest- 4
halten am Nominalbetrag wegen der stetigen Geldentwertung zu ganz ungerechten Ergebnissen führen, wenn nicht die Zahlungsverpflichtung den veränderten Verhältnissen angepasst wird.

Beispiele: Die vereinbarten Entgelte eines langfristigen Liefervertrags decken infolge der Geldentwertung bei weitem nicht die Herstellungskosten des Lieferanten. Die eingegangene Unterhaltsverpflichtung oder die vereinbarte Ruhegehaltsverpflichtung reicht nicht mehr aus, um den Lebensbedarf des Berechtigten in dem von den Parteien gewollten Umfang zu sichern.

Eine Anpassung vertraglicher Geldschulden kann wegen der veränderten Verhältnisse gem. § 313 (Störung der Geschäftsgrundlage) erreicht werden (→ § 23 Rn. 10). Es gibt weitere gesetzliche Vorschriften, die diesem Ziel dienen.

Beispiel: Nach § 16 des Gesetzes zur Verbesserung der betrieblichen Altersversorgung (BetrAVG) hat der Arbeitgeber alle drei Jahre eine Anpassung der laufenden Leistungen der betrieblichen Altersversorgung zu prüfen und hierüber nach billigem Ermessen zu entscheiden.

---

1 BGBl. I 1998, 1242 (1253).

2. Abwicklung

5 Ob die Geldschuld als Sonderfall der Gattungsschuld angesehen werden muss, ist bestritten.[2] Unabhängig von der Einordnung der Geldschuld ist Folgendes zu beachten:

a) **Konkretisierung.** Der Gefahrübergang durch Konkretisierung ist in § 270 abweichend von § 243 II geregelt (→ § 8 Rn. 6). Danach muss der Schuldner im Zweifel das Geld auf seine Gefahr dem Gläubiger an dessen Wohnsitz vermitteln.

6 b) **Art des geschuldeten Geldes.** § 243 I passt nicht für eine Geldschuld; denn es sind hier nicht Gegenstände „mittlerer Art und Güte" zu leisten. Geschuldet wird vielmehr Geld in vereinbarter Währung.

aa) Hat der Schuldner danach einen **im Inland zahlbaren** und **in inländischer Währung ausgedrückten** Geldbetrag zu leisten, so kann er bestimmen, mit welchen einzelnen Geldscheinen (Zehn-, Hundert-, Fünfhunderteuroschein) er seine Verpflichtung erfüllen will, wenn nur die Gesamtsumme betragsmäßig erreicht wird. Der Gläubiger ist nicht berechtigt, eine andere Stückelung des Gesamtbetrages zu verlangen.

7 bb) Für **in anderer Währung als Euro ausgedrückte, im Inland zahlbare** Geldschulden **(Valutaschulden)** gibt § 244 I dem Schuldner das Recht, auch in Euro zu zahlen, wenn die Parteien nicht ausdrücklich (zB durch die Klausel „effektiv") etwas anderes vereinbart haben. Die Umrechnung erfolgt nach dem Kurswert zur Zahlungszeit am Zahlungsort (§ 244 II).

8 c) **Zahlung in Buchgeld.** Eine Geldschuld wird heute häufig durch Zahlung in **Buchgeld** erfüllt.

Beispiele: Überweisung von einem Konto des Schuldners auf ein Konto des Gläubigers oder – falls eine Abwicklung über den Online-Zahlungsdienstleister PayPal vereinbart ist – von einem dort eingerichteten Konto des Schuldners zwecks Gutschrift auf dem PayPal-Konto des Gläubigers;[3] Übersendung eines Schecks; Einzahlung von Geld auf das Konto des Gläubigers.

Das Buchgeld ist jedenfalls dann wie Geld zu behandeln, wenn der Gläubiger (zB durch Angabe eines Kontos auf seiner Rechnung) mit der Zahlung von Buchgeld einverstanden ist. Darüber hinaus wird

2 Vgl. *Looschelders* SchuldR AT § 13 Rn. 32; MüKoBGB/*Grundmann* § 245 Rn. 85.
3 Zu dieser Art der Zahlungsabwicklung über PayPal *BGH* NJW 2018, 537 mAnm *Omlor* JuS 2018, 379.

man bei der heutigen Bedeutung des bargeldlosen Zahlungsverkehrs den Schuldner regelmäßig für befugt halten, eine Geldschuld durch Buchgeld zu erfüllen, es sei denn, dass ein abweichender Wille des Gläubigers für den Schuldner erkennbar ist. Sobald die Gutschrift auf dem Konto des Gläubigers erfolgt, ist erfüllt; denn vom Zeitpunkt der Gutschrift (und nicht erst von dem der Anzeige der Gutschrift) an kann der Gläubiger über den gutgeschriebenen Betrag verfügen. Das gilt auch bei einer vorbehaltlosen Gutschrift auf einem virtuellen PayPal-Konto des Gläubigers.[4]

d) Keine Leistungsbefreiung wegen Unmöglichkeit. Es ist allge- 9
mein anerkannt, dass der Schuldner einer Geldschuld für seine finanzielle Leistungsfähigkeit uneingeschränkt einzustehen hat. Er wird von seiner Leistungsverpflichtung nicht durch Zahlungsunfähigkeit frei („Geld hat man zu haben"). Haben die Parteien die Zahlung in bestimmter (in- oder ausländischer) Münzsorte vereinbart, so wird der Schuldner auch dann nicht befreit, wenn sich diese Geldsorte nicht mehr im Umlauf befindet; er ist verpflichtet, so zu leisten, als ob eine Münzsorte nicht bestimmt worden wäre (§ 245). Es liegt hier eine Geldschuld mit der Nebenbestimmung über die Art der Leistung vor; kann in dieser Geldsorte nicht mehr geleistet werden, so fällt nur die Nebenbestimmung fort.[5]

II. Zinsschuld

1. Begriff

Zinsen sind die Vergütung für die Überlassung von Kapital, be- 10
rechnet nach Bruchteilen des Kapitals und der Dauer der Überlassung.

Daher sind keine Zinsen zB Renten, da die Kapitalüberlassung fehlt, oder Dividenden, weil sie nicht nach festen Bruchteilen eines Kapitals, sondern nach dem jeweiligen Gewinn bemessen werden.

Das Kapital und damit der Zins bestehen regelmäßig in Geld; es kommen aber auch andere vertretbare Sachen in Betracht.

---

4 *BGH* NJW 2018, 537 Rn. 15ff.
5 Mot. II, 14.

2. Entstehung

11 Zinsschulden können auf **gesetzlicher** Anordnung oder auf **vertraglicher** Vereinbarung beruhen.

Beispiele für eine Entstehung gesetzlicher Zinsen: Aufwendungsersatz (§ 256), Verzug (§ 288), Prozess (§ 291). – Beispiel für vertragliche Zinsen: verzinsliches Darlehen (§ 488 I 2, II).

Die Zinsschuld setzt stets eine wirksame Kapitalschuld voraus.

Ist die Zinsforderung einmal entstanden, tritt sie selbständig neben die Kapitalschuld und kann deshalb zB selbständig abgetreten oder gepfändet werden; sie unterliegt der regelmäßigen Verjährungsfrist des § 195 (beachte aber § 217: Eine vorherige Verjährung der Kapitalschuld lässt auch die Zinsschuld verjähren).

3. Höhe der Zinsen

12 **a) Rechtsgeschäftlicher Zinssatz.** Der rechtsgeschäftliche Zinssatz unterliegt regelmäßig keiner Beschränkung (Grenze: § 138)[6].

Der Darlehensnehmer wird vom Gesetz (§ 489) dadurch geschützt, dass er unter bestimmten Voraussetzungen den Kredit kündigen kann; dann hat er die Möglichkeit, einen neuen, günstigeren Vertrag abzuschließen **(Fall b).**

13 **b) Gesetzlicher Zinssatz.** Haben die Parteien keinen bestimmten Zinssatz vereinbart, so gilt der gesetzliche Zinssatz. Dieser beträgt regelmäßig 4 % (§ 246), bei Handelsgeschäften von Kaufleuten 5 % (§ 352 HGB).[7]

14 **c) Zinseszinsen.** Die Parteien können nachträglich bestimmen, dass rückständige Zinsen wieder Zinsen bringen sollen. Dagegen ist eine im Voraus getroffene Vereinbarung, dass fällige Zinsen verzinslich sein sollen, nichtig (Verbot der Zinseszinsen, § 248 I; vgl. bei gesetzlichen Zinsen § 289 S. 1). Die unterschiedliche Behandlung der vorherigen und nachträglichen Vereinbarung der Zinseszinsen ist geschichtlich zu erklären.[8] Das Verbot der Zinseszinsen gilt nicht für Sparkassen, Banken, bestimmte Kreditanstalten (§ 248 II) und den Kontokorrentverkehr (§ 355 HGB).[9]

---

6 Dazu *Brox/Walker* SchuldR BT § 17 Rn. 13 ff.
7 *Brox/Henssler* HandelsR Rn. 370.
8 Vgl. Mot. II, 196 f.
9 Gründe: vgl. Prot. I. 47.

§ 10. Aufwendungsersatz, Wegnahmerecht und Auskunftspflicht

1 **Fall a:** A verwahrt während des Urlaubs seines Nachbarn B dessen Hund. Später verlangt er von B 50 EUR nebst 4 % Zinsen als Ersatz der Fütterungskosten, 30 EUR für verauslagte Medizin und 60 EUR, um damit die ihm zugeschickte Tierarztrechnung bezahlen zu können. → Rn. 3, 4, 5

Fall b: M, der in seine Mietwohnung eine Etagenheizung hatte einbauen lassen, will diese bei seinem Auszug mitnehmen. Der Vermieter V will das verhindern. → Rn. 6, 7

Fall c: E ist von seiner Tochter T allein beerbt worden. Sein Sohn S möchte von T den Pflichtteil verlangen (vgl. § 2303)[1]. Er kann ihn aber nicht berechnen, weil er den Nachlass und dessen Wert nicht kennt. → Rn. 9, 13

Das Gesetz bestimmt an verschiedenen Stellen, dass der Schuldner Aufwendungen zu ersetzen, die Wegnahme einer Sache zu dulden und Auskünfte zu erteilen hat. §§ 256 ff. enthalten einige allgemeine Vorschriften darüber, wie derartige Pflichten zu erfüllen sind.

I. Aufwendungsersatz

Schrifttum: *Beuthien*, Leistung und Aufwendung im Dreiecksverhältnis – Grenzen des Handelns im Doppelinteresse, JuS 1987, 841; *Bischof*, Der Freistellungsanspruch, ZIP 1984, 1444; *Görmer*, Der Befreiungsanspruch, JuS 2009, 7; *K. Schreiber*, Aufwendungsersatzansprüche, JURA 1997, 442.

1. Aufwendungen

2 Die Begriffsbestimmung ist vom Gesetz der Wissenschaft und Rechtsprechung überlassen worden.[2] Man versteht unter Aufwendungen **freiwillige Vermögensopfer**. Die Freiwilligkeit unterscheidet sie vom Schaden, der eine unfreiwillige Einbuße darstellt (→ § 29 Rn. 1). Auf die freiwillige Übernahme eines Schadensrisikos sind die Regeln über Aufwendungen entsprechend anwendbar.[3]

Sachbezogene Aufwendungen nennt das Gesetz Verwendungen (zB in §§ 459, 601, 994 ff.).

---

1 *Brox/Walker* ErbR § 32 Rn. 2.
2 Mot. II, 541; Prot. II, 369.
3 *Brox/Walker* SchuldR BT § 29 Rn. 32.

2. Aufwendungsersatzanspruch

3 **a) Rechtsgrundlage.** Der Aufwendungsersatzanspruch kann **vereinbart** sein oder sich unmittelbar **aus dem Gesetz ergeben.**

Wichtige gesetzliche Bestimmungen: § 670 (Beauftragter), § 693 (Verwahrer; **Fall a**), § 970 (Finder), § 1835 I (Vormund), § 1908i I 1 iVm § 1835 I (Betreuer), § 2124 II (Vorerbe), § 683 (Geschäftsführer ohne Auftrag), § 539 I, 536a II (Mieter), § 601 II (Entleiher), § 1049 I (Nießbraucher), §§ 994 ff. (Besitzer). In diesen Fällen erfolgen die Aufwendungen im Interesse eines anderen.

4 **b) Verzinsungspflicht.** Der aufgewendete Betrag ist von der Zeit der Aufwendung an **zu verzinsen** (§ 256 S. 1).

Im **Fall a** ergibt sich der Anspruch auf Erstattung der Kosten für Futter und Medizin aus § 693. Der Zinsanspruch folgt aus § 256 S. 1, die Zinshöhe aus § 246.

Die Zinspflicht entfällt für die Zeit, für die dem Anspruchsberechtigten ohne Vergütung die Nutzungen oder Früchte des Gegenstandes verbleiben, auf den die Aufwendungen gemacht wurden (vgl. § 256 S. 2). Die Zinspflicht soll nach § 256 S. 1 und 2 immer den treffen, der den Nutzen hat.

Hat etwa der Nießbraucher eines Grundstücks Verwendungen gemacht, zu denen er nicht verpflichtet war, so kann er vom Eigentümer nach § 683 Ersatz verlangen (§ 1049 I). Da er die Nutzungen des Grundstücks hat, kommt eine Verzinsung des Anspruchs nach § 256 S. 2 erst in Betracht, wenn er das Grundstück dem Eigentümer nach Beendigung des Nießbrauchs zurückzugeben hat (§ 1055 I).

5 **c) Freistellungspflicht.** Wenn die Aufwendung in der Eingehung einer Verbindlichkeit bestand, kann der Ersatzberechtigte **Befreiung von dieser Verbindlichkeit** verlangen (Einzelheiten: § 257).

Im **Fall a** hat A mit dem Tierarzt einen Behandlungsvertrag geschlossen. Er schuldet als Vertragspartei dem Arzt das Entgelt. Hätte er es bereits entrichtet, wäre er in der Lage, von B nach § 693 Ersatz zu verlangen. Da er noch nicht gezahlt hat, kann er von B nicht Zahlung der 60 EUR an sich, wohl aber Zahlung an den Tierarzt (= Befreiung von der Verbindlichkeit) verlangen (§ 257 S. 1).

II. Wegnahmerecht

6 **Schrifttum:** *Baur/Wolf,* Bereicherungsansprüche bei irrtümlicher Leistung auf fremde Schuld – Das Wegnahmerecht des Nichtbesitzers, JuS 1966, 393.

1. Voraussetzungen

Hat jemand im eigenen Interesse in der Weise Aufwendungen auf eine fremde Sache gemacht, dass er mit ihr eine eigene Sache verbunden hat, so möchte er wenigstens in den Fällen, in denen ihm kein Aufwendungsersatzanspruch zusteht, diese Sache davon wieder trennen dürfen. Dazu hat er ohnehin ein Recht, wenn er noch Eigentümer der verbundenen Sache ist. Hat er aber sein Eigentum durch Verbindung (§§ 946f.) mit der fremden Sache verloren, weil seine Sache wesentlicher Bestandteil (§§ 93f.) der fremden Hauptsache geworden ist, so gibt das Gesetz ihm in wichtigen Fällen ein Aneignungsrecht:

§ 459 S. 2 (Wiederverkäufer), § 539 II (Mieter; **Fall b**), § 581 II (Pächter), § 601 II 2 (Entleiher), § 997 (Besitzer), § 1049 II (Nießbraucher), § 1216 S. 2 (Pfandgläubiger), § 2125 II (Vorerbe).

2. Ausübung

Durch Ausübung des Wegnahmerechts soll dem anderen Teil kein Nachteil entstehen. Deshalb muss der Berechtigte die fremde Sache auf seine Kosten wieder in den vorigen Stand setzen (§ 258 S. 1). Hat er die fremde Sache dem anderen schon wieder zurückgegeben, muss dieser die Wegnahme gestatten (§ 258 S. 2): Der Berechtigte darf also keine Selbsthilfe üben; vielmehr hat er einen klagbaren Anspruch auf Duldung der Wegnahme. Der andere Teil kann aber die Gestattung verweigern (= aufschiebende Einrede), bis der Berechtigte Sicherheit für den Schaden geleistet hat, der mit der Wegnahme verbunden ist (§ 258 S. 2; § 232). 7

Im **Fall b** hat M ein Wegnahmerecht (§ 539 II).[4] Er muss aber den alten Zustand wiederherstellen, also zB die beschädigten Wände verputzen lassen (§ 258 S. 1). Ist er bereits ausgezogen, muss V die Wegnahme dulden; das braucht er aber erst, wenn M für den entstehenden Schaden Sicherheit geleistet hat (§ 258 S. 2), zB durch Hinterlegung eines entsprechenden Geldbetrages (§ 232). Hat M kein berechtigtes Interesse an der Wegnahme der eingebauten Heizung, kann V das Wegnahmerecht durch Zahlung einer angemessenen Entschädigung abwenden (§ 552 I).

III. Pflicht zur Auskunft und Rechenschaftslegung

Schrifttum: *Büttner,* Durchsetzung von Auskunfts- und Rechnungslegungstiteln, FamRZ 1992, 629; *Lüke,* Der Informationsanspruch im Zivil- 8

4 *Brox/Walker* SchuldR BT § 11 Rn. 7.

recht, JuS 1986, 2; *Schilken,* Ansprüche auf Auskunft und Vorlegung von Sachen im materiellen Recht und im Verfahrensrecht, JURA 1988, 525.

1. Auskunftspflicht

a) Rechtsgrundlage. Oft kann jemand seine Rechte nicht durchsetzen, weil er bestimmte Vorgänge oder Beweismittel nicht kennt. Diese Unkenntnis könnte dadurch behoben werden, dass ihm derjenige, der die entsprechende Kenntnis hat, diese verschafft. Jedoch ist nicht jeder, der über eine für einen anderen bedeutsame Tatsache Bescheid weiß, verpflichtet, ihm darüber Auskunft zu geben.

9 aa) Das Gesetz sieht keine allgemeine Auskunftspflicht vor. Diese Pflicht kann sich aus Vertrag oder aus Gesetz ergeben.

Vertraglich vereinbarte Auskunftspflichten können Haupt- (zB Auskunftsvertrag) oder Nebenleistungspflichten (zB Pflicht zur Bekanntgabe der Herstellungskosten beim Verkauf zum Herstellungspreis) sein. Ist tatsächlich eine Auskunft erteilt worden, so darf aber nicht allein daraus auf einen Verpflichtungswillen geschlossen werden.[5]

Beispiele gesetzlicher Auskunftspflichten: § 666 (Beauftragter), §§ 681 S. 2, 666 (Geschäftsführer ohne Auftrag), §§ 713, 666 (Gesellschafter), § 1379 (Ehegatte), § 2027 (Erbschaftsbesitzer), § 2314 (Erbe; **Fall c**).

10 bb) Außerdem ist aus dem Grundsatz von Treu und Glauben (§ 242) eine Auskunftspflicht herzuleiten, wenn folgende Voraussetzungen gegeben sind:[6]

(1) Zwischen den Parteien muss eine besondere rechtliche Beziehung bestehen.

Beispiele: Vertragliches Rechtsverhältnis, gesetzliches Rechtsverhältnis aus Aufnahme eines geschäftlichen Kontakts oder aus unerlaubter Handlung.

11 (2) Der die Auskunft Verlangende ist entschuldbar nicht in der Lage, sich ohne Mitwirkung des anderen Teils die erforderlichen Informationen zu verschaffen.

Demnach besteht kein Auskunftsanspruch des Warenlieferanten gegen einen späteren Erwerber, wenn der Lieferant von seinem Abnehmer Auskunft erhalten kann[7] oder wenn er eine frühere Informationsmöglichkeit schuldhaft nicht wahrgenommen hat.[8]

---

5 *BGH* NJW 1989, 1029 für die – fehlerhafte – Gebrauchsanweisung des Herstellers.
6 StRspr; RGZ 108, 7; BGHZ 95, 288.
7 Vgl. *BGH* NJW 1980, 2463.
8 Vgl. *BGH* WM 1959, 208; NJW 1990, 1358.

(3) Der in Anspruch Genommene muss unschwer in der Lage sein, die Auskunft zu erteilen. 12

Der für die Auskunft erforderliche Arbeitsaufwand muss zumutbar sein.[9]

b) Auskunft in Form eines Bestandsverzeichnisses. Wer einen Inbegriff von Sachen herauszugeben oder über den Bestand eines solchen Inbegriffs Auskunft zu erteilen hat, ist verpflichtet, dem Berechtigten ein Bestandsverzeichnis vorzulegen (§ 260 I). 13

Beispiele: Wer irrtümlich sich für den Erben hält, hat dem wirklichen Erben die Erbschaftsgegenstände herauszugeben (§§ 2018 ff.). Der Erbe muss im Klageantrag die einzelnen Sachen aufführen; denn nur dann weiß später der Gerichtsvollzieher, was er beim Schuldner abzuholen hat. Damit der Erbe dazu in der Lage ist, kann er vom Erbschaftsbesitzer die Vorlage eines Verzeichnisses der Gegenstände verlangen, die zur Erbschaft gehören (§ 260 I; weitergehend § 2027 I[10]). – Im **Fall c** kann S aufgrund seines Auskunftsanspruchs (§ 2314 I)[11] von T ein Bestandsverzeichnis (§ 260 I) verlangen und danach die Höhe seines Pflichtteilsanspruchs berechnen.

c) Folgen bei Auskunftsverweigerung. Wird die Auskunftspflicht nicht erfüllt, kann der Gläubiger auf Erfüllung klagen. Bei Erteilung unrichtiger Auskünfte kommen Schadensersatzansprüche wegen Pflichtverletzung nach § 280 I in Betracht (→ § 25 Rn. 3 ff., 11 ff.). 14

2. Pflicht zur Rechenschaftslegung

Ein Spezialfall der Auskunftspflicht ist die Pflicht zur Rechenschaftslegung. 15

Auch diese Pflicht kann auf Vertrag oder Gesetz beruhen.

Das Gesetz ordnet sie zB an in §§ 666; 681 S. 2; 713; 1214 I (Pfandgläubiger), 1840 und 1890 (Vormund), 1908i I 1 (Betreuer), 2218 (Testamentsvollstrecker).

Über die gesetzlich geregelten Einzelfälle hinaus besteht eine Rechenschaftspflicht überall dort, wo jemand fremde Angelegenheiten besorgt.[12]

Besteht eine Rechenschaftspflicht, dann hat der Verpflichtete dem Berechtigten Einnahmen und Ausgaben geordnet zusammenzustellen und die entsprechenden Belege vorzulegen (§ 259 I).

9 Vgl. BGHZ 81, 25.
10 Dazu *Brox/Walker* ErbR § 33 Rn. 17 ff.
11 Dazu *Brox/Walker* ErbR § 32 Rn. 24.
12 StRspr; vgl. *BGH* NJW 1979, 1305 mN.

3. Pflicht zur Abgabe einer eidesstattlichen Versicherung

16 Besteht Grund zu der Annahme, dass das Bestandsverzeichnis oder die Angaben in der Rechnung nicht mit der erforderlichen Sorgfalt gemacht worden sind, kann der Berechtigte die Abgabe einer entsprechenden eidesstattlichen Versicherung verlangen (§ 260 II bzw. § 259 II), sofern es sich nicht um Angelegenheiten von geringer Bedeutung handelt (§ 260 III bzw. § 259 III).

Diese eidesstattliche Versicherung ist von derjenigen zu unterscheiden, die der Schuldner in der Zwangsvollstreckung zu leisten hat (§ 802c ZPO).[13]

§ 11. Vertragsstrafe

1 **Schrifttum:** *Gottwald,* Zum Recht der Vertragsstrafe – ein kritischer Blick über den Zaun, FS Söllner, 2000, 379; *Hess,* Die Vertragsstrafe, 1993; *v. Koppenfels,* Vertragsstrafen im Arbeitsrecht nach der Schuldrechtsmodernisierung, NZA 2002, 598; *Leder/Morgenroth,* Die Vertragsstrafe im Formulararbeitsvertrag, NZA 2002, 952; *Ostendorf,* Vertragsstrafe und pauschalierter Schadensersatz als Instrumente der Vertragsgestaltung, JuS 2015, 977; *Reichenbach,* Konventionalstrafe für den vertragsbrüchigen Arbeitnehmer, NZA 2003, 309; *Tilp,* Das Recht der Vertragsstrafe, JURA 2001, 441; *Walker,* Die Vertragsstrafe im Arbeitsvertrag des Sportlers am Beispiel des Lizenzfußballspielers, FS Röhricht, 2005, 1277.

Fall a: Der Bauunternehmer U verpflichtet sich gegenüber dem Bauherrn H, das Einfamilienhaus am 1.10. schlüsselfertig zu übergeben; nach dem Vertrag soll er für jeden Tag der Fristüberschreitung 200 EUR zahlen. Da das Haus erst zehn Tage später bezogen werden kann, muss H mit seiner Familie solange im Hotel wohnen, seine Möbel unterstellen und eine andere Transportfirma bestellen. Insgesamt entsteht ihm ein Schaden von 2.500 EUR, den er jedoch nur in Höhe von 1.600 EUR nachweisen kann. Was kann H verlangen? → Rn. 1, 14, 15

Fall b: U bestreitet, das Haus nicht rechtzeitig fertig gestellt zu haben; hilfsweise macht er geltend, an der Fristüberschreitung treffe ihn kein Verschulden. → Rn. 10

Fall c: Im Fall a ist eine tägliche Strafe von 5.000 EUR vereinbart. U macht im Prozess geltend, die Strafe sei zu hoch. → Rn. 16

---

13 *Brox/Walker* ZwangsVollstrR Rn. 1125 ff.

I. Bedeutung

Die Parteien eines Vertrags können vereinbaren, dass der Schuldner bei Nichterfüllung, nicht rechtzeitiger Erfüllung oder einer sonstigen Pflichtverletzung eine bestimmte Geldsumme (§ 339) oder eine andere Leistung (§ 342) dem Gläubiger zu erbringen hat. Eine solche Abrede gibt dem Gläubiger ein Druckmittel in die Hand: Der Schuldner wird zur Vermeidung einer Vertragsstrafe besonders bestrebt sein, seine Verpflichtung ordnungsgemäß zu erfüllen. Die Vereinbarung einer Vertragsstrafe bietet dem Gläubiger aber noch einen weiteren Vorteil: Er braucht, wenn der Schuldner eine Vertragspflicht verletzt, den ihm entstandenen Schaden nicht im Einzelnen nachzuweisen, sondern kann in jedem Fall die Vertragsstrafe als Mindestschaden verlangen (vgl. §§ 340 II, 341 II; **Fall a**). Deshalb sind Vereinbarungen von Vertragsstrafen bei Konkurrenzverboten und anderen Unterlassungspflichten besonders häufig. Auch in den Fällen, in denen ein Schadensersatz in Geld nicht gefordert werden kann (zB bei immateriellen Schäden; vgl. § 253 II), ist die Vereinbarung einer Geldzahlung als Vertragsstrafe möglich.

In AGB kann dem Verwender für den Fall der Nichtabnahme oder verspäteten Abnahme die Zahlung einer Vertragsstrafe nicht versprochen werden (Einzelheiten: § 309 Nr. 6).

II. Begriff und Abgrenzung

1. Begriff

Vertragsstrafe (= Konventionalstrafe) ist eine zwischen Gläubiger 2
und Schuldner vereinbarte bedingte Verbindlichkeit; Bedingung ist die Nichterfüllung oder nicht gehörige Erfüllung (→ Rn. 14) einer anderen Verpflichtung (= Hauptverbindlichkeit). Tritt diese Bedingung ein, ist der Schuldner zur Leistung der Vertragsstrafe verpflichtet. Da diese die Hauptverbindlichkeit sichern soll, ist sie von deren Bestehen abhängig (Akzessorietät der Vertragsstrafe).

2. Abgrenzung

Die Vertragsstrafe ist von einer Reihe ähnlicher Erscheinungsfor- 3
men abzugrenzen:

a) Selbständiges Strafversprechen. Das selbständige Strafversprechen ist auch ein bedingtes Leistungsversprechen, hängt aber nicht von einer Hauptverbindlichkeit ab: Ohne zu einem Tun verpflichtet zu sein, verspricht jemand einem anderen eine Leistung für den Fall, dass er das (nicht geschuldete) Tun unterlässt. Hier von einer Strafe zu sprechen, ist wenig sinnvoll; denn derjenige, der zu keinem bestimmten Verhalten (Tun oder Unterlassen) verpflichtet ist, begeht kein Unrecht, wenn er sich anders verhält.

Dass ein solches selbständiges Strafversprechen rechtlich möglich ist, ergibt sich aus § 343 II. Es wird zur Sicherung gesellschaftlicher und anderer rechtlich nicht verpflichtender Zusagen verwandt.

Beispiel: Frau X, die ihrem Mann das Rauchen abgewöhnen will, lässt sich für jede von ihm gerauchte Zigarette 10 EUR versprechen.

4 **b) Vereinsstrafen.** Vereinsstrafen, die bei einer Verletzung von Mitgliedspflichten aufgrund der Vereinssatzung verhängt werden, sind nach hM keine Vertragsstrafen.[1] Sie beruhen auf der Unterwerfung des Mitglieds unter die Satzung und nicht auf einem Vertrag.

5 **c) Betriebsbußen.** Betriebsstrafen, die bei Verstößen gegen die (zB zwischen Arbeitgeber und Betriebsrat vereinbarte) Betriebsordnung (zB Rauch- oder Alkoholverbot) – oft durch ein „Betriebsgericht" – verhängt werden, beruhen zwar auf vertraglicher Grundlage (Arbeitsvertrag, Betriebsvereinbarung, Tarifvertrag).[2] Sie dienen aber nicht der Sicherung schuldrechtlicher Ansprüche, sondern der Einhaltung der kollektiven Ordnung.

6 **d) Reugeld.** Das Reugeld unterscheidet sich von der Vertragsstrafe dadurch, dass es keine Strafe für Nichterfüllung oder nicht gehörige Erfüllung ist, sondern dazu dient, sich den Rücktritt vom Vertrag zu erkaufen (vgl. § 353; → § 18 Rn. 34).

Beispiel: K kauft von V ein Bild. Die Parteien vereinbaren, dass K binnen 14 Tagen vom Vertrag gegen Zahlung einer Strafe von 50 EUR zurücktreten kann. Der Rücktritt ist nur wirksam, wenn K spätestens mit der Rücktrittserklärung die 50 EUR zahlt (Einzelheiten: § 353).

7 **e) Draufgabe.** Die heute kaum noch vorkommende Draufgabe ist die Leistung eines Vertragspartners zur Bestätigung des Vertragsabschlusses (§ 336 I). Die Draufgabe erbringt also den Beweis, dass der

1 *BGH* ZIP 2003, 343; NJW 1956, 1793; Palandt/*Ellenberger* BGB § 25 Rn. 13.
2 Einzelheiten: *Brox/Rüthers/Henssler* ArbR Rn. 266 ff.

Vertrag zustande gekommen ist; wer etwas anderes behauptet, muss es beweisen. Weitere Auslegungsregeln enthalten die §§ 336–338.

Beispiel: Die Hausfrau gibt der Hausangestellten am Ende der Besprechung über die Einstellung einen Zehneuroschein (Handgeld).

f) Pauschalierter Schadensersatz. Wird ein pauschalierter Scha- 8
densersatz vereinbart, so soll damit dem Gläubiger bei einem Schadensersatzanspruch der Nachweis des Schadens erspart werden.[3] Die Vereinbarung dient also nicht wie die Vertragsstrafe als Druckmittel zur Erfüllung der Hauptverbindlichkeit.

Pauschalierungsklauseln in AGB sind nur zulässig, wenn die Pauschale den nach dem gewöhnlichen Lauf der Dinge zu erwartenden Schaden nicht übersteigt und dem Kunden der Nachweis gestattet ist, dass der Schaden nicht entstanden oder wesentlich niedriger als die Pauschale ist (vgl. § 309 Nr. 5).

III. Voraussetzungen

Die Verwirkung der Vertragsstrafe setzt neben der entsprechenden 9
Vereinbarung eine gültige Hauptverbindlichkeit voraus (§ 339: „seine Verbindlichkeit“).

Ist also die Hauptverbindlichkeit aus irgendeinem Grunde nichtig (zB §§ 125, 134, 138), so ist auch das Strafversprechen unwirksam. Das gilt selbst dann, wenn die Parteien die Strafabrede vereinbaren, obwohl sie die Unwirksamkeit der Hauptverbindlichkeit kennen (§ 344). Es soll verhindert werden, dass die Erfüllung einer unwirksamen Hauptverpflichtung durch ein (wirksames) Strafversprechen praktisch erzwungen wird.

Im Übrigen muss danach unterschieden werden, ob es sich bei der Hauptverbindlichkeit um ein geschuldetes Tun oder Unterlassen handelt:

1. Positives Tun

Ist die Vertragsstrafe für den Fall versprochen, dass die Hauptver- 10
bindlichkeit nicht oder in nicht gehöriger Weise erfüllt wird, so ist die Strafe verwirkt, wenn der Schuldner **in Verzug** kommt (§ 339 S. 1; § 342). Schuldnerverzug bedeutet schuldhafte Nichtleistung trotz bestehender Leistungspflicht (fehlt bei Unmöglichkeit der Leistung, § 275 I), Fälligkeit der Forderung und Mahnung (Entbehrlichkeit

3 Vgl. BGHZ 49, 89.

der Mahnung gem. § 286 II, III). Demnach setzt die Verwirkung der Vertragsstrafe vor allem ein Verschulden des Schuldners voraus, sofern die Parteien nicht etwas anderes vereinbart haben.

Im **Fall b** muss U beweisen, dass er (rechtzeitig) erfüllt hat (§ 345) bzw. ihn kein Verschulden trifft (§ 286 IV). Gelingt ihm das nicht, ist er zur Zahlung der Vertragsstrafe verpflichtet.

2. Unterlassen

11 Wird ein Unterlassen geschuldet, so tritt die Verwirkung mit der Zuwiderhandlung ein (§ 339 S. 2; § 342). Trotz dieses an die bloße Zuwiderhandlung anknüpfenden Wortlauts geht die ganz hM davon aus, dass die Vertragsstrafe auch beim Unterlassen ein Verschulden des Schuldners voraussetzt.[4] Etwas anders gilt nur, wenn die Strafe unabhängig von einem Verschulden versprochen wird. Die Beweislast für die Zuwiderhandlung hat der Gläubiger (§ 345 aE).

IV. Verhältnis zu Erfüllung und Schadensersatz

12 Problematisch ist das Verhältnis der Ansprüche auf Erfüllung, Schadensersatz und Vertragsstrafe. Das Gesetz unterscheidet danach, ob die Strafe für den Fall der Nichterfüllung oder der nicht gehörigen Erfüllung versprochen ist:

1. Nichterfüllung

a) Erfüllung oder Vertragsstrafe. Der Gläubiger kann **nicht nebeneinander Erfüllung und Vertragsstrafe** verlangen; er hat nur das Recht, zwischen beiden zu wählen (§ 340 I 1). Erklärt er, dass er die Strafe verlange, dann ist der Erfüllungsanspruch ausgeschlossen (§ 340 I 2). Grund: Das Begehren der Strafe ist ein vereinfachter Weg, Schadensersatz zu fordern; Schadensersatz wegen Nichterfüllung und Erfüllung schließen sich aber gegenseitig aus.

Klagt der Käufer zunächst auf Erfüllung des Kaufvertrags (Lieferung der verkauften Ware), so kann er während des Prozesses die Klage dahin ändern, dass er nunmehr statt der Erfüllung die Zahlung der vereinbarten Strafe verlangt. Denn ein Wechsel vom Erfüllungsanspruch zur Strafe ist möglich; er

---

4 ZB *BGH* NJW 1972, 1893; Palandt/*Grüneberg* BGB § 339 Rn. 15; anders noch die Vorstellung des historischen Gesetzgebers, Mot. II, 278.

wird in § 340 nicht ausgeschlossen. Nimmt K aber die Erfüllung an, verliert er damit den Anspruch auf die Vertragsstrafe.

b) Vertragsstrafe als Mindestschaden. Der Gläubiger kann **nicht neben der Vertragsstrafe Ersatz des ganzen Schadens** begehren; denn die Strafe ist eine besondere Form des Schadensersatzes. 13

Der Gläubiger ist in der Lage, die Vertragsstrafe als Mindestbetrag seines Schadens (§ 340 II 1) ohne Schadensnachweis zu verlangen. Ist der Schaden höher als die Vertragsstrafe und will der Gläubiger den die Vertragsstrafe übersteigenden Schaden geltend machen (§ 340 II 2), so muss er insoweit die allgemeinen Voraussetzungen eines Schadensersatzanspruchs (zB § 280), insbesondere die Höhe des Schadens, behaupten und beweisen.

Besteht das Strafversprechen nicht in einer Geldleistung (zB Übereignung eines Bildes), so wird § 340 II durch § 342 ausgeschlossen: Der Gläubiger hat hier nur die Wahl zwischen Schadensersatz und Strafe.

2. Nicht gehörige Erfüllung

Eine nicht gehörige Erfüllung liegt vor, wenn der Schuldner **verspätet** oder **schlecht** leistet. 14

a) Erfüllung neben Vertragsstrafe. Ist für einen solchen Fall eine Vertragsstrafe versprochen, so kann sie **neben der Erfüllung** verlangt werden (§ 341 I). Denn hier tritt die Strafe nicht an die Stelle der Erfüllung; sie soll nur die Ordnungsmäßigkeit der Erfüllung sichern **(Fall a).** Hat der Gläubiger aber die Leistung als Erfüllung angenommen, so steht ihm ein Anspruch auf die Strafe nur zu, wenn er sich das Recht dazu bei der Annahme vorbehalten hat (§ 341 III). § 341 III kann nicht durch AGB vollständig abbedungen werden.[5]

b) Vertragsstrafe als Mindestschaden. Im Verhältnis von Strafe und Schadensersatz gilt das für die Nichterfüllung Gesagte (§§ 341 II, 342; → Rn. 12ff.). 15

Im **Fall a** besteht ein Schadensersatzanspruch von 2.500 EUR. Die Vertragsstrafe beträgt 10 × 200 EUR = 2.000 EUR. Dieser Betrag kann als Mindestschaden ohne Schadensnachweis verlangt werden. Der weitergehende Schadensersatzanspruch von 500 EUR ist nicht durchsetzbar, weil H nicht in der Lage ist, die Schadenshöhe zu beweisen.

---

5 BGHZ 85, 305.

V. Richterliche Strafherabsetzung

16 Ist die verwirkte Strafe unverhältnismäßig hoch, kann sie auf Antrag des Schuldners durch Urteil auf den angemessenen Betrag herabgesetzt werden (§ 343 I 1). Hierbei handelt es sich um einen seltenen Fall, in dem das Gesetz dem Richter die Befugnis gibt, gestaltend in einen Vertrag einzugreifen. Da der unerfahrene und unbesonnene Vertragspartner geschützt werden soll, ist die Bestimmung nicht durch Parteivereinbarung abdingbar. Der Schutz greift nicht ein, wenn der Schuldner die Strafe bereits freiwillig entrichtet hat (§ 343 I 3) oder wenn er bei Vertragsschluss Kaufmann war (§ 348 HGB).[6]

Bei der Beurteilung der Angemessenheit hat der Richter alle Umstände des Falles, nicht nur das Vermögensinteresse (§ 343 I 2), zu berücksichtigen und nach pflichtgemäßem Ermessen zu entscheiden.

Im **Fall c** darf § 343 nur angewandt werden, wenn U nicht Kaufmann ist (§ 348 HGB). Das Strafversprechen eines Kaufmanns kann aber nach § 138 nichtig sein.

Die Herabsetzung gilt auch für das selbständige Strafversprechen (§ 343 II); nach der Rechtsprechung soll sie jedoch auf Schadenspauschalierungen nicht anzuwenden sein.[7]

§ 12. Art und Weise der Leistung

1 **Schrifttum:** *Becker*, Unmöglichkeit im Medizinrecht, RW 2013, 123; *Bernhard*, Holschuld, Schickschuld, Bringschuld – Auswirkungen auf Gerichtsstand, Konkretisierung und Gefahrübergang, JuS 2011, 9; *Böffel*, Die Kohärenz von Schickschulden und Versendungskäufen gem. § 447 BGB, JA 2017, 818; *Heckel*, Anspruch und Einrede im neuen Leistungsstörungsrecht, JZ 2012, 1094; *Herresthal*, Die Rechtzeitigkeit der Leistungshandlung bei der Erfüllung von Geldschulden, ZGS 2007, 48; *ders.*, Das Ende der Geldschuld als sog. qualifizierte Schickschuld, ZGS 2008, 259; *Kohler*, Fälligkeit beim Verbrauchsgüterkauf, NJW 2014, 2817; *Meier*, Der Leistungs- und der Erfüllungsort der Geldschuld, JuS 2018, 940; *Schwab*, Geldschulden als Bringschulden?, NJW 2011, 2833; *Unberath/Cziupka*, Der Leistungsort der Nacherfüllung, JZ 2008, 867.

6 *Brox/Henssler* HandelsR Rn. 379.
7 *BGH* NJW 1970, 29 (32).

Fall a: Die Hausgehilfin will drei Tage der Arbeit fernbleiben und schickt ihre Schwester. Die Hausfrau weigert sich, die Schwester zu beschäftigen und für die drei Tage den Lohn zu zahlen. → Rn. 2

Fall b: S bezahlt an X, der ihm eine Quittung des G vorlegt, die Forderung des G. Später stellt sich heraus, dass die Quittung gefälscht war. Wie ist die Rechtslage, wenn die Quittung echt, jedoch von X dem G gestohlen worden war? → Rn. 8

Fall c: S will von den geschuldeten 100 EUR nur 70 EUR bezahlen. G lehnt die Annahme ab und verlangt später Verzugszinsen von 100 EUR. → Rn. 9

Fall d: Architekt K in Köln bestellt für sein Büro bei V in Hamburg nach Katalog eine Ware „Lieferung frei Haus". Da die Ware unterwegs verloren geht, verlangt K nochmalige Lieferung; V lehnt das ab und verlangt den Kaufpreis. Mit Recht? Wo muss V den Kaufpreis einklagen? → Rn. 16

Fall e: S will ein Darlehen schon einen Monat vor dem vereinbarten Termin zurückzahlen. G lehnt ab. → Rn. 19

Der richtige Schuldner muss dem richtigen Gläubiger die richtige Leistung am richtigen Ort zur richtigen Zeit erbringen. Liegen diese Voraussetzungen vor, erlischt die Pflicht des Schuldners infolge Erfüllung (§ 362 I; → § 14 Rn. 10ff.). Fehlt dagegen auch nur eine dieser Voraussetzungen, so kann der Gläubiger die Leistung ablehnen, ohne dadurch in Gläubigerverzug (§§ 293ff.; dazu → § 26) zu geraten; der Schuldner kommt dann regelmäßig in Schuldnerverzug (§ 286; → § 23 Rn. 9ff.).

I. Schuldner

Soweit nicht der Schuldner wegen der Besonderheit des Schuldver- 2
hältnisses in Person zu leisten hat, kann auch ein Dritter an seiner Stelle die Leistung erbringen und ihn damit von der Verbindlichkeit befreien (§ 267 I 1).

1. Leistung des Schuldners in Person

Ob der Schuldner die Leistung persönlich bewirken muss, ergibt sich aus der getroffenen Vereinbarung oder aus dem Gesetz.

Beispiele: §§ 613 S. 1; 664 I 1; 691 S. 1; 713. – Im **Fall a** kann die Hausfrau die Ersatzkraft ablehnen (§ 613 S. 1: „im Zweifel in Person zu leisten"); sie kommt damit nicht in Annahmeverzug (vgl. → § 26 Rn. 5) und braucht für die drei Tage keinen Lohn zu zahlen (vgl. § 615)[1].

1 *Brox/Rüthers/Henssler* ArbR Rn. 193.

Es steht dem Gläubiger aber frei, auch bei persönlicher Leistungspflicht des Schuldners die Leistung eines Dritten anzunehmen.

2. Leistung durch einen Dritten

3 Regelmäßig ist dem Gläubiger die Person des Leistenden gleichgültig; dann kann auch ein Dritter die Leistung bewirken (§ 267 I 1). Der Dritte muss dabei die Leistung aber mit dem erkennbaren Willen erbringen, die fremde Schuld zu erfüllen.[2] Die Einwilligung des Schuldners ist nicht erforderlich. Die Rechtsstellung des Dritten wird in § 267 und § 268 unterschiedlich bewertet.

4 **a) Ablehnungsrecht des Gläubigers.** Nach § 267 II kann der Gläubiger die Leistung des Dritten ablehnen, wenn der Schuldner widerspricht. Er ist aber nicht gehindert, die Leistung trotzdem anzunehmen. Wenn Gläubiger und Schuldner sich in der Ablehnung also einig sind, kann die Leistung des Dritten abgewehrt werden, ohne dass der Gläubiger in Annahmeverzug gerät.

Leistet der Dritte mit dem Willen, die fremde Schuld zu tilgen, so erlischt die Forderung. Ob er dann gegen den Schuldner einen Ersatzanspruch erhält, richtet sich nach den zwischen ihnen bestehenden Rechtsbeziehungen (zB Auftrag, Geschäftsführung ohne Auftrag, Bereicherung).

Wollte der Dritte, weil er sich irrtümlich für den Schuldner hielt, nicht auf die Schuld des wirklichen Schuldners leisten, sondern eine vermeintlich eigene Verbindlichkeit tilgen, erlischt die fremde Schuld nicht. Hier kommt ein Anspruch des Dritten gegen den Gläubiger aus ungerechtfertigter Bereicherung in Betracht.[3]

Der Dritte kann die Leistung nur effektiv bewirken, zB bei einer Geldschuld nur durch Zahlung, nicht etwa durch Hinterlegung, Aufrechnung (arg. e § 268 II).[4]

5 **b) Ablösungsrecht des Dritten.** In § 268 verstärkt das Gesetz für bestimmte Fälle, in denen der Dritte ein eigenes Interesse an der Leistung hat, dessen Rechtsstellung.

Steht beispielsweise dem G wegen einer Forderung gegen S an dessen Grundstück die erste Hypothek zu und betreibt er die Zwangsvollstreckung

---

2 *BGH* NJW 1986, 251; 1986, 2106.
3 Vgl. *Brox/Walker* SchuldR BT § 40 Rn. 1 ff.
4 Ganz hM; vgl. *Looschelders* SchuldR AT § 15 Rn. 34; MüKoBGB/*Krüger* § 267 Rn. 14.

(Zwangsversteigerung des Grundstücks), so muss der Hypothekar (D) der zweiten Hypothek befürchten, dass er seine Hypothek verliert. Will D zur Vermeidung der Zwangsvollstreckung die Schuld des S bezahlen, so könnte S nach § 267 II widersprechen und G die Leistung ablehnen. Um das zu verhindern, gibt § 268 I 1 dem D ein Ablösungsrecht.

Das Ablösungsrecht des Dritten setzt voraus, dass der Gläubiger die Zwangsvollstreckung in einen dem Schuldner gehörenden Gegenstand betreibt und dem Dritten ein dingliches Recht (zB Nießbrauch, Hypothek, Pfandrecht) zusteht. Ferner muss der Dritte Gefahr laufen, durch die Vollstreckung ein Recht an dem Gegenstand zu verlieren. Nach § 268 I 2 genügt auch drohender Besitzverlust.

Beispiel: D bewohnt als Mieter das Einfamilienhaus des S. G lässt es zwangsversteigern. D läuft Gefahr, den Besitz zu verlieren, da der Ersteher das Mietverhältnis kündigen kann (§ 57a ZVG)[5].

Unter diesen Voraussetzungen ist die Rechtsstellung des Dritten in dreifacher Hinsicht gegenüber § 267 verbessert: Der Schuldner kann zum einen nicht widersprechen; der Gläubiger muss also immer annehmen. Der Dritte kann zum anderen nicht nur durch Zahlung, sondern auch durch Hinterlegung oder Aufrechnung erfüllen (§ 268 II). Schließlich erlischt die Forderung nicht, wenn der Dritte erfüllt; sie geht vielmehr auf den Dritten über (§ 268 III 1; gesetzlicher Forderungsübergang, § 412; → § 34 Rn. 1). Dieser Forderungsübergang kann nicht zum Nachteil des Gläubigers geltend gemacht werden (§ 268 III 2). 6

Beispiel: G hat gegen S eine durch Hypothek gesicherte Forderung von 10.000 EUR. Der Mieter D befriedigt unter den Voraussetzungen des § 268 den G in Höhe von 7.000 EUR. Infolgedessen geht die Forderung des G in Höhe von 7.000 EUR auf D über (§ 268 III 1); das gleiche gilt für die Hypothek (§§ 412, 401). Die Hypothek des G in Höhe von 3.000 EUR rangiert vor der Hypothek des D über 7.000 EUR (§ 268 III 2). Grund: G soll keinen Schaden dadurch haben, dass ein Dritter teilweise zahlt. Wenn also nach einer späteren Versteigerung 4.000 EUR zu verteilen sind, bekommt G 3.000 EUR, D nur 1.000 EUR.

---

5 *Brox/Walker* ZwangsVollstrR Rn. 947.

II. Gläubiger

1. Leistung an den Gläubiger

7 Regelmäßig hat der Schuldner an den Gläubiger selbst zu leisten; diese Leistung bringt das Schuldverhältnis zum Erlöschen (§ 362 I; → § 14 Rn. 1 ff.) oder führt bei ihrer Ablehnung zum Gläubigerverzug (§§ 293 ff.; dazu → § 26).

2. Leistung an einen Dritten

8 Die Leistung an einen Nichtgläubiger ist immer dann dem Gläubiger gegenüber wirksam, wenn dieser sich damit einverstanden erklärt hat oder wenn er sie nachträglich genehmigt (§§ 362 II, 185)[6]; denn in diesen Fällen ist der Gläubiger nicht schutzwürdig.

Zum Schutz des Schuldners bestimmt das Gesetz an einigen Stellen, dass die Schuld ausnahmsweise auch bei Leistung an einen Dritten erlischt.

- Nach § 370 gilt der Überbringer einer Quittung als ermächtigt, die Leistung zu empfangen. Hier soll der Schuldner in seinem Vertrauen auf die vom Gläubiger ausgestellte Quittung geschützt werden. Das gilt auch dann, wenn die Quittung dem Gläubiger gestohlen worden ist **(Fall b, 2. Frage).** Anders liegt es dagegen, wenn die Quittung gefälscht war; denn dann hat der Gläubiger den Rechtsschein nicht veranlasst **(Fall b, 1. Frage).** Der Schuldner verdient ebenfalls keinen Schutz, wenn ihm Umstände bekannt sind, die der Annahme einer solchen Ermächtigung entgegenstehen (§ 370 aE).
- Gemäß § 407 I muss nach Abtretung einer Forderung der neue Gläubiger die Leistung des Schuldners an den alten Gläubiger gegen sich gelten lassen, es sei denn, dass der Schuldner bei der Leistung die Abtretung kennt (Näheres: → § 34 Rn. 23).
- Leistet der Schuldner nicht an den Erben seines Gläubigers, sondern an einen Dritten, dem zu Unrecht ein Erbschein ausgestellt wurde, so erlischt die Forderung auch mit Wirkung gegen den wirklichen Erben (§ 2367).[7]

---

6 Vgl. BGHZ 87, 156.
7 *Brox/Walker* ErbR § 35 Rn. 9.

III. Leistung

1. Teilleistung

Nach § 266 ist der Schuldner zur Teilleistung nicht berechtigt. 9
Diese Bestimmung will Belästigungen des Gläubigers vermeiden. Er kann Teilleistungen ablehnen, ohne dadurch in Annahmeverzug zu kommen. Das Angebot von Teilleistungen verhindert nicht einen Schuldnerverzug hinsichtlich der ganzen Leistung **(Fall c).**

Teilleistungen sind zulässig, wenn sie vereinbart wurden (zB Ratenzahlungskäufe) oder das Gesetz sie gestattet (zB Art. 39 II WG; Art. 34 II ScheckG; § 757 ZPO; § 187 InsO).

§ 266 ist eine Schutzvorschrift zu Gunsten des Gläubigers. Aus ihr ist also nicht zu folgern, dass der Gläubiger keine Teilleistung verlangen kann. So wird häufig nur ein Teilbetrag eingeklagt, um Gerichts- und Anwaltskosten zu sparen.

Der Ablehnung einer Teilleistung kann im Einzelfall der Grundsatz von Treu und Glauben (§ 242) entgegenstehen (zB: Der Schuldner zahlt, und es fehlt nur ein ganz geringfügiger Betrag; → § 7 Rn. 15).

2. Falschleistung

Nur durch die richtige Leistung wird der Schuldner frei. Liefert er 10
etwas anderes als vereinbart wurde, so erlischt das Schuldverhältnis nur, wenn der Gläubiger damit einverstanden ist (§ 364 I). Zur Leistung an Erfüllungs statt und erfüllungshalber → § 14 Rn. 6 ff.

3. Leistung unter Vorbehalt

Bei einer Leistung unter dem Vorbehalt der Rückforderung han- 10a
delt es sich nicht um die richtige (geschuldete) Leistung.[8] Der Gläubiger muss nämlich damit rechnen, dass er das Geleistete zurückgewähren muss, so dass er nicht nach Belieben mit dem Gegenstand der Leistung verfahren kann.

8 *BGH* NJW 2012, 1717 mAnm *Schwab* JuS 2012, 937.

IV. Leistungsort

1. Begriff und Bedeutung

11 Nur die Leistung am **richtigen** Ort befreit den Schuldner von seiner Verbindlichkeit. Leistung am falschen Ort berechtigt den Gläubiger zur Ablehnung; er kommt nicht in Annahmeverzug, der Schuldner jedoch in Schuldnerverzug.

Leistungsort – im Gesetz auch Erfüllungsort genannt (zB in §§ 447, 448, 644 II) – ist der Ort, an dem die Leistungs**handlung** erbracht werden muss. Davon zu unterscheiden ist der **Erfolgsort**, dh der Ort, an dem der Leistungs**erfolg** eintritt. Beide können zusammentreffen (so Holschuld, Bringschuld), aber auch auseinanderfallen (so Schickschuld).

12 **a) Holschuld.** Der Gläubiger muss die Leistung beim Schuldner holen; dieser braucht die Leistung nur zur Abholung durch den Gläubiger bereitzuhalten. Leistungs- und Erfolgsort sind am Wohnsitz des Schuldners (§ 269 I, II; gesetzlicher Regelfall).

13 **b) Bringschuld.** Der Schuldner muss dem Gläubiger die Leistung bringen. Leistungs- und Erfolgsort sind am Wohnsitz des Gläubigers (Ausnahmefall).

14 **c) Schickschuld.** Der Schuldner muss dem Gläubiger die Leistung schicken. Leistungs- und Erfolgsort fallen auseinander. Der Leistungsort ist am Wohnsitz des Schuldners; dort muss dieser tätig werden. Der Erfolgsort ist am Wohnsitz des Gläubigers; dort tritt der Leistungserfolg ein (Hauptbeispiele: Geldschuld, § 270, → § 9 Rn. 5; Versendungskauf, § 447)[9].

2. Bestimmung des Leistungsortes

15 **a) Regelfall.** Sofern nicht ausnahmsweise eine zwingende Gesetzesbestimmung (zB § 374 [Hinterlegungsort]) eingreift, richtet sich der Leistungsort in erster Linie nach der **Parteivereinbarung**; in zweiter Linie ist er „aus den **Umständen**, insbesondere aus der **Natur des Schuldverhältnisses**“ zu entnehmen; ansonsten ist am

---

9 *Brox/Walker* SchuldR BT § 3 Rn. 19 ff.; *Looschelders* SchuldR AT § 13 Rn. 14.

Wohnsitz des Schuldners zur Zeit der Entstehung des Schuldverhältnisses zu leisten (§ 269 I).

Oft ergibt die Auslegung unter Berücksichtigung der Verkehrssitte eine stillschweigende Parteivereinbarung über den Leistungsort. So sind zB die Verpflichtungen aus einem Kauf im Lebensmittelgeschäft regelmäßig im Laden zu erfüllen. Geschuldete Reparaturarbeiten an einem Gebäude sind dort auszuführen. Eine Vereinbarung über den Leistungsort kommt aber nicht dadurch zustande, dass etwa der Verkäufer nach Vertragsschluss dem Käufer eine Rechnung mit dem Vermerk übersendet: Erfüllungsort ist Köln; darin kann nur ein Angebot auf Vertragsabänderung erblickt werden, das einer Annahme durch den Vertragspartner bedarf.

Kommt es für den Leistungsort auf den Wohnsitz des Schuldners, **16**
bei Schulden aus dem Gewerbebetrieb nach § 269 II auf den Ort der gewerblichen Niederlassung des Schuldners an, so handelt es sich um Holschulden. Das führt dazu, dass bei einem Vertrag, aus dem beide Vertragsparteien verpflichtet sind (zB beim gegenseitigen Vertrag), für die Schulden der beiden Vertragspartner verschiedene Leistungsorte gegeben sind.

Aus der Vereinbarung, dass der Schuldner die Kosten der Versendung übernimmt (zB „Lieferung frei Haus"; **Fall d)**, kann allein nicht geschlossen werden, dass eine Bringschuld bestehen soll (§ 269 III). Auch im Versandhandel übernimmt der Verkäufer grundsätzlich keine Bringschuld.[10] Im Zweifel ist auch hier vielmehr der Wohnsitz des Schuldners der Leistungsort; der Schuldner ist zum Versenden verpflichtet (Schickschuld) und hat die Versandkosten zu tragen. Im **Fall d** reist also die Ware auf Gefahr des K (§§ 269 III, 447). Die Anwendung des § 447 ist schon deshalb nicht gem. § 475 II, III 2[11] ausgeschlossen, weil K die Ware als Unternehmer (§ 14 I) bestellt hat und somit kein Verbrauchsgüterkauf vorliegt. V ist von der Leistung frei und behält den Anspruch auf den Kaufpreis. Mangels anderer Vereinbarung ist Köln der Leistungsort der Kaufpreisschuld; dort muss V ihn einklagen (§ 29 ZPO).

b) Leistungsort bei Geldschulden. Geldschulden sind, sofern **17**
nichts anderes vereinbart ist, nach bisher herrschender Ansicht eine besondere Form von Schickschulden (§ 270 I, II, IV): Der Wohnsitz (bzw. Ort der gewerbl. Niederlassung) des Schuldners ist Leistungsort; doch ist der Schuldner zur Versendung auf seine Kosten verpflichtet. Die Besonderheit dieser Schickschuld besteht darin, dass das Geld auf Gefahr des Schuldners reist (§ 270 I). Wenn also das Geld beim Gläubiger nicht ankommt, muss der Schuldner noch ein-

10 *BGH* NJW 2003, 3341; aA *OLG Stuttgart* NJW-RR 1999, 1576.
11 *Brox/Walker* SchuldR BT § 7 Rn. 4b, 4d.

mal leisten (Ausnahme von § 243 II; → § 8 Rn. 6). Deshalb spricht man von einer **qualifizierten Schickschuld**.

Fraglich ist dagegen, ob neben dem Verlustrisiko auch das Verspätungsrisiko vom Schuldner zu tragen ist. Trifft das Geld trotz rechtzeitigen Absendens (rechtzeitigen Überweisens oder Einzahlens bei der Post oder einer Bank) **verspätet** beim Gläubiger ein, so hat nach bisheriger Ansicht der Schuldner dafür nicht einzustehen; denn mit dem rechtzeitigen Abschicken habe er alles getan, was von ihm verlangt werden könne. § 270 I belaste den Schuldner nur mit der Gefahr des Verlustes, nicht der Verzögerung. Jedoch kommt es nach der Rechtsprechung des EuGH jedenfalls bei Banküberweisungen im Geschäftsverkehr für die Rechtzeitigkeit der Leistung darauf an, ob der Gläubiger den Geldbetrag rechtzeitig erhalten hat.[12] Das entspricht auch dem Art. 3 der Zahlungsverzugsrichtlinie 2000/35/EG vom 29.6.2000, die mit der Schuldrechtsreform zum 1.1.2002 umgesetzt werden sollte (→ Rn. 4). Jedenfalls in diesen Fällen trägt der Schuldner also auch das Verspätungsrisiko. Zur Vermeidung von Widersprüchen sollte das auch außerhalb des Geschäftsverkehrs bei allen Geldzahlungen gelten. Konsequenterweise ist die Geldschuld dann aber nicht mehr als qualifizierte Schickschuld, sondern als **Bringschuld** einzuordnen.[13]

Durch eine Änderung des Wohnsitzes (der Niederlassung) des Gläubigers nach Entstehung des Schuldverhältnisses soll der Schuldner nicht belastet werden. Deshalb trägt der Gläubiger die dadurch entstehenden Mehrkosten der Übersendung; bei Erhöhung der Gefahr geht diese (ganz) vom Schuldner auf den Gläubiger über (§ 270 III). Die Regelung in § 270 IV, wonach die Vorschriften über den Leistungsort (in der Regel Wohnsitz des Schuldners) unberührt bleiben, hat lediglich die Bedeutung, dass der Gerichtsstand des Erfüllungsortes nach § 29 ZPO am Wohnsitz des Schuldners liegt.

V. Leistungszeit

1. Begriff und Bedeutung

18 Unter Leistungszeit versteht man einmal den Zeitpunkt, in dem der Schuldner die Leistung erbringen **darf**, und zum anderen den

12 *EuGH* NJW 2008, 1935.
13 Erman/*Artz* § 270 Rn. 9; *Looschelders* SchuldR AT § 12 Rn. 20; Palandt/*Grüneberg* BGB § 270 Rn. 1.

Zeitpunkt der Fälligkeit, in dem also der Schuldner spätestens leisten **muss**.

Darf der Schuldner schon leisten, so kommt der Gläubiger bei Nichtannahme in Gläubigerverzug (§§ 293 ff.; dazu → § 26). Erst wenn der Schuldner leisten muss, kann der Gläubiger die Leistung verlangen; leistet der Schuldner trotz Fälligkeit und Mahnung schuldhaft nicht, so kommt er in Schuldnerverzug (§ 286; dazu → § 23 Rn. 9 ff.); das gilt nach § 286 III auch dann, wenn der Schuldner einer Geldforderung 30 Tage nach Fälligkeit und Zugang einer Rechnung (oder einer gleichwertigen Zahlungsaufforderung) nicht zahlt.

Eine Zeitbestimmung hat im Zweifel den **Sinn**, dass der Gläubiger 19
die Leistung zwar nicht vor dem Zeitpunkt fordern, der Schuldner sie aber vorher bewirken kann (§ 271 II).

Ist im **Fall e** ein zinsloses Darlehen gewährt worden, so besteht normalerweise kein berechtigtes Interesse des Gläubigers daran, dass er das Geld erst zu dem vereinbarten Termin zurückbekommt, zumal der Schuldner nicht zum Abzug von Zwischenzinsen berechtigt ist (§ 272).

Allerdings kann die Zeitbestimmung auch im Interesse des Gläubigers getroffen worden sein. Dann gilt die Regel des § 271 II, dass der Schuldner die Leistung vorher bewirken kann, nicht.

Handelt es sich im **Fall e** um ein verzinsliches Darlehen, so darf der Schuldner es nicht vorher zurückzahlen, da der Gläubiger einen Zinsverlust erleiden würde. Nur unter engen Voraussetzungen besteht ein außerordentliches Kündigungsrecht des Darlehensnehmers (§ 490 II 1, 2)[14]; selbst dann muss er aber eine sog. Vorfälligkeitsentschädigung an den Darlehensgeber zahlen (§ 490 II 3).

Die Zeitbestimmung kann ausschließlich im Gläubigerinteresse liegen: Er soll die Leistung schon vorher fordern dürfen, aber vorher nicht anzunehmen brauchen.

Beispiel: Der Hinterleger kann die hinterlegte Sache jederzeit vom Verwahrer zurückfordern, auch wenn für die Aufbewahrung eine Zeit bestimmt ist (§ 695).

Gehört die Zeitbestimmung derart zum Inhalt der Leistung, dass 20
bei ihrer Nichteinhaltung Unmöglichkeit der Leistung gegeben ist, liegt ein Fixgeschäft vor (→ § 23 Rn. 63).

14 *Brox/Walker* SchuldR BT § 17 Rn. 32.

2. Bestimmung der Leistungszeit

21 Die Leistungszeit ergibt sich aus der **Parteivereinbarung** und den **Umständen** des jeweiligen Rechtsverhältnisses; mangels anderer Anhaltspunkte kann der Gläubiger die Leistung **sofort** verlangen und der Schuldner sie sofort bewirken (§ 271 I).

Beim **Verbrauchsgüterkauf** (ein Verbraucher kauft eine bewegliche Sache von einem Unternehmer, § 474 I 1)[15] kann der Gläubiger dann, wenn eine Leistungszeit nicht vereinbart ist oder sich aus den Umständen ergibt, die Leistung abweichend von § 271 I nicht sofort, sondern **nur unverzüglich** (ohne schuldhaftes Zögern, § 121 I) verlangen (§ 475 I 1). Der Unternehmer muss dann die Sache spätestens 30 Tage nach Vertragsschluss übergeben (§ 475 I 2). Gleiches gilt für die Zahlung durch den Verbraucher.[16] Beide Parteien sind aber berechtigt, ihre Leistung sofort zu bewirken (§ 475 I 3).

Bei Darlehensverträgen wird oft vereinbart, dass die Rückzahlung eine bestimmte Zeit nach erfolgter Kündigung (zB nach einem Monat) erfolgen muss. Hier ist die Leistungszeit zunächst unbestimmt; sie wird mit dem Zugang der Kündigungserklärung beim Vertragspartner bestimmt.

3. Besonderheiten bei der Vereinbarung von Zahlungs-, Überprüfungs- und Abnahmefristen gem. § 271a

22 **Schrifttum:** *Ackermann*, Neuerungen durch das Gesetz zur Bekämpfung von Zahlungsverzug im Geschäftsverkehr, DB 2014, 1919; *Verse*, Das Gesetz zur Bekämpfung von Zahlungsverzug im Geschäftsverkehr, ZIP 2014, 1809.

Zu den Parteivereinbarungen zur Leistungszeit iSv § 271 I gehört auch die Vereinbarung von Zahlungsfristen sowie von Überprüfungs- und Abnahmefristen. Für solche Vereinbarungen gelten gem. § 271a[17] Besonderheiten.

23 **a) Sinn des § 271a.** Die Vorschrift dient der Umsetzung der EU-Zahlungsverzugsrichtlinie (RL 2011/7/EU).[18] Sie schränkt die Vertragsfreiheit bei der Vereinbarung über die Leistungszeit ein. Dadurch soll für mehr Zahlungsdisziplin im unternehmerischen Geschäftsverkehr gesorgt werden, um die Liquidität, Wettbewerbsfähigkeit und Wirtschaftlichkeit von Unternehmen zu verbessern.[19] Fristvereinbarungen, die gegen § 271a I–III verstoßen, sind unwirksam, lassen

---

15 *Brox/Walker* SchuldR BT § 7 Rn. 1 ff.
16 BT-Drs. 17/12637, 69 f.
17 Eingefügt durch das Gesetz zur Bekämpfung von Zahlungsverzug im Geschäftsverkehr vom 22.7.2014 mit Wirkung zum 29.7.2014, BGBl. I 1218.
18 ABl. L 48 vom 23.2.2011, 1.
19 BR-Drs. 154/14, 5.

aber die Wirksamkeit des Vertrags im Übrigen unberührt (§ 271 IV); die Entgeltzahlungspflicht wird dann gem. § 271 I sofort fällig.

b) Voraussetzungen und Rechtsfolgen des § 271a. Nach **Abs. 1 S. 1, 2** darf die für eine Entgeltforderung vereinbarte Leistungszeit iSd § 271 I grundsätzlich nicht mehr als 60 Tage nach dem Empfang der Gegenleistung oder dem späteren Zugang einer Rechnung oder Zahlungsaufforderung umfassen. Diese Höchstfrist kann auch nicht durch eine Vereinbarung umgangen werden, dass die Rechnung nicht vor Ablauf einer bestimmten Frist gestellt werden darf. Die Vereinbarung einer längeren Zeit ist nur wirksam, wenn sie ausdrücklich (nicht nur konkludent) erfolgt und für den Gläubiger nicht grob unbillig ist. Bei der Prüfung der groben Unbilligkeit sind das Ausmaß des Nachteils für den Entgeltgläubiger und das legitime Interesse des Entgeltschuldners an längeren Fristen zu berücksichtigen.[20] Gem. **Abs. 2** ist bei öffentlichen Auftraggebern die zulässige Höchstfrist grundsätzlich auf 30 Tage und selbst bei einer abweichenden ausdrücklichen Vereinbarung absolut auf 60 Tage begrenzt. 24

Falls eine Entgeltforderung erst nach Abnahme oder Überprüfung der Gegenleistung zu erfüllen ist, darf nach **Abs. 3** die vereinbarte Frist für die Abnahme oder Überprüfung grundsätzlich höchstens 30 Tage ab dem Empfang der Gegenleistung oder dem späteren Zugang einer Rechnung betragen. Auch hier ist die Vereinbarung einer längeren Frist nur wirksam, wenn sie ausdrücklich erfolgt und für den Gläubiger nicht grob unbillig ist. 25

c) Anwendungsbereich des § 271a. Die in Abs. 1–3 vorgesehenen Einschränkungen der Vertragsfreiheit bei der Vereinbarung von Zahlungs-, Abnahme- und Überprüfungsfristen gelten gleichermaßen für Individualvereinbarungen wie für AGB. Fristenvereinbarungen in AGB unterliegen allerdings schon der strengen Inhaltskontrolle nach § 308 Nr. 1a, 1b; deshalb ist § 271a in erster Linie für Individualvereinbarungen von Bedeutung. Die Vorschrift gilt gem. § 271a V Nr. 1 nicht für die Vereinbarung von Abschlagszahlungen und Ratenzahlungsvereinbarungen (mindestens zwei Zahlungen auf die gesamte Entgeltforderung); diese Möglichkeiten sollen den Parteien nach dem Willen des Gesetzgebers erhalten bleiben. In personeller Hinsicht gelten die Abs. 1–3 in erster Linie im Geschäftsverkehr zwischen Unternehmern, nicht dagegen für Schuldverhältnisse, bei denen der 26

20 BR-Drs. 154/14, 12.

Schuldner der Entgeltforderung ein Verbraucher ist (§ 271a V Nr. 2). Zugunsten des Verbrauchers können also auch längere Fristen vereinbart werden. Steht dagegen auf Schuldnerseite ein Unternehmer und auf Gläubigerseite ein Verbraucher, findet § 271a Anwendung, so dass der Verbraucher vor zu langen Zahlungsfristen geschützt wird.[21]

27 **d) Verhältnis zu anderen Regelungen.** Andere Beschränkungen für Vereinbarungen von Zahlungs-, Abnahme- oder Überprüfungsfristen werden durch § 271a I–III nicht verdrängt, sondern bleiben unberührt (§ 271a VI). Das gilt etwa für eine Inhaltskontrolle von Vereinbarungen in AGB (§ 308 Nr. 1a, 1b). Die Vereinbarungen von Fristen, welche die Höchstgrenzen des § 271a I–III nicht überschreiten, sind also nicht stets wirksam, sondern nur dann, wenn sie auch den allgemeinen Vorschriften genügen.

§ 13. Leistungsverweigerungsrechte des Schuldners

1 **Schrifttum:** *Derleder/Karabulut*, Schuldnerverzug und Zurückbehaltungsrechte des Allgemeinen Schuldrechts, JuS 2014, 102; *Henkel*, Der Ausschluss des Zurückbehaltungsrechts (§ 273 BGB) nach Beendigung des Arbeitsverhältnisses, ZGS 2004, 170; *Kaiser*, Unsicherheitseinrede des Vorleistungspflichtigen nach § 321 I BGB, NJW 2010, 1254; *Schur*, Die Verknüpfung wechselseitiger Leistungen, JuS 2006, 673.

Fall a: Der Auftraggeber A klagt gegen den Beauftragten B aus § 667 auf Herausgabe des Bildes, das B für A besorgt hat. B möchte aber von A die Kosten (20 EUR) ersetzt haben, die ihm bei der Beschaffung des Bildes entstanden sind (§ 670). Was soll er im Prozess tun? Wie lautet das Urteil? Wie wird daraus vollstreckt? → Rn. 2, 3, 5, 10, 11, 13

Fall b: Da G sich weigert, eine Quittung zu erteilen, hält S das geschuldete Geld zurück. G meint, S stünde kein Zurückbehaltungsrecht zu, da der Anspruch auf die Quittung (§ 368) erst entstehe, wenn S gezahlt habe. → Rn. 4

Fall c: A und B haben in einer Gastwirtschaft ihre Mäntel vertauscht. A verlangt von B seinen Mantel heraus, ist aber nicht bereit, den fremden Mantel an B zurückzugeben. → Rn. 5

Fall d: K klagt gegen V auf Übereignung des verkauften Bildes. V macht geltend, K habe den Kaufpreis von 500 EUR noch nicht gezahlt, was K bestreitet. Wie urteilt der Richter? → Rn. 14, 18

Fall e: Wie ist die Rechtslage, wenn sich im Fall d ergibt, dass 400 EUR gezahlt worden sind? → Rn. 15

21 BR-Drs. 154/14, 17.

Steht dem Schuldner seinerseits ein Anspruch gegen den Gläubiger zu, dann hat der Schuldner ein berechtigtes Interesse daran, seine Leistung solange zurückzuhalten, bis er auch wegen seiner Forderung befriedigt wird. Deshalb gibt ihm das Gesetz in bestimmten Fällen ein Leistungsverweigerungsrecht. Dabei handelt es sich um das Zurückbehaltungsrecht nach § 273 und um die Einrede des nicht erfüllten Vertrags nach § 320.

Daneben gibt es auch Leistungsverweigerungsrechte aus anderen Gründen. So ist der Schuldner nach Eintritt der Verjährung berechtigt, die Leistung zu verweigern (§ 214 I).[1] Gleiches gilt, wenn die Leistung einen grob unverhältnismäßigen Aufwand fordert (§ 275 II; → § 22 Rn. 18ff.) und wenn dem Schuldner die Erbringung einer höchstpersönlichen Leistung unzumutbar ist (§ 275 III; → § 22 Rn. 22ff.). In allen Fällen handelt es sich um Einreden. Sie führen nicht zum Untergang des Anspruchs. Nur wenn der Schuldner sich auf die Einrede beruft, ist er zur Leistungsverweigerung berechtigt. Der Anspruch ist dann nicht durchsetzbar.

I. Zurückbehaltungsrecht

1. Begriff und Bedeutung

Nach § 273 I hat der Schuldner, dem aus demselben rechtlichen Verhältnis ein fälliger Gegenanspruch zusteht, das Recht, seine Leistung zu verweigern, bis die ihm gebührende Leistung bewirkt wird. 2

Dieses Zurückbehaltungsrecht folgt aus dem Grundsatz von Treu und Glauben (§ 242). Sind Forderung und Gegenforderung gleichartig (zB G kann 100 EUR und S 20 EUR fordern), hilft schon die Aufrechnung (§§ 387ff.; dazu → § 16), so dass der Schuldner nur noch den Restanspruch (80 EUR) zu erfüllen hat. Diese Möglichkeit scheidet aber bei nicht gleichartigen Forderungen (**Fall a:** Geld gegen Bild) aus. Deshalb räumt § 273 dem Schuldner unter bestimmten Voraussetzungen eine Einrede ein. Diese gibt ihm für seine eigene Forderung eine Sicherung und ist gleichzeitig ein mittelbares Zwangsmittel zur Durchsetzung seiner Forderung.[2]

2. Voraussetzungen

a) Gegenseitigkeit der Ansprüche. Jede der beiden Personen muss einen Anspruch gegen die andere haben (Gegenseitigkeit). Dabei 3

1 *Brox/Walker* BGB AT § 31 Rn. 12, 24ff.
2 Mot. II, 42.

spielt es keine Rolle, ob die Ansprüche sich aus Vertrag oder Gesetz ergeben und ob sie schuldrechtlicher oder dinglicher Art sind. § 273 gilt jedoch nicht für die im Austauschverhältnis stehenden Leistungen beim gegenseitigen Vertrag (→ § 3 Rn. 2).

Im **Fall a** ist das Zurückbehaltungsrecht nicht nur gegeben, wenn A einen schuldrechtlichen Anspruch (§ 667) geltend macht, sondern auch dann, wenn er als Eigentümer aus § 985 klagt.

4 **b) Fälligkeit des Gegenanspruchs.** Der Anspruch des Schuldners muss fällig sein (§ 273 I). Andernfalls könnte der Gläubiger seinen Anspruch nur durchsetzen, wenn er den Gegenanspruch bereits vor Fälligkeit erfüllte.

Es genügt für die Fälligkeit des Gegenanspruchs jedoch, dass er mit Erfüllung des Anspruchs fällig wird (**Fall b**)[3]. – Ist der Gegenanspruch zwar fällig, aber inzwischen schon verjährt, so wird dadurch ein Zurückbehaltungsrecht nicht ausgeschlossen; Voraussetzung ist jedoch, dass die Verjährung noch nicht eingetreten war, als der Anspruch des Gläubigers entstand (§ 215).

Fälligkeit ist nicht erforderlich beim Zurückbehaltungsrecht wegen Verwendungsersatzes nach § 1000.

5 **c) Konnexität der Ansprüche.** Der Anspruch des Gläubigers und der Gegenanspruch des Schuldners müssen auf demselben rechtlichen Verhältnis beruhen (§ 273 I). Dadurch soll ein Zurückbehaltungsrecht wegen eines Gegenanspruchs ausgeschlossen werden, der mit dem Anspruch nichts zu tun hat. Andererseits ist dasselbe rechtliche Verhältnis nicht nur dann zu bejahen, wenn es sich um Ansprüche aus ein und demselben Vertrag (wie im **Fall a**) handelt. Vielmehr lässt die Rechtsprechung es genügen, wenn ein natürlicher und wirtschaftlicher Zusammenhang zwischen den Ansprüchen besteht (**einheitliches Lebensverhältnis**)[4].

Haben Verkäufer und Käufer den Kaufvertrag erfüllt und stellt sich dann dessen Nichtigkeit heraus, müssen die Kaufsache zurück übereignet und der Kaufpreis zurückgezahlt werden (§ 812); jede Partei hat ein Zurückbehaltungsrecht. – Im **Fall c** besteht ein einheitlicher Lebensvorgang, so dass B die Herausgabe des fremden Mantels bis zur Herausgabe des eigenen verweigern kann. – Auch bei laufender Geschäftsbeziehung bejaht man eine Konnexität, selbst wenn die Ansprüche aus verschiedenen Verträgen herrühren.

6 § 273 II sieht bei Herausgabeansprüchen eine Konnexität als gegeben an, wenn dem Schuldner ein fälliger Gegenanspruch wegen Ver-

3 BGHZ 73, 319; 116, 244.
4 Vgl. BGHZ 92, 196; 115, 103.

wendungen auf den Gegenstand oder wegen eines durch den Gegenstand verursachten Schadens zusteht.

So kann der Finder eines entlaufenen Hundes gegenüber dem Herausgabeanspruch des Eigentümers ein Zurückbehaltungsrecht wegen der Fütterungskosten (§ 970) geltend machen.

Hat der Herausgabepflichtige jedoch den Gegenstand durch eine vorsätzlich begangene unerlaubte Handlung (zB Diebstahl) erlangt, so entspricht es nicht der Billigkeit, wenn er wegen eines Gegenanspruchs ein Leistungsverweigerungsrecht hätte (§ 273 II aE).

Das kaufmännische Zurückbehaltungsrecht setzt keine Konnexität voraus (§ 369 HGB).[5]

3. Ausschluss des Zurückbehaltungsrechts

Das Zurückbehaltungsrecht kann **vertraglich** oder **durch Gesetz** 7
ausgeschlossen sein (§ 273 I: „sofern nicht aus dem Schuldverhältnisse sich ein anderes ergibt“).

Beispiel für gesetzlichen Ausschluss: Dem Bevollmächtigten steht nach Erlöschen der Vollmacht kein Zurückbehaltungsrecht an der Vollmachtsurkunde zu (§ 175); damit soll ein Missbrauch der Urkunde verhindert werden.

In AGB kann das Zurückbehaltungsrecht des Vertragspartners weder ausgeschlossen noch eingeschränkt werden (vgl. § 309 Nr. 2b).

Ferner kann die Geltendmachung des Zurückbehaltungsrechts gegen Treu und Glauben verstoßen.[6]

Beispiel: Der Schuldner eines Herausgabeanspruchs beruft sich auf einen Aufwendungsersatzanspruch, den er erst durch die unberechtigte Herausgabeverweigerung erlangt hat.[7] Dagegen reicht es für einen Ausschluss des Zurückbehaltungsrechts durch einen Käufer nicht aus, wenn die Kaufsache lediglich geringfügige Mängel hat. Der Käufer kann vielmehr die Abnahme der Kaufsache bis zur Behebung des Mangels verweigern.[8]

Sofern die Ausübung des Zurückbehaltungsrechts einen der Auf- 8
rechnung gleichkommenden Erfolg hat, ist sie dann ausgeschlossen, wenn die Aufrechnung unzulässig wäre[9] (zB § 394, → § 16 Rn. 16).

---

5 *Brox/Henssler* HandelsR Rn. 323.
6 BGHZ 92, 194.
7 *BGH* NJW 2004, 3484.
8 *BGH* ZIP 2016, 2420 Rn. 32.
9 *BGH* NJW 1987, 3254 (3255).

9 Da das Zurückbehaltungsrecht einen Sicherungszweck verfolgt, kann der Gläubiger die Ausübung des Rechts durch Sicherheitsleistung abwenden (§ 273 III 1), wobei das Gesetz eine Bürgschaft nicht als genügende Sicherheit ansieht (§ 273 III 2). Über § 273 III 1 hinaus muss das Zurückbehaltungsrecht entsprechend seinem Sinn (Sicherungszweck) überall dort ausgeschlossen sein, wo die Gegenforderung des Schuldners schon gesichert ist (zB durch Hypothek).

4. Wirkungen

10 Das Zurückbehaltungsrecht gibt dem Schuldner nur eine aufschiebende **Einrede** (§ 274 I), nicht wie das kaufmännische Zurückbehaltungsrecht ein Befriedigungsrecht (§ 371 HGB)[10].

Der Richter darf das Zurückbehaltungsrecht also nur dann berücksichtigen, wenn der Schuldner sich darauf beruft (§ 274 I: Geltendmachung). Im **Fall a** muss der Schuldner gegenüber dem Klageanspruch auf Herausgabe des Bildes vorbringen, er habe aus dem Auftrag noch 20 EUR zu bekommen, weshalb er das Bild zurückbehalte. Macht er die Einrede nicht geltend, so wird er ohne Einschränkung zur Herausgabe des Bildes verurteilt, selbst wenn sich aus dem Vorbringen des Klägers ergibt, dass dieser noch 20 EUR schuldet.

11 Erhebt der Schuldner im Prozess die Einrede, so führt das nicht zur Abweisung der Klage, sondern nur zur **„Zug-um-Zug"**-Verurteilung (§ 274 I).

Im **Fall a** lautet das Urteil: „Der Beklagte wird verurteilt, das Bild … an den Kläger herauszugeben Zug um Zug gegen Zahlung von 20 EUR …." Aus diesem Urteil kann der Gläubiger vollstrecken, wenn er dem Schuldner gleichzeitig die 20 EUR anbietet. Ist der Schuldner mit der Annahme des Geldes im Verzug (§§ 293 ff.), entfällt sein Recht auf Zug-um-Zug-Leistung (§ 274 II; vgl. auch §§ 726 II, 756 ZPO)[11].

II. Einrede des nicht erfüllten Vertrags

12 Für den gegenseitigen Vertrag (→ § 3 Rn. 2) enthält das Gesetz in §§ 320–322 ein besonderes Leistungsverweigerungsrecht. Wegen der engen Abhängigkeit von Leistung und Gegenleistung soll gewährleistet sein, dass kein Vertragspartner die Leistung erbringen muss, ohne gleichzeitig die Gegenleistung zu erhalten. Dadurch soll dem Schuldner der Anspruch auf die Gegenleistung gesichert und Druck auf den

10 *Brox/Henssler* HandelsR Rn. 331.
11 *Brox/Walker* ZwangsVollstrR Rn. 171 ff.

Gläubiger zur vertragsgemäßen Leistung ausgeübt werden.[12] Der wesentliche Unterschied zum Zurückbehaltungsrecht des § 273 besteht darin, dass hier der Gläubiger nicht berechtigt ist, das Leistungsverweigerungsrecht des Schuldners durch Sicherheitsleistung abzuwenden (§ 320 I 3).

1. Voraussetzungen

a) **Gegenseitiger Vertrag.** Es muss ein gegenseitiger Vertrag bestehen (§ 320 I 1). Fehlt es bereits daran (zB Auftrag; **Fall a**), sind nicht §§ 320ff., möglicherweise ist aber § 273 anwendbar. 13

b) **Leistungen im Gegenseitigkeitsverhältnis.** Die geschuldeten Leistungen müssen im Gegenseitigkeitsverhältnis zueinander stehen (§ 320 I 1). Das ist nur dann gegeben, wenn nach dem Parteiwillen die Leistung des einen das Entgelt für die Gegenleistung des anderen sein soll (synallagmatische Verknüpfung von Leistung und Gegenleistung; **Fall d**). 14

Beispiel: Der Mietvertrag ist ein gegenseitiger Vertrag. Im Gegenseitigkeitsverhältnis stehen die Pflicht zur Gebrauchsüberlassung und die zur Mietzahlung, nicht aber etwa die Pflicht zum Ersatz von Aufwendungen und die zur Rückgabe der Mietsache am Ende der Mietzeit.

c) **Fälligkeit der Gegenforderung.** Die Gegenforderung muss fällig sein; ihre Verjährung schließt dagegen das Recht des Schuldners nicht aus (vgl. → Rn. 4). 15

Ist die Gegenforderung schon teilweise erfüllt worden, so kann der Schuldner wegen des noch ausstehenden Teils regelmäßig seine Leistung in vollem Umfang zurückhalten (arg. e § 320 II; **Fall e**).

2. Ausschluss

a) **Vorleistungspflicht des Schuldners.** Bei Vorleistungspflicht des Schuldners ist dessen Recht aus § 320 ausgeschlossen (§ 320 I 1 aE). 16

Eine solche Pflicht kann vereinbart sein (zB beim Ratenzahlungskauf, bei Klauseln wie „zahlbar nach Erhalt der Ware“, „Kasse gegen Faktura“). Damit hat der Vorleistungspflichtige auf die Einrede nach § 320 verzichtet. Das Gesetz geht bei einigen Vertragstypen von der Vorleistungspflicht eines Vertragspartners aus (zB Vermieter, § 579; Dienstpflichtiger, § 614; Werkunternehmer, § 641).

---

12 *BGH* ZIP 2016, 2420 Rn. 23.

Der Vorleistungspflichtige muss jedoch dann geschützt werden, wenn nach Vertragsschluss erkennbar wird, dass sein Gegenanspruch durch die mangelnde Leistungsfähigkeit des anderen Teils gefährdet wird. Die Vorschrift des § 321 sichert ihn dadurch, dass sie ihm trotz seiner Vorleistungspflicht ein Leistungsverweigerungsrecht gibt, bis die Gegenleistung bewirkt oder für sie Sicherheit (auch durch Bürgschaft) geleistet wird.

Für das Leistungsverweigerungsrecht reicht es aus, wenn die Gefährdung des Gegenanspruchs auf einem lediglich vorübergehenden Leistungshindernis auf Seiten des Vorleistungsberechtigten beruht.[13] Das folgt aus § 321 II. Danach hat der Vorleistungspflichtige ein Rücktrittsrecht, wenn der andere Teil nicht innerhalb einer angemessenen Frist die geschuldete Gegenleistung erbringt oder Sicherheit leistet. Daran ändert sich nichts, wenn der andere Teil nach Ablauf der Frist wieder leistungsfähig wird.

17 **b) Treu und Glauben.** Die Gegenleistung kann dann nicht verweigert werden, wenn die Verweigerung gegen Treu und Glauben verstieße. Das kommt bei verhältnismäßiger Geringfügigkeit des rückständigen Teils der Leistung (§ 320 II) in Betracht. Ferner kann derjenige Schuldner sich nicht auf § 320 berufen, der zum Ausdruck bringt, dass er selbst nicht am Vertrag festhalten will. § 320 hat nämlich die Funktion, die geschuldete Gegenleistung zu erzwingen. Die Vorschrift setzt deshalb voraus, dass derjenige, der sich auf sie beruft, seinerseits erfüllungsbereit ist.[14] Aber auch dann, wenn ein Vertragspartner die Leistung des anderen endgültig ablehnt, scheidet § 320 aus. Bei berechtigter Ablehnung muss er vielmehr eine endgültige Regelung des Vertragsverhältnisses herbeiführen, indem er etwa wegen einer Pflichtverletzung vom Vertrag zurücktritt oder Schadensersatz statt der Leistung verlangt.

In AGB kann das Recht des Vertragspartners des Verwenders aus § 320 nicht wirksam ausgeschlossen oder eingeschränkt werden (§ 309 Nr. 2 Buchst. a).

3. Wirkungen

18 **a) Im Prozess.** Nur wenn der Schuldner sich im Prozess auf das Leistungsverweigerungsrecht beruft, darf und muss der Richter es berücksichtigen. Das Gesetz hat nämlich das Recht aus § 320 als **Ein-**

13 *BGH* NJW 2010, 1272 (1274); krit. dazu *Kaiser* NJW 2010, 1254.
14 *BGH* ZIP 2013, 1729 (1730).

rede ausgestaltet. Wird sie erhoben, führt sie zur Verurteilung Zug um Zug (§ 322 I). Vgl. die Regelung beim Zurückbehaltungsrecht (→ Rn. 11); für die Zwangsvollstreckung verweist § 322 III auf § 274 II.

Im **Fall d** kommt es darauf an, ob K beweisen kann, dass er den Kaufpreis schon gezahlt hat. Gelingt ihm der Beweis (zB durch Quittung), wird V zur Übereignung verurteilt. Gelingt er ihm nicht, erfolgt Zug-um-Zug-Verurteilung.

Bei Vorleistungspflicht eines Vertragspartners kann dieser, sofern der andere Teil im Annahmeverzug (§§ 293ff.) ist, auf Leistung nach Empfang der Gegenleistung klagen (§ 322 II)[15]. Die Vollstreckung aus dem Urteil erfolgt hier ebenfalls nach § 274 II; denn § 322 III gilt auch für § 322 II. **19**

b) Materiell-rechtlich. Materiell-rechtlich kommt der Schuldner solange nicht in Schuldnerverzug (§§ 286ff.; → § 23 Rn. 9ff.), als das Leistungsverweigerungsrecht besteht; der Schuldner braucht es also nicht geltend zu machen.[16] Das folgert man mit Recht aus der engen Verknüpfung von Leistung und Gegenleistung. Dem steht auch nicht entgegen, dass das Gesetz aus prozessualen Gründen im Rechtsstreit das Erheben der Einrede verlangt. Verzug tritt also erst ein, wenn der Gläubiger mahnt (→ § 23 Rn. 9ff.) und dabei zur Erbringung der eigenen Leistung bereit und imstande ist.[17] **20**

§ 273 setzt dagegen ein Geltendmachen zur Vermeidung des Schuldnerverzugs voraus; denn nur so wird der Gläubiger in die Lage versetzt, das Recht durch Sicherheitsleistung abzuwenden. Diese Möglichkeit hat er bei der Einrede nach § 320 nicht (§ 320 I 3).

15 Vgl. dazu *BGH* ZIP 2002, 576.
16 HM; vgl. *BGH* NJW-RR 2003, 1318; *Looschelders* SchuldR AT § 15 Rn. 2; Palandt/*Grüneberg* BGB § 320 Rn. 12.
17 RGZ 126, 280; vgl. auch *BGH* NJW 1966, 200.

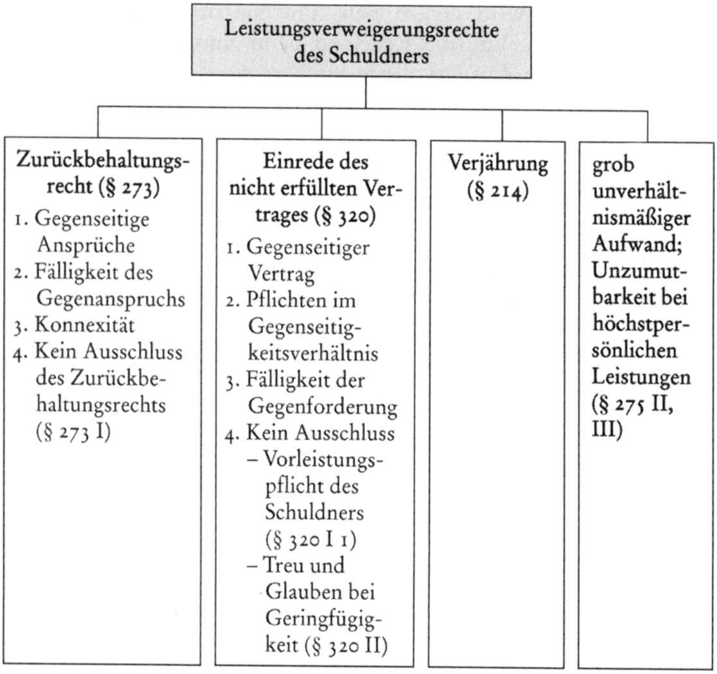
Leistungsverweigerungsrechte des Schuldners
Zurückbehaltungsrecht (§ 273)
1. Gegenseitige Ansprüche
2. Fälligkeit des Gegenanspruchs
3. Konnexität
4. Kein Ausschluss des Zurückbehaltungsrechts (§ 273 I)
Einrede des nicht erfüllten Vertrages (§ 320)
1. Gegenseitiger Vertrag
2. Pflichten im Gegenseitigkeitsverhältnis
3. Fälligkeit der Gegenforderung
4. Kein Ausschluss
– Vorleistungspflicht des Schuldners (§ 320 I 1)
– Treu und Glauben bei Geringfügigkeit (§ 320 II)
Verjährung (§ 214)
grob unverhältnismäßiger Aufwand; Unzumutbarkeit bei höchstpersönlichen Leistungen (§ 275 II, III)

5. Kapitel. Erlöschen der Schuldverhältnisse

Beim Erlöschen der Schuldverhältnisse ist zu unterscheiden, ob das Schuldverhältnis als Ganzes, also mit allen Rechten und Pflichten, oder ob nur eine einzelne Pflicht erlischt. Erlöschensgrund für das ganze Schuldverhältnis ist beispielsweise die Kündigung (→ § 17 Rn. 15 ff.). Eine einzelne Schuld erlischt etwa durch Erfüllung (dazu → § 14), Hinterlegung (dazu → § 15), Aufrechnung (dazu → § 16) und Erlass (→ § 17 Rn. 1). Eine Besonderheit ergibt sich beim Rücktritt (dazu → § 18): Es erlöschen zwar auch einzelne Rechte und Pflichten, aber nicht alle Rechtsbeziehungen zwischen den Parteien.

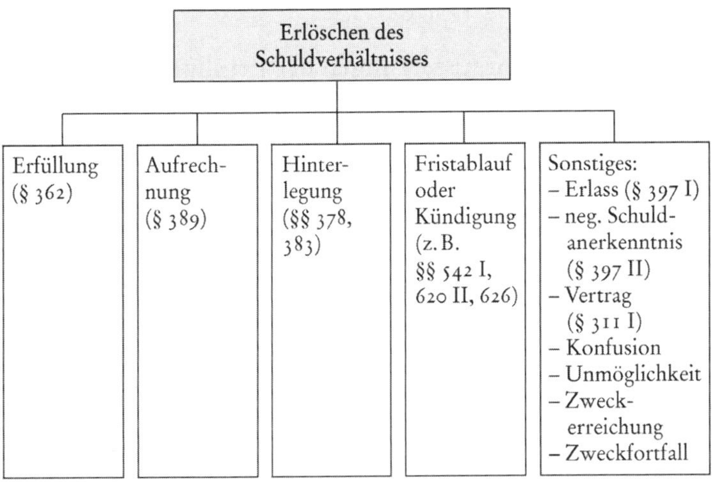

§ 14. Erfüllung

Schrifttum: *Avenarius,* Die Anrechnung von Teilleistungen auf mehrere Forderungen bei Fehlen einer Tilgungsbestimmung, AcP 203 (2003), 511; *Dräger,* Überweisung auf ein anderes Konto als vom Gläubiger angegeben – Erfüllungswirkung als direkter Weg zu sachgerechten Ergebnissen, MDR 2012, 1009; *Gernhuber,* Die Erfüllung und ihre Surrogate sowie das Erlöschen der Schuldverhältnisse aus anderen Gründen, 2. Aufl., 1994; *Looschelders/* 1

Erm, Die Erfüllung – dogmatische Grundlagen und aktuelle Probleme, JA 2014, 161; *S. Lorenz,* Grundwissen Zivilrecht: Erfüllung (§ 362 BGB), JuS 2009, 109; *Muscheler/Bloch,* Erfüllung und Erfüllungssurrogate, JuS 2000, 729.

Fall a: Der geisteskranke A ist dem B vertraglich zum Tapezieren eines Zimmers verpflichtet. Obwohl er das Zimmer tadellos tapeziert, will B nicht den vereinbarten Preis zahlen, weil der geschäftsunfähige A den Vertrag nicht erfüllen könne. → Rn. 3

Fall b: S überredet G, anstelle der aus Darlehen geschuldeten 500 EUR ein Fernsehgerät anzunehmen. Später stellt sich heraus, dass das Gerät gestohlen bzw. defekt ist. Deswegen verlangt G nun wieder Zahlung von 500 EUR. → Rn. 6

Fall c: S schuldet einen Restkaufpreis von 4.000 EUR nebst 1.000 EUR Zinsen und Kosten. Er zahlt 1.000 EUR und bestimmt unter Hinweis auf § 366 I, dass damit die Kaufpreisforderung teilweise getilgt sein soll. G lehnt die Annahme des Geldes ab. Rechtsfolge? → Rn. 12

I. Voraussetzungen der Erfüllung

1. Bewirken der geschuldeten Leistung

Erfüllung ist das Bewirken der geschuldeten Leistung (§ 362 I).

a) Eintritt des Leistungserfolges. Für die Erfüllung reicht es nicht aus, dass der Schuldner seinerseits alles dazu Erforderliche getan hat. Nicht auf diese Leistungshandlung (zB Abschicken der Kaufsache an den Käufer), sondern auf den Eintritt des Leistungserfolges (zB Eigentum und Besitz des Käufers an der Kaufsache) kommt es entscheidend an. Nur dadurch wird das Interesse des Gläubigers verwirklicht.

Hat also der Schuldner alles zur geschuldeten Übereignung der Sache getan, nimmt der Gläubiger aber nicht an, wird die Schuld nicht getilgt. Das Gesetz berücksichtigt in einem solchen Falle die besonderen Interessen des Schuldners durch die Regeln über den Gläubigerverzug (dazu → § 26).

2 **b) Richtige Leistungsbewirkung.** Die Erfüllungswirkung tritt regelmäßig nur ein, wenn der richtige Schuldner dem richtigen Gläubiger die richtige Leistung am richtigen Ort erbringt. Dazu und zu den Ausnahmen: → § 12 Rn. 1 ff.

Eine Leistung, die nur unter dem **Vorbehalt der Rückforderung** erbracht wird, hat keine Erfüllungswirkung (siehe schon → § 12 Rn. 10a). Ein solcher Fall liegt etwa vor, wenn der Schuldner aufgrund eines noch nicht rechtskräftigen Urteils zahlt, um die Vollstreckung abzuwenden, aber gegen das Urteil ein Rechtsmittel einlegt und im Falle des Obsiegens die Leistung zurückfordern will. Der Gläubiger kann das Angebot einer solchen Leistung ablehnen, ohne in Annahmeverzug zu geraten (§§ 293 ff.; dazu → § 26). Der Schuldner kann durch eine Leistung unter Vorbehalt den Schuldnerverzug nicht beenden. Der Gläubiger kann eine solche Leistung zurückweisen und hat dann weiterhin einen Anspruch auf Verzugszinsen.[1]

c) **Erfüllungsvertrag oder reale Leistungsbewirkung.** Fraglich ist, ob zur Erfüllung ein besonderer Erfüllungsvertrag erforderlich ist. Da das Gesetz die Beantwortung der Frage nach der **Rechtsnatur** der Erfüllung der Wissenschaft überlassen hat,[2] herrscht hier auch heute noch Streit. 3

aa) Die (ältere) **Vertragstheorie** setzt in jedem Falle außer einer tatsächlichen Bewirkung der Leistung noch einen Erfüllungsvertrag, also eine Einigung darüber voraus, dass die Leistung als Erfüllung erfolge.

Demnach soll zur Erfüllung nicht nur dann ein Rechtsgeschäft erforderlich sein, wenn die Verpflichtung des Schuldners zu einem Rechtsgeschäft (zB Übereignung der verkauften Sache) besteht, sondern sogar dann, wenn nur eine tatsächliche Handlung (zB Erfüllung eines Dienst- oder Werkvertrags; **Fall a**) oder ein Unterlassen (zB des Betretens eines Grundstücks) geschuldet wird.

bb) Die heute herrschende **Theorie der realen Leistungsbewirkung**[3] stellt stets nur auf die Herbeiführung des Leistungserfolges durch die Leistungshandlung ab, die in erkennbarer Weise der geschuldeten entspricht. 4

Diese Ansicht steht im Einklang mit dem Wortlaut des § 362 I, der keinen Anhalt dafür bietet, dass eine Willenseinigung erforderlich ist. Aus § 366 I (→ Rn. 11) folgt vielmehr, dass eine Willenseinigung für die Erfüllungswirkung nicht geboten ist. Es ist auch nicht einzusehen, weshalb bei einer rein tatsächlichen Handlung oder einem Unterlassen zur Erfüllung eine Willenseinigung und damit die Geschäftsfähigkeit des Schuldners zu verlangen ist.

---

1 Zum Ganzen *BGH* NJW 2012, 1717 mAnm *Schwab* JuS 2012, 937.
2 Mot. II, 81.
3 *Larenz* SchuldR AT § 18 I 5; *Looschelders* SchuldR AT § 17 Rn. 19 f.; MüKoBGB/*Fetzer* § 362 Rn. 7 ff.; *Staudinger/Olzen* BGB Vor §§ 362 ff. Rn. 10, 14; *BGH* NJW 1991, 1294; 1992, 2698; im Grundsatz auch *BGH* NJW 2007, 3488 (3489), der aber in Ausnahmefällen die Erfüllungswirkung von zusätzlichen Umständen abhängig macht, aus denen sich die eindeutige Zuordnung der Leistung zu einem bestimmten Schuldverhältnis ergibt.

Obwohl für die Erfüllung keine Willenserklärungen erforderlich sind, kann die **Erfüllung gegenüber einem beschränkt geschäftsfähigen Gläubiger nicht durch Leistung an diesen** erfolgen. Für den Minderjährigen ist die Erfüllung nicht lediglich rechtlich vorteilhaft. Durch die Erfüllung erlischt nämlich seine Forderung. Ihm **fehlt** deshalb nach hM **die Empfangszuständigkeit.**[4] Der Anspruch des Minderjährigen kann durch Leistung an ihn nur mit Zustimmung seines gesetzlichen Vertreters oder durch Leistung an diesen erfüllt werden.

Entsprechendes gilt für die Erfüllung gegenüber einer geschäftsfähigen Person, für die ein Betreuer bestellt und ein Einwilligungsvorbehalt für den Bereich der Vermögenssorge angeordnet ist.[5]

5 cc) Nach der **Theorie der finalen Leistungsbewirkung** muss zur realen Leistungsbewirkung noch eine Zweckbestimmung des Leistenden hinzukommen.

Zur Begründung wird ua darauf hingewiesen, dass es im Recht der ungerechtfertigten Bereicherung entscheidend auf den mit der Leistung verfolgten Zweck ankomme[6] und der Schuldner durch eine Zweckbestimmung Zweifel an dem Zweck der Leistung beseitigen könne. Aber daraus folgt nur, dass der Schuldner den Zweck der Leistung bestimmen kann; die Erfüllung tritt auch ohne eine solche Zweckbestimmung des Schuldners ein, was auch aus § 366 II herzuleiten ist.

2. Leistung an Erfüllungs statt

6 Erbringt der Schuldner eine andere als die geschuldete Leistung, so erlischt das Schuldverhältnis nur dann, wenn der Gläubiger sie als Erfüllung annimmt (Leistung an Erfüllungs statt; § 364 I).

a) Mängelhaftung bei Leistung an Erfüllungs statt. Ist die an Erfüllungs statt gegebene Sache oder Forderung mit einem Sach- oder Rechtsmangel behaftet, so hat der Gläubiger die Rechte, die ein Käufer hätte (§ 365; **Fall b**). Er kann also in erster Linie Nacherfüllung verlangen. Nach erfolgloser Bestimmung einer Frist kann er mindern, zurücktreten oder Schadensersatz verlangen (§ 437).[7] Tritt er zurück, dann hat er nach hM lediglich einen Anspruch auf Wiederbegründung der ursprünglichen – nach § 364 I erloschenen Forderung.

---

4 *BGH* NJW 2015, 2497 (2498) mAnm *Walker/Weis* WuB 2015, 518; MüKoBGB/*Fetzer* § 362 Rn. 12 mwN; Palandt/*Grüneberg* BGB § 362 Rn. 4; **aA** noch *Harder* JuS 1977, 149 (151 f.).
5 *BGH* NJW 2015, 2497 (2498) mAnm *Walker/Weis* WuB 2015, 518.
6 Vgl. dazu *Brox/Walker* SchuldR BT § 40 Rn. 6 ff.
7 Einzelheiten: *Brox/Walker* SchuldR BT § 4 Rn. 40 ff.

Die Mängelhaftung des Kaufrechts soll nach dem Wortlaut des § 365 und der Entstehungsgeschichte[8] selbst dann eingreifen, wenn die ursprüngliche Forderung zB auf einem Schenkungsversprechen beruht, bei dem die Mängelhaftung eingeschränkt ist (vgl. §§ 523 f.). Sachgerecht ist dieses Ergebnis bei einseitig verpflichtenden Verträgen nicht.[9] Jedenfalls ist es möglich, die nicht zwingende Regelung des § 365 abzubedingen, was wohl häufig durch Auslegung feststellbar sein wird.[10]

b) Abgrenzung von der Leistung erfüllungshalber. Von der Leistung an Erfüllungs statt (§ 364 I) ist die Leistung erfüllungshalber zu unterscheiden. Im ersten Falle bewirkt die Annahme einer anderen als der geschuldeten Leistung das Erlöschen des Schuldverhältnisses. Bei der Leistung erfüllungshalber soll trotz der Leistung das Schuldverhältnis mit etwaigen Sicherheiten bestehen bleiben. Der Gläubiger soll durch Verwertung des ihm erfüllungshalber geleisteten Gegenstandes befriedigt werden; erst dann erlischt die Schuld. 7

Ob Leistung an Erfüllungs statt oder Leistung erfüllungshalber gewollt ist, muss durch Auslegung der Parteivereinbarung ermittelt werden. Wird statt der bestimmten geschuldeten Sache eine davon nur wenig unterschiedliche vom Schuldner geleistet und vom Gläubiger angenommen (zB statt des geschuldeten Fahrrades ein anderes von etwa gleichem Wert), so spricht das für Leistung an Erfüllungs statt. Soll der Gläubiger einer Geldforderung die vom Schuldner gelieferte Sache vereinbarungsgemäß verkaufen, um dadurch zu seinem Geld zu kommen, ist erfüllungshalber geleistet worden. 8

Für einen Fall gibt das Gesetz eine Auslegungsregel: Übernimmt der Schuldner zum Zwecke der Befriedigung des Gläubigers diesem gegenüber eine neue Verbindlichkeit, so ist im Zweifel nicht anzunehmen, dass er die Verbindlichkeit an Erfüllungs statt übernimmt (§ 364 II). Die erste Verbindlichkeit erlischt dann erst mit Erfüllung der neu übernommenen Verbindlichkeit. 9

Hauptbeispiel: Der Schuldner einer Geldforderung (zB aus Kaufvertrag) gibt dem Gläubiger einen Scheck. Hier ist im Zweifel nicht anzunehmen (vgl. § 364 II), dass der Gläubiger damit seine Kaufpreisforderung aufgeben will; er nimmt den Scheck erfüllungshalber entgegen. Die Kaufpreisforderung erlischt erst, wenn der Scheck eingelöst wird.

---

8 Mot. II, 83.

9 Zutreffend *Looschelders* SchuldR AT § 17 Rn. 27 ff.; Soergel/*Schreiber* BGB § 365 Rn. 2.

10 Staudinger/*Olzen* BGB § 365 Rn. 12.

3. Entbehrlichkeit einer Abgrenzung

9a Wenn die Erfüllungswirkung unabhängig davon eintritt, ob es sich um ein unmittelbares Bewirken der Leistung (§ 362 I), um eine Leistung an Erfüllungs statt (§ 364 I) oder eine Leistung erfüllungshalber (vgl. § 364 II) handelt, ist eine Abgrenzung entbehrlich. So hat der BGH[11] ausdrücklich offengelassen, welcher dieser Fälle bei einer vereinbarten Tilgung einer Geldschuld durch Inanspruchnahme des Online-Zahlungsdienstleisters PayPal gegeben ist. Jedenfalls tritt Erfüllung ein, sobald der vom Käufer bei PayPal eingezahlte Geldbetrag dem PayPal-Konto des Verkäufers vorbehaltslos gutgeschrieben wird und dieser frei darüber verfügen kann.

II. Wirkungen der Erfüllung

1. Tilgung der Schuld

10 Durch die Erfüllung erlischt die Schuld (§ 362 I).

Lehnt der Gläubiger die Annahme der Leistung ab, weil sie nicht die geschuldete oder weil sie unvollständig sei, dann muss nach allgemeinen Regeln der Schuldner beweisen, dass es die richtige Leistung ist. Hat der Gläubiger hingegen die Leistung als Erfüllung angenommen, spricht das für eine ordnungsgemäße Erfüllung. Deshalb kehrt § 363 die Beweislast um: Der Gläubiger ist in diesem Fall für eine Falsch- oder unvollständige Leistung beweispflichtig.

Die erloschene Schuld kann aber durch Parteivereinbarung wieder neu begründet werden.

Wenn etwa bei einer vereinbarten Zahlungsabwicklung über den Online-Zahlungsdienstleister PayPal der vom Käufer eingezahlte Geldbetrag dem PayPal-Konto des Verkäufers vorbehaltlos gutgeschrieben wird, sodass dieser frei über den Betrag verfügen kann, erlischt dadurch die Kaufpreisschuld.[12] Falls danach der Käufer entsprechend den vereinbarten PayPal-Richtlinien erfolgreich Käuferschutz in Anspruch nimmt und deshalb das Verkäuferkonto wieder rückbelastet wird, führt das zwar nicht automatisch zum rückwirkenden Wegfall der Erfüllungswirkung. Aber mit der Verabredung einer PayPal-Zahlung vereinbaren die Vertragsparteien stillschweigend, dass die durch Gutschrift auf dem PayPal-Konto des Verkäufers zunächst erloschene Kaufpreisforderung nach einer Rückbelastung aufgrund eines erfolgreichen Käuferschutzantrags wieder neu begründet werden soll.[13]

---

11 *BGH* NJW 2018, 537 Rn. 18 mAnm *Omlor* JuS 2018, 379.
12 *BGH* NJW 2018, 537 Rn. 19.
13 *BGH* NJW 2018, 537 Rn. 28ff.

2. Wirkung bei Forderungsmehrheit

Ist der Schuldner aus mehreren Schuldverhältnissen zu gleichartigen Leistungen an denselben Gläubiger verpflichtet und reicht das Geleistete nicht zur Tilgung sämtlicher Schulden aus, so fragt sich, welche Schuld getilgt wird. Maßgebend ist in erster Linie die Bestimmung durch den Schuldner bei der Leistung (§ 366 I); auf ein Einverständnis des Gläubigers kommt es nicht an. 11

Die Befugnis zur Tilgungsbestimmung stellt eine Begünstigung für den Schuldner dar. Den Grund dafür bildet seine freiwillige Leistung. Das Tilgungsbestimmungsrecht nach § 366 I steht dagegen nicht dem Schuldner zu, gegen den die Zwangsvollstreckung betrieben wird oder dessen sicherungshalber abgetretene Forderung verwertet wird.[14]

§ 366 I ist entsprechend anwendbar, falls der Gläubiger ursprünglich nur eine Forderung gegen den Schuldner hat, davon aber einen Teil an einen oder mehrere andere Gläubiger abtritt. Wenn jetzt der Schuldner in Unkenntnis der Teilabtretung eine Teilleistung an den bisherigen Alleingläubiger erbringt, kann er – sobald er von der Teilabtretung Kenntnis erlangt – entsprechend § 366 I sein Tilgungsbestimmungsrecht nachträglich ausüben.[15] Das muss nach dem Rechtsgedanken des § 121 unverzüglich nach Kenntniserlangung geschehen.[16]

Nur wenn der Schuldner keine oder keine wirksame (weil zB verspätete) Bestimmung trifft, stellt das Gesetz eine Rangfolge auf (§ 366 II: fällig – weniger sicher – lästiger[17] – älter – verhältnismäßig). Diese Reihenfolge beruht auf dem vom Gesetzgeber vermuteten vernünftigen Willen der Parteien. Sie findet deshalb keine Anwendung, wenn sie diesem Willen offensichtlich widerspricht.[18]

Handelt es sich dagegen nur um **eine** Forderung, die aus Hauptleistung, Zinsen und Kosten besteht, so scheidet eine Bestimmung durch den Schuldner aus **(Fall c)**. Vielmehr regelt § 367 I die Reihenfolge (Kosten – Zinsen – Hauptforderung). Im **Fall c** kann also der Gläubiger wegen der Bestimmung durch den Schuldner die Annahme ablehnen (§ 367 II), ohne in Annahmeverzug zu kommen. Nimmt er dagegen ohne jeden Vorbehalt an, wird man davon ausgehen können, dass § 367 vertraglich abbedungen ist. Eine von § 367 I abweichende Regelung enthält § 497 III 1 für den Verbraucherdarlehensvertrag.[19] 12

14 *BGH* NJW 2008, 2842 (2843).
15 *BGH* NJW 2006, 2845 (2846 f.).
16 *BGH* NJW 2008, 985 (986).
17 Dazu *BGH* NJW 2004, 405 (407).
18 *BGH* NJW 1969, 1846; JZ 1978, 313.
19 *Brox/Walker* SchuldR BT § 17 Rn. 59.

3. Verpflichtungen des Gläubigers

13 **a) Erteilung einer Quittung.** Der Gläubiger hat auf Verlangen des Schuldners eine **Quittung** zu erteilen (§ 368 S. 1), damit der Schuldner notfalls die Erfüllung beweisen kann.

Bei einem rechtlichen Interesse des Schuldners an einer besonderen Form der Quittung (zB löschungsfähige Quittung für Grundbucheintragungen, vgl. §§ 1144, 1167, § 29 GBO) muss die Quittung auf Verlangen des Schuldners in dieser Form erteilt werden (§ 368 S. 2). – Die Kosten der Quittung hat regelmäßig der Schuldner zu tragen und vorzuschießen (Einzelheiten: § 369). – Zum Schutz des Schuldners bei Leistung an den Überbringer einer echten Quittung: § 370; → § 12 Rn. 8.

14 **b) Rückgabe eines Schuldscheines.** Der Gläubiger ist verpflichtet, einen etwa ausgestellten Schuldschein über die Forderung an den Schuldner zurückzugeben (Einzelheiten: § 371). Grund: Da der Besitz des Schuldscheins ein Indiz für das Bestehen der Schuld ist, soll der Gläubiger nach Erlöschen der Schuld nicht mehr im Besitz bleiben.

§ 15. Hinterlegung

1 **Schrifttum:** *Brechtel*, Die Hinterlegung wegen Gläubigerunsicherheit (§ 372 S. 2 BGB), JuS 2017, 495; *Bülow/Schmidt*, Hinterlegungsordnung, 4. Aufl., 2005; *Fest*, Die Hinterlegung zum Zweck der Sicherheitsleistung und der Erfüllung, JA 2009, 258; *Klein*, Schuldbefreiung durch Hinterlegung. Praktische Probleme des Verfahrens und Besonderheiten in der Zwangsvollstreckung, MDR 2016, 1181; *Regenfuß*, Der Schutz des Schuldners gegen Ungewissheit hinsichtlich der Person des Gläubigers, JA 2017, 81 (161); *Rückheim*, Aufhebung der Hinterlegungsordnung, Rpfleger 2010, 1.

Fall a: G nimmt die von S geschuldete, wertvolle Siamkatze nicht an. S, der in Urlaub fahren will, denkt an Hinterlegung. → Rn. 3

Fall b: G verlangt Zahlung der geschuldeten 300 EUR von S. Dieser meint, die Schuld sei durch Hinterlegung getilgt, zumal er dem G gegenüber auf sein Rücknahmerecht verzichtet habe. → Rn. 10

Fall c: Wie kann S im Fall a sich der Katze entledigen, ohne dass G von ihm noch etwas zu fordern berechtigt ist? → Rn. 11

I. Voraussetzungen und Verfahren

1. Voraussetzungen

Der Schuldner kann nach §§ 372ff. einen geschuldeten Gegenstand für den Gläubiger bei einer öffentlichen Stelle (Hinterlegungsstelle) hinterlegen, wenn ein Hinterlegungsgrund besteht und die Sache hinterlegungsfähig ist.

Der Schuldner ist zur Hinterlegung berechtigt, aber nicht verpflichtet. Eine Pflicht zur Hinterlegung kann sich aber ausnahmsweise aus Vereinbarung oder Gesetz (zB § 432 I 2) ergeben.

a) **Hinterlegungsgrund.** Ein Hinterlegungsgrund ist gegeben, 2
wenn der Gläubiger im **Annahmeverzug** ist (§ 372 S. 1) oder wenn der Schuldner aus einem anderen **in der Person des Gläubigers liegenden Grund** oder infolge einer nicht auf Fahrlässigkeit beruhenden **Ungewissheit über die Person des Gläubigers** seine Verbindlichkeit nicht oder nicht mit Sicherheit erfüllen kann (§ 372 S. 2).

Beispiele: Der Gläubiger ist nicht auffindbar oder geschäftsunfähig. Der Schuldner weiß, dass die Forderung mehrfach abgetreten ist, und ist sich ohne Fahrlässigkeit nicht sicher, wem sie jetzt zusteht. Es besteht Unsicherheit über das Rangverhältnis zwischen Pfändung und Abtretung der Forderung.[1] Es genügt, wenn der Schuldner begründete, objektiv verständliche Zweifel über die Person des Gläubigers hat.[2] Der Schuldner kann allerdings verpflichtet sein, erst Rechtsrat einzuholen; jedenfalls muss er (falls vorhanden) die eigene Rechtsabteilung einschalten.[3] – Die Parteien können durch eine entsprechende Vereinbarung die Hinterlegungsbefugnis erweitern.[4]

b) **Hinterlegungsfähige Sache.** Hinterlegungsfähig sind nur **Geld,** 3
Wertpapiere und sonstige **Urkunden** sowie **Kostbarkeiten** (§ 372 S. 1).

Beispiele für Kostbarkeiten: Ring, Kette, Uhr, Edelstein. Immer muss sich die Sache aber für eine Hinterlegung eignen; das ist bei Tieren nicht der Fall **(Fall a).** In Betracht kommt bei Nichteignung möglicherweise ein Selbsthilfeverkauf (§ 383; → Rn. 11; Spezialregel beim Handelskauf: § 373 HGB[5]).

---

1 *BGH* Rpfleger 2005, 320 f.
2 Vgl. BGHZ 7, 302; 27, 241; WM 2004, 1976 (1977 f.).
3 *BGH* NJW 2003, 1809 (1810).
4 Vgl. *BGH* VersR 1993, 108.
5 *Brox/Henssler* HandelsR Rn. 389 ff.

2. Verfahren

4 Die §§ 372 ff. regeln nur die privatrechtliche Seite der Hinterlegung, nämlich die Voraussetzungen und die Wirkungen.

Das Verfahren richtete sich bis zum 30.11.2010 im Wesentlichen nach der Hinterlegungsordnung (HO) von 1937. Diese wurde mit Wirkung zum 1.12.2010 aufgehoben.[6] An ihre Stelle sind die Hinterlegungsgesetze (HintG) der Bundesländer getreten, von denen die meisten weitgehend identisch sind. Nur das HintG von Bayern ist anders aufgebaut und nummeriert. Die HintG der Länder orientieren sich inhaltlich an der früheren HO. Auf folgende Regelungen sei am Beispiel des hessischen HintG hingewiesen:

Hinterlegungsstelle ist das Amtsgericht (§ 1 HintG), das hier im Rahmen der Justizverwaltung tätig wird. Wenn es auf Antrag des Schuldners die Annahme anordnet (§ 7 HintG), erlässt es einen Verwaltungsakt. Geld geht mit der Hinterlegung in das Eigentum des Justizfiskus über (§ 11 I HintG). Bei Wertpapieren und sonstigen Urkunden sowie Kostbarkeiten bleibt der Hinterleger Eigentümer (vgl. § 13 HintG). Es entsteht ein öffentlich-rechtliches Verwahrungsverhältnis zu Gunsten des Gläubigers. Dieser kann die Herausgabe beantragen (Einzelheiten: §§ 21 ff. HintG). Das Recht des Gläubigers erlischt regelmäßig mit Ablauf von 30 Jahren nach Empfang der Hinterlegungsanzeige (Einzelheiten: § 382).

5 Hat der Schuldner wegen Ungewissheit über die Person des Gläubigers hinterlegt und beanspruchen mehrere Personen (Prätendenten) den hinterlegten Gegenstand, so ist die Berechtigung im Prozess zwischen den Prätendenten zu klären. Der wahre Gläubiger hat gegen die übrigen Prätendenten einen Anspruch aus § 812 I 1, 2. Fall auf Aufgabe der „Sperrstellung", dh auf Einwilligung in die Auszahlung (vgl. § 21 oder § 22 in den meisten HintG der Länder).[7]

6 Braucht der Gläubiger zum Nachweis der Empfangsberechtigung eine Erklärung des Schuldners, kann er sie vom Schuldner verlangen (§ 380). Wenn der Schuldner nur gegen Leistung des Gläubigers zu leisten verpflichtet ist, kann er das Recht des Gläubigers zum Empfang von der Bewirkung der Gegenleistung abhängig machen (§ 373).

Der Schuldner hat bei der Hinterlegungsstelle des **Leistungsorts** zu hinterlegen; er ist auch verpflichtet, dem Gläubiger die Hinterlegung unverzüglich **anzuzeigen**, sofern das nicht untunlich ist. Erfüllt er diese Verpflichtungen nicht, muss er dem Gläubiger den daraus entstehenden Schaden ersetzen (§ 374). Da die Hinterlegung aus Gründen erfolgt, die in der Person des Gläubigers liegen, muss dieser im Verhältnis zum Schuldner regelmäßig die Kosten der Hinterlegung tragen (§ 381).

6 Gesetz vom 23.11.2007, BGBl. I 2614 (2616).
7 Noch zur HO: BGHZ 35, 169.

II. Wirkungen

Mit der Hinterlegung (bzw. mit der Aufgabe bei der Post; § 375) treten unterschiedliche Wirkungen ein, je nachdem, ob der Schuldner noch ein Rücknahmerecht hat oder nicht. 7

1. Rücknahmerecht des Schuldners

Solange der Schuldner noch das Recht hat, die hinterlegte Sache zurückzunehmen (§ 376 I), wird durch die Hinterlegung die **Schuld nicht getilgt** (arg. e § 378); er kann aber den Gläubiger auf die hinterlegte Sache verweisen (§ 379 I; verzögernde Einrede, die also im Rechtsstreit vom Schuldner vorgebracht werden muss). Der Gläubiger trägt die Vergütungsgefahr (§ 379 II). Wenn die Sache bei der Hinterlegungsstelle untergeht, wird der Schuldner nicht nur von seiner Leistungspflicht frei (§ 275), sondern er behält auch den Anspruch auf die Gegenleistung (zB Kaufpreis; Ausnahme von § 326). Der Schuldner braucht auch keine Zinsen zu zahlen oder Ersatz für nicht gezogene Nutzungen zu leisten (§ 379 II). Nimmt er jedoch die hinterlegte Sache zurück, gilt die Hinterlegung als nicht erfolgt (§ 379 III); die Folgen der Hinterlegung werden dadurch also mit rückwirkender Kraft beseitigt (zB keine Gefahrtragung durch den Gläubiger, Zinszahlungspflicht des Schuldners).

Das Rücknahmerecht des Schuldners als Gestaltungsrecht ist nicht pfändbar und kann während des Insolvenzverfahrens über das Vermögen des Schuldners nicht ohne Zustimmung des Gläubigers ausgeübt werden (§ 377). 8

Grund: Der Gläubiger hat bereits ein Recht erworben, das nicht durch andere Gläubiger des Schuldners beeinträchtigt werden soll.

2. Ausschluss des Rücknahmerechts

a) Fälle. Sein Rücknahmerecht verliert der Schuldner in drei Fällen (§ 376 II): wenn er auf das Rücknahmerecht gegenüber der Hinterlegungsstelle verzichtet, wenn der Gläubiger gegenüber der Hinterlegungsstelle die Annahme erklärt oder wenn der Hinterlegungsstelle ein rechtskräftiges Urteil vorgelegt wird, das die Hinterlegung für rechtmäßig erklärt. 9

b) Wirkung. Ist das Rücknahmerecht des Schuldners ausgeschlossen, dann wirkt die Hinterlegung wie die Erfüllung schuldbefreiend (§ 378; Erfüllungssurrogat). 10

Der Gläubiger wird hierdurch aber noch nicht Eigentümer der hinterlegten Sache. In der Anzeige der Hinterlegung an den Gläubiger (§ 374 II) ist regelmäßig ein Übereignungsangebot des Schuldners (§§ 929, 931) zu erblicken. Dieses wird durch die Annahmeerklärung des Gläubigers gegenüber der Hinterlegungsstelle, die Empfangsbotin des Schuldners ist, angenommen.

Im **Fall b** ist der Verzicht nicht gegenüber der Hinterlegungsstelle erklärt. S hat also noch das Rücknahmerecht. Die Schuld ist nicht erloschen; S kann G aber auf den hinterlegten Betrag verweisen (§ 379 I).

III. Selbsthilfeverkauf

11 Ist die geschuldete **Sache nicht hinterlegungsfähig** (vgl. § 372), kommt für den Schuldner ein Selbsthilfeverkauf (§§ 383 ff.) in Betracht. Der dabei erzielte Erlös kann dann hinterlegt werden (§ 383 I 1; **Fall c**).

1. Voraussetzungen

a) Hinterlegungsvoraussetzungen. Zunächst müssen (außer der Hinterlegungsfähigkeit der geschuldeten Sache) gem. § 383 I die Voraussetzungen vorliegen, die zur Hinterlegung berechtigen würden.

Der Selbsthilfeverkauf ist also ebenso wie die Hinterlegung in drei Fällen zulässig: Annahmeverzug des Gläubigers, Unmöglichkeit der Erfüllung aus einem anderen in der Person des Gläubigers liegenden Grunde oder Unmöglichkeit wegen entschuldbarer Ungewissheit über die Person des Gläubigers (§ 383 I). In den beiden letztgenannten Fällen muss jedoch der Verderb der Sache zu besorgen oder die Aufbewahrung mit unverhältnismäßigen Kosten verbunden sein (§ 383 I 2).

12 **b) Androhung der Versteigerung.** Außerdem ist eine Androhung der Versteigerung erforderlich (§ 384 I). Sie darf nur unterbleiben, wenn die Sache dem Verderb ausgesetzt und mit dem Aufschub der Versteigerung Gefahr verbunden ist (§ 384 I) oder wenn sie untunlich ist (§ 384 III).

2. Durchführung

13 Zwei Wege sieht das Gesetz vor:

Die **öffentliche Versteigerung** erfolgt regelmäßig am Leistungsort durch einen Gerichtsvollzieher, einen anderen zu Versteigerungen befugten Beamten oder einen öffentlich angestellten Versteigerer (§§ 383 I, II, III, 156, 450 f.).

Der Schuldner muss den Gläubiger von der Versteigerung unverzüglich benachrichtigen, sofern das nicht untunlich ist (§ 384 II, III). Verletzt er diese Pflicht, macht er sich schadensersatzpflichtig (§ 384 II).

Hat die Sache einen Börsen- oder Marktpreis, kommt auch ein **freihändiger Verkauf** zum laufenden Preis durch eine dazu befugte Person in Betracht (§ 385).

3. Wirkungen

Sind beim Selbsthilfeverkauf die genannten zwingenden Vorschriften beachtet, dann treten mit der Hinterlegung des Erlöses die Wirkungen ein, die bei der Hinterlegung einer hinterlegungsfähigen Sache dargestellt worden sind (§§ 383 I 1, 378f.; → Rn. 10). Der Gläubiger wird nicht damit gehört, die Versteigerung habe zu wenig erbracht. Er hat auch die Kosten der Versteigerung bzw. des freihändigen Verkaufs zu tragen, sofern nicht der Schuldner den hinterlegten Erlös zurücknimmt (§ 386). 14

Bei unrechtmäßigem Selbsthilfeverkauf bleibt das Schuldverhältnis bestehen.

§ 16. Aufrechnung

Schrifttum: *Coester-Waltjen,* Die Aufrechnung, JURA 2003, 246; *Gernhuber,* Die Erfüllung und ihre Surrogate sowie das Erlöschen der Schuldverhältnisse aus anderen Gründen, 2. Aufl., 1994; *Heller,* Der Ausschluss der Aufrechnung, AcP 207 (2007), 456; *Höhn/Kaufmann,* Die Aufrechnung in der Insolvenz, JuS 2003, 751; *Kesseler,* Der Aufrechnungsschutz bei sicherungszedierten Forderungen, NJW 2003, 2211; *Lieder/Illhardt,* Grenzen der Aufrechnung, JA 2010, 769; *Lorenz,* Grundwissen – Zivilrecht: Aufrechnung (§§ 387ff. BGB), JuS 2008, 951; *v. Olshausen,* Einrede- und Aufrechnungsbefugnisse bei verjährten Sachmängelansprüchen, JZ 2002, 385; *ders.,* Zur Aufrechnung bei einer Mehrheit von Forderungen, insbesondere zur Beweislast in diesen Fällen, FS Picker, 2010, 629; *Schwarz,* Zum Schuldnerschutz bei der Aufrechnung abgetretener Forderungen, AcP 203 (2003), 241. 1

Fall a: A hat eine Kaufpreisforderung von 500 EUR gegen B, und dieser hat eine Forderung auf Rückzahlung eines Darlehens von 500 EUR gegen A. B will beide „aus der Welt schaffen“. → Rn. 1–6, 8

Fall b: Wie ist die Rechtslage, wenn im Fall a die Kaufpreisforderung verjährt ist? → Rn. 8

Fall c: Der minderjährige B rechnet auf. Später genehmigen die Eltern das. Ist die Aufrechnung wirksam? → Rn. 10

Fall d: Im Fall a verlangt A die bis zur Aufrechnungserklärung des B angefallenen Zinsen. → Rn. 12

Fall e: X, der dringend 5.000 EUR braucht, beauftragt Y, für ihn Schmuck zu verkaufen. Y tut das, rechnet dann mit einer ihm gegen X zustehenden Forderung auf und händigt dem X den dann noch verbleibenden Restbetrag von 20 EUR aus. → Rn. 14

Fall f: Der Arbeitgeber zahlt dem Arbeitnehmer keinen Lohn, weil er mit einer Gegenforderung gegen die Lohnforderung aufgerechnet hat. Wie ist es, wenn der Arbeitnehmer Vorschüsse in entsprechender Höhe erhalten hat? → Rn. 16

I. Begriff und Zweck

1. Begriff

Aufrechnung ist die Tilgung zweier einander gegenüberstehender gleichartiger Forderungen durch eine empfangsbedürftige Willenserklärung.

Im **Fall a** kann B (wie auch A) durch einseitige Erklärung gegenüber dem anderen bewirken, dass die Forderungen erlöschen.

Voraussetzung ist eine bestimmte Aufrechnungslage (§ 387; → Rn. 4 ff.). Stehen sich zwei Forderungen aufrechenbar gegenüber, so erlöschen sie nicht automatisch; damit sie erlöschen (§ 389), bedarf es einer Aufrechnungserklärung des einen Teils gegenüber dem anderen (§ 388; → Rn. 10 f.).

Diese (einseitig erklärte) Aufrechnung ist von der im BGB nicht besonders geregelten, aber rechtlich möglichen (§ 311 I) Vereinbarung einer Verrechnung der beiderseitigen Forderungen (Aufrechnungsvertrag) zu unterscheiden.[1]

2. Zweck

2 **a) Tilgungserleichterung.** Die Aufrechnung als Erfüllungssurrogat entspricht einem praktischen Bedürfnis. Durch sie kann das Hin und Her der Leistungen vermieden werden.

Im **Fall a** müsste ohne Aufrechnungsmöglichkeit B dem A die 500 EUR (aus Kaufvertrag) und A dem B die 500 EUR (aus Darlehen) schicken.

3 **b) Privatvollstreckung.** Solange jemand aufrechnen kann, braucht er keine Sorge zu haben, dass sein Schuldner nicht leisten kann. Durch Aufrechnung kann er seine eigene Forderung „beitreiben".

1 Vgl. dazu MüKoBGB/*Schlüter* § 387 Rn. 51.

Im **Fall a** kann B ruhig zusehen, wie A zahlungsunfähig wird; er kann immer noch – sogar im Insolvenzverfahren über das Vermögen des A (vgl. §§ 94ff. InsO) – aufrechnen. Ohne Aufrechnungsmöglichkeit müsste B sich gegen A einen Vollstreckungstitel (zB Urteil, Vollstreckungsbescheid) beschaffen und aus ihm die Zwangsvollstreckung (zB Pfändung durch Gerichtsvollzieher oder durch Pfändungs- und Überweisungsbeschluss) betreiben. Das alles kann er sich durch eine Aufrechnung ersparen.

II. Aufrechnungslage

Eine Aufrechnung ist nur dann möglich, wenn folgende vier Voraussetzungen erfüllt sind: 4

1. Gegenseitigkeit der Forderungen

Die Forderungen müssen zwischen denselben Personen bestehen: Jeder der Beteiligten muss zugleich Gläubiger und Schuldner des anderen sein (§ 387).

Meist wird die Forderung des Aufrechnungsgegners, gegen die der andere aufrechnet, als **Hauptforderung (Passivforderung)** und die Forderung, mit der dieser aufrechnet, als **Gegenforderung (Aktivforderung)** bezeichnet.

Der Schuldner kann also nicht mit einer Gegenforderung aufrechnen, die ihm gegenüber einem Dritten zusteht; allerdings ist eine abweichende Vereinbarung zwischen mehreren Gläubigern und Schuldnern möglich.[2]

Im **Fall a** könnte B nicht aufrechnen, wenn sein Schuldner nicht A, sondern etwa dessen Vater wäre.

Eine Ausnahme von dem Erfordernis der Gegenseitigkeit enthält § 406 (→ § 34 Rn. 29f.).

Ein Dritter, der nicht Schuldner des Aufrechnungsgegners ist, kann nicht aufrechnen (Ausnahme: § 268 II; → § 12 Rn. 6).

2. Gleichartigkeit der Forderungen

Haupt- und Gegenforderung müssen ihrem Gegenstande nach gleichartig sein (§ 387). Damit kommen für die Aufrechnung nur Gattungsschulden in Betracht (Hauptfall: Geld gegen Geld; aber 5

2 BGHZ 94, 132 (135).

auch zB Kartoffeln bestimmter Sorte gegen Kartoffeln derselben Sorte).

Im **Fall a** könnte B nicht aufrechnen, wenn seine Gegenforderung etwa auf Lieferung von Kartoffeln im Wert von 500 EUR gehen würde. Nicht gleichartig sind Zahlungs- und Schuldbefreiungsanspruch.[3] Bei Ungleichartigkeit kommt ein Zurückbehaltungsrecht (→ § 13 Rn. 2ff.) in Betracht.

6 Gleichartigkeit setzt **nicht** voraus:
- Gleiche Höhe der Forderungen.

Im **Fall a** könnte B auch aufrechnen, wenn er nur eine Gegenforderung in Höhe von 400 EUR hätte. Dann bliebe die Hauptforderung des A in Höhe von 100 EUR bestehen (§ 389).

- Konnexität (rechtlicher Zusammenhang) der Forderungen.

Anders als beim Zurückbehaltungsrecht (§ 273: „aus demselben rechtlichen Verhältnis"; → § 13 Rn. 5f.) können (wie im **Fall a**) die Forderungen aus ganz verschiedenen Rechtsverhältnissen stammen, so dass kein Zusammenhang besteht.

- Identität des Leistungs- oder Ablieferungsortes (§ 391 I).

Bei vertraglicher Festlegung des Leistungsortes und der Leistungszeit ist allerdings im Zweifel anzunehmen, dass die Aufrechnung einer Forderung, für die ein anderer Leistungsort besteht, ausgeschlossen sein soll (§ 391 II).

3. Wirksamkeit der Forderungen

7 Beide Forderungen müssen bestehen. Ist etwa eine Forderung (zB wegen Formmangels, Sittenwidrigkeit) nicht entstanden, dann ist eine Aufrechnung nicht möglich.

Die Hauptforderung braucht aber nicht erzwingbar zu sein (arg. e § 390).

Im **Fall b** braucht B die Kaufpreisforderung des A nicht zu erfüllen, wenn er die Verjährungseinrede geltend macht. Aber er kann sie erfüllen; deshalb kann er auch aufrechnen.

8 Die Gegenforderung muss nicht nur bestehen, sondern darüber hinaus auch erzwingbar und einredefrei sein (§ 390).

Im **Fall a** könnte B nicht aufrechnen, wenn seine Forderung verjährt wäre. Wäre nämlich die Aufrechnung möglich, dann würde er damit seine verjährte Forderung „einziehen", ohne dass A sich auf die Verjährungseinrede berufen könnte.

3 StRspr; BGHZ 47, 157.

Ausnahme: § 215. Die Verjährung der Gegenforderung schließt die Aufrechnung nicht aus, wenn sie in dem Zeitpunkt noch nicht verjährt war, in dem sie erstmals gegen die Hauptforderung aufgerechnet werden konnte. Hier stellt das Gesetz also nicht auf den Zeitpunkt der Aufrechnungserklärung, sondern auf den der Aufrechnungslage ab.

4. Fälligkeit der Gegenforderung

Die **Gegenforderung** muss **fällig** sein. Könnte der Gläubiger einer noch nicht fälligen Forderung aufrechnen, so würde damit seine Forderung schon zu einer Zeit erfüllt, zu der sie noch nicht erfüllt zu werden braucht. 9

Die **Hauptforderung** braucht noch **nicht fällig** zu sein, muss aber erfüllbar sein. Kann nämlich der Schuldner schon vor Fälligkeit erfüllen (§ 271 II), so muss er auch in der Lage sein, seine Schuld vor Fälligkeit durch Aufrechnung mit einer Gegenforderung zu tilgen.

III. Aufrechnungserklärung

Die Wirkung der Aufrechnung tritt nur ein, wenn bei bestehender Aufrechnungslage eine Aufrechnungserklärung gegenüber dem anderen Teil abgegeben wird (§ 388 S. 1). Dabei handelt es sich um eine **empfangsbedürftige Willenserklärung**. Durch sie wird die Rechtslage gestaltet (die Forderungen erlöschen). Der Aufrechnende verfügt über seine Forderung. 10

Deshalb setzt die Erklärung volle Geschäftsfähigkeit voraus. Sie bringt dem Minderjährigen nicht lediglich rechtlichen Vorteil (§ 107); denn er verliert seine Gegenforderung. Als einseitiges Rechtsgeschäft ist sie daher ohne Einwilligung des gesetzlichen Vertreters unwirksam (§ 111); auch die Genehmigung des gesetzlichen Vertreters kann sie nicht wirksam machen **(Fall c).**

Die Aufrechnungserklärung kann nicht unter einer **Bedingung** oder einer **Zeitbestimmung** abgegeben werden (§ 388 S. 2). Grund: Die Aufrechnung soll vor allem im Interesse des Erklärungsempfängers klare Verhältnisse schaffen; er soll wissen, woran er ist. 11

Dennoch ist eine **Eventualaufrechnung im Prozess** zulässig. **Beispiel:** Der Kläger verlangt Verurteilung des Beklagten zur Zahlung von 500 EUR aus einem Kaufvertrag. Der Beklagte beantragt Klageabweisung und trägt vor, ein Kaufvertrag sei überhaupt nicht zustande gekommen, jedenfalls sei die Kaufpreisforderung verjährt. Hilfsweise rechnet er mit einer Gegenforderung aus unerlaubter Handlung (Verkehrsunfall) auf. Damit will der Beklagte die Klageabweisung primär wegen Nichtvorliegens eines Vertrags oder wegen Verjährung erreichen. Erst wenn das nicht möglich ist, will er seine Gegenforderung „opfern", um nicht verurteilt zu werden.

Hier rechnet der Beklagte zwar nur für den Fall auf, dass das Gericht die Klage sonst für begründet hält. § 388 S. 2 steht gleichwohl nicht entgegen, da es sich um eine zulässige sog. Rechtsbedingung handelt. Die Möglichkeit einer Hilfsaufrechnung im Prozess ist auch vom Gesetzgeber anerkannt.[4]

IV. Wirkung der Aufrechnung

1. Rückwirkendes Erlöschen der Forderungen

12 Soweit sich die Forderungen decken, erlöschen sie in dem Zeitpunkt, in dem sie zur Aufrechnung geeignet einander gegenübergestanden haben (§ 389). Damit stellt das Gesetz nicht auf den Zeitpunkt der Erklärung, sondern auf den der Aufrechnungslage (als sich die beiden Forderungen erstmals aufrechenbar gegenüberstanden) ab. Diese Rückwirkung folgt auch einer wirtschaftlichen Betrachtungsweise (damals konnten die Forderungen schon „verrechnet" werden).

Deshalb können von der Aufrechnungslage an keine Zinsen mehr verlangt werden **(Fall d);** von da ab ist ein Verzug nicht mehr möglich. Spätere Änderungen sind unerheblich (zB spätere Abtretung, § 406; spätere Verjährung der Gegenforderung, § 215; spätere Beschlagnahme der Hauptforderung, § 392).

Hat dagegen jemand in Unkenntnis der Aufrechnungsmöglichkeit etwa gezahlt, kann er das Geleistete nicht entsprechend § 813 zurückverlangen;[5] denn er hat keine Nichtschuld gezahlt, da erst die Aufrechnungserklärung zum Erlöschen der Forderung führt.

2. Mehrheit von Forderungen

13 Hat der Aufrechnende oder der Aufrechnungsgegner mehrere Forderungen, so kann der Aufrechnende bestimmen, welche Forderungen gegeneinander aufgerechnet werden sollen (§ 396 I 1; vgl. für die Erfüllung § 366; → § 14 Rn. 11).

---

4 Vgl. Mot. II, 108; Prot. I, 224; ferner § 45 III GKG (Schönfelder, Deutsche Gesetze, Nr. 115).

5 Mot. II, 109, 832; RGZ 120, 280; 144, 93.

Wird eine solche Bestimmung zusammen mit der Aufrechnungserklärung nicht getroffen oder widerspricht der Aufrechnungsgegner unverzüglich, so ist § 366 II entsprechend anzuwenden (§ 396 I 2).

Besteht die Hauptforderung aus Hauptleistung, Zinsen und Kosten, sind nach § 396 II die Vorschriften des § 367 (→ § 13 Rn. 12) entsprechend anwendbar.

Hat jemand nur einen Teilbetrag eingeklagt (zB weil er Kosten sparen will oder weil er wegen des Restbetrages mit einer Aufrechnung durch den Schuldner rechnet), kann er nicht verhindern, dass der Beklagte gerade gegen den eingeklagten Teilbetrag aufrechnet.[6] Dem Kläger geschieht dadurch kein Unrecht; er hätte seinerseits vor Klageerhebung aufrechnen und den dann verbleibenden Restbetrag einklagen sollen. Hat er das nicht getan, so bleibt für ihn nach Aufrechnung durch den Beklagten die Möglichkeit, den noch verbleibenden Betrag im Prozess „nachzuschieben" (§ 264 Nr. 2 ZPO), um eine Klageabweisung zu vermeiden.

V. Ausschluss der Aufrechnung

1. Ausschluss durch Parteivereinbarung

Gläubiger und Schuldner können den Ausschluss der Aufrechnung vereinbaren (§ 311 I, Vertragsfreiheit). 14

Bei Vereinbarung der Leistung zu einer bestimmten Zeit an einem bestimmten Ort ist nach § 391 II im Zweifel ein Aufrechnungsausschluss anzunehmen; denn dann muss man davon ausgehen, dass der Gläubiger auf tatsächliche Leistung Wert legt. Der Schuldner, der etwas anderes behauptet, muss es beweisen („im Zweifel").

Ob ein Aufrechnungsausschluss gewollt ist, muss durch Auslegung der Vereinbarung ermittelt werden. In den Vertragsklauseln „effektiv" oder „netto Kasse gegen Rechnung und Verladepapiere" ist ein solcher Ausschluss zu sehen.[7] Er kann auch stillschweigend vereinbart sein. Das wird oft beim Auftrag **(Fall e)** oder einem Treuhandverhältnis anzunehmen sein. Die Rechtsprechung schließt hier eine Aufrechnung nach Treu und Glauben (§ 242) aus.[8]

Eine Bestimmung in AGB, durch die dem Vertragspartner des Verwenders die Befugnis zur Aufrechnung mit einer unbestrittenen oder rechtskräftig festgestellten Forderung genommen wird, ist unwirksam (§ 309 Nr. 3); das gilt auch im kaufmännischen Verkehr (§ 307)[9].

Da ein vertragliches Aufrechnungsverbot bei einem nachträglichen Vermögensverfall der einen Partei zu einem endgültigen Forderungsverlust der ande-

---

6 StRspr; BGHZ 56, 314.
7 BGHZ 14, 61.
8 BGHZ 14, 342.
9 BGHZ 92, 312 (316), noch zu § 9 AGBG; MüKoHGB/*K. Schmidt* vor § 343 Rn. 38.

ren Partei führt, verstößt eine Partei regelmäßig gegen Treu und Glauben, wenn sie sich trotz eigener Zahlungsunfähigkeit auf das Aufrechnungsverbot beruft.[10]

2. Ausschluss durch das Gesetz

15 **a) Deliktische Hauptforderung.** Stammt die Hauptforderung aus einer **vorsätzlich begangenen unerlaubten Handlung**, so kann der Schuldner dieser Forderung dagegen nicht aufrechnen (§ 393). Wer vorsätzlich eine unerlaubte Handlung begangen hat, soll nicht in den Genuss der Aufrechnungsmöglichkeit kommen; er soll tatsächlich Schadensersatz leisten.

Nach hM ist die Aufrechnung gegen eine Hauptforderung aus vorsätzlicher unerlaubter Handlung selbst dann ausgeschlossen, wenn auch die Gegenforderung auf einer vorsätzlich begangenen unerlaubten Handlung beruht.[11] Umstritten ist, ob hiervon bei gegenseitig begangenen vorsätzlichen unerlaubten Handlungen, die – wie etwa bei einer Prügelei – auf einem einheitlichen Lebenssachverhalt beruhen, eine Ausnahme zu machen ist.[12] Der BGH lehnt eine solche Ausnahme ab. Andernfalls müsse immer das Vorliegen eines einheitlichen Lebensvorgangs geprüft werden, und das würde zu einer nicht hinnehmbaren Rechtsunsicherheit führen.[13]

16 **b) Unpfändbare Hauptforderung.** Gegen eine unpfändbare Hauptforderung kann nicht aufgerechnet werden (§ 394 S. 1); welche Forderungen unpfändbar sind, ergibt sich aus §§ 850ff. ZPO.[14]

Hauptbeispiele: Pfändung von Lohn- und Unterhaltsforderungen. Sinn der Pfändungsverbote ist es, dem Gläubiger einer solchen Forderung und seiner Familie das Existenzminimum zu erhalten. Deshalb ist insoweit auch die Aufrechnung als Privatvollstreckung unzulässig. Dagegen kann gegen eine an sich unpfändbare Unterhaltsforderung mit einer Schadensersatzforderung aufgerechnet werden, die aus einer im Rahmen des Unterhaltsverhältnisses begangenen vorsätzlichen unerlaubten Handlung stammt (zB: Der Unterhaltsberechtigte hat in der Absicht, den Unterhaltspflichtigen zu schädigen, diesen nicht über sein gestiegenes Einkommen unterrichtet). Hier steht dem Aufrechnungsverbot des § 394 der Einwand der Arglist entgegen. Allerdings muss dem Unterhaltsberechtigten das Existenzminimum verbleiben.[15]

---

10 *BGH* NJW 1975, 442; 1984, 357; WM 1991, 733.
11 RGZ 123, 7.
12 So etwa *Deutsch* NJW 1981, 735; zustimmend ua die 33. Aufl. (2008) dieses Werkes, § 16 Rn. 15.
13 *BGH* NJW 2009, 3508 mit Nachweisen zum Meinungsstand; zustimmend *Looschelders* SchuldR AT § 18 Rn. 12.
14 Dazu *Brox/Walker* ZwangsVollstrR Rn. 539 ff.
15 BGHZ 123, 49.

Im **Fall f** ist die Aufrechnung des Arbeitgebers nur insoweit wirksam, als sie den pfändungsfreien Teil des Lohnes betrifft. Hat der Arbeitgeber Lohnvorschüsse gezahlt, so bedarf es insoweit keiner Aufrechnung; denn mit den Vorschüssen hat er bereits die Lohnforderung (vorzeitig) erfüllt.

c) Beschlagnahmte Hauptforderung. Ist die Hauptforderung beschlagnahmt (gepfändet), so kann der Schuldner gegen sie nicht aufrechnen (§ 392). Durch die Beschlagnahme ist es dem Schuldner verboten, die Forderung zu erfüllen; also muss auch eine Aufrechnung ausscheiden. Der Schuldner wird aber geschützt, dh er kann aufrechnen, wenn die Forderungen sich schon vor der Beschlagnahme aufrechenbar gegenüberstanden (genauer: § 392 aE). 17

d) Öffentlich-rechtliche Hauptforderung. Gegen eine Hauptforderung des Bundes, eines Landes, einer Gemeinde oder eines Kommunalverbandes ist die Aufrechnung ausgeschlossen, wenn es sich nicht um dieselbe Kasse handelt (§ 395). Der Fiskus wird hier lediglich aus bürokratischen Gründen privilegiert. 18

Voraussetzungen der Aufrechnung

I. Aufrechnungslage (§ 387)
1. Gegenseitige Forderungen
2. Gleichartigkeit der Forderungen
3. Wirksamkeit der Forderungen
4. Fälligkeit der Gegenforderung
5. Erfüllbarkeit der Hauptforderung

II. Aufrechnungserklärung (§ 388)

III. Kein Ausschluss der Aufrechnung
1. Durch Parteivereinbarung
2. Kraft Gesetzes
   a) Hauptforderung aus vorsätzlicher unerlaubter Handlung (§ 393)
   b) Unpfändbare Hauptforderung (§ 394)
   c) Beschlagnahmte Hauptforderung (§ 392)
   d) Öffentlich-rechtliche Hauptforderung (§ 395)

§ 17. Sonstige Erlöschensgründe

1 **Schrifttum:** *Gernhuber*, Die Erfüllung und ihre Surrogate, sowie das Erlöschen der Schuldverhältnisse aus anderen Gründen, 2. Aufl., 1994; *Kleinschmidt*, Der Verzicht im Schuldrecht, 2004.

Fall a: G schreibt an S, er verzichte hiermit auf den noch offenstehenden Rest des Kaufpreises. S antwortet, er halte es für unter seiner Würde, sich von G etwas schenken zu lassen. Später verlangt G Zahlung; S beruft sich auf den Verzicht. → Rn. 1

Fall b: A und B schließen in der Annahme, dass B seine Kaufpreisschuld gegenüber A erfüllt habe, einen Vertrag, in dem es ua heißt: „A erkennt an, dass seine Forderung gegen B aus dem Kaufvertrag vom 1.2. nicht mehr besteht". Später stellt sich heraus, dass die Forderung doch noch bestand. Rechte des A? → Rn. 2

Fall c: G hat gegen S eine Forderung von 500 EUR. G stirbt und wird von S allein beerbt. Nach Anordnung der Nachlassverwaltung fordert der Nachlassverwalter von S Zahlung der 500 EUR. S meint, die Forderung sei erloschen. → Rn. 7

I. Erlass

Erlass ist ein **Vertrag**, durch den die Forderung des Gläubigers gegen den Schuldner aufgehoben wird (§ 397 I). Der Gläubiger kann also **nicht einseitig** auf seinen schuldrechtlichen Anspruch verzichten **(Fall a).** Allerdings wird man in dem Schweigen des Schuldners auf ein entsprechendes Erlassangebot des Gläubigers oft eine konkludente Annahmeerklärung erblicken können, da der Erlass den Schuldner nur begünstigt. Jedoch sind an die Annahme eines konkludent erklärten Verzichts strenge Anforderungen zu stellen; wenn der Gläubiger eine Teilleistung annimmt, so lässt sich daraus allein nicht herleiten, er sehe darin zugleich die Erklärung des Schuldners, weitere Leistungen nicht mehr erbringen zu wollen, und sei damit einverstanden.[1]

Der Erlassvertrag ist ein Verfügungsvertrag; durch ihn wird nämlich das Recht des Gläubigers aufgehoben. Er ist ein abstrakter Vertrag, also losgelöst vom zugrunde liegenden Geschäft (oft Schenkungsvertrag). Ist dieses nichtig,

---

1 *BGH* NJW-RR 1996, 237; zurückhaltend in der Auslegung als Erlassvertrag auch *BAG* NJW 2008, 461.

so wird davon die Gültigkeit des Erlasses nicht berührt; der Gläubiger hat einen Bereicherungsanspruch auf Wiederbegründung der Forderung. Allerdings können die Parteien die Wirksamkeit des Erlassvertrags von der Wirksamkeit des Kausalgeschäfts abhängig machen.

Mit Abschluss des Erlassvertrags erlischt die Forderung (§ 397 I). Wollen die Vertragsparteien das ganze Schuldverhältnis aufheben, so handelt es sich um einen Aufhebungsvertrag.

II. Negatives Schuldanerkenntnis

Die Forderung erlischt auch, wenn der Gläubiger durch Vertrag mit dem Schuldner anerkennt, dass die Forderung nicht bestehe (§ 397 II). Bei diesem negativen Schuldanerkenntnis handelt es sich ebenfalls um einen vertraglichen Forderungsverzicht; es bedarf im Gegensatz zum positiven Schuldanerkenntnis (§ 781) keiner Form. 2

Zwei Fallgestaltungen sind zu unterscheiden:

- Der Gläubiger schließt den Vertrag in der Absicht, die Schuld endgültig aufzuheben. Dies ist dann anzunehmen, wenn er zumindest mit der Möglichkeit rechnet, die Schuld bestehe. Es handelt sich hier um einen Erlass in der Form des negativen Schuldanerkenntnisses.

Da dieses Schuldanerkenntnis ein abstrakter Verfügungsvertrag ist, kommt ein Bereicherungsanspruch (§ 812 II, I) des Gläubigers unter den gleichen Voraussetzungen wie beim Erlass in Betracht.

- Die Parteien gehen vom Nichtbestehen der Schuld aus und wollen dies lediglich feststellen. Besteht hier die Schuld entgegen den Vorstellungen der Parteien, erlischt sie zwar; der Gläubiger hat aber einen Bereicherungsanspruch nach § 812 II, I auf Wiederbegründung der Forderung **(Fall b)**.

III. Abänderungsvertrag

Durch Vertrag zwischen Gläubiger und Schuldner kann ein Schuldverhältnis abgeändert werden. Das ergibt sich aus dem Grundsatz der Vertragsfreiheit (§ 311 I). Die Abänderung kann eine Hauptleistungspflicht (zB Herabsetzung des Kaufpreises, Mieterhöhung) oder eine Nebenleistungspflicht (zB Verkürzung bzw. Verlängerung einer bestimmten Anzeigefrist) betreffen. Wird eine Forderung he- 3 rabgesetzt, liegt insoweit ein teilweiser Erlass (→ Rn. 1), also eine Verfügung, vor. Wird eine bereits bestehende Forderung erweitert (zB Erhöhung des Kaufpreises) oder eine neue Forderung (zB Vereinbarung einer Verzinsung) begründet, ist diese Inhaltsänderung ein Verpflichtungsgeschäft.

Da die Schuld nur abgeändert wird, bleiben die für sie bestellten Sicherungsrechte erhalten, und der Schuldner kann weiterhin alle gegen die alte Schuld bestehenden Einwendungen und Einreden geltend machen.

IV. Schuldersetzung

4 Wird das Schuldverhältnis durch Vertrag nicht abgeändert, sondern aufgehoben und durch ein neues ersetzt, so liegt eine Schuldersetzung (Schuldumwandlung, Novation) vor. Deren Zulässigkeit ergibt sich aus der Vertragsfreiheit (§ 311 I).

Beispiel: K schuldet aus einem Kaufvertrag dem V den Kaufpreis. Beide vereinbaren unter Aufhebung des Kaufvertrags, dass K den Kaufpreis künftig als Darlehen schulden soll (sog. Vereinbarungsdarlehen).[2]

Da das alte Schuldverhältnis durch das neue völlig ersetzt ist, erlöschen die Sicherungsrechte für die alte Schuld. Ebenso sind Einwendungen aus dem alten Schuldverhältnis nicht mehr zulässig.

Im Beispielsfall verliert V ein etwa für die Kaufpreisforderung bestelltes Pfandrecht. Gegenüber der Darlehensforderung des V kann K sich nicht mehr auf den Mangel der Kaufsache berufen.

5 Ob die Parteien eine Schuldumwandlung gemeint haben, ist durch Auslegung der Vereinbarung zu ermitteln. Weil der Gläubiger nicht ohne weiteres bestehende Sicherheiten aufgeben und der Schuldner nicht ohne Grund Einwendungen und Einreden verlieren will, werden die Parteien regelmäßig keine Schuldersetzung, sondern einen Abänderungsvertrag (→ Rn. 3) wollen.

6 Wichtigster Fall der Schuldumwandlung: Im Kontokorrentverkehr gehen die Einzelforderungen der Parteien unter, wenn der Kaufmann am Jahresende den Saldo festgestellt und der Kunde ihn bestätigt hat. Damit der Gläubiger seine Sicherungen nicht verliert, werden von vornherein Vereinbarungen getroffen, dass seine Rechte auch für künftige Forderungen gelten sollen (vgl.

2 Dazu *Brox/Walker* SchuldR BT § 17 Rn. 11 ff.

auch § 356 HGB)[3]. Ist bei der Berechnung des Saldos ein Fehler zu Ungunsten einer Partei unterlaufen, hat diese einen Anspruch aus § 812 II, I.

V. Konfusion

Konfusion ist das Zusammenfallen von Forderung und Schuld in ein und derselben Person. Regelmäßig erlischt die Forderung. 7

Beispiele: Der Gläubiger beerbt den Schuldner oder der Schuldner den Gläubiger **(Fall c)**. Dem Schuldner wird die Forderung abgetreten. Zwei Aktiengesellschaften werden verschmolzen; die eine hat eine Forderung gegen die andere.

Die Forderung erlischt jedoch dann nicht, wenn Rechte anderer im Spiel sind.

Beispiele: An der Forderung besteht ein Pfandrecht eines Dritten. Wenn nach dem Erbfall eine Nachlassverwaltung angeordnet oder das Nachlassinsolvenzverfahren eröffnet wird, werden damit – vor allem im Interesse der Nachlassgläubiger – das Eigenvermögen des Erben und der Nachlass rückwirkend auf den Erbfall rechtlich getrennt (§ 1976); im **Fall c** kann also der Nachlassverwalter von S Zahlung verlangen.[4]

VI. Unmöglichkeit, Zweckerreichung, Zweckfortfall

1. Abgrenzung

Wenn der geschuldete Leistungserfolg nicht mehr einzutreten vermag, so kann das auf einem der folgenden Gründe beruhen: 8

a) **Unmöglichkeit.** Die Leistungshandlung des Schuldners ist nicht (mehr) erbringbar (Unerbringlichkeit der Leistung).

Beispiel: Der Verkäufer kann dem Käufer das verkaufte Bild nicht übereignen und übergeben, weil dieses verbrannt oder gestohlen worden ist.

b) **Zweckerreichung.** Die Leistungshandlung des Schuldners ist zwar möglich, kann aber den Leistungserfolg nicht herbeiführen, weil dieser bereits ohne Zutun des Schuldners eingetreten ist. 9

Beispiel: Bevor der bestellte Hochseeschlepper eintrifft, kommt das auf eine Sandbank gelaufene Schiff wieder frei.

3 *Brox/Henssler* HandelsR Rn. 356 f.
4 Dazu *Brox/Walker* ErbR § 39 Rn. 1 ff.

Von der Unmöglichkeit unterscheidet sich die Zweckerreichung dadurch, dass bei ihr der Schuldner zur Leistungshandlung bereit und in der Lage ist; nur wird die Erfüllung der Verpflichtung durch den Schuldner sinnlos, weil der vertraglich festgelegte Schuldzweck auf andere Weise eingetreten ist. Im Gegensatz zu der Unmöglichkeit wird bei der Zweckerreichung das Gläubigerinteresse befriedigt.

Zweckerreichung liegt **nicht** schon dann vor, wenn der vom Gläubiger mit dem Vertrag letztlich verfolgte weitere Zweck auf andere Weise erreicht wird, sondern nur dann, wenn der geschuldete Leistungserfolg eingetreten ist.

Beispiel: Bevor der Handelsvertreter K, der zur Ausübung seines Berufes einen Pkw benötigt, den von V gekauften Wagen ausgehändigt erhält, wird ihm von seinem Onkel ein Pkw geschenkt. Damit ist zwar das Interesse des K an einem Pkw befriedigt. Ein Fall der Zweckerreichung ist nicht gegeben, da V den Leistungserfolg (Übereignung und Übergabe des gekauften Pkw) herbeiführen kann.

10 **c) Zweckfortfall.** Der Schuldner könnte die Leistungshandlung erbringen, aber das Objekt ist weggefallen, an dem die geschuldete Leistung erbracht werden soll.

Beispiel: Bei Eintreffen des Schleppers ist das Schiff gesunken.

2. Rechtliche Behandlung

11 Die **Unmöglichkeit** ist im Gesetz eingehend geregelt (→ § 22 Rn. 3 ff.).

Die **Zweckerreichung** und der **Zweckfortfall** sind vom Gesetzgeber nicht gesehen worden. Die Interessenlage gleicht der bei der Unmöglichkeit. Denn es macht für die Verpflichtung zur Leistung keinen Unterschied, ob zB die Operation unterbleibt, weil der Patient gestorben ist (Unmöglichkeit) oder weil er auf andere Weise gesund geworden ist (Zweckerreichung). Deshalb ist im Falle der Zweckerreichung und des Zweckfortfalls § 275 entsprechend anzuwenden, so dass der Schuldner von seiner Leistungspflicht frei wird.

Der Gläubiger würde dann entsprechend § 326 I von der Gegenleistungspflicht frei. Das wäre in manchen Fällen unbillig, vor allem dann, wenn der Schuldner schon Vorbereitungs- oder gar Ausführungshandlungen vorgenommen hat. Sieht man diese als Teilleistungen an, so bleibt der Gegenleistungsanspruch in der entsprechenden Höhe (Berechnung nach § 441 III) erhalten (§ 326 I 1, 2. Halbs.;

→ § 22 Rn. 33). Im Übrigen sind zur Ausfüllung der Gesetzeslücke außer § 326 I auch § 326 II oder § 645 I[5] zu berücksichtigen.

Im Beispielsfall muss der Reeder dem unnütz anfahrenden Schlepper einen entsprechenden Teil der Vergütung und Auslagenersatz leisten. Das lässt sich aus § 645 I entnehmen; der dort behandelten Mangelhaftigkeit des Stoffes muss das Nichtvorhandensein des Stoffes gleichstehen.[6]

VII. Fristablauf oder Kündigung bei Dauerschuldverhältnissen

Schrifttum: *Diekmann/Lube*, Vorzeitige Beendigung eines „Fitnessstudiovertrages“, MDR 2016, 69; *v. Hase*, Fristlose Kündigung und Abmahnung nach neuem Recht, NJW 2002, 2278; *Oetker*, Das Dauerschuldverhältnis und seine Beendigung, 1994; *Ramming*, Wechselwirkungen bei den Voraussetzungen der gesetzlichen Kündigungs- und Rücktrittsrechte nach allgemeinem Schuldrecht (§§ 314, 323, 324 BGB), ZGS 2003, 113; *M. Stürner*, Die Kündigung von Dauerschuldverhältnissen aus wichtigem Grund nach § 314 BGB, JURA 2016, 163; *Wackerbarth*, Außerordentliche Kündigung von Dauerschuldverhältnissen und Abmahnung – Widersprüchliches in § 314 BGB n. F., in: Dauner-Lieb/Konzen/Schmidt Neues SchuldR 159. 12

Dauerschuldverhältnisse können – wenn sie für eine bestimmte Zeit vereinbart sind – durch Fristablauf, außerdem durch ordentliche oder durch außerordentliche Kündigung beendet werden. Sie sind dadurch gekennzeichnet, dass sie nicht auf einen einmaligen Leistungsaustausch, sondern auf länger andauernde oder wiederholte Leistungen zugeschnitten sind. Der Gesamtumfang der Leistungen hängt von der zeitlichen Dauer des Rechtsverhältnisses ab.

Beispiele: Miet-, Pacht-, Leih-, Dienst- (Arbeits-), Verwahrungs-, Gesellschaftsverhältnis; Factoring, Franchising, Rechtsverhältnisse aufgrund eines Automatenaufstellungs-, Bierlieferungs-, Verlags- oder Versicherungsvertrags.

1. Fristablauf

Befristete Dauerschuldverhältnisse enden bei einer kalendermäßigen Frist mit Ablauf der vereinbarten Zeit. Das ist etwa für das Mietverhältnis in § 542 II und für das Arbeitsverhältnis in § 15 I TzBfG ausdrücklich so geregelt, gilt aber auch für andere befristete Dauerschuldverhältnisse. Diese Wirkung tritt allerdings nur ein, wenn das 13

5 *Brox/Walker* SchuldR BT § 23 Rn. 11 ff.
6 Str.; Palandt/*Sprau* BGB § 645 Rn. 8.

befristete Rechtsverhältnis nicht schon vor Fristablauf durch Aufhebungsvertrag oder durch wirksame außerordentliche Kündigung (→ Rn. 19ff.) beendet wurde und wenn es nicht trotz Fristablaufs von den Parteien verlängert wurde (vgl. für das Mietverhältnis § 542 II; für das Arbeitsverhältnis § 15 V TzBfG).

14 Ferner setzt die Beendigung durch Fristablauf voraus, dass die Befristungsvereinbarung wirksam ist. Insoweit können Formvorschriften zu beachten sein (vgl. § 550 S. 1 für das Mietverhältnis und § 14 IV TzBfG für das Arbeitsverhältnis). Vor allem darf durch eine Befristung nicht ein gegebenenfalls bestehender gesetzlicher Kündigungsschutz umgangen werden, der bei einer Kündigung des jeweiligen Rechtsverhältnisses gelten würde. Deshalb ist etwa die Vereinbarung eines befristeten Mietvertrags nur unter den Voraussetzungen des § 575 und diejenige eines befristeten Arbeitsvertrags nur unter den Voraussetzungen des § 14 TzBfG zulässig. Bei einem Verstoß dagegen gilt das Rechtsverhältnis als auf unbestimmte Zeit abgeschlossen (§ 575 I 2 für das Mietverhältnis; § 16 I 1 TzBfG für das Arbeitsverhältnis), so dass der Ablauf der unwirksam vereinbarten Frist nicht zur Beendigung des Rechtsverhältnisses führt.

2. Ordentliche Kündigung

15 **a) Voraussetzungen.** Die **ordentliche Kündigung** kann entweder gesetzlich vorgesehen (zB §§ 542 I, 568, 573ff. für das Mietverhältnis; §§ 620 II, 621ff. für das Dienst- und das Arbeitsverhältnis) oder vertraglich vereinbart sein. Aus diesen Regelungen oder Vereinbarungen ergeben sich dann die Voraussetzungen für die Kündigung, insbesondere ob die Kündigung einer Form bedarf (zB §§ 568 I, 623) und welche Kündigungsfristen zu beachten sind (zB §§ 573c, 622, 624). Im Einzelfall ist immer zu prüfen, ob die ordentliche Kündigung nicht durch spezielle gesetzliche Regelungen ausgeschlossen ist.

Beispiele: Die ordentliche Kündigung eines Arbeitsvertrags ist gem. § 9 MuSchG für Schwangere, Mütter und Frauen nach einer Fehlgeburt bis zum Ablauf von vier Wochen nach der Entbindung oder Fehlgeburt sowie gem. § 15 KSchG für Betriebsratsmitglieder ausgeschlossen. Für andere Arbeitnehmer gelten Kündigungsbeschränkungen insbesondere nach dem KSchG.

16 Die Möglichkeit der ordentlichen Kündigung kann auch vertraglich abbedungen werden. So ist die Vereinbarung eines befristeten Dauerschuldverhältnisses in der Regel dahin auszulegen, dass nach dem Parteiwillen während der Dauer der Frist eine ordentliche Kün-

digung nicht möglich sein soll (vgl. für den befristeten Arbeitsvertrag § 15 III TzBfG).

b) Rechtsfolgen. Eine Kündigung führt nicht nur zum Erlöschen einzelner Pflichten, sondern zur **Beendigung des Dauerschuldverhältnisses insgesamt.** Sie wirkt anders als eine Anfechtung (§ 142 I) nicht ex-tunc, sondern nur **ex-nunc.** Maßgeblicher Beendigungszeitpunkt ist bei einer ordentlichen Kündigung der Ablauf der Kündigungsfrist. 17

Die Kündigung führt **nicht zu einer Rückabwicklung** der in der Vergangenheit bereits ausgetauschten Leistungen. Die §§ 812ff. finden keine Anwendung, weil wegen der ex-nunc-Wirkung für den Leistungsaustausch in der Vergangenheit ein Rechtsgrund besteht; lediglich Vorleistungen auf den nach Wirksamwerden der Kündigung entfallenden Zeitraum sind bereicherungsrechtlich rückabzuwickeln. Anders als beim Rücktritt entsteht auch kein Rückabwicklungsschuldverhältnis; die §§ 346ff. (→ § 18 Rn. 15ff.) finden keine Anwendung. Es entstehen lediglich in der Zukunft keine Hauptleistungspflichten mehr. Im Einzelfall können allerdings Nebenleistungs- und Schutzpflichten auch noch nach Beendigung des Rechtsverhältnisses bestehen. 18

Beispiele: Nach der durch Kündigung herbeigeführten Beendigung eines Arbeitsverhältnisses (§ 620 II) brauchen der Arbeitnehmer nicht mehr zur Arbeit zu erscheinen und der Arbeitgeber keine Vergütung mehr zu zahlen. Der Arbeitnehmer kann allerdings – wenn es vereinbart ist – einem nachvertraglichen Wettbewerbsverbot unterliegen. Umgekehrt kann der Arbeitgeber zu Leistungen aufgrund einer vereinbarten betrieblichen Altersversorgung verpflichtet sein. – Der Vermieter kann nach Beendigung des Mietverhältnisses durch Kündigung (§ 542 I) die Herausgabe der Mietsache verlangen (§ 546 I) und braucht dem Mieter den Gebrauch der Mietsache nicht mehr zu gewähren. Dafür ist der Mieter nicht mehr zur Entrichtung einer Miete verpflichtet. Der Vermieter kann aber zB verpflichtet sein, noch eine Nebenkostenabrechnung zu erstellen oder eine vorübergehende Zeit einen Umzugshinweis am Briefkasten zu dulden.

3. Außerordentliche Kündigung

a) Voraussetzungen. Die **außerordentliche Kündigung** eines Dauerschuldverhältnisses ist entweder aufgrund von Spezialvorschriften für das jeweilige Rechtsverhältnis oder unter den Voraussetzungen des § 314 möglich. Sie kann nicht durch Parteivereinbarung ausgeschlossen werden. 19

aa) **Spezialregelungen** für die außerordentliche Kündigung gibt es insbesondere für das Gelddarlehen (§ 490), das Mietverhältnis (§§ 543, 569), das Dienst- und das Arbeitsverhältnis (§ 626) und für das Gesellschaftsverhältnis (§ 723). Sie schließen die Anwendung des § 314 (auch hinsichtlich der Frist des § 314 III) aus.[7]

20 bb) Diejenigen Dauerschuldverhältnisse, deren außerordentliche Kündigung nicht spezialgesetzlich geregelt ist, können nach dem seit 1.1.2002 geltenden **§ 314** von jedem Vertragsteil aus wichtigem Grund ohne Einhaltung einer Kündigungsfrist gekündigt werden. Das betrifft zB den Franchising-, den Automatenaufstellungs-, den Bierlieferungs-, den Wärmelieferungs- und den Verlagsvertrag.

21 (1) Ein **wichtiger Grund** liegt gem. § 314 I 2 vor, wenn dem kündigenden Teil unter Berücksichtigung aller Umstände des Einzelfalls und unter Abwägung der beiderseitigen Interessen die Fortsetzung des Vertragsverhältnisses bis zur vereinbarten Beendigung (bei einem befristeten Dauerschuldverhältnis) oder bis zum Ablauf einer Kündigungsfrist (bei einer ordentlichen Kündigung) nicht zugemutet werden kann.

Diese Voraussetzung entspricht derjenigen des § 626 I bei der außerordentlichen Kündigung von Arbeitsverhältnissen. Dazu gibt es bereits eine langjährige, sich immer weiter fortentwickelnde Rechtsprechung der Arbeitsgerichtsbarkeit, auf die auch bei der Auslegung des § 314 zurückgegriffen werden kann. Auch die Prüfung des wichtigen Grundes sollte zweistufig erfolgen, wie es bei § 626 üblich ist: In einem ersten Schritt ist zu prüfen, ob Umstände vorliegen, die „an sich geeignet" sind, eine außerordentliche Kündigung zu rechtfertigen. Falls das zu bejahen ist, wird in einem zweiten Schritt eine Interessenabwägung unter Berücksichtigung aller Umstände des Einzelfalls vorgenommen.

22 Typische **Beispiele** sind Straftaten gegen den anderen Vertragspartner, auch wenn sie (wie zB Beleidigungen, Körperverletzungen) mit dem Leistungsaustausch nichts zu tun haben. Ferner kommen schwerwiegende Pflichtverletzungen eines Vertragspartners wie zB die beharrliche Leistungsverweigerung als wichtiger Grund in Betracht. In diesem Fall muss in der Regel vor Ausspruch der Kündigung erfolglos eine Frist zur Abhilfe gesetzt oder eine Abmahnung ausgesprochen werden (§ 314 II 1). Eine solche Frist ist gem. § 314 II 2 wie beim Rücktritt (→ § 22 Rn. 62 f.) in den Fällen des § 323 II entbehrlich, also zB dann, wenn der andere Vertragsteil seine Gegenleistung ernsthaft und endgültig verweigert (§ 323 II Nr. 1). Sie

---

7 *BGH* NJW 2016, 3720 Rn. 14 ff., 24 (zu §§ 543, 569).

ist ferner entbehrlich, wenn besondere Umstände die sofortige Kündigung rechtfertigen (§ 314 II 3).

Eine Störung der Geschäftsgrundlage berechtigt gem. § 313 III dann zur außerordentlichen Kündigung, wenn eine Vertragsanpassung nicht möglich oder nicht zumutbar ist (zum Verhältnis zwischen Störung der Geschäftsgrundlage und außerordentlicher Kündigung → § 27 Rn. 21). 23

Dagegen kann allein der Umstand, dass der Kunde eines Fitnessstudios berufsbedingt seinen Wohnort wechselt, eine außerordentliche Kündigung des Fitnessstudio-Vertrags nicht rechtfertigen, zumal dieser Grund allein aus der Sphäre des Kunden stammt und von ihm beeinflussbar ist.[8]

(2) Der Berechtigte kann die außerordentliche Kündigung gem. § 314 III nur innerhalb einer angemessenen Frist erklären, nachdem er vom Kündigungsgrund Kenntnis erlangt hat. Nach Ablauf dieser **Kündigungserklärungsfrist** ohne Ausspruch der Kündigung ist davon auszugehen, dass dem Kündigungsberechtigten eine Fortsetzung des Rechtsverhältnisses bis zum Ablauf der bei einer ordentlichen Kündigung zu beachtenden Frist doch zumutbar ist. 24

Anders als bei § 626 II, in dem für die außerordentliche Kündigung eines Arbeitsverhältnisses eine Kündigungserklärungsfrist von zwei Wochen bestimmt ist, hat der Gesetzgeber in § 314 angesichts der Verschiedenheit der davon betroffenen Dauerschuldverhältnisse bewusst auf die Festlegung einer einheitlichen Kündigungserklärungsfrist verzichtet.[9]

b) Rechtsfolgen. Auch die außerordentliche Kündigung beendet das Dauerschuldverhältnis mit Wirkung für die Zukunft. Wenn sie als fristlose Kündigung erklärt wird, tritt diese Wirkung sofort ein. Entgegen dem insoweit zu engen Wortlaut des § 314 kann eine außerordentliche Kündigung allerdings auch mit einer sozialen Auslauffrist ausgesprochen werden. Das ist möglicherweise sogar geboten, wenn die ordentliche Kündigung kraft Gesetzes oder kraft Vereinbarung ausgeschlossen ist und die außerordentliche Kündigung nur an die Stelle einer sonst denkbaren ordentlichen Kündigung tritt.[10] In diesem Fall endet das Rechtsverhältnis erst nach Ablauf dieser Auslauffrist. 25

8 *BGH* NJW 2016, 3718 Rn. 13 mAnm *Riehm* JuS 2017, 783.
9 BT-Drs. 14/6040, 178.
10 NK-BGB/*Krebs* § 314 Rn. 52.

§ 18. Rücktritt

1 **Schrifttum:** *Arnold,* Das neue Recht der Rücktrittsfolgen, JURA 2002, 154; *Bartels,* Wert- und Schadensersatzansprüche im Rücktrittsfolgenrecht, AcP 215 (2015), 203; *Bassler/Büchler,* Die Reform des Rücktrittsrechts, AcP 214 (2014), 888; *Beck,* Der Rücktritt vom Kfz-Kaufvertrag und seine prozessuale Durchführung, NJW 2018, 29; *Benicke,* Pflicht zum Wertersatz im neuen Rücktrittsrecht bei Verbrauch und Veräußerung, ZGS 2002, 369; *Döll,* Rückgewährstörungen beim Rücktritt, 2011; *Eichel/Fritzsche,* Gewinnabschöpfung im Rückgewährschuldverhältnis, NJW 2018, 3409; *Forst,* Über Zweck, Tatbestand und Rechtsfolgen des § 346 Abs. 3 Satz 1 Nr. 3 BGB, ZGS 2011, 107; *Hager,* Das Rücktrittsrecht, in: DHLR SchuldR § 5; *Herresthal,* Der Ersatz des Verzugsschadens beim Rücktritt vom Vertrag, JuS 2007, 798; *ders.,* Der Wert- und Schadensersatzanspruch beim Rücktritt, FS Musielak, 2004, 195; *Honsell,* Gefahrtragung und Haftungsprivileg nach § 346 BGB, FS Picker, 2010, 363; *Jaeger,* Die Rechtsfolgen des Rücktritts vom Vertrag nach gesetzlichem Eigentumserwerb, AcP 215 (2015), 533; *Kaiser,* Die Rechtsfolgen des Rücktritts in der Schuldrechtsreform, JZ 2001, 1057; *Kamanabrou,* Haftung des Rücktrittsberechtigten bei Untergang der empfangenen Leistung, NJW 2003, 30; *Klinck,* Die Bindung an Lösungserklärungen, ZJS 2008, 102; *Kohler,* Geldanspruch nach Rücktritt bei beseitigungsfähiger Verfügung über das Geleistete, AcP 214 (2014), 362; *ders.,* Rücktritts-, Bereicherungs- und Vindikationshaftung für ohnedies fortfallende gezogene und pflichtwidrig nicht gezogene Nutzungen?, JR 2013, 479; *ders.,* Rücktrittsrechtliche Wertersatzbemessung, AcP 213 (2013), 46; *ders.,* Rücktrittsausschluss im Gewährleistungsrecht bei nachträglicher Nacherfüllungsunmöglichkeit – Wiederkehr der §§ 350, 351 BGB aF?, AcP 203 (2003), 539; *ders.,* Schadensersatzhaftung beim Rücktritt, ZGS 2005, 386; *ders.,* Die rücktrittsrechtlichen Haftungskriterien zwischen Schuld- und Sachenrecht, AcP 206 (2006), 683; *ders.,* Bereicherungshaftung nach Rücktritt – eine verdrängte Verdrängung und ihre Folgen, AcP 208 (2008), 417; *S. Lorenz,* Die Lösung vom Vertrag, insbesondere Rücktritt und Widerruf, in: Schulze/Schulte-Nölke Schuldrechtsreform 329; *ders.,* Grundwissen Zivilrecht: Rechtsfolgen von Rücktritt und Widerruf, JuS 2011, 871; *ders.,* Das „Zurückspringen" der Gefahr auf den Verkäufer und seine Folgen, NJW 2015, 1725; *Martens,* Nutzungsherausgabe und Wertersatz beim Rücktritt, AcP 210 (2010), 689; *Meyer,* Schadensersatz im Rückgewährschuldverhältnis gemäß § 346 Abs. 4 BGB, JURA 2011, 244; *Reischl,* Grundfälle zum neuen Schuldrecht, JuS 2003, 667; *Rheinländer,* Die Haftung des Zurücktretenden bei Kenntnis der Rücktrittsberechtigung, ZGS 2004, 178; *Schwab,* Schuldrechtsmodernisierung 2001/2002 – Die Rückabwicklung von Verträgen nach §§ 346ff. BGB n. F., JuS 2002, 630; *Wackerbarth,* Ermittlung des Nutzungswertersatzes nach Rücktritt vom Autokaufvertrag, NJW 2018, 1713; *Wiese/Hauser,* Empfangene Leistungen iSd § 346 BGB und Gefahrübergang, JuS 2011, 301.

Fall a: Antiquitätenhändler A tauscht ein Bild gegen einen Schrank des B. Er lässt den Schrank durch seinen stets zuverlässigen Gehilfen C abholen, der dabei eine teure Vase im Büro des B beschädigt. Später macht A von dem vertraglich vorbehaltenen Rücktrittsrecht Gebrauch und verlangt Rückgabe des Bildes gegen Herausgabe des Schrankes. B will das Bild nur gegen Ersatz der Vase zurückgeben. → Rn. 2, 33

Fall b: K erwirbt bei V ein Fernsehgerät. Er möchte von seinem vertraglich vereinbarten Rücktrittsrecht Gebrauch machen, nachdem er das Gerät fallengelassen hat, wodurch es zerstört wurde. V hält das für ausgeschlossen. Zumindest habe K den Schaden zu ersetzen. → Rn. 13, 25

Fall c: V verkauft an K eine Katze. Nach wirksamem Rücktritt verlangt er auch die inzwischen geworfenen Jungen heraus. → Rn. 18

Fall d: K tritt wirksam vom Kaufvertrag über seinen neuen Pkw zurück. V begehrt Ersatz für die vorübergehende Benutzung des Pkw durch K und für die schon durch die Zulassung eingetretene Wertminderung (jetzt nur noch Gebrauchtwagen). → Rn. 18, 21, 25

I. Begriff, Wirkung und Abgrenzung

1. Begriff und gesetzliche Regelung

Rücktritt bedeutet die Rückgängigmachung eines Schuldverhältnisses durch eine empfangsbedürftige Willenserklärung. Das Rücktrittsrecht ist ein Gestaltungsrecht. Die Voraussetzungen für ein Rücktrittsrecht ergeben sich aus der vertraglichen Vereinbarung oder aus zahlreichen Vorschriften auch außerhalb des Allgemeinen Schuldrechts (→ Rn. 10). Die Ausübung und die Rechtsfolgen des Rücktritts sind für alle Rücktrittsfälle einheitlich in den §§ 346 ff. geregelt (→ Rn. 11 f., 15 ff.).

2. Wirkung auf das Schuldverhältnis

Der Rücktritt bringt nicht etwa – wie früher zT angenommen – das 2
Schuldverhältnis als Ganzes rückwirkend (ex-tunc) zum Erlöschen, sondern verwandelt es für die Zukunft (ex-nunc) in ein Rückgewährschuldverhältnis. Dessen Inhalt richtet sich nach §§ 346 ff. (→ Rn. 17 ff.).

Aus dem Fortbestand des Schuldverhältnisses ergeben sich wichtige Konsequenzen. Namentlich bleibt ein Anspruch aus §§ 280 I, 241 II wegen Verletzung von Schutzpflichten vom Rücktritt unberührt **(Fall a).** Durch den Rücktritt vom Vertrag erlöschen auch vorher entstandene Ansprüche auf Ersatz des Verzugsschadens (§§ 280 I, II und 286) nicht.[1] Ebenso können Sicherheiten,

1 BGHZ 88, 46.

die für Primärleistungsverpflichtungen gegeben sind, auch für die Rückgewährverpflichtung erhalten bleiben: Es kommt darauf an, dass die Sicherheiten **nach dem Willen** der Parteien auch für solche Verpflichtungen bestellt sind. Auch das Recht, bei einem gegenseitigen Vertrag Schadensersatz (statt der Leistung) zu verlangen, wird durch den Rücktritt vom Vertrag nicht ausgeschlossen (§ 325; → § 23 Rn. 72).

3. Abgrenzung

3 Vom Rücktritt sind zu unterscheiden:

a) Anfechtung. Die Anfechtung setzt einen Anfechtungsgrund (§§ 119ff.) sowie eine Anfechtungserklärung (§ 143) voraus. Anders als der Rücktritt (→ Rn. 2) vernichtet sie die angefochtene Willenserklärung und damit das Rechtsgeschäft mit rückwirkender Kraft (§ 142 I). Die Rückabwicklung erfolgt nicht nach §§ 346ff., sondern nach §§ 812ff.

4 **b) Widerruf und Rückgabe.** Das BGB kennt eine Reihe von Widerrufsrechten, die sich teilweise wesentlich voneinander unterscheiden (vgl. etwa §§ 109 I, 130 I 2, 168 S. 2, 3, 530, 671). Der praktisch besonders bedeutsame Widerruf bei Verbraucherverträgen, die außerhalb von Geschäftsräumen (§§ 312b, 312g, 355; → § 19 Rn. 8ff., 18ff.) oder unter ausschließlicher Verwendung von Fernkommunikationsmitteln (§§ 312c, 312g, 355; → § 19 Rn. 14f., 18ff.) geschlossen werden, ermöglicht dem Verbraucher, ein zunächst wirksames Schuldverhältnis durch empfangsbedürftige Gestaltungserklärung rückabzuwickeln (vgl. § 357).

5 **c) Kündigung.** Die Kündigung ist eine empfangsbedürftige Willenserklärung, die das Schuldverhältnis für die Zukunft auflöst; im Gegensatz zum Rücktritt erfolgt hier keine Rückabwicklung. Dementsprechend dient die Kündigung primär – aber nicht ausschließlich (vgl. §§ 648f. für den Werkvertrag und § 671 für den Auftrag) – der Beendigung von Dauerschuldverhältnissen (→ Rn. 12; zB Mietverhältnis: §§ 542f., 568ff.; Arbeitsverhältnis: §§ 620ff.; Gesellschaft: §§ 723ff.), weil bei ihnen die Rückabwicklung der gegenseitigen Leistungen nur schwer durchführbar ist (vgl. auch § 313 III 2; → § 27 Rn. 12).

6 **d) Auflösende Bedingung.** Ist eine auflösende Bedingung vereinbart, so wird das Rechtsgeschäft mit ihrem Eintritt ohne weitere Er-

klärung für die Zukunft aufgelöst (§ 158 II). Eine Rückbeziehung der Bedingung muss besonders vereinbart sein (§ 159).

II. Voraussetzungen

1. Rücktrittsrecht

Die Berechtigung zum Rücktritt kann sich aus Vertrag oder Gesetz ergeben. Die §§ 346ff. gelten seit der Schuldrechtsreform grundsätzlich für beide Rücktrittsrechte gleichermaßen. 7

a) Das vertragliche Rücktrittsrecht. Das vertragliche Rücktrittsrecht wird von den Parteien vereinbart, um dem Berechtigten die Möglichkeit zu geben, sich von dem Geschäft zu lösen. Ein solcher Rücktrittsvorbehalt kann ausdrücklich oder auch konkludent getroffen werden.

Wird etwa in einem Vertrag vereinbart, dass der Schuldner bei Nichterfüllung seine Rechte aus dem Vertrag verlieren soll (Verwirkungsklausel), so ist damit eine Rücktrittsvereinbarung getroffen (§ 354).

Soll dagegen der Schuldner nur einzelne Rechte verlieren, so kann darin die Vereinbarung einer Vertragsstrafe zu erblicken sein (§ 339; dazu → § 11).

Zwei weitere Fälle, in denen das Gesetz bis zum 31.12.2001 eine Vereinbarung als Rücktrittsvorbehalt auffasste, sind im Zuge der Schuldrechtsreform entfallen. § 361 aF betraf das relative Fixgeschäft. Er ist in § 323 II Nr. 2 (gesetzliches Rücktrittsrecht ohne Notwendigkeit einer Fristsetzung) aufgegangen (→ § 23 Rn. 63). Die Auslegungsregel des § 455 aF, wonach bei einem Kauf unter Eigentumsvorbehalt der Verkäufer im Zweifel zum Rücktritt berechtigt war, wenn der Käufer mit der Zahlung in Verzug kam, ist ersatzlos entfallen. Eine wesentliche Änderung der Rechtslage ist damit aber für den Vorbehaltsverkäufer nicht verbunden, weil er seit der Schuldrechtsreform gem. § 323 I kraft Gesetzes zurücktreten kann, wenn er dem Käufer erfolglos eine Zahlungsfrist gesetzt hat. 8

Das vertragliche Rücktrittsrecht kann, muss aber nicht an einen besonderen Rücktrittsgrund geknüpft werden. 9

Die in AGB enthaltene Vereinbarung eines Rechts des Verwenders, sich ohne sachlich gerechtfertigten und im Vertrag angegebenen Grund von seiner Leistungspflicht zu lösen (= Rücktrittsvorbehalt), ist allerdings grundsätzlich unwirksam (§ 308 Nr. 3). Auch im kaufmännischen Verkehr wird der Verwender seine Bindung an den Vertrag nicht in sein freies Belieben stellen können (§ 307).

10 **b) Das gesetzliche Rücktrittsrecht.** Ihre größte praktische Bedeutung gewinnen die §§ 346ff. im Rahmen des gesetzlichen Rücktrittsrechts. Auf dieses sind sie seit der Schuldrechtsreform unmittelbar und modifiziert anwendbar. Gesetzliche Rücktrittsrechte finden sich ua in den §§ 313 III, 323, 324, 326 V, 508. Nachdem das Mängelgewährleistungsrecht in das allgemeine Leistungsstörungsrecht integriert wurde,[2] spielt der Rücktritt nunmehr auch dort eine bedeutende Rolle (§§ 437 Nr. 2, 634 Nr. 3).[3] Dagegen finden die (das gesetzliche Rücktrittsrecht betreffenden Vorschriften der) §§ 346ff. keine (entsprechende) Anwendung beim Widerruf von Verbraucherverträgen, die außerhalb von Geschäftsräumen geschlossen werden, und beim Widerruf von Fernabsatzverträgen. Für die Rückabwicklung dieser Verträge enthält § 357 seit dem 13.6.2014 eine eigene Regelung.

2. Rücktrittserklärung

11 Das Rücktrittsrecht wird durch Willenserklärung gegenüber dem Vertragspartner ausgeübt (§ 349). Die Rücktrittserklärung setzt also Geschäftsfähigkeit voraus (beachte § 111). Der Rücktritt ist bedingungsfeindlich; denn der Rücktrittsgegner hat ein berechtigtes Interesse an eindeutigen Verhältnissen. Daher ist eine Bedingung nur dann zulässig, wenn dadurch für den Erklärungsempfänger keine unzumutbare Ungewissheit über den neuen Rechtsstand eintritt;[4] das ist insbesondere der Fall, wenn der Eintritt der Bedingung vom Willen des Rücktrittsgegners abhängt.

Beispiel: A tritt unter der Bedingung zurück, dass sein Vertragspartner B nicht bis zum Jahresende den Kaufpreis zahlt.

12 Sind bei einem Vertrag auf der einen oder anderen Seite mehrere beteiligt, so kann das Rücktrittsrecht nur von allen und gegen alle ausgeübt werden (§ 351 S. 1).

---

2 *Brox/Walker* SchuldR BT § 4 Rn. 3.
3 *Brox/Walker* SchuldR BT § 4 Rn. 49 und § 24 Rn. 23 ff.
4 BGHZ 97, 263.

III. Ausschluss des Rücktritts

1. Kein Ausschluss bei Unmöglichkeit der Rückgewähr

Seit der Schuldrechtsreform kann der Berechtigte vorbehaltlich einer anderweitigen vertraglichen Abrede auch dann zurücktreten, wenn er zur Rückgewähr außerstande ist **(Fall b).** Das gilt bis zur Grenze des Rechtsmissbrauchs (§ 242) sogar bei vorsätzlicher Herbeiführung der Unmöglichkeit.[5] Der Berechtigte kann allerdings – wie der Rücktrittsgegner auch – zum Wertersatz verpflichtet sein (→ Rn. 21 ff.). 13

Die bis zum 31.12.2001 geltenden §§ 350–353 aF enthielten eine Reihe von Tatbeständen, bei deren Vorliegen das Rücktrittsrecht ausgeschlossen war, nämlich beim Untergang, bei der Verarbeitung und Umbildung sowie bei der Veräußerung und Belastung des Gegenstandes, den der Berechtigte empfangen hat. Dabei war außerdem danach zu unterscheiden, ob ein Fall des vertraglichen oder des gesetzlichen Rücktritts vorlag.[6] Im Zuge der Schuldrechtsreform wurden die genannten Vorschriften gestrichen. Stattdessen wurden die §§ 346 II, III, 347 über die Verpflichtung zum Wertersatz eingefügt (→ Rn. 21 ff.).

2. Verfristung des Rücktritts

Das Gesetz hat keine Ausschlussfristen für die Erklärung des Rücktritts vorgesehen. Die Parteien können eine solche Frist aber vereinbaren. § 350 S. 1 gibt dem Rücktrittsgegner beim vertraglichen (nicht auch beim gesetzlichen) Rücktrittsrecht darüber hinaus die Möglichkeit, durch einseitige Erklärung dem Rücktrittsberechtigten für die Ausübung des Rücktrittsrechts eine angemessene Frist zu setzen. Mit der Versäumung der Frist erlischt das Rücktrittsrecht (§ 350 S. 2). 14

IV. Rechtsfolgen

Die Wirkungen des Rücktritts werden in den §§ 346–348 geregelt. 15
Mehrfach wird auf diese Vorschriften auch dann verwiesen, wenn die Notwendigkeit der Rückabwicklung auf anderen Umständen als dem

5 BT-Drs. 14/6040, 195.
6 27. Aufl., 2000, Rn. 201 ff.

Rücktritt eines Beteiligten beruht (Rechtsfolgenverweisung, vgl. §§ 281 V, 326 IV, 439 V, 635 IV).

1. Erlöschen nicht erfüllter Leistungspflichten

16 Soweit die Vertragspflichten noch nicht erfüllt sind, brauchen Leistungen nicht mehr erbracht zu werden. Es besteht nicht nur ein Einrederecht; vielmehr erlöschen die Leistungspflichten. Der Gesetzgeber hielt diese Folge für selbstverständlich und eine ausdrückliche Regelung für entbehrlich.[7]

2. Rückgewähr empfangener Leistungen und Herausgabe tatsächlich gezogener Nutzungen

17 Der Rücktritt verpflichtet die Beteiligten, empfangene Leistungen zurückzugewähren und gezogene Nutzungen herauszugeben.

a) Rückgewähr empfangener Leistungen. Soweit die Vertragspartner bereits ihre Vertragspflichten erfüllt haben, sind die empfangenen Leistungen zurückzugewähren (§ 346 I). Mit der Ausübung des Rücktrittsrechts tritt also keine dingliche Rechtsänderung ein, sondern es besteht ein Schuldverhältnis mit der Verpflichtung zur Rückgewähr.

Die Vertragsparteien bleiben also Eigentümer der an sie übereigneten Gegenstände. Sie sind nur schuldrechtlich zur Rückübereignung verpflichtet.

18 **b) Herausgabe gezogener Nutzungen.** Außerdem sind die tatsächlich gezogenen Nutzungen herauszugeben (§ 346 I). Unter Nutzungen sind nach § 100 Früchte (§ 99) und Gebrauchsvorteile zu verstehen.

Im **Fall c** kann V auch die Jungen als unmittelbare Sachfrüchte (§ 99 I) herausverlangen, obwohl B gem. § 953 deren Eigentümer geworden ist. Zur Herausgabe der Gebrauchsvorteile im **Fall d** → Rn. 21.

Eine Bestimmung in AGB, wonach der Verwender im Fall des Rücktritts eine **unangemessen hohe** Vergütung für die Nutzung oder den Gebrauch einer Sache (eines Rechts) oder für erbrachte Leistungen verlangen kann, ist unwirksam (§ 308 Nr. 7 Buchst. a).

19 **c) Folgen bei Verletzung der Rückgewähr- oder Herausgabepflicht.** Wenn der Schuldner der Rückgewähr- oder Herausgabe-

---

7 BT-Drs. 14/6040, 194.

pflicht aus § 346 I diese Pflicht verletzt, kann der Gläubiger nach Maßgabe der §§ 280–283 Schadensersatz verlangen. Das wird in § 346 IV ausdrücklich klargestellt. Diese Schadensersatzpflicht setzt voraus, dass ein durch Rücktritt begründetes Rückgewährschuldverhältnis besteht; sie greift deshalb erst ab der Rücktrittserklärung ein. Führt nach diesem Zeitpunkt der Rückgewährschuldner durch sein Verschulden die Unmöglichkeit der Rückgabe oder Nutzungsherausgabe herbei, haftet er gem. §§ 280 I, III, 283 auf Schadensersatz statt der Leistung, ohne sich auf den Wegfall der Bereicherung (§ 818 III) oder der Wertersatzpflicht (§ 346 III) berufen zu können. Verzögert er die Rückgewähr oder Herausgabe, muss er gem. §§ 280 I, III, 281 ebenfalls Schadensersatz statt der Leistung und unter den Voraussetzungen der §§ 280 I, II, 286 Ersatz des Verzögerungsschadens leisten.

Vor der Rücktrittserklärung besteht auch noch keine Rückgewähr- oder 20
Herausgabepflicht, die verletzt werden könnte. Wird zu dieser Zeit die Ursache dafür gesetzt, dass die später entstehende Pflicht nicht erfüllt werden kann, führt das nicht zu einer Schadensersatz-, sondern nur zu einer Wertersatzpflicht nach § 346 II, die gem. § 346 III entfallen kann.

3. Wertersatz statt unmöglicher Rückgewähr oder Herausgabe

Nicht immer kann der Schuldner das Erlangte gegenständlich zu- 21
rückgewähren und die gezogenen Nutzungen herausgeben. Dann kommt eine Wertersatzpflicht in Betracht. Das gilt auch bei der Rückabwicklung eines Verbrauchsgüterkaufs.[8] Für die Wertersatzpflicht sind zwei Fälle zu unterscheiden.

a) Ursprünglich nicht rückgewähr- oder herausgabefähige Leistung oder Nutzung. Hat der Rückgewährschuldner eine Leistung empfangen oder eine Nutzung gezogen, die ihrer Natur nach nicht zurückgewährt oder herausgegeben werden kann (zB Dienstleistung), so hat er dafür gem. § 346 II 1 Nr. 1 Wertersatz zu leisten. Der Ersatz für gezogene Nutzungen richtet sich jedenfalls dann nach dieser Norm, wenn die Einräumung der Nutzungsmöglichkeit Gegenstand des rückabzuwickelnden Vertrags war (zB beim Mietvertrag). Wurden die Nutzungen dagegen aufgrund eines anderen Vertrags gezogen (zB der Käufer nutzt die gekaufte Sache), wird die Ver-

---

8 *BGH* NJW 2010, 148 (kein Verstoß gegen die Verbrauchsgüterkaufrichtlinie 1999/44/EG).

pflichtung zum Nutzungsersatz überwiegend nicht auf § 346 II Nr. 1 gestützt, sondern unmittelbar aus § 346 I hergeleitet.[9]

Im **Fall d**[10] hat K den Pkw in Gebrauch genommen und damit Nutzungen in Form von Gebrauchsvorteilen (§ 100) gezogen. Diese hat er nach überwiegender Ansicht gem. § 346 I zu ersetzen. Wenn man den § 346 I aber in solchen Fällen nicht anwendet, weil die Herausgabe von Gebrauchsvorteilen (im Gegensatz zu Nutzungen in Form von Früchten) in Natur nicht möglich ist, muss für sie nach § 346 II Nr. 1 Wertersatz geleistet werden.

22 **b) Unmöglichkeit der Herausgabe und Verschlechterung des Erlangten.** Wertersatz ist auch dann geschuldet, wenn das Erlangte zwar seiner Natur nach rückgabefähig ist, aber aus einem anderen Grund nicht oder nicht in seiner ursprünglichen Form zurückgewährt oder herausgegeben werden kann (§ 346 II Nr. 2 und 3).

Im Grundsatz ändert damit der Rücktritt nichts an der Verteilung der Gefahr des zufälligen Untergangs bzw. der zufälligen Verschlechterung, die etwa beim Kauf idR mit der Übergabe der Sache auf den Empfänger übergeht (§ 446 S. 1). Bei diesem bleibt die Gefahr auch nach Erklärung des Rücktritts und Entstehung des Rückgewährschuldverhältnisses; denn er wird zwar von seiner Pflicht zur Rückgabe in natura, nicht aber von einer Wertersatzpflicht befreit. Die Ausnahmen finden sich dann in § 346 III.

23 aa) Nach § 346 II 1 Nr. 2 hat der Schuldner Wertersatz zu leisten, wenn er den empfangenen **Gegenstand verbraucht, veräußert, belastet, verarbeitet oder** (nicht nur unwesentlich) **umgestaltet** hat und ihn deshalb nicht (in der ursprünglichen Form) zurückgeben kann. Im Falle einer Belastung (zB eines Grundstücks) ist allerdings primär nicht Wertersatz, sondern Rückgabe und Beseitigung dieser Belastung (zB Löschung einer Grundschuld) geschuldet.[11] Nur wenn diese Beseitigung nicht möglich ist, kann der Rückgewährgläubiger Wertersatz verlangen. Im Übrigen besteht keine Wertersatzpflicht, wenn sich der zum Rücktritt berechtigende Mangel erst im Rahmen der Verarbeitung oder Umgestaltung des Gegenstandes gezeigt hat (§ 346 III 1 Nr. 1).

Man wird § 346 III 1 Nr. 1 analog anzuwenden haben, wenn sich der Mangel erst anlässlich des Verbrauchs zeigt.[12]

---

9 NK-BGB/*Hager* § 346 Rn. 33; *Lorenz/Riehm* Neues SchuldR Rn. 422.
10 Vgl. zu einem solchen Fall *BGH* NJW 2010, 148.
11 *BGH* NJW 2009, 63 ff.
12 NK-BGB/*Hager* § 346 Rn. 50.

Ist die **Wertersatzpflicht** nach § 346 III 1 Nr. 1 ausgeschlossen, muss der Schuldner zumindest eine verbleibende Bereicherung herausgeben (§ 346 III 2, Rechtsfolgenverweisung auf die §§ 818 ff.)[13]. 24

bb) Gemäß § 346 II 1 Nr. 3 hat der Schuldner auch dann Wertersatz zu leisten, wenn der empfangene Gegenstand **untergegangen** ist oder wenn er sich – über die Abnutzung durch eine bestimmungsgemäße Ingebrauchnahme hinaus – **verschlechtert** hat. 25

Im **Fall b** muss K Wertersatz für das Fernsehgerät leisten, sofern kein Fall des § 346 III 1 Nr. 3 (Beachtung der eigenüblichen Sorgfalt) vorliegt (→ § 20 Rn. 19). Im **Fall d** kann V dagegen keinen Ersatz für die durch allein die Zulassung entstandene Wertminderung verlangen, da diese durch die bestimmungsgemäße Ingebrauchnahme entstanden ist.

Man wird die Norm auf sonstige Fälle der Unmöglichkeit der Rückgewähr analog anzuwenden haben, sofern sie wie etwa bei Diebstahl oder Verlust der zurückzugewährenden oder herauszugebenden Sache auch von Nr. 2 nicht erfasst sind.[14]

Die **Wertersatzpflicht nach § 346 II 1 Nr. 3 entfällt** jedoch, wenn der Gläubiger selbst die Verschlechterung oder den Untergang zu vertreten hat oder der Schaden bei ihm gleichfalls eingetreten wäre (§ 346 III 1 Nr. 2). 26

Dem Vertretenmüssen des Gläubigers steht der Fall gleich, in dem die Verschlechterung oder der Untergang auf einem Mangel der Kaufsache beruht. Der Fall, dass der Schaden auch beim Gläubiger eingetreten wäre, ist etwa bei einem Unwetterschaden am Haus oder Grundstück gegeben.

Die Wertersatzpflicht nach § 346 II 1 Nr. 3 entfällt ferner dann, wenn der Rückgewährschuldner im Falle eines gesetzlichen Rücktrittsrechts die eigenübliche Sorgfalt (§ 277, → § 20 Rn. 19) beachtet hat und der Schaden gleichwohl eingetreten ist (§ 346 III 1 Nr. 3). 27

Der Grund für die Ausnahme von der Wertersatzpflicht besteht darin, dass das gesetzliche Rücktrittsrecht idR durch eine Pflichtverletzung des Rücktrittsgegners ausgelöst wird (Ausnahme: § 313 III) und der Rücktrittsberechtigte darauf vertraute, endgültig Eigentümer der Sache geworden zu sein und mit ihr nach Belieben verfahren zu können (§ 903). Zwar ist dieses Vertrauen nur bis zur Kenntnis des Rücktrittsberechtigten vom Rücktrittsgrund schutzwürdig; denn danach muss er sich auf eine Rückgewährpflicht einstellen. Deshalb hätte es durchaus nahegelegen, ihm auch die Privilegierung bei der Wertersatzpflicht nach § 346 III 1 Nr. 3 nur bis zu dieser Kenntniserlangung zu gewähren. Gegen eine entsprechende teleologische Korrektur der Vorschrift[15]

13 *BGH* NJW 2015, 1748.
14 NK-BGB/*Hager* § 346 Rn. 40; *Looschelders* SchuldR AT § 40 Rn. 15.
15 So NK-BGB/*Hager* § 346 Rn. 58 f.

spricht allerdings, dass der Gesetzgeber die Privilegierung des Rücktrittsberechtigten bewusst nicht bis zur Kenntniserlangung vom Rücktrittsgrund begrenzt und eine Schadensersatzpflicht erst ab der Rücktrittserklärung vorgesehen hat (→ Rn. 19 f.). Für den Zeitraum zwischen Kenntniserlangung vom Rücktrittsgrund und Rücktrittserklärung wird man mit einer Pflicht zum sorgfältigem Umgang mit der Sache helfen können,[16] deren Verletzung schadensersatzpflichtig macht (§ 280 I).

28 Selbst wenn die Wertersatzpflicht entfällt, ist eine verbleibende Bereicherung auch hier herauszugeben (§ 346 III 2, → Rn. 24).

29 **c) Berechnung des Wertersatzes.** § 346 II 2 enthält eine Regelung für die Berechnung des Wertersatzes. Wenn in einem rückabzuwickelnden gegenseitigen Vertrag wie einem Kaufvertrag eine bestimmte Gegenleistung (Kaufpreis) vereinbart war, ist diese für die Berechnung des Wertersatzes zugrunde zu legen und nicht etwa der objektive Wert. Das gilt auch, wenn Wertersatz für gezogene, aber nicht herausgabefähige Nutzungen (zB Nutzung einer gekauften Wohnung bis zur Rückabwicklung des Kaufvertrags) zu leisten ist. Der für den Wertersatz maßgebliche Nutzungsvorteil ist dann zeitanteilig aus dem Erwerbspreis zu berechnen.[17] Wenn allerdings Wertersatz für den Gebrauchsvorteil eines Darlehens zu leisten ist und die Gegenleistung (vereinbarter Zins) nachgewiesen höher als der Gebrauchsvorteil (marktüblicher Zins) ist, braucht Wertersatz nur in Höhe des Gebrauchsvorteils geleistet zu werden (§ 346 II 2, 2. Halbs.).

Durch diese Anknüpfung an die Preisvereinbarung bleibt beim Wertersatz dem Rücktrittsgegner trotz des Rücktritts ein etwaiger Gewinn erhalten. Rechtspolitisch ist das ein zweifelhaftes Ergebnis.

Beispiel: K erwirbt von V ein Bild im Wert von 1.000 EUR für 1.500 EUR. Nach Ausübung des vereinbarten Rücktrittsrechts wird dem K das Bild gestohlen. Er kann gem. § 346 I von V die gezahlten 1.500 EUR zurückverlangen und muss umgekehrt gem. § 346 II 1 Nr. 3, II 2 in Höhe dieses vereinbarten Betrages auch Wertersatz leisten, so dass rechnerisch nichts rückabzuwickeln ist. Wirtschaftlich wird also nicht der Zustand vor Vertragsschluss hergestellt; vielmehr bleibt trotz des Rücktritts das Ergebnis des Vertrags bestehen, weil die Differenz zwischen Wert des Bildes und vereinbartem Kaufpreis bei V verbleibt. Anders wäre es, wenn K das Bild noch zurückgeben könnte; dann stünde seiner Rückgewährpflicht (Bild im Wert von 1.000 EUR) eine Rückzahlungsforderung in Höhe von 1.500 EUR gegenüber, und

16 So BT-Drs. 14/7052, 194.

17 *BGH* NJW 2017, 3438 Rn. 26 ff. mAnm *Schwab* JuS 2018, 708.

er würde wirtschaftlich so gestellt, als sei der Vertrag gar nicht geschlossen worden. Die verschiedene Lösung beider Fälle überzeugt nicht, entspricht aber dem Gesetz.[18]

Fehlt es an einer solchen Abrede (selten), sind die objektiven Verhältnisse maßgebend. Der niedrigere objektive Wert und nicht die vereinbarte Gegenleistung ist auch dann maßgebend, wenn er gerade auf dem zum Rücktritt berechtigenden Mangel der Leistung beruht. Damit ist statt des vereinbarten Wertes der entsprechend §§ 441 III, 638 III geminderte Wert zu ersetzen. 30

Beispiel: Das für 1.500 EUR gekaufte Bild, das mangelfrei einen objektiven Wert von 1.000 EUR hat, ist wegen einer Beschädigung nur 500 EUR wert. Der Wertersatz, den der rücktretende Käufer bei Unmöglichkeit der Herausgabe leisten muss, beträgt 1.500 EUR × (500 EUR: 1.000 EUR) = 750 EUR.

4. Ersatz für nicht gezogene Nutzungen und für Verwendungen

a) Ersatz für nicht gezogene Nutzungen. Die tatsächlich gezogenen Nutzungen hat der Rückgewährschuldner schon nach § 346 I herauszugeben (→ Rn. 18). Für nicht gezogene Nutzungen hat er gem. § 347 I 1 insoweit Ersatz zu leisten, als er sie nach den Regeln einer ordnungsgemäßen Wirtschaft hätte ziehen können. 31

Als **Beispiele** sind etwa denkbar: Brachliegenlassen einer landwirtschaftlichen Nutzfläche, Nichteintreibung fälliger Miete, Verzicht auf die mögliche Verzinsung einer Geldsumme (also keine Mindestnutzungsentschädigung in Höhe des gesetzlichen Zinssatzes mehr, vgl. § 347 S. 3 aF).

Auch insoweit hat der kraft Gesetzes zum Rücktritt Berechtigte nur für die eigenübliche Sorgfalt einzustehen (§ 347 I 2).

b) Verwendungsersatz. Nach dem bisher Gesagten hat der Schuldner den Gegenstand sowie etwaige Nutzungen in natura oder dem Werte nach zurückzugewähren. Hat er Verwendungen auf die Sache gemacht, die zur Erhaltung der Sache erforderlich waren (notwendige Verwendungen), würde der Gläubiger dadurch sachwidrig bereichert. Deshalb gewährt § 347 II 1 dem Schuldner einen Anspruch auf Ersatz seiner notwendigen Verwendungen, wenn er den Gegenstand zurückgibt oder Wertersatz für ihn leistet. Gleiches gilt, wenn er deshalb von der Wertersatzpflicht befreit ist, weil sich der 32

18 So auch *BGH* NJW 2009, 1068 zu dem umgekehrten Fall, in dem der Käufer die Kaufsache unter Wert erworben hat und deshalb bei der Rückabwicklung nur Wertersatz in Höhe des vereinbarten niedrigen Kaufpreises zahlen muss.

zum Rücktritt berechtigende Mangel erst während der Verarbeitung oder Umgestaltung des Gegenstandes gezeigt hat (§ 346 III 1 Nr. 1), weil der Gläubiger die Verschlechterung oder den Untergang selbst zu vertreten hat oder weil der Schaden bei ihm gleichfalls eingetreten wäre (§ 346 III 1 Nr. 2). Auch in diesem Fall wäre es sachwidrig, wenn die notwendigen Verwendungen dem Gläubiger ersatzlos zugutekämen.

Andere, nämlich nicht notwendige Aufwendungen hat der Gläubiger insoweit zu ersetzen, als er durch sie bereichert ist (§ 347 II 2). Dazu zählen die nützlichen (dh werterhöhenden) Verwendungen.

Eine Bestimmung in AGB, wonach der Verwender einen **unangemessen hohen** Ersatz von Aufwendungen verlangen kann, ist unwirksam (§ 308 Nr. 7 Buchst. b).

5. Erfüllung Zug um Zug

33 Die sich aus dem Rücktritt ergebenden Verpflichtungen der Parteien sind Zug um Zug zu erfüllen (§§ 348, 320, 322). Davon werden sowohl die Rück- und Herausgabeansprüche (§ 346 I) als auch etwaige Ersatzansprüche (§§ 346 II, III; 347) erfasst.

Keine Ansprüche „aus dem Rücktritt" sind dagegen solche aus §§ 280 I, 241 II wegen Verletzung von Schutzpflichten. Sie ergeben sich aus der Schutzpflichtverletzung und nicht aus dem Rücktritt. Im **Fall a** kann B die Rückgabe des Bildes deshalb nicht unter Berufung auf § 348 verweigern. Ihm steht aber ein Zurückbehaltungsrecht nach § 273 (→ § 13 Rn. 2ff.) zu.

V. Unwirksamkeit des Rücktritts

1. Reugeldvereinbarung

34 Wird der Rücktritt vertraglich gegen Zahlung eines Reugeldes vorbehalten, so ist er nach § 353 unwirksam, wenn das Reugeld nicht vor oder bei der Erklärung entrichtet wird und der Gegner deshalb die Erklärung zurückweist oder wenn das Reugeld nicht unverzüglich nach der Zurückweisung gezahlt wird.

2. Aufrechnungsmöglichkeit

35 Erfolgt der Rücktritt wegen Nichterfüllung einer Verbindlichkeit des anderen Teils (§ 323 I), so wird er nach § 352 unwirksam, wenn der andere Teil vor dem Rücktritt eine Aufrechnungsmöglichkeit

hatte und er unverzüglich nach dem Rücktritt die Aufrechnung erklärt.

Dadurch entfällt nämlich rückwirkend die nicht erfüllte Verbindlichkeit (§ 389, → § 16 Rn. 12) und damit die Grundlage des Rücktritts.

VI. Abdingbarkeit der §§ 346ff.

Die §§ 346ff. sind grundsätzlich dispositiv. Sie können daher durch **36**
Vereinbarung der Parteien abbedungen werden. Ob eine solche Vereinbarung vorliegt, ist durch Auslegung zu ermitteln.

Die grundsätzliche Abdingbarkeit kann allerdings durch eine spezielle gesetzliche Anordnung ausgeschlossen sein. Wenn etwa bei einem Teilzahlungsgeschäft (§ 506 III) zwischen einem Unternehmer und einem Verbraucher vereinbart wird, dass bei Rücktritt des Unternehmers wegen Zahlungsverzugs (§ 508) die bis dahin bereits geleisteten Zahlungen verfallen, liegt darin eine Abweichung von der Rückgewährpflicht nach § 346 zum Nachteil des Verbrauchers. Sie ist gem. § 512 S. 1 unwirksam, weil § 508 zu den nach § 512 unabdingbaren Vorschriften gehört und für das dort genannte Rücktrittsrecht die §§ 346ff. gelten.

Voraussetzungen und Rechtsfolgen des Rücktritts

I. Voraussetzungen
1. Rücktrittsrecht
   a) Vertragliches
   b) Gesetzliches (zB §§ 313 III, 323, 324, 326 V, 508)
2. Rücktrittserklärung (§ 349)
3. Kein Ausschluss (§ 350 S. 2)

II. Rechtsfolgen
1. Erlöschen der Leistungspflichten
2. Rückgewähr der empfangenen Leistungen (§ 346 I)
3. Herausgabe gezogener Nutzungen (§ 346 I)
4. Wertersatz bei unmöglicher Rückgewähr oder Herausgabe oder bei Verschlechterung des Erlangten (§ 346 II; Ausnahmen: § 346 III)
5. Ersatz für nicht gezogene Nutzungen (§ 347 I 1)
6. Verwendungsersatz (§ 347 II 1)

6. Kapitel. Verbraucherschutz bei Verbraucherverträgen und besonderen Vertriebsformen

§ 19. Verbraucherschutz bei Verbraucherverträgen und besonderen Vertriebsformen

1 **Schrifttum:** *Alexander*, Neuregelungen zum Schutz der Verbraucher bei unerlaubter Telefonwerbung, JuS 2009, 1070; *Bälz*, Der Rückforderungsdurchgriff des Verbrauchers, FS Schapp, 2010, 25; *Bartholomä*, Die Systematik des neuen Wertersatzregimes nach Widerruf, NJW 2012, 1761; *Beck*, Die Reform des Verbraucherschutzrechts, JURA 2014, 666; *Benecke*, Von arglistigem und schikanösem Verhalten des Verbrauchers – Grenzen des Widerrufsrechts nach § 355 BGB, ZIP 2016, 1897; *Bergt*, Praktische Probleme bei der Umsetzung neuer gesetzlicher Vorgaben im Webshop, NJW 2012, 3541; *Bierekoven/Crone*, Umsetzung der Verbraucherrechterichtlinie. Neuerungen im deutschen Schuldrecht – Ein erster Überblick, MMR 2013, 687; *Brinkmann/Ludwigkeit*, Neuerungen des situativen Anwendungsbereichs besonderer Vertriebsformen, NJW 2014, 3270; *Buchmann/Majer/Hertfelder/Vögelein*, „Vertragsfallen" im Internet – Rechtliche Würdigung und Gegenstrategien, NJW 2009, 3189; *Bülow*, Haustürsituation und Kausalität, ZIP 2012, 1745; *Bülow/Artz*, Verbraucherprivatrecht, 6. Aufl., 2018; *Dassbach*, Vorvertragliche Informationspflichten, JA 2016, 325; *Duchstein*, Die Verwirkung des Widerrufsrechts bei Verbraucherdarlehen, NJW 2015, 1409; *Ebnet*, Widerruf und Widerrufsbelehrung, NJW 2011, 1029; *Eichel*, Schadensersatzhaftung im Falle fehlerhafter Widerrufsbelehrung in Verbraucherdarlehensverträgen, ZfPW 2016, 52; *Fervers*, Die Button-Lösung im Lichte der Rechtsgeschäftslehre, NJW 2016, 2289; *Förster*, Die Umsetzung der Verbraucherrechterichtlinie in §§ 312ff. BGB – Eine systematische Darstellung für Studium und Examen, JA 2014, 721 und 801; *ders.*, Neues Verbraucherrecht im BGB, ZIP 2014, 1569; *Grunewald*, Vertragsverbindungen, JuS 2010, 93; *Grundmann*, Die EU-Verbraucherrechte-Richtlinie, JZ 2013, 53; *Habersack*, Das neue Recht der verbundenen Verträge, FS Picker, 2010, 341; *Hager*, Grundlagen des Deutschen Verbraucherschutzes, JA 2011, 721; *Herresthal*, Der Widerruf von Verbraucherdarlehen und damit verbundener Kfz-Kaufverträge, ZIP 2018, 753; *Hilbig-Lugani*, Neuerungen im Außergeschäftsraum- und Fernabsatzwiderrufsrecht – Teil 1, ZJS 2013, 441; *Hinz*, Verbraucherverträge im Mietrecht, WuM 2016, 76; *Hoffmann*, Verbraucherwiderruf bei Stellvertretung, JZ 2012, 1156; *Hoffmann/Schneider*, Die Rücksendung der Ware als Widerrufserklärung, NJW 2015, 2529; *Hupka*, Unverzüglichkeit der Widerrufsbelehrung

bei ebay-Versteigerungen, NJW 2012, 1122; *Jaensch*, Anfängerklausur Zivilrecht: Wertersatz für genutzte und beschädigte Ware bei Widerruf des Fernabsatzgeschäfts, JuS 2012, 38; *Kliegel*, Zivil- und strafrechtliche Beurteilung sog. „Abofallen" im Internet unter Berücksichtigung des neuen § 312g II–IV BGB, JR 2013, 389; *Klocke*, Die Widerrufbarkeit von Verträgen über Türöffnungen, NJW 2017, 2151; *ders.*, Grundfälle zu den verbundenen und zusammenhängenden Verträgen, JuS 2016, 975; *Knops*, Gläubigerkenntnis und Schuldnervertrauen als Verwirkungsvoraussetzungen, NJW 2018, 425; *Koch*, Rechte des Unternehmers und Pflichten des Verbrauchers nach Umsetzung der Richtlinie über die Rechte der Verbraucher, JZ 2014, 758; *Kramme*, Die Einbeziehung von Pflichtinformationen in Fernabsatz- und Außergeschäftsraumverträge, NJW 2015, 279; *Kropf*, Anwendbarkeit des Fernabsatzrechts auf von Verbrauchern bestellte Kreditsicherheiten nach dem 13.6.2014?, WM 2015, 1699; *Lobinger*, Zur Rückabwicklung zwischen Darlehensgeber und Unternehmer beim Scheitern verbundener Verträge, FS Picker, 2010, 575; *v. Loewenich*, § 312 Abs. 1 BGB und von Verbrauchern gestellte Bürgschaften sowie andere von Verbauchern gestellte Sicherheiten, WM 2015, 113; *ders.*, Zum Anwendungsbereich der Verbraucherrechte-Richtlinie als Hintergrund der Auslegung des § 312 Abs. 1 BGB, WM 2016, 2011; *Mätzig*, Das neue Widerrufsrecht in der Falllösung, JURA 2015, 233; *Magnus*, Wertersatz nach Widerruf, JZ 2017, 983; *Mand*, Widerrufsrecht gegenüber Versandapotheke?, NJW 2008, 190; *Mankowski*, Verbraucherschützendes Widerrufsrecht und Rechtsmissbrauch, JZ 2016, 787; *Maume*, Der umgekehrte Verbrauchervertrag, NJW 2016, 1041; *Meier*, Sind Bürgschaften wieder unwiderruflich?, ZIP 2015, 1156; *Mörsdorf*, Die Vereinbarkeit der deutschen Widerrufsfolgenregelung gemäß § 357 BGB mit der Fernabsatz-Richtlinie, JZ 2010, 232; *Purnhagen*, Die Auswirkungen der neuen EU-Richtlinie auf das deutsche Verbraucherrecht, ZRP 2012, 36; *Regenfus*, Fehlerhaftigkeit von Widerrufsbelehrungen, JZ 2016, 1140; *Rolfs/Möller*, Widerrufsrechte im Wohnraummietrecht, NJW 2017, 3275; *Schlinker*, Der Beginn der Widerrufsfrist bei Warenlieferungen im Rahmen von Haustürgeschäften nach § 355 BGB, JR 2012, 313; *ders.*, Verbraucherbürgschaft und Verbraucherverkauf als Außergeschäftsraum- oder Fernabsatzvertrag iSd Verbraucherrechte-Richtlinie?, WM 2017, 113; *Schärtl*, Der verbraucherschützende Widerruf bei außerhalb von Geschäftsräumen geschlossenen Verträgen und Fernabsatzverträgen, JuS 2014, 577; *Schmidt-Kessel/Schäfer*, Wie flexibel ist die Musterwiderrufsbelehrung, WM 2013, 2241; *Schröder*, Gesetz … zur Neuordnung der Vorschriften über das Widerrufs- und Rückgaberecht, NJW 2010, 1933; *Sesing*, Zweckwidrige Ausübung des Verbraucherwiderrufs, JR 2017, 549; *Singbartl/Zintl*, Schadensersatzhaftung des Verbrauchers bei nicht erfolgter oder fehlerhafter Widerrufsbelehrung, NJW 2016, 1848; *Stöhr*, Das BGB im digitalen Zeitalter – Eine Herausforderung für das Vertragsrecht, ZIP 2016, 1468; *M. Stürner*, Grundstrukturen des Verbrauchervertrags im BGB, JURA 2015, 30; *ders.*, Der Widerruf bei Verbraucherverträgen, JURA 2016, 26; *ders.*, Rechtsfolgen des Widerrufs bei Verbraucherverträgen, JURA 2016, 374; *ders.*, Verbundene und zusammenhängende Verbraucherverträge, JURA 2016, 739; *Schwab*, Der verbraucherschützende Widerruf und seine Folgen für die Rückabwicklung des Vertrags, JZ 2015, 644; *Schwab/Hromek*, Alte Streitstände im neuen Verbraucherprivatrecht, JZ 2015, 271; *Vels*, Pflichtangaben zu Widerrufsinformationen, NJW 2018, 1285; *Weiss*, Die Untiefen der „Button"-Lösung, JuS 2013, 590; *Wendehorst*, Das neue Gesetz zur Umsetzung der Verbraucherrechterichtlinie, NJW 2014, 577; *dies.*, Dauerbaustelle Verbrauchervertrag: Wertersatz bei Widerruf von Fernabsatzverträgen, NJW 2011, 2551; *Wendelstein/Zander*, Das neue Verbraucherrecht nach der Umsetzung der Verbraucherrechterichtlinie, JURA 2014, 1191; *Willems*, Rückzahlung in Gutscheinform beim Verbraucherwiderruf, NJW 2018, 1049; *Woitkewitsch*, Vertragswiderruf – Wertersatz und Nutzungsentschädigung bei fehlerhafter Belehrung, MDR 2015, 1157.

Fall a: Vertreter V spricht K im Zug zur Arbeit an und verleitet sie zum Kauf von Kosmetika im Wert von 70 EUR. Später bereut K und hinterlässt auf dem Anrufbeantworter des V die Nachricht, dass sie den Vertrag widerrufe. Wirksam? → Rn. 9, 18, 26

Fall b: K erwirbt an ihrer Haustür von Vertreter V Staubsaugerbeutel. Später bemerkt sie, dass sie noch einen großen Vorrat hat, und sie schickt die Ware zurück an V. Wirksamer Widerruf? → Rn. 9, 18, 27

Fall c: O erwirbt auf einer Kaffeefahrt Geschirr im Wert von 30 EUR für 60 EUR. Nachdem das Geschirr zu Boden gefallen ist, erklärt O den Widerruf. Verkäufer V hält das für unwirksam. Jedenfalls rechne er mit einer Gegenforderung in Höhe von 60 EUR für das zerstörte Geschirr auf. → Rn. 12, 18, 40

Fall d: K kauft im Geschäft des V einen Rasenmäher. Zwecks Finanzierung des Kaufpreises von 500 EUR schließt er gleichzeitig einen Darlehensvertrag mit B, der Hausbank des Verkäufers, für die V als Abschlussgehilfe tätig ist. Später bereut K und möchte den Rasenmäher nicht mehr haben. Er widerruft beide Verträge. B, die inzwischen den Darlehensbetrag vereinbarungsgemäß zwecks Tilgung des Kaufpreises direkt an V gezahlt hat, besteht auf Rückzahlung des Darlehens durch K. Wie ist die Rechtslage? → Rn. 9, 45, 46, 48, 49

Fall e: Welche rechtlichen Konsequenzen hat es, wenn im Fall d der V den K auf dessen Bitte in seinem Haus aufgesucht hat und es dort zum Abschluss des Kaufvertrags über den Rasenmäher gekommen ist? → Rn. 9, 18, 48

Fall f: Unternehmer U stellt im Rahmen einer Internet-Auktion bei eBay ein Schmuckstück zur Versteigerung ab 1 EUR ein. Verbraucher K gibt innerhalb der angegebenen Laufzeit das höchste Gebot ab. Er verweigert jedoch die Abnahme und Bezahlung. Zu Recht? → Rn. 15, 18, 35

I. Überblick über den Verbraucherschutz im BGB

Wenn ein Vertrag zwischen einem Verbraucher (§ 13) und einem Unternehmer (§ 14) abgeschlossen wird, ist der Verbraucher im Zweifel die unterlegene Vertragspartei. Er wird deshalb durch zahlreiche Vorschriften besonders geschützt.

Zum Teil bezieht sich der Verbraucherschutz auf einzelne Vertragstypen. Insoweit ist er im Zusammenhang mit dem jeweiligen Vertragsrecht im Besonderen Schuldrecht geregelt. Zu erwähnen sind die verbraucherschützenden Regelungen beim Verbrauchsgüterkauf (§§ 474 ff.)[1], beim Teilzeit-Wohnrechtevertrag (§§ 481 ff.)[2], beim Verbraucherdarlehensvertrag (§§ 491 ff.)[3], bei Finanzierungshilfen (§§ 506 ff.)[4] und Ratenlieferungsverträgen (§ 510)[5] sowie beim Verbraucherbauvertrag (§§ 650i ff.)[6]. Soweit es bei diesen Vertragstypen darum geht, dass dem Verbraucher ein Widerrufsrecht zusteht, sind allerdings für die Ausübung und die Rechtsfolgen eines Widerrufs ergänzend Vorschriften aus dem allgemeinen Schuldrecht (§§ 356a ff., 357b ff.) hinzuzuziehen.

Soweit der Verbraucherschutz alle oder zumindest mehrere Vertragstypen betrifft, ist er im Allgemeinen Schuldrecht geregelt. Dazu gehört § 310 III, wonach die AGB-Kontrolle zum Schutz des am Vertrag beteiligten Verbrauchers einen erweiterten Anwendungsbereich hat (→ § 4 Rn. 62 ff.). Ferner enthalten die §§ 312 ff. und 355 ff. verbraucherschützende Regeln. Diese galten bis zum 12.6.2014 nur für „besondere Vertriebsformen". Sie wurden zwecks Umsetzung der Verbraucherrechterichtlinie 2011/83/EU vom 25.10.2011 durch Gesetz vom 20.9.2013[7] neu gegliedert und vollständig neu gefasst. Diese Richtlinie verfolgt das Ziel, zu einem hohen Verbraucherschutzniveau und zu einem besseren Funktionieren des Binnenmarktes zwischen Unternehmern und Verbrauchern beizutragen.[8] Besser lesbar wird das BGB durch die nachträgliche Einfügung solcher Detailregelungen zu verbraucherschützenden Einzelfragen nicht. 2

II. Besondere Pflichten und Grundsätze bei allen Verbraucherverträgen

Bei Verbraucherverträgen über eine entgeltliche Leistung des Unternehmers hat dieser grundlegende Informationspflichten und es gel- 3

1 Dazu *Brox/Walker* SchuldR BT § 7 Rn. 1 ff.
2 Dazu *Brox/Walker* SchuldR BT § 7 Rn. 67 ff.
3 Dazu *Brox/Walker* SchuldR BT § 17 Rn. 36 ff.
4 Dazu *Brox/Walker* SchuldR BT § 18 Rn. 1 ff.
5 Dazu *Brox/Walker* SchuldR BT § 18 Rn. 15 ff.
6 Dazu *Brox/Walker* SchuldR BT § 24 Rn. 15.
7 Gesetz zur Umsetzung der Verbraucherrechterichtlinie und zur Änderung des Gesetzes zur Regelung der Wohnungsvermittlung, BGBl. I 3642.
8 BT-Drs. 17/12637, 1.

ten zum Schutz des Verbrauchers besondere Grundsätze. Mit Verbraucherverträgen sind gem. §§ 312 I, 310 III Verträge zwischen einem Unternehmer (§ 14) und einem Verbraucher (§ 13) gemeint. Meist wird der Unternehmer die vertragstypische Leistung (zB Lieferung einer Sache, Leistung von Diensten) erbringen und der Verbraucher ein Entgelt (zB Kaufpreis) zahlen. Notwendig ist das aber nicht. Die §§ 312 ff. gelten grds. auch dann, wenn der Verbraucher die vertragstypische Leistung erbringt (zum Fernabsatz siehe aber → Rn. 14). § 312a gilt unabhängig von der jeweiligen Vertriebsform (also auch bei Ladengeschäften) grundsätzlich bei allen Verbraucherverträgen, soweit seine Anwendbarkeit nicht für einzelne Verträge in § 312 II–VII eingeschränkt ist. Diese Einschränkungen beruhen zum großen Teil darauf, dass es für die genannten Verträge spezialgesetzlich geregelte Informationspflichten gibt, die es rechtfertigen, diese Verträge ganz oder teilweise vom Anwendungsbereich des § 312a auszunehmen.[9]

1. Informationspflichten des Unternehmers

4 Wenn ein Unternehmer einen Verbraucher anruft, um mit ihm einen Vertrag abzuschließen, muss er zu Beginn des Gesprächs seine Identität und den Zweck seines Anrufs offenlegen (§ 312a I). Vor dem Vertragsschluss muss er den Verbraucher über wesentliche Merkmale der Ware, den Preis, die Zahlungs- und Lieferbedingungen, das Bestehen von Mängelrechten und Garantien und ggf. weitere Umstände informieren (§ 312a II, Art. 246 EGBGB). Die Information muss in klarer und verständlicher Weise erfolgen (Art. 246 I 1 EGBGB).

Bei einem Verstoß des Unternehmers gegen seine Informationspflichten kommt eine Schadensersatzhaftung des Unternehmers nach § 311 II iVm § 280 I wegen Verletzung vorvertraglicher Pflichten in Betracht.

2. Grenzen für die Vereinbarung von Entgelten

5 Für die Vereinbarung von Entgelten, die zusätzlich zu dem Preis für die Hauptleistung anfallen, regelt § 312a II 2 – V besondere Voraussetzungen. So kann der Unternehmer Fracht-, Liefer- und Versandkosten nur verlangen, wenn er den Verbraucher darüber in klarer

9 BT-Drs. 17/12637, 45.

und verständlicher Weise informiert hat (§ 312a II 2 iVm Art. 246 I Nr. 3 EGBGB). Entgeltliche Nebenleistungen können nur ausdrücklich, nicht konkludent vereinbart werden (§ 312a III). Dadurch soll der Verbraucher, der sein Augenmerk oft nur auf den Preis für die vom Unternehmer zu erbringende Hauptleistung richtet, davor geschützt werden, sich in einem größeren Umfang als beabsichtigt zu verpflichten.[10] Eine Vereinbarung, wonach der Verbraucher wegen der Benutzung eines bestimmten Zahlungsmittels (zB Kreditkarte, Lastschrift, Überweisung) ein besonderes Entgelt zahlen soll, ist gem. § 312a IV nur unter engen Voraussetzungen wirksam: Erstens muss dem Verbraucher mindestens eine gängige und zumutbare unentgeltliche Zahlungsmöglichkeit eingeräumt werden. Zweitens darf das vereinbarte Entgelt nicht über die dem Unternehmer tatsächlich entstehenden Kosten hinausgehen. Überteuerte Entgelte für Kreditkartenzahlungen sind also unzulässig. Nach § 312a V darf ein Entgelt dafür, dass der Verbraucher wegen einer Frage oder Erklärung zu dem mit dem Unternehmer geschlossenen Vertrag bei einer von diesem dafür bereit gehaltenen Telefonnummer anruft, nicht vereinbart werden, soweit es das Entgelt für die Nutzung des Telekommunikationsdienstes übersteigt. Dadurch soll verhindert werden, dass der Verbraucher durch die zu erwartenden Kosten von einer telefonischen Kontaktaufnahme mit dem Unternehmer abgehalten wird.[11]

Wenn eine Entgeltvereinbarung nach § 312a III–V nicht Vertrags- 6
bestandteil geworden oder unwirksam ist, bleibt der Vertrag im Übrigen wirksam (§ 312a VI). Das entspricht den Interessen des Verbrauchers. Er behält seinen Anspruch auf Durchführung des Vertrags, ohne mit den in Abs. 3–5 genannten Nachteilen belastet zu werden.

III. Verbraucherschutz bei außerhalb von Geschäftsräumen geschlossenen Verträgen und bei Fernabsatzverträgen

1. Sinn

Einen erhöhten Verbraucherschutz sehen die §§ 312b ff. vor für 7
Verträge, die außerhalb von Geschäftsräumen geschlossen werden (insbes. Haustürgeschäfte), sowie für Fernabsatzverträge. Die Gemeinsamkeit dieser besonderen Vertriebsformen besteht darin, dass

10 BT-Drs. 17/12637, 53.
11 BT-Drs. 17/12637, 52.

die Verträge auf unübliche Weise, unter unüblichen Umständen oder an einem unüblichen Ort abgeschlossen oder angebahnt werden. Beim Vertragsschluss außerhalb von Geschäftsräumen besteht die Gefahr, dass der Verbraucher überrascht und überrumpelt wird und einen Vertrag abschließt, den er vielleicht gar nicht abschließen wollte. Bei Fernabsatzverträgen kommt es beim Vertragsschluss nicht zu einer physischen Begegnung zwischen Unternehmer und Verbraucher, und dieser hat – wenn er Käufer ist – in der Regel keine Möglichkeit, die Ware vor Vertragsschluss zu sehen und zu prüfen. Die §§ 312b ff. bezwecken, den Verbraucher vor Gefahren zu schützen, die sich aus der ungewöhnlichen Situation bei Vertragsschluss ergeben können. Deshalb sind sie auch im Zusammenhang mit der Begründung von Schuldverhältnissen aus Verträgen geregelt.

2. Definitionen

8 **a) Außerhalb von Geschäftsräumen geschlossene Verträge.** § 312b definiert die außerhalb von Geschäftsräumen geschlossenen Verträge. Geschäftsräume sind gem. § 312b II sowohl unbewegliche Gewerberäume, in denen der Unternehmer seine Tätigkeit dauerhaft ausübt, als auch bewegliche Gewerberäume wie Markt- oder Messestände sowie Verkaufswagen.

§ 312b I zählt **vier Fallgruppen** auf, in denen ein Vertrag außerhalb von Geschäftsräumen abgeschlossen wird:

9 **Nr. 1:** Der Vertrag wird bei gleichzeitiger Anwesenheit der Parteien an einem Ort geschlossen, der nicht zu den Geschäftsräumen des Unternehmers gehört. Beispiele: Privatwohnung (**Fälle b, e**), Restaurant, Kurhaus, öffentliche Verkehrsmittel (**Fall a**), allgemein zugängliche Verkehrsflächen. Das sind die eigentlichen Haustürgeschäfte. Selbst wenn der Verbraucher den Unternehmer zu sich nach Hause bestellt und deshalb den Kaufvertrag nicht in einer Überraschungssituation geschlossen hat (**Fall e**), liegt – entgegen dem bis zum 12.6.2014 geltenden § 312 III Nr. 1 aF – ein Fall des § 312b I Nr. 1 vor.[12] Im **Fall d** liegt dagegen kein Haustürgeschäft vor, weil K den Rasenmäher im Ladengeschäft des V gekauft hat.

Wenn ein Arbeitnehmer (§ 611a) etwa an seinem Arbeitsplatz einen Aufhebungsvertrag zwecks Beendigung seines Arbeitsverhältnisses abschließt, liegen die Voraussetzungen des § 312b I Nr. 1 in der Regel nicht vor. Der Arbeitneh-

12 BT-Drs. 17/12637, 49.

mer wird zwar vom Bundesarbeitsgericht als Verbraucher angesehen,[13] und der Aufhebungsvertrag ist jedenfalls dann ein Vertrag über eine entgeltliche Leistung (vgl. § 312 I), wenn darin eine Abfindung oder eine sonstige Vergünstigung für den Arbeitnehmer vereinbart ist. Aber der Arbeitsplatz des Verbrauchers wird meistens identisch sein mit den Geschäftsräumen des Unternehmers. Dann steht dem Arbeitnehmer auch das wichtigste Instrument des Verbraucherschutzes bei außerhalb von Geschäftsräumen geschlossenen Verträgen, nämlich das Widerrufsrecht (§ 312g; → Rn. 18 ff.), nicht zu. Ob Entsprechendes auch gilt, wenn der Aufhebungsvertrag in der Wohnung des Arbeitnehmers abgeschlossen wird, ist höchstrichterlich noch nicht geklärt.[14] Zwar handelt es sich dann um einen außerhalb von Geschäftsräumen geschlossenen Vertrag iSv § 312b. Aber zT wird vertreten, das Widerrufsrecht nach § 312g sei nur auf Vertriebsgeschäfte über Waren und Dienstleistungen zugeschnitten, nicht dagegen auf Arbeitsverträge und arbeitsrechtliche Aufhebungsverträge.[15]

Nr. 2: Der Vertrag wird zwar nicht in einer Situation nach Nr. 1 geschlossen, aber durch ein bindendes Angebot des Verbrauchers vorbereitet. Sinn dieser Erweiterung der Nr. 1: Für die Schutzbedürftigkeit des Verbrauchers spielt es keine Rolle, ob auch der Unternehmer seine Vertragserklärung außerhalb seiner Geschäftsräume abgibt. 10

Nr. 3: Der Vertrag wird zwar in den Geschäftsräumen des Unternehmers abgeschlossen, aber dadurch angebahnt, dass der Verbraucher unmittelbar zuvor außerhalb der Geschäftsräume persönlich und individuell angesprochen wurde. Typisches Beispiel: Ansprechen des Verbrauchers im öffentlichen Verkehrsraum vor dem Geschäft des Unternehmers (auch durch Aushändigung eines Flugblatts). Nicht erfasst wird dagegen der Fall, dass der Vertrag erst deutlich nach dem Ansprechen des Verbrauchers abgeschlossen wird, sofern der Verbraucher nur genügend Zeit zur Prüfung des Vertragsschlusses hat.[16] Dann kann von einer Überrumpelung nämlich nicht die Rede sein. 11

Nr. 4: Der Vertrag wird auf einem Ausflug geschlossen, der vom Unternehmer oder mit seiner Hilfe organisiert wurde, um beim Verbraucher für den Verkauf von Waren oder die Erbringung von Dienstleistungen zu werben und mit ihm einen Vertrag abzuschließen. Davon werden insbesondere die klassischen Kaffeefahrten erfasst (**Fall c**). Grund: Wenn Ausflugs- und Verkaufsangebote derart 12

---

13 *BAG* NJW 2005, 3305 (3309 f.); 2013, 3741.
14 Revisionsverfahren anhängig beim BAG unter dem Az. 6 AZR 75/18.
15 *LAG Niedersachsen* NZA-RR 2018, 361 Rn. 21 ff. mAnm *Glatzel* und Anm *Fuhlrott* EWiR 2018, 507.
16 BT-Drs. 17/12637, 49.

organisatorisch miteinander verwoben sind, dass der Kunde im Hinblick auf die Ankündigung und Durchführung der Veranstaltung in eine freizeitlich unbeschwerte Stimmung versetzt wird, kann er sich dem auf einen Geschäftsabschluss gerichteten Angebot nur schwer entziehen.[17] Die Vorschrift greift auch dann ein, wenn der Ausflug zu einem Geschäftsraum des Unternehmers führt, in dem der Vertrag abgeschlossen wird.[18]

13 Wenn für den Verbraucher ein Vertreter handelt, muss die Verhandlungs- oder Abschlusssituation des § 312b I in der Person des Vertreters gegeben sein.[19] Das folgt aus dem Rechtsgedanken des § 166 I. Führt der Unternehmer (zB Bank) die Vertragsverhandlungen nicht selbst, muss er sich die in der Person des Verhandlungsführers (zB Kreditvermittler) objektiv gegebene Situation beim Vertragsschluss ebenfalls zurechnen lassen (§ 312b I 2).

14 **b) Fernabsatzverträge.** Fernabsatzverträge sind nach § 312c I Verträge, die zwischen einem Verbraucher (§ 13) und einem Unternehmer (§ 14) unter ausschließlicher Verwendung von Fernkommunikationsmitteln geschlossen werden, es sei denn, dass der Vertragsschluss nicht im Rahmen eines für den Fernabsatz organisierten Vertriebs- oder Dienstleistungssystems erfolgt. Bei § 312c muss der Unternehmer als Lieferant am Vertrag beteiligt sein. Das folgt aus dem Sinn des Verbraucherschutzes bei Fernabsatzgeschäften, der von der Verbraucherrechte-Richtlinie vorgegeben ist.[20] Der Verbraucher ist nämlich nur dann schutzwürdig, wenn ihm als Käufer die Möglichkeit fehlt, die Ware vor Vertragsschluss zu sehen und zu prüfen. § 312c gilt also nicht bei Verträgen über die Lieferung durch einen Verbraucher an einen Unternehmer.[21]

Geschäfte, die nur zufällig durch den Einsatz von Fernkommunikationsmitteln zustande kommen, werden also nicht erfasst (vgl. § 312c I, 2. Halbs.). Der Unternehmer muss vielmehr personell und sachlich so ausgestattet sein, dass er regelmäßig im Fernabsatz zu tätigende Geschäfte bewältigen kann.[22] Nicht erforderlich ist allerdings, dass der Unternehmer sein gesamtes Geschäft über Fernkommunikationsmittel abwickelt. Deshalb kann etwa ein Anwaltsvertrag, der über eine dafür zur Verfügung gestellte Anwalts-Hotline oder Internetseite abgeschlossen wird, auch dann ein Fernabsatzvertrag sein, wenn

---

17 *BGH* NJW 2004, 362 (verneint für eine Verbraucherausstellung).
18 BT-Drs. 17/12637, 49.
19 *BGH* NJW 2000, 2268 (2270).
20 *Maume* NJW 2016, 1041 (1043 f.).
21 So zu § 312b aF *BGH* NJW 2015, 1009 (1011).
22 *BGH* NJW 2018, 690 Rn. 19; 2019, 303 Rn. 18 f.

der Anwalt daneben die Möglichkeit anbietet, Verträge in seiner Kanzlei abzuschließen.[23]

§ 312c I erfasst auch Verträge, bei denen der Verbraucher die Geschäftsräume des Unternehmers nur zum Zwecke der Information über Waren oder Dienstleistungen aufsucht, anschließend aber den Vertrag über Fernkommunikationsmittel verhandelt und abschließt. Wenn dagegen der Vertrag zwar über Fernkommunikationsmittel verhandelt, dann aber in den Geschäftsräumen des Unternehmers abgeschlossen wird, liegt kein Fernabsatzvertrag vor. Deshalb führt allein die telefonische Reservierung eines Termins für eine Dienstleistung (zB Friseurtermin) nicht zu einem Fernabsatzvertrag über die Dienstleistung.[24] An einem Vertragsschluss unter ausschließlicher Verwendung von Fernkommunikationsmitteln fehlt es auch dann, wenn der Verbraucher während der Vertragsverhandlungen persönlichen Kontakt zu einem Mitarbeiter des Unternehmers oder einem vom Unternehmer bevollmächtigten Vertreter hatte.[25]

Als **Fernkommunikationsmittel** gelten gem. § 312c II solche Kommunikationsmittel, die zur Anbahnung oder zum Abschluss eines Vertrags zwischen einem Verbraucher und einem Unternehmer ohne gleichzeitige körperliche Anwesenheit der Vertragsparteien eingesetzt werden können. Beispielhaft sind im Gesetz Briefe, Kataloge, Telefonanrufe, Telekopien, E-Mails, SMS sowie Rundfunk- und Telemedien genannt. Die Regelung erfasst daher sowohl die klassischen Fernabsatzgeschäfte (zB Katalogbestellungen) als auch einen Großteil des sog. elektronischen Geschäftsverkehrs und gilt für Teleshopping ebenso wie für Videotext, das Internet (eBay, **Fall f**) und andere Online-Medien. Aber auch wenn bei Vertragsschluss ein Bote beauftragt wird, der zwar dem Verbraucher in unmittelbarem persönlichen Kontakt gegenübertritt, jedoch über den Vertragsinhalt und insbesondere über die Beschaffenheit der Vertragsleistung des Unternehmers keine Auskünfte geben kann und soll, handelt es sich um den Einsatz von Fernkommunikationsmitteln.[26] **15**

Falls die Vertragsparteien darüber streiten, ob der Vertrag ausschließlich unter Verwendung von Fernkommunikationsmitteln geschlossen wurde, trägt der Verbraucher, der sich auf die §§ 312c ff., 312g beruft, die **Beweislast**.[27] Wenn der Unternehmer dagegen das Vorliegen eines Fernabsatzvertrags mit der Begründung bestreitet, der Vertragsschluss sei nicht im Rahmen eines für den Fernabsatz or- **15a**

23 *BGH* NJW 2018, 690 Rn. 22.
24 BT-Drs. 17/12637, 50.
25 *BGH* NJW 2018, 1387 Rn. 20.
26 *BGH* NJW 2004, 3699 (zum sog. Postident-2-Verfahren).
27 *BGH* ZIP 2016, 1640.

ganisierten Vertriebs- oder Dienstleistungssystems erfolgt, ist er insoweit beweispflichtig.[28]

3. Informationspflichten und Folgen ihrer Verletzung

16 Bei Fernabsatzverträgen und außerhalb von Geschäftsräumen geschlossenen Verträgen, die keine Finanzdienstleistungen betreffen, sind dem Unternehmer durch § 312d I verschiedene **Informationspflichten** vor Vertragsschluss auferlegt worden. Die Einzelheiten der Informationspflichten ergeben sich aus Art. 246a §§ 1–4 EGBGB, auf die § 312d I verweist (zu den abweichenden Informationspflichten bei solchen Verträgen über Finanzdienstleistungen § 312d II iVm Art. 246b EGBGB). Nach § 312f muss der Unternehmer nach Vertragsschluss eine Abschrift des Vertrags bzw. eine andere Bestätigung des Vertrags mit Angabe des Vertragsinhalts überlassen. Das dient dem Interesse des Verbrauchers an einer umfassenden Vertragsdokumentation. Eine Verletzung dieser Pflicht kann einen Schadensersatzanspruch (§§ 280 I, 241 II) begründen und dem Verbraucher ein Rücktrittsrecht (§ 324; → § 25 Rn. 9f.) geben.

Nach Art. 246a § 1 EGBGB hat der Unternehmer den Verbraucher vor Abschluss eines von § 312d erfassten Vertrags unter anderem über seine Identität und Anschrift, über wesentliche Merkmale der Ware, den Preis, gegebenenfalls zusätzlich anfallende Liefer- und Versandkosten, über ein gegebenenfalls bestehendes Widerrufsrecht (dazu § 312g), über die Anschrift für Beanstandungen und über Kundendienst, Gewährleistungs- und Garantiebedingungen zu informieren. Der Unternehmer muss dem Verbraucher diese Informationen in klarer und verständlicher Sprache zur Verfügung stellen, und zwar beim Abschluss von Verträgen außerhalb von Geschäftsräumen auf Papier oder (mit Zustimmung des Verbrauchers) auf einem anderen Datenträger (Einzelheiten Art. 246a § 4 EGBGB). Es reicht nicht aus, wenn diese Information nur über einen Hyperlink auf einer Website des betreffenden Unternehmens zugänglich gemacht wird.[29]

17 Die in Erfüllung der Informationspflichten gemachten Angaben werden Vertragsbestandteil, wenn die Parteien nicht ausdrücklich etwas anderes vereinbart haben (§ 312d I 2). Bei einem Verstoß des Unternehmers gegen seine Informationspflichten kommt eine Schadensersatzhaftung des Unternehmers nach § 311 II iVm §§ 280 I, 241 II wegen Verletzung vorvertraglicher Pflichten in Betracht. Eine Verletzung von Informationspflichten über Kosten (Fracht, Lieferung, Ver-

---

28 *BGH* NJW 2018, 690 Rn. 17.
29 *EuGH* NJW 2012, 2637 unter Rückgriff auf Art. 5 I Richtlinie 97/7/EG.

sand, sonstige Kosten) führt dazu, dass der Unternehmer insoweit keine Ansprüche gegen den Verbraucher hat und trotzdem bereits geleistete Zahlungen erstatten muss (§ 312e).

4. Widerrufsrecht

Das wichtigste Instrument des Verbraucherschutzes bei außerhalb von Geschäftsräumen geschlossenen Verträgen und bei Fernabsatzverträgen ist das Widerrufsrecht des Verbrauchers (**Fälle a, b, c, e, f**). Es gibt dem Verbraucher unter bestimmten Voraussetzungen die Möglichkeit, sich ohne Grund von einem Vertrag mit dem Unternehmer zu lösen. 18

a) Begriff und Bedeutung. Das Widerrufsrecht bezweckt den Schutz des Verbrauchers vor vertraglichen Bindungen, die er eventuell übereilt und ohne Abwägung der für- und widersprechenden Gesichtspunkte, vor allem ohne den notwendigen Überblick über die Konsequenzen des Vertrags zu haben, eingegangen ist. 19

Vor dem Jahre 2000 war das Widerrufsrecht in besonderen Verbraucherschutzgesetzen (§ 3 FernAbsG aF, §§ 1, 2 HTWG aF, § 7 VerbrKrG aF, § 5 TzWrG aF) geregelt. In Folge des „Gesetzes über Fernabsatzverträge und andere Fragen des Verbraucherschutzes" vom 27.6.2000[30] wurden dann die §§ 361a und 361b aF zur einheitlichen Ausgestaltung des Widerrufsrechtes für alle verbraucherschutzrechtlichen Regelungen in das BGB eingefügt. Diese Vorschriften wurden mit dem Schuldrechtsmodernisierungsgesetz neu gefasst, durch zusätzliche Vorschriften ergänzt und als §§ 355–359 in das BGB eingeordnet. Durch das Gesetz zur Umsetzung der Verbraucherkreditrichtlinie, des zivilrechtlichen Teils der Zahlungsverzugsrichtlinie sowie zur Neuordnung der Vorschriften über das Widerrufs- und Rückgaberecht vom 29.7.2009[31] sowie durch das Gesetz zur Einführung einer Musterwiderrufsinformation vom 24.7.2010[32] wurden die §§ 355 ff. mit Wirkung zum 11.6.2010 und zum 30.7.2010 geändert. Zur Umsetzung der Verbraucherrechterichtlinie 2011/83/EU wurden durch Gesetz vom 20.9.2013 die bis dahin für Haustürgeschäfte und Fernabsatzverträge in den §§ 312 I 1 und 312d I 1 gesondert geregelten Widerrufsrechte in dem heutigen § 312g zusammengefasst. 20

Nach § 355 I 1 sind der Verbraucher und der Unternehmer nach einem Widerruf durch den Verbraucher an ihre Vertragserklärungen nicht mehr gebunden. Die widerrufliche Willenserklärung des Verbrauchers und der abgeschlossene Vertrag sind also zunächst nur 21

30 BGBl. I 897.
31 BGBl. I 2355.
32 BGBl. I 977.

schwebend wirksam. Sie können durch Widerruf endgültig unwirksam werden. Den Parteien stehen zwar schon mit Vertragsabschluss beiderseitige Erfüllungsansprüche zu. Endgültige Wirksamkeit erlangen die Willenserklärungen und damit auch der Vertrag jedoch erst mit dem Erlöschen des Widerrufsrechts.

22 **b) Voraussetzungen des Widerrufsrechts.** Das Widerrufsrecht nach § 355 bei Verbraucherverträgen besteht nur, wenn einem Verbraucher durch Gesetz ein Widerrufsrecht nach § 355 eingeräumt wird. Eine solche Regelung enthält im allgemeinen Schuldrecht § 312g I für außerhalb von Geschäftsräumen geschlossene Verträge und für Fernabsatzverträge.

23 Allerdings sind in § 312g II zahlreiche **Ausnahmen** aufgelistet, in denen dem Verbraucher kein Widerrufsrecht zusteht, weil er entweder nicht schutzbedürftig ist oder jedenfalls andere Interessen am endgültigen Bestand des Vertrags überwiegen. Das betrifft zB

- Verträge über die Lieferung von Waren,[33] die nach Verbraucherspezifikationen angefertigt und eindeutig auf die persönlichen Bedürfnisse zugeschnitten sind (etwa nach Maß gefertigte Vorhänge, Nr. 1),
- Verträge über die Lieferung von schnell verderblichen Waren (insbes. frische Lebensmittel, Nr. 2),
- Verträge über die Lieferung von Waren, die aus Gründen des Gesundheitsschutzes oder aus Hygienegründen nach Öffnung ihrer Versiegelung nicht zur Rückgabe geeignet sind (zB Arzneimittel, Medizin- und Kosmetikprodukte, Nr. 3),
- Verträge über die Lieferung von Waren, die nach Lieferung aufgrund ihrer Beschaffenheit untrennbar mit anderen Gütern vermischt werden (etwa Lieferung von Heizöl, Nr. 4),
- Verträge über die Lieferung von versiegelten Datenträgern mit Ton- oder Videoaufnahmen oder Computersoftware nach Entfernung der Versiegelung (Nr. 6),
- Verträge über dringende Reparatur- oder Instandhaltungsarbeiten, zu deren Erbringung der Verbraucher den Unternehmer ausdrücklich aufgefordert hat (Nr. 11),

---

33 Das sind Kaufverträge und Verträge über die Lieferung herzustellender oder zu erzeugender beweglicher Sachen iSv § 650, nicht dagegen Werkverträge iSv § 631 (*BGH* NJW 2018, 3380 Rn. 20ff. zum Vertrag über den Einbau eines Personenlifts an der Hausfassade).

- Verträge über die Erbringung von Wett- und Lotteriedienstleistungen (Nr. 12)
- sowie notariell beurkundete Verträge (Nr. 13).

Im besonderen Schuldrecht sind Widerrufsrechte für Teilzeit-Wohnrechteverträge (§ 485), für Verbraucherdarlehensverträge (§ 495), für den Zahlungsaufschub und sonstige Finanzierungshilfen (§§ 506 I, 495) sowie für Ratenlieferungsverträge (§ 510 II) vorgesehen. Zudem kann aufgrund der Vertragsfreiheit auch für nicht kraft Gesetzes unter § 355 fallende Verträge ein Widerrufsrecht nach dieser Vorschrift vereinbart werden.[34] Ob allerdings allein der Erteilung einer objektiv nicht erforderlichen Widerrufsbelehrung die Einräumung eines vertraglichen Widerrufsrechts entnommen werden kann, ist zweifelhaft. Das ist im Einzelfall durch Auslegung zu ermitteln.[35] 24

c) Ausschluss des Widerrufsrechts.

aa) Sinn und Zweck der §§ 312b, 312c

Selbst wenn die Voraussetzungen der §§ 312b, 312c nach dem Gesetzeslaut vorliegen, kann das Widerrufsrecht des § 312g ausgeschlossen sein, wenn diese Vorschriften nach ihrem Sinn und Zweck nicht eingreifen und deshalb teleologisch zu reduzieren sind. Das ist anzunehmen, wenn es bei Abgabe der Willenserklärung des Verbrauchers an der Überraschungs- und Überrumpelungssituation fehlt, vor deren Gefahren der Verbraucher geschützt werden soll. 24a

Beispiel: Zu den Verträgen, die eine entgeltliche Leistung zum Gegenstand haben, gehören auch Mietverträge über Wohnraum (vgl. § 312 Abs. 4) und damit nach der Rechtsprechung auch Vereinbarungen der Parteien im laufenden Mietverhältnis über die Miethöhe.[36] Deshalb steht dem Mieter bei seinen Vertragserklärungen grundsätzlich auch das Widerrufsrecht des § 312g zu, falls die Vereinbarung außerhalb von Geschäftsräumen (§ 312b, → Rn. 8ff.) oder im Fernabsatz (§ 312c, → Rn. 14ff.) getroffen wird (§§ 312 Abs. 1, Abs. 4 iVm § 312 Abs. 3 Nr. 7). Allerdings hat der BGH für die Zustimmung des Mieters zur Mieterhöhung zwecks Anpassung an die Vergleichsmiete (§§ 558, 558a) ein Widerrufsrecht aufgrund einer teleologischen Reduktion des § 312 Abs. 4 S. 1 verneint. Der Vermieter müsse nämlich sein Mieterhöhungsverlangen in Textform erklären und begründen (§ 558a), und der Mieter habe Gelegenheit zur Prüfung der sachlichen Berechtigung dieses Verlangens. Der Mieter könne also seinen rechtsgeschäftlichen Willen vor Abgabe der Zustimmungserklärung ohne Druck- und Überrumpelungssituation bilden.[37] Deshalb werde die Zustimmungserklärung des Mieters nach § 558 vom Zweck des Widerrufsrechts bei Mietverträgen nicht erfasst.

---

34 *BGH* ZIP 2012, 1509 (1510); 2012, 262 (263); Palandt/*Grüneberg* BGB Vor § 355 Rn. 5.
35 Offen gelassen von *BGH* ZIP 2012, 1509 (1510); 2012, 262 (263 f.).
36 *BGH* NJW 2019, 303 Rn. 40f.
37 *BGH* NJW 2019, 303 Rn. 51ff.

bb) § 242

Ferner kann das Widerrufsrecht unter engen Voraussetzungen ausnahmsweise wegen **Rechtsmissbrauchs** oder **unzulässiger Rechtsausübung** ausgeschlossen sein.[38] Dazu reicht es aber nicht aus, dass der Verbraucher widerruft, obwohl ihm die Ware gefällt, nur weil er sie inzwischen bei einem anderen Anbieter günstiger erwerben kann und sein Vertragspartner sich nicht nachträglich auf den günstigeren Preis einlassen will. Das Widerrufsrecht ist nämlich nicht an bestimmte Gründe geknüpft. Auf das Motiv des Verbrauchers bei Ausübung des Widerrufsrechts kommt es nicht an. Allenfalls dann, wenn der Verbraucher die besondere Situation beim Vertragsschluss arglistig dafür ausnutzt, den Unternehmer durch einen Widerruf zu schädigen, ohne selbst einen Vorteil zu haben, mag wegen besonderer Schutzbedürftigkeit des Unternehmers ein rechtsmissbräuchliches oder schikanöses Verhalten des Verbrauchers zum Ausschluss des Widerrufsrechts führen.[39] Ferner unterliegt das Widerrufsrecht des Verbrauchers der **Verwirkung** (§ 242; → § 7 Rn. 17). Es ist deshalb ausgeschlossen, wenn der Verbraucher es längere Zeit nicht ausgeübt hat (Zeitmoment) und der Unternehmer aufgrund der Umstände des Einzelfalls auf das Ausbleiben des Widerrufs vertrauen darf (Umstandsmoment).[40]

d) Ausübung des Widerrufsrechts.

aa) Widerrufserklärung

25 Der Widerruf muss erklärt werden. Aus der Widerrufserklärung muss sich eindeutig ergeben, dass der Verbraucher den Vertrag nicht mehr gelten lassen will (§ 355 I 3). Allerdings braucht das Wort „Widerruf" nicht verwendet zu werden.[41] Der Widerruf muss keine Begründung enthalten (§ 355 I 4). Aus der Erklärung muss erkennbar sein, wer Widerrufender ist. Als empfangsbedürftige Willenserklärung wird der Widerruf nach § 130 I erst wirksam, wenn er dem Unternehmer zugegangen ist. Bis zum Zugang ist die Widerrufserklärung ihrerseits widerruflich (§ 130 I 2).[42] Dagegen ist der Widerruf

---

38 *BGH* NJW 2016, 1951 f. mAnm *Wendehorst* und Anm. *Herresthal* EWiR 2016, 581; NJW 2010, 610 Rn. 20.

39 *BGH* NJW 2016, 1951 Rn. 16 ff.; *Benecke* ZIP 2016, 1897 (1900 ff.); *Mankowski* JZ 2016, 787 (789 ff.).

40 *BGH* NJW 2018, 1390 Rn. 19 ff.

41 *BGH* NJW 2017, 2337 Rn. 42 ff. (Anfechtungserklärung als Widerrufserklärung); 1993, 128; 1996, 1964 (1965).

42 *BGH* ZIP 2017, 2454 Rn. 24.

als Gestaltungsrecht nach seinem Zugang unwiderruflich und kann nicht zurückgenommen werden.[43]

Die Widerrufserklärung muss im Gegensatz zu dem bis 12.6.2014 geltenden § 355 I 2 aF und zu der abweichenden Regelung in § 356a I **nicht** mehr in **Textform** (§ 126b) abgegeben werden. Auch eine mündliche, etwa wie im **Fall a** auf den Anrufbeantworter gesprochene Erklärung reicht aus. Die Einhaltung der Textform ist jedoch weiterhin empfehlenswert, weil der Verbraucher bei Streitigkeiten die rechtzeitige Erklärung des Widerrufs beweisen muss. Der Unternehmer kann auf seiner Webseite das **Muster-Widerrufsformular** nach Anlage 2 zu Art. 246a § 1 II 1 Nr. 1 EGBGB einstellen und dem Verbraucher die Möglichkeit einräumen, den Widerruf durch Ausfüllen und Übermitteln dieses Formulars auszuüben (§ 356 I 1). Das ermöglicht dem Unternehmer eine automatisierte Rückabwicklung und unmittelbare Zuordnung zu dem jeweiligen Kundenkonto.[44] Er muss in diesem Fall dem Verbraucher den Zugang des Widerrufs unverzüglich auf einem dauerhaften Datenträger bestätigen (§ 356 I 2). 26

Anders als nach dem bis 12.6.2014 geltenden Recht reicht allein die kommentarlose **Rücksendung der Waren** für einen ordnungsmäßigen Widerruf nicht mehr aus, sofern die Parteien das nicht vertraglich vereinbart haben.[45] Im **Fall b** liegt in der Rücksendung der Ware also kein wirksamer konkludenter Widerruf. 27

bb) Widerrufsfrist

(1) Gemäß § 355 II 1 beträgt die Widerrufsfrist **14 Tage**. Sie beginnt grundsätzlich mit Vertragsschluss, sofern nichts anderes vereinbart ist. Die Fristberechnung erfolgt nach den §§ 187 I, 188 II, 193. 28

(2) Für den **Beginn der Widerrufsfrist beim Widerruf von außerhalb von Geschäftsräumen geschlossenen Verträgen und Fernabsatzverträgen** sowie über das Erlöschen des Widerrufsrechts enthält § 356 II – V detaillierte Sonderbestimmungen. Folgende sind erwähnenswert: 29

Nach Abs. 2 Nr. 1 Buchst. a–d beginnt die Widerrufsfrist beim **Verbrauchsgüterkauf** (Kaufvertrag zwischen einem Unternehmer und einem Verbraucher über bewegliche Sachen, § 474 I 1) erst, wenn der Verbraucher oder ein von ihm benannter Dritter, der nicht

---

43 *BGH* NJW-RR 2018, 301 Rn. 29.
44 BT-Drs. 17/12637, 60.
45 BT-Drs. 17/12637, 60. AA *Hoffmann/Schneider* NJW 2015, 2529, wonach in der kommentarlosen Rücksendung meist eine Widerrufserklärung liege.

Frachtführer ist, die Ware erhalten hat. Werden mehrere Sachen in einem Bestellvorgang bestellt, aber getrennt geliefert, beginnt die Frist erst mit Erhalt der letzten Teillieferung.

30 Nach Abs. 3 beginnt die Widerrufsfrist nicht, bevor der Unternehmer seine **Informationspflichten zum Widerrufsrecht** (Art. 246a § 1 II 1 Nr. 1 oder Art. 246b § 2 I EGBGB iVm § 312g) erfüllt hat. Der Verkäufer muss die **Widerrufsbelehrung** vorvertraglich zur Verfügung stellen (Art. 246a § 4 I, III EGBGB). Benutzt er das Muster für die Widerrufsbelehrung, muss er es dem Verbraucher zutreffend ausgefüllt in Textform (§ 126b) übermitteln (Art. 246a § 1 II 2 EGBGB). Die Belehrung muss also in einer zur dauerhaften Wiedergabe von Schriftzeichen geeigneten Weise vom Unternehmer abgegeben werden und dem Verbraucher zugehen. Die bloße Abrufbarkeit der Widerrufsbelehrung auf einer gewöhnlichen Webseite des Unternehmers reicht dafür nicht aus; denn die Belehrung gelangt auf diese Weise nicht in einer unveränderlichen textlich verkörperten Gestalt in den Machtbereich des Verbrauchers.[46] Eine solche lediglich abrufbare Belehrung setzt also die Widerrufsfrist des § 355 II 1 nicht in Gang. Bei unterbliebener oder nicht ordnungsgemäßer Belehrung über das Widerrufsrecht erlischt dieses außer bei Verträgen über Finanzdienstleistungen spätestens zwölf Monate nach Ablauf der ursprünglichen Widerrufsfrist von 14 Tagen (§ 356 III 2).

31 Die Widerrufsbelehrung ist nur wirksam, wenn sie zusammen mit oder nach der Abgabe der auf den Vertragsschluss gerichteten Erklärung des Verbrauchers erfolgt.[47] Eine vorherige (verfrühte) Widerrufsbelehrung ist nicht geeignet, die Entscheidungsfreiheit des Verbrauchers wiederherzustellen; sie setzt daher die Widerrufsfrist nicht in Gang. Dagegen ist es unschädlich, wenn die Annahmeerklärung des Unternehmers erst nach dem Angebot des Verbrauchers und der zeitgleich erfolgten Widerrufsbelehrung erfolgt.[48] Inhaltlich muss die Widerrufsbelehrung die in Art. 246a § 1 II 1 Nr. 1 oder Art. 246b § 2 I EGBGB genannten Angaben enthalten (vor allem Hinweis auf Recht zum Widerruf sowie darauf, dass dieser nicht begründet werden muss; Name und Anschrift des Widerrufsadressaten; Hinweis auf Dauer und Beginn der Widerrufsfrist sowie darauf, dass die Frist durch rechtzeitige Absendung der Erklärung gewahrt werden kann). Sie hat dem Verbraucher die ihm durch den Widerruf eröffneten wesentlichen Rechte und Pflichten bewusst zu machen.[49] Daneben unterliegt sie auch dem sog. **Deutlichkeitsgebot**,

46 *BGH* NJW 2014, 2857 (2858) (noch zu § 355 II 1 aF).
47 *BGH* NJW 2010, 3503 f.; 2002, 3396.
48 *BGH* NJW 2010, 3503 f.
49 *BGH* NJW 2012, 1197 (1199).

dh sie muss inhaltlich und drucktechnisch deutlich gestaltet sein, sich beispielsweise durch Farbe, größere Letter oder Fettdruck in nicht zu übersehender Weise aus dem übrigen Text herausheben.[50] Zur inhaltlichen Klarheit gehört es, dass die Belehrung keine überflüssigen Zusätze enthält, die von der eigentlichen Widerrufsbelehrung ablenken.[51] Anlage 1 zu Art. 246a § 1 II 2 EGBGB enthält eine Musterwiderrufsbelehrung. Verwendet der Unternehmer ein Formular, das diesem Muster vollständig entspricht,[52] genügt seine Widerrufsbelehrung den gesetzlichen Anforderungen (Art. 246a § 1 II 2 EGBGB).

Eine Besonderheit für den Beginn der Widerrufsfrist gilt beim **Kauf auf** 32
Probe gem. § 454.[53] Hier wird der Vertrag für den Käufer erst mit der Billigung des gekauften Gegenstandes bindend. Vor diesem Zeitpunkt beginnt die Widerrufsfrist nicht zu laufen.[54] Eine weitere Besonderheit gilt bei einem von den gesetzlichen Voraussetzungen unabhängigen **vertraglich eingeräumten Widerrufsrecht**. Hier kann ohne besondere Anhaltspunkte nicht davon ausgegangen werden, dass die Widerrufsfrist nur bei einer dem Art. 246a § 1 II EGBGB genügenden Widerrufsbelehrung zu laufen beginnt.[55]

(3) Um dem Verbraucher beide Wochen als Überlegungsfrist zu 33
lassen, genügt zur **Fristwahrung** die **rechtzeitige Absendung** des Widerrufs (§ 355 I 5). Es kommt also nicht auf den Zeitpunkt des Zugangs an.

e) Rechtsfolgen. Die Rechtsfolgen des Widerrufs eines außerhalb 34
von Geschäftsräumen geschlossenen Vertrags oder eines Fernabsatzvertrags nach §§ 355 ff. ergeben sich aus §§ 355 III, 357 ff. Diese Folgen können durch Vertrag nur zu Gunsten des Verbrauchers geändert werden (§ 361 II 1).

aa) Rückabwicklung nach § 355 III als allgemeine Rechtsfolge eines Widerrufs

Aufgrund des Widerrufs durch den Verbraucher sind dieser und 35
der Unternehmer an ihre auf den Abschluss des Verbrauchervertrags gerichteten Willenserklärungen nicht mehr gebunden. Die gegenseitigen Erfüllungspflichten erlöschen also. Im **Fall f** kann K bei wirksamer und fristgerechter Ausübung des Widerrufsrechts also von vornherein die Annahme und Bezahlung verweigern. Der zunächst schwebend wirksame, nun aber unwirksam gewordene Verbrauchervertrag wandelt sich ex-nunc in ein Abwicklungsverhältnis (sog.

50 *BGH* NJW-RR 1990, 368 (370); NJW 1996, 1964 (1965).
51 *BGH* NJW 2012, 1814 (1816); 2002, 3396 (3398).
52 *BGH* NJW 2011, 1061 (1062) (noch zu dem früheren § 14 I, III BGB-InfoV); ebenso *BGH* ZIP 2011, 1858.
53 Dazu *Brox/Walker* SchuldR BT § 7 Rn. 43.
54 *BGH* NJW-RR 2004, 1058.
55 *BGH* ZIP 2012, 1509 (1510 f.).

Rückgewährschuldverhältnis) um. Die bereits ausgetauschten Leistungen sind unverzüglich zurück zu gewähren (§ 355 III 1). Diese Norm ist Anspruchsgrundlage für den Rückgewähranspruch. Auf die §§ 346 ff. über die Rechtsfolgen des Rücktritts braucht (anders als nach der bis zum 12.6.2014 geltenden Rechtslage) nicht zurückgegriffen zu werden. Die Gefahr des Untergangs oder der Verschlechterung der Ware beim Rücktransport trägt gem. § 355 III 4 der Unternehmer. Daher hat etwa der Verlust der Ware beim Rücktransport keine Auswirkungen auf den Erstattungsanspruch des Verbrauchers.

bb) Besonderheiten bei außerhalb von Geschäftsräumen geschlossenen Verträgen und Fernabsatzgeschäften (§ 357)

36 § 357 sieht gegenüber den allgemeinen Widerrufsfolgen für den Widerruf von außerhalb von Geschäftsräumen geschlossenen Verträgen und Fernabsatzverträgen zahlreiche Besonderheiten vor. Folgende seien erwähnt:

(1) Nach **Abs. 1** sind die empfangenen Leistungen spätestens innerhalb von 14 Tagen zurück zu gewähren. Die Frist beginnt für den Unternehmer mit dem Zugang, für den Verbraucher mit der Abgabe der Widerrufserklärung (§ 355 III 2). Für die Wahrung der 14-Tage-Frist durch den Verbraucher kommt es nur auf die rechtzeitige Absendung der Ware an (§ 355 III 3).

37 (2) Die Rückgewährpflicht des Unternehmers umfasst nicht nur die Hauptleistung des Verbrauchers. Sie erstreckt sich vielmehr auch auf Zahlungen des Verbrauchers für die Lieferung, sofern diese Kosten nicht durch Sonderwünsche des Verbrauchers verursacht wurden (vgl. **Abs. 2**).

Der Grund für diesen Kostenerstattungsanspruch des Verbrauchers liegt darin, dass der Verbraucher dann, wenn er auf diesen Kosten nach dem Widerruf sitzen bliebe, von der Ausübung seines Widerrufsrechts abgehalten werden könnte. Deshalb wurden schon die bis zum 12.6.2014 geltenden §§ 312d, 357, 346 I, die noch keine Regelung zur Erstattung der Hinsendekosten enthielten, vom EuGH[56] und ihm folgend vom BGH[57] in dem Sinne ausgelegt, dass dem Verbraucher nach dem Widerruf eines Fernabsatzvertrags ein Anspruch auf Rückgewähr geleisteter Hinsendekosten zusteht.

37a (3) Für die Rückzahlung muss der Verkäufer dasselbe Zahlungsmittel verwenden, das der Verbraucher bei der Zahlung verwendet hat (**Abs. 3 S. 1**). Die Ausgabe eines Gutscheins statt Rückzahlung in Geld scheidet daher grundsätzlich aus. Diese Regelung ist allerdings

---

56 *EuGH* NJW 2010, 1941 ff.
57 *BGH* NJW 2010, 2651 f.

dispositiv. Sie gilt gem. **Abs. 3 S. 2** nicht, wenn die Vertragsparteien ausdrücklich etwas anderes vereinbaren und dem Verbraucher dadurch keine Kosten entstehen.[58]

(4) Bei der Rückabwicklung eines Verbrauchsgüterkaufs kann der Unternehmer die Rückzahlung verweigern, bis er die Ware zurückerhalten oder der Verbraucher die Absendung der Ware nachgewiesen hat (**Abs. 4**). **38**

(5) Die Kosten der Rücksendung der Waren trägt anders als nach dem bis zum 12.6.2014 geltenden Recht grundsätzlich der Verbraucher (**Abs. 6**). Voraussetzung ist, dass der Unternehmer den Verbraucher über diese Pflicht zur Kostentragung ordnungsmäßig informiert (Art. 246a § 1 II 1 Nr. 2 EGBGB) und sich nicht selbst zur Tragung der Kosten bereiterklärt hat. Außerdem muss beim Widerruf eines außerhalb von Geschäftsräumen geschlossenen Vertrags der Unternehmer die zur Wohnung des Verbrauchers gelieferte Ware auf eigene Kosten abholen, wenn eine Rücksendung per Post wegen der Beschaffenheit der Ware nicht möglich ist. **39**

(6) Nach **Abs. 7** hat der Verbraucher für einen Wertverlust der Ware (verschuldensunabhängig) Wertersatz zu leisten. Dafür müssen folgende Voraussetzungen vorliegen: **40**

(a) Der Wertverlust muss auf einen Umgang mit der Ware zurückzuführen sein, der für die Prüfung der Ware nicht notwendig war (Abs. 7 Nr. 1). In diesem Fall verliert der Verbraucher also nicht sein Widerrufsrecht, aber er haftet für den Wertverlust. Die **Beweislast** für einen über die Prüfung der Sache hinausgehenden Umgang mit ihr trägt der Unternehmer.

Wenn der Verbraucher, der im Fernabsatz für sein Auto einen Katalysator gekauft hat, diesen anschließend in sein Fahrzeug einbauen lässt und eine Probefahrt unternimmt, gehen diese Maßnahmen über eine bloße Prüfung der Eigenschaften und Funktionsweise der Kaufsache hinaus.[59] Er schuldet deshalb im Falle des Widerrufs dem Verkäufer Ersatz für den Wertverlust des nunmehr gebrauchten Katalysators.

Obwohl im **Fall c** das Geschirr zerstört ist, steht dem O gemäß § 312b I Nr. 4 iVm §§ 312g, 355 ein Widerrufsrecht zu. Sein Anspruch auf Rückzahlung des Kaufpreises iHv 60 EUR aus § 355 III 1 ist jedoch durch die von V erklärte Aufrechnung (§ 389) iHv 30 EUR erloschen. Dem V steht nämlich seinerseits gegen O gemäß § 357 VII ein Anspruch auf Ersetzung des **objekti-**

---

58 Zu den Wirksamkeitsvoraussetzungen solcher Vereinbarungen *Willems* NJW 2018, 1049 (1050 ff.).

59 *BGH* NJW 2017, 878 Rn. 24 ff. (noch zu § 357 III aF) mAnm *Schwab* JuS 2017, 881; dazu ferner *Amort* NJW 2017, 857.

ven Wertes (bei der Wertermittlung muss nämlich das vereinbarte Entgelt [60 EUR] um die Gewinnspanne gekürzt werden)[60] zu.

Der Wertersatz wegen Verschlechterung der Sache kann aufgrund des Umstandes, dass die Sache nunmehr nicht mehr neu, sondern gebraucht ist, erheblich sein.

Beispiele: Neue Kraftfahrzeuge erleiden allein durch die Erstzulassung einen Wertverlust von etwa 20 %.[61] Ein Kleidungsstück verliert ebenfalls deutlich an Wert, sobald es (wenn auch wenig) getragen ist.

41 Mit dem Ausschluss der Wertersatzpflicht für den Fall, dass die Wertminderung ausschließlich auf die Prüfung der Beschaffenheit, der Eigenschaften und der Funktionsweise der Sache zurückzuführen ist (vgl. Abs. 7 Nr. 1), wird bezweckt, dass dem Verbraucher nicht das Recht genommen wird, sich die Waren anzusehen und sie zu begutachten. Er muss diese Prüfung eben nur genauso sorgfältig vornehmen wie bei einem Kauf im Ladengeschäft.

Beispiele: Der Verbraucher muss den Wertverlust, den ein Kleidungsstück dadurch erleidet, dass es ausgepackt und anprobiert wird, oder der bei einem Buch eintritt, das bloß aufgeschlagen und kurz durchgeblättert wird, nicht ersetzen.[62] Wenn der Verbraucher ein Wasserbett gekauft hat und die Matratze zu Prüfzwecken mit Wasser befüllt, braucht er die dadurch entstandene Wertminderung im Falle eines Widerrufs ebenfalls nicht zu ersetzen.[63]

42 (b) Weitere Voraussetzung für die Wertersatzhaftung des Verbrauchers ist eine ordnungsmäßige Widerrufsbelehrung (vgl. Abs. 7 Nr. 2 iVm Art. 246a § 1 II 1 Nr. 1 EGBGB) durch den Unternehmer.

43 (7) **Abs. 8** enthält eine eigene Regelung zum Nutzungswertersatz für die vom Unternehmer bis zum Widerruf erbrachten Dienstleistungen. Abweichend von Abs. 7 schuldet der Verbraucher für solche Dienstleistungen nur dann Nutzungswertersatz, wenn er vor Abgabe seiner Vertragserklärung auf diese Rechtsfolge hingewiesen worden ist und er ausdrücklich verlangt hat, dass der Unternehmer vor Ende der Widerrufsfrist mit der Ausführung der Dienstleistung beginnt. Die Höhe des Nutzungswertersatzes richtet sich nach dem Umfang der tatsächlichen Nutzung im Verhältnis zur Gesamtnutzungsdauer.[64]

60 Vgl. *BGH* NJW 2010, 2868; Palandt/*Grüneberg*, § 357 n. F. Rn. 11.
61 BT-Drs. 14/6040, 199.
62 BT-Drs. 14/6040, 200 zu § 357 III aF
63 *BGH* NJW 2011, 56 mAnm *Schinkels* LMK 2011, 312902 und Anm. *Faust* JuS 2011, 259.
64 Zum Ganzen BT-Drs. 17/5097, 12.

f) Ausschluss weitergehender Ansprüche. Weitergehende Ansprüche des Unternehmers gegen den Verbraucher infolge des Widerrufs, etwa aus § 280, § 823 oder § 812, sind gem. § 361 I ausgeschlossen. Etwas anderes gilt allerdings für Schadensersatzansprüche des Verbrauchers gegen den Unternehmer aus Vertrag, §§ 280 I, 311 II oder §§ 823 ff., die unabhängig von seinem Widerrufsrecht bestehen.[65] 44

g) Widerrufs- und Einwendungsdurchgriff.

aa) Widerrufsdurchgriff

Die Möglichkeit, sich ohne Grund von einem Vertrag lösen zu 45
können, kann für den Verbraucher bei sog. **verbundenen Geschäften** unterlaufen werden. Solche Geschäfte liegen vor, wenn ein (Verbraucher-)Vertrag über die Lieferung einer Ware (zB Ratenkauf) oder die Erbringung einer anderen Leistung (zB Werk-, Dienst- oder Reisevertrag) und ein Darlehensvertrag (§ 488)[66] so verbunden sind, dass das Darlehen der Finanzierung dieses Vertrags dient und beide Verträge eine wirtschaftliche Einheit bilden (§ 358 III 1).

Letzteres ist insbesondere der Fall, wenn der Unternehmer selbst die Gegenleistung des Verbrauchers finanziert, also auch Vertragspartner des Darlehensvertrags ist oder – im Fall der Finanzierung durch einen Dritten – wenn sich der Darlehensgeber zum Vertragsschluss der Mitwirkung des Unternehmers bedient (§ 358 III 2). Zwischen einem sog. (Real-)Kreditvertrag und dem damit finanzierten Grundstückserwerbsvertrag liegt die wirtschaftliche Einheit nur unter engeren Voraussetzungen vor (§ 358 III 3).[67]

Ein **Beispiel** für ein verbundenes Geschäft bildet das im **Fall d** dargestellte Geschäft, bei dem ein Käufer – meist durch Vermittlung des Verkäufers – mit einem Kreditgeber einen Darlehensvertrag abschließt, um den Kaufpreis finanzieren zu können. In der Regel wird dann die Darlehensvaluta an den Verkäufer direkt ausbezahlt und die Kaufsache zur Sicherung des Ratenrückzahlungsanspruchs an die Bank übereignet.

Ist in solchen Fällen der eine Vertrag nicht widerrufbar (im **Fall d** 46
der Kaufvertrag, weil er nicht außerhalb von Geschäftsräumen geschlossen wurde), besteht die Gefahr, dass der Verbraucher das für den anderen Vertrag bestehende Widerrufsrecht (im **Fall d** nach § 495) praktisch nicht ausüben kann, da seine Zahlungspflicht aus dem unwiderruflichen Vertrag ja weiterhin bestehen würde. Um den

65 NK-BGB/*Ring* § 357 Rn. 115; Palandt/*Grüneberg* BGB § 361 Rn. 1.
66 Jeder Darlehensvertrag, nicht nur ein Verbraucherdarlehensvertrag iSv § 491 (BT-Drs. 17/5097, 17).
67 Dazu *BGH* NJW 2004, 153.

Verbraucher vor diesen Risiken zu schützen, die ihm durch die Aufspaltung eines wirtschaftlich einheitlichen Vertrags drohen, erweitert § 358 I, II bei verbundenen Verträgen die Wirkung des für den einen Vertrag bestehenden Widerrufsrechts des Verbrauchers auf den jeweils anderen Vertrag. Auf die Folgen des Widerrufsdurchgriffs ist der Verbraucher in der Widerrufsbelehrung nach § 356 III 1 iVm Art. 246a § 1 II 1 Nr. 1 oder Art. 246b § 2 I EGBGB hinzuweisen. Bei einem Widerruf des Darlehensvertrags im **Fall d** ist K daher auch an den Kaufvertrag über den Rasenmäher nicht mehr gebunden.

Der Widerruf muss natürlich fristgerecht erklärt werden. Allerdings ist die Widerrufsbelehrung unzureichend und setzt die Widerrufsfrist nicht in Gang, wenn sie einem unbefangenen und nicht rechtskundigen Adressaten den unzutreffenden Eindruck vermittelt, er könne sich mit dem Widerruf ausschließlich von dem finanzierten Geschäft, nicht aber von dem Darlehensvertrag lösen.[68]

47 (1) Dabei regelt **§ 358 I** den Widerrufsdurchgriff bei Widerruf des finanzierten Verbrauchervertrags (zB Kaufvertrag). Ist ein solcher Vertrag gem. §§ 312g oder 485 widerrufbar, erstreckt sich der Widerruf gem. § 358 I auch auf den verbundenen Darlehensvertrag. Damit wird sichergestellt, dass beim finanzierten Verbrauchervertrag nicht nur dieser, sondern zugleich auch der Darlehensvertrag rückabgewickelt werden kann. Letzterer gilt daher als widerrufen, ohne dass insoweit vom Verbraucher ein Widerruf erklärt werden bzw. ihm überhaupt ein Widerrufsrecht zustehen muss. Hierdurch wird ein sog. Rückabwicklungsgleichlauf erreicht.

48 (2) Demgegenüber ist in **§ 358 II** der umgekehrte Fall geregelt. Ein Widerruf des Darlehensvertrags gem. §§ 495 I, 514 II 1 iVm § 355 bewirkt, dass auch der verbundene Verbrauchervertrag (zB Kaufvertrag) unwirksam wird.

Im **Fall d** kann K den Darlehensvertrag widerrufen (§ 495 I). Gemäß § 358 II ist er dann auch an den isoliert nicht widerrufbaren Kaufvertrag mit V nicht mehr gebunden.

Der Widerrufsdurchgriff des § 358 II gilt unabhängig vom Bestehen eines Widerrufsrechts für den Verbrauchervertrag. Kann der Verbraucher auch den finanzierten Verbrauchervertrag widerrufen, wird dadurch das Widerrufsrecht für den Verbraucherdarlehensvertrag nach § 495 nicht verdrängt. Für den Verbraucher kann das doppelte Widerrufsrecht wichtig sein. Wenn etwa zuerst nur ein widerruflicher finanzierter Vertrag und erst zehn Tage später ein mit ihm verbundener Verbraucherdarlehensvertrag geschlossen wird, kann dieser

68 *BGH* NJW 2009, 3020.

auch dann noch widerrufen werden, wenn die 14-tägige Widerrufsfrist für den finanzierten Vertrag schon abgelaufen ist.

Im **Fall e** sind sowohl der Kaufvertrag selbst nach § 312b I Nr. 1 iVm §§ 312g, 355 als auch der Darlehensvertrag nach §§ 495, 355 widerrufbar. Beide Verträge sind zwar verbundene Verträge iSv § 358 III. Dadurch wird jedoch das Widerrufsrecht für den Darlehensvertrag nicht ausgeschlossen. K hat gegenüber B frist- und formgerecht den Widerruf des Darlehensvertrags erklärt. Deshalb ist er auch in diesem Fall nicht an den finanzierten Kaufvertrag mit V gebunden.

(3) **Rechtsfolge des Widerrufs bei verbundenen Geschäften** ist, 49
dass auch der mit dem widerrufenen Vertrag verbundene Vertrag nach § 358 IV iVm §§ 355 III, 357–357b rückabzuwickeln ist. Bei einem Widerruf des mit dem Darlehensvertrag verbundenen Geschäfts nach § 358 I sind Ansprüche des Darlehensgebers gegen den Verbraucher auf Zahlung von Zinsen und Kosten der Rückabwicklung des Darlehensvertrags ausgeschlossen (§ 358 IV 4). Der Zweck der Regelung besteht darin, dass der Verbraucher sich folgenlos von dem verbundenen Geschäft lösen kann.[69] Für den Fall, dass das Darlehen dem Unternehmer des verbundenen Vertrags bereits zugeflossen ist, braucht sich der Verbraucher nur mit dem Darlehensgeber auseinanderzusetzen, da dieser gem. § 358 IV 5 im Verhältnis zum Verbraucher in die Rechte und Pflichten des Unternehmers aus dem verbundenen Vertrag eintritt.[70] Deshalb ist er jetzt Schuldner des Rückzahlungsanspruchs (Kaufpreis).

Aus diesem Grund ist im **Fall d** der K zwar verpflichtet, das Darlehen an B zurückzuerstatten; aber der Rückzahlungsanspruch von B wird mit dem Anspruch des K (in der Rolle des Käufers) gegen B (in der Rolle des Verkäufers; vgl. § 358 IV 5) auf Rückzahlung des Kaufpreises kraft Gesetzes saldiert.[71]

bb) Einwendungsdurchgriff

Der Verbraucher wird nicht nur durch den Widerrufsdurchgriff 50
(§ 358), sondern auch durch einen sog. Einwendungsdurchgriff (§ 359) geschützt. Soweit der Verbraucher aus dem verbundenen Vertrag Einwendungen gegenüber dem Unternehmer hat, kann er die Rückzahlung des Darlehens gemäß § 359 I 1 verweigern. Hat der Verbraucher jedoch bei einem Kauf- oder Werkvertrag nach §§ 437

69 *BGH* NJW 2011, 1063 (1064) (zinsfreie Rückabwicklung allerdings nur, soweit das Darlehen der Finanzierung des verbundenen Geschäfts dient, nicht dagegen für einen anderen Zwecken dienenden Darlehensteil).
70 Dazu etwa *BGH* NJW 2009, 3572 (3574).
71 MüKoBGB/*Habersack* § 358 Rn. 84.

Nr. 1 oder 634 Nr. 1 einen Anspruch auf Nacherfüllung, so kann er gemäß § 359 I 3 die Rückzahlung des Darlehens erst verweigern, wenn die Nacherfüllung fehlgeschlagen ist.

Ausgeschlossen ist der Einwendungsdurchgriff nach § 359 I 2[72] dann, wenn die Einwendung auf einer erst nach Abschluss des Darlehensvertrags zwischen Unternehmer und Verbraucher vereinbarten Vertragsänderung beruht; denn damit braucht der Darlehensgeber bei Vertragsschluss nicht zu rechnen.

cc) Entsprechende Anwendung des § 358 bei zusammenhängenden Verträgen

51 Von den verbundenen Verträgen iSv § 358 III sind sog. zusammenhängende Verträge zu unterscheiden. Ein zusammenhängender Vertrag liegt vor, wenn er einen Bezug zu dem widerrufenen Vertrag aufweist und eine Leistung betrifft, die von dem Unternehmer des widerrufenen Vertrags erbracht wird (§ 360 II 1). Gleiches gilt, wenn zwischen einem Darlehensvertrag und einem anderen Geschäft eine solche Verbindung besteht, dass das Darlehen ausschließlich der Finanzierung des widerrufenen Vertrags dient und in dem Darlehensvertrag die Leistung des Unternehmers aus dem widerrufenen Vertrag genau angegeben ist (§ 360 II 2). Hat der Verbraucher seine auf den Abschluss eines Vertrags gerichtete Willenserklärung widerrufen, so ist er auch an seine auf den Abschluss des damit zusammenhängenden Vertrags gerichtete Willenserklärung nicht gebunden (§ 360 I 1). Auf die Rückabwicklung solcher zusammenhängender Verträge findet § 358 IV 1–3 entsprechende Anwendung (§ 360 I 2).

IV. Kunden- und Verbraucherschutz bei Verträgen im elektronischen Geschäftsverkehr

52 § 312i (bis 12.6.2014: § 312g) enthält Regelungen zum Schutz des Kunden, der mit einem Unternehmer einen Vertrag im elektronischen Geschäftsverkehr abschließt. § 312i spricht bewusst nicht vom Verbraucher, sondern vom Kunden, der zwar Verbraucher sein kann, aber nicht muss. Deshalb hat § 312i auch nicht ausschließlich verbraucherschützenden Charakter. Dagegen regelt § 312j besondere Pflichten des Unternehmers bei Geschäften im elektronischen Geschäftsverkehr gegenüber Verbrauchern. Diese Vorschrift dient also dem Verbraucherschutz.

---

72 Der Ausschluss bei Bagatellfällen (finanziertes Entgelt bis 200 EUR) wurde durch Gesetz vom 29.7.2009 mit Wirkung zum 11.6.2010 gestrichen (BGBl. I 2355 [2357]).

1. Technische Mittel zum Kundenschutz (§ 312i)

Bei Verträgen im elektronischen Geschäftsverkehr besteht die Gefahr von Eingabefehlern und das Bedürfnis des Kunden, vor Abgabe einer endgültigen Bestellung noch Berichtigungen vornehmen zu können. Deshalb muss der Unternehmer dem Kunden angemessene, wirksame und zugängliche **technische Mittel** zur Verfügung stellen, mit deren Hilfe der Kunde Eingabefehler vor Abgabe seiner Bestellung erkennen und berichtigen kann (§ 312i I 1 Nr. 1). Ferner hat er dem Kunden bestimmte **Informationen zum Vertragsschluss**, die in Art. 246c EGBGB geregelt sind (zB technische Schritte, die zum Vertragsschluss führen), klar und verständlich mitzuteilen (§ 312i I 1 Nr. 2). Den **Zugang** der Bestellung hat er dem Kunden unverzüglich auf elektronischem Wege zu **bestätigen** (§ 312i I 1 Nr. 3). Schließlich muss er dem Kunden die Möglichkeit verschaffen, die **Vertragsbestimmungen** einschließlich der Allgemeinen Geschäftsbedingungen bei Vertragsschluss abzurufen und **in wiedergabefähiger Form zu speichern** (§ 312i I 1 Nr. 4). 53

Ein Verstoß des Unternehmers gegen diese Pflichten aus § 312i führt zwar nicht zur Nichtigkeit des Vertrags. Er kann jedoch eine Schadensersatzpflicht des Unternehmers aus § 311 II iVm § 280 I begründen und im Übrigen dazu führen, dass der Kunde den Vertrag wegen Erklärungsirrtums nach § 119 I anfechten kann. 54

Allein der Vertragsabschluss im elektronischen Geschäftsverkehr begründet für den Kunden **kein Widerrufsrecht**. Es kann aber bestehen, wenn gleichzeitig die Voraussetzungen für ein Fernabsatzgeschäft nach § 312c vorliegen (§ 312g).

2. Informationspflichten gegenüber Verbrauchern und Schutz des Verbrauchers vor Kostenfallen im elektronischen Geschäftsverkehr

Dem Schutz des Verbrauchers bei Geschäften im elektronischen Geschäftsverkehr dienen besondere Informationspflichten des Unternehmers sowie Vorkehrungen, durch die der Verbraucher von einem übereilten Vertragsschluss abgehalten werden soll. 55

aa) Auf Webseiten für den elektronischen Geschäftsverkehr mit Verbrauchern hat gem. **§ 312j I** der Unternehmer spätestens bei Beginn des Bestellvorgangs zusätzlich zu den Angaben nach § 312i I klar und deutlich anzugeben,

– ob Lieferbeschränkungen bestehen und

– welche Zahlungsmittel (zB Kauf auf Rechnung, vorherige Überweisung, Zahlung mit Kreditkarte) akzeptiert werden.

Er muss allerdings nicht jedes grundsätzlich akzeptierte Zahlungsmittel jedem Kunden anbieten. Vielmehr kann er etwa einen Kauf auf Rechnung, bei dem er in Vorleistung tritt, aufgrund einer negativ ausgehenden Bonitätsprüfung ablehnen.[73]

56 bb) Die **Abs. 2–4 in § 312j** (bis 12.6.2014: § 312g) dienen dazu, den Verbraucher besser vor Kostenfallen im elektronischen Geschäftsverkehr zu schützen. Nach § 312j II ist der Unternehmer verpflichtet, dem Verbraucher unmittelbar, bevor dieser seine Bestellung abgibt, Informationen ua über den Gesamtpreis, etwaige Liefer- und Versandkosten und die Mindestlaufzeit des Vertrags klar und verständlich zur Verfügung zu stellen. Gemäß § 312j III muss der Unternehmer die Bestellsituation so gestalten, dass der Verbraucher mit seiner Bestellung ausdrücklich bestätigt, dass er sich zu einer Zahlung verpflichtet. Erfolgt die Bestellung über eine Schaltfläche, muss diese gut lesbar mit nichts anderem als den Worten „zahlungspflichtig bestellen" oder mit einer entsprechenden eindeutigen Formulierung beschriftet sein (sog. Button-Lösung)[74]. Die Erfüllung dieser Verpflichtung ist nach § 312j IV (neben den allgemeinen Wirksamkeitsvoraussetzungen) Voraussetzung für das Zustandekommen eines Vertrags.

Die Regelungen in § 312j II–IV sind zwar keine Formvorschriften, haben aber die Funktion und die Wirkung einer Formvorschrift. Sie sollen den Verbraucher vor Irreführung und Übereilung aufgrund der besonderen Situation im Internet schützen.[75] Anlass für die Einfügung der Abs. 2–4 waren die Praktiken unseriöser Unternehmer, durch eine unklare oder verwirrende Gestaltung ihrer Internetseiten zu verschleiern, dass ihre Leistung etwas kostet. So wurde etwa eine Leistung als „gratis", „free" oder „kostenlos" angeboten, während sich nur im Kleingedruckten, in kontrastarmer Schrift oder in einer Fußnote der Hinweis fand, dass gleichzeitig eine entgeltpflichtige Leistung bestellt oder ein Abonnementvertrag abgeschlossen wird. Zwar kommt in solchen Fällen oft schon gar kein Vertrag zustande oder er ist jedenfalls widerrufbar (§§ 312c, 312g) oder anfechtbar (§§ 119, 123), aber die Verbraucher nehmen ihre darauf beruhenden Rechte oft nicht wahr. Unter dem massiven und einschüchternden Druck von Rechtsanwälten und Inkassounternehmen und angesichts ihrer rechtlichen Unsicherheit sind sie vielmehr bereit, auch lediglich behauptete Forderungen zu begleichen. Vor solchen Kosten- oder Abofallen im Internet sollen die Verbraucher durch § 312j II–IV geschützt werden.

---

73 BT-Drs. 17/12637, 58.
74 Zu Problemen im Zusammenhang mit dieser Button-Lösung *Fervers* NJW 2016, 2289; *Weiss* JuS 2013, 590.
75 BR-Drs. 525/11, 13.

V. Verbraucherschutz beim Anbieterwechsel bei Dauerschuldverhältnissen

Wenn zwischen einem Unternehmer (zB Telefonanbieter) und einem Verbraucher nach den §§ 312ff. ein Dauerschuldverhältnis begründet wird, durch das ein bisher schon zu einem anderen Unternehmer bestehendes Dauerschuldverhältnis ersetzt werden soll (Anbieterwechsel), wird die dafür erforderliche Kündigung des bisherigen Dauerschuldverhältnisses oft durch den neuen Anbieter übernommen. Der Verbraucher wird durch das Angebot „Sie sparen viel Geld und brauchen sich um nichts zu kümmern“ oder „Wir regeln für Sie alle Formalitäten“ geradezu zum Anbieterwechsel gelockt. Um zu verhindern, dass ein unseriöser neuer Anbieter das alte Dauerschuldverhältnis des Verbrauchers kündigt, ohne zur Übermittlung der Kündigung beauftragt oder zum Ausspruch der Kündigung bevollmächtigt zu sein, bedarf gem. § 312h[76] die Kündigung des Verbrauchers oder die Vollmacht zur Kündigung der Textform. 57

Den neuen Vertrag kann der nicht über sein Widerrufsrecht belehrte Verbraucher selbst dann noch widerrufen (→ Rn. 13, 19ff.), wenn er bereits über den neuen Anbieter telefoniert hat.

VI. Unabdingbarkeit, Umgehungsverbot und Beweislast

Die Einhaltung der §§ 312–312j wird abgesichert durch § 312k. 58

1. Unabdingbarkeit

Von den §§ 312–312j darf nicht zum Nachteil des Verbrauchers oder des Kunden abgewichen werden (§ 312k I 1). Die Vorschriften sind also zum Schutz des Verbrauchers oder des Kunden einseitig zwingend. Vereinbarungen, durch die etwa Informationspflichten des Unternehmers oder das Widerrufsrecht des Verbrauchers ganz oder teilweise ausgeschlossen oder von zusätzlichen Voraussetzungen abhängig gemacht werden, sind danach unwirksam. Das gilt auch für einen Verzicht des Verbrauchers oder des Kunden auf seine Rechte.

76 Eingefügt durch Gesetz vom 29.7.2009 mit Wirkung zum 4.8.2009 (BGBl. I 2413).

2. Umgehungsverbot

59 Die §§ 312 ff. finden auch dann Anwendung, wenn sie durch andere Gestaltungen umgangen werden (§ 312k I 2). Deshalb kann etwa das Widerrufsrecht des Verbrauchers nach § 312g nicht durch eine Konstruktion des Vertragsschlusses ausgehebelt werden, bei der zwar formal die Kriterien für einen außerhalb von Geschäftsräumen abgeschlossenen Vertrag oder ein Fernabsatzgeschäft vermieden werden, aber der Sache nach der Vertragsschluss wie bei einem solchen Geschäft erfolgt.

Beispiel: Der Verbraucher gibt mit seiner Bestellung mittels Fernkommunikationsmitteln ein Vertragsangebot ab. Der Unternehmer übermittelt mit Lieferung der Ware seine Annahmeerklärung durch einen Stellvertreter. Dann werden zwar nicht für beide Vertragserklärungen ausschließlich Fernkommunikationsmittel verwendet. Aber die Situation beim Vertragsschluss, die das Widerrufsrecht des Verbrauchers begründet, ist mit derjenigen beim Fernabsatzvertrag (→ Rn. 14) vergleichbar.

3. Beweislast

60 Wenn die Vertragsparteien über die Erfüllung der Informationspflichten des Unternehmers nach den §§ 312–312i streiten, trägt der Unternehmer gegenüber dem Verbraucher die Beweislast (§ 312k II). Das kann etwa dann von Bedeutung sein, wenn der Verbraucher Schadensersatz vom Unternehmer wegen Verletzung von dessen Informationspflichten einklagt (dazu → Rn. 17). Die Beweislastregel des § 312k II gilt nicht für die Erfüllung der Informationspflichten im elektronischen Geschäftsverkehr nach § 312i I (→ Rn. 53); denn § 312k II regelt nur die Beweislast gegenüber dem Verbraucher, nicht gegenüber jedem Kunden iSv § 312i I.

Widerrufsrecht des Verbrauchers bei außerhalb von Geschäftsräumen geschlossenen Verträgen und bei Fernabsatzverträgen

I. Voraussetzungen

1. Widerrufsrecht (§ 312g I)
   a) außerhalb von Geschäftsräumen geschlossener Vertrag (§ 312b) oder Fernabsatzvertrag (§ 312c) zwischen Unternehmer und Verbraucher
   b) kein Ausnahmetatbestand nach § 312g II
   c) kein spezielles Widerrufsrecht nach anderen Vorschriften (§ 312g III)
2. Widerrufserklärung (§ 355 I 2–4)
   a) Form (keine besondere Form erforderlich; Möglichkeit des Ausfüllens und Übermittelns des Muster-Widerrufsformulars, § 356 I 1)
   b) Frist: 14 Tage grundsätzlich ab Vertragsschluss, falls ordnungsgemäße Unterrichtung über das Widerrufsrecht, andernfalls 12 Monate nach Ablauf der ursprünglichen 14-Tage-Frist (§ 355 II, 356 III);
   Sonderregelungen zum Fristbeginn ua beim Verbrauchsgüterkauf in § 356 II

II. Rechtsfolgen

1. Keine Bindungswirkung der Willenserklärung (§ 355 I 1), bei verbundenen und bei zusammenhängenden Verträgen auch nicht an den anderen Vertrag (§§ 358 I, 360 I)
2. Rückabwicklung nach § 355 III mit Besonderheiten nach §§ 357, 358 IV

7. Kapitel. Verantwortlichkeit des Schuldners

§ 20. Verantwortlichkeit des Schuldners

1 **Schrifttum:** *Derleder,* Beschaffungsrisiko, Lieferungsengpass und Leistungsfrist, NJW 2011, 113; *Deutsch,* Die Fahrlässigkeit im neuen Schuldrecht, AcP 202 (2002), 889; *Goecke,* Unbegrenzte Haftung Minderjähriger, NJW 1999, 2305; *Haberzettl,* Verschulden und Versprechen, 2006; *Kähler,* Mittelbare und unmittelbare Einschränkungen der Vorsatzhaftung, JZ 2007, 18; *Kamanabrou,* Grenzen der Haftung für Schutzpflichtverletzungen Dritter, NJW 2001, 1187; *Kilian,* Die deliktische Verantwortlichkeit Minderjähriger nach § 828 BGB n. F., ZGS 2003, 168; *E. Lorenz,* Die Haftung für Erfüllungsgehilfen, in: Festgabe 50 Jahre BGH, 2000, Bd. I, 329; *S. Lorenz*, Grundwissen – Zivilrecht: Haftung für den Erfüllungsgehilfen (§ 278 BGB), JuS 2007, 983; *ders.*, Grundwissen – Zivilrecht: Vertretenmüssen (§ 276 BGB), JuS 2007, 611; *G. Vollkommer,* Haftungserweiterung durch Neufassung des § 276 BGB?, in: Dauner-Lieb/Konzen/Schmidt Neues SchuldR 123; *Walker,* Die eingeschränkte Haftung des Arbeitnehmers unter Berücksichtigung der Schuldrechtsreform, JuS 2002, 736; *ders.*, Verschulden im Zivilrecht, Ad Legendum 2015, 109; *ders.*, Haftungsprivilegierungen, JuS 2015, 865; *ders.*, Die zivilrechtliche Haftung des Fußballspielers und seines Vereins für Verletzungen eines Gegenspielers, FS Tolksdorf, 2014, 143; *Wendelstein*, Zur Schadenshaftung für „Erfüllungs"-Gehilfen bei Verletzung des Integritätsinteresses, AcP 215 (2015), 70.

Fall a: B fährt den von A geliehenen Pkw im Vollrausch vor einen Baum. Er will keinen Schadensersatz leisten, weil er verschuldensunfähig gewesen sei. → Rn. 4

Fall b: B fährt mit dem geliehenen Pkw über eine Holzbrücke, obwohl er nicht sicher ist, ob sie den Wagen trägt; er vertraut aber darauf, dass sie schon halten werde. Der Wagen wird durch Einsturz der Brücke zerstört. B meint, er habe nur fahrlässig gehandelt. → Rn. 9, 10

Fall c: Dachdeckermeister U lässt die am Haus des B übernommene Dachreparatur von seinem Gesellen G ausführen. Dieser beschädigt mit seiner Leiter die Bodenlampe, lässt einen Dachziegel auf die Straße fallen, wodurch ein Passant verletzt wird, dichtet das Dach schlecht ab und nimmt schließlich auf dem Boden hängende Wäsche des B mit. Ist U schadensersatzpflichtig? → Rn. 25, 31, 32, 37

Fall d: K ist an einem bestimmten Kunstwerk interessiert. Der Kunsthändler V verspricht, es zu beschaffen und zu liefern. Er kann den Eigentümer aber nicht zum Verkauf bewegen. K hatte inzwischen einen lukrativen Weiterverkauf getätigt, der mangels Belieferung durch V nicht vollzogen werden kann. Er verlangt den entgangenen Gewinn von V ersetzt. → Rn. 47

Im deutschen Zivilrecht gilt anders als im anglo-amerikanischen das Verschuldensprinzip. Danach haftet der Schuldner (insbesondere auf Schadensersatz) nur im Falle des Verschuldens. Der Schuldner kann sowohl für eigenes (§§ 276, 277) als auch für fremdes Verschulden (§ 278) verantwortlich sein. Nur ausnahmsweise haftet er auch ohne Verschulden. Das ist insbesondere der Fall bei einer übernommenen Garantie (vgl. § 276 I 1, 2. Halbs.) und in den Fällen der gesetzlichen Garantiehaftung (zB § 536a I, 1. Fall, § 833 S. 1, § 7 I StVG).[1]

I. Haftung für eigenes Verschulden

Nach § 276 I 1, 1. Halbs. hat der Schuldner regelmäßig Vorsatz und Fahrlässigkeit zu vertreten. Beides wird unter dem Begriff des Verschuldens zusammengefasst.[2] Ein Verschuldensvorwurf kann aber nur auf eine pflichtwidrige Handlung des Schuldners bezogen und nur dem gemacht werden, der auch schuldfähig ist. Verschulden setzt daher Pflichtwidrigkeit, Verschuldensfähigkeit (= Deliktsfähigkeit) und eine der Schuldformen (Vorsatz oder Fahrlässigkeit) voraus. 2

1. Pflichtwidrigkeit

Die Pflichtwidrigkeit der Handlung (Tun und Unterlassen) des Schuldners ergibt sich in der Regel aus dem objektiven Verstoß gegen eine Pflicht aus dem Schuldverhältnis. Einer Erörterung bedarf dieser Punkt nur dann, wenn entweder schon das Vorliegen einer Handlung des Schuldners problematisch ist oder wenn der Sachverhalt Anhaltspunkte dafür bietet, dass für das Verhalten des Schuldners ein Rechtfertigungsgrund gegeben ist (vgl. zur Rechtswidrigkeit → § 28 Rn. 4). 3

Beispiel: Das geschuldete Gemälde wird durch Brand in Folge eines Blitzschlags zerstört. Hier kann der Schuldner seine Pflicht zur Verschaffung der Sache zwar nicht mehr erfüllen. Er kann dafür aber mangels Handlung nicht verantwortlich sein. – Der ihm zur Verwahrung gegebene Hund greift den Verwahrer derart an, dass nur ein Schuss des V auf den Hund dessen Angriff

---

1 Zu weiteren Fallgruppen der Haftung ohne Verschulden *Walker* Ad Legendum 2015, 109 (114 f.).
2 Mot. I, 281.

auf V und damit eine Gefahr von V abwehrt. Das Verhalten des V ist nicht pflichtwidrig (§ 228). Dass V hier absichtlich handelt, spielt keine Rolle.

2. Verschuldensfähigkeit

4 Die Verschuldensfähigkeit richtet sich nach den §§ 827, 828,[3] die § 276 I 2 für entsprechend anwendbar erklärt.

Unmittelbar gelten diese Vorschriften nur für die Delikts- und nicht für die Schuldfähigkeit schlechthin.

a) Verschuldensunfähige Personen. Verschuldensunfähig sind alle Personen vor Vollendung des siebenten Lebensjahres (§ 828 I). Nicht verantwortlich ist auch, wer im Zustand der Bewusstlosigkeit oder in einem die freie Willensbestimmung ausschließenden Zustand krankhafter Störung der Geistestätigkeit gehandelt hat (§ 827 S. 1).

Hiervon macht das Gesetz jedoch eine Ausnahme und nimmt Verschulden in Form von Fahrlässigkeit an, wenn der Schuldner diesen Zustand vorübergehend dadurch herbeigeführt hat, dass er sich schuldhaft durch geistige Getränke oder ähnliche Mittel berauscht hat (§ 827 S. 2; **Fall a**).

5 **b) Beschränkt verschuldensfähige Personen.** Beschränkt verschuldensfähig sind alle Personen, die das siebente, nicht aber das 18. Lebensjahr vollendet haben. Das Gesetz macht die Verantwortlichkeit für einen Schaden davon abhängig, ob der Betreffende bei der Begehung der Pflichtverletzung die zur Erkenntnis der Verantwortlichkeit erforderliche Einsicht hatte (§ 828 III).

Eine Ausnahme gilt nach dem am 1.8.2002 neu eingefügten § 828 II. Danach ist ein Kind, welches das siebente, aber nicht das zehnte Lebensjahr vollendet hat, für den Schaden, den es einem anderen bei Unfällen im motorisierten Straßen- oder Bahnverkehr nicht vorsätzlich zufügt, nicht verantwortlich. Dieses Haftungsprivileg gilt allerdings nach dem Sinn und Zweck der Vorschrift nur, wenn sich eine typische Überforderungssituation des Kindes durch die spezifischen Gefahren des motorisierten Verkehrs realisiert hat (nicht zB beim Sturz während eines Kickboard[4]-Wettrennens gegen ein parkendes Auto).[5]

6 **c) Verschuldensfähige Personen.** Verschuldensfähig sind alle übrigen Personen.

3 Siehe dazu auch *Brox/Walker* SchuldR BT § 44 Rn. 7.
4 Kombination aus Skateboard und Tretroller, Stehfläche mit zwei Vorderrädern, einem Hinterrad und einer Lenkstange mit Knauf.
5 *BGH* NJW 2005, 354.

3. Schuldform

a) **Vorsatz.** Das Gesetz definiert den Begriff des Vorsatzes nicht. 7
Nach der Rechtsprechung und der überwiegenden Meinung im Schrifttum umfasst der Vorsatz das **Wissen und Wollen des Erfolges und das Bewusstsein der Rechtswidrigkeit.**

aa) Beim Vorsatz iSd § 276 lassen sich nach der Schwere des Schuldvorwurfs zwei **Arten** unterscheiden:

(1) **Direkter Vorsatz (dolus directus)** liegt vor, wenn der Han- 8
delnde den Erfolg als notwendige Folge seines Handelns voraussieht und trotzdem handelt.

(2) **Bedingter Vorsatz (dolus eventualis)** ist gegeben, wenn der Tä- 9
ter sich den Erfolg nur als möglich vorstellt und ihn für den Fall seines Eintritts in Kauf nimmt (so die heute herrschende Willenstheorie).

Nach der Vorstellungstheorie reicht bereits die Vorstellung von der Möglichkeit des Erfolgseintritts für den bedingten Vorsatz aus. Dem kann jedoch nicht gefolgt werden, da nur unter Berücksichtigung des Willenselements eine Abgrenzung von der bewussten Fahrlässigkeit möglich ist. Denn wer die Vorstellung hat, der Erfolg könne möglicherweise eintreten, kann ihn gleichwohl missbilligen und nur in leichtsinnigem Vertrauen auf einen guten Ausgang seines Tuns trotzdem – und zwar bewusst fahrlässig – handeln. Die Vorstellungstheorie müsste auch in diesem Fall ein vorsätzliches Handeln bejahen, was nicht sachgemäß ist.

Im **Fall b** liegt nach der Vorstellungstheorie Vorsatz, nach der Willenstheorie Fahrlässigkeit vor. In beiden Fällen haftet B wegen schuldhafter Beschädigung des Wagens auf Schadensersatz (§ 280).

Der bedingte Vorsatz ist von der **bewussten Fahrlässigkeit** abzu- 10
grenzen. In beiden Fällen sieht der Handelnde den Erfolg als möglich voraus. Beim bedingten Vorsatz will er auf jeden Fall handeln, selbst wenn die als möglich erkannte Folge eintritt. Er sagt sich: „Na, wenn schon!" Bei der bewussten Fahrlässigkeit hingegen würde er von der Handlung absehen, wenn er wüsste, dass die als möglich erkannte Folge eintritt. Er sagt sich: „Es wird schon gut gehen." Diese Abgrenzung ist zwar für das Zivilrecht nicht sehr bedeutsam, weil der Schuldner nach § 276 I 1 für Vorsatz und Fahrlässigkeit gleichermaßen einstehen muss. Die Unterscheidung kann aber dann ausschlaggebend sein, wenn ein Haftungsausschluss vereinbart ist; die Haftung für Vorsatz kann nicht ausgeschlossen werden (§ 276 III).

Haben im **Fall b** A und B die Haftung für Schäden am Wagen ausgeschlossen, haftet B nur noch für eine vorsätzliche Beschädigung.

11 bb) Das **Bewusstsein der Rechtswidrigkeit** gehört ebenfalls zum Vorsatz (Vorsatztheorie); erforderlich ist das Wissen des Täters, dass er mit seiner Handlung gegen eine vertragliche oder gesetzliche Pflicht verstößt.[6] Damit unterscheidet sich der Vorsatz im Zivilrecht von demjenigen im Strafrecht. Nach der dort geltenden Schuldtheorie (vgl. § 17 StGB) bedeutet Vorsatz nur Wissen und Wollen der Tatbestandsverwirklichung; er gehört zum Tatbestand, wogegen das Bewusstsein der Rechtswidrigkeit vom Vorsatz zu trennen und als selbständiges Element zur Schuld zu zählen ist.

12 Wenn das Bewusstsein der Rechtswidrigkeit fehlt, ergeben sich daraus nach der Schuld- und der Vorsatztheorie unterschiedliche Folgen. Vernichtet der Täter bewusst eine fremde Sache in der irrigen Rechtsauffassung, dazu befugt zu sein, dann hat er nach der Schuldtheorie eine vorsätzliche Sachbeschädigung begangen (§ 303 StGB). Ob er deswegen bestraft werden kann, hängt davon ab, ob sein Rechtsirrtum vermeidbar war (vgl. § 17 StGB). Würde auch im Strafrecht das Bewusstsein der Rechtswidrigkeit zum Vorsatz gehören (Vorsatztheorie), käme eine Bestrafung wegen Sachbeschädigung von vornherein nicht in Betracht, da es am Vorsatz fehlt und eine fahrlässige Sachbeschädigung nicht unter Strafe gestellt ist (§§ 15, 303 StGB). Zivilrechtlich ist der Täter zum Schadensersatz verpflichtet, wenn sein Rechtsirrtum fahrlässig ist; denn auch für eine fahrlässige Sachbeschädigung muss Schadensersatz geleistet werden (vgl. § 823 I).

13 Die Schuldtheorie mag im Strafrecht grundsätzlich ihre Berechtigung haben. Der Gesetzgeber des BGB hat jedoch in § 276 den Vorsatz als Schuldform angesehen (arg. § 278); er ist also von der Vorsatztheorie ausgegangen. Demnach setzt Vorsatz nicht nur das Wissen und Wollen der Tatumstände, sondern auch das Bewusstsein der Pflichtwidrigkeit voraus.[7] Im Übrigen ist für das Zivilrecht der Theorienstreit von untergeordneter Bedeutung, weil hier der Schuldner regelmäßig gleichermaßen für einen fahrlässig wie für einen vorsätzlich herbeigeführten Erfolg einzustehen hat. Dagegen setzt Strafbarkeit grundsätzlich Vorsatz voraus, wenn nicht fahrlässiges Handeln ausdrücklich mit Strafe bedroht ist (§ 15 StGB).

Hat Frau F die minderjährige Nachbarstochter T wegen Lärmens in der Annahme, ihr stünde ein Züchtigungsrecht zu, verprügelt und erleidet T einen Körperschaden, so kommt nach richtiger Ansicht ein Schadensersatzanspruch der T nicht wegen vorsätzlicher, sondern wegen fahrlässiger Verletzung des Körpers (§ 823 I) in Betracht.

---

6 Vgl. *BGH* NJW 1985, 135; *Fikentscher/Heinemann* SchuldR Rn. 647, 649; *Looschelders* SchuldR AT § 23 Rn. 4.
7 Vgl. BGHZ 118, 201 (208).

13a cc) Der Vorsatz muss sich im Zivilrecht grundsätzlich nur auf den objektiven Tatbestand und die Rechtswidrigkeit beziehen, **nicht** dagegen **auf den verursachten Schaden** (vgl. den Wortlaut der §§ 280 I, 823 I, II). Dieser muss deshalb für den Schädiger nicht vorhersehbar gewesen sein. Ein gesetzlicher Ausnahmefall ist § 826 (sittenwidrige vorsätzliche Schädigung).[8] Hier tritt der Schaden als Bezugspunkt des Vorsatzes an die Stelle der bei § 826 nicht erforderlichen Rechts(gut)- oder Schutzgesetzverletzung.

Eine nicht gesetzlich geregelte Ausnahme gibt es bei der eingeschränkten Arbeitnehmerhaftung (→ Rn. 21 f.). Wenn ein Arbeitnehmer bei einer betrieblich veranlassten Tätigkeit einen Schaden verursacht, kommt eine volle Ersatzpflicht wegen vorsätzlicher Schädigung nach der Rechtsprechung des Bundesarbeitsgerichts[9] nur in Betracht, wenn der Schaden vorsätzlich herbeigeführt wurde. Der Arbeitnehmer muss den Schaden daher in seiner konkreten Höhe zumindest als möglich vorausgesehen und billigend in Kauf genommen haben. Fehlt es daran, kommt nur eine eingeschränkte Haftung wegen Fahrlässigkeit in Betracht.

b) Fahrlässigkeit. 14

aa) Unter Fahrlässigkeit versteht das Gesetz die **Außerachtlassung der im Verkehr erforderlichen Sorgfalt** (§ 276 II). Die Feststellung der Fahrlässigkeit kann im Einzelfall sehr schwierig sein.

Beispiel: Wer von seinem Vertragspartner eine Leistung verlangt, die dieser nicht schuldet, und dadurch seine Rücksichtnahmepflicht aus § 241 II verletzt (→ § 2 Rn. 12), handelt nicht automatisch fahrlässig, nur weil sein Rechtsstandpunkt unzutreffend ist. Er verletzt die im Verkehr erforderliche Sorgfalt nur dann, wenn er seinen rechtlichen Standpunkt nicht als plausibel ansehen durfte.[10]

Bei der im Verkehr erforderlichen Sorgfalt handelt es sich um einen objektiven, typisierten Maßstab. Anders als im Strafrecht kommt es für diesen Schuldvorwurf nicht auf die persönlichen Fähigkeiten, sondern darauf an, dass der Schuldner sich so sorgfältig verhält, wie das jeweilige Schuldverhältnis es zur Vermeidung von Schäden anderer verlangt. Denn der Rechtsverkehr muss sich ohne Rücksicht auf das persönliche Leistungsvermögen des Schuldners darauf verlassen können, dass jeder über die zur ordnungsgemäßen Erfüllung seiner Verpflichtungen notwendigen Fähigkeiten verfügt.

---

8 Dazu *Brox/Walker* SchuldR BT § 47.
9 ZB *BAG (GS)* NJW 1995, 210; *BAG* NJW 2003, 377 (379); NZA 2011, 345 (346).
10 *BGH* NJW 2009, 1262 (1264).

Beispiele: Ein Chirurg, der persönlich nicht die Geschicklichkeit besitzt, eine bestimmte Operation nach den Regeln der ärztlichen Kunst durchzuführen, handelt zivilrechtlich fahrlässig, wenn ihm ein Kunstfehler unterläuft. – Für den Kaufmann bestimmt § 347 I HGB[11] ausdrücklich, dass er für die Sorgfalt eines ordentlichen Kaufmanns einzustehen hat.

Überdurchschnittliche persönliche Fähigkeiten (zB eines Piloten) sind dagegen auch im Zivilrecht beachtlich.

15 bb) Grundsätzlich hat der Schuldner für jede noch so geringe Fahrlässigkeit einzustehen (§ 276 I 1, 1. Halbs.). Deshalb spielt die Abgrenzung zwischen verschiedenen Fahrlässigkeitsgraden (leichte, mittlere, grobe Fahrlässigkeit) in der Regel keine Rolle.

16 c) **Abweichende Regelung.** Der Grundsatz, dass der Schuldner jede Form von Vorsatz und Fahrlässigkeit zu vertreten hat, gilt nicht, wenn eine mildere Haftung (zur strengeren Haftung → Rn. 44 ff.) bestimmt oder aus dem sonstigen Inhalt des Schuldverhältnisses zu entnehmen ist (§ 276 I 1, 2. Halbs.).

17 aa) Eine **abweichende Bestimmung** kann sich aus einem Vertrag oder einer gesetzlichen Regelung ergeben.

(1) Durch **vertragliche Vereinbarung** kann die Haftung für Fahrlässigkeit (nicht dagegen diejenige für Vorsatz, § 276 III) ausgeschlossen oder eingeschränkt werden.

In AGB kann jedoch die Haftung für fahrlässig herbeigeführte Schäden aus der Verletzung des Lebens, des Körpers oder der Gesundheit grundsätzlich nicht zu Gunsten des Verwenders ausgeschlossen oder begrenzt werden (§ 309 Nr. 7 Buchst. a).[12] Gleiches gilt für die grob fahrlässige Verursachung sonstiger Schäden (§ 309 Nr. 7 Buchst. b). Zu Ausnahmen siehe § 309 Nr. 7, 2. Halbs. Zulässig ist dagegen eine Haftungsfreizeichnung für Sachschäden, die mit einfacher Fahrlässigkeit verursacht werden. Ob eine solche Vereinbarung sich auch auf die Erfüllungsgehilfen der begünstigten Partei erstreckt, so dass diese nicht persönlich wegen unerlaubter Handlung haften, ist durch Auslegung zu ermitteln.[13]

18 (2) In verschiedenen Fällen bestimmt das **Gesetz** eine mildere Haftung iSd § 276 I 1, 2. Halbs. und sieht eine Haftung nur für grobe Fahrlässigkeit oder für die Verletzung eigenüblicher Sorgfalt vor (selbstverständlich wird auch hier für Vorsatz gehaftet).

(a) **Grobe Fahrlässigkeit** liegt vor, wenn die im Verkehr erforderliche Sorgfalt im besonders schwerem Maße verletzt ist, mit anderen

---

11 *Brox/Henssler* HandelsR Rn. 371 f.

12 Zu vereinbarten Haftungsprivilegierungen in AGB *Walker* JuS 2015, 865 (870).

13 *BGH* NJW 1962, 388.

Worten, dass nicht beachtet ist, was jedem hätte einleuchten müssen. Im Gegensatz zur einfachen Fahrlässigkeit muss es sich bei einem grob fahrlässigen Verhalten um ein auch in subjektiver Hinsicht unentschuldbares Fehlverhalten handeln, das ein gewöhnliches Maß erheblich übersteigt.[14] Grobe Fahrlässigkeit wird in der Regel angenommen, wenn ein Kraftfahrer eine auf „Rot" geschaltete Ampel missachtet. Die Beschränkung der Haftung auf grobe Fahrlässigkeit ist im Gesetz vor allem für solche Fälle vorgesehen, in denen jemand entweder unentgeltlich oder überwiegend im Interesse eines anderen tätig wird.

Beispiel: Ehrenamtlich tätige Vorstandsmitglieder eines Vereins (§ 31a) und unentgeltlich für den Verein tätige Vereinsmitglieder (§ 31b), Schenker (§ 521), Verleiher (§ 599), Notgeschäftsführer (§ 680), Finder (§ 968); – siehe auch Haftung im Gläubigerverzug (§ 300; → § 26 Rn. 12).

(b) Haftet der Schuldner **nur** für diejenige Sorgfalt, die er in **eigenen Angelegenheiten** anzuwenden pflegt **(diligentia quam in suis)**,[15] kommt es nicht auf eine objektive Sorgfaltspflichtverletzung an; vielmehr ist Maßstab für den Schuldvorwurf, das individuelle Normalverhalten des Schuldners. Die Berücksichtigung der persönlichen Eigenheiten des Schuldners führt aber nicht dazu, dass er von der Haftung für grobe Fahrlässigkeit befreit ist (§ 277). Die Gründe für die Haftungserleichterung sind sehr verschieden. 19

Beispiele: Gesellschafter (§ 708), Ehegatte (§ 1359), Eltern (§ 1664). In diesen Fällen besteht ein besonderes Vertrauensverhältnis zwischen dem Schädiger und dem Geschädigten. Der unentgeltliche Verwahrer (§ 690) soll die im Interesse des anderen verwahrten Sachen nicht sorgfältiger behandeln müssen als seine eigenen. Der Vorerbe (§ 2131) ist Eigentümer der Nachlassgegenstände.

bb) Ferner kann sich eine Abweichung von dem Grundsatz, dass der Schuldner für jede Form der Fahrlässigkeit haftet, auch „aus dem sonstigen **Inhalt des Schuldverhältnisses**" ergeben. Diese Möglichkeit wurde erst durch die Schuldrechtsreform zum 1.1.2002 neu eingefügt. Unter Berufung auf den Inhalt des Schuldverhältnisses dürfen aber nicht andere gesetzliche Wertungen unterlaufen werden. 20

Beispiel: Das Gesetz sieht für mehrere unentgeltliche Schuldverhältnisse eine beschränkte Haftung nur bei Vorsatz und grober Fahrlässigkeit (Haftung

14 *BGH* NJW 2007, 2988, 2989 (verneint, wenn ein Kraftfahrer einem die Fahrbahn überquerenden Fuchs ausweicht); 2003, 1118 (1119).

15 *Dazu Walker JuS 2015, 865 (867 f.); ders. Ad Legendum 2015, 109 (112).*

des Schenkers gem. § 521, des Verleihers gem. § 599) oder nur bei der Verletzung der eigenüblichen Sorgfalt (Haftung des unentgeltlichen Verwahrers gem. § 690) vor. Eine solche Haftungseinschränkung darf dagegen nicht beim Auftragnehmer unter Berufung auf seine ebenfalls unentgeltliche Tätigkeit (§ 662) angewendet werden; denn in diesem Fall hat der Gesetzgeber bewusst keine Haftungsbeschränkung vorgesehen.

21 (1) Nach der Vorstellung des Gesetzgebers lässt sich etwa das **Rechtsinstitut der eingeschränkten Haftung des Arbeitnehmers** aus dem Inhalt des Schuldverhältnisses ableiten. Danach haftet ein Arbeitnehmer (§ 611a) für einen Schaden, den er seinem Arbeitgeber bei Durchführung einer betrieblich veranlassten Tätigkeit zugefügt hat, nur in folgendem Umfang: Seine Haftung ist regelmäßig ganz ausgeschlossen, wenn der Schaden auf leichter Fahrlässigkeit beruht. Bei normaler Fahrlässigkeit tritt eine angemessene Teilung des Schadens und damit eine teilweise Haftungsbefreiung des Arbeitnehmers ein. Dagegen führt grobe Fahrlässigkeit grundsätzlich zur vollen Schadensersatzpflicht des Arbeitnehmers. Bei einem Missverhältnis zwischen Vergütung und Schaden ist allerdings auch hier eine (teilweise) Haftungseinschränkung möglich. Bei Vorsatz haftet der Arbeitnehmer immer in voller Höhe.[16]

22 Für diese allgemein anerkannte Haftungsbeschränkung ist allerdings allein der Rückgriff auf den Inhalt des Schuldverhältnisses (Arbeitsverhältnis) nicht ausreichend.[17] Es bedarf noch der Begründung, warum sich die Haftungseinschränkung aus dem Inhalt des Arbeitsverhältnisses ergibt. Bis zur Schuldrechtsreform wurde die eingeschränkte Arbeitnehmerhaftung mit einer analogen Anwendung des § 254 begründet: Dem Verschulden des Arbeitnehmers wurde das vom Arbeitgeber zu tragende Risiko einer Schadensverursachung bei von ihm veranlassten betrieblichen Tätigkeiten als Schadenszurechnungsgrund gegenübergestellt. Das Ergebnis dieser Abwägung analog § 254 führt zu der genannten Haftungsabstufung je nach der Schwere des Verschuldens. Daran sollte durch die Schuldrechtsreform nichts geändert werden.[18] Durch § 276 I 1 (Inhalt des Schuldverhältnisses) wurde die auf § 254 analog gestützte Einschränkung der Arbeitnehmerhaftung lediglich gesetzlich abgesichert.

22a (2) Ferner lässt sich bei Mannschaftssportarten eine **mildere Haftung aus dem Inhalt des Wettkampfverhältnisses** zwischen den

16 Zu Einzelheiten siehe *Walker* JuS 2002, 736.
17 Vgl. NK-BGB/*Dauner-Lieb* § 276 Rn. 39.
18 BT-Drs. 14/6587, 48 zu Nr. 21.

Spielern der gegnerischen Mannschaften ableiten. Wenn ein Spieler seinen Gegenspieler durch ein Foulspiel verletzt, kommt zwar grundsätzlich eine deliktische Schadensersatzpflicht nach § 823 I in Betracht. Aber Foulspiele und Regelwidrigkeiten sind geradezu typische Bestandteile von bestimmten Mannschaftssportarten, und alle Spieler nehmen die damit verbundenen Verletzungsgefahren sehenden Auges in Kauf. Deshalb folgt aus dem Inhalt des Wettkampfverhältnisses, dass ein Spieler selbst bei regelwidrigem Verhalten nur dann für dadurch verursachte Verletzungen eines Gegenspielers haftet, wenn er mindestens grob fahrlässig gehandelt hat.[19]

II. Haftung für fremdes Verschulden

1. Bedeutung des § 278

Im Rahmen eines Schuldverhältnisses haftet der Schuldner nach **23** § 278 für ein Verschulden seines gesetzlichen Vertreters und seines Erfüllungsgehilfen. Praktisch bedeutsam ist vor allem die Haftung für Erfüllungsgehilfen. Das sind solche Personen, deren sich der Schuldner zur Erfüllung seiner Verbindlichkeiten bedient. Die Rechtsstellung des Gläubigers würde erheblich geschmälert, wenn der Schuldner nicht für das Verschulden dieser Person einstehen müsste. Denn der Gläubiger hat gegen die Hilfsperson keinen vertraglichen Anspruch und ein etwaiger Anspruch gegen sie aus unerlaubter Handlung ist möglicherweise nicht realisierbar. Andererseits ist zu berücksichtigen, dass der Schuldner sich zur Erfüllung seiner Verbindlichkeit einer Hilfsperson bedienen darf; er kann diese Person auswählen, anleiten und überwachen. Deshalb ist es berechtigt, dass der Schuldner dem Gläubiger für das Verschulden seiner Hilfsperson so haftet, als ob ihn selbst ein Verschulden träfe.

Da ein Verschuldensvorwurf immer nur an ein pflichtwidriges Ver- **24** halten anknüpfen kann (→ Rn. 2f.), wird über § 278 dem Schuldner nicht nur das Verschulden, sondern genau genommen das schuldhafte pflichtwidrige Verhalten der Hilfsperson zugerechnet.

---

19 Einzelheiten: *Walker* JuS 2015, 865 (871); *ders.* FS Tolksdorf, 2014, 143 (149 f.).

2. Voraussetzungen

25 **a) Schuldverhältnis.** Eine Haftung für das Verschulden der genannten Personen trifft nur im Rahmen eines schon bestehenden Schuldverhältnisses ein („zur Erfüllung einer Verbindlichkeit"). Dazu gehören auch ein vorvertragliches Schuldverhältnis iSd § 311 II mit den Pflichten aus § 241 II (→ § 5 Rn. 1 f.) sowie bereits bestehende gesetzliche Schuldverhältnisse. Es reicht jedoch nicht aus, wenn durch die Handlung erst ein (gesetzliches) Schuldverhältnis entsteht.

Im **Fall c** braucht U für die Verletzung des Passanten nicht aus einem bestehenden Schuldverhältnis iVm § 278 einzustehen. In Betracht kommt allenfalls eine Haftung nach § 831.

26 **b) Hilfsperson iSd § 278.** Hilfsperson iSd § 278 sind der gesetzliche Vertreter und der Erfüllungsgehilfe.

aa) **Gesetzliche Vertreter** sind vor allem die Vertreter natürlicher Personen (Eltern, Vormund, Betreuer, Pfleger). Nach seinem Sinn und Zweck ist § 278 auch auf Testamentsvollstrecker, Insolvenzverwalter und ähnliche Personen anzuwenden, die zwar nicht gesetzliche Vertreter im engeren Sinne sind, aber ebenso wie sie aufgrund ihres Amtes unmittelbar Rechte und Pflichten für einen anderen begründen können.[20]

27 Ob unter § 278 auch der Vorstand und die satzungsmäßig bestimmten Vertreter juristischer Personen (§§ 26, 86, 89) fallen, ist streitig, weil die juristische Person für sie schon nach § 31 einzustehen hat. Die Frage hat kaum praktische Bedeutung, weil § 278 und § 31 regelmäßig zum gleichen Ergebnis führen. Sie dürfte aber angesichts der Fassung des § 26 I 2, wonach diese Organe „die Stellung eines gesetzlichen Vertreters" haben, zu bejahen sein.[21]

28 bb) **Erfüllungsgehilfen** sind die Personen, deren sich der Schuldner zur Erfüllung seiner Verbindlichkeiten **bedient**. Erforderlich und ausreichend ist es, dass der Schuldner den Dritten zur Erfüllung seiner Verbindlichkeit herangezogen hat. Hieraus ergibt sich einmal, dass der Dritte mit Willen des Schuldners für ihn tätig geworden sein muss; der Dritte braucht hingegen nicht zu wissen, dass er eine Verpflichtung des Schuldners erfüllt. Andererseits verlangt § 278 nicht, dass zwischen Schuldner und Gehilfen ein Schuldverhältnis be-

---

20 Palandt/*Grüneberg* BGB § 278 Rn. 5; hM

21 Ebenso Erman/*Westermann* § 278 Rn. 9; **aA** etwa *Looschelders* SchuldR AT § 23 Rn. 37; MüKoBGB/*Grundmann* § 278 Rn. 10.

steht, auch wenn das regelmäßig der Fall sein wird. Ebenso wenig braucht der Gehilfe in einem sozialen Abhängigkeitsverhältnis zum Schuldner zu stehen; auch ein selbständiger Unternehmer kann also Erfüllungsgehilfe sein.

Beispiel: Beauftragt der Vermieter (V) den Installateur (U) mit einer Reparatur in der Wohnung des Mieters (M), dann ist U hinsichtlich der mietvertraglichen Obhutspflicht des V gegenüber M Erfüllungsgehilfe des V. Verursacht U durch unsachgemäße Arbeit in der Mietwohnung eine Überschwemmung, bei welcher der Teppich des M zerstört wird, dann hat V hierfür nach § 278 einzustehen.

Der Schuldner ist nicht nur für seine (unmittelbaren) Erfüllungsgehilfen, sondern auch für deren Gehilfen verantwortlich, wenn sie in seinem Einverständnis mit der Erfüllung der Schuldnerverbindlichkeit betraut sind (mittelbare Erfüllungsgehilfen). Auch Subunternehmer des Erfüllungsgehilfen können daher Erfüllungsgehilfen des Auftraggebers sein. 29

Hat im genannten **Beispiel** nicht U, sondern Geselle G bei der Reparatur den Schaden verursacht, dann muss V wegen § 278 auch dafür einstehen.

Zu den Erfüllungsgehilfen gehören auch die Personen, die mit der Führung von Vertragsverhandlungen betraut sind;[22] denn diese sog. Verhandlungsgehilfen sind Gehilfen bei der Erfüllung vorvertraglicher Verpflichtungen (dazu schon → Rn. 25). 30

Keine Erfüllungsgehilfen sind dagegen solche Personen, die zwar mit dem Willen des Schuldners für diesen tätig werden, deren sich der Gläubiger aber nicht zur Erfüllung einer Verbindlichkeit bedient. Deshalb wird beim Kaufvertrag der vom Verkäufer eingeschaltete Hersteller der Sache nicht als Erfüllungsgehilfe des Verkäufers angesehen.[23] Die Verbindlichkeit des Verkäufers (Übereignung der Kaufsache) erfüllt dieser nämlich selbst.

c) **Zur Erfüllung einer Verbindlichkeit.** Die Hilfsperson muss zur Erfüllung einer Verbindlichkeit des Schuldners gegenüber dem Gläubiger tätig geworden sein. Zu den **Verbindlichkeiten** gehören nicht nur die Hauptleistungspflichten, sondern ebenso die Nebenleistungs- und Schutzpflichten, die sich aus dem Schuldverhältnis ergeben. 31

---

22 *BGH* NJW 1974, 1505 f.; vgl. auch *BGH* NJW 1991, 2557.
23 *BGH* NJW 2014, 2183 (2185); *OLG Koblenz* NJW-RR 2018, 54 Rn. 22 ff.

Im **Fall c** stellt die mangelhafte Reparatur die Verletzung einer Hauptleistungspflicht und die Beschädigung der Bodenlampe die Verletzung einer Schutzpflicht dar (§ 241 II).

32 Nach noch hM[24] muss die schädigende Handlung in einem sachlichen Zusammenhang mit der der Hilfsperson übertragenden Tätigkeit stehen. Daher soll eine Haftung nach § 278 für solche Schäden ausscheiden, welche die Hilfsperson nur „bei Gelegenheit" ihrer Tätigkeit dem Gläubiger zufügt. Hier geht es namentlich um die Haftung für Straftaten (Wäschediebstahl im **Fall c**). Für die Einbeziehung auch solcher Schädigungen spricht jedoch, dass zu den Pflichten aus dem Schuldverhältnis auch die allgemeine Verpflichtung des Schuldners gehört, nicht schädigend auf die Rechtsgüter des Gläubigers einzuwirken (vgl. § 241 II). Bedient sich der Schuldner einer Hilfsperson, muss er sich grundsätzlich so behandeln lassen, als ob er deren Handlung selbst vorgenommen hätte. Andererseits soll der Gläubiger durch § 278 aber nicht von dem allgemeinen Lebensrisiko befreit werden, Opfer einer schädigenden Handlung zu werden. Mit einer im Vordringen befindlichen Ansicht[25] ist daher danach zu differenzieren, ob der Hilfsperson die Schädigung durch die übertragene Tätigkeit wesentlich erleichtert wurde. § 278 ist also zu bejahen, wenn die Hilfsperson nur deshalb die Möglichkeit zum Diebstahl erhält, weil der Gläubiger sie gerade wegen des bestehenden Schuldverhältnisses in seinem Bereich „wirken" lässt **(Fall c).**

Gegenbeispiel: G entwendet im **Fall c** das im unverschlossenen Hof geparkte Fahrzeug des B.

33 **d) Verschulden der Hilfsperson.** Nach § 278 hat der Schuldner ein Verschulden seines gesetzlichen Vertreters oder Erfüllungsgehilfen wie eigenes zu vertreten. Ein Verschulden der Hilfsperson kann es aber im technischen Sinne nicht geben, weil das eine Pflichtverletzung voraussetzt (→ Rn. 2f.), die Hilfsperson dem Gläubiger aber nichts schuldet. Nach Sinn und Zweck des § 278 (→ Rn. 23) ist vielmehr danach zu fragen, ob die Handlung der Hilfsperson, hätte sie der Schuldner selbst vorgenommen, als pflichtwidrig und schuldhaft anzusehen wäre.[26]

---

24 RGZ 63, 341 (343); vgl. BGHZ 23, 323; 31, 366.
25 Vgl. etwa *Looschelders* SchuldR § 23 AT Rn. 39; *Medicus/Lorenz* SchuldR I Rn. 382; Palandt/*Grüneberg* BGB § 278 Rn. 20 ff.; Soergel/*M. Wolf* BGB § 278 Rn. 37 ff.
26 *Medicus/Lorenz* SchuldR I Rn. 383.

aa) Daher kommt es nicht auf die **Verschuldensfähigkeit** (§§ 827 f., → Rn. 4 f.) der Hilfsperson, sondern allein auf die des Schuldners an.[27] Das Risiko eines Defekts des Werkzeugs muss derjenige tragen, der es eingesetzt hat. Das ist der Schuldner und nicht der Gläubiger. 34

Ist dagegen der Schuldner selbst deliktsunfähig und handelt für ihn sein gesetzlicher Vertreter, so ist dessen Verschulden dem Schuldner zuzurechnen.[28]

bb) Auch die **maßgebliche Schuldform** bestimmt sich nach der Person des Schuldners.[29] 35

Ist **zB** seine Haftung vertraglich und gesetzlich auf Vorsatz oder grobe Fahrlässigkeit beschränkt, dann braucht er für einfache Fahrlässigkeit seines Gehilfen nicht einzustehen. Entsprechendes gilt, wenn er nur die Sorgfalt schuldet, die er in eigenen Angelegenheiten anzuwenden pflegt. Hier greift eine Haftung des Schuldners nur ein, wenn der Erfüllungsgehilfe unsorgfältiger handelt, als es der Schuldner in eigenen Angelegenheiten zu tun pflegt.

Eine Besonderheit besteht aber insofern, als der Schuldner die Haftung für vorsätzliches Verhalten seiner Hilfsperson im Voraus vertraglich ausschließen kann (§§ 278 S. 2; 276 I 1, 2. Halbs.), was ihm für seine eigene Person durch § 276 III versagt ist. 36

Durch AGB kann die Haftung für Hilfspersonen nur in demselben Umfang eingeschränkt werden, wie die Haftung für eigenes Verschulden (§ 309 Nr. 7). Auch wenn die Haftung für Vorsatz der Hilfsperson ausgeschlossen ist, bleibt dennoch zu prüfen, ob der Schuldner nicht für eigenes Verschulden bei der Auswahl der Hilfsperson einstehen muss.

cc) Der im Rahmen der Fahrlässigkeitsprüfung maßgebliche **Sorgfaltsmaßstab** bestimmt sich ebenfalls nach der Person des Schuldners. 37

Beispiel: Setzt der Schuldner einen Lehrling ein, haftet er gleichwohl für die Einhaltung derjenigen Sorgfalt, die von ihm als Meister erwartet werden kann **(Fall c).**

3. Substitution

Für eine Haftung nach § 278 ist dann kein Raum, wenn der Schuldner berechtigt ist, seine Leistungspflicht vollständig auf einen Dritten zu übertragen, so dass dieser an seine Stelle tritt und damit selbständig die Pflicht zu erfüllen hat (sog. Substitution). Ein gesetz- 38

27 *Esser/Schmidt* SchuldR I AT § 27 I 3 c.
28 Soergel/*M. Wolf* BGB§ 278 Rn. 57.
29 *Walker* JuS 2015, 865 (870).

liches Beispiel dafür bietet die Übertragung des Auftrags (§ 664 I 2).[30] Hier hat der Schuldner (Beauftragte) nicht dafür einzustehen, dass der von ihm eingeschaltete Dritte den übernommenen Auftrag ordnungsgemäß erfüllt; seine Verantwortlichkeit erstreckt sich nur darauf, den Dritten sorgfältig auszuwählen (culpa in eligendo). Für eine Verletzung dieser Pflicht ist er nach § 276 (Haftung für eigenes Verschulden) und nicht nach § 278 (Haftung für fremdes Verschulden) verantwortlich. Der Dritte haftet für Pflichtverletzungen gegenüber seinem Vertragspartner (dem Beauftragten). Dieser hat seinen Schadensersatzanspruch grundsätzlich gem. § 667 an den Auftraggeber, der durch die Pflichtverletzung des Dritten geschädigt ist, abzutreten.[31] Der Auftraggeber kann aufgrund des abgetretenen Anspruchs seinen Schaden von dem Dritten ersetzt verlangen.

4. Unterschiede zwischen § 278 und § 831

39 Eine Haftung für die von einem anderen verursachten Schäden sieht auch § 831 vor. Nach dieser Vorschrift haftet derjenige, der einen anderen zu einer Verrichtung bestellt hat, für den Schaden, den der Verrichtungsgehilfe in Ausführung der Verrichtung einem Dritten widerrechtlich zufügt.[32] Zwischen § 278 und § 831 bestehen jedoch wesentliche Unterschiede:

- § 278 setzt im Gegensatz zu § 831 ein bereits **bestehendes Schuldverhältnis** voraus.
- § 278 ist **keine selbständige Anspruchsgrundlage**, sondern Zurechnungsnorm. Es muss hier also immer zuerst geprüft werden, ob im Rahmen eines bestehenden Schuldverhältnisses eine Verbindlichkeit verletzt ist; für die Frage, ob der Schuldner diese Pflichtverletzung zu vertreten hat, ist § 278 heranzuziehen. § 831 ist dagegen neben den §§ 823 ff. **selbständige Anspruchsnorm** aus unerlaubter Handlung.
- Die Haftung über § 278 ist eine **Haftung für fremdes schuldhaftes Verhalten** (der Hilfsperson); auf ein Verschulden des Schuldners kommt es nicht an. § 831 begründet demgegenüber eine **Haftung für eigenes (vermutetes) Verschulden** des Geschäftsherrn bei der Auswahl und der Beaufsichtigung des Verrichtungsgehilfen. Ein Verschulden des Verrichtungsgehilfen ist nicht erforder-

---

30 Dazu *Brox/Walker* SchuldR BT § 29 Rn. 13.
31 MüKoBGB/*Schäfer* § 664 Rn. 16.
32 *Brox/Walker* SchuldR BT § 48 Rn. 3 ff.

lich; es genügt, dass er rechtswidrig einen der Tatbestände der §§ 823 ff. erfüllt hat.

- Im Fall des § 831 kann sich der Schuldner von seiner Haftung durch den Nachweis befreien, dass ihn bei der Auswahl und Beaufsichtigung des Verrichtungsgehilfen kein Verschulden trifft (§ 831 I 2; **Exkulpationsmöglichkeit**). Bei § 278 besteht demgegenüber für den Schuldner **keine Entlastungsmöglichkeit**, weil es auf sein Verschulden nicht ankommt.

Da sich der Geschäftsherr meistens nach § 831 I 2 entlasten kann, hat die Rechtsprechung im Interesse des Geschädigten versucht, auf verschiedenen Wegen den Anwendungsbereich des § 278 zu erweitern. Zu erwähnen sind hier vor allem die im Zuge der Schuldrechtsreform kodifizierte Haftung aufgrund vorvertraglicher Pflichtverletzung (§§ 280 I, 311 II; c. i. c.; → § 5 Rn. 2 und → § 25 Rn. 11 ff.) und aufgrund eines Schuldverhältnisses mit Schutzwirkung für Dritte (→ § 33 Rn. 13 ff.).

- Da bei § 831 die Haftung des Schuldners für die rechtswidrige Handlung des **Verrichtungsgehilfen** darauf beruht, dass er den Gehilfen nicht sorgfältig ausgesucht und überwacht hat, muss dieser bis zu einem gewissen Grad den **Weisungen des Schuldners unterworfen** sein. Der Begriff des **Erfüllungsgehilfen** iSd § 278 setzt demgegenüber keine Weisungsabhängigkeit voraus.

Haftung für Hilfspersonen

§ 278 = Zurechnungsnorm (Haftung für fremdes Verschulden)	**§ 831 = Anspruchsgrundlage (Haftung für eigenes vermutetes Verschulden)**
– Schuldverhältnis – Hilfsperson: gesetzlicher Vertreter oder Erfüllungsgehilfe – Pflichtverletzung durch die Hilfsperson – zur Erfüllung einer Verbindlichkeit – Verschulden der Hilfsperson	– tatbestandsmäßige und rechtswidrige unerlaubte Handlung der Hilfsperson – Hilfsperson: Verrichtungsgehilfe (Weisungsgebundenheit) – in Ausführung der Verrichtung – vermutetes Verschulden des Geschäftsherrn (mit Exkulpationsmöglichkeit)

III. Haftung ohne Verschulden

40 Der Schuldner hat gem. § 276 I 1, 1. Halbs. Vorsatz und Fahrlässigkeit zu vertreten; er haftet also nur im Falle des Verschuldens. Das gilt aber nur, wenn eine strengere (oder mildere, → Rn. 16 ff.) Haftung weder bestimmt noch aus dem sonstigen Inhalt des Schuldverhältnisses zu entnehmen ist (§ 276 I 1, 2. Halbs.). Eine strengere Haftung bedeutet, dass es auf ein Verschulden nicht ankommt.

1. Anderweitige Bestimmung

41 **a) Kraft Vereinbarung.** Eine Haftung ohne Verschulden kann zunächst durch (ausdrückliche oder konkludente) Vereinbarung bestimmt werden.

Das ist allerdings in AGB wegen § 307 II Nr. 1 nicht möglich.[33]

42 **b) Kraft Gesetzes.** Auch das Gesetz kennt Fälle einer Verantwortlichkeit ohne Verschulden.

Beispiele: Haftung für zufällige Leistungsstörungen während des Schuldnerverzugs (§ 287 S. 2, → § 23 Rn. 74), Haftung des Vermieters für anfängliche Mängel der Mietsache (§ 536a I)[34]; des Tierhalters (§ 833 S. 1)[35], des Kfz-Halters (§ 7 I StVG)[36]. Daneben gibt es zahlreiche weitere Fallgruppen der Gefährdungshaftung.[37]

2. Inhalt des Schuldverhältnisses

43 Aus dem Inhalt des Schuldverhältnisses soll sich nach dem Wortlaut des § 276 I 1 eine Haftung ohne Verschulden insbesondere dann ergeben, wenn zwar keine Vereinbarung zum Verschulden getroffen wurde, aber eine Partei eine Garantie oder das Beschaffungsrisiko übernommen hat. Diese beiden Fälle, die nicht abschließend sind, könnte man allerdings auch als abweichende vertragliche Bestimmung einordnen. Deshalb ist es zweifelhaft, ob der Inhalt des Schuldverhältnisses überhaupt einen nennenswerten eigenen Anwendungsbereich hat.

---

33 Vgl. BGHZ 119, 168 noch zum AGBG.
34 *Brox/Walker* SchuldR BT § 11 Rn. 15.
35 *Brox/Walker* SchuldR BT § 48 Rn. 18, § 54 Rn. 53.
36 *Brox/Walker* SchuldR BT § 54 Rn. 3 ff.
37 Siehe *Brox/Walker* SchuldR BT § 54 Rn. 19 ff.

a) Garantie. Da der Schuldner im Falle einer Garantie auch dann auf Schadensersatz haftet, wenn ihn ein Fahrlässigkeitsvorwurf nicht trifft, sind an die (insbesondere stillschweigende) Übernahme einer Garantie strenge Anforderungen zu stellen. Sie liegt nur vor, wenn der Schuldner dem Gläubiger zusagt, für die mit dem Eintritt oder dem Ausbleiben eines bestimmten Umstandes verbundenen Folgen in jedem Fall (dh ohne Verschulden) einzustehen. Ob eine solche Garantie übernommen wird und wie weit diese reicht, ist durch Auslegung (§§ 133, 157) zu ermitteln. Allgemeine Anpreisungen („garantiert erstklassig") sind jedenfalls nicht ausreichend. 44

Mit der Garantie wollte der Gesetzgeber insbesondere die Fälle einer Eigenschaftszusicherung bei den auf Sachen bezogenen Verträgen erfassen. Sie wird damit etwa für den Miet-, den Werk- und insbesondere den Kaufvertrag relevant.[38] 45

Nach § 463 aF haftete der Verkäufer im Falle einer Eigenschaftszusicherung auch ohne Verschulden auf Schadensersatz. Diese Vorschrift wurde im Rahmen der Schuldrechtsreform gestrichen. Seit dem 1.1.2002 ergibt sich bei der Verletzung der Verkäuferpflicht aus § 433 I 2 zur Lieferung einer mangelfreien Sache ein Anspruch auf Schadensersatz (§§ 280 I, 437 Nr. 3), sofern der Verkäufer diese Pflichtverletzung zu vertreten hat. Das Vertretenmüssen ist aber gem. § 276 I 1, 2. Halbs. auch im Falle einer Garantie (Eigenschaftszusicherung) zu bejahen. Insofern hat sich trotz Wegfalls des § 463 aF durch die Schuldrechtsreform in der Sache nichts geändert.

Beispiel: Der stark übergewichtige K möchte bei V einen Sessel erwerben. Seine Bedenken hinsichtlich der Stabilität zerstreut V mit dem Hinweis, seine Möbel hätten schon weit gewichtigere Personen getragen. Er könne sich hundertprozentig auf die Sicherheit verlassen. Als K das Möbelstück nach Lieferung einweiht, hält dieses wegen eines Materialfehlers der Belastung nicht stand. K verletzt sich schwer. Hier hat V den dadurch entstandenen Schaden nach § 280 I iVm § 437 Nr. 3 auch ohne Verschulden zu ersetzen.

b) Übernahme eines Beschaffungsrisikos. Auch aus der Übernahme eines Beschaffungsrisikos kann sich eine vom Verschulden unabhängige Verantwortlichkeit des Schuldners ergeben. Wenn der Schuldner es nämlich übernimmt, bestimmte Beschaffungshindernisse zu überwinden, lädt er sich damit eine verschuldensunabhängige Einstandspflicht auf. Ob und inwieweit das der Fall ist, ist ebenfalls im Einzelfall durch Auslegung (§§ 133, 157) zu ermitteln. 46

Von der Übernahme des Beschaffungsrisikos ist das Bestehen einer Beschaffungsmöglichkeit zu unterscheiden. Solange diese gegeben ist, liegt kein Fall

38 Zu Einzelheiten siehe *Brox/Walker* SchuldR BT § 4 Rn. 115 ff.

der Unmöglichkeit nach § 275 I vor, so dass der Primäranspruch nicht untergeht (vgl. → § 22 Rn. 3). Auf die Übernahme des Beschaffungsrisikos kommt es insofern nicht an. Diese ist nur für die Frage von Bedeutung, ob der Schuldner das Leistungshindernis (wenn es eintritt) auch zu vertreten hat und deshalb auf Schadensersatz haftet.

47 Die Übernahme eines Beschaffungsrisikos wird typischerweise bei Gattungsschulden (→ § 8 Rn. 1 ff.) anzunehmen sein. Sie kommt aber auch bei Stückschulden (→ § 8 Rn. 2) in Betracht.

Im **Fall d** hat V dem K den entgangenen Gewinn aus der Weiterveräußerung auch ohne Verschulden zu ersetzen (§§ 280 I, III, 283).

48 Der Schuldner will regelmäßig aber nicht solche Risiken übernehmen, die in keinem Zusammenhang mit der Art der Beschaffungsschuld stehen.

Beispiel: Der Schuldner verpflichtet sich, eine bestimmte Sache bis zu einem bestimmten Termin zu beschaffen. Fällt er in Folge eines Verkehrsunfalls vorübergehend ins Koma, haftet er trotz der Übernahme des Beschaffungsrisikos nicht verschuldensunabhängig auf Ersatz des Verzögerungsschadens (§ 280 I, II iVm § 286).

8. Kapitel. Störungen im Schuldverhältnis

§ 21. Überblick über die Störungen im Schuldverhältnis

Schrifttum: *Canaris,* Die Reform des Rechts der Leistungsstörungen, JZ 2001, 499; *ders.*, Das allgemeine Leistungsstörungsrecht im Schuldrechtsmodernisierungsgesetz, ZRP 2001, 329; *Emmerich,* Das Recht der Leistungsstörungen, 6. Aufl., 2005; *Gerhardt,* Die Abgrenzung der wichtigsten Anspruchsgrundlagen im Schadensersatzrecht bei Leistungsstörungen, JURA 2012, 251; *Grigoleit/Riehm,* Die Kategorien des Schadensersatzes im Leistungsstörungsrecht, AcP 203 (2003), 727; *Hadding,* Leistungspflichten und Leistungsstörungen nach „modernisiertem" Schuldrecht, FS Konzen, 2006, 193; *Hellwege,* Die §§ 280 ff. BGB, 2005; *Kindl,* Das Recht der Leistungsstörungen nach dem Schuldrechtsmodernisierungsgesetz, WM 2002, 1313; *Körber,* Das Recht der Pflichtverletzungen im Allgemeinen Schuldrecht – Teil 1, JURA 2015, 429; *Mattheus,* Schuldrechtsmodernisierung 2001/2002 – Die Neuerungen des allgemeinen Leistungsstörungsrechts, JuS 2002, 209; *Medicus,* Die Leistungsstörungen im neuen Schuldrecht, JuS 2003, 521; *Otto,* Die Grundstrukturen des neuen Leistungsstörungsrechts, JURA 2002, 1; *Reischl,* Grundfälle zum neuen Schuldrecht, JuS 2003, 40, 250; *Senne,* Das Recht der Leistungsstörungen nach dem Schuldrechtsmodernisierungsgesetz, JA 2002, 424; *v. Wilmowsky,* Pflichtverletzungen im Schuldverhältnis, JuS 2002, Beil. zu Heft 1; *Zimmer,* Das neue Recht der Leistungsstörungen, NJW 2002, 1. 1

I. Begriff der Störung im Schuldverhältnis

Das vertragliche oder gesetzliche Schuldverhältnis ist auf die Erfüllung der Leistungspflichten (→ § 2 Rn. 5 ff.) und die Beobachtung der Sorgfalts-, Treue-, Loyalitäts-, Fürsorge und sonstigen Pflichten, die hier unter dem Begriff der Schutzpflichten zusammengefasst werden (vgl. → § 2 Rn. 11 ff.), gerichtet. Nicht immer wird ein Schuldverhältnis jedoch ordnungsgemäß abgewickelt. Sein Zweck kann durch ein Verhalten des Schuldners oder des Gläubigers sowie durch andere Umstände ganz oder teilweise (auch qualitativ), endgültig oder vorübergehend vereitelt werden. Man fasst solche Fälle von Störungen im Schuldverhältnis unter dem – freilich zu engen – Begriff der Leistungsstörung zusammen. Ihnen ist gemeinsam, dass es nicht zur ordnungsgemäßen Erfüllung von (Leistungs- oder Schutz-)Pflichten aus dem Schuldverhältnis kommt (Nichterfüllung im weiteren Sinne im Gegensatz zur Nichterfüllung im engeren Sinne als das ganz oder teilweise Ausbleiben der Leistung).

2 Gelegentlich wird statt von Nichterfüllung von Pflichtverletzung gesprochen. Damit wird aber herkömmlich ein pflichtwidriges Verhalten des Schuldners (→ § 20 Rn. 2) bezeichnet. Daneben gibt es jedoch auch andere Störungen im Schuldverhältnis (zB die geschuldete Sache geht durch Zufall unter). Soweit der Begriff der Pflichtverletzung dagegen abweichend vom herkömmlichen Sprachgebrauch rein objektiv (dh unter Abstraktion von jedwedem subjektivem Vorwurf als das Zurückbleiben hinter dem Pflichtenprogramm des Schuldverhältnisses) verstanden wird,[1] ist ein sachlicher Unterschied zu dem der Nichterfüllung i. S. einer nicht ordnungsgemäßen Erfüllung nicht gegeben (zur Pflichterfüllung iSv § 280 I → § 22 Rn. 51).

II. Typen der Störungen im Schuldverhältnis

3 Störungen im Schuldverhältnis kommen in verschiedenen Erscheinungsweisen vor. So kann die Leistung überhaupt ausbleiben. Das Ausbleiben kann endgültig (Unmöglichkeit der Leistung) oder vorübergehend (Leistungsverzögerung oder Verzug seitens des Schuldners oder Annahmeverzug des Gläubigers) sein. Ferner besteht die Möglichkeit, dass der Schuldner zwar leistet, aber nicht ordnungsgemäß (Schlechtleistung). Schließlich kann eine Störung im Schuldverhältnis auch in der Verletzung einer Schutzpflicht (§ 241 II) bestehen.

Beispiele: Die zu liefernde Vase wird vor der Lieferung vernichtet (Unmöglichkeit). Das vertraglich am 1.2. geschuldete Fahrzeug wird erst am 15.2. geliefert (Verzug des Schuldners). Der Gläubiger holt sein Portrait nicht wie vereinbart ab (Annahmeverzug des Gläubigers). Der geschuldete Maßanzug ist zwei Nummern zu groß (Schlechterfüllung). Der Malermeister beschädigt während der Arbeiten die Haustür des Kunden (Verletzung einer Schutzpflicht).

4 In einem weiteren Sinne zählen hierzu auch die Fälle, in denen die Geschäftsgrundlage des Schuldverhältnisses selbst gestört ist, weil sich die dem Vertragsschluss zugrunde liegenden Umstände nachträglich geändert oder die von den Parteien vorausgesetzten Umstände tatsächlich gar nicht vorgelegen haben.

1 BT-Drs. 14/6040, 92 (134).

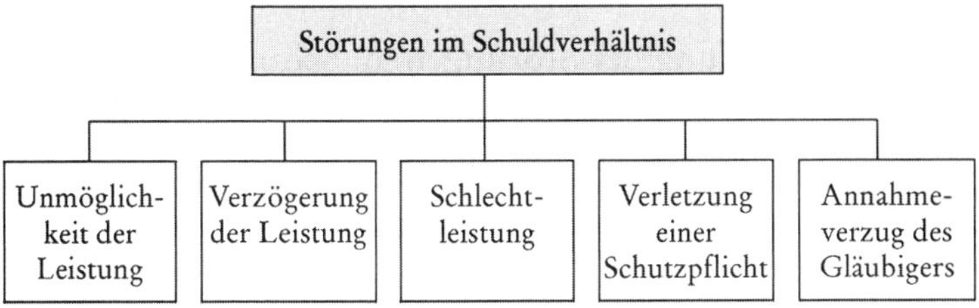

III. Gesetzliche Grundlagen

Das Leistungsstörungsrecht regelt die Voraussetzungen und die 5
Rechtsfolgen von Leistungsstörungen. Es ist im Zuge der Schuldrechtsmodernisierung grundlegend umgestaltet worden. Bis zum 31.12.2001 waren die Unmöglichkeit (§§ 275, 280 ff., 307 f., 323 ff. aF), der Schuldnerverzug (§§ 284 ff., 326 aF), der Gläubigerverzug (§§ 293 ff.) sowie die Sachmängelhaftung (zB beim Kauf §§ 459 ff. aF) eigenständig, die pVV, die c. i. c. und der Wegfall der Geschäftsgrundlage dagegen gar nicht geregelt.

Das seit 1.1.2002 geltende Recht versucht, die verschiedenen Typen 6
von Leistungsstörungen umfassend und möglichst in gemeinsamen Vorschriften zu regeln. Diese sind in erster Linie nach Rechtsfolgen geordnet. So bestehen jetzt allgemeine Vorschriften zum Schadens- und Aufwendungsersatzanspruch (§§ 280, 284) sowie zum Rücktritt (§§ 323 ff., 346 ff.). Daneben gibt es besondere Vorschriften für die Unmöglichkeit (§§ 283, 326), den Schuldnerverzug (§§ 286 ff.) und den Gläubigerverzug (§§ 293 ff.) sowie zur Störung der Geschäftsgrundlage (§ 313). Im Besonderen Schuldrecht trifft das Gesetz darüber hinaus ergänzende Regelungen zu den Mängelrechten (zB §§ 437 ff. für den Kaufvertrag,[2] §§ 536 ff. für den Mietvertrag,[3] §§ 633 ff. für den Werkvertrag[4]).

2 *Brox/Walker* SchuldR BT § 4 Rn. 40 ff.
3 *Brox/Walker* SchuldR BT § 11 Rn. 11 ff.
4 *Brox/Walker* SchuldR BT § 24 Rn. 6 ff.

IV. Darstellung der Störungen im Schuldverhältnis

7 Die folgende Darstellung des Leistungsstörungsrechts orientiert sich entgegen der Gesetzessystematik bewusst nicht an den verschiedenen Rechtsfolgen, sondern an den Typen der Störungen im Schuldverhältnis. Das entspricht der Fragestellung bei der Bearbeitung eines juristischen Falles. Dabei ist zwar regelmäßig nach einer oder mehreren bestimmten Rechtsfolgen gefragt. Aber die Prüfung dieser Rechtsfolgen orientiert sich immer an dem vorgegebenen Lebenssachverhalt wie zB einer Nichtleistung, einer verspäteten Leistung, einer Schlechtleistung oder einer Schutzpflichtverletzung.

§ 22. Unmöglichkeit der Leistung

1 **Schrifttum:** *Benicke/Hellwig*, Das System der Schadensersatzhaftung wegen Leistungspflichtverletzung, NJW 2014, 1697; *Bernhard*, Das grobe Missverhältnis in § 275 Abs. 2 BGB, JURA 2006, 801; *Canaris*, Die Behandlung nicht zu vertretender Leistungshindernisse nach § 275 Abs. 2 BGB beim Stückkauf, JZ 2004, 214; *ders.*, Die Bedeutung des Übergangs der Gegenleistungsgefahr im Rahmen von § 243 II BGB und § 275 II BGB, JuS 2007, 793; *ders.*, Der Fortbestand des Anspruchs auf die Gegenleistung nach § 326 Abs. 2 BGB wegen Verantwortlichkeit des Käufers, FS Picker, 2010, 113; *Dötterl*, Die Verantwortlichkeit des Gläubigers, ZGS 2011, 115; *Dubovitskaya*, Absolute Fixgeschäfte, AcP 215 (2015), 581; *Finn*, Erfüllungspflicht und Leistungshindernis, 2007; *Freitag*, Rechtsfolgen der Unmöglichkeit und Unzumutbarkeit der Leistung, NJW 2014, 113; *Gruber*, Schuldrechtsmodernisierung 2001/2002 – Die beiderseits zu vertretende Unmöglichkeit, JuS 2002, 1066; *Grundmann*, Der Schadensersatzanspruch aus Vertrag, AcP 204 (2004), 569; *Gsell*, Das Verhältnis von Rücktritt und Schadensersatz, JZ 2004, 643; *Haberzettl*, Verschulden und Versprechen, 2006; *Hauck/Stephan*, Rechtsfolgen bei Absage und Verlegung einer Sportveranstaltung, JuS 2012, 585; *Heckel*, Anspruch und Einrede im „neuen" Leistungsstörungsrecht, JZ 2012, 1094; *Heyers/Heuser*, Qualitative Unmöglichkeit – eine verkannte Rechtsfigur, NJW 2010, 3057; *Hirsch*, Schadensersatz statt der Leistung, JURA 2003, 289; *Hoffmann*, Unmöglichkeit während der Laufzeit einer Internetauktion, ZIP 2017, 449; *Huber*, Schadensersatz statt der Leistung, AcP 210 (2010), 319; *Katzenstein*, Die Nichterfüllungshaftung nach § 311a Abs. 2 BGB, JR 2003, 447; *Keilmann*, Dem Gefälligen zur Last – Untersuchung zur Beweislastverteilung in § 280 I BGB, 2006; *Körber*, Das Recht der Pflichtverletzungen im Allgemeinen Schuldrecht – Teil 2, JURA 2015, 554; *Kohler*, Pflichtverletzung und Vertretenmüssen – die beweisrechtlichen Konsequenzen des neuen § 280

Abs. 1 BGB, ZZP 2005, 25; *ders.*, Bestrittene Leistungsunmöglichkeit und ihr Zuvertretenhaben bei § 275 BGB – Prozesslage und materielles Recht, AcP 205 (2005), 93; *ders.*, Probleme der verschuldensabhängigen Schadensersatzhaftung gemäß § 311a Abs. 2 BGB, JURA 2006, 241; *Lehmann/Zschache*, Das stellvertretende commodum, JuS 2006, 502; *Löhnig*, Die Voraussetzungen des Leistungsverweigerungsrechts nach § 275 Abs. 2 BGB, ZGS 2005, 459; *Looschelders*, „Unmöglichkeit" und Schadensersatz statt der Leistung, JuS 2010, 849; *S. Lorenz*, Zur Abgrenzung von Teilleistung, teilweiser Unmöglichkeit und teilweiser Schlechtleistung im neuen Schuldrecht, NJW 2003, 3097; *ders.*, Schadensersatz statt der Leistung, Rentabilitätsvermutung und Aufwendungsersatz im Gewährleistungsrecht, NJW 2004, 26; *ders.*, Grundwissen – Zivilrecht: Was ist eine Pflichtverletzung (§ 280 I BGB)?, JuS 2007, 213; *ders.*, Arglist und Sachmangel – Zum Begriff der Pflichtverletzung in § 323 V 2 BGB, NJW 2006, 1925; *ders.*, Grundwissen – Zivilrecht: Schadensarten bei der Pflichtverletzung (§§ 280 II, III BGB), JuS 2008, 203; *Musielak*, Der Ausschluss der Leistungspflicht nach § 275 BGB, JA 2011, 801; *Peukert*, § 326 Abs. 1 S. 2 BGB und die Minderung als allgemeiner Rechtsbehelf, AcP 205 (2005), 430; *Reichenbach*, Das Tatbestandsmerkmal der Pflichtverletzung im neuen Leistungsstörungsrecht, JURA 2003, 512; *Reischl*, Grundfälle zum neuen Schuldrecht, JuS 2003, 453; *Schulze/Ebers*, Streitfragen im neuen Schuldrecht, JuS 2004, 265; *Schur*, Schadensersatz nach rechtskräftiger Verurteilung zur Leistung, NJW 2002, 2518; *ders.*, Haftung des Verkäufers beim Internetvertrieb gestohlener Sachen, ZAP 2006, 111; *Schwarze*, Unmöglichkeit, Unvermögen und ähnliche Leistungshindernisse im neuen Leistungsstörungsrecht, JURA 2002, 73; *M. Stürner*, „Faktische Unmöglichkeit" (§ 275 II BGB) und Störung der Geschäftsgrundlage (§ 313 BGB) – unmöglich abzugrenzen?, JURA 2010, 721; *Sutschet*, Haftung für anfängliches Unvermögen, NJW 2005, 1404; *ders.*, Austausch- und Differenztheorie nach der Schuldrechtsreform, JURA 2006, 586; *Tettinger*, Anfänglich oder Nachträglich? – Das zwischen Angebot und Vertragsschluss eintretende Leistungshindernis, ZGS 2006, 452; *Wertenbruch*, Die Anwendung des § 275 BGB auf Betriebsstörungen beim Werkvertrag, ZGS 2003, 53; *Wieser*, Gleichzeitige Klage auf Leistung und Schadensersatz aus § 281 BGB, NJW 2003, 2432; *Wilhelm*, Die Pflichtverletzung nach dem neuen Schuldrecht, JZ 2004, 1055; *Zieglmeier*, Die neuen „Spielregeln" des § 280 I 2 BGB, JuS 2007, 701; *Zwirlein*, Das Leistungsverweigerungsrecht aus § 275 II 1 BGB, JA 2016, 252.

Siehe auch die Nachweise zu → § 21.

Fall a: S verpflichtet sich im Kaufvertrag gegenüber G, ihm ein bestimmtes Originalgemälde zu übereignen. Nach Vertragsschluss wird das Bild durch einen Brand vernichtet. G verlangt von S 200 EUR, die er an einen bei Vertragsschluss eingeschalteten Sachverständigen gezahlt hat, sowie weitere 500 EUR, da er das Bild mit einem Gewinn in dieser Höhe hätte verkaufen können. → Rn. 4, 12, 53, 54, 57, 71, 74, 76

Fall b: Wie ist die Rechtslage, wenn der Prokurist des S das Bild nach Vertragsschluss an X verkauft und übereignet? → Rn. 7, 12, 53, 54

Fall c: Was gilt, wenn das Bild schon bei Vertragsschluss durch Brand vernichtet war? → Rn. 4, 10, 54, 66, 69

Fall d: Ändert sich etwas, wenn das Bild schon vor Vertragsschluss vom Prokuristen des S an X veräußert worden ist? → Rn. 7, 10, 54, 66, 68

Wenn der Schuldner aus den in § 275 genannten Gründen überhaupt nicht leistet, insbesondere weil ihm die Leistung nicht möglich ist, stellt sich zunächst die Frage, welche Auswirkungen die Unmöglichkeit auf die Leistungspflicht des Schuldners und auf die Gegenleistungspflicht des Gläubigers hat. Außerdem ist zu untersuchen, ob und unter welchen Voraussetzungen der Gläubiger statt der unmöglichen Leistung Schadensersatz oder Ersatz vergeblicher Aufwendungen verlangen kann. Schließlich ist es bei vertraglichen Schuldverhältnissen (bei gegenseitigen Verträgen) von Interesse, ob der Gläubiger sich wegen der Unmöglichkeit durch Rücktritt vom Vertrag lösen kann.

I. Auswirkungen auf die primären Leistungspflichten

2 Leistungsstörungen haben grundsätzlich keinen unmittelbaren Einfluss auf die primären Leistungspflichten (→ § 2 Rn. 5 ff.). Der Erfüllungsanspruch des Gläubigers bleibt so lange bestehen, bis er einen Rechtsbehelf geltend macht, der die Erfüllung durch den Schuldner ausschließt (insbesondere Rücktritt und Schadensersatz statt der Leistung). Nur wenn die Erbringung einer Leistung nicht möglich ist, kann eine entsprechende Pflicht des Schuldners nicht bestehen (§ 275 I: impossibilium nulla est obligatio, → Rn. 3). Kann der Schuldner die Leistung nur unter einem grob unverhältnismäßigen Aufwand erbringen oder ist ihm die Erfüllung einer persönlich zu erbringenden Leistung unzumutbar, kann er die Leistung verweigern (§ 275 II und III, → Rn. 18 ff., 22 ff.). In allen drei Fällen müssen der Verbleib eines etwaigen Surrogats (§ 285, → Rn. 25 ff.) sowie – beim gegenseitigen Vertrag – die Auswirkungen auf die vertragliche Gegenleistungspflicht geklärt werden (§ 326, → Rn. 29 ff.).

1. Ausschluss der Leistungspflicht bei Unmöglichkeit (§ 275 I)

3 Gemäß § 275 I ist der Anspruch auf die Leistung ausgeschlossen, soweit sie für den Schuldner oder für jedermann unmöglich ist. Der Gläubiger kann also die Leistung in Natur nicht verlangen. Es handelt sich dabei um eine von Amts wegen zu beachtende Einwendung.

Unmöglichkeit iSd § 275 I liegt nur dann vor, wenn die Leistung unter keinen Umständen erbracht werden kann. Damit wird abweichend von der Rechtslage vor der Schuldrechtsreform nur noch die „echte", „wirkliche" Unmöglichkeit erfasst. Ist die Leistung wenigstens theoretisch möglich, scheidet § 275 I aus. In diesen Fällen kann sich aber aus § 275 II oder III eine Einrede gegen den Leistungsanspruch ergeben. Mit § 275 I können nunmehr alle Arten der Unmöglichkeit erfasst werden.

a) Objektive und subjektive Unmöglichkeit. § 275 I regelt zu- 4
nächst sowohl die objektive („für jedermann") als auch die subjektive Unmöglichkeit („für den Schuldner").

aa) Objektive Unmöglichkeit

Objektive Unmöglichkeit liegt vor, wenn die Leistung von keinem Menschen erbracht werden kann.

(1) Sie ist gegeben, wenn die Leistung nach den Naturgesetzen oder nach dem Stand der Erkenntnis von Wissenschaft und Technik schlechthin nicht erbracht werden kann.[1] Ein solcher Fall liegt typischerweise vor, wenn die geschuldete Sache nicht mehr existiert (**Fälle a und c:** Vernichtung des Bildes). Aber auch rechtliche Gründe können die Leistung unmöglich machen, wenn zB die Veräußerung des Gegenstandes oder die Erfüllung der Arbeitspflicht gesetzlich verboten ist (sog. rechtliche Unmöglichkeit).

Bei einer Gattungsschuld (→ § 8 Rn. 1 ff.) liegt objektive Unmöglichkeit erst 5
bei Untergang der gesamten Gattung vor, es sei denn, der Verkäufer hat die Gattungsschuld durch Konkretisierung in eine Stückschuld verwandelt (§ 243 II, → § 8 Rn. 6) oder die Leistungsgefahr ist gem. § 300 II wegen Annahmeverzugs des Gläubigers auf diesen übergegangen. Entsprechendes gilt für die Vorratsschuld als beschränkte Gattungsschuld (→ § 8 Rn. 1).

Bei einer Dienstleistung liegt objektive Unmöglichkeit etwa dann vor, wenn der Schuldner den Einsatz übernatürlicher oder „magischer" Kräfte verspricht.[2] Ergibt die Auslegung des Vertrags allerdings, dass nicht der Einsatz magischer Kräfte, sondern nur eine jahrmarktähnliche Unterhaltung geschuldet ist, liegt keine Unmöglichkeit vor.

(2) Regelmäßig führt die verspätete Erfüllung nicht zur Unmög- 6
lichkeit; sie löst nur die Folgen des Schuldnerverzugs (→ § 23

---

1 *BGH* NJW 2011, 756; dazu *Faust* JuS 2011, 359; *Pfeiffer* LMK 2011, 314413; *Windel* ZGS 2011, 218.

2 *BGH* NJW 2011, 756 (Kartenlegerin).

Rn. 30ff., 50ff., 56, 70ff., 73ff.) aus. Nach der Art der vereinbarten Leistung kann aber eine bestimmte Leistungszeit so wesentlich sein, dass die Leistung nur zum vereinbarten Zeitpunkt erbringbar ist und später nicht nachgeholt werden kann. Hier tritt bei Nichteinhaltung der Zeit Unmöglichkeit ein (absolutes Fixgeschäft).

Beispiele: Die Pflicht zur Ermöglichung einer Video-Aufnahme des Karnevalszuges eines bestimmten Jahres kann nur zur Zeit des Umzuges am Rosenmontag erfüllt werden. Ist der Arbeitnehmer in einen Produktionsprozess eingegliedert (zB Fließbandmontage), kann er die versäumte Schicht nicht nachholen. Als absolutes Fixgeschäft wird auch die Vereinbarung einer Taxifahrt für eine bestimmte Uhrzeit eingeordnet, um einen bestimmten Zug oder Flug zu erreichen.[3] Das gilt allerdings nur, wenn eine verspätete Fahrt keinen Sinn mehr hat. Kommt dagegen auch ein späterer Zug oder Flug in Betracht, so dass das Gläubigerinteresse auch durch eine verspätete Taxifahrt befriedigt werden kann, liegt keine Unmöglichkeit, sondern Verzug vor. Der Taxibesteller kann dann an seinem Erfüllungsanspruch festhalten und zusätzlich unter den Voraussetzungen der §§ 280 I, II, 286 Ersatz des Verspätungsschadens verlangen.

bb) Subjektive Unmöglichkeit

7 Subjektive Unmöglichkeit liegt vor, wenn die Leistung zwar von einem Dritten, aber – aus tatsächlichen oder rechtlichen Gründen – nicht vom Schuldner erbracht werden kann (sog. Unvermögen).

(1) Auch hier greift § 275 I nur ein, wenn der Schuldner das Leistungshindernis nicht einmal theoretisch beseitigen kann. Demnach liegt kein Unvermögen vor, wenn der Schuldner seine Leistungsfähigkeit – etwa durch Beschaffung oder Wiederbeschaffung – herstellen kann.

Beispiele: Das geschuldete Buch wurde gestohlen, und die Suche nach dem Dieb ist aussichtslos. Dann kann der Schuldner es zwar noch übereignen (§ 931), aber nicht mehr übergeben. Da dazu aber der Dieb in der Lage ist, liegt keine objektive, sondern subjektive Unmöglichkeit vor. Selbst daran fehlt es, wenn der Dieb bekannt ist und der Schuldner es sich wieder verschaffen kann (bis dahin nur vorübergehende Unmöglichkeit). – Das geschuldete Bild gehört nicht mehr dem Schuldner; es kann also vom Schuldner nicht mehr übereignet werden. Eine objektive Unmöglichkeit liegt nicht vor, weil der Eigentümer zur Übereignung in der Lage ist **(Fälle b und d).** Wenn der Eigentümer bereit ist, das Bild an den Schuldner zu veräußern, ist auch keine subjektive Unmöglichkeit gegeben.

8 (2) Das nur finanzielle Unvermögen zu leisten oder seine Leistungsfähigkeit herzustellen, befreit den Schuldner nicht von seiner

---

3 Palandt/*Grüneberg* BGB § 271 Rn. 17.

Leistungspflicht. Es gilt die Regel **„Geld hat man zu haben"**. Zahlungsunfähigkeit führt daher nicht zum Unvermögen. Zum Vertretenmüssen siehe → § 20.

(3) Bei höchstpersönlichen Leistungspflichten begründet ein Umstand, der den Schuldner außerstande setzt, die Leistung zu erbringen, zugleich objektive Unmöglichkeit. 9

Beispiel: Der Arbeitnehmer ist arbeitsunfähig krank. Der Arbeitnehmer verfügt nicht über die zur Erfüllung seiner Arbeitspflicht erforderliche Erlaubnis (Fahr- oder Arbeitserlaubnis). Hier kann auch ein anderer die Leistung nicht erbringen (vgl. § 613 S. 1).

b) Anfängliche und nachträgliche Unmöglichkeit. Nach der Formulierung des Gesetzes („unmöglich ist") spielt es für den Ausschluss der Leistungspflicht keine Rolle, wann das Leistungshindernis eingetreten ist. 10

aa) Anfängliche (= ursprüngliche) Unmöglichkeit

Anfängliche oder ursprüngliche Unmöglichkeit liegt vor, wenn die Unmöglichkeit schon bei der Entstehung des Schuldverhältnisses gegeben ist.

Beispiel: Bereits bei Vertragsschluss war das geschuldete Bild vernichtet oder schon an einen nicht herausgabebereiten Dritten übereignet **(Fälle c und d).**

§ 311a I stellt ausdrücklich klar, dass es der Wirksamkeit eines Vertrags nicht entgegensteht, dass der Schuldner nach § 275 I–III nicht zu leisten braucht und das Leistungshindernis schon bei Vertragsschluss vorliegt. 11

In diesem Fall entsteht also ein Vertrag ohne primäre Leistungspflicht. Der Vertrag ist allerdings Grundlage insbesondere für den Anspruch auf Schadensersatz statt der Leistung nach § 311a II (→ Rn. 64 ff.). Außerdem können Ansprüche auf das Surrogat (→ Rn. 25 ff.), auf Aufwendungsersatz (→ Rn. 71 f.) und – bei lediglich vorübergehender Unmöglichkeit – sogar auf die primäre Leistung bestehen (→ Rn. 16). Bis zur Schuldrechtsreform 2002 war die Rechtslage noch anders. Nach § 306 aF war ein Vertrag, der auf eine anfänglich unmögliche Leistung gerichtet war, nichtig.

bb) Nachträgliche Unmöglichkeit

Nachträgliche Unmöglichkeit liegt vor, wenn die Unmöglichkeit erst nach der Entstehung des Schuldverhältnisses eingetreten ist. 12

Beispiel: Das geschuldete Bild wird nach Vertragsschluss vernichtet oder an einen nicht herausgabebereiten Dritten übereignet **(Fälle a und b).**

13 c) **Teilweise und vollständige Unmöglichkeit.** Die Primärleistungspflicht ist gem. § 275 I ausgeschlossen, **soweit** die Leistung unmöglich ist. Damit erfasst die Norm sowohl die vollständige als auch die teilweise Unmöglichkeit. Voraussetzung ist freilich die Teilbarkeit der Leistung. Folge der teilweisen Unmöglichkeit ist grundsätzlich das Freiwerden von der Primärleistungspflicht hinsichtlich des unmöglichen Leistungsteils.

Beispiel: Von der geschuldeten antiken Sitzgruppe wird ein Sessel durch Brand zerstört. Dann beschränkt sich die Leistungspflicht auf den Rest – der Gläubiger kann aber zum Rücktritt vom ganzen Vertrag berechtigt sein (§§ 326 V, 323 V, → Rn. 81 ff.).

14 Bei der sog. **qualitativen Unmöglichkeit**[4] wird die Teilunmöglichkeit jedoch ausnahmsweise der vollständigen Unmöglichkeit gleichgestellt. Qualitative Unmöglichkeit liegt vor, wenn ein Mangel einer Kaufsache nicht behoben werden kann. In diesem Fall ist der Kaufvertrag zwar wirksam (§ 311a; → Rn. 64), der Verkäufer wird aber von seiner Pflicht zur Lieferung einer mangelfreien Sache und zur Nacherfüllung gem. § 275 I frei (vgl. § 437 Nr. 2, 3)[5]. Gleiches gilt beim Werkvertrag (vgl. § 634 Nr. 3, 4).[6]

15 **d) Zu vertretende und nicht zu vertretende Unmöglichkeit.** Nach § 275 I spielt es für den Untergang der Primärleistungspflicht schließlich auch keine Rolle, ob der Schuldner die Unmöglichkeit iSd §§ 276 ff. zu vertreten hat.

Das ist auch sachgerecht; denn selbst wenn der Schuldner zB die geschuldete Kaufsache vorsätzlich zerstört hat, kann er sie doch nicht mehr liefern.

e) Vorübergehende und dauernde Unmöglichkeit.

aa) Vorübergehende Unmöglichkeit

16 Für die vorübergehende Unmöglichkeit gibt es keine besondere Regelung. Der Gesetzgeber hat die rechtliche Behandlung der vorübergehenden Unmöglichkeit der Rechtsprechung und der Wissenschaft überlassen.[7]

Da es aber sachwidrig wäre, den Schuldner zu einer Leistung zu verurteilen, die im Moment selbst theoretisch nicht vollstreckbar ist,

4 *Vgl. Heyers/Heuser* NJW 2010, 3057; *Looschelders* SchuldR AT § 22 Rn. 17; *Lorenz/Riehm* Neues SchuldR Rn. 302.
5 Siehe auch Brox/*Walker* SchuldR BT § 4 Rn. 43, 56, 97.
6 Siehe auch Brox/*Walker* SchuldR BT § 24 Rn. 16, 37.
7 BT-Drs. 14/6857, 11; 14/7052, 185.

wird man jedenfalls § 275 im Hinblick auf die Primärleistungspflicht anzuwenden haben. Die Durchsetzung der Leistungspflicht ist dann gehemmt, solange das Leistungshindernis besteht. Eine Klage ist in solchen Fällen als vorübergehend unbegründet abzuweisen, sofern nicht ausnahmsweise die Voraussetzungen einer Klage auf künftige Leistungen (§ 259 ZPO) vorliegen.

Beispiel: Die Fabrik des Schuldners, aus deren Produktion die Lieferung erfolgen sollte, ist durch einen Brand für zwei Monate außer Betrieb gesetzt.

Der Gläubiger wird dadurch nicht unzumutbar belastet. Auch seine Gegenleistungspflicht ist gem. § 326 I 1 suspendiert (→ Rn. 30ff.).

bb) Übergang zur dauernden Unmöglichkeit

Im Einzelfall ist jedoch zu prüfen, ob die vorübergehende Unmöglichkeit nicht der dauernden gleichzustellen ist. Das ist der Fall, wenn die Erreichung des Vertragszwecks durch die vorübergehende Unmöglichkeit in Frage gestellt wird und deshalb dem einen oder anderen Vertragspartner nach dem Grundsatz von Treu und Glauben unter billiger Abwägung der Belange beider Vertragsteile die Einhaltung des Vertrags nicht zugemutet werden kann.[8] Für die Beurteilung kommt es maßgeblich auf den Zeitpunkt des Eintrittes des Leistungshindernisses an. 17

Beispiel: Steht der Erfüllung der Leistungspflicht der Ausbruch eines Krieges entgegen, kann regelmäßig weder dem Schuldner noch dem Gläubiger zugemutet werden, sich bis zu dessen unabsehbaren Ende leistungsbereit zu halten.

2. Ausschluss der Leistungspflicht bei grob unverhältnismäßigem Aufwand (§ 275 II)

a) Leistungsaufwand und Gläubigerinteresse. Während die Leistungspflicht gem. § 275 I automatisch erlischt, gewährt § 275 II (wie übrigens auch Abs. 3) dem Schuldner eine Einrede, wenn die Leistung einen Aufwand erfordert, der in einem groben Missverhältnis zu dem (wirtschaftlichen oder ideellen) Leistungsinteresse des Gläubigers steht. § 275 II findet auf alle Leistungspflichten Anwendung, gleichgültig, ob diese auf einem Vertrag, auf einem gesetzlichen 18

8 BGHZ 47, 48 (50 ff.); 83, 197 (200 f.).

Schuldverhältnis oder allgemein auf einer gesetzlichen Verpflichtung beruhen.[9]

19 **b) Verhältnismäßigkeitsprüfung.** Um den Grundsatz der Vertragsbindung nicht aufzuweichen, muss § 275 II auf wirkliche Extremfälle beschränkt bleiben. Das Missverhältnis muss ein geradezu untragbares Ausmaß erreichen. Bei der erforderlichen Verhältnismäßigkeitsprüfung im Einzelfall sind nach § 275 II 1 und 2 neben den Geboten von Treu und Glauben namentlich ein etwaiges Vertretenmüssen des Schuldners sowie der Inhalt des Schuldverhältnisses zu berücksichtigen.

Hat der Schuldner das Hindernis zu vertreten, so ist es sachgerecht, wenn er erhöhte Anstrengungen zu seiner Überwindung erbringen muss,[10] was freilich nicht heißt, dass er andernfalls überhaupt keine Anstrengungen schuldet. Ergibt sich bereits im Wege der Vertragsauslegung, dass der Schuldner nur sehr geringe oder aber überdurchschnittliche Anstrengungen schuldet, müssen sich die Parteien daran festhalten lassen.

20 § 275 II soll die Fälle erfassen, bei denen der Leistung ein – objektives – Hindernis entgegensteht, dessen Beseitigung zwar theoretisch möglich ist, aber von keinem vernünftigen Gläubiger ernsthaft erwartet werden kann.

Bei § 275 II wird der berühmte Ring auf dem Grunde des Sees als das Schulbeispiel der bislang so genannten **faktischen Unmöglichkeit** eingeordnet. Gleiches gilt, wenn ein Dritter Eigentümer der geschuldeten Sache ist und diese nur zu einem utopischen Preis an den Schuldner veräußern will. – Etwas anderes kann jedoch gelten, wenn der Schuldner sich zur Beseitigung des Hindernisses verpflichtet (zB Kauf eines berühmten Gemäldes vom derzeitigen Eigentümer; Bergung einer Sache aus einem gesunkenen Schiff) oder wenn er das Leistungshindernis schuldhaft herbeigeführt hat.

21 **c) Abgrenzung zu wirtschaftlicher Unmöglichkeit.** Nicht unter § 275 II fällt dagegen ausweislich der Gesetzesbegründung[11] der Tatbestand der bislang sogenannten **wirtschaftlichen Unmöglichkeit**, bei dem die Erbringung der Leistung zwar weniger problematisch als bei der faktischen Unmöglichkeit, aber immer noch mit so erheblichen Aufwendungen verbunden ist, dass sie dem Schuldner unzumutbar ist. Man spricht hier von überobligationsmäßigen Schwierig-

---

9 *BGH* NJW 2008, 3122 (3123) (Leistungsverweigerungsrecht gegenüber Anspruch aus § 1004).
10 Vgl. *BGH* NJW 2008, 3122 (3123).
11 BT-Drs. 14/6040, 130.

keiten, die außerhalb der Opfergrenze liegen. Hier ist das Äquivalenzverhältnis von Leistung und Gegenleistung gestört. Die Fälle sind daher (wie schon vor der Neufassung des Leistungsstörungsrechts) nach den Grundsätzen der Störung der Geschäftsgrundlage (§ 313; siehe dazu → § 27) zu behandeln. Zu begründen ist diese Abgrenzung damit, dass nach § 275 II 1 lediglich das Verhältnis zwischen dem zur Leistung erforderlichen Aufwand und dem Leistungsinteresse des Gläubigers maßgeblich ist, während die Interessen des Schuldners, die bei der wirtschaftlichen Unmöglichkeit bedeutsam sind, nicht in die Abwägung eingehen.[12] Sind die Parteien bei Vertragsschluss von einer falschen Voraussetzung (zB einem falschen Börsenkurs) ausgegangen oder haben die Verhältnisse sich später wesentlich geändert (zB wesentliche Steuererhöhung), so kann die Leistungsverpflichtung der richtigen oder geänderten Geschäftsgrundlage angepasst werden, womit die starre Rechtsfolge des § 275 II vermieden wird.

Die allgemeine Regelung des § 275 II wird für das Kauf- und Werkvertragsrecht ergänzt durch die Sonderregelungen der §§ 439 IV und 635 III.

3. Ausschluss der Leistungspflicht bei Unzumutbarkeit höchstpersönlicher Leistungen (§ 275 III)

Der Schuldner kann gem. § 275 III eine in Person zu erbringende Leistung ferner dann durch Erhebung einer Einrede verweigern, wenn sie ihm unter Abwägung des seiner Leistung entgegenstehenden Hindernisses mit dem Leistungsinteresse des Gläubigers nicht zugemutet werden kann. 22

Die Vorschrift enthält eine Sonderregelung für persönlich zu erbringende Leistungspflichten und trifft daher in erster Linie Dienst- und Arbeitsverträge (vgl. § 613 S. 1). In diesen Fällen sollen – anders als bei § 275 II – nicht nur objektive, sondern auch persönliche Umstände und Interessen des Schuldners schon zum Ausschluss der Leistungspflicht führen können und nicht erst im Rahmen der Störung der Geschäftsgrundlage (§ 313, dazu → § 27) Berücksichtigung finden. Ein solcher Ausschluss kommt jedoch auch hier nur in Extremfällen in Betracht (vgl. → Rn. 19). § 275 III dürfte ebenso wie § 275 II (→ Rn. 20) ausscheiden, wenn der Schuldner sich in Kenntnis des Leistungshindernisses zur Leistung verpflichtet hat.

12 BT-Drs. 14/6040, 130.

23 Beispielhaft ist der Fall der bislang sogenannten **moralischen Unmöglichkeit.** Davon spricht man dann, wenn dem Schuldner wegen einer Zwangslage aus nicht wirtschaftlichen Gründen das Erbringen der Leistung nicht zuzumuten ist.

Beispiele: Die Ehefrau des Sängers liegt im Sterben. Der ausländische Arbeitnehmer wird zum Wehrdienst in sein Heimatland einberufen und muss bei Nichtbefolgung mit der Todesstrafe rechnen. Ein Fußball-Bundesligaspiel wird wegen eines Suizidversuchs des Schiedsrichters kurz vor Spielbeginn abgesagt.[13] – Dagegen soll die Verweigerung der Leistung, deren Erfüllung den Schuldner in Gewissenskonflikte stürzen würde, als Störung der Geschäftsgrundlage (§ 313, siehe → § 27) zu behandeln sein.[14] Diese Differenzierung überzeugt nicht. Richtiger erscheint es, auch die Verweigerung der Arbeitsleistung aus Gewissensgründen unter § 275 III zu fassen.[15]

24 § 275 III soll ferner notwendige Arztbesuche, die notwendige Versorgung von schwer erkrankten Angehörigen, sowie die Ladung zu Behörden und Gerichtsterminen erfassen.

4. Der Anspruch auf das Surrogat (§ 285 I)

25 **Schrifttum:** *Hammen*, Stellvertretendes commodum bei anfänglicher Unmöglichkeit für jedermann?, FS Hadding, 2004, 41; *Hartmann*, Der Anspruch auf das stellvertretende commodum, 2007; *Linardatos/Russmann*, Der Anspruch auf das stellvertretende commodum bei Rückgewährunmöglichkeit, JURA 2013, 861.

Wenn der Schuldner schon nach § 275 von seiner Leistungspflicht befreit wird, so soll er andererseits jedoch nicht das behalten dürfen, was er anstelle des geschuldeten Gegenstandes erlangt (sog. *stellvertretendes commodum*). Deshalb bestimmt § 285 I, dass der Gläubiger Herausgabe des als Ersatz Empfangenen oder Abtretung des Ersatzanspruchs verlangen kann, wenn der Schuldner die Leistung nach § 275 I–III nicht zu erbringen braucht.

26 Dabei handelt es sich um einen Anspruch auf das Surrogat, nicht dagegen um einen Schadensersatzanspruch. Der Gläubiger hat also nicht einen Schaden darzutun, § 285 I setzt nur voraus, dass der Umstand, der die Leistung unmöglich gemacht hat, auch das Surrogat adäquat verursacht hat (§ 285 I: „in Folge des Umstandes").

13 Zu den Rechtsfolgen *Hauck/Stephan* JuS 2012, 585.
14 BT-Drs. 14/6040, 130.
15 Vgl. *Looschelders* SchuldR AT § 21 Rn. 28; *Lorenz/Riehm* Neues SchuldR Rn. 311.

Beispiel: An die Stelle des durch Brand zerstörten Bildes tritt der Schadensersatzanspruch gegen den Brandstifter oder der Anspruch gegen die Versicherungsgesellschaft aus dem Versicherungsvertrag. Der Schuldner hat den Anspruch an den Gläubiger abzutreten oder das Erlangte (zB die Versicherungssumme) dem Gläubiger herauszugeben.

Sinn des § 285 I ist es, Vermögenswerte demjenigen zuzuführen, 27 dem sie wirtschaftlich zustehen.[16] Deshalb gehört zum stellvertretenden commodum nicht nur das, was der Schuldner anstelle der zerstörten oder gestohlenen Sache erlangt (commodum ex re), sondern auch das, was der Schuldner durch ein Rechtsgeschäft als Entgelt erzielt (commodum ex negotiatione)[17].

Beispiele: Die geschuldete Sache ist bereits an einen nicht herausgabebereiten Dritten verkauft und übereignet. Der dabei erzielte Kaufpreis ist nach § 285 I dem Gläubiger herauszugeben, auch wenn ein besonderer Gewinn erzielt worden ist. Bei einer Doppelvermietung von Gewerberaum kann der nichtbesitzende (Erst-)Mieter vom Vermieter nach § 285 Herausgabe der vom (Zweit-)Mieter erzielten Miete verlangen. Das gilt aber nicht, wenn der nichtbesitzende Mieter die Mietsache nicht in gleicher Weise wie der besitzende Mieter hätte nutzen dürfen;[18] denn in diesem Fall ist die erzielte Miete nicht an die Stelle der geschuldeten Gebrauchsüberlassung getreten.

Macht der Gläubiger von seinem Recht aus § 285 I Gebrauch, mindert sich sein Schaden, den er gem. §§ 280, 283 ersetzt verlangen kann 28 (→ Rn. 50ff.), um den Wert des Surrogats (§ 285 II).

5. Befreiung von der Gegenleistungspflicht (§ 326)

Die bisherigen Erörterungen über den Ausschluss der Pflicht zur 29 **Leistung** gemäß § 275 I–III gelten grundsätzlich auch für die gegenseitigen Verträge (→ § 3 Rn. 2). Jedoch geht es bei diesen Verträgen nicht nur um die Frage, wie sich die Unmöglichkeit auf die Leistungspflicht des Schuldners (zB übereignete Kaufsache) auswirkt, sondern auch um die Folgen für den Anspruch auf die **Gegenleistung** (zB Kaufpreiszahlung).

a) Untergang der Pflicht zur Gegenleistung (§ 326 I). Beim ge- 30 genseitigen Vertrag verspricht der Gläubiger seine Gegenleistung nur deshalb, weil auch der Schuldner sich zu einer Leistung verpflichtet. Wird der Schuldner gem. § 275 I–III von der Leistungspflicht frei,

16 RGZ 120, 347.
17 Vgl. BGHZ 46, 264; *BGH* NJW 1983, 930.
18 *BGH* NJW 2006, 2323 (2324 f.).

kann auch der Gläubiger nicht länger verpflichtet bleiben. Daher entfällt gem. § 326 I 1 der Anspruch auf die Gegenleistung. Der Gläubiger braucht also auch seine **Gegenleistung nicht zu erbringen.** Er trägt demnach die Leistungsgefahr, der Schuldner dagegen die Gegenleistungs- oder Preisgefahr.

Beispiel: Der verkaufte Pkw ist durch Hochwasser zerstört. Der Käufer hat keinen Anspruch gegen den Verkäufer; er braucht den Kaufpreis nicht zu zahlen. – Ist der Pkw bereits an den Käufer übereignet und übergeben worden (vgl. § 433 I 1) und wird er dann zerstört, sind die §§ 275, 326 nicht anwendbar; denn der Verkäufer hat seine Verpflichtungen aus dem Kaufvertrag erfüllt. Der Käufer muss den Kaufpreis zahlen; er trägt als Eigentümer die Gefahr des zufälligen Untergangs („casum sentit dominus").

§ 326 I 1 hat folgende **Voraussetzungen:**

aa) Gegenseitiger Vertrag mit Leistungen im Gegenseitigkeitsverhältnis

31 Es muss ein gegenseitiger Vertrag vorliegen. Nicht erfasst sind damit neben den gesetzlichen Schuldverhältnissen insbesondere die nur einseitig oder unvollkommen zweiseitig verpflichtenden Verträge (→ § 3 Rn. 3 f.) wie Schenkung (§ 516), Bürgschaft (§ 765), Leihe (§ 598) und Auftrag (§ 662). Die vereinbarten Leistungen müssen wie bei § 320 (→ § 13 Rn. 14) im Gegenseitigkeitsverhältnis stehen.

Der Vertrag muss wirksam sein; andernfalls erwachsen aus ihm ohnehin keine Leistungspflichten. Der Wirksamkeit steht eine anfängliche objektive Unmöglichkeit nicht entgegen (§ 311a I, → Rn. 11).

bb) Leistungsbefreiung gem. § 275 I–III

32 Der Schuldner braucht gem. § 275 I–III nicht zu leisten. Das ist der Fall, wenn die Leistung unmöglich ist (§ 275 I, → Rn. 3 ff.) oder ihm ein Leistungsverweigerungsrecht gem. § 275 II oder III zusteht und er davon auch Gebrauch gemacht, dh die Einrede erhoben hat (→ Rn. 18 ff., 22 ff.). Dafür spielt es keine Rolle, ob der Schuldner das ihn befreiende Leistungshindernis zu vertreten hat.

33 Wird der Schuldner nur **teilweise** von der Leistungspflicht befreit, ist § 326 I 1 ebenfalls anwendbar. Der Anspruch auf die Gegenleistung mindert sich, wie sich der Kaufpreis bei einer mangelhaften Kaufsache mindert (§§ 326 I 1, 2. Halbs., 441 III).

Beispiel: Von dem verkauften Lastzug ist der Anhänger durch Hochwasser zerstört. Der Verkäufer muss den noch vorhandenen Motorwagen liefern. Betrug der Kaufpreis für den Anhänger 1/3 des Kaufpreises, braucht der Käufer nur 2/3 des vereinbarten Kaufpreises zu zahlen. Zum Rücktrittsrecht → Rn. 84.

Ist die Leistungspflicht des Schuldners nur **vorübergehend** suspendiert, ist auch der Anspruch auf die Gegenleistung nur gehemmt (→ Rn. 16). 34

cc) Ausnahme bei nicht behebbarer Schlechtleistung

Gemäß § 326 I 2 gilt § 326 I 1 nicht, wenn der Schuldner im Falle der nicht vertragsgemäßen Leistung die Nacherfüllung gem. § 275 I–III nicht zu erbringen braucht. Damit ist der Fall des nicht behebbaren Leistungsmangels angesprochen. 35

Beispiele: V verkauft dem K ein Grundstück. Vor der Auflassung räumt er D eine Dienstbarkeit ein, der sie sich nicht mehr abkaufen lassen will (§ 435). A kauft von B ein Gemälde. Nach Lieferung stellt er fest, dass es inzwischen irreparabel beschädigt wurde (§ 434 I).

Die Erfüllung des sich aus §§ 437 Nr. 1, 439 ergebenden Nacherfüllungsanspruchs ist, da es sich jeweils um Unikate handelt, die mit einem nicht behebbaren Rechts- oder Sachmangel behaftet sind, weder in Form der Mangelbeseitigung noch der Nachlieferung möglich. Der Nacherfüllungsanspruch ist daher gem. § 275 I ausgeschlossen.

Der Gesetzgeber hat mit § 326 I 2 klargestellt, dass die Schlechtleistung keine (qualitative) Teilleistung iSd § 326 I 1, 2. Halbs. ist. Dadurch wird verhindert, dass sich der Kaufpreis kraft Gesetzes mindert und der Käufer daneben noch zum Rücktritt berechtigt ist. Beides widerspräche nämlich der Wertung des § 441. Der Käufer kann entweder die Kaufsache behalten und den Kaufpreis gem. §§ 437 Nr. 2, 441 durch rechtsgestaltende Erklärung mindern oder gem. §§ 437 Nr. 2, 326 V, 323 V 2 vom Kaufvertrag zurücktreten. Entsprechendes gilt für den Besteller beim Werkvertrag (§§ 634 Nr. 3 iVm §§ 636, 326 V, 323 V 2 bzw. § 638). 36

b) Ausnahmen. Von dem Grundsatz, dass mit der Leistungspflicht auch die Gegenleistungspflicht entfällt, gibt es verschiedene Ausnahmen. 37

aa) Verantwortlichkeit des Gläubigers

Ist der Gläubiger für den Umstand, aufgrund dessen der Schuldner nach § 275 I–III nicht zu leisten braucht, **allein oder weit überwiegend verantwortlich**, so behält dieser den Anspruch auf die Gegenleistung (§ 326 II 1, 1. Fall). Der Gläubiger hat also die **Gegenleistung zu erbringen**, weil das Gesetz zum Schutz des Schuldners davon ausgeht, dass die Leistung als erfüllt gilt.[19] Ähnlich wie § 254

19 Vgl. Mot. II, 208.

erlegt auch § 326 II dem Gläubiger die Obliegenheit (vgl. → § 2 Rn. 16, → § 31 Rn. 37) auf, der Leistung des Schuldners kein Hindernis entgegenzustellen.

38 (1) Das Gesetz sagt nicht, wofür der Gläubiger „verantwortlich" ist. Der Begriff geht über eine bloße Kausalität hinaus. Er wurde ohne Begründung an die Stelle des nach § 324 aF maßgeblichen Vertretenmüssen des Gläubigers gesetzt. Der Gesetzgeber beabsichtigte also offenbar keine Änderung der Rechtslage. Daher sind nach wie vor die §§ 276, 278 entsprechend anwendbar, zumal § 276 I nunmehr ebenfalls von „Verantwortlichkeit" (wenn auch der des Schuldners) spricht.

39 Was der Gläubiger zu verantworten hat, richtet sich demnach in erster Linie nach der vertraglichen Risikoverteilung (§ 276 I 1, 2. Halbs.). Deshalb wird § 326 II auch in dem Fall angewendet, in dem der Gläubiger die Gefahr für ein zur Unmöglichkeit führendes Leistungshindernis ausdrücklich oder konkludent übernimmt.[20]

Beispiel: Der Gläubiger lässt sich in einem Vertrag mit einer Kartenlegerin Lebensberatung versprechen in dem Bewusstsein, dass die Grundlagen und Wirkungen dieser Tätigkeit nach den Erkenntnissen der Wissenschaft und Technik nicht erweislich sind, sondern nur einer inneren, rational nicht erklärbaren Überzeugung entsprechen.[21] Hier würde ein Wegfall des Vergütungsanspruchs nach § 326 I dem Inhalt und Zweck des Vertrags und den Motiven und Vorstellungen der Vertragsparteien nicht gerecht.

Im Übrigen kann sich die Verantwortlichkeit des Gläubigers insbesondere aus einem (vorsätzlichen oder fahrlässigen, § 276 I 1, 1. Halbs.) Verstoß gegen seine vertraglichen Haupt- oder Nebenpflichten ergeben. Für das Verhalten seiner Hilfspersonen hat der Gläubiger analog § 278 einzustehen.

Beispiele: Der Gläubiger verhindert pflichtwidrig, dass eine erforderliche behördliche Genehmigung erteilt wird. Der Geschäftsführer der Käuferin vernichtet vorsätzlich oder fahrlässig die Kaufsache. Der Mieter verstößt gegen eine Obhutspflicht, so dass die Gebrauchsüberlassung unmöglich wird.

40 Ob der Gläubiger für das Leistungshindernis **weit überwiegend** verantwortlich ist, ist durch eine Abwägung mit der Verantwortlichkeit des Schuldners zu ermitteln. Mit diesem hohen Maßstab wollte der Gesetzgeber[22] einen Grad der Verantwortung umschreiben, der

---

20 Palandt/*Grüneberg* BGB § 326 Rn. 9.
21 *BGH* NJW 2011, 756 (758).
22 BT-Drs. 14/6040, 187 zu § 323 VI.

gem. § 254 zum Ausschluss des Schadensersatzanspruchs führt (→ § 31 Rn. 50).

41 Nicht geregelt ist der Fall, dass der Gläubiger für das Leistungshindernis zwar mitverantwortlich, aber nicht weit überwiegend verantwortlich ist. Da die Gegenleistung in der Regel teilbar ist, wird man hier mit einer Kürzung nach dem Rechtsgedanken des § 254 weiterhelfen können, wie das schon vor der Schuldrechtsreform für den Fall der von beiden Seiten zu vertretenden Unmöglichkeit zutreffend war.[23]

42 (2) Der Schuldner muss sich jedoch das **anrechnen** lassen, was er in Folge der Befreiung von der Leistung erspart oder durch anderweitige Verwendung seiner Arbeitskraft erwirbt oder zu erwerben böswillig unterlässt (§ 326 II 2; Gedanke der Vorteilsausgleichung).

Beispiele: Der Verkäufer erspart durch die vom Käufer verschuldete Unmöglichkeit die Versendungskosten; diesen Betrag kann der Käufer vom Kaufpreis abziehen. – Der Malermeister hat eine andere Arbeit gegen Entgelt durchgeführt, weil er seine Verpflichtung gegenüber seinem Kunden durch dessen Verschulden nicht mehr erfüllen konnte; er muss sich das erlangte Entgelt auf seinen Werklohnanspruch anrechnen lassen. Hat er die andere Arbeit nicht angenommen, weil er seinen Kunden schädigen oder weil er die Möglichkeit, untätig zu bleiben, für sich wider Treu und Glauben ausnutzen wollte (= böswillig), so kann der Kunde auch den Betrag abziehen, den der Malermeister bei Ausführung der anderen Arbeit erzielt hätte.

bb) Annahmeverzug des Gläubigers

43 Hat der Gläubiger den Umstand, der den Schuldner nach § 275 I–III von seiner Leistungspflicht befreit, zwar nicht weit überwiegend zu vertreten, tritt dieser Umstand aber zu einer Zeit ein, zu welcher der Gläubiger im Annahmeverzug (§ 293; → § 26) ist, so behält der Schuldner gleichfalls seinen Anspruch auf die Gegenleistung. Eine Ausnahme gilt dann, wenn er selbst den Umstand iSd § 276 I 1 (vgl. → § 20 Rn. 7 ff.) zu vertreten hat (§ 326 II 1, 2. Fall). Auch hier ist die Gegenleistung nach Maßgabe des § 326 II 2 zu kürzen (→ Rn. 42).

44 Zu beachten ist, dass der Schuldner während des Annahmeverzugs abweichend von § 276 I 1 nur Vorsatz und grobe Fahrlässigkeit zu vertreten hat (§ 300 I). Er behält daher den Anspruch auf die Gegenleistung auch dann, wenn er das Leistungshindernis leicht fahrlässig herbeigeführt hat.

45 § 446 S. 3[24] und § 644 I 2[25] enthalten noch einmal ausdrückliche Zuweisungen der Vergütungsgefahr an den Käufer und den Besteller für den Fall des

23 27. Aufl., 2000, Rn. 270.
24 *Brox/Walker* SchuldR BT § 3 Rn. 16.
25 *Brox/Walker* SchuldR BT § 23 Rn. 9.

Annahmeverzugs. Sie decken sich in ihrem Anwendungsbereich mit der allgemeinen Vorschrift des § 326 II 1, 2. Fall.

cc) Herausgabe des erlangten Ersatzes

46 Verlangt der Gläubiger nach § 285 (→ Rn. 25 ff.) **Herausgabe des** für den geschuldeten Gegenstand erlangten Ersatzes oder **Abtretung des Ersatzanspruchs**, so muss er die Gegenleistung erbringen (§ 326 III 1). Bleibt allerdings der Wert des Ersatzes oder des Ersatzanspruchs hinter dem Wert der geschuldeten Leistung zurück, so mindert sich die Gegenleistung entsprechend (§§ 326 III 2, 441 III).

Beispiel: Hat der Verkäufer des Pkw einen Anspruch gegen die Versicherungsgesellschaft erlangt und verlangt der Käufer Abtretung dieses Anspruchs, weil dieser den Kaufpreis übersteigt, muss er den Kaufpreis zahlen. Deckt die Versicherungssumme aber nur 2/3 des Wertes des Pkw, ist der Käufer nur zur Zahlung von 2/3 des vereinbarten Kaufpreises verpflichtet.

dd) Ausnahmen im Kauf-, Dienst- und Werkvertragsrecht

47 Das Gesetz macht von der Regelung des § 326 I 1 weitere wichtige Ausnahmen, in denen der Anspruch auf die Gegenleistung bestehen bleibt.

Beispiele: Der Gläubiger wird trotz Verlustes des Anspruchs auf die unmöglich gewordene Leistung (zB auf Lieferung der Kaufsache, Herstellung des Werks, Erbringung der Arbeitsleistung) nicht von der Gegenleistung (Zahlung der Vergütung) frei, wenn
- die Kaufsache bereits dem Käufer übergeben worden ist (§ 446 S. 1)[26],
- die Kaufsache oder das Werk auf Verlangen des Käufers oder des Bestellers an einen anderen Ort als den Erfüllungsort versandt worden ist (für den Kauf: § 447 I; Einschränkung beim Verbrauchsgüterkauf; § 475 II)[27]; für den Werkvertrag: § 644 II),
- der Arbeitgeber das Risiko des Arbeitsausfalls trägt (§ 615 S. 3)[28],
- der zur Dienstleistung Verpflichtete für eine verhältnismäßig nicht erhebliche Zeit ohne sein Verschulden an der Dienstleistung gehindert wird (§ 616)[29].

In diesen Fällen trägt der Gläubiger die sog. Vergütungsgefahr.

48 **c) Rückforderung der Gegenleistung (§ 326 IV).** Hat der Gläubiger die Gegenleistung bewirkt, obwohl er gem. § 326 I 1 (teilweise) von ihr frei geworden ist, muss er sie (insoweit) erstattet bekommen.

26 *Brox/Walker* SchuldR BT § 3 Rn. 14.
27 *Brox/Walker* SchuldR BT § 7 Rn. 4 f.
28 *Brox/Walker* SchuldR BT § 20 Rn. 16.
29 *Brox/Walker* SchuldR BT § 20 Rn. 17 ff.

Dafür verweist § 326 IV auf die Rücktrittsvorschriften der §§ 346–348 (→ § 18 Rn. 17 ff., Rechtsfolgenverweisung).

II. Schadensersatz statt der Leistung

Wenn der Gläubiger die vereinbarte Leistung vom Schuldner wegen Unmöglichkeit nicht erhält und deshalb Schadensersatz verlangt, handelt es sich immer um einen Schadensersatz „statt der (zB unmöglichen) Leistung“. Unter welchen Voraussetzungen ein solcher Anspruch besteht, hängt davon ab, ob das Leistungshindernis erst nach Vertragsschluss eingetreten ist oder schon bei Vertragsschluss vorlag. **49**

1. Schadensersatz wegen nachträglicher Unmöglichkeit (§§ 280 I, III, 283)

Rechtsgrundlage für einen Anspruch auf Schadensersatz statt der Leistung wegen nachträglicher Unmöglichkeit sind die §§ 280 I, III, 283. **50**

a) Voraussetzungen. Die Voraussetzungen für den Anspruch ergeben sich aus § 280 I und aufgrund der Verweisung in § 280 III zusätzlich aus § 283.

aa) Schuldverhältnis

Nach § 280 I muss zwischen dem Anspruchsteller und dem Anspruchsgegner ein Schuldverhältnis bestehen. Damit sind sowohl rechtsgeschäftliche als auch gesetzliche Schuldverhältnisse gemeint. Bei vertraglichen Schuldverhältnissen spielt es keine Rolle, ob es sich um gegenseitige oder einseitig verpflichtende Verträge handelt. Die Gegenseitigkeit ist nicht für den Schadensersatzanspruch, sondern nur für die Anwendung der §§ 320 ff. von Bedeutung. Schließlich werden auch einseitige Schuldverhältnisse, zB aufgrund eines Vermächtnisses, von § 280 I erfasst. Nicht ausreichend ist ein vorvertragliches Schuldverhältnis iSv § 311 II mit Schutzpflichten nach § 241 II (dazu → § 5); denn Schadensersatz „statt der Leistung“ setzt ein Schuldverhältnis mit Leistungspflichten voraus.

bb) Pflichtverletzung

Worin die nach § 280 I erforderliche Verletzung einer Pflicht aus dem Schuldverhältnis liegt, ist umstritten.[30] Wenn man die Pflichtver- **51**

---

30 Zum Meinungsstand siehe etwa MüKoBGB/*Ernst* § 280 Rn. 10 ff.

letzung im herkömmlichen Sinne als pflichtwidriges Verhalten definiert (→ § 20 Rn. 2, → § 21 Rn. 2), kann sie nur in der Herbeiführung der Unmöglichkeit liegen. Das wird auch verbreitet so vertreten. Konsequenz dieser Ansicht ist, dass es etwa bei einer durch Naturereignisse verursachten Unmöglichkeit schon an einer Pflichtverletzung des Schuldners fehlt. Der Gesetzgeber hat der Pflichtverletzung in § 280 I aber offenbar eine andere Bedeutung beigemessen. Danach liegt die Pflichtverletzung bei der Unmöglichkeit schon darin, dass der Schuldner die geschuldete Leistung nicht erbringt. Eine derartige Pflichtverletzung kann es an sich zwar gar nicht geben; denn wenn der Schuldner gem. § 275 I–III von seiner Leistungspflicht frei wird, besteht keine Leistungspflicht mehr, die durch Nichterfüllung verletzt werden könnte. Aber durch die Verweisung in § 283 auf die Voraussetzungen des § 280 I hat der Gesetzgeber klargestellt, dass die Nichtleistung wegen Unmöglichkeit (§ 275 I) oder wegen eines Leistungsverweigerungsrechts nach § 275 II, III einen Schadensersatzanspruch wegen Pflichtverletzung auslösen kann und damit als Pflichtverletzung angesehen werden soll.[31] Danach spielt die Ursache der Unmöglichkeit noch nicht bei der Pflichtverletzung, sondern erst beim Vertretenmüssen des Schuldners (→ Rn. 53) eine Rolle.

Nach diesem Konzept des Gesetzgebers hat die Pflichtverletzung in § 280 I, die nicht nur bei der Unmöglichkeit, sondern bei allen Schadensersatzansprüchen wegen Störungen im Schuldverhältnis zu prüfen ist, kaum eine eigenständige Bedeutung. Sie umfasst vielmehr jedes objektive Zurückbleiben des Verhaltens des Schuldners hinter dem Pflichtenprogramm aus dem Schuldverhältnis. Die Pflichtverletzung ist somit lediglich der Sammelbegriff für Nichtleistung wegen Unmöglichkeit, für Leistungsverzögerung (→ § 23 Rn. 3), Schlechtleistung (→ § 24 Rn. 10) und Schutzpflichtverletzung (→ § 25 Rn. 3). Dieses Verständnis von der Pflichtverletzung ist zwar dogmatisch angreifbar und kaum damit zu vereinbaren, dass eine Pflichtwidrigkeit vorliegen muss, bevor der Verschuldensvorwurf geprüft werden kann (→ § 20 Rn. 2 f.). Die Kritik war dem Gesetzgeber jedoch bereits im Gesetzgebungsverfahren bekannt. Deshalb wird sein Konzept den weiteren Ausführungen zugrunde gelegt.

52 Welche Art von Leistung der Schuldner aus einem der in § 275 I–III genannten Gründe nicht erbringt, spielt keine Rolle.

Beispiele: Wenn dem Verkäufer die Übereignung der Kaufsache unmöglich wird, weil die Kaufsache nach Vertragsschluss zerstört worden ist, steht dem Käufer gem. §§ 437 Nr. 3, 280 I, III, 283 ein Schadensersatzanspruch zu.[32]

---

31 BT-Drs. 14/6040, 142.
32 *Brox/Walker* SchuldR BT § 3 Rn. 31.

Gleiches gilt, wenn die Kaufsache zwar übereignet wird, der Verkäufer aber seine Pflicht aus § 433 I 2 zur Verschaffung einer sachmangelfreien Kaufsache verletzt, weil diese nach Vertragsschluss mit einem unbehebbaren Sachmangel behaftet wurde.[33]

cc) Vertretenmüssen

Der Schuldner muss das Leistungshindernis, das die Rechtsfolgen des § 275 auslöst, zu vertreten haben. Das richtet sich nach § 276 (dazu → § 20). Er muss die Unmöglichkeit oder die in § 275 II, III genannten Gründe also idR schuldhaft herbeigeführt oder nicht verhindert haben. Das Verschulden eines Gehilfen ist dem Schuldner nach § 278 zuzurechnen **(Fall b).** Das Vertretenmüssen des Schuldners braucht nicht positiv festgestellt zu werden. Es wird vielmehr gem. § 280 I 2 kraft Gesetzes vermutet. Der Schuldner muss sich also entlasten. 53

Beispiele: Eine solche Entlastung ist zB möglich, wenn der Verkäufer als Schuldner der Übereignungspflicht vortragen kann, die Übereignung der Kaufsache sei ihm deshalb unmöglich, weil sie trotz ausreichender Sicherung gestohlen oder bei einem durch Blitzschlag ausgelösten Brand zerstört wurde **(Fall a)** – Der Schuldner hat das Leistungshindernis ferner dann nicht zu vertreten, wenn der Gläubiger es im Wege der Selbstvornahme beseitigt hat.

dd) Befreiung des Schuldners von der Leistungspflicht gem. § 275

Der Schuldner muss gem. § 283 S. 1 von seiner Leistung aus dem Schuldverhältnis nach § 275 I–III befreit sein. Die Leistungsbefreiung kann auf objektiver **(Fälle a, c)** oder subjektiver Unmöglichkeit iSv § 275 I (**Fälle b, d,** → Rn. 4 ff.) beruhen. Erfasst wird aber auch das Freiwerden von der primären Leistungspflicht wegen unverhältnismäßigen Aufwandes nach § 275 II (→ Rn. 18 ff.) und wegen Unzumutbarkeit bei höchstpersönlichen Leistungen nach § 275 III (→ Rn. 22 ff.), sofern der Schuldner aus einem dieser Gründe die Leistung verweigert. 54

ee) Nachvertragliches Leistungshindernis

Das Leistungshindernis, das die Rechtsfolgen des § 275 I–III auslöst, muss nach Vertragsschluss eingetreten sein. Das lässt sich zwar dem Wortlaut der §§ 280 I, 283 nicht entnehmen, folgt aber im Umkehrschluss aus § 311a II, der als Spezialregelung bei anfänglicher Unmöglichkeit ausschließlich anwendbar ist (→ Rn. 64 ff.). 55

---

33 *Brox/Walker* SchuldR BT § 4 Rn. 101 f.

Beispiel: Der verkaufte Pkw wird zwischen Abschluss des Kaufvertrags und der für zwei Tage später vereinbarten Übertragung an den Käufer zerstört. In den **Fällen a, b** liegt ebenfalls nachträgliche Unmöglichkeit vor.

ff) Keine Notwendigkeit einer Fristsetzung

56 Nicht erforderlich ist, dass der Gläubiger dem Schuldner vor der Geltendmachung des Anspruchs auf Schadensersatz statt der Leistung erfolglos eine Frist zur Leistung bestimmt hat. Das folgt rechtstechnisch daraus, dass § 283 S. 2 gerade nicht auf den § 281 I 1 verweist, in dem die Notwendigkeit der Fristsetzung geregelt ist. Der sachliche Grund für die Entbehrlichkeit der Fristsetzung liegt darin, dass eine solche im Fall der Unmöglichkeit und der gem. § 275 II, III zu Recht verweigerten Leistung sinnlos wäre und zudem der Schuldner gem. § 275 von seiner Leistungspflicht frei geworden ist.

57 **b) Inhalt des Schadensersatzanspruchs.** Beim Schadensersatz statt der Leistung ist der Gläubiger so zu stellen, als ob die Leistung wie geschuldet erbracht worden wäre.[34]

aa) Positives Interesse

Der Anspruch ist auf Ersatz des positiven Interesses (= Erfüllungsinteresse) gerichtet. Ersatzfähig ist also der Marktwert der ausgebliebenen Leistung. Aber auch die eventuell höheren Kosten für eine Ersatzbeschaffung sowie ein entgangener Gewinn (500 EUR im **Fall a**) aus einer geplanten Weiterveräußerung können ersetzt verlangt werden. Auf diese Weise bleiben dem Käufer auch bei der Geltendmachung des Schadensersatzes die Vorteile eines besonders günstigen Geschäfts erhalten.

Beispiel: K kauft von V einen gebrauchten Pkw im Wert von 5.000 EUR für 4.000 EUR, die er auch bezahlt. Zwischen Abschluss des Kaufvertrags und Übereignung wird der Pkw bei einem von V verschuldeten Unfall zerstört. Das Erfüllungsinteresse von K beträgt also 5.000 EUR.

bb) Differenztheorie oder Austauschtheorie (= Surrogationstheorie)

58 Bei gegenseitigen Verträgen stellt sich die Frage, wie der Schaden des Gläubigers zu berechnen ist. In Betracht kommt eine Berechnung nach der Differenztheorie oder nach der Austauschtheorie (= Surrogationstheorie).

(1) Auf jeden Fall kann der Schaden nach der **Differenztheorie** berechnet werden. Danach tritt der Schadensersatz an die Stelle von

---

34 *BGH* JZ 2010, 44 (zu § 281 I 1) mit krit. Anm. *Klöhn*.

Leistung und Gegenleistung. Der Gläubiger ist nicht mehr zur Leistung verpflichtet (vgl. § 326 I). Sein ersatzfähiger Schaden besteht in der Differenz zwischen Leistung und Gegenleistung. Der Wert der unmöglich gewordenen Leistung und der Wert der nicht mehr zu erbringenden Gegenleistung sind also lediglich Rechnungsposten des einseitigen Schadensersatzanspruchs.

Beispiel: T1 tauscht einen Pkw im Wert von 2.800 EUR gegen ein Pferd des T2 im Wert von 3.000 EUR. Nach Abschluss des Tauschvertrags verstirbt das Pferd durch Verschulden des T2. Nach der Differenztheorie behält T1 seinen Pkw und erhält 200 EUR Schadensersatz.

Die Differenztheorie ist auch dann anwendbar, wenn der Gläubiger des Schadensersatzanspruchs die ihm obliegende Gegenleistung schon erbracht hat. Er kann dann vom Vertrag zurücktreten, seine erbrachte Gegenleistung gem. § 346 zurückverlangen und gleichzeitig den nach der Differenztheorie berechneten Schadensersatz statt der Leistung geltend machen. Die Kombination von Rücktritt und Schadensersatz ist in § 325 ausdrücklich vorgesehen.

(2) Fraglich ist, ob der Gläubiger seinen Schaden wahlweise auch 59
nach der **Austauschtheorie (= Surrogationstheorie)** berechnen kann. Danach erbringt der Gläubiger der unmöglich gewordenen Leistung weiterhin seine Gegenleistung und verlangt Schadensersatz wegen der gesamten ausgebliebenen Gegenleistung. Diese Möglichkeit ist für den Gläubiger dann von Interesse, wenn seine Gegenleistung nicht in Geld besteht und er diese Gegenleistung loswerden will.

Beispiel: Ist nach Abschluss des Tauschvertrags (Pferd [Wert 3.000 EUR] gegen Pkw [Wert 2.800 EUR]) das Pferd durch Verschulden des Schuldners (T2) gestorben, so kann der Gläubiger (T1) weiterhin das Auto liefern und anstelle des Anspruchs auf Übereignung des Pferdes dessen Wert in Höhe von 3.000 EUR ersetzt verlangen.

Gegen eine derartige Schadensberechnung scheint zwar § 326 I zu 60
sprechen. Danach verliert der Schuldner der unmöglich gewordenen Leistung seinen Anspruch auf die Gegenleistung. Im genannten Beispiel kann also der Schuldner (T2) der unmöglich gewordenen Leistung (Pferd) nicht mehr die Gegenleistung (Pkw) verlangen. Jedoch nimmt diese Regelung dem Gläubiger (T1) nicht das Recht, die Gegenleistung doch zu erbringen, wenn er sie erbringen möchte. In diesem Fall kann er seinen Schadensersatz nach der Austausch- oder Surrogationstheorie berechnen.[35]

35 NK-BGB/*Dauner-Lieb* § 283 Rn. 14 f.; *Looschelders* SchuldR AT § 29 Rn. 7.

cc) Kleiner oder großer Schadensersatz bei teilweiser Unmöglichkeit

61 Für den Fall, dass der Gläubiger nur wegen eines Teils der Leistung nach § 275 von seiner Leistungspflicht frei geworden ist, verweist § 283 S. 2 auf die Schadensberechnung nach § 281 I 2, 3, V.

(1) Grundsätzlich kann der Gläubiger Schadensersatz nur bzgl. desjenigen Teils der Leistung verlangen, den der Schuldner nach § 275 nicht erbringen muss. Das ist der sog. **kleine Schadensersatz.**

Beispiel: Kann der Verkäufer von 100 verkauften Flaschen Wein nur 90 liefern, richtet sich der Schadensersatz statt der Leistung auf den Wert der nicht gelieferten 10 Flaschen oder auf die ggf. höheren Kosten einer Ersatzbeschaffung bei einem anderen Händler. – Hat bei einem gekauften Pkw nur die Navigationsanlage einen unbehebbaren Defekt, kann der Käufer als Schadensersatz die Ersatzbeschaffungskosten für das defekte Navigationsgerät verlangen.

62 (2) Unter den Voraussetzungen der §§ 283, 281 I 2 hat der Gläubiger aber auch die Möglichkeit, auf die Teilleistung zu verzichten und Schadensersatz „statt der ganzen Leistung" zu verlangen. Das ist der **große Schadensersatz**. Voraussetzung ist, dass der Gläubiger an der Teilleistung kein Interesse hat (§ 281 I 2) oder dass der unbehebbare Mangel der Leistung erheblich ist (§ 281 I 3). Diese zusätzliche Voraussetzung entspricht derjenigen des §§ 326 V, 323 V beim Rücktritt wegen einer teilweisen Unmöglichkeit oder eines unbehebbaren Leistungsmangels. Das ist folgerichtig, weil sich der große Schadensersatz wie eine Kombination aus Rücktritt und Schadensersatz auswirkt.

Beispiel: K kauft aus einem Sonderangebot bei V das letzte Set mit sechs zusammengehörenden Gartenlampen. Wenn einer der Lampenkörper unbehebbar mangelhaft ist, kann er das ganze Set zurückgeben und die ggf. höheren Kosten einer Ersatzbeschaffung bei einem anderen Verkäufer beanspruchen.

63 Wenn der Gläubiger den großen Schadensersatz (statt der ganzen Leistung) verlangt, muss er gem. §§ 283, 281 V die bereits erhaltene Teilleistung nach den §§ 346ff. an den Schuldner zurückgeben.

2. Schadensersatz wegen anfänglicher Unmöglichkeit (§ 311a II)

64 Rechtsgrundlage für einen Anspruch auf Schadensersatz statt der Leistung wegen anfänglicher Unmöglichkeit ist § 311a II.

a) Voraussetzungen. Die Voraussetzungen für den Anspruch sind nur zum Teil mit denjenigen der §§ 280 I, III, 283 identisch.

aa) Vertragsverhältnis

Nach § 311a II muss zwischen Anspruchsteller und Anspruchsgegner ein Vertragsverhältnis bestehen. Das ist die Folge daraus, dass die Vorschrift an ein bereits bei Vertragsschluss vorliegendes Leistungshindernis anknüpft. Grundlage des Vertragsverhältnisses muss ein wirksamer Vertrag sein; denn aus einem gem. §§ 125, 134, 138, 142 unwirksamen Vertrag können keine Leistungspflichten entstehen, so dass § 275 gar nicht anwendbar ist. § 311a I stellt klar, dass ein bereits bei Vertragsschluss vorliegendes Leistungshindernis der Wirksamkeit des Vertrags nicht entgegensteht.

bb) Befreiung des Schuldners von der Leistungspflicht nach § 275

Ferner setzt § 311a II, I voraus, dass der Schuldner nach § 275 I–III **65**
von seiner Leistungspflicht befreit ist. Insoweit gilt Entsprechendes wie nach § 283 bei der nachträglichen Unmöglichkeit (→ Rn. 54).

cc) Leistungshindernis bei Vertragsschluss

Das Leistungshindernis, das die Rechtsfolgen des § 275 I–II aus- **66**
löst, muss bereits bei Vertragsschluss vorgelegen haben. Man spricht deshalb auch von anfänglicher Unmöglichkeit, Unverhältnismäßigkeit oder Unzumutbarkeit. Es handelt sich um Vertragsverhältnisse, in denen es wegen § 275 keine primäre Leistungspflicht des Schuldners gibt.

Beispiel: Im **Fall c** hat G ein Bild gekauft, das schon bei Abschluss des Kaufvertrags durch einen Brand zerstört war. Im **Fall d** befand sich das Bild schon bei Vertragsschluss nicht mehr im Eigentum des S.

dd) Kenntnis oder fahrlässige Unkenntnis des Schuldners vom Leistungshindernis

Das für einen Schadensersatzanspruch erforderliche Vertretenmüs- **67**
sen des Schuldners hat andere Voraussetzungen als die §§ 280 I, 283. Das hängt damit zusammen, dass sich das Pflichtenprogramm des Schuldners vor Vertragsschluss anders gestaltet als nach Vertragsschluss. Vorher hat der Schuldner vor allem Informationspflichten, während er erst nachher Pflichten bezüglich des Leistungsgegenstandes hat. Deshalb setzt § 311a II 2 voraus, dass der Schuldner das Leistungshindernis bei Vertragsschluss kannte oder schuldhaft nicht kannte.

68 Die Kenntnis oder fahrlässige Unkenntnis eines Gehilfen, den der Schuldner in die Vertragsvorbereitung eingeschaltet hat, ist dem Schuldner entsprechend § 166 oder nach § 278[36] zuzurechnen.

Im **Fall d** reicht es für § 311a II aus, dass der Prokurist des S Kenntnis davon hatte, dass S nicht mehr Eigentümer und Besitzer des an G verkauften Bildes war.

69 § 311a II 2 ist vergleichbar wie § 280 I 2 formuliert. Daraus folgt, dass die Kenntnis oder mindestens fahrlässige Unkenntnis des Schuldners vom Leistungshindernis vermutet wird und das Gegenteil vom Schuldner bewiesen werden muss.

Im **Fall c** wird dem S dieser Gegenbeweis jedenfalls dann nicht gelingen, wenn er den Brand selbst gelegt hat.

70 **b) Inhalt des Schadensersatzanspruchs.** Die Rechtsfolge des § 311a II entspricht derjenigen des § 283 bei nachträglichen Leistungshindernissen (→ Rn. 57ff.). Der Schadensersatzanspruch statt der Leistung ist also auf das positive Interesse gerichtet. Er kann nach der Differenz – oder der Austauschtheorie (= Surrogationstheorie) berechnet werden. Bei einer auf einen Teil der Leistung beschränkten Anwendung des § 275 kommt grds. der sog. kleine Schadensersatz und gem. § 311a II 3 iVm § 281 I 2, 3 nur unter der zusätzlichen Voraussetzung des Interessewegfalls bzw. der Erheblichkeit des unbehebbaren Leistungsmangels der sog. große Schadensersatz (statt der ganzen Leistung) in Betracht.

III. Aufwendungsersatz (§ 284)

71 **Schrifttum:** *Fischinger/Wabnitz*, Aufwendungsersatz nach § 284 BGB, ZGS 2007, 139; *Grigoleit*, Neuregelung des Ausgleichs „frustrierter" Aufwendungen (§ 284 BGB): Das ausgefallene Musical, ZGS 2002, 122; *Gsell*, Aufwendungsersatz nach § 284 BGB, NJW 2006, 125; *Körber*, Das Recht der Pflichtverletzungen im Allgemeinen Schuldrecht – Teil 2, JURA 2015, 554; *S. Lorenz*, Grundwissen – Zivilrecht: Aufwendungsersatz (§ 284 BGB), JuS 2008, 673; *Reim*, Der Ersatz vergeblicher Aufwendungen nach § 284 BGB, NJW 2003, 3662; *Schneider*, § 284 BGB – zur Vorgeschichte und Auslegung einer neuen Norm, 2007; *Stoppel*, Der Ersatz frustrierter Aufwendungen nach § 284 BGB, AcP 204 (2004), 81; *ders.*, Zum Verhältnis von § 284 BGB zu den Regelungen über die Rücktrittsfolgen, ZGS 2006, 254; *Tröger*, Investi-

36 So Palandt/*Grüneberg* BGB § 311a Rn. 9.

tionsschutz nach § 284 BGB, ZGS 2005, 462; *ders.*, Der Individualität eine Bresche: Aufwendungsersatz nach § 284 BGB, ZIP 2005, 2238.

1. Bedeutung

Hat der Gläubiger Aufwendungen gemacht, um den Vertrag abzuschließen (zB Beurkundungskosten) oder den Vertragsgegenstand zu nutzen (zB Anfertigung eines Rahmens für ein erworbenes Gemälde), dann erweisen sich diese für den Fall der Unmöglichkeit der Leistung durch den Schuldner als nutzlos. Diese Kosten (sog. **frustrierte Aufwendungen**) wären auch bei ordnungsgemäßer Vertragserfüllung angefallen. Sie können daher nicht als Schadensersatz statt der Leistung (vgl. → Rn. 49 ff.) geltend gemacht werden. Anspruchsgrundlage für Aufwendungsersatz ist vielmehr § 284. Diese Vorschrift wurde im Zuge der Schuldrechtsmodernisierung neu geschaffen und gilt seit dem 1.1.2002.

Im **Fall a** wären die 200 EUR für den Kunstsachverständigen auch bei Erfüllung des Kaufvertrags angefallen. Sie bilden daher keinen ersatzfähigen Schaden. Es handelt sich bei ihnen jedoch um vergebliche Aufwendungen, die nach § 284 ersetzt verlangt werden können.

Vor dem 1.1.2002 wurde dem Gläubiger eines Schadensersatzanspruchs 72
Aufwendungsersatz nur in den Fällen zugesprochen, in denen zu Gunsten des Gläubigers angenommen werden konnte, dass die geschuldeten Leistungen gleichwertig gewesen wären und der Gläubiger darüber hinaus seine im Zusammenhang mit dem Geschäft getätigten Aufwendungen erwirtschaftet hätte (sog. **Rentabilitätsvermutung**). Diese Vermutung konnte jedoch vom Schuldner widerlegt werden und griff insbesondere bei Aufwendungen, die zu ideellen oder konsumtiven Zwecken gemacht wurden (zB Veranstaltungen von Parteien, Gewerkschaften, Familienfesten; Kauf eines Einfamilienhauses oder einer Einbauküche), nicht ein.

2. Anwendungsbereich

Der Gesetzgeber hat § 284 bewusst im Rahmen der §§ 280 ff. „an- 73
gesiedelt“, weil der Aufwendungsersatzanspruch nicht auf gegenseitige Verträge begrenzt werden, sondern für alle vertraglichen und gesetzlichen Schuldverhältnisse gelten soll.[37]

Beispiel: Hat ein Vermächtnisnehmer eine Glasvitrine für ein vermachtes Kunstwerk herstellen lassen, kann er von dem Erben, der das Werk in Kenntnis des Vermächtnisses schuldhaft zerstört, Aufwendungsersatz verlangen.

---

37 Vgl. BT-Drs. 14/6040, 143.

3. Voraussetzungen

74 **a) Bestehen eines Schadensersatzanspruchs.** Der Anspruch auf Aufwendungsersatz kann nur **anstelle** (dh alternativ) des Anspruchs auf Schadensersatz statt der Leistung geltend gemacht werden. Dem Gläubiger muss daher zunächst ein Anspruch auf Schadensersatz statt der Leistung dem Grunde nach zustehen, dh es müssen die Voraussetzungen des § 280 III iVm §§ 281–283 oder des § 311a II vorliegen (→ Rn. 49 ff.).

Im **Fall a** können die 200 EUR Aufwendungsersatz und die 500 EUR Schadensersatz nicht nebeneinander, sondern nur alternativ (entweder – oder) verlangt werden.

75 Der Gläubiger ist in der Wahl zwischen Aufwendungs- und Schadensersatz frei. Möchte er so gestellt werden, als wäre der Vertrag nicht geschlossen worden, kann er Aufwendungsersatz nach § 284 verlangen. Will er dagegen so gestellt werden, als ob der Vertrag ordnungsgemäß durchgeführt worden wäre, kann er alternativ sein Erfüllungsinteresse, also Schadensersatz statt der Leistung, fordern.

76 **b) Aufwendungen.** Zudem muss der Gläubiger im Vertrauen auf den Erhalt der Leistung Aufwendungen (freiwillige Vermögensopfer) gemacht haben, die er auch billigerweise machen durfte.

Beispiele für Aufwendungen: Vertragskosten (zB Kosten für Übergabe, Versendung, Überführung und Zulassung eines Kfz[38], Beurkundung, Begutachtung und Beratung [Kunstsachverständiger in **Fall a**], ferner Zölle, Fracht-, Einbau- und Montagekosten)[39]; Zinsen, die vom Gläubiger für ein zur Finanzierung des Geschäfts aufgenommenes Darlehen zu zahlen sind; Folgeinvestitionen zur Verwertung des Leistungsgegenstands (zB Umbaumaßnahmen zur Integrierung eines Kunstwerks in ein Haus)[40]; eigene Arbeitsleistungen des Gläubigers[41].

77 Die Einschränkung, dass nur Aufwendungen ersetzt werden, die der Gläubiger „billigerweise“ machen durfte, soll an den Gedanken des Mitverschuldens, also § 254 (dessen unmittelbare Anwendbarkeit bei Aufwendungsersatzansprüchen fraglich erscheint)[42], erinnern. Der Gläubiger darf daher zB keine voreiligen Aufwendungen machen, wenn ihm bereits Anzeichen für ein Scheitern des geschlossenen Vertrags bekannt sind.[43]

---

38 *BGH* NJW 2005, 2848 (2850 f.).
39 NK-BGB/*Arnold* § 284 Rn. 20.
40 Vgl. BT-Drs. 14/6040, 143.
41 Str.; vgl. NK-BGB/*Arnold* § 284 Rn. 19; Palandt/*Grüneberg* BGB § 284 Rn. 5.
42 Vgl. *Lorenz/Riehm* Neues SchuldR Rn. 228.
43 *Canaris* JZ 2001, 517.

Ob die Ersatzpflicht auch Aufwendungen erfasst, die in einem offensichtlichen Missverhältnis zur nicht erbrachten Leistung stehen (zB Kosten für einen aufwendigen Bilderrahmen, den der Gläubiger für ein wenig wertvolles Bild hat anfertigen lassen), ist streitig.[44] 78

c) Ursächlichkeit der Nichterfüllung des Vertrags für die Vergeblichkeit der Aufwendungen. Des Weiteren muss die Nichterfüllung des Vertrags ursächlich für die Vergeblichkeit der Aufwendungen gewesen sein. Vergeblich sind solche freiwilligen Vermögensopfer, die sich wegen der Nichtleistung oder der nicht vertragsgerechten Leistung des Schuldners als nutzlos erweisen.[45] Wäre der Zweck der Aufwendungen auch bei vertragsgemäßer Erfüllung nicht erreicht worden, ist ein Anspruch auf Aufwendungsersatz ausgeschlossen. Mit Hilfe dieser Einschränkung soll verhindert werden, dass der Gläubiger bei einem verlustbringenden Geschäft seine Aufwendungen über § 284 auf den Schuldner abwälzt.[46] Da es sich der Sache nach um den Einwand rechtmäßigen Alternativverhaltens handelt, trägt der Schuldner die Beweislast.[47] 79

Beispiel: Nach dem Brand in dem gemieteten Saal stellt sich heraus, dass die dort geplante Veranstaltung ohnehin hätte abgesagt werden müssen.

4. Rechtsfolge

Der Gläubiger kann gem. § 284 seine nutzlos gewordenen Aufwendungen ersetzt verlangen. Nicht ersatzfähig ist jedoch das volle negative Interesse. 80

Beispiel: Der Käufer einer Wohnzimmergarnitur kann zwar die verauslagten Lieferkosten als Aufwendungen ersetzt verlangen. Er kann jedoch nicht geltend machen, dass er eine gleichartige Garnitur in der Zwischenzeit billiger im Möbelhaus X hätte beziehen können und dies im Vertrauen auf die Erfüllung durch den Verkäufer unterlassen hat,[48] da es sich bei der Nichtwahrnehmung einer Gelegenheit nicht um eine Aufwendung handelt.

---

44 Vgl. *Canaris* JZ 2001, 517; Palandt/*Grüneberg* BGB § 284 Rn. 6.
45 *BGH* NJW 2005, 2848 (Aufwendungen auf die Kaufsache, wenn der Kaufvertrag wegen Mangelhaftigkeit der Kaufsache rückabgewickelt wird).
46 Vgl. *v. Wilmowsky* JuS 2002, Beil. zu Heft 1, 15.
47 NK-BGB/*Arnold* § 284 Rn. 33.
48 Vgl. BT-Drs. 14/6040, 144.

IV. Rücktritt (§ 326 V)

81 **Schrifttum:** *Fest*, Der Umfang des Ausschlusses des Rücktrittsrechts gem. §§ 323 Abs. 6 Alt. 1, 326 Abs. 5 BGB, ZGS 2006, 173; *Körber*, Das Recht der Pflichtverletzungen im Allgemeinen Schuldrecht – Teil 3, JURA 2015, 673.

Gemäß § 326 V, 1. Halbs. kann der Gläubiger zurücktreten, wenn der Schuldner nach § 275 I–III nicht zu leisten braucht. Auf den Rücktritt findet § 323 mit der Maßgabe entsprechende Anwendung, dass die Fristsetzung entbehrlich ist (§ 326 V, 2. Halbs.). Ein solches Fristsetzungserfordernis hat nämlich nur dann einen Sinn, wenn der Schuldner überhaupt noch zu leisten verpflichtet ist. Das ist in den Fällen des § 275 gerade nicht der Fall.

82 Das Rücktrittsrecht wegen Unmöglichkeit hat nur eine begrenzte Bedeutung. Der Gläubiger wird nämlich bei Ausschluss der Leistungspflicht gem. § 275 regelmäßig ohnehin schon nach § 326 I 1 von der Gegenleistungspflicht befreit. Außerdem darf das Rücktrittsrecht nach § 326 V auch nicht die den Ausnahmen von § 326 I (→ Rn. 37 ff.) zugrunde liegenden Wertungen unterlaufen.[49] Das Rücktrittsrecht spielt namentlich in solchen Fällen eine Rolle, in denen § 326 I 1 wegen § 326 I 2 nicht anwendbar ist oder in denen Leistung und Gegenleistung nur teilweise entfallen sowie dann, wenn der Gläubiger nicht weiß, ob die Voraussetzungen der §§ 275, 326 I 1 vorliegen.

Wenn allerdings im Fall des § 275 II (→ Rn. 18 ff.) unsicher ist, ob der Schuldner sich überhaupt auf sein Leistungsverweigerungsrecht wegen eines grob unverhältnismäßigen Aufwands beruft, muss der Gläubiger ihm zunächst eine angemessene Frist zur Nacherfüllung setzen. Erst nach fruchtlosem Ablauf der Frist oder nach Erhebung der Einrede durch den Schuldner kann der Gläubiger zurücktreten.[50]

1. Bei Schlechtleistung

83 Ist im Falle der nicht vertragsgemäßen Leistung der Anspruch auf Nacherfüllung (§§ 437 Nr. 1, 439 und §§ 634 Nr. 1, 635) nach § 275 I–III ausgeschlossen, ist § 326 I 1 nach Satz 2 der Norm nicht anwendbar (→ Rn. 35 f.). Der Gläubiger schuldet also grundsätzlich trotz des nicht behebbaren Leistungsmangels die (volle) Gegenleistung. Aller-

49 NK-BGB/*Dauner-Lieb* § 326 Rn. 30.
50 *BGH* NJW 2013, 1074 (1076 f.).

dings kann er sich durch Rücktritt gem. §§ 326 V, 323 von der Leistungspflicht befreien (§§ 437 Nr. 2 und 634 Nr. 3).

Will er die mangelhafte Kaufsache bzw. das mangelhafte Werk behalten, kann er alternativ auch den Kaufpreis (§§ 437 Nr. 2, 441 I)[51] bzw. die Vergütung mindern (§§ 634 Nr. 3, 638)[52].

Gem. § 326 V iVm § 323 V 2 ist der Rücktritt aber ausgeschlossen, wenn der Mangel nur unerheblich ist (vgl. → § 24 Rn. 30).

Beispiel: Von der verkauften CD ist die Hülle irreparabel beschädigt.

2. Bei Teilunmöglichkeit

Ist die Leistungspflicht des Schuldners nur teilweise nach § 275 **84**
ausgeschlossen, entfällt gem. § 326 I 1, 2. Halbs. auch der Anspruch auf die Gegenleistung nur teilweise (→ Rn. 33). Hier kann es sein, dass der Gläubiger an der Teilleistung kein Interesse hat.

Beispiel: Von zwei zusammengehörigen Gemälden ist eines verbrannt.

In solchen Fällen kann er gem. § 326 V iVm § 323 V 1 vom ganzen Vertrag zurücktreten.

3. Bei Unsicherheit über den Grund der Nichtleistung

Schließlich soll § 326 V dem Gläubiger in solchen Fällen helfen, in **85**
denen er in Unkenntnis darüber ist, aus welchem Grund (Unmöglichkeit oder bloße Verzögerung) die Leistung des Schuldners ausbleibt. Liegt dem ein Umstand zugrunde, der den Schuldner nach § 275 von der Leistung befreit, ist auch der Gläubiger nach § 326 I 1 frei. Andernfalls kann der Gläubiger nur nach § 323 I zurücktreten (→ § 23 Rn. 57 ff.).

Kennt der Gläubiger nun den Grund der Nichtleistung nicht, kann **86**
er dem Schuldner eine angemessene Nachfrist setzen (vgl. → § 23 Rn. 62 ff.) und nach deren fruchtlosem Ablauf zurücktreten. Dabei kann dann in der Praxis regelmäßig offen bleiben, ob sich der Rücktrittsgrund aus § 323 I oder aus § 326 V ergibt.[53] Allenfalls könnte sich nämlich die Nachfristsetzung als überflüssig erweisen.[54]

---

51 Dazu *Brox/Walker* SchuldR BT § 4 Rn. 70 ff.
52 Dazu *Brox/Walker* SchuldR BT § 24 Rn. 28 ff.
53 BT-Drs. 14/7052, 193.
54 Kritisch: NK-BGB/*Dauner-Lieb* § 326 Rn. 35.

Rechtsfolgen der Unmöglichkeit

I. Ausschluss der Leistungspflicht des Schuldners (§ 275 I)

II. Anspruch des Gläubigers auf das Surrogat (§ 285 I)

III. Befreiung des Gläubigers von der Gegenleistungspflicht (§ 326 I; Ausnahmen: § 326 I 2, II, III)

IV. Erstattung einer schon erbrachten Gegenleistung (§ 326 IV)

V. Anspruch des Gläubigers auf Schadensersatz statt der Leistung

1. Bei nachträglicher Unmöglichkeit (§§ 280 I, III, 283)
   a) Schuldverhältnis
   b) Pflichtverletzung in Form der Nichtleistung wegen eines nachträglichen Leistungshindernisses nach § 275 I–III
   c) Vertretenmüssen (§§ 280 I 2, 276, ggf. § 278)
   d) Schaden
2. Bei anfänglicher Unmöglichkeit (§ 311a II)
   a) Vertragsverhältnis
   b) Befreiung des Schuldners von der Leistungspflicht (§ 275 I–III) wegen eines anfänglichen Leistungshindernisses
   c) Kenntnis oder grob fahrlässige Unkenntnis des Schuldners vom Leistungshindernis (§ 311a II 2)
   d) Schaden

VI. Anspruch des Gläubigers auf Aufwendungsersatz anstelle von Schadensersatz statt der Leistung (§ 284)

1. Bestehender Schadensersatzanspruch statt der Leistung
2. Billigerweise getätigte Aufwendungen im Vertrauen auf den Erhalt der Leistung
3. Ursächlichkeit zwischen Nichterfüllung und Vergeblichkeit der Aufwendungen

VII. Rücktrittsrecht des Gläubigers (§ 326 V)

§ 23. Verzögerung der Leistung

Schrifttum: *Althammer*, Ius variandi und Selbstbindung des Leistungsgläubigers, NJW 2006, 1179; *Benicke/Hellwig*, Das System der Schadensersatzhaftung wegen Leistungspflichtverletzung, NJW 2014, 1697; *dies.*, Vorzeitiges Deckungsgeschäft und Schadensersatz, ZIP 2015, 1106; *Bressler*, Selbstvornahme im „Schwebezustand" nach Ablauf der Nacherfüllungsfrist, NJW 2004, 3382; *Canaris*, Begriff und Tatbestand des Verzögerungsschadens im neuen Leistungsstörungsrecht, ZIP 2003, 321; *Derleder/Karabulut*, Schuldnerverzug und Zurückbehaltungsrechte des Allgemeinen Schuldrechts, JuS 2014, 102; *Derleder/Hoolmans*, Vom Schuldnerverzug zum Gläubigerverzug und zurück, NJW 2004, 2787; *Diller*, Die 40-EUR-Klage kommt! – oder doch nicht?, NZA 2015, 1095; *Dornis*, Vom künftigen Umgang mit einer Unbekannten – die „Entschädigungspauschale" im neuen § 288 BGB, ZIP 2014, 2427; *Dornis/Kessenich*, Die „Entschädigungspauschale" bei Zahlungsverzug – Einführung in grundsätzliche Fragen eines neuen Verzugsfolgeninstruments, JURA 2015, 887; *Dubovitskaya*, Absolute Fixgeschäfte, AcP 215 (2015), 581; *Eberl-Borges*, Die Leistungsverzögerung bei mehrseitigen Vertragsverhältnissen, AcP 203 (2003), 633; *Faust*, Schuldrecht: Ersatzfähigkeit des Nutzungsausfallschadens trotz Rücktritts, JuS 2010, 724; *Greiner/Hossenfelder*, Aufforderung zur „unverzüglichen", „umgehenden" oder „sofortigen" Nacherfüllung als hinreichende Nachfristsetzung iSd § 281 I 1 BGB?, JA 2010, 412; *Grigoleit/Riehm*, Der mangelbedingte Betriebsausfallschaden im System des Leistungsstörungsrechts, JuS 2004, 745; *Grundmann*, Der Schadensersatzanspruch aus Vertrag, AcP 204 (2004), 569; *Haberzettl*, Verschulden und Versprechen, 2006; *Hanau*, Der Schuldner in der Hand des Gläubigers?, NJW 2007, 2806; *Hellgardt*, Die Ersatzfähigkeit des vorzeitigen Deckungskaufs, JuS 2016, 1057; *Herresthal*, Der Ersatz des Verzugsschadens beim Rücktritt vom Vertrag, JuS 2007, 798; *ders.*, Das ungeschriebene Tatbestandsmerkmal der Durchsetzbarkeit in den §§ 281 I, 323 I BGB, JURA 2008, 561; *Hirsch*, Schadensersatz statt oder neben der Leistung – Aktuelle Fragen der Abgrenzung, JuS 2014, 97; *Hoffmann*, Die Teilbarkeit von Schuldverträgen, JuS 2017, 1045; *Huber*, Schadensersatz statt der Leistung, AcP 210 (2010), 319; *Kleine/Scholl*, Das Konkurrenzverhältnis primärer und sekundärer Gläubigerrechte bei Pflichtverletzungen im allgemeinen Schuldrecht, NJW 2006, 3462; *R. Koch*, Die Fristsetzung zur Leistung oder Nacherfüllung – Mehr Schein als Sein?, NJW 2010, 1636; *S. Koch*, Die 40-EUR-Mahnpauschale beim Verbrauchervertrag, NJW 2015, 2212; *Körber*, Das Recht der Pflichtverletzungen im Allgemeinen Schuldrecht – Teil 1, JURA 2015, 429; *Kohler*, Das Vertretenmüssen beim verzugsrechtlichen Schadensersatz, JZ 2004, 961; *ders.*, § 281 Abs. 4 BGB und das Ende des Erfüllungsanspruchs, JURA 2014, 872; *B. Lorenz*, Schuldnerverzug und wirksame Mahnung des Gläubigers, ZGS 2011, 111; *S. Lorenz*, Zahlungsverzug und Verschulden, WuM 2013, 202; *ders.*, Arglist und Sachmangel – Zum Begriff der Pflichtverletzung in § 323 1

V 2 BGB, NJW 2006, 1925; *Ludes/Lube*, Vertretenmüssen bei § 281 BGB, ZGS 2009, 259; *Nietsch*, Schadensersatz beim Deckungskauf trotz Erfüllung, NJW 2014, 2385; *Odemer*, Das Fristsetzungserfordernis der §§ 281, 323 BGB, JURA 2016, 842; *Ostendorf*, Die Abgrenzung zwischen Schadensersatz statt und neben der Leistung – Versuch einer Neuausrichtung, NJW 2010, 2833; *Riehm*, Irrungen und Wirrungen zur Fristsetzung und ihrer Entbehrlichkeit, NJW 2014, 2065; *Rubin*, Schadensersatz statt der Leistung und Schadensersatz neben der Leistung, Ad Legendum 2018, 135; *Schneider*, Wann bedeutet ein Klageabweisungsantrag eine ernsthafte und endgültige Leistungsverweigerung?, MDR 2015, 1394; *Schwarze*, „Steht und fällt" – Das Rätsel der relativen Fixschuld, AcP 207 (2007), 437; *Skamel*, Die angemessene Frist zur Leistung oder Nacherfüllung, JuS 2010, 671; *Spitzer*, Das Gesetz zur Bekämpfung von Zahlungsverzug im Geschäftsverkehr, MDR 2014, 933; *Temming*, Zur Reform des § 323 BGB durch die Verbaucherrechterichtlinie, JA 2018, 1; *Weiss*, Neujustierung im Rücktrittsrecht, NJW 2014, 1212; *ders.*, Das Verhältnis von Rücktritt und Schadensersatz statt der Leistung – Autonomie statt künstlicher Parallelität, NJW 2015, 3393; *Weißgerber*, Die Beendigung des Schuldnerverzugs, 2006; *Wietfeld*, Rechte des Verkäufers bei Nichteinhaltung von Zahlungs- und Abholfristen bei Ebay-Käufen, JURA 2013, 851; *Wilhelm*, Die Pflichtverletzung nach dem neuen Schuldrecht, JZ 2004, 1055.

Siehe auch die Nachweise zu → § 21.

Fall a: S hat dem G in notarieller Urkunde schenkweise (§ 518) versprochen, ihm am 1. Oktober ein Bild zu übereignen. G lässt S am 10. Oktober durch einen Anwalt auffordern, das Bild zu liefern und die Kosten für die Inanspruchnahme des Anwalts zu zahlen. → Rn. 5, 15, 30

Fall b: V hat dem K seinen Pkw für 3.000 EUR verkauft. V äußert Bedenken, ob auch mündliche Vereinbarungen bindend sind. Da er nicht liefert, lässt K ihn durch einen Anwalt mahnen und verlangt Ersatz der Anwaltskosten. → Rn. 5, 10, 17, 30

Fall c: Im Fall b könnte K den Pkw für 3.300 EUR weiterverkaufen. Da V nicht liefert, möchte K von ihm 300 EUR. Was kann er tun? → Rn. 50

Fall d: Im Fall b möchte K mit seinem Geld von einer zuverlässigeren Person einen Pkw kaufen. Was soll er tun, damit er nicht anschließend zwei Autos abzunehmen und zu bezahlen hat? → Rn. 68

Fall e: Im Fall b wird dem V nach Eingang des Schreibens der Pkw aus der verschlossenen Garage gestohlen. K hätte ihn mit 500 EUR Gewinn weiterverkaufen können. → Rn. 31, 74

Erbringt der Schuldner die ihm mögliche Leistung nicht rechtzeitig, liegt darin eine Pflichtverletzung iSd § 280 I. Häufig entsteht dem Gläubiger durch eine solche Verzögerung der Leistung ein Schaden. Diesen kann er aber nicht ohne Weiteres nach § 280 I, sondern gemäß § 280 II nur unter der zusätzlichen Voraussetzung des § 286, dh im Falle des Verzugs, ersetzt verlangen. Der Anspruch auf die bisher nicht erbrachte Leistung bleibt davon unberührt.

Andererseits kann die Verzögerung dazu führen, dass der Gläubiger kein Interesse an der Leistung mehr hat. Für diesen Fall gibt ihm § 281 I das Recht, Schadensersatz statt der Leistung zu verlangen. Außerdem kann er gem. § 323 I vom Vertrag zurücktreten. Diese weitreichenden Folgen sollen im Interesse des säumigen Partners aber nur dann eingreifen, wenn ihm zuvor erfolglos eine angemessene Frist zur Leistung bestimmt worden ist.

Die in der bloßen Nichterfüllung eines (fälligen) Anspruchs liegende Pflichtverletzung hat also keine spezifisch leistungsstörungsrechtlichen Konsequenzen. Der Gläubiger kann lediglich seinen ursprünglichen Erfüllungsanspruch geltend machen. Nur unter den zusätzlichen Voraussetzungen des § 286, des § 281 oder des § 323 stehen dem Gläubiger weitere Rechte zu.

I. Ersatz des Verspätungsschadens

1. Voraussetzungen

Die Voraussetzungen für den Anspruch auf Schadensersatz wegen 2
Verzögerung der Leistung ergeben sich aus § 280 I und aufgrund der Verweisung in § 280 II zusätzlich aus § 286.

a) Schuldverhältnis. Zwischen Antragsteller und Antragsgegner muss ein vertragliches oder gesetzliches Schuldverhältnis bestehen. Einzelheiten → § 22 Rn. 50.

b) Pflichtverletzung in Form der Leistungsverzögerung. Die 3
nach § 280 I erforderliche Pflichtverletzung (→ § 22 Rn. 51) liegt darin, dass die geschuldete Leistung trotz Möglichkeit der Leistung und Durchsetzbarkeit des Anspruchs nicht rechtzeitig erbracht wird.

aa) Bestehen einer wirksamen Leistungspflicht

Eine solche Pflichtverletzung setzt zunächst das Bestehen einer wirksamen Leistungspflicht iSd § 241 I voraus. Gleichgültig ist, auf welchem Rechtsgrund die Forderung beruht. Nicht ausreichend ist dagegen eine bloße Schutzpflicht iSd § 241 II.

An einer wirksamen Leistungspflicht des Schuldners fehlt es, wenn 4
dessen Verpflichtung wegen einer **rechtshindernden Einwendung** nicht entstanden oder wegen einer **rechtsvernichtenden Einwendung** untergegangen ist. Eine pflichtwidrige Leistungsverzögerung kommt namentlich nur dann in Betracht, wenn die geschuldete Leistung noch möglich ist. Beruht nämlich die nicht fristgerechte Leistung darauf, dass die Leistung unmöglich ist, besteht gem. § 275 I

keine (Primär-)Leistungspflicht des Schuldners, die er verletzten könnte. Unmöglichkeit schließt also eine Pflichtverletzung in Form der Leistungsverzögerung aus.

Für die Abgrenzung der Leistungsverzögerung von der Unmöglichkeit ist entscheidend, ob die geschuldete Leistung noch **nachholbar** ist. Beim absoluten Fixgeschäft (→ § 22 Rn. 6) kann die Leistung nur zu der vereinbarten Zeit erbracht werden; danach ist sie nicht mehr nachholbar, so dass keine bloße Leistungsverzögerung, sondern Unmöglichkeit gegeben ist. Verletzt jemand eine Unterlassungspflicht (zB ein Wettbewerbsverbot) liegt Unmöglichkeit vor; das Unterlassen kann nicht verzögert und nach einer Zuwiderhandlung nachgeholt werden.

bb) Durchsetzbarkeit

5 Die Forderung des Gläubigers muss ferner durchsetzbar, dh fällig und einredefrei[1] sein.

(1) Vor **Fälligkeit** ist die Forderung noch nicht durchsetzbar. Eine Forderung ist dann fällig, wenn der Schuldner die Leistung zu erbringen hat; nicht entscheidend ist, ob er sie schon erbringen darf (→ § 12 Rn. 18ff.).

Ist zB vereinbart „zahlbar in drei Monaten", so liegt bis zum Ablauf dieser Frist in einer Nichtleistung keine Pflichtverletzung. Das gilt auch dann, wenn der Schuldner schon vor Fristablauf die Erfüllung endgültig verweigert.[2] Wenn dagegen über die Fälligkeit keine Absprache getroffen ist, wird regelmäßig sofortige Fälligkeit anzunehmen sein (§ 271 I; → § 12 Rn. 21). Im **Fall a** ist der Anspruch am 1. Oktober, im **Fall b** mit Vertragsabschluss fällig.

6 (2) Ist die Forderung des Gläubigers mit einer **Einrede** des Schuldners behaftet, ändert das zwar an der Fälligkeit nichts. Die Forderung ist aber gleichwohl nicht durchsetzbar. Eine Pflichtverletzung scheidet deshalb aus. Denn solange der Schuldner die Leistung verweigern kann, ist seine Nichtleistung keine Pflichtverletzung. Es genügt grundsätzlich, dass das Verweigerungsrecht objektiv gegeben ist. Es braucht vom Schuldner nicht geltend gemacht zu werden; das ist erst im Prozess erforderlich.

Beispiele: §§ 214, 275 II und III, 438. – Zur Frage, ob auch die Einreden aus § 273 und § 320 den Verzug ausschließen, siehe → § 13 Rn. 10f., 20.

cc) Nichtleistung

7 Der Schuldner hat die ihm mögliche Leistung trotz Durchsetzbarkeit des Anspruchs nicht erbracht. Grundsätzlich genügt es, wenn

---

1 Dazu *Derleder/Karabulut* JuS 2014, 102.
2 *BGH* NJW-RR 2008, 210 (211).

der Schuldner die Leistungshandlung rechtzeitig vorgenommen hat. Nicht erforderlich ist also, dass der Leistungserfolg auch rechtzeitig eingetreten ist. Bei Schickschulden genügt daher die Absendung der Ware.

§ 286 III (→ Rn. 19 ff.) wird allerdings richtlinienkonform dahingehend ausgelegt, dass es darauf ankommt, ob der Gläubiger binnen 30 Tagen den Geldbetrag erhalten hat.[3] Hier kommt es also für die Rechtzeitigkeit ausnahmsweise auf den Eintritt des Leistungserfolges an.

Der Vornahme der Leistungshandlung steht es gleich, wenn der Schuldner dem Gläubiger die Leistung in einer den Annahmeverzug begründenden Art und Weise (§§ 293 ff., → § 26 Rn. 5 ff.) anbietet. 8

c) **Zusätzliche Voraussetzungen des § 286: Verzug des Schuldners.** Gem. § 280 II müssen ferner die zusätzlichen Voraussetzungen des § 286 (Verzug des Schuldners) vorliegen. Erforderlich ist dafür entweder eine Mahnung des Gläubigers (§ 286 I) oder ein Umstand, der die Mahnung entbehrlich macht (§ 286 II) oder der Ablauf von 30 Tagen nach Fälligkeit und Rechnungsstellung (§ 286 III). Außerdem muss der Schuldner die Nichtleistung bei Vorliegen der objektiven Verzugsvoraussetzungen zu vertreten haben (§ 286 IV). 9

aa) Mahnung (§ 286 I)

Gem. § 286 I setzt der Gläubiger den Schuldner durch eine **Mahnung** in Verzug **(Fall b).** 10

Durch AGB kann der Verwender nicht von der Mahnung freigestellt werden (§ 309 Nr. 4).

(1) Die Mahnung ist eine **einseitige, empfangsbedürftige Aufforderung** an den Schuldner, die geschuldete Leistung zu erbringen. Einer bestimmten Form bedarf sie nicht. Sie kann daher insbesondere auch mündlich erfolgen.

Die Mahnung ist keine Willenserklärung, sondern eine geschäftsähnliche Handlung. Die Frage hat aber praktisch keine Bedeutung, weil Vorschriften über die Willenserklärung auf geschäftsähnliche Handlungen analog anzuwenden sind.[4] So ist die Mahnung eines Minderjährigen wirksam, weil sie ihm rechtlich lediglich vorteilhaft ist (vgl. § 107), die eines Geschäftsunfähigen dagegen nichtig (vgl. § 105). Wirksam wird die Mahnung mit Zugang (§ 130) beim Schuldner; frühestens dann beginnt der Verzug.

---

3 *EuGH* NJW 2008, 1935; vgl. schon *Krause* JURA 2002, 217 (221).
4 BGHZ 47, 352 (357); *BGH* NJW 1987, 1547.

11 (a) Eine Mahnung setzt voraus, dass der Schuldner aus ihr hinreichend deutlich entnehmen kann, der Gläubiger **verlange eine bestimmte Leistung**. Eine Fristsetzung ist dagegen nicht erforderlich. Ebenso wenig braucht ein bestimmter Rechtsnachteil angedroht zu werden. Allerdings muss die Mahnung erkennen lassen, dass das Ausbleiben der Leistung **Folgen haben werde**.[5]

Dieses Erfordernis ist auch durch die Gleichstellung von Mahnung und Rechnungsstellung (vgl. § 286 III; → Rn. 19ff.) nicht entfallen, sondern bestätigt worden. Ohne die Notwendigkeit eines Hinweises auf Konsequenzen unterschieden sich beide nur in der Aufforderung zur Zahlung. Ob Verzug sofort oder erst in 30 Tagen eintritt, hinge dann allein davon ab, ob der Gläubiger nach Aufstellung seiner Entgeltforderung noch ausdrücklich oder konkludent um deren Begleichung bittet, was regelmäßig der Fall sein wird. – Eine bloße Rechnung ist daher im Allgemeinen ebenso wenig eine Mahnung wie eine übertrieben freundlich gehaltene Erklärung; anders kann es bei einer Rechnung mit dem auffälligen Vermerk „zweite Rechnung" sein. – Eine Fristsetzung nach §§ 281 I, 323 I wird dagegen regelmäßig zugleich eine Mahnung iSd § 286 I darstellen.

12 Mahnt der Gläubiger mehr oder etwas anderes an als der Schuldner zu leisten verpflichtet ist (Zuvielmahnung), ist die Mahnung gleichwohl wirksam, wenn der Schuldner sie nach Treu und Glauben unter Berücksichtigung der Verkehrssitte als Aufforderung zur Bewilligung der tatsächlich geschuldeten Leistung verstehen musste (§§ 133, 157) und der Gläubiger zur Annahme der gegenüber seinen Vorstellungen geringeren Leistung bereit ist.[6] Bezieht sich die Mahnung nur auf einen Teil der Schuld, tritt auch nur insofern Verzug ein.

13 (b) Nach dem Wortlaut des § 286 I 1 muss die Mahnung **nach Eintritt der Fälligkeit** erfolgen; andernfalls ist sie wirkungslos. Allerdings ist es zulässig, Mahnung und fälligkeitsbegründende Handlung zu verbinden.

14 (2) Besonders massive Formen der Mahnung sind die Erhebung einer **Leistungsklage** sowie die Zustellung eines **Mahnbescheids** (§ 286 I 2).

Wird eine erhobene Klage oder ein gestellter Mahnantrag zurückgenommen, endet der Verzug wieder.

bb) Entbehrlichkeit der Mahnung (§ 286 II)

15 Der Schuldner braucht nicht immer durch Mahnung an seine Leistungspflicht erinnert zu werden. Die wichtigsten Fälle der Entbehr-

5 *Looschelders* SchuldR AT § 26 Rn. 5; **aA** Palandt/*Grüneberg* BGB § 286 Rn. 17.
6 *BGH* NJW 2006, 3271 (3272).

lichkeit der Mahnung sind in § 286 II geregelt. Danach bedarf es einer Mahnung in folgenden Fällen nicht:

(1) Für die Leistung ist (gesetzlich oder vertraglich) **eine Zeit nach dem Kalender bestimmt** (Nr. 1; „dies interpellat pro homine"; **Fall a).** Diese kalendermäßige Bestimmung muss vereinbart sein oder sich aus dem Gesetz oder einem gerichtlichen Urteil ergeben; eine einseitige Festlegung der Leistungszeit durch den Gläubiger reicht dafür nicht aus.[7] Bei einer Zuvielforderung kann dieser Fall des Verzugs unter denselben Voraussetzungen wie bei der Zuvielmahnung (→ Rn. 12) eintreten.[8] Ausreichend ist, wenn sich die Leistungszeit schon bei Vertragsschluss kalendermäßig bestimmen lässt („drei Tage nach Vertragsschluss")[9]. Dagegen genügt die Anknüpfung an ein künftiges, ungewisses Ereignis nicht („eine Woche nach Lieferung"); hier ist vielmehr § 286 II Nr. 2 einschlägig.

(2) Der Leistung hat ein Ereignis vorauszugehen und es ist eine **angemessene Zeit für die Leistung** in der Weise bestimmt, dass sie sich **von dem Ereignis an nach dem Kalender bestimmen lässt** (Nr. 2). Als ein solches Ereignis kommt nicht nur die Kündigung (zB „Das Darlehen ist zwei Wochen nach Kündigung zurückzuzahlen"), sondern etwa auch die Leistung oder die Stellung einer Rechnung durch den Gläubiger in Betracht. Die Zeitbestimmung kann vereinbart, aber auch im Gesetz oder in einem Urteil (zB § 721 ZPO) enthalten sein. Eine nur einseitige Bestimmung genügt dagegen nicht. Die Zeit muss sich von dem Ereignis an nach dem Kalender berechnen lassen und angemessen sein. 16

Dadurch soll verhindert werden, dass die Frist, nach deren Ablauf der Verzug eintritt, (vertraglich) zu kurz bemessen oder gar auf Null reduziert wird[10] (zB „Lieferung eine Stunde nach Abruf", „Zahlung sofort nach Lieferung"). Es ist allerdings zweifelhaft, ob dieses Erfordernis mit der Zahlungsverzugsrichtlinie 2000/35/EG, deren Umsetzung die Norm dient, vereinbar ist oder ob – in richtlinienkonformer Auslegung – jedenfalls im Geschäftsverkehr auch die Vereinbarung sehr kurzer oder der Verzicht auf jegliche Frist möglich ist.[11]

(3) Der **Schuldner verweigert die Leistung ernsthaft und endgültig** (Nr. 3). Der Grund für diese Ausnahme liegt – ähnlich wie bei §§ 281 II, 323 II Nr. 1 (→ Rn. 42) – darin, dass die Mahnung eine 17

7 *BGH* NJW 2008, 50 (51).
8 *BGH* NJW 2006, 3271 (3272).
9 Vgl. *BGH* NJW 2001, 365.
10 BT-Drs. 14/6040, 146.
11 Dazu NK-BGB/*Schulte-Nölke* § 286 Rn. 35 f.

sinnlose Förmelei wäre, wenn der Schuldner ohnehin nicht zu leisten bereit ist. Daher sind an eine entsprechende Erklärung des Schuldners strenge Anforderungen zu stellen. Er muss eindeutig und abschließend zum Ausdruck bringen, dass er die Leistung nicht erbringen werde.[12] Dazu genügt es nicht, wenn er lediglich Zweifel an seiner Leistungspflicht zum Ausdruck bringt **(Fall b).**[13] Mit der Leistungsverweigerung beginnt der Verzug.

18 (4) Der sofortige Eintritt des Verzugs ist **aus besonderen Gründen unter Abwägung der beiderseitigen Interessen** gerechtfertigt (Nr. 4). Damit sollen bislang nur richterrechtlich anerkannte Fallgruppen erfasst werden.

Beispiele: Die Leistung ist offensichtlich besonders eilig (zB Beseitigung eines Wasserrohrbruchs). Der Gläubiger (zB der Betreiber einer Selbstbedienungstankstelle) hat ein erkennbar evidentes Interesse an sofortiger Bezahlung, zumal ihm bei Nichtzahlung eine Mahnung des anonymen Kunden oft nicht möglich ist.[14] Der Schuldner entzieht sich der Mahnung oder er hält den Gläubiger dadurch von einer Mahnung ab, dass er die Leistung an einem bestimmten Tag zu erbringen verspricht.[15]

cc) Fristablauf nach Rechnungsstellung (§ 286 III)

19 § 286 III enthält eine Sonderregelung. Danach kommt der Schuldner einer Entgeltforderung auch ohne Mahnung spätestens dann in Verzug, wenn er nicht innerhalb von 30 Tagen nach Fälligkeit und Zugang einer **Rechnung oder gleichwertigen Zahlungsaufstellung** leistet. Die Vorschrift hat folgende besondere Voraussetzungen:

20 (1) Es muss sich um eine **Entgeltforderung** handeln.

(a) Darunter ist jede **Geldforderung** (str.) zu verstehen, die eine **Gegenleistung** für eine Leistung des Gläubigers darstellt. Daher fallen unter § 286 III nur (aber nicht alle) Hauptleistungspflichten (→ § 2 Rn. 6). Wofür das Entgelt im Einzelfall gezahlt wird, ist nach § 286 III unerheblich. Die Leistung des Gläubigers kann daher in der Lieferung einer Sache, in einer Dienst- oder Werkleistung, aber auch in der bloßen Gebrauchsüberlassung liegen.

21 **Beispiele:** §§ 433 II, 535 II, 611 I, 611a II, 631 I.

---

12 *BGH* NJW 2017, 1666 Rn. 31 mAnm *Heese* JZ 2017, 529.
13 So zu § 323 auch *BGH* NJW 2012, 3714 (3716) mAnm *Gutzeit* Anm. *Faust* JuS 2012, 940 und Anm. *Gsell* EWiR 2013, 99.
14 *BGH* NJW 2011, 2871 f. mAnm *Lorenz* LMK 2011, 319864 u. *Faust* JuS 2011, 929; dazu auch *Sautter* JuS 2011, 900.
15 Vgl. BT-Drs. 14/6040, 146.

Gegenbeispiele: Schadensersatz-, Bereicherungs-, Rückzahlungsforderungen und Ansprüche auf Versicherungsleistungen. Hierbei handelt es sich zwar auch um Geld-, nicht aber um Entgeltforderungen.

(b) Gleichgültig ist, ob der Schuldner Unternehmer (§ 14) oder 22
Verbraucher (§ 13) ist. Im letzten Fall tritt die Folge des § 286 III aber nur ein, wenn der Verbraucher in der Rechnung oder Zahlungsaufstellung darauf **besonders hingewiesen** worden ist (§ 286 III 1, 2. Halbs.).[16]

(2) Dem Schuldner muss eine **Rechnung** oder gleichwertige **Zah-** 23
lungsaufstellung zugegangen sein. Für deren Rechtsnatur gilt das zur Mahnung Gesagte entsprechend (→ Rn. 10).

(a) Die **Rechnung** ist eine gegliederte Aufstellung über eine Entgeltforderung für eine Warenlieferung oder sonstige Leistung. Sie soll dem Schuldner die Nachprüfung des Anspruchs ermöglichen. Der Gläubiger muss dem Schuldner daher eine textliche Fixierung (Schriftstück, E-Mail; im Gegensatz zur Mahnung reicht aber bloße Mündlichkeit nicht) des geforderten Entgelts zukommen lassen. Eine Aufforderung zur Leistung sowie die Androhung von Konsequenzen sind aber – anders als für die Mahnung (→ Rn. 11) – nicht erforderlich. Die bloße Mitteilung der Forderung genügt.

Sofern die Rechnungsstellung (ausnahmsweise) Fälligkeitsvoraussetzung ist, bewirkt ihr Zugang ein Zweifaches: Die Forderung wird fällig und die 30-Tages-Frist beginnt zu laufen.

Der **gleichwertigen Zahlungsaufstellung** kommt eine Auffang- 24
funktion zu. Mit ihr soll klargestellt werden, dass § 286 III sämtliche fixierte Mitteilungen über das geforderte Entgelt erfasst, auch wenn sie nicht die Form einer Rechnung haben (zB in einem Anwaltsschreiben).

Erfüllt die Rechnung bzw. Zahlungsaufforderung zugleich die Vo- 25
raussetzung einer Mahnung spielt § 286 III keine Rolle. Dann kommt der Schuldner nämlich sofort (§ 286 I) und nicht erst nach Ablauf von 30 Tagen (§ 286 III) in Verzug.

(b) Die Rechnung oder gleichwertige Zahlungsaufstellung kann dem Schuldner – anders als die Mahnung (→ Rn. 13) – bereits vor Eintritt der **Fälligkeit** zugegangen sein; die 30-Tage-Frist beginnt jedoch erst mit der Fälligkeit der Forderung.

16 Dazu *BGH* NJW 2008, 50 (51).

26 (c) Wenn der Zeitpunkt des Zugangs der Rechnung oder Zahlungsaufstellung unsicher ist, kommt der Schuldner, der nicht Verbraucher ist, spätestens 30 Tage nach Fälligkeit und Empfang der Gegenleistung in Verzug (§ 286 III 2). Es wird also vermutet, dass dem Schuldner die Rechnung mit der Gegenleistung zugegangen ist. Er muss dann beweisen, dass ihm eine Rechnung gar nicht oder erst später zugegangen ist.[17]

27 (3) Seit Fälligkeit und Zugang der Rechnung bzw. Zahlungsaufstellung müssen **30 Tage verstrichen** sein, ohne dass der Schuldner die Leistung erbracht hat. Bei einer Zahlung durch Banküberweisung kommt es darauf an, ob der geschuldete Betrag dem Konto des Gläubigers rechtzeitig gutgeschrieben wurde.[18] Die Fristberechnung erfolgt nach §§ 187 I, 188 I: Der Verzug tritt mit Ablauf des 30. Tages ein.

Dagegen wird man § 193 nicht anwenden können (str.). Die Norm erfasst den Fall, dass der Schuldner innerhalb einer bestimmten Frist eine Leistung zu erbringen hat. Der Schuldner muss aber schon bei Fälligkeit und nicht erst mit Ablauf der Frist des § 286 III leisten.

dd) Vereinbarungen über den Verzugseintritt nach Abs. 1–3

27a Vereinbarungen über den Eintritt des Verzugs, die von Abs. 1–3 abweichen, sind zwar nicht ausgeschlossen, aber gem. § 286 V iVm § 271a[19] (→ § 12 Rn. 22 ff.) nur eingeschränkt zulässig. Die in § 271a I–III vorgesehenen Höchstgrenzen für vereinbarte Zahlungs-, Abnahme- oder Überprüfungsfristen dürfen nicht durch Vereinbarungen über einen späteren Verzugseintritt umgangen werden. Für entgeltliche Rechtsgeschäfte zwischen Unternehmern und für solche, bei denen nur auf Schuldnerseite ein Verbraucher steht, bedarf es danach einer ausdrücklichen Vereinbarung, wenn der Verzug erst mehr als 60 Tage nach dem Empfang der Gegenleistung oder dem späteren Zugang einer Rechnung eintreten soll. Eine nach § 271a wirksame Vereinbarung über die Leistungszeit ist zu berücksichtigen, wenn es um die Wirksamkeit einer zusätzlichen Vereinbarung über den Verzugseintritt geht.

Beispiel: Vereinbaren die Parteien im unternehmerischen Verkehr eine Zahlungsfrist von 50 Tagen nach Rechnungszugang, so ist eine weitere Vereinba-

---

17 Einzelheiten: NK-BGB/*Schulte-Nölke* § 286 Rn. 72 ff.
18 *EuGH* NJW 2008, 1935 (1936).
19 Beide Vorschriften eingefügt mit Wirkung zum 29.7.2014 durch Gesetz zur Bekämpfung von Zahlungsverzug im Geschäftsverkehr vom 22.7.2014, BGBl. I 1218.

rung über den Verzugseintritt erst 20 Tage nach dem Ende der Zahlungsfrist nur wirksam, wenn diese Vereinbarung über den Verzugseintritt ausdrücklich getroffen wird;[20] denn durch die Kombination der beiden Vereinbarungen wird die 60-Tage-Frist des § 271a I überschritten.

ee) Vertretenmüssen der Nichtleistung bei Vorliegen der objektiven Verzugsvoraussetzungen (§§ 286 IV, 280 I 2)

Der Schuldner muss die Nichtleistung bei Vorliegen der objektiven **28** Verzugsvoraussetzungen zu vertreten haben (§ 286 IV). Aus der negativen Formulierung des Abs. 4 folgt, dass das Vertretenmüssen vermutet wird. Der Schuldner kann sich aber entlasten. Für das Verschulden gilt Entsprechendes wie bei dem Schadensersatzanspruch wegen Unmöglichkeit (→ § 22 Rn. 53).

Beispiele für Nichtverschulden: Schwere Erkrankung des Schuldners, der in Person zu leisten hat; Fälle der höheren Gewalt. Leistet der Schuldner in Folge eines Rechtsirrtums nicht, kommt er nur dann nicht in Verzug, wenn der Irrtum nicht auf Fahrlässigkeit beruht. Hier sind strenge Anforderungen zu stellen („Erkundigungspflicht")[21].

Auf den ersten Blick wiederholt § 286 IV lediglich die Regelung **29** des § 280 I 2. Die Vorschrift scheint deshalb nur für die übrigen Verzugsfolgen (Haftungsverschärfung [→ Rn. 73 ff.], Verzugszinsen [→ Rn. 32 f.]) von Bedeutung zu sein, dagegen für den Schadensersatz keine Rolle zu spielen.[22] Aber § 286 IV ist doch wichtig für den Zeitpunkt des möglichen Entlastungsbeweises. Maßgeblich ist danach nicht der Zeitpunkt der Pflichtverletzung (Nichtleistung trotz Möglichkeit und Fälligkeit), sondern derjenige, in dem die objektiven Verzugsvoraussetzungen (also auch die Mahnung) vorliegen.[23] Für den Ersatz des Verzögerungsschadens ist es also erforderlich, aber auch ausreichend, dass die Verschuldensvermutung zum Zeitpunkt des Verzugs nicht zu widerlegen ist.

ff) Beendigung des Verzugs

Der Verzug endet, sobald der Schuldner die geschuldete Leistung **29a** erbringt (→ Rn. 7) oder in einer den Annahmeverzug begründenden Weise (§§ 293 ff., → § 26 Rn. 5 ff.) anbietet. Dafür reicht es nach Ansicht des BGH nicht aus, wenn der Schuldner die Leistung nur unter

---

20 BR-Drs. 154/14, 18.
21 Vgl. *BGH* NJW 2001, 3114 (3115).
22 Darauf deuten auch die Gesetzesmaterialien hin (BT-Drs. 14/6040, 148).
23 Bamberger/Roth/*Unberath* BGB § 286 Rn. 51; Erman/*Hager* BGB § 286 Rn. 57; *Kohler* JZ 2004, 961 (963); *Looschelders* SchuldR AT § 26 Rn. 8; Palandt/*Grüneberg* BGB § 286 Rn. 32.

dem Vorbehalt der Rückforderung anbietet; denn eine Leistung unter Vorbehalt hat keine Erfüllungswirkung.[24]

2. Rechtsfolgen

30 **a) Ersatz des Verspätungsschadens.** Der Gläubiger hat gem. §§ 280 I, II, 286 einen Anspruch auf Ersatz des Verspätungsschadens (= Verzögerungs- oder Verzugsschaden). Darunter ist derjenige Schaden zu verstehen, der dem Gläubiger durch die Verzögerung der Leistung entsteht. Der Anspruch tritt neben den primären Erfüllungsanspruch. Der Gläubiger ist hier finanziell so zu stellen, wie er stehen würde, **wenn die Leistung rechtzeitig erbracht worden wäre.**

Beispiele: Kosten für eine notwendige Kreditaufnahme, entgangene Anlagezinsen, entgangener Gewinn (auch aus Spekulationsgeschäften)[25], Kosten der Rechtsverfolgung. – Wenn ein Arzt ein von seinem Patienten beantragtes ärztliches Zeugnis verspätet erstellt und der Patient deshalb keine Risikolebensversicherung abschließen kann, bevor er stirbt, haftet der Arzt unter den Voraussetzungen der §§ 280, 286 auf Schadensersatz.[26] – Im **Fall a** ist S am 1. Oktober auch ohne Mahnung (§ 286 II Nr. 1) in Schuldnerverzug gekommen; die Kosten für die Inanspruchnahme des Anwalts gehören zum Verzugsschaden. Im **Fall b** gerät V erst durch das Mahnschreiben des Anwalts in Verzug; deshalb kann K die Kosten des Schreibens nicht als Verzugsschaden geltend machen.

Umstritten ist, ob der sog. **Betriebsausfallschaden** (die gelieferte Maschine funktioniert nicht und kann deshalb erst nach Reparatur mit Verspätung in Betrieb genommen werden) ein nur gem. §§ 280 II, 286 ersatzfähiger Verspätungsschaden[27] oder ein unmittelbar gem. § 280 I zu ersetzender Pflichtverletzungsschaden ist.[28] Für die Anwendung der §§ 280 II, 286 spricht, dass andernfalls der Verkäufer, der wenigstens fristgerecht (wenn auch zunächst mangelhaft) liefert, strenger (nämlich ohne Mahnung) haftet als der Verkäufer, der gar nicht fristgerecht liefert. Der BGH[29] hält den mangelbedingten Nutzungsausfallschaden des am Vertrag festhaltenden Käufers trotzdem nach §§ 437 Nr. 3, 280 I für ersatzfähig. Bei der Lieferung einer mangelbehafteten Sache dringe der Verkäufer in gefährlicherer Weise als bei einer bloßen Verzögerung in die Gütersphäre des Käufers ein. Dieser könne sich vor den Folgen einer Verzögerung durch kalendermäßige Bestimmung des Liefertermins oder

24 *BGH* NJW 2012, 1717 mAnm *Schwab* JuS 2012, 937.
25 Vgl. *BGH* NJW 2002, 2253.
26 *BGH* NJW 2006, 687 (Haftung aber mangels wirksamer Mahnung verneint).
27 So zB NK-BGB/*Dauner-Lieb* § 280 Rn. 61.
28 So zB *Canaris* ZIP 2003, 321 (326 f.); *Medicus* JuS 2003, 521 (528); Palandt/*Weidenkaff* BGB § 437 Rn. 36.
29 *BGH* NJW 2009, 2674 ff. mAnm *Grunewald* EWiR 2009, 731.

durch Mahnung leichter schützen. Eine haftungsrechtliche Überforderung des Verkäufers werde durch das Erfordernis des Vertretenmüssens (§ 280 I 2) verhindert.

Vom Verzögerungsschaden ist der Nichterfüllungsschaden zu unterscheiden. Dieser erwächst daraus, dass der Schuldner die Leistung endgültig nicht mehr erbringt (→ § 22 Rn. 57). Zu Abgrenzungsschwierigkeiten kann es insbesondere dann kommen, wenn die Erbringung der geschuldeten Leistung während des Verzugs unmöglich wird (§ 275; vgl. **Fall e**) oder wenn der Gläubiger dem säumigen Schuldner erfolglos eine Nachfrist setzt. In beiden Fällen kann er (bei Vertretenmüssen des Schuldners) Schadensersatz statt der Leistung (= Schadensersatz wegen Nichterfüllung = positives Interesse) verlangen (§§ 281, 283). Der Nichterfüllungsschaden tritt anders als der Verzögerungsschaden nicht neben, sondern an die Stelle der Leistung. 31

Beispiel: V liefert die geschuldete Stücksache nicht termingerecht. K lässt ihm durch seinen Anwalt eine Nachfrist setzen. Die Sache geht unter (bzw. die Nachfrist läuft ab). K verlangt den entgangenen Gewinn aus einer gescheiterten Weiterveräußerung sowie seine Rechtsanwaltskosten.

Wenn der Verkäufer nicht termingerecht liefert und der Käufer sich deshalb anderweitig eindeckt, kann er die Mehrkosten dieses Deckungskaufs nach der Rechtsprechung des BGH nicht als Verzögerungsschaden nach §§ 280 I, II, 286 ersetzt verlangen. Bei derartigen Kosten handele es sich nicht um einen Verzugs- oder Begleitschaden, sondern um einen Schaden, der an die Stelle der Leistung tritt. Diesen könne der Gläubiger nur unter den Voraussetzungen der §§ 280 I, III, 281 ersetzt verlangen.[30]

b) Verzugszinsen und sonstiger Verzugsschaden. Wird Geld geschuldet, kann der Gläubiger beim Schuldnerverzug Verzugszinsen verlangen (§ 288 I 1). Einer Geldschuld steht der Anspruch auf Freigabe eines hinterlegten Geldbetrags gleich, so dass bei verspäteter Freigabe ein Anspruch auf Verzugszinsen analog § 288 I 1 besteht.[31] Der Verzugszinssatz für Entgeltforderungen beträgt bei Rechtsgeschäften, an denen ein Verbraucher beteiligt ist, für das Jahr 5 Pro- 32

30 *BGH* NJW 2013, 2959 mAnm *Hilbig-Lugani* und Anm. *Schwab* JuS 2014, 167; im Ergebnis zustimmend, aber mit anderer Begründung *Korch/Hagemeyer* JURA 2014, 1302; **aA** *Nietsch* NJW 2014, 2385 ff. **Differenzierend** *Benicke/Hellwig* ZIP 2015, 1106 (1109 ff.).

31 *BGH* NJW 2018, 1006 Rn. 11 ff.

zentpunkte über dem Basiszinssatz nach § 247 (§ 288 I 2). Der gem. § 247 I halbjährlich angepasste Basiszinssatz liegt seit 1.1.2013 im Negativbereich. Er beträgt seit 1.7.2018 -0,88 % und wird zum 1.1.2019 neu festgesetzt. Bei Rechtsgeschäften, an denen ein Verbraucher nicht beteiligt ist, beträgt der Zinssatz für Entgeltforderungen 9 Prozentpunkte über dem Basiszinssatz (§ 288 II).

§ 288 II gilt ausschließlich für Entgeltforderungen aus Rechtsgeschäften. Erfasst werden deshalb nur Geldforderungen, die Gegenleistung für die vom Gläubiger erbrachte oder zu erbringende Leistung sind.[32] Dazu gehören etwa Ansprüche auf Zahlung des Kaufpreises oder der Miete, nicht dagegen Schadensersatzansprüche oder Ansprüche aus einem Vertragsstrafeversprechen.

Der **Mindestverzugsschaden** nach § 288 II braucht nicht bewiesen zu werden; er steht nach dem Gesetz unwiderleglich fest. Ein höherer Zinssatz kommt in Betracht, wenn er sich „aus einem anderen Rechtsgrund" (zB aus einer Parteivereinbarung) ergibt (§ 288 III).

33 Diese Regelungen schließen aber nicht aus, dass der Gläubiger einen **weiteren Schaden** geltend macht, der ihm durch den Verzug des Schuldners entstanden ist (§ 288 IV). Hat er zB Bankkredit zu 12 % Zinsen aufgenommen, so ist seine Zinsschuld gegenüber der Bank sein nach §§ 280 I, II und 286 zu ersetzender Verzugsschaden.

Von Zinsen sind Verzugszinsen nicht zu entrichten (§ 289 S. 1, der insoweit § 288 I einschränkt; vgl. dazu das Verbot der Zinseszinsen in § 248 I; → § 9 Rn. 14). Jedoch können Verzugszinsen als Schadensersatz verlangt werden, wenn der Gläubiger den Schuldner wegen rückständiger Verzugszinsbeträge wirksam in Verzug gesetzt hat (§ 289 S. 2).[33]

33a Gem. § 288 V[34] kann der Gläubiger unter bestimmten Voraussetzungen für seine Beitreibungskosten als sonstigen Verzugsschaden eine **Schadenspauschale** in Höhe von 40 EUR verlangen. Dieser Zahlungsanspruch steht dem Gläubiger bereits mit Eintritt des Verzugs zu, unabhängig davon, ob ihm wirklich ein Vermögensschaden entstanden ist. Wenn er jedoch einen weiteren Schaden wegen Kosten der Rechtsverfolgung geltend macht, muss er sich die Pauschale darauf anrechnen lassen (§ 288 V 3). Die Schadenspauschale steht dem

---

32 *BGH* NJW 2010, 1872 (1873).
33 Vgl. *BGH* NJW 1993, 1260.
34 Abs. 5 wurde zwecks Umsetzung der Richtlinie 2011/7/EU eingefügt durch Gesetz zur Bekämpfung von Zahlungsverzug im Geschäftsverkehr vom 22.7.2014 mit Wirkung zum 29.7.2014, BGBl. I 1218. Dazu *Dornis* ZIP 2014, 2427; *S. Koch* NJW 2015, 2212.

Gläubiger allerdings nur zu, wenn der Schuldner kein Verbraucher ist (§ 288 V 1). Gläubiger kann dagegen sowohl ein Unternehmer als auch ein Verbraucher sein.

Umstritten war, ob § 288 V auch im Arbeitsrecht anwendbar ist, sodass der Arbeitnehmer für jeden Monat, in dem der Arbeitgeber mit der monatlichen Vergütungszahlung in Verzug kommt, die 40-EUR-Pauschale vom Arbeitgeber verlangen kann. Das wurde von einer verbreiteten Ansicht bejaht.[35] Dafür spricht, dass der Gesetzgeber die Anwendbarkeit des § 288 V bewusst nicht auf Verträge zwischen Unternehmern beschränkt hat, obwohl das nach der Richtlinie 2011/7/EU möglich gewesen wäre. Vielmehr soll die Pauschale auch Verbrauchern zukommen, die Gläubiger einer Geldforderung sind. Arbeitnehmer sind Verbraucher iSv § 13.[36] Andererseits enthält § 12a I 1 ArbGG eine Spezialregelung. Danach hat in einem arbeitsrechtlichen Rechtsstreit die im ersten Rechtszug obsiegende Partei keinen Anspruch auf Entschädigung für Zeitversäumnis und auf Erstattung der Kosten für die Zuziehung eines Prozessbevollmächtigten oder Beistandes. Nach Ansicht des BAG[37] soll durch diese Regelung nicht nur ein prozessualer, sondern auch ein materiell-rechtlicher Kostenerstattungsanspruch wegen der Beitreibungskosten ausgeschlossen sein. Dann ist es konsequent, in solchen Fällen auch eine Schadenspauschale wegen (gar nicht zu ersetzenden) Beitreibungskosten nach § 288 V abzulehnen.

Eine **im Voraus getroffene Vereinbarung**, die den Anspruch des 33b
Gläubigers einer Entgeltforderung auf Verzugszinsen ausschließt, ist gem. § 288 VI 1 unwirksam. Nachträgliche Vereinbarungen dieses Inhalts etwa in Form eines Vergleichs sind dagegen nicht ausgeschlossen. Vereinbarungen über den Ausschluss der Schadenspauschale oder des Ersatzes von Rechtsverfolgungskosten sind nur zulässig, wenn sie für den Gläubiger nicht grob unbillig sind (§ 288 VI 2, 3). Die Sätze 1–3 gelten nicht, wenn sich der Anspruch gegen einen Verbraucher richtet (§ 288 VI 4).

---

35 Siehe etwa *Lembke* NZA 2016, 1501 (1503 ff.) mwN; so auch die hier vertretene Ansicht bis 42. Aufl.
36 *BAG* NJW 2005, 3305 (3309 f.), 2013, 3741.
37 *BAG* ZIP 2019, 135 Rn. 23 ff., 36 ff.

II. Schadensersatz statt der Leistung

34 Hat der Gläubiger aufgrund der Verzögerung sein Interesse an der Leistung verloren, kann er wie im Falle des befreienden Leistungshindernisses (§§ 280 I, III und 283; → § 22 Rn. 49 ff.) Schadensersatz statt der Leistung verlangen (§§ 280 I, III und 281). Er verzichtet damit also auf die primär geschuldete Leistung und liquidiert stattdessen sein positives Interesse.

Im Unterschied zu § 283 besteht die primäre Leistungspflicht des Schuldners bei § 281 zunächst noch fort. Diese erlischt vielmehr erst mit der Geltendmachung des Anspruchs auf Schadensersatz statt der Leistung (§ 281 IV; → Rn. 54).

1. Voraussetzungen

35 Die Voraussetzungen für den Anspruch auf Schadensersatz statt der Leistung wegen Verzögerung derselben ergeben sich aus § 280 I und aufgrund der Verweisung in § 280 III zusätzlich aus § 281. Dagegen braucht Verzug iSd § 286 nicht vorzuliegen.

36 **a) Schuldverhältnis.** Zunächst muss auch hier ein gesetzliches oder vertragliches Schuldverhältnis zwischen Anspruchsteller und Anspruchsgegner bestehen. Einzelheiten → § 22 Rn. 50. § 281 ist nicht auf Schuldverhältnisse mit synallagmatischen Leistungspflichten beschränkt.

Als Schuldverhältnis kommt auch das Eigentümer-Besitzer-Verhältnis in Betracht. Wenn der Eigentümer seinen Herausgabeanspruch nach § 985 geltend macht und der Besitzer die Herausgabe verweigert, kann der Eigentümer unter den Voraussetzungen der §§ 280 I, III, 281 I, II an Stelle der Herausgabe Schadensersatz statt der Leistung verlangen.[38] Dieser Anspruch wird nicht durch die §§ 989, 990 verdrängt, weil danach Schadensersatz nur wegen Verschlechterung der Sache oder Unmöglichkeit der Herausgabe verlangt werden kann; dagegen wird der Vorenthaltungsschaden, der wegen Verweigerung der möglichen Herausgabe entsteht, von diesen Vorschriften nicht erfasst. Allerdings darf durch den Schadensersatzanspruch nach §§ 280 I, III, 281 I, II nicht die Wertung des § 993 I 2. Halbs. ausgehebelt werden, wonach der gutgläubige und unverklagte Besitzer nach anderen Vorschriften als den §§ 989 ff. nicht zum Schadensersatz verpflichtet sein soll. Deshalb kommt der Schadensersatz-

38 *BGH* NJW 2016, 3235 Rn. 11 ff. mAnm *Riehm* JuS 2016, 1024.

anspruch statt der Leistung nur gegen den bösgläubigen oder verklagten Besitzer in Betracht.[39]

b) Pflichtverletzung in Form der Leistungsverzögerung. Die nach § 280 I erforderliche Pflichtverletzung liegt darin, dass die geschuldete Leistung trotz Möglichkeit der Leistung und Durchsetzbarkeit des Anspruchs nicht erbracht wird (→ Rn. 3 ff.). 37

c) Erfolglose Bestimmung einer Nachfrist. Zusätzlich muss der Gläubiger dem Schuldner erfolglos eine angemessene Frist zur Leistung bestimmt haben (§ 281 I 1). Durch dieses Erfordernis hat der Gesetzgeber bei behebbaren Mängeln dem Erfüllungsanspruch den Vorrang gegenüber dem Schadensersatzanspruch statt der Leistung eingeräumt. Der Gläubiger muss, bevor er das Erfüllungsinteresse in Geld vergütet bekommt, grds. Naturalerfüllung verlangen. Umgekehrt soll der Schuldner durch die Nachfristsetzung eine letzte Chance bekommen, die wirtschaftlichen Nachteile abzuwenden, die für ihn mit einer Schadensersatzpflicht verbunden sind. 38

Hinsichtlich der Rechtsnatur der Nachfristsetzung gilt das zur Mahnung Ausgeführte entsprechend (→ Rn. 10). – Nach ganz hM[40] ist eine wirksame Nachfristsetzung erst nach Fälligkeit möglich. Zwar lässt sich das dem Gesetzeswortlaut im Gegensatz zu demjenigen der Vorgängerregelung des § 326 I aF nicht entnehmen. Aber der BGH schließt aus den Materialien zur Schuldrechtsreform, dass der Gesetzgeber durch § 323 in Anknüpfung an die frühere Rechtslage das Rücktrittsrecht nur für den Fall zulassen wollte, dass die Frist erst nach Fälligkeit der Leistung gesetzt wird. Insofern gilt für die Fristsetzung das Gleiche wie für die verzugsbegründende Mahnung (→ Rn. 13).

aa) Leistungsaufforderung

Der Gläubiger muss den Schuldner nachdrücklich zur Leistung auffordern. Die bloße Frage nach der Leistungsbereitschaft genügt dafür ebenso wenig wie ein allzu höfliches Leistungsverlangen.[41] Andererseits schadet die Einkleidung in eine Bitte nicht, wenn sich aus den Gesamtumständen die Ernsthaftigkeit des Leistungsverlangens ergibt.[42] Die Aufforderung, die vertragliche Leistung zu bewirken, ist hinreichend bestimmt; die einzelnen dazu gehörenden Leistungs- 39

39 *BGH* NJW 2016, 3235 Rn. 24.

40 So zur Fristsetzung nach § 323 *BGH* NJW 2012, 3714 mAnm *Gutzeit* und mAnm *Faust* JuS 2012, 940; Erman/*Westermann* § 323 Rn. 6, 10; *Huber/Faust* SchuldRMod § 3 Rn. 127, 133; *Looschelders* SchuldR AT § 27 Rn. 13; Palandt/*Grüneberg* BGB § 323 Rn. 12.

41 *BGH* ZIP 2016, 1538 Rn. 28.

42 *BGH* ZIP 2016, 1538 Rn. 29.

bestandteile brauchen in der Aufforderung nicht aufgelistet zu werden.[43] Hinsichtlich einer Zuviel- und Zuwenigforderung gilt das zur Mahnung Gesagte entsprechend (→ Rn. 12).

bb) Angemessene Nachfrist

40 Der Gläubiger muss dem Schuldner eine angemessene Nachfrist zur Leistung bestimmen. Die Angemessenheit beurteilt sich nach den Umständen des Einzelfalls unter Berücksichtigung der Interessen beider Vertragsparteien.[44] Dabei kann auch der Inhalt der Leistungspflicht eine Rolle spielen. Dem Schuldner soll die Möglichkeit gegeben werden, die bereits begonnene Leistung zu vollenden. Da der Schuldner aber ab Fälligkeit leistungsbereit zu sein hat, braucht die Frist nicht so lang bemessen zu sein, dass der Schuldner die noch nicht begonnene Leistung anfangen und beenden kann.[45]

41 Fordert der Gläubiger den Schuldner zur sofortigen, unverzüglichen oder umgehenden Leistung auf, macht er damit hinreichend deutlich, dass dem Schuldner für die Erfüllung nur ein begrenzter (bestimmbarer) Zeitraum zur Verfügung steht. Durch eine solche Aufforderung wird daher eine angemessene Frist in Gang gesetzt. Die Angabe eines bestimmten Zeitraums oder Endtermins ist nicht erforderlich.[46] Auch wenn der Gläubiger eine unangemessen kurze Frist setzt, wird eine angemessene Nachfrist in Lauf gesetzt.

Die Bestimmung in AGB, durch die sich der Verwender eine unangemessen lange oder nicht hinreichend bestimmte Nachfrist vorbehält, ist unwirksam (§ 308 Nr. 2).

cc) Entbehrlichkeit einer Nachfrist

42 (1) Gemäß § 281 II (ebenso § 323 II Nr. 1) ist die Fristsetzung entbehrlich, wenn der Schuldner die **Leistung endgültig und ernsthaft verweigert**. In diesem Fall ist die Nachfristsetzung (ebenso wie die Mahnung; → Rn. 17) offensichtlich sinnlos und dem Gläubiger daher nicht zumutbar. Wie bei § 286 II Nr. 3 sind jedoch strenge Anforderungen an eine Leistungsverweigerung zu stellen. Der Schuldner muss zu erkennen geben, dass er sich, wenn er vor die Wahl zwischen

---

43 *BGH* NJW 2010, 2200 (2201).

44 Vgl. *BGH* NJW 1985, 2640.

45 BT-Drs. 14/6040, 138; *BGH* NJW 1985, 320 (323); *OLG Köln* NJW-RR 2018, 1141 (1143) zur angemessenen Frist für die Nachrüstung eines Pkw mit manipulierter Schadstoff-Software.

46 *BGH* NJW 2009, 3153 (3154) mit krit. Anm. *Faust* JZ 2010, 202; bestätigt in NJW 2015, 2564 f. mAnm *Gutzeit* und Anm. *Riehm* JuS 2015, 1121; erneut bestätigt in NJW 2016, 3654 Rn. 25 mAnm *Höpfner* NJW 2016, 3633 und Anm. *Schwab* JuS 2017, 67.

Erfüllung und Zahlung von Schadensersatz statt der Leistung gestellt wird, für Letzteren entscheidet.[47] Dafür genügt es nicht, wenn er erklärt, bei Fälligkeit nicht leisten zu können.[48] Im Übrigen führt die endgültige Erfüllungsverweigerung nur zur Entbehrlichkeit einer Nachfristsetzung, nicht dagegen automatisch zur Fälligkeit der Forderung.[49]

(2) Eine Fristsetzung ist gem. § 281 II (ebenso § 323 II Nr. 3, vgl. 43
ferner § 286 II Nr. 4) auch dann entbehrlich, wenn **besondere Umstände** vorliegen, die unter Abwägung der beiderseitigen Interessen den sofortigen Übergang vom primären Erfüllungsanspruch zum sekundären Anspruch auf Schadensersatz statt der Leistung rechtfertigen. Damit sollen insbesondere die sog. Just-in-time-Verträge erfasst werden.[50] Bei ihnen muss der eine Teil (Zulieferer) dem anderen Teil zu einem bestimmten Zeitpunkt liefern, damit dessen Produktion ordnungsgemäß betrieben werden kann. Bleibt die Leistung in solchen Fällen ganz oder teilweise aus, muss der Gläubiger die Möglichkeit haben, sofort eine Ersatzbeschaffung anzuordnen. Ferner ist eine Nachfristsetzung wegen besonderer Umstände entbehrlich, wenn der Verkäufer einen ihm bekannten Mangel bei Abschluss des Kaufvertrags arglistig verschwiegen hat und der Käufer deshalb sofort zum Anspruch auf Schadensersatz übergehen oder sich vom Kaufvertrag lösen will;[51] denn die weggefallene Vertrauensgrundlage ließe sich auch in einer Nachfrist nicht wieder herstellen.

Man wird die besonderen Umstände aber in Anlehnung an § 326 44
aF auch dann annehmen können, wenn das Interesse des Gläubigers an der Erfüllung des Primäranspruchs gerade wegen der Leistungsverzögerung entfallen ist.[52]

Beispiel: Saisonartikel sind in Folge der Leistungsverzögerung unverkäuflich geworden. Der Weiterverkauf einer Maschine ist in Folge der Leistungsverzögerung gescheitert. – Im Umkehrschluss aus § 323 II Nr. 2 ist dagegen zu entnehmen, dass die Überschreitung eines vereinbarten Leistungstermins auch beim sog. relativen Fixgeschäft (→ Rn. 63) nicht genügt, um die besonderen Umstände iSd § 281 II anzunehmen.

---

47 BGHZ 104, 6 (13).
48 So zu § 323 *BGH* NJW 2012, 3714 (3716) mAnm *Gutzeit* Anm. *Faust* JuS 2012, 940 und Anm. *Gsell* EWiR 2013, 99.
49 *BGH* NJW-RR 2008, 210 (211).
50 BT-Drs. 14/6040, 140.
51 *BGH* NJW 2007, 835 (837); 2010, 2503 (2505).
52 Palandt/*Grüneberg* BGB § 281 Rn. 15.

45 (3) Eine Fristsetzung ist schließlich entbehrlich, wenn die Parteien dieses Erfordernis **individualvertraglich abbedungen** haben. Eine Abbedingung durch AGB scheitert allerdings an § 309 Nr. 4; bei der Verwendung gegenüber einem Unternehmen an § 307.[53]

dd) Abmahnung statt Fristsetzung

46 Kommt nach der Art der Pflichtverletzung eine Fristsetzung nicht in Betracht, so tritt an deren Stelle gem. § 281 III eine Abmahnung. Sinn und Anwendungsbereich dieser Vorschrift sind unklar. Sie soll Unterlassungspflichten erfassen.[54] Der Verstoß gegen eine Unterlassungspflicht führt aber zur Unmöglichkeit (→ Rn. 4), so dass bzgl. des eingetretenen Schadens § 281 gar nicht einschlägig ist. Denkbar ist immerhin, dass § 281 III es dem Gläubiger bei einem Verstoß gegen eine Unterlassungspflicht ermöglichen soll, den Schuldner für die Zukunft durch Abmahnung zu einer Beachtung der Unterlassungspflicht anzuhalten und bei einem nochmaligen Verstoß zum Schadensersatz statt der ganzen Leistung (§ 281 I 2) überzugehen.[55]

ee) Erfolglosigkeit der Nachfrist

47 Erfolglos ist die vom Gläubiger gesetzte Nachfrist, wenn der Schuldner auch bis zu deren Ablauf nicht geleistet hat.

Wie bei der verzugsbegründenden Leistungsverzögerung kommt es maßgeblich auf die Vornahme der Leistungshandlung an. Dafür genügt es, wenn der Schuldner dem Gläubiger die Leistung in einer den Annahmeverzug begründenden Weise anbietet (→ Rn. 8).

Wird die Leistung vor Fristablauf unmöglich, kann der Anspruch auf Schadensersatz statt der Leistung nicht auf § 281, sondern nur auf § 283 gestützt werden. Voraussetzung ist, dass der Schuldner die Unmöglichkeit schuldhaft herbeigeführt oder nicht verhindert hat. Daran fehlt es zB bei einer Selbstvornahme des Gläubigers vor Ablauf der Nachfrist (→ § 22 Rn. 53).

48 Eine nur **teilweise Nichtleistung** genügt (arg. § 281 I 2). Allerdings kann der Gläubiger dann auch nur insoweit Schadensersatz statt der Leistung fordern. Ein Anspruch auf Schadensersatz statt der ganzen Leistung steht ihm nur zu, wenn er an der Teilleistung kein Interesse hat (§ 281 I 2, → Rn. 52).

Soweit dagegen im Kaufrecht (§ 434 III) und im Werkvertragsrecht (§ 633 II 3) die Lieferung einer zu geringen Menge (Quantitätsmangel) einem

53 Vgl. *BGH* NJW 1986, 842 (843).
54 BT-Drs. 14/7052, 279.
55 Kritisch zu § 281 III *Huber/Faust* SchuldRMod § 3 Rn. 147.

Sachmangel gleichsteht, finden die Regeln über Sachmängel Anwendung (→ § 24 Rn. 17). Die Teillieferung als Form der Teilleistung fällt daher insoweit aus dem Anwendungsbereich des § 281 I 1, 1. Fall heraus.

d) Vertretenmüssen. Die Nichtleistung trotz Möglichkeit der 49
Leistung, Durchsetzbarkeit der Forderung und Fristsetzung muss der Schuldner zu vertreten haben. Das Vertretenmüssen wird gem. § 280 I 2 vermutet. Es gilt Entsprechendes wie beim Ersatz des Verspätungsschadens (→ Rn. 28 und → § 22 Rn. 53).

Befindet sich der Schuldner allerdings beim Fristablauf im Verzug, haftet er gem. § 287 S. 2 verschuldensunabhängig (→ Rn. 74). In diesem Fall muss das Verschulden des Schuldners nur zum Zeitpunkt der Fälligkeit vorliegen.

2. Rechtsfolgen

a) Schadensersatz statt der Leistung. Durch den Schadensersatz 50
statt der Leistung soll der Gläubiger so gestellt werden, wie er bei ordnungsgemäßer Erfüllung stehen würde.[56] Es soll also der durch die Nichterfüllung entstandene Schaden ersetzt werden (sog. positives Interesse oder Nichterfüllungsschaden; Einzelheiten → § 22 Rn. 57). Zum Verhältnis von Nichterfüllungs- und Verzögerungsschaden → Rn. 31.

Der Anspruch ist auch auf Grundlage des § 281 jedenfalls grundsätzlich auf Geldleistung beschränkt. Durch Naturalrestitution (§ 249 I) würde nämlich die Wertung des § 281 IV umgangen. Der Gläubiger hat auch hier ein Wahlrecht zwischen Differenz- und Surrogationstheorie (→ § 22 Rn. 58 f.). Zwar geht auch der Gegenleistungsanspruch mit dem Schadensersatzverlangen unter (→ Rn. 55). Das schließt die Surrogationstheorie aber ebenso wenig aus wie der Untergang des Gegenleistungsanspruchs bei Unmöglichkeit nach § 326 (→ § 22 Rn. 60).

Im **Fall c** muss K dem V eine Nachfrist setzen. Nach deren fruchtlosem Ablauf kann er Schadensersatz statt der Leistung (3.300 EUR minus 3.000 EUR = 300 EUR) verlangen. Daran ist er auch nicht gehindert, wenn er bereits den Rücktritt erklärt hat (§ 325; → Rn. 72).

b) Schadensersatz statt der ganzen Leistung. Erbringt der 51
Schuldner die Leistung nur teilweise nicht, kann der Gläubiger gem. § 281 I 1 grundsätzlich auch nur „soweit" Schadensersatz statt der Leistung verlangen, dh er kann nur das positive Interesse am ausstehenden Leistungsteil liquidieren (sog. **kleiner Schadensersatz**).

56 *BGH* JZ 2010, 44 mit krit. Anm. *Klöhn*.

Beispiel: A leiht B sein Schachspiel. Trotz Nachfristsetzung gibt dieser nur die Steine zurück. Hier kann A Schadensersatz statt der Leistung nur hinsichtlich des Bretts verlangen.

52 Es kann jedoch sein, dass dem Gläubiger mit der teilweisen Leistung nicht gedient ist. Er möchte Schadensersatz statt der Leistung dann nicht nur hinsichtlich des ausbleibenden Teils, sondern hinsichtlich der ganzen Leistung verlangen (sog. **großer Schadensersatz**). Das kann er gemäß § 281 I 2 aber nur dann, wenn er an der Teilleistung kein Interesse hat. Diese Voraussetzung ist nicht bereits dann zu bejahen, wenn die Teilleistung für ihn weniger günstig verwertbar ist. Das kann vielmehr bei der Berechnung des kleinen Schadensersatzes berücksichtigt werden.[57] Erforderlich ist vielmehr, dass der Gläubiger mit der Teilleistung objektiv nichts anfangen kann.

Beispiele: A gibt B von dem geliehenen Paar nur einen Schuh zurück. Bei dem Schachspiel, von dem B nur die Figuren zurückgibt, sind Brett und Figuren zueinander passend angefertigt.

Da die bloße Teillieferung im Kauf- und Werkvertragsrecht keine Teilleistung iSd § 281 I 2, sondern eine Schlechtleistung iSd § 281 I 3 darstellt, kommt es insoweit nicht auf den Interessenwegfall, sondern lediglich darauf an, dass die Abweichung nicht unerheblich ist (→ § 24 Rn. 17 f.).[58]

Die Annahme einer Teilleistung erschwert es dem Gläubiger also, sein Gesamtinteresse zu liquidieren. Diese Schwierigkeit kann er vermeiden, wenn er die Teilleistung zurückweist; dazu ist er gem. § 266 berechtigt.

53 Liegt die Voraussetzung des § 281 I 2 vor, hat der Gläubiger ein **Wahlrecht**. Er kann die Teilleistung behalten und den kleinen Schadensersatz verlangen. Er kann aber auch den großen Schadensersatz geltend machen. Dann ist er jedoch gem. § 281 V zur Rückgabe der Teilleistung nach Maßgabe der an sich nur für den Rücktritt geltenden §§ 346 ff. (→ § 18 Rn. 17) verpflichtet.

c) Erlöschen der Primäransprüche.

aa) Der Anspruch auf die Leistung

54 Wenn der Gläubiger Schadensersatz statt der Leistung fordert, geht der primäre Erfüllungsanspruch des Gläubigers unter (§ 281 IV). Dagegen erlischt der Erfüllungsanspruch nicht schon mit Ablauf der gesetzten Nachfrist. Der Gläubiger kann also auch nach Fristablauf noch die Leistung verlangen. Das ist auch sachgerecht. Trotz Verzö-

57 Staudinger/*Schwarze* BGB § 280 Rn. E 10; Staudinger/*Schwarze* BGB § 281 Rn. B 165 ff.

58 Vgl. auch *Brox/Walker* SchuldR BT § 4 Rn. 96.

gerung der Erfüllung kann der Gläubiger nämlich noch an der ursprünglichen Leistung interessiert sein. Er kann dem Schuldner durch die Nachfristsetzung die Notwendigkeit einer umgehenden Erfüllung verdeutlichen, ohne sich damit selbst schon auf die bloße Liquidierung des Interesses festzulegen.

Ob der Gläubiger Schadensersatz statt der Leistung verlangt, ist durch Auslegung zu ermitteln. Im Hinblick auf die rechtsvernichtende Wirkung ist eine eindeutige Erklärung erforderlich. Aus ihr muss sich ergeben, dass der Gläubiger die Erfüllung ablehnt und stattdessen sein Interesse liquidiert. Das ist jedenfalls bei einer auf Schadensersatz gerichteten Klage zu bejahen. Dagegen reicht die bloße Androhung, Schadensersatz zu verlangen, nicht aus.

bb) Der Anspruch auf die Gegenleistung

Bei gegenseitigen Verträgen stellt sich die Frage nach dem Schicksal des Gegenleistungsanspruchs. Dieser geht wegen der synallagmatischen Verknüpfung mit dem Anspruch auf die Leistung ebenfalls unter.[59] Der Gläubiger muss also nicht zusätzlich den Rücktritt erklären (§§ 323, 325), um sich von der Gegenleistungspflicht zu befreien. 55

III. Aufwendungsersatz

Liegen die Voraussetzungen des § 281 I 1 vor, kann der Gläubiger ebenso wie bei § 283 anstelle des Schadensersatzes statt der Leistung auch Ersatz seiner vergeblichen Aufwendungen verlangen (§ 284). Einzelheiten → § 22 Rn. 71 ff. 56

IV. Rücktritt

Durch die Verzögerung der Leistung kann der andere Teil das Interesse an der Durchführung des Vertrags verlieren. § 323 gewährt ihm deshalb unter bestimmten Voraussetzungen das Recht, vom Vertrag zurückzutreten. Dann kommt es nicht mehr zu seiner Durchführung. 57

Ein ähnliches Ergebnis lässt sich auch durch Liquidierung des positiven Interesses nach Maßgabe der Differenztheorie erreichen. Der Anspruch auf Schadensersatz statt der Leistung hängt aber anders als das Rücktrittsrecht vom Vertretenmüssen des Schuldners ab (→ Rn. 49).

---

59 Vgl. Palandt/*Grüneberg* BGB § 281 Rn. 52.

1. Voraussetzungen

58 Der Rücktritt setzt ein Rücktrittsrecht und die wirksame Ausübung dieses Rechtes voraus.

a) **Rücktrittsrecht.** Die Voraussetzungen des Rücktrittsrechts ergeben sich aus § 323. Sie stimmen mit denen des § 281 nur teilweise überein. Erforderlich ist die Nichterfüllung einer auf einem gegenseitigen Vertrag beruhenden Leistungspflicht trotz Bestimmung einer Nachfrist durch den Gläubiger.

Anders als der Anspruch auf Schadensersatz statt der Leistung nach § 281 setzt der Rücktritt ein Vertretenmüssen nicht voraus.

aa) Gegenseitiger Vertrag

Das Rücktrittsrecht nach § 323 greift – anders als § 281 – nur bei gegenseitigen Verträgen (→ § 3 Rn. 2).

bb) Nichtleistung trotz Fälligkeit

59 Der Schuldner muss seine Leistungspflicht trotz Fälligkeit nicht erfüllt haben.

(1) Aufgrund des Vertrags muss zunächst eine **wirksame Leistungspflicht** iSd § 241 I bestehen. Diese braucht jedoch nicht synallagmatischer Natur zu sein. Es genügt also jede vertragliche Leistungspflicht, nicht nur eine solche, die im Gegenseitigkeitsverhältnis steht.

Nicht ausreichend ist allerdings eine bloße Schutzpflicht iSd § 241 II. Deren Verletzung berechtigt nur nach Maßgabe des § 324 zum Rücktritt.

Die Leistungspflicht muss wirksam sein. Daran fehlt es beim Vorliegen von Einwendungen, insbesondere wenn die Erbringung der geschuldeten Leistung unmöglich ist (§ 275 I). Einzelheiten → Rn. 6f.

Bei Unmöglichkeit ergibt sich ein Rücktrittsrecht aber aus §§ 326 V, 323; → § 22 Rn. 81ff.

60 (2) Die Leistungspflicht muss ferner durchsetzbar sein, dh die Forderung des Gläubigers muss **fällig und einredefrei** sein. Einzelheiten → Rn. 5f.

Steht dem Anspruch ein Leistungsverweigerungsrecht nach § 275 II oder III entgegen, ergibt sich ein Rücktrittsrecht wie bei § 275 I aber aus §§ 326 V, 323; → § 22 Rn. 81ff.

61 Vom Fälligkeitserfordernis macht § 323 IV eine Ausnahme. Danach kann der Gläubiger **bereits vor Eintritt der Fälligkeit** zurücktreten,

wenn offensichtlich ist, dass die Voraussetzungen des Rücktritts eintreten werden (Erfüllungsgefährdung). Von dieser Vorschrift wird insbesondere die ernsthafte und endgültige Erfüllungsverweigerung vor Fälligkeit erfasst. Eine endgültige und ernsthafte Erfüllungsverweigerung macht an sich nur die Nachfristsetzung entbehrlich (§ 323 II Nr. 1; → Rn. 62). Wurde sie vor Fälligkeit erklärt, müsste der Gläubiger ohne § 323 IV die Fälligkeit abwarten, bis er zurücktreten kann. Das ist ihm aber angesichts des Verhaltens des Schuldners nicht zumutbar. Er soll vielmehr sofort zurücktreten können.

Beispiel: B spielt gegen Entgelt den Weihnachtsmann. Er verspricht A mit Rücksicht auf dessen Kleinkind am Heiligabend spätestens um 17.30 Uhr zu erscheinen. Drei Tage vorher teilt er mit, er könne erst gegen 22 Uhr kommen. Hier kann A sofort, dh vor Fälligkeit (§ 323 IV) und ohne Nachfristsetzung (§ 323 II Nr. 1 und 2) zurücktreten.

Nach Eintritt der Fälligkeit kann das Rücktrittsrecht gem. § 323 IV nicht mehr ausgeübt werden; dann liegt kein Fall der Erfüllungsgefährdung mehr vor. Ab diesem Zeitpunkt bestimmt sich die Wirksamkeit des Rücktritts nach § 323 I, II.[60]

cc) Erfolglose Bestimmung einer Nachfrist

(1) Wie schon § 281 setzt auch § 323 voraus, dass der Gläubiger den Schuldner zur **Leistung aufgefordert** und ihm eine **angemessene Frist** zu ihrer Bewirkung gesetzt hat. Eine wirksame Fristsetzung ist erst nach Fälligkeit der Leistung möglich.[61] Einzelheiten → Rn. 38 ff. **62**

Ebenfalls wie bei § 281 (vgl. dessen Abs. 2) ist die **Nachfristsetzung entbehrlich**, wenn der Schuldner die Leistung endgültig und ernsthaft verweigert (§ 323 II Nr. 1), wenn im Fall einer Schlechtleistung[62] Umstände vorliegen, die unter Abwägung der beiderseitigen Interessen den sofortigen Rücktritt rechtfertigen (§ 323 II Nr. 3) sowie dann, wenn die Parteien das so vereinbart haben; → Rn. 45.

Über § 281 II hinaus ist eine Nachfristsetzung aber auch dann nicht erforderlich, wenn der Schuldner die Leistung zu einem im Vertrag bestimmten Termin oder innerhalb einer bestimmten Frist nicht bewirkt, obwohl die termin- oder fristgerechte Leistung nach einer Mitteilung des Gläubigers an den Schuldner vor Vertragsschluss **63**

60 *BGH* NJW 2012, 3714 (3715) mAnm *Gutzeit* Anm. *Faust* JuS 2012, 940 und Anm. *Gsell* EWiR 2012, 1463.
61 *BGH* NJW 2012, 3714 (3717).
62 Zur Begrenzung auf Schlechtleistung und dem damit verbundenen Wertungswiderspruch zu § 281 II, 2. Fall siehe *Riehm* NJW 2014, 2065; *Weiss* NJW 2014, 1212.

oder aufgrund anderer den Vertragsschluss begleitenden Umstände für den Gläubiger wesentlich ist (§ 323 II Nr. 2). Die Parteien müssen einen bestimmten Termin oder eine bestimmte Leistungsfrist vereinbart haben und die Einhaltung dieser Leistungszeit muss nach dem Parteiwillen so wesentlich sein, dass das Geschäft mit ihr stehen und fallen soll.[63]

Beispiele: Klauseln wie „fix" oder „spätestens".

Von diesem sog. relativen oder einfachen Fixgeschäft ist das – allerdings seltene – sog. absolute Fixgeschäft zu unterscheiden. Bei ihm ist die Einhaltung der Leistungszeit so wesentlich, dass ihre Überschreitung die Unmöglichkeit der Leistung begründet (§ 275 I); → § 22 Rn. 6. Es gilt dann § 326, der freilich ebenfalls zum Rücktritt ohne Nachfristsetzung berechtigt (§§ 326 V, 323); → § 22 Rn. 81.

Gemäß § 323 III tritt an die Stelle der Nachfristsetzung eine Abmahnung, wenn die Nachfristsetzung nach der Art der Pflichtverletzung nicht in Betracht kommt (siehe die Ausführungen zur Parallelvorschrift des § 281 III: → Rn. 46).

64 (2) Die Bestimmung einer Nachfrist muss **erfolglos** sein. Das setzt voraus, dass der Schuldner **bis zum Fristablauf nicht geleistet** hat, wobei es wie bei § 286 und § 281 maßgeblich auf die Vornahme der Leistungshandlung ankommt.

Auch dürfte es genügen, wenn der Schuldner den Gläubiger in Annahmeverzug (§§ 293 ff.) setzt.

65 Ebenso wie bei § 281 genügt auch hier eine nur **teilweise Nichtleistung** (arg. § 323 V 1), zu der allerdings nicht die Teillieferung im Kauf- und Werkvertragsrecht zählt; → Rn. 48.

Der Gläubiger ist zur Annahme einer Teilleistung freilich nicht verpflichtet (§ 266).

Hinsichtlich der Frage, ob der Gläubiger ganz oder nur teilweise zurücktreten kann, ist allerdings ebenso wie für den Schadensersatz statt der Leistung (→ Rn. 51 f.) zu unterscheiden. Grundsätzlich steht dem Gläubiger lediglich ein Recht zum Teilrücktritt zu.[64] Der Vertrag soll nach dem Willen des Gesetzgebers so weit wie möglich aufrechterhalten und abgewickelt werden. Nur wenn der Gläubiger an der Teilleistung kein Interesse hat, kann er vom ganzen Vertrag zurücktreten (§ 323 V 1). Ein Gesamtrücktritt kommt ferner dann in Be-

63 BGHZ 110, 96.
64 BT-Drs. 14/6040, 186.

tracht, wenn die vom Gläubiger zu erbringende Gegenleistung (zB Übergabe und Übereignung einer Wohnung) nicht teilbar ist;[65] dann hat ein Teilrücktritt nämlich keinen Sinn.

dd) Kein Ausschluss des Rücktritts

Schließlich darf der Rücktritt nicht gem. § 323 VI ausgeschlossen sein. 66

(1) Der Rücktritt ist gem. § 323 VI 1. Fall ausgeschlossen, wenn der **Gläubiger** für den Umstand, der ihn zum Rücktritt berechtigen würde, **allein oder weit überwiegend verantwortlich** ist.

Beispiel: Der Gläubiger hat die Produktionshalle des Schuldners in Brand gesteckt, so dass dieser vorübergehend nicht leisten kann. Hier ist der Rücktritt gem. § 323 VI 1. Fall ausgeschlossen.

(2) § 323 VI 2. Fall schließt den Rücktritt ferner dann aus, wenn der vom Schuldner nicht zu vertretende Umstand zu einer Zeit eintritt, zu welcher der Gläubiger im **Verzug der Annahme** ist. 67

Diese Norm dürfte allerdings keine größere Rolle spielen, da der zum Rücktritt berechtigende Umstand (Nichtleistung trotz Nachfristsetzung) nicht vorliegt, wenn der Schuldner die Leistung in einer den Annahmeverzug begründenden Art und Weise angeboten hat (→ Rn. 64). Darüber hinaus gilt § 323 VI 2. Fall nur, wenn den Schuldner eine Verantwortlichkeit am Rücktrittsgrund nicht trifft.

b) Rücktrittserklärung.

aa) Wahlrecht des Gläubigers

Wenn und soweit die Voraussetzungen des § 323 vorliegen, kann der Gläubiger vom Vertrag zurücktreten. Gezwungen ist er dazu freilich nicht. Er hat vielmehr ein Wahlrecht: Er kann erstens auf der Erfüllung des Primäranspruchs bestehen. Zweitens kann er aber auch zurücktreten und so das Vertragsverhältnis beenden. Er kann drittens aber auch Schadensersatz statt der Leistung gem. § 281 verlangen. Viertens kann er schließlich Rücktritt und Schadensersatz miteinander kombinieren (§ 325; → Rn. 72). 68

Wiederholt der Gläubiger nach erfolglosem Fristablauf zunächst sein Erfüllungsverlangen, geht dadurch sein Rücktrittsrecht nicht unter. Vielmehr kann er anschließend immer noch den Rücktritt erklären, wenn der Schuldner auch nach erneuter Leistungsaufforderung nicht leistet.[66] Dagegen verliert der Gläubiger seinen Erfüllungsan-

65 *BGH* NJW 2010, 146 ff.
66 *BGH* NJW 2006, 1198.

spruch, wenn er Schadensersatz wegen Nichterfüllung verlangt (§ 281 IV) oder durch Erklärung des Rücktritts das Vertragsverhältnis in ein Rückabwicklungsschuldverhältnis nach § 346 umgestaltet.

Im **Fall d** wird K dem V eine Nachfrist setzen. Nach deren fruchtlosem Ablauf kann er sich vom Austauschverhältnis durch Schadensersatzverlangen (§ 281 IV) oder Rücktritt (§ 349) befreien. Er braucht den Kaufpreis dann nicht mehr zu zahlen und den Pkw nicht mehr abzunehmen. Er kann vielmehr anderweitig einen Pkw erwerben.

bb) Auslegung der Erklärung des Gläubigers

69 Das Rücktrittsrecht ist ein Gestaltungsrecht des Gläubigers, das gegenüber dem Schuldner auszuüben ist (vgl. § 349). Ob eine Erklärung des Gläubigers als Ausübung des Rücktrittsrechts zu verstehen ist, muss durch Auslegung ermittelt werden. Ihr muss ähnlich wie beim Schadensersatzverlangen gem. § 281 IV (→ Rn. 54) zu entnehmen sein, dass der Gläubiger an der Geltendmachung des primären Erfüllungsanspruchs nicht mehr interessiert ist, sich vielmehr vom Vertrag lösen will.

2. Rechtsfolgen

70 Der Rücktritt wandelt das auf Leistungsaustausch gerichtete Schuldverhältnis in ein Rückabwicklungsschuldverhältnis nach §§ 346 ff. um (→ § 18). Im Einzelnen ergeben sich folgende Konsequenzen:

a) Untergang der Primäransprüche. Der Rücktritt führt zum Erlöschen der ursprünglichen Erfüllungsansprüche. Bei einem Teilrücktritt wegen nur teilweiser Leistungsverzögerung tritt diese Folge nur hinsichtlich des nicht erfüllten Teils ein. Der Gläubiger hat aber auch nur denjenigen Teil der Gegenleistung zu erbringen, der dem erbrachten Teil der Leistung entspricht.

Für die Berechnung wird man auf den Rechtsgedanken des § 441 III zurückgreifen können. Danach ist also die Gegenleistung in dem Verhältnis herabzusetzen, in dem der Wert der Leistung zum Wert der Teilleistung steht.

71 **b) Rückgewähr der beiderseitigen Leistungen.** Soweit eine hiernach nicht geschuldete Leistung oder Gegenleistung erbracht wurde, ist sie nach Maßgabe der §§ 346 ff. zurückzugewähren.

72 **c) Rücktritt und Schadensersatz.** Wie bereits erwähnt, hindert der Rücktritt den Gläubiger nicht, Schadensersatz statt der Leistung

zu verlangen (§ 325). Allerdings kann der Rücktritt nicht ohne Auswirkungen auf die Höhe des Schadensersatzanspruchs bleiben. Der Gläubiger kann nämlich nicht einerseits die Gegenleistung zurückfordern und andererseits Schadensersatz nach der Surrogationsmethode (→ § 22 Rn. 59) verlangen. Hier ist er auf die Differenzmethode (→ § 22 Rn. 58) beschränkt. Er ist danach so zu stellen, wie er stünde, wenn der Vertrag ordnungsgemäß erfüllt worden wäre, der Schuldner also seine Vertragspflichten nicht verletzt hätte.

Der auf das positive Interesse gerichtete Schadensersatzanspruch des Käufers umfasst dann typischerweise auch den Nutzungsausfallschaden, der dadurch entsteht, dass dem Käufer infolge eines Mangels die Nutzung der Kaufsache entgeht.[67]

V. Sonstige Folgen der Leistungsverzögerung

Außer den bisher genannten kann die Verzögerung der Leistung 73
noch weitere Folgen haben.

1. Haftungsverschärfung im Verzug

a) Beseitigung von Haftungsbeschränkungen. Während des Verzugs (§ 286 I–IV) hat der Schuldner **jede Fahrlässigkeit** zu vertreten (§ 287 S. 1). Diese Vorschrift hat für diejenigen Fälle Bedeutung, in denen der Schuldner nach dem Schuldverhältnis nicht für jede, sondern nur für grobe oder individuelle Fahrlässigkeit einzustehen hat (§ 276 I 1, 2. Halbs.; → § 20 Rn. 16ff.).

Beispiel: Der unentgeltlich Verwahrende hat nur für diejenige Sorgfalt einzustehen, die er in eigenen Angelegenheiten anzuwenden pflegt (§ 690). Das kann nach § 277 bedeuten, dass er für einfache Fahrlässigkeit nicht haftet. Kommt er jedoch mit der Rückgabepflicht in Verzug, haftet er für jede Fahrlässigkeit.

b) Haftung für Zufall. Normalerweise haftet der Schuldner nicht 74
für zufällige Leistungshindernisse (vgl. § 276 I 1, 1. Halbs.). Befindet er sich aber im Verzug, ist er auch für die durch **Zufall** eintretenden Leistungshindernisse verantwortlich (§ 287 S. 2). Der Schuldner hat in diesem Falle also auch dann Schadensersatz zu leisten, wenn ihm im Hinblick auf den Eintritt des Leistungshindernisses noch nicht

67 *BGH* NJW 2008, 911; bestätigt in NJW 2010, 2426 (2427).

einmal ein Fahrlässigkeitsvorwurf gemacht werden kann. Das Leistungshindernis braucht nicht durch die Verzögerung adäquat verursacht worden zu sein; bei adäquater Kausalität ergibt sich die Haftung des Schuldners vielmehr schon aus §§ 280 I, II und 286. Für § 287 S. 2 genügt es, dass das Leistungshindernis während des Verzugs eintritt.[68]

Beispiel: V schuldet dem K die Lieferung einer Gattungssache als Bringschuld. Befindet er sich im Verzug und geht die von ihm ausgewählte Sache auf dem Weg zu K durch Zufall unter, so muss er gemäß §§ 280 I, II und 286 verschuldensunabhängig für den weiteren Verspätungsschaden des K einstehen. – Im **Fall e** wird während des Verzugs der geschuldete Pkw ohne Verschulden des V gestohlen. Das hat V nach § 287 S. 2 zu vertreten. K kann also den entgangenen Gewinn von 500 EUR nach §§ 280 I, III und 283 ersetzt verlangen.

2. Verzinsung des Wertersatzanspruchs im Verzug

75 Ist der geschuldete Gegenstand während des Verzugs untergegangen (bzw. kann er aus einem anderen Grunde nicht mehr herausgegeben werden) oder im Wert gemindert worden und der Schuldner zum Ersatz des Wertes oder der Wertminderung verpflichtet (zB §§ 280, 283), ist auch dieser Geldanspruch zu verzinsen (§ 290). Der Mindestschaden ergibt sich aus § 288 I 1; ein weitergehender Schaden (§ 288 IV) kann auch hier geltend gemacht werden. Außerdem steht dem Gläubiger einer Entgeltforderung beim Verzug des Schuldners (sofern dieser kein Verbraucher ist) eine Schadenspauschale für die Rechtsverfolgung in Höhe von 40 EUR zu (§ 288 V 1).

3. Besonderheiten bei Rechtshängigkeit

76 Die Rechtshängigkeit wird normalerweise durch Klageerhebung begründet (vgl. § 261 I ZPO). Regelmäßig kommt der Schuldner spätestens dadurch in Verzug, da die Klageerhebung einer Mahnung gleichsteht (§ 286 I 2). Ausnahmsweise tritt damit aber noch kein Schuldnerverzug ein, wenn zB der Schuldner in Folge eines unverschuldeten Rechtsirrtums nicht geleistet hat (→ Rn. 28). Dennoch behandelt das Gesetz den Schuldner von der Rechtshängigkeit an in bestimmter Hinsicht so, als ob er schon im Verzug sei; denn von der Erhebung der Leistungsklage an muss der Schuldner ganz besonders damit rechnen, dass er zur Leistung verurteilt wird.

68 Palandt/*Grüneberg* BGB § 287 Rn. 3; hL.

a) Prozesszinsen. Von der Rechtshängigkeit an muss eine Geldschuld verzinst werden (§ 291 S. 1). Die Rechtshängigkeit steht hier also dem Schuldnerverzug gleich. Wird allerdings die Forderung erst während des Rechtsstreits fällig, beginnt die Zinspflicht erst von diesem Zeitpunkt an (§ 291 S. 1 aE). 77

Die Prozesszinsen entsprechen in ihrer Höhe den Verzugszinsen (§ 291 S. 2 iVm § 288 I 2, 289 S. 1; → Rn. 32). Einen weitergehenden Schaden (§ 288 IV) kann der Gläubiger nur im Falle des Verzugs geltend machen; § 291 S. 2 bezieht sich nicht auf § 288 IV.

b) Haftung bei Rechtshängigkeit. Wenn ein Anspruch auf Herausgabe einer Sache rechtshängig ist, so verweist § 292 I wegen der Haftung für Verschlechterung oder Unmöglichkeit der Herausgabe, wegen der Pflicht zur Herausgabe von Nutzungen oder ihrer Vergütung und wegen eines Verwendungsersatzanspruchs auf das Eigentümer-Besitzer-Verhältnis (§§ 987 ff.). 78

Beispiel: G klagt einen vertraglichen Anspruch auf Herausgabe einer Sache ein. S ist schadensersatzpflichtig, wenn von diesem Zeitpunkt an die herausverlangte Sache durch sein Verschulden verschlechtert wird oder untergeht (§§ 292, 989), auch wenn G nicht Eigentümer ist und deshalb § 989 unmittelbar keine Anwendung findet. Er hat die Nutzungen (= Früchte und Gebrauchsvorteile; vgl. § 100) herauszugeben und für schuldhaft nicht gezogene Nutzungen Schadensersatz zu leisten (§§ 292, 987). Andererseits hat S einen Anspruch auf Ersatz für notwendige Verwendungen (zB Fütterungskosten), nicht für nützliche oder Luxusverwendungen (§ 994 II).

Die Ansprüche des Gläubigers nach § 292 sind Mindestansprüche. Sie schließen weitergehende Rechte aus Verzug oder aus dem besonderen Schuldverhältnis nicht aus (§ 292 I aE).

Rechtsfolgen der Verzögerung der Leistung

I. Anspruch des Gläubigers auf Ersatz des Verspätungsschadens (§§ 280 I, II, 286)
1. Schuldverhältnis
2. Pflichtverletzung in Form der Nichtleistung trotz Möglichkeit und Fälligkeit (§ 280 I 1)
3. Verzug des Schuldners
   a) Mahnung oder Entbehrlichkeit der Mahnung (§ 286 I–III)
   b) Vertretenmüssen (§§ 286 IV, 280 I 2, 276, ggf. § 278)

c) Verzögerungsschaden

II. Anspruch des Gläubigers auf Schadensersatz statt der Leistung (§§ 280 I, III, 281)

1. Schuldverhältnis
2. Pflichtverletzung in Form der Nichtleistung trotz Möglichkeit und Fälligkeit
3. Erfolglose Bestimmung oder Entbehrlichkeit einer Nachfrist oder Abmahnung (§ 281 I–III)
4. Vertretenmüssen (§§ 280 I 2, 276, ggf. § 278)
5. Schaden

III. Anspruch des Gläubigers auf Aufwendungsersatz anstelle von Schadensersatz statt der Leistung (§ 284) → § 22 Rn. 86

IV. Rücktrittsrecht des Gläubigers (§ 323)

1. Gegenseitiger Vertrag
2. Nichtleistung trotz Möglichkeit und Fälligkeit
3. Erfolglose Bestimmung oder Entbehrlichkeit einer Nachfrist oder Abmahnung (§ 323 I–III)
4. Kein Ausschluss des Rücktrittsrechts (§ 323 VI)
5. Wirksame Rücktrittserklärung (§ 349)

V. Verschärfte Haftung des Schuldners

1. Beseitigung von etwaigen Haftungsbeschränkungen (§ 287 S. 1)
2. Haftung für Zufall (§ 287 S. 2)

VI. Verzinsung des Wertersatzanspruchs im Verzug (§ 290)

VII. Verschärfte Haftung des Schuldners bei Rechtshängigkeit (§ 291, § 292 iVm §§ 987 ff.)

§ 24. Schlechtleistung

1 **Schrifttum (zur positiven Forderungsverletzung):** *Köpcke,* Typen der positiven Vertragsverletzung, 1965; *Schünemann,* Die positive Vertragsverletzung – eine kritische Bestandsaufnahme, JuS 1987, 1; *Wertheimer/Eschbach,* Positive Vertragsverletzungen im Bürgerlichen Recht und im Arbeitsrecht, JuS 1997, 605.

Nach der Schuldrechtsreform: *Benicke/Hellwig,* Das System der Schadensersatzhaftung wegen Leistungspflichtverletzung, NJW 2014, 1697; *Dedek,* Entwertung von Aufwendungen durch Schlechterfüllung im Kaufvertrag,

ZGS 2005, 409; *Gieseler,* Die Strukturen der Schlechterfüllung im Leistungsstörungsrecht, ZGS 2003, 408; *Grundmann,* Der Schadensersatzanspruch aus Vertrag, AcP 204 (2004), 569; *Gsell,* Schadensersatz statt der Leistung nach dem neuen Schuldrecht, Jb. J. ZivRWiss 2001, 105; *Körber,* Das Recht der Pflichtverletzungen im Allgemeinen Schuldrecht –Teil 1, JURA 2015, 429 und Teil 3, JURA 2015, 673; *Kohler,* § 281 Abs. 4 BGB und das Ende des Erfüllungsanspruchs, JURA 2014, 872; *ders.,* Gewährleistung und Vergütungsanspruch in Fällen des § 323 Abs. 6 BGB – Rechtsfragen bei Mangelbehebungsverweigerung von Patienten, AcP 215 (2015), 165; *Höpfner,* Der Rücktrittsausschluss wegen „unerheblicher" Pflichtverletzung, NJW 2011, 3693; *Münch,* Die „nicht wie geschuldet" erbrachte Leistung und sonstige Pflichtverletzungen, JURA 2002, 361; *Recker,* Schadensersatz statt der Leistung – oder: Mangelschaden und Mangelfolgeschaden, NJW 2002, 1247; *Rubin,* Schadensersatz statt der Leistung und Schadensersatz neben der Leistung, Ad Legendum 2018, 135; *Schur,* Der Anspruch des Käufers auf Schadensersatz wegen eines Sachmangels, ZGS 2002, 243; *Skamel,* Zum Rücktrittsausschluss bei geringfügigen Mängeln, ZGS 2009, 399; *Wilhelm,* Die Pflichtverletzung nach dem neuen Schuldrecht, JZ 2004, 1055.

Siehe auch die Nachweise zu → § 21.

Fall a: Der Rechtsanwalt klagt die Forderung seines Mandanten zunächst bei einem unzuständigen Gericht ein und verursacht dadurch unnötige Kosten. Der Mandant verlangt Schadensersatz. → Rn. 4, 10

Fall b: K kauft bei V 100 Flaschen Wein. V liefert nur 60 und teilt auch gleich mit, keine größere Menge für K zur Verfügung zu stellen. Kann der erboste K die 60 Flaschen zurückgeben und Ersatz der (höheren) Kosten für eine Beschaffung des Weins bei einem anderen Händler verlangen? → Rn. 5, 10, 15, 17, 31

Fall c: Wie ist die Rechtslage, wenn im Fall b V zwar 100 Flaschen liefert, von denen aber 40 ungenießbar sind? → Rn. 5, 10, 18, 31

Fall d: V liefert dem K ein defektes Aquarium. Dieses läuft aus und beschädigt den Parkettboden des K. Rechte des K? → Rn. 5, 10, 24

Fall e: K hat von V ein Grundstück gekauft und gem. § 448 II die Kosten der notariellen Beurkundung des Kaufvertrags (vgl. § 311b I) getragen. Als er entdeckt, dass das Erdreich verseucht ist, erklärt er nach erfolgloser Fristsetzung zur Abtragung und Erneuerung der Erde den Rücktritt und verlangt Rückzahlung des Kaufpreises und Ersatz der Notarkosten. → Rn. 25

I. Begriff der Schlechtleistung und Überblick über die gesetzliche Regelung

Neben Unmöglichkeit und Verzögerung der Leistung ist im Gesetz als weitere Leistungsstörung die **Schlechtleistung** geregelt. Von einer Schlechtleistung spricht man, wenn die erbrachte Leistung ganz oder teilweise nicht der vereinbarten Qualität entspricht.[1]

2 Das Gesetz beschreibt die Schlechtleistung mit den Worten „Leistung … nicht wie geschuldet“ (§ 281 I 1) bzw. „Leistung … nicht vertragsgemäß“ (§ 323 I). Worin die Schlechterfüllung besteht, ist nach dem Gesetzeswortlaut unerheblich. Sie kann auf einer **Verletzung einer Haupt-, aber auch auf der Verletzung einer Nebenleistungspflicht beruhen.**[2] Liegt ein Fall der Schlechtleistung vor, kann der Gläubiger unter den Voraussetzungen der §§ 280 I, III, 281, 283 oder § 311a II Schadensersatz statt der (ganzen) Leistung verlangen oder bei gegenseitigen Verträgen nach Maßgabe des § 323 I oder des § 326 V zurücktreten. In diesem Fall können Schadensersatz und Rücktritt gem. § 325 kombiniert werden.

3 Bis zur Schuldrechtsreform war die Schlechtleistung im Gesetz nur unzureichend und unvollständig geregelt. Die gesetzlichen Regeln über die Unmöglichkeit, den Schuldnerverzug und die Mängelgewährleistung erfassten nicht jede aufgetretene Pflichtverletzung. Dies zeigte sich insbesondere bei Vertragstypen, die über keine Gewährleistungsregelungen verfügten, wie zB beim Dienst- oder Arbeitsvertrag. Unter anderem zur Schließung dieser Regelungslücke wurde für alle nicht geregelten Fälle einer schuldhaften Pflichtverletzung in entsprechender Anwendung der §§ 280, 286 aF bzw. §§ 325, 326 aF bei gegenseitigen Verträgen das Rechtsinstitut der positiven Forderungsverletzung (pFV) entwickelt und angewendet.[3] Aufgrund der nunmehr ausdrücklichen gesetzlichen Regelung der Schlechterfüllung in den §§ 281, 323 im allgemeinen Teil des Schuldrechts ist die Regelungslücke, die vor der Schuldrechtsreform für die Anwendbarkeit der positiven Forderungsverletzung bestand, insoweit geschlossen worden. Die heute in § 280 geregelte Leistungsstörung sollte nicht mehr als „positive“ Vertrags- oder Forderungsverletzung bezeichnet werden.

II. Anwendungsbereich der Vorschriften über Schlechtleistung

4 Die §§ 280ff., 323, 326 V, 311a II erfassen zunächst die Schlechtleistung im Rahmen solcher Schuldverhältnisse, für die das Gesetz keine besonderen Vorschriften enthält. Das gilt etwa für den Dienstvertrag (§§ 611ff.; **Fall a**) und für den Auftrag (§§ 662ff.), ferner für

1 *Wilmowsky* JuS 2002, Beil. zu Heft 1, 9.
2 BT-Drs. 14/6040, 138 (184).
3 Vgl. dazu 27. Aufl., 2000, Rn. 291 ff.

alle diejenigen Vertragstypen, die im Gesetz überhaupt nicht geregelt sind (zB Automatenaufstellungsvertrag).

Für die praxisrelevanten Vertragstypen des Kauf- und Werkvertragsrechts hat der Gesetzgeber die Schlechtleistung zwar durch mehrere Vorschriften im besonderen Teil des Schuldrechts näher ausgestaltet (vgl. §§ 434 ff. bzw. §§ 633 ff.), ohne aber dort eine abschließende eigenständige Regelung zu treffen. Die Mängelrechte des Käufers **(Fälle b–d)** bzw. des Bestellers ergeben sich vielmehr über die Verweisungsnormen des § 437 bzw. des § 634 überwiegend aus dem allgemeinen Leistungsstörungsrecht. Bei Mangelhaftigkeit der Kaufsache bzw. des Werkes kann daher Schadensersatz statt der (ganzen) Leistung nach Maßgabe der §§ 280 I, III, 281, 283, oder § 311a II verlangt bzw. bei gegenseitigen Verträgen der Rücktritt nach § 323 I oder § 326 V erklärt werden (vgl. § 437 Nr. 2 und Nr. 3 bzw. § 634 Nr. 3 und Nr. 4).[4] 5

Es gibt allerdings auch solche Vertragstypen, für die das Gesetz in abschließender Weise eigenständige Mängelregelungen enthält. Dazu gehören der Mietvertrag (§§ 536 ff.)[5] und der Reisevertrag (§§ 651k ff.)[6]. In diesen Fällen kann wegen einer Schlechtleistung daher grundsätzlich nicht auf die allgemeinen Regeln der §§ 281, 283, des § 311a und der §§ 323, 326 zurückgegriffen werden. Eine Ausnahme gilt nur dann, wenn Mängelansprüche bereits vor Gefahrübergang geltend gemacht werden, zB beim Mietvertrag vor Überlassung der Mietsache oder beim Reisevertrag vor Antritt der Reise; denn zu diesem Zeitpunkt greifen die besonderen Mängelregelungen noch nicht ein. 6

Bei **Nichtbeachtung der Schutzpflichten iSd § 241 II** greifen die Regelungen der §§ 282 und 324 ein (→ § 25 Rn. 5 ff.). Sie gehen in ihrem Anwendungsbereich den §§ 281 I, 283 und 323 I vor.[7] Sie gewähren einen Anspruch auf Schadensersatz statt der Leistung bzw. ein Rücktrittsrecht nicht wegen einer Verletzung des Leistungsinteresses, sondern ausschließlich deshalb, weil Schutzpflichten (§ 241 II) verletzt wurden.[8] 7

---

4 Dazu *Brox/Walker* SchuldR BT § 4 Rn. 49 ff., 79 ff. und § 24 Rn. 24 ff., 35 ff.
5 Dazu *Brox/Walker* SchuldR BT § 11 Rn. 11 ff.
6 Dazu *Brox/Walker* SchuldR BT § 28 Rn. 15 ff.
7 BT-Drs. 14/6040, 138 (187).
8 BT-Drs. 14/6040, 138 (187).

III. Schadensersatz statt der (ganzen) Leistung

8 Der Gläubiger kann bei einer Schlechtleistung Schadensersatz statt der Leistung verlangen. Welches die richtige Anspruchsgrundlage ist, hängt davon ab, ob der Qualitätsmangel der Leistung behebbar oder ob er unbehebbar ist, so dass der Schuldner von seiner Pflicht zur Erbringung der geschuldeten Leistung nach § 275 I frei wird.

1. Schadensersatz wegen eines behebbaren Leistungsmangels

Bei einem behebbaren Leistungsmangel kann der Gläubiger nach §§ 280 I, III, 281 Schadensersatz statt der Leistung verlangen.

9 a) **Voraussetzungen.** Der Anspruch hat folgende Voraussetzungen:

aa) Zwischen den Parteien muss – wie für jeden Schadensersatzanspruch nach §§ 280 ff. – ein **Schuldverhältnis** bestehen (siehe schon → § 22 Rn. 50).

10 bb) Der Schuldner muss eine **Pflichtverletzung** (→ § 22 Rn. 51) **in Form der Schlechtleistung** begangen haben. Das setzt voraus, dass er einen **fälligen** (vgl. § 271) und **nicht einredebehafteten** (zB gem. § 273 oder § 320) Anspruch des Gläubigers auf mangelfreie Leistung nicht wie geschuldet erfüllt hat.

Im **Fall a** besteht die Schlechtleistung in der Klageerhebung vor einem falschen Gericht. In den **Fällen c bis d** in der Verschaffung einer mangelhaften Kaufsache (vgl. § 434 I). Auch die Zuwenigleferung im **Fall b** steht gem. § 434 III einem Sachmangel gleich, so dass eine Schlechtleistung vorliegt.

11 cc) Weiterhin muss der Gläubiger dem Schuldner grundsätzlich **erfolglos eine angemessene Frist zur Nacherfüllung bestimmt** haben (§ 281 I 1), sofern diese nicht ausnahmsweise entbehrlich ist (§ 281 II; §§ 440 S. 1, 636, Parteivereinbarung). Wegen der Einzelheiten dazu kann auf die Ausführungen zur Nachfristsetzung im Falle der nicht rechtzeitigen Leistung verwiesen werden (→ § 23 Rn. 38 ff.).

12 dd) Der Schuldner muss die Schlechtleistung iSd §§ 276 ff. zu vertreten haben (§ 281 I 1 iVm § 280 I 2). Zur Verantwortlichkeit des Schuldners nach §§ 276 ff. vgl. → § 20.

Das **Vertretenmüssen** des Schuldners für die Schlechtleistung wird nach der Gesetzesfassung des § 280 I 2 **vermutet** (Ausnahme bei der Haftung des Arbeitnehmers: § 619a). Der Schuldner hat also sein

Nichtvertretenmüssen zu beweisen. Maßgeblicher Zeitpunkt für das Vertretenmüssen ist nach hM derjenige des Fristablaufs.[9] Selbst wenn den Verkäufer an der ursprünglichen Lieferung einer mangelhaften Sache kein Verschulden trifft, reicht die schuldhaft unterbliebene oder misslungene Nachbesserung für einen Schadensersatzanspruch aus. Ein ursprüngliches Verschulden kann bis zum Ablauf der Nachfrist fortwirken. Falls die Fristsetzung nach § 281 II entbehrlich ist, kommt es für das Vertretenmüssen auf den Eintritt des Ereignisses (zB ernsthafte und endgültige Erfüllungsverweigerung) an, das an die Stelle des Fristablaufs tritt.

b) Rechtsfolgen. Die Geltendmachung des Schadenersatzanspruchs statt der Leistung löst mehrere Rechtsfolgen aus: 13

aa) **Verlangt** der Gläubiger Schadensersatz „statt der Leistung" (→ § 22 Rn. 49 ff.), ist der Anspruch auf die Leistung ausgeschlossen (§ 281 IV). Die Geltendmachung des Schadensersatzanspruchs (nicht schon der Ablauf der Nachfrist) führt also zum **Erlöschen des primären Leistungsanspruchs**. Dagegen kommt es nicht darauf an, ob der Gläubiger Schadensersatz tatsächlich auch erhält.[10]

bb) Der Gläubiger ist im Wege des Schadensersatzes statt der Leistung wirtschaftlich so zu stellen, wie er stünde, wenn der Schuldner die Leistung wie geschuldet erbracht hätte, also ihre Qualität nicht hinter dem geschuldeten Standard zurückgeblieben wäre.[11] Das ist der **Ersatz des sog. Mangelschadens**. Für dessen **Berechnung** gibt es zwei Möglichkeiten: 14

(1) Beim **sog. kleinen Schadensersatz** (§ 281 I 1: „Schadensersatz statt der Leistung") behält der Gläubiger die mangelhafte Leistung bzw. Sache und verlangt im Übrigen, so gestellt zu werden, als ob ordnungsgemäß erfüllt worden wäre. Der Gläubiger kann also in erster Linie als Schaden die Zahlung der Differenz zwischen dem Wert der erbrachten mangelhaften Leistung bzw. Sache und dem Wert der Leistung bzw. Sache im geschuldeten mangelfreien Zustand verlangen. Über den Ersatz des reinen Minderwertes (also der Qualitätseinbuße) hinaus erhält der Gläubiger über §§ 280 I, III, 281, auch den sog. allgemeinen unmittelbaren Vermögensschaden ersetzt. 15

Daher stellen insbesondere Ersatzpflichten, denen der Gläubiger gegenüber Dritten ausgesetzt ist, bzw. ein entgangener Gewinn, weil er aufgrund der

9 *Looschelders* SchuldR AT § 27 Rn. 22; Palandt/*Grüneberg* BGB § 281 Rn. 16.
10 BT-Drs. 14/6040, 140.
11 Vgl. *Wilmowsky* JuS 2002, Beil. zu Heft 1, S. 10.

Schlechterfüllung der Leistung des Schuldners an seinen Gläubiger nicht leisten kann, ersatzfähige Schadenspositionen im Rahmen des Mangelschadens dar.

In den **Fällen b** und **c** könnte K jedenfalls die Kosten für eine Ersatzbeschaffung der 40 nicht gelieferten bzw. ungenießbaren Flaschen ersetzt verlangen.

16 (2) Ist die Schlechterfüllung **erheblich**, kann der Gläubiger wahlweise statt des kleinen den sog. **großen Schadensersatz** geltend machen (vgl. § 281 I 3: „Schadensersatz statt der **ganzen** Leistung"). Die Erheblichkeit des Leistungsmangels ist unter Berücksichtigung aller Umstände des Einzelfalls, vor allem des Verwendungszwecks und der Verkehrsauffassung, zu ermitteln. Dabei kommt es nicht nur auf den objektiven Minderwert der Leistung an. Wenn dem schlecht erfüllenden Schuldner Arglist vorzuwerfen ist (zB der Verkäufer verschweigt arglistig einen Mangel), kann schon deshalb in der Regel nicht von einer unerheblichen Pflichtverletzung gesprochen werden.[12] Beim großen Schadensersatzanspruch gibt der Gläubiger die mangelhafte Leistung bzw. Sache zurück und verlangt Ersatz des Schadens, der ihm infolge Nichterfüllung des ganzen Vertrags entstanden ist. Der Schuldner ist in diesem Fall zur Rückforderung des Geleisteten nach §§ 346–348 berechtigt (§ 281 V).

Bei der Lieferung einer mangelhaften Kaufsache erhält der Käufer beispielsweise den bereits gezahlten Kaufpreis zurück und kann als Nichterfüllungsschaden zB die Mehrkosten der Ersatzbeschaffung, den entgangenen Gewinn und die Freistellung von der Haftung aus Weiterverkäufen verlangen. Der Verkäufer kann die bereits übergebene mangelhafte Kaufsache nach Rücktrittsregeln zurückfordern (§§ 437 Nr. 3, 1. Fall, 281 V, 346 ff.). Der Käufer hat also auch die gezogenen Nutzungen herauszugeben (§§ 437 Nr. 3, 1. Fall, 281 V, 346 I) und muss bei einem eventuellen Untergang oder einer Verschlechterung der Kaufsache Wertersatz leisten (§§ 437 Nr. 3, 1. Fall, 281 V, 346 II Nr. 3).

17 Auch bei einer quantitativ zu geringen Leistung **zur Erfüllung einer kaufvertraglichen bzw. werkvertraglichen Verpflichtung** kann der Käufer den großen Schadensersatz verlangen, wenn die Zuweniglieferung erheblich ist. Zwar beurteilt sich grundsätzlich die Frage, ob bei der Bewirkung von Teilleistungen der große Schadensersatz verlangt werden kann, nach § 281 I 2. Nach dieser Vorschrift kann der Gläubiger Schadensersatz statt der ganzen Leistung nur verlangen, wenn er an der Teilleistung kein Interesse hat (vgl. → § 23 Rn. 52).

---

12 *BGH* NJW 2006, 1960 (1961).

Bei Kauf- und Werkverträgen ist dies aber anders. Das folgt daraus, dass der Gesetzgeber die Zuweniglieferung beim Kauf- und Werkvertrag ausdrücklich einem Sachmangel gleichgestellt hat (vgl. § 434 III bzw. § 633 II 3). Die Zuweniglieferung beim Kauf- und Werkvertrag stellt daher keine Teilleistung iSd § 281 I 2, sondern eine Schlechtleistung iSd § 281 I 3 dar.[13]

Im **Fall b** liegt in der Zuweniglieferung eine mangelhafte Leistung. Dieser Mangel (nur 60 statt 100 Flaschen) ist auch erheblich iSd des § 281 I 3. K ist deshalb berechtigt, den großen Schadensersatz geltend zu machen. Dagegen kommt es nicht darauf an, ob der Käufer an einer bloßen Lieferung von 60 Flaschen kein Interesse hat.

Gleiches gilt bei einer teilweisen Schlechterfüllung kauf- oder werkvertraglicher Pflichten **(Fall c).** Auch hier findet § 281 I 3 (Schlechtleistung) und nicht § 281 I 2 (Teilleistung) Anwendung (str.). Der Käufer ist also nicht darauf beschränkt, Schadensersatz statt der Leistung in Bezug auf die 40 ungenießbaren Flaschen zu verlangen, sondern er kann auch Schadensersatz statt der ganzen Leistung (Kosten der Ersatzbeschaffung von 100 genießbaren Flaschen) verlangen. Für den Käufer macht es nämlich keinen Unterschied, ob ihm ein Teil der Kaufsache nicht oder in unbrauchbarem Zustand geliefert wird.[14] 18

2. Schadensersatz wegen eines unbehebbaren Leistungsmangels

Wenn dem Schuldner die Behebung des Leistungsmangels nicht möglich ist, wird er insoweit nach § 275 I von seiner Pflicht zur Nachleistung frei. Gleiches gilt in den Fällen des § 275 II, III. Dann wäre die in § 281 vorgesehene Fristsetzung vor der Geltendmachung des Schadensersatzes statt der Leistung sinnlos. Dem tragen die §§ 311a II und 283 Rechnung: 19

a) Bei anfänglichem Leistungshindernis. Lag schon bei Vertragsschluss ein unbehebbares Leistungshindernis vor, kann der Gläubiger nach § 311a II Schadensersatz statt der Leistung verlangen. Voraussetzung ist, dass der Schuldner das Leistungshindernis bei Vertragsschluss gekannt oder infolge von Fahrlässigkeit nicht gekannt hat (§ 311a II 2). Aus der Gesetzesformulierung (Dies gilt nicht …) folgt, dass diese Voraussetzung vermutet wird. Der Schuldner muss also 20

13 Vgl. zur vergleichbaren Rücktrittsproblematik des § 323 V: BT-Drs. 14/6040, 187 und → Rn. 31.
14 Siehe zur vergleichbaren Rücktrittsproblematik nach § 323 V: BT-Drs. 14/6040, 187.

den Gegenbeweis erbringen. Die **Berechnung des Schadensersatzes** erfolgt wie bei dem Anspruch aus § 281 (→ Rn. 14 ff.). Der Gläubiger kann den sog. kleinen Schadensersatz und – bei Erheblichkeit des Leistungsmangels – den sog. großen Schadensersatz (§§ 311a II 3 iVm § 281 I 3) geltend machen.

21 **b) Bei nachträglichem Leistungshindernis.** Tritt die Unbehebbarkeit des Leistungsmangels erst nach Vertragsschluss auf, bilden für den Anspruch auf Schadensersatz statt der Leistung die §§ 280 I, III, 283 die richtige Anspruchsgrundlage. Hier muss der Schuldner die Herbeiführung des Leistungshindernisses iSv § 276 **zu vertreten** haben. Das ist anzunehmen, wenn er zumindest fahrlässig nicht verhindert hat, dass nachträglich die Beseitigung des Leistungsmangels unmöglich geworden ist. Das Vertretenmüssen wird kraft Gesetzes vermutet (§ 283 iVm § 280 I 2). Für die **Berechnung des Schadensersatzes** kommen wie bei § 281 (→ Rn. 14 ff.) der sog. kleine oder – bei Erheblichkeit des Leistungsmangels – der sog. große Schadensersatz (§ 283 S. 2 iVm § 281 I 3) in Betracht.

IV. Schadensersatz wegen Mangelfolgeschäden

22 Führt die Schlechtleistung nicht nur zu einem Minderwert der Leistung, sondern zu einer Verletzung anderer Rechtsgüter des Gläubigers, kann dieser auch wegen der daraus folgenden Mangelfolgeschäden Schadensersatz verlangen. Dabei handelt es sich aber nicht um einen Schadensersatz statt der Leistung; denn eine Nachbesserung der Leistung würde diese Mangelfolgeschäden nicht beseitigen. Deshalb scheiden die §§ 281, 283 und 311a II als Anspruchsgrundlagen aus. Der Anspruch ergibt sich vielmehr aus § 280 I.

Der Anspruch auf Ersatz der Mangelfolgeschäden besteht neben dem Erfüllungsanspruch und dem Schadensersatzanspruch statt der Leistung.

1. Voraussetzungen

23 Der Schuldner muss eine Pflichtverletzung in Form der Schlechtleistung begangen und zu vertreten haben. Das Vertretenmüssen wird gem. § 280 I 2 vermutet.

2. Ersatzfähiger Schaden

Ersatzfähig ist nach § 280 I nur der aus der Verletzung anderer Rechtsgüter folgende Schaden des Gläubigers. Der Minderwert der Leistung und ein deshalb entgangener Gewinn sind nur unter den zusätzlichen Voraussetzungen der §§ 281, 283 (Schadensersatz statt der Leistung) ersatzfähig. 24

Im **Fall d** hat K wegen des fehlerhaften Aquariums die Mängelrechte nach § 437. Wegen seines Parkettschadens kann er gem. § 437 iVm § 280 I Ersatz verlangen.

V. Aufwendungsersatz

Anstelle des Schadensersatzes statt der Leistung kann der Gläubiger **Ersatz der Aufwendungen** verlangen, die er im Vertrauen auf den Erhalt der Leistung gemacht hat und billigerweise machen durfte, es sei denn, deren Zweck wäre auch ohne die Pflichtverletzung des Schuldners nicht erreicht worden (§ 284). 25

Im **Fall e** kann K nach §§ 437 Nr. 2, 323 vom Kaufvertrag zurücktreten und gem. § 346 den Kaufpreis zurückverlangen. Die Beurkundungskosten sind zwar von V weder nach § 346 an K zu zahlen, noch im Wege des Schadensersatzes nach §§ 437 Nr. 3, 280 zu ersetzen; denn sie wären auch bei einem mangelfreien Grundstück entstanden. Bei ihnen handelt es sich aber um vergebliche Aufwendungen, die K gem. §§ 437 Nr. 3, 284 von V erstattet verlangen kann.

Einzelheiten zu diesem Anspruch → § 22 Rn. 71 ff.[15]

VI. Rücktritt (§§ 323 I, 326 V)

Bei einem behebbaren Leistungsmangel ergibt sich das Recht zum Rücktritt aus § 323 I. Ist der Leistungsmangel unbehebbar, richtet sich das Rücktrittsrecht nach § 326 V. 26

1. Rücktritt wegen eines behebbaren Leistungsmangels

a) Voraussetzungen. Das Rücktrittsrecht wegen nicht vertragsgemäß erbrachter Leistung nach § 323 I hat zahlreiche identische An-

15 Vgl. auch *Brox/Walker* SchuldR BT § 4 Rn. 112 ff.

spruchsvoraussetzungen wie der Schadensersatzanspruch aus §§ 280 I, III, 281 oder § 283. Allerdings weist § 323 auch einzelne Besonderheiten auf.

27 aa) § 323 I setzt (anders als § 281) einen **gegenseitigen Vertrag** voraus. Einzelheiten: → § 23 Rn. 36 iVm → § 22 Rn. 50. Beim Bürgschaftsvertrag, beim Auftrag und bei anderen Verträgen, bei denen kein Gegenseitigkeitsverhältnis besteht, ist § 323 nicht anwendbar. Hier greifen nur die §§ 275 ff. ein.

28 bb) Der Gläubiger muss gegen den Schuldner grundsätzlich einen fälligen und nicht einredebehafteten Leistungsanspruch haben, den der Schuldner **nicht vertragsgemäß erfüllt** hat (§ 323 I), wobei der **Leistungsmangel behebbar** ist. Es ist nicht erforderlich, dass der Leistungsanspruch des Gläubigers im Gegenseitigkeitsverhältnis (Synallagma) steht.[16] Mit nicht vertragsgemäßer Leistung ist ebenso wie mit nicht geschuldeter Leistung (§ 281 I 1) die Schlechtleistung gemeint.

29 cc) Der Gläubiger muss dem Schuldner grundsätzlich erfolglos eine **angemessene Frist zur Nacherfüllung** bestimmt (§ 323 I) oder den Schuldner abgemahnt (§ 323 III) haben, sofern die Fristsetzung oder Abmahnung nicht ausnahmsweise entbehrlich ist. Wegen der Einzelheiten kann auf die Fristsetzung bei der nicht rechtzeitigen Leistung verwiesen werden (→ § 23 Rn. 38 ff.).

30 dd) In einer Reihe von Fällen ist **Rücktritt ausgeschlossen**:

(1) Der Gläubiger kann vom Vertrag dann nicht zurücktreten, wenn die **Schlechtleistung unerheblich** (→ Rn. 16) ist (§ 323 V 2). Anders als beim Schadensersatzanspruch nach §§ 280 I, III, 281, bei dem die Unerheblichkeit der Schlechterfüllung „nur“ die Wahlmöglichkeit zum großen Schadensersatz versagt, Schadensersatz statt der Leistung in Form des kleinen Schadensersatzes (vgl. § 281 I 1, 3) aber verlangt werden kann, schließt das Gesetz in Bagatellfällen das Rücktrittsrecht vollständig aus. Die Prüfung der Erheblichkeit erfordert eine umfassende Interessenabwägung auf Grundlage der Umstände des Einzelfalls. Dabei kommt es grundsätzlich auf das Verhältnis zwischen Kaufpreis und Kosten der Mangelbeseitigung an.[17]

Beispiel: Der verkaufte Pkw hat einen Karosserieschaden, dessen Beseitigung nur 1 % des Kaufpreises ausmacht.[18] An dieser Grenze von 1 % (jedenfalls dann keine Erheblichkeit) orientiert der BGH sich auch bei besonders teu-

---

16 BT-Drs. 14/6040, 183.
17 *BGH* NJW 2014, 3229 (3230); NJW 2013, 1523 Rn. 33; NJW 2011, 2872 Rn. 19 ff.
18 *BGH* NJW 2005, 3490 (3493).

ren Kaufsachen, zB einem Wohnmobil für über 134.000 EUR.[19] Wenn bei einem behebbaren Mangel der Mangelbeseitigungsaufwand 5 % des Kaufpreises übersteigt, ist nach der Rechtsprechung des BGH[20] in der Regel nicht mehr von Unerheblichkeit auszugehen. Allerdings können die Umstände des Einzelfalls ergeben, dass auch bei geringeren Mangelbeseitigungskosten von einer erheblichen Schlechtleistung auszugehen ist. Wenn etwa bei einem Pkw mit manipulierter Schadstoff-Software zwar ein Software-Update für weniger als 100 EUR möglich ist, aber zur Zeit der Rücktrittserklärung überhaupt nicht absehbar ist, ob und wann dieses Update vom Kraftfahrt-Bundesamt genehmigt wird und wann es tatsächlich zur Verfügung steht, kann allein wegen dieser Ungewissheit kaum von einem unerheblichen Mangel ausgegangen werden.[21]

Bei unerheblichen Mängeln einer Kaufsache beispielsweise kann der Käufer nicht vom Kaufvertrag zurücktreten (§§ 437 Nr. 2, 323 V 2). Er ist auf Minderung (vgl. § 437 Nr. 2, 441) und den Ersatz des Mangelschadens (§§ 437 Nr. 3, 281 I 1 (kleiner Schadensersatz) bzw. Mangelfolgeschadens (§§ 437 Nr. 3, 280 I) beschränkt.

§ 323 V 2 (ggf. iVm § 326 V) findet im **Kauf- und Werkvertragsrecht** auch bei einer **Zuweniglieferung** und bei einer teilweisen Schlechterfüllung Anwendung.[22] Zwar kann der Gläubiger bei einer Teilleistung des Schuldners nach § 323 V 1 grundsätzlich nur dann zurücktreten, wenn er an der Teilleistung kein Interesse hat (→ § 23 Rn. 65). Da im Kauf- und Werkvertragsrecht die Zuweniglieferung aber einem Sachmangel ausdrücklich gleichgestellt ist (§ 434 III bzw. § 633 II 3), liegt in ihr eine Schlechtleistung, so dass sich der Ausschluss des Rücktritts nach § 323 V 2 richtet[23] (zur Parallelproblematik beim großen Schadensersatz nach § 281 I 2 bzw. 3 vgl. → Rn. 17). Maßstab ist hier also die Erheblichkeit der Zuweniglieferung. 31

In den **Fällen b und c** könnte K auch vom Vertrag zurücktreten. Wäre dagegen nur eine Flasche zu wenig oder mit ungenießbarem Inhalt geliefert worden, würde ein Rücktrittsrecht wegen Unerheblichkeit ausscheiden.

(2) Der Rücktritt ist auch dann ausgeschlossen, wenn der Gläubiger für den Umstand, der ihn zum Rücktritt berechtigen würde, **allein oder weit überwiegend verantwortlich** ist (§ 323 VI, 1. Fall). Der Gläubiger soll damit die Preisgefahr tragen, wenn die Schlechterfüllung auf seine Verantwortlichkeit zurückzuführen ist. 32

19 *BGH* NJW 2011, 2872 (2874).
20 *BGH* NJW 2014, 3229 (3231) mit zust. Anm. *Gsell* EWiR 2014, 585, Anm. *Faust* JZ 2015, 149 und Anm. *Riehm* JuS 2015, 68.
21 *OLG Köln* NJW-RR 2018, 1141 (1143).
22 Str.; vgl. dazu auch *Looschelders* SchuldR AT § 33 Rn. 8 f.
23 Vgl. *Brox/Walker* SchuldR BT § 4 Rn. 64 f.

Beispiel: Beschädigt der Käufer eines gebrauchten Pkw diesen bei einer Fahrt zwischen Vertragsschluss und Gefahrübergang, ist ihm das Rücktrittsrecht verwehrt.

33 (3) Weiterhin scheidet ein Rücktrittsrecht des Gläubigers aus, wenn der vom Schuldner nicht zu vertretende Umstand zu einer Zeit eintritt, zu welcher der Gläubiger **im Verzug der Annahme** ist (§ 323 VI, 2. Fall).

Beispiel: Der Kunde holt den von ihm gekauften Fernseher nicht am vereinbarten Tag ab. Ein anderer Kunde verursacht am nächsten Tag an dem in den Geschäftsräumen zur Abholung bereitgestellten Fernseher deutlich sichtbare Kratzer.

34 **b) Rechtsfolgen.** Mit dem Zugang der Rücktrittserklärung entsteht ein Abwicklungsschuldverhältnis, für das die allgemeinen Rücktrittsregeln der §§ 346 ff. gelten (Einzelheiten zum Rücktritt siehe → § 18). Die Parteien haben also insbesondere die empfangenen Leistungen Zug um Zug zurückzugewähren (§§ 346, 348). Die beiderseitigen primären Erfüllungsansprüche erlöschen.

2. Rücktritt wegen eines unbehebbaren Leistungsmangels

35 Bei einem unbehebbaren Leistungsmangel wird der Schuldner gem. § 275 I von seiner Pflicht zur vertragsgemäßen Leistung frei. Das Rücktrittsrecht des Gläubigers ergibt sich dann aus § 326 V. In diesem Fall ist das Rücktrittsrecht von Bedeutung, weil der Gläubiger bei einer nicht behebbaren Schlechtleistung des Schuldners nicht ohne weiteres (auch nicht anteilig) von seiner Pflicht zur Gegenleistung frei wird (§ 326 I 2). Es gibt also keine Minderung kraft Gesetzes. Der Gläubiger muss vielmehr entscheiden, ob er (zB gem. § 437 Nr. 2 oder § 634 Nr. 2) mindern oder vom Vertrag zurücktreten will. § 326 V verweist auf die **Voraussetzungen** des § 323, die beim Rücktritt wegen eines behebbaren Mangels gelten. Allerdings ist eine vorherige **Fristsetzung** zur vertragsgemäßen Leistung **entbehrlich**; sie wäre wegen der Unbehebbarkeit des Leistungsmangels auch sinnlos. Die **Rechtsfolgen** entsprechen denen bei behebbaren Mängeln.

Rechtsfolgen der Schlechtleistung

I. Schadensersatz statt der Leistung bei behebbarem Mangel (§§ 280 I, III, 281)
1. Schuldverhältnis
2. Pflichtverletzung in Form der behebbaren Schlechtleistung
3. Vertretenmüssen (§§ 280 I 2, 276, ggf. § 278)
4. Erfolglose Bestimmung einer angemessenen Nachfrist (§ 281 I 1) oder Entbehrlichkeit der Nachfrist (§ 281 II)
5. Schaden

II. Schadensersatz statt der Leistung bei unbehebbarem Mangel (→ § 22 Rn. 86)
1. Bei ursprünglich unbehebbarem Leistungshindernis (§ 311 a II)
2. Bei nachträglich unbehebbarem Leistungshindernis (§§ 280 I, III, 283)

III. Schadensersatz wegen Mangelfolgeschadens (§ 280 I)
1. Schuldverhältnis
2. Pflichtverletzung in Form der Schlechtleistung
3. Vertretenmüssen (§§ 280 I 2, 276, ggf. § 278)
4. Mangelfolgeschaden

IV. Aufwendungsersatz anstelle von Schadensersatz statt der Leistung (§ 284) → § 22 Rn. 86

V. Rücktritt
1. Bei behebbarem Leistungsmangel (§ 323 I)
   a) Gegenseitiger Vertrag
   b) Behebbarer Leistungsmangel
   c) Erfolglose Bestimmung einer angemessenen Nachfrist (§ 323 I) oder Entbehrlichkeit der Nachfrist (§ 323 II)
   d) Kein Ausschluss des Rücktritts
      aa) Bei Unerheblichkeit der Schlechtleistung (§ 323 V 2)
      bb) Bei Verantwortlichkeit des Gläubigers (§ 323 VI, 1. Fall)
      cc) Bei Annahmeverzug des Gläubigers (§ 323 VI, 2. Fall)
2. Bei unbehebbarem Leistungsmangel (§ 326 V)

§ 25. Verletzung von Schutzpflichten

1 **Schrifttum:** *Fleischer*, Vorvertragliche Pflichten im Schnittfeld von Schuldrechtsreform und Gemeinschaftsprivatrecht – dargestellt am Beispiel der Informationspflichten, in: Schulze/Schulte-Nölke Schuldrechtsreform 243; *Kersting*, Die Rechtsfolge vorvertraglicher Informationspflichtverletzungen – Vertragsaufhebungsanspruch oder „Minderung" aus c. i. c.?, JZ 2008, 714; *Knoche/Höller*, §§ 241 Abs. 2, 282 BGB: Schadensersatz statt der Leistung nach Bewirken der Hauptleistung, ZGS 2003, 26; *Koch*, § 311 Abs. 3 BGB als Grundlage einer vertrauensrechtlichen Auskunftshaftung, AcP 204 (2004), 59; *Körber*, Das Recht der Pflichtverletzungen im Allgemeinen Schuldrecht – Teil 3, JURA 2015, 673; *Mankowski*, § 324 BGB ist keine Lösung für die fahrlässige Täuschung, ZGS 2003, 91; *Mertens*, Die Rechtsfolgen einer Haftung aus culpa in contrahendo beim zustande gekommenen Vertrag nach neuem Recht, ZGS 2004, 67; *Schur*, Leistung und Sorgfalt, 2001; *Walker*, Die zivilrechtliche Haftung des Fußballspielers und seines Vereins für Verletzungen eines Gegenspielers, FS für Tolksdorf, 2014, 143; *Wertenbruch*, Zur Haftung aus culpa in contrahendo bei Abbruch von Vertragsverhandlungen, ZIP 2004, 1525.

Siehe auch die Nachweise zu → § 21.

Fall a: Maler M soll die Wohnung des E anstreichen. Bei der Ausführung seiner Arbeiten beschädigt M mehrere wertvolle Möbel. E möchte daher die Arbeiten von einem anderen Maler fertig stellen lassen und M die Mehrkosten in Rechnung stellen. → Rn. 4, 5, 10

Fall b: K begibt sich in das Warenhaus des V, um sich dort über den Preis eines neuen TV-Gerätes zu informieren. Er rutscht auf dem nicht ordnungsgemäß gereinigten Boden aus und verletzt sich. K verlangt von V Schadensersatz. → Rn. 12, 15

Fall c: K interessiert sich für ein Haus, welches an der Südseite des Grundstückes von landwirtschaftlich genutzten Grundstücken umgeben ist. Auf Nachfrage bei V teilt dieser mit, dass diese Grundstücke nicht bebaut würden, obwohl er hätte wissen können, dass dort eine Sportanlage geplant ist. Nachdem K von V das Haus für 400.000 EUR gekauft hat, beginnen kurze Zeit später die Bauarbeiten für die Sportanlage. → Rn. 13, 17

I. Überblick über die gesetzliche Regelung

Das Schuldverhältnis kann gem. § 241 II nach seinem Inhalt jeden Teil zur Rücksicht auf die Rechte, Rechtsgüter und Interessen des anderen Teils verpflichten (Einzelheiten zu diesen sog. Schutzpflichten

→ § 2 Rn. 11 ff.) Die Verletzung einer solchen Schutzpflicht aus § 241 II kann gem. § 280 I einen Schadensersatzanspruch begründen, der neben den Erfüllungsanspruch tritt. Hat der Gläubiger wegen des durch die Schutzpflichtverletzung entstandenen Schadens kein Interesse mehr an der Erfüllung, kann er unter den Voraussetzungen der §§ 280 I, III, 282 Schadensersatz statt der Leistung verlangen. Außerdem steht dem Gläubiger unter den Voraussetzungen des § 324 ein Recht zum Rücktritt vom Vertrag zu.

Vor der Schuldrechtsreform wurden diese Fälle mit Hilfe der positiven Forderungsverletzung gelöst (→ § 24 Rn. 3).

Nach § 311 II, III kann ein Schuldverhältnis mit Pflichten nach 2
§ 241 II auch schon in einem vorvertraglichen Stadium entstehen (Einzelheiten → § 5). Bei einer Pflichtverletzung ergibt sich ebenfalls ein Schadensersatzanspruch aus § 280 I. Falls die vorvertragliche Pflichtverletzung erst nach Vertragsschluss erkannt wird, kommen auch ein Schadensersatzanspruch statt der Leistung (§ 282) und ein Rücktrittsrecht (§ 324) in Betracht.[1]

II. Schutzpflichtverletzung im Schuldverhältnis

1. Schadensersatz wegen Pflichtverletzung aus § 280 I

Nach § 280 I kann der Gläubiger Ersatz des Schadens verlangen, 3
den der Schuldner durch eine von ihm zu vertretende Verletzung einer Schutzpflicht iSd § 241 II verursacht hat.

a) **Voraussetzungen.** Zwischen den Parteien muss ein **Schuldverhältnis** bestehen (Näheres → § 2). Der Schuldner muss die **Pflicht aus § 241 II**, auf die Rechte, Rechtsgüter und Interessen des Gläubigers Rücksicht zu nehmen, **verletzt** haben. Er muss die Schutzpflichtverletzung **zu vertreten** haben (§ 280 I 2). Zur Verantwortlichkeit des Schuldners und zur Beweislastverteilung siehe → § 20 und → § 22 Rn. 53.

b) **Rechtsfolge.** Unter den genannten Voraussetzungen muss der 4
Schuldner den durch die Pflichtverletzung verursachten Schaden an anderen Rechtsgütern des Gläubigers ersetzen. Das ist der sog. Integritätsschaden. Der Schuldner muss den Zustand herstellen, der be-

1 NK-BGB/*Krebs* § 311 Rn. 70.

stehen würde, wenn die Schutzpflichtverletzung nicht erfolgt wäre (§ 249; → § 31 Rn. 2). Der Schaden kann nicht statt der Leistung, sondern neben der Leistung ersetzt verlangt werden. Er ist der Höhe nach nicht durch das Erfüllungsinteresse beschränkt. Mitwirkendes Verschulden (§ 254; → § 31 Rn. 36 ff.) ist zu berücksichtigen.

Im **Fall a** kann E Schadensersatz für die beschädigten Möbel nach § 280 I verlangen.

Falls ein Fußballfan seinen Zuschauervertrag mit dem veranstaltenden Verein durch Verwendung verbotener Pyrotechnik verletzt, muss er dem Verein, der deshalb vom Fußballverband mit einer Geldstrafe belegt wird, diesen Geldbetrag ersetzen.[2]

2. Schadensersatz statt der Leistung (§§ 280 I, III, 282)

5 Wenn dem Gläubiger wegen der Schutzpflichtverletzung die Leistung durch diesen Schuldner nicht mehr zuzumuten ist, kann er nach § 282 Schadensersatz statt der ganzen Leistung verlangen.

a) Voraussetzungen. Der Schuldner muss im Rahmen eines Schuldverhältnisses mit dem Gläubiger eine Schutzpflicht verletzt und die Pflichtverletzung zu vertreten haben. Die Schutzpflichtverletzung muss ein solches Gewicht haben, dass dem Gläubiger die Leistung durch den Schuldner (obwohl er sie noch ordnungsgemäß erbringen könnte) nicht mehr zuzumuten ist. Die Unzumutbarkeit ist aufgrund einer Wertung unter Berücksichtigung aller Umstände des Einzelfalls zu prüfen. Insoweit sind hohe Anforderungen zu stellen. Insbesondere wird es auf das Gewicht und die Häufigkeit der Pflichtverletzung ankommen. Ferner dürfte Unzumutbarkeit umso eher anzunehmen sein, je größer die Gefahr ist, dass auch in Zukunft mit weiteren Schutzpflichtverletzungen zu rechnen ist.

Im **Fall a** ist durch die mehrfache Beschädigung der wertvollen Möbel von einem Überschreiten der Zumutbarkeitsschwelle auszugehen.

6 Nach dem Wortlaut des § 282 ist zwar eine **Abmahnung** nicht erforderlich. Das Vertrauensverhältnis zwischen dem Gläubiger und dem Schuldner kann deshalb auch schon durch eine erstmalige erhebliche Schutzpflichtverletzung so gestört sein, dass dem Gläubiger eine Leistungserbringung durch den Schuldner unzumutbar ist. Bei zunächst noch weniger gravierenden Pflichtverletzungen wird der

---

2 *BGH* NJW 2016, 3715 Rn. 11 ff. mAnm *Mäsch* JuS 2017, 261. Zur Regressfähigkeit solcher Verbandsstrafen *Walker* NJW 2014, 119; *ders.* FS Rössner, 2015, 701.

Schuldner dagegen durch eine Abmahnung auf sein Fehlverhalten aufmerksam zu machen sein, so dass von einer Unzumutbarkeit der weiteren Vertragsdurchführung erst dann ausgegangen werden kann, wenn der Gläubiger den Schuldner erfolglos abgemahnt hat.[3]

Beispiel: Eine schwere Beleidigung des Gläubigers durch den Schuldner oder eine andere Straftat des Schuldners gegenüber dem Gläubiger kann auch ohne Abmahnung für eine Anwendung des § 282 ausreichen.

Nicht erforderlich ist dagegen eine Fristsetzung; denn auf die ver- 7
tragsgemäße Leistung, die der Gläubiger im Wege der Fristsetzung verlangen könne, kommt es bei der Schutzpflichtverletzung nicht an.

b) Rechtsfolge. Der Inhalt des Schadensersatzanspruchs richtet 8
sich nach den Grundsätzen des § 281 (→ § 23 Rn. 50). Gem. § 282 können vor allem die höheren Kosten für ein Ersatzgeschäft verlangt werden, das der Gläubiger anstelle der vom Schuldner nicht weiter erbrachten Leistung abschließt. Dagegen werden die aus der Schutzpflichtverletzung folgenden Integritätsschäden von anderen Rechtsgütern des Gläubigers schon von § 280 I erfasst, und sie stellen keinen Schadensersatz statt der Leistung dar.

3. Rücktritt (§ 324)

Nach § 324 kann der Gläubiger von einem gegenseitigen Vertrag 9
zurücktreten, wenn der Schuldner eine Pflicht nach § 241 II verletzt hat und dem Gläubiger ein Festhalten am Vertrag nicht mehr zuzumuten ist.

a) Voraussetzungen. Ebenso wie § 282 setzt § 324 eine Schutzpflichtverletzung von solchem Gewicht voraus, dass dem Gläubiger ein Festhalten am Vertrag nicht mehr zuzumuten ist. Allerdings reicht für die Anwendung von § 324 nicht jegliches Schuldverhältnis aus. Vielmehr muss ein gegenseitiger Vertrag vorliegen (Näheres → § 3 Rn. 2). Andererseits setzt § 324 nicht voraus, dass der Schuldner die Schutzpflichtverletzung zu vertreten hat. Das Verschulden kann jedoch dafür von Bedeutung sein, ob dem Gläubiger ein Festhalten am Vertrag unzumutbar ist.

b) Rechtsfolgen. Bezüglich der Rechtsfolgen des erklärten Rück- 10
tritts gilt Entsprechendes wie bei einem Rücktritt nach § 323 (→ § 23

3 Vgl. BT-Drs. 14/6040, 142.

Rn. 70ff.). Wenn der Schuldner die Schutzpflichtverletzung zu vertreten hat, kann der Gläubiger sowohl vom Vertrag zurücktreten als auch Schadensersatz verlangen (§ 325).

Im **Fall a** kann E die Arbeiten von einem anderen Maler fertig stellen lassen und die Mehrkosten von M ersetzt verlangen.

III. Schutzpflichtverletzung im vorvertraglichen Schuldverhältnis

11 Die Verletzung von Schutzpflichten im vorvertraglichen Schuldverhältnis hat ähnliche Voraussetzungen und Rechtsfolgen wie die Schutzpflichtverletzung in einem rechtsgeschäftlichen Schuldverhältnis.

1. Schadensersatz wegen Pflichtverletzung nach §§ 280 I, 311 II

a) Voraussetzungen und Fallgruppen. Der Schuldner muss im Rahmen eines vorvertraglichen Schuldverhältnisses (→ § 5 Rn. 1ff.) eine von ihm zu vertretende Schutzpflichtverletzung begangen haben. Welche Schutzpflichten im vorvertraglichen Schuldverhältnis bestehen und wie weit diese Pflichten reichen, ist bis auf Ausnahmefälle (zB § 491a[4] für vorvertragliche Informationspflichten bei Verbraucherdarlehensverträgen) nicht gesetzlich geregelt, sondern richtet sich nach den Umständen des Einzelfalls. Insoweit hat die Rechtsprechung im Laufe der Zeit zur culpa in contrahendo **Fallgruppen** herausgebildet, die allerdings nicht abschließend, sondern einer ständigen Fortentwicklung zugänglich sind. Auf diese Fallgruppen kann auch nach der Einfügung des § 241 II über die Schutzpflichten und des § 311 II über das vorvertragliche Schuldverhältnis zurückgegriffen werden.

12 aa) Bereits im vorvertraglichen Schuldverhältnis haben die Beteiligten die Pflicht, sich so zu verhalten, dass die **Rechtsgüter** (Leben, Körper, Gesundheit, Freiheit) und **Rechte** (zB Eigentum) des anderen nicht verletzt werden.

Im **Fall b** liegt zwischen K und V ein vorvertragliches Schuldverhältnis in Form der Vertragsanbahnung gem. § 311 II Nr. 2 vor. V hat dadurch, dass er nicht für einen ordnungsgemäß gereinigten Boden gesorgt hat, eine Schutz-

4 Eingefügt durch Gesetz vom 29.7.2009 mit Wirkung zum 11.6.2010 (BGBl. I 2355 (2359)).

pflicht verletzt und dadurch die Körperverletzung des K verursacht. – In diese Fallgruppe gehören auch die berühmten Entscheidungen des Reichsgerichts zur Verletzung durch eine umstürzende Linoleumrolle[5] und des Bundesgerichtshofs zur Verletzung durch Ausrutschen auf einem Salatblatt.[6]

bb) Die Parteien haben ferner auf die **sonstigen Interessen** (insbesondere auf das Vermögen, aber auch zB auf die Entscheidungsfreiheit) des jeweils anderen Teils **Rücksicht zu nehmen**. Diese Pflicht kann etwa dadurch verletzt werden, dass die andere Partei trotz Nachfrage (ggf. sogar ohne Nachfrage)[7] nicht hinreichend über solche Umstände aufgeklärt wird, die für den Vertragsschluss wesentlich sind.[8] 13

Beispiele: Der Verkäufer klärt den Käufer nicht darüber auf, dass dieser den Kaufgegenstand nicht dem Verwendungszweck entsprechend nutzen kann. Diese Pflichtverletzung führt dann zum Abschluss des Kaufvertrags, den der Käufer bei richtiger Information nicht oder nicht so geschlossen hätte **(Fall c)**. – Der Autovermieter bietet einem Unfallgeschädigten ein Fahrzeug zu einem solchen Tarif an, der von der Versicherung des Unfallverursachers nicht erstattet wird, ohne den Mieter vor Abschluss des Vertrags darüber aufzuklären.[9] – Der Verkäufer eines Gebrauchtwagens klärt den Käufer nicht darüber auf, dass er das Fahrzeug kurze Zeit vor dem Weiterverkauf von einem nicht im Kfz-Brief eingetragenen „fliegenden Zwischenhändler" erworben hat;[10] denn in solchen Fällen ist die Verlässlichkeit der Angaben des Verkäufers zB zum Kilometerstand „nach den Angaben des Vorbesitzers" deutlich entwertet. – Der Betreiber einer Reparaturwerkstatt klärt einen Kunden, der einen Defekt seines Pkw (atypische Motorgeräusche) nur reparieren lassen will, wenn sich die Reparatur wirtschaftlich lohnt, nicht über möglicherweise verborgene Mängel auf, deren Reparatur den Wiederbeschaffungswert des Fahrzeugs übersteigt.[11] – Die finanzierende Bank weist ihren Kunden vor Abschluss des Kreditvertrags nicht darauf hin, dass der finanzierte Grundstückskaufvertrag sittenwidrig ist oder auf einer arglistigen Täuschung des Verkäufers über wesentliche Eigenschaften des Grundstücks oder auf einer vorsätzlichen culpa in contrahendo beruht.[12] – Der Verkäufer eines Grundstücks hält den rechtsunkundigen Käufer davon ab, dass der Kaufvertrag (wie in § 311b I vorgeschrieben) notariell beurkundet wird. Folge ist die Unwirksamkeit des Vertrags.

Die Pflicht zur Rücksicht auf die Interessen des anderen kann auch dadurch verletzt werden, dass die Vertragsverhandlungen ohne trifti- 14

---

5 RGZ 78, 239.
6 BGHZ 66, 51.
7 *BGH* NJW 2002, 1042; NJW 2010, 858.
8 *BGH* NJW 2001, 2021; NJW 2004, 2674 (Aufklärungspflicht im konkreten Fall verneint).
9 *BGH* NJW 2006, 2618.
10 *BGH* NJW 2010, 858.
11 *BGH* NJW 2017, 3586 Rn. 12 ff.
12 *BGH* NJW-RR 2007, 251.

gen Grund abgebrochen werden, obwohl für den anderen bereits ein Vertrauenstatbestand entstanden war.[13]

Beispiele: In einem Einstellungsgespräch zwischen einem Arbeitnehmer und einem Arbeitgeber teilt dieser dem Arbeitnehmer mit, seine Einstellung sei beabsichtigt und er solle seine bisherige Stellung schon einmal kündigen. Wenn der Arbeitgeber danach ohne zwingenden Grund doch von einer Einstellung absieht, liegt darin ein unberechtigter Abbruch von Vertragsverhandlungen. – Erweckt der Verkäufer eines Pkw bei dem Kaufinteressenten die Vorstellung, er sei zum Verkauf fest entschlossen, und ist ihm erkennbar, dass er den Interessenten dadurch vom Kauf eines anderen Pkw abhält, darf er nicht grundlos von seiner Verkaufsabsicht Abstand nehmen. Jedenfalls muss er den Sinneswandel so schnell wie möglich mitteilen. Wird allerdings der Abschluss eines formbedürftigen Vertrags als sicher dargestellt, kann der Abbruch von Verhandlungen wegen des Zwecks der Formvorschrift durch einen Partner grundsätzlich nur dann einen Schadensersatzanspruch des anderen begründen, wenn das Verhalten des Abbrechenden einen schweren Verstoß gegen die Verpflichtung zu redlichem Verhalten bei den Vertragsverhandlungen bedeutet; das erfordert in der Regel die Feststellung vorsätzlichen pflichtwidrigen Verhaltens.[14] Allein der Umstand, dass ein grundsätzlich abschlussbereiter Grundstücksverkäufer sich bis zur Beurkundung innerlich vorbehält, den Kaufpreis noch zu erhöhen, ohne das dem Kaufinteressenten mitzuteilen, ist jedenfalls noch keine besonders schwerwiegende Treuepflichtverletzung.[15] Kommt es wegen einer solchen Kaufpreiserhöhung dann nicht zum Vertragsschluss, auf den der Käufer sich schon eingestellt und deshalb ein Finanzierungsdarlehen aufgenommen hatte, kann er seinen Schaden, den er durch Auflösung des Darlehensvertrags erleidet, nicht gem. §§ 280 I, 311 II Nr. 1 ersetzt verlangen.

15 **b) Rechtsfolgen.** Der Schuldner muss auch hier (vgl. schon → Rn. 4) den Zustand herstellen, der bestehen würde, wenn die Schutzpflichtverletzung nicht erfolgt wäre (negatives Interesse).

Im **Fall b** hat V also dem verletzten K zB die Heilungskosten und den Verdienstausfall zu ersetzen.

16 Ausnahmsweise besteht sogar ein Anspruch auf Ersatz des Erfüllungsinteresses (positives Interesse), wenn nämlich der Vertrag ohne die Pflichtverletzung wirksam zustande gekommen wäre.

Wird ein (insbesondere gem. § 311b I) formbedürftiger Vertrag ohne Beachtung dieser Form geschlossen, weil der eine Teil seinen rechtsunkundigen Vertragspartner bewusst von der Einhaltung der Form abhält, geht allerdings der

---

13 *BGH* NJW-RR 2001, 381.
14 *BGH* NJW 1996, 324.
15 *BGH* NZM 2018, 295 Rn. 11 mAnm *Schwab* JuS 2018, 905.

auf das Erfüllungsinteresse gerichtete Anspruch des anderen Vertragsteils nicht auf Übereignung des Grundstücks oder auf Abschluss eines formgültigen Vertrags; denn dadurch würde die Unwirksamkeitsanordnung umgangen. Vielmehr richtet sich der Anspruch auf das Erfüllungsinteresse in Geld.[16]

Hat der Geschädigte aufgrund der Schutzpflichtverletzung einen Vertrag zu ungünstigen Bedingungen abgeschlossen und möchte er an diesem Vertrag festhalten, sollte nach einer früher vertretenen Ansicht sein Anspruch auf Vertragsanpassung gerichtet sein.[17] Dagegen lehnt der BGH[18] einen solchen auf das Erfüllungsinteresse gerichteten Anspruch ab.[19] Danach kann der Geschädigte, der am Vertrag festhält, daneben nur seinen verbleibenden Vertrauensschaden geltend machen. Dieser reduziert sich auf die berechtigten Erwartungen des Geschädigten, die durch den Vertrag nicht befriedigt werden können. Bei einem Kaufvertrag wird der Geschädigte so behandelt, als wäre es ihm bei Kenntnis der wahren Sachlage gelungen, den Vertrag zu günstigeren Bedingungen abzuschließen. Er erhält also nicht eine seinen Erwartungen angepasste Verkäuferleistung, sondern muss für die tatsächlich vereinbarte Leistung nur weniger bezahlen. Lediglich dann, wenn er nachweisen kann, dass sein Vertragspartner sich bei ordnungsgemäßer Aufklärung auf einen anderen Vertrag mit ihm eingelassen hätte, umfasst der Vertrauensschaden auch das auf Vertragsanpassung gerichtete Erfüllungsinteresse. 17

Im **Fall c** kann K Schadensersatz mit der Begründung verlangen, dass er nur einen geringeren Preis für das Grundstück gezahlt hätte, wenn V ihn vor Vertragsschluss auf seine Nachfrage sachgerecht informiert hätte.

c) Konkurrenzen. Wenn sich die vorvertragliche Schutzpflichtverletzung auf einen Mangel des Vertragsgegenstandes bezieht, finden die §§ 280 ff. grundsätzlich nicht neben den vertragstypischen Mängelrechten, sondern als Bestandteil dieser Mängelrechte Anwendung. So verweisen § 437 Nr. 3 für das Kaufrecht und § 634 Nr. 4 für das Werkvertragsrecht unter anderem auf § 280. Die Verjährung richtet sich dann nach § 438 bzw. § 634a. 18

Eine Ausnahme macht der BGH allerdings bei vorsätzlichen vorvertraglichen Pflichtverletzungen des Verkäufers; dann kommt auch

16 *BGH* NJW 1965, 812; str.
17 Vgl. Palandt/*Heinrichs* BGB 65. Aufl., 2006, § 311 Rn. 59; zum Meinungsstand MüKoBGB/*Emmerich* § 311 Rn. 198.
18 *BGH* NJW 2006, 3139 (3141).
19 So auch Palandt/*Grüneberg* BGB § 311 Rn. 57.

ein Schadensersatzanspruch nach den §§ 280, 311 in Betracht.[20] Wenn gar kein Mangel vorliegt (zB weil die Pflichtverletzung in der fehlerhaften oder nicht erfolgten Aufklärung über die sachgerechte Bedienung der mangelfreien Sache oder über von ihr ausgehende Gefahren besteht), greifen die besonderen Mängelrechte nicht ein, so dass wegen der Schutzpflichtverletzung § 280 ebenfalls unmittelbar Anwendung findet. In diesen Fällen gilt für die Verjährung § 195.

Eine vorvertragliche arglistige Täuschung kann nach der Rechtsprechung des BGH[21] sowohl zur Anfechtung der später auf den Vertragsschluss gerichteten Willenserklärung nach § 123 berechtigen als auch einen Schadensersatzanspruch nach §§ 280 I, 241 II, 311 II begründen, der ebenfalls auf Aufhebung des Vertrags gerichtet ist (Naturalrestitution). Gegen diese Ansicht spricht, dass danach durch einen auf Vertragsaufhebung gerichteten Schadensersatzanspruch das strenge Erfordernis der Arglist in § 123 und die gegenüber der Regelverjährung kürzere Anfechtungsfrist des § 124 ausgehebelt werden können.[22] Ein Schadensersatzanspruch aus culpa in contrahendo wegen einer vorvertraglichen Täuschung kommt daher nur wegen eines anderen, in Geld auszugleichenden Schadens in Betracht.[23]

Ein Schadensersatzanspruch wegen vorvertraglicher Aufklärungspflichtverletzung und der Anspruch auf Rückabwicklung des wirksam widerrufenen Vertrags bestehen nebeneinander. Die Geltendmachung eines Anspruchs kann sich allerdings auf den Umfang des anderen auswirken.[24]

Ist eine vorvertragliche Pflichtverletzung (zB eine Täuschung beim Abschluss eines Versicherungsvertrags) schon durch gesetzliche Vorschriften erfasst (zB §§ 19–22 VVG), sind die dort geregelten Sanktionen grundsätzlich abschließend; daneben bestehen keine Ansprüche (zB des Versicherungsunternehmens) aus culpa in contrahendo.[25] Ansprüche aus Delikt können neben solchen aus §§ 280, 311 II bestehen.

---

20 *BGH* NJW 2010, 858 (859).
21 *BGH* NJW 2013, 1591.
22 *Kuhn* JURA 2013, 975 (979); *Walker/Storck* LMK 2013, 347218; *Wolf/Neuner* BGB AT, 10. Aufl., 2012, Rn. 115 ff.; zum Meinungsstand MüKoBGB/*Emmerich* § 311 Rn. 78 mwN
23 Zu einem solchen Fall siehe etwa *OLG München* NJW 2013, 946 (Verschweigen der Nichtehelichkeit eines Kindes bei Anbahnung einer Schenkungsvereinbarung unter Ehegatten).
24 *BGH* NJW 2017, 61 Rn. 21 f.
25 *BGH* NJW-RR 2007, 826.

2. Schadensersatz statt der Leistung

Wegen einer vorvertraglichen Schutzpflichtverletzung kann ein Anspruch auf Schadensersatz statt der Leistung gem. § 282 nur dann bestehen, wenn der Gläubiger überhaupt einen Anspruch auf die Leistung hat. Das setzt voraus, dass es nach der vorvertraglichen Pflichtverletzung zu einem Vertragsschluss gekommen ist und die Pflichtverletzung erst danach erkannt wird. Wenn in diesem Fall dem Gläubiger die Leistung durch den Schuldner nicht mehr zuzumuten ist, kann er gem. § 282 statt der Leistung zB den entgangenen Gewinn oder die Kosten einer Ersatzbeschaffung verlangen. 19

3. Rücktritt

Kommt es nach der vorvertraglichen Schutzpflichtverletzung zu einem Vertragsschluss, kann der Gläubiger gem. § 324 von diesem Vertrag zurücktreten, sofern ihm wegen der vorvertraglichen Schutzpflichtverletzung ein Festhalten am Vertrag nicht mehr zuzumuten ist (§ 324). Rücktritt und Schadensersatz statt der Leistung können miteinander kombiniert werden (§ 325). 20

Rechtsfolgen einer Schutzpflichtverletzung

I. Schutzpflichtverletzung im bestehenden Schuldverhältnis
1. Schadensersatz wegen Pflichtverletzung (§ 280 I)
   a) Schuldverhältnis
   b) Pflichtverletzung in Form der Schutzpflichtverletzung
   c) Vertretenmüssen (§§ 280 I 2, 276, ggf. § 278)
   d) Schaden
2. Schadensersatz statt der Leistung (§§ 280 I, III, 282)
   a) Schuldverhältnis
   b) Pflichtverletzung in Form der Schutzpflichtverletzung
   c) Vertretenmüssen (§§ 280 I 2, 276, ggf. § 278)
   d) Unzumutbarkeit der Leistung für den Gläubiger
   e) Schaden
3. Rücktritt (§ 324)
   a) Gegenseitiger Vertrag
   b) Pflichtverletzung in Form der Schutzpflichtverletzung
   c) Unzumutbarkeit des Festhaltens am Vertrag für den Gläubiger

II. Schutzpflichtverletzung im vorvertraglichen Schuldverhältnis

1. Schadensersatz wegen Pflichtverletzung (§§ 280 I, 311 II)
   a) Vorvertragliches Schuldverhältnis (§ 311 II)
   b) Pflichtverletzung in Form der Schutzpflichtverletzung
   c) Vertretenmüssen (§§ 280 I 2, 276, ggf. § 278)
   d) Schaden
2. Schadensersatz statt der Leistung (§§ 280 I, III, 282, 311 II)
   a) Leistungsanspruch aus Schuldverhältnis
   b) Pflichtverletzung in Form der vorvertraglichen Pflichtverletzung
   c) Vertretenmüssen (§§ 280 I 2, 276, ggf. § 278)
   d) Unzumutbarkeit der Leistung für den Gläubiger
   e) Schaden
3. Rücktritt (§ 324)
   a) Gegenseitiger Vertrag nach Schutzpflichtverletzung
   b) Pflichtverletzung in Form der vorvertraglichen Pflichtverletzung
   c) Unzumutbarkeit des Festhaltens am Vertrag für den Gläubiger

§ 26. Gläubigerverzug

Schrifttum: *Derleder/Hoolmans*, Vom Schuldnerverzug zum Gläubiger-erzug und zurück, NJW 2004, 2787; *Feuerborn*, Der Verzug des Gläubigers Allgemeine Grundzüge und Besonderheiten im Arbeitsverhältnis, JR 2003, ; *Niemeyer/König*, Annahmeverzug durch überhöhte Klage Zug um Zug, 2013, 3213.

a: B beauftragt den Maurermeister U, eine Garage zu errichten. Das rial will B bis zum 30. 4. selbst beschaffen, was ihm aber nicht gelingt. t von B eine Entschädigung nach § 642. → Rn. 4, 7

Vie ist die Rechtslage, wenn U wegen einer schweren Erkrankung hnehin nicht mehr ausführen kann? → Rn. 4

ıt bei V Wein bestellt, der am 1. 10. bei K abgeliefert werden soll. niemanden an. Der Wein war, ohne dass V es wusste, verdorben. K die zusätzlich entstandenen Lagerkosten. → Rn. 5, 16

lem K telefonisch mit, dass er das nach Katalog bestellte und ernsehgerät bringen werde. K erklärt sich zur Abnahme bereit, will aber vorerst nicht zahlen. V lädt daraufhin das Gerät wieder ab, das dabei aus Unachtsamkeit des V zerstört wird. → Rn. 9, 12, 14, 15

Die Erfüllung der Verbindlichkeit kann nicht nur durch ein Verhalten des Schuldners, sondern auch des Gläubigers gestört werden; denn der Schuldner ist in den weitaus meisten Fällen nicht in der Lage, seine Leistung ohne Mitwirkung des Gläubigers zu erbringen.

So muss zB der Käufer einer Sache diese vom Verkäufer entgegennehmen und sich mit ihm über den Eigentumsübergang einigen (vgl. §§ 433, 929). Der Arbeitgeber muss dem Arbeitnehmer Zutritt zu seinem Betrieb verschaffen und ihm die erforderlichen Arbeitsgeräte überlassen.

Der Gläubiger ist nicht zur Mitwirkung verpflichtet (Ausnahmen: 2
§§ 433 II, 640), so dass der Schuldner gegen ihn keinen klagbaren Anspruch auf Mitwirkung hat, dessen Verletzung Schadensersatzansprüche auslösen könnte. Die unterlassene Mitwirkung befreit den Schuldner auch nicht von seiner Leistungspflicht.

Nimmt der Gläubiger die Leistung nicht an oder unterlässt er eine sonstige zur Erfüllung erforderliche Mitwirkungshandlung, gerät er aber in Gläubigerverzug (= Annahmeverzug). Das Gesetz hat die Voraussetzungen und die Folgen des Gläubigerverzugs in den §§ 293 ff. geregelt.

I. Voraussetzungen

Der Gläubigerverzug setzt im Einzelnen Folgendes voraus: 3

1. Leistungsberechtigung

Der Schuldner muss zur Leistung **berechtigt** sein, dh die Leistung muss erfüllbar sein (vgl. § 271 II; → § 12 Rn. 19).

2. Leistungsvermögen

Er muss ferner zur Leistung **bereit** und **imstande** sein (§ 297). 4
Kann er zeitweilig oder endgültig nicht leisten, so scheidet Annahmeverzug aus. Hier greifen die Regeln über die Unmöglichkeit ein (§§ 275, 280, 283, 326). Wird die Leistung erst unmöglich, nachdem der Gläubiger in Annahmeverzug geraten ist, dann endet der Annahmeverzug mit dem Eintritt der Unmöglichkeit.

Die Abgrenzung von Unmöglichkeit und Annahmeverzug bereitet häufig erhebliche Schwierigkeiten. Entscheidend ist – wie bei der Grenzziehung zwischen Unmöglichkeit und Schuldnerverzug (→ § 22 Rn. 6) –, ob die geschuldete Leistung noch nachholbar ist.[1]

Im **Fall a** liegt Annahmeverzug und nicht Unmöglichkeit vor, so dass U nach § 642 eine angemessene Entschädigung von B verlangen kann. Im **Fall b** hingegen gerät B nicht in Annahmeverzug (§ 297); U wird wegen Unvermögens von der Leistung frei (§ 275 I) und muss mangels Verschuldens auch nicht Schadensersatz leisten (§ 280 I 1, 2).

Besonderheiten ergeben sich im Arbeitsrecht, wenn bei unverschuldeter Betriebsstörung die Arbeitsleistung nicht erbracht werden kann (§ 615 S. 3; → § 22 Rn. 47).[2]

3. Leistungsangebot

5 a) **Tatsächliches Angebot.** Regelmäßig ist ein Angebot der Leistung durch den Schuldner erforderlich (§ 293). Normalerweise muss der Schuldner dem Gläubiger die Leistung so, wie sie zu bewirken ist, **tatsächlich angeboten** haben (§ 294), dh am rechten Ort, zur rechten Zeit, in rechter Beschaffenheit und Vollständigkeit; ein Angebot unter dem Vorbehalt der Rückforderung reicht nicht aus (Einzelheiten: → § 12). Das Leistungsangebot des Schuldners muss so beschaffen sein, dass der Gläubiger nichts weiter zu tun braucht, als zuzugreifen und die angebotene Leistung anzunehmen.[3]

Da im **Fall c** der Wein nicht mittlerer Art und Güte (§ 243 I), sondern mangelhaft (vgl. §§ 433 I 2, 434) war, ist K nicht in Annahmeverzug geraten, so dass ein Anspruch aus § 304 auf Erstattung der Lagerkosten ausscheidet.

Nicht unbedingt erforderlich ist es, dass der Gläubiger von dem tatsächlichen Angebot des Schuldners Kenntnis erlangt. Ist nämlich, wie im **Fall c,** für die Leistung ein bestimmter Termin vereinbart, dann kann der Gläubiger, den der Schuldner nicht am Leistungsort antrifft, durch das tatsächliche Leistungsangebot allein in Annahme- ·erzug geraten.

Wörtliches Angebot. Ausnahmsweise genügt auch ein **wörtli- ngebot** (§ 295). Das ist einmal der Fall, wenn der Gläubiger ·rher erklärt hat, die Leistung nicht anzunehmen (vgl. auch

---

·*tadler* BGB § 293 Rn. 8.
·*Walker* SchuldR BT § 20 Rn. 16.

die Parallele in § 286 II Nr. 3; → § 23 Rn. 17). Ebenso ist ein wörtliches Angebot ausreichend, wenn zur Leistungsbewirkung eine Handlung des Gläubigers notwendig ist (Beispiel: Holschuld; → § 12 Rn. 12). In diesen Fällen steht es dem wörtlichen Leistungsangebot gleich, wenn der Schuldner den Gläubiger auffordert, die erforderliche Mitwirkungshandlung vorzunehmen (§ 295 S. 2).

Beispiel: Aufforderung des Schneiders an den Kunden, zur Anprobe zu erscheinen.

c) Entbehrlichkeit eines Angebotes. Kein Angebot ist erforderlich, wenn der Gläubiger seine Mitwirkungshandlung zu einem bestimmten Zeitpunkt vorzunehmen hat und diese unterbleibt. Einzelheiten: § 296, der dem § 286 II Nr. 1 und 2 (→ § 23 Rn. 15 f.) entspricht. 7

Im **Fall a** braucht U dem B seine Arbeit nicht anzubieten, weil B bis zum 30.4. seine Mitwirkungshandlung (Beschaffung des Baumaterials) nicht vorgenommen hat (§ 296 S. 1).

4. Nichtannahme der Leistung

Der Annahmeverzug setzt schließlich voraus, dass der Gläubiger das Leistungsangebot des Schuldners nicht angenommen hat (§ 293). Auf ein Verschulden des Gläubigers kommt es hier – anders als beim Schuldnerverzug (§§ 286 IV, 280 I 2) – nicht an. 8

Durch die Nichtannahme kann der Gläubiger **gleichzeitig** in Schuldnerverzug geraten, wenn er nach dem Schuldverhältnis zur Abnahme **verpflichtet** ist (wie zB der Käufer; § 433 II). Dann müssen aber die Voraussetzungen des Schuldnerverzugs (§ 286; → § 23 Rn. 9 ff.) erfüllt sein.

Der Gläubiger gerät jedoch auch dann in Annahmeverzug, wenn er zwar die Leistung annehmen, aber die geforderte und fällige Gegenleistung nicht erbringen will (§ 298; **Fall d**). 9

In Abweichung von § 293 begründet eine vorübergehende Annahmeverhinderung des Gläubigers noch keinen Gläubigerverzug, wenn der Schuldner ihm die Leistung unerwartet frühzeitig (dh wenn die Leistungszeit nicht bestimmt war oder der Schuldner vor der vereinbarten Leistungszeit leisten durfte, § 271 II) angeboten hat (§ 299). Um in diesen Fällen die Folgen des Gläubigerverzugs auszulösen, muss der Schuldner dem Gläubiger die Leistung angemessene Zeit vorher angekündigt haben. 10

II. Wirkungen

1. Keine Leistungsbefreiung

11 Der Gläubigerverzug führt ebenso wie der Schuldnerverzug nicht zu einer Befreiung des Schuldners von seiner Leistungspflicht.

Einen Sonderfall enthält § 615 S. 1, wonach der Dienstverpflichtete für die Arbeit, die infolge des Annahmeverzugs des Dienstberechtigten nicht geleistet werden konnte, die Vergütung verlangen kann, ohne zur Nachleistung verpflichtet zu sein.

2. Haftungserleichterung

12 Der Gläubigerverzug bewirkt aber nach § 300 I insofern eine Haftungserleichterung, als der Schuldner während dieser Zeit nur für Vorsatz und grobe Fahrlässigkeit einzustehen hat (andere Bestimmung iSd § 276 I 1, 2. Halbs.). Ebenso wie bei zufälligem Untergang der Sache haftet der Schuldner auch dann nicht auf Schadensersatz, wenn der Untergang auf seinem leicht fahrlässigen Verhalten beruht (§ 280 I 2; **Fall d**). Entsprechendes gilt, wenn während des Annahmeverzugs eine Verschlechterung des Leistungsgegenstandes eintritt (zB Beschädigung des Fernsehers im **Fall d**).

Die Haftungserleichterung des § 300 I betrifft nach hM aber nur die Sorge für den Leistungsgegenstand, nicht sonstige Pflichten aus dem Schuldverhältnis (zB sorgfältige Vornahme des Selbsthilfeverkaufs). Insoweit bleibt es für die Schadensersatzhaftung beim Maßstab des § 276 I 1, 1. Halbs.

3. Übergang der Leistungsgefahr bei Gattungsschulden

13 Nach § 300 II geht bei Gattungsschulden (→ § 8 Rn. 1 ff.) die Gefahr auf den Gläubiger über, wenn er die angebotene Sache nicht annimmt. Diese Bestimmung regelt nach zutreffender Ansicht nur die 'eistungs-, nicht aber die Gegenleistungs- oder Preisgefahr.[4] Sie führt ι dazu, dass der Schuldner bei Untergang der (ausgesonderten) Sa- ıch dann gem. § 275 I von seiner Leistungspflicht frei wird, ˡie Gattungsschuld noch nicht durch Konkretisierung zur ˡd wurde. Erforderlich ist aber stets, dass der Schuldner ˢsache ausgesondert hat.

[4] ˡer BGB § 300 Rn. 4.

Der Anwendungsbereich des § 300 II ist nicht groß, weil der Schuldner im Allgemeinen mit dem Leistungsangebot das zur Leistung seinerseits Erforderliche getan hat, so dass bereits nach § 243 II die Leistungsgefahr durch Konkretisierung übergegangen ist (→ § 8 Rn. 6f.). Eigenständige Bedeutung hat § 300 II nur dort, wo der Gläubiger in Annahmeverzug geraten ist, ohne dass vorher eine Konkretisierung eingetreten ist. 14

Im **Fall d** hat V mit dem fernmündlichen Angebot nicht das seinerseits Erforderliche getan, wenn eine Bringschuld vereinbart wurde; denn dann ist eine Konkretisierung nach § 243 II noch nicht erfolgt. K war aber durch das wörtliche Angebot des V nach §§ 295, 298 in Annahmeverzug geraten. Da V das Gerät mit dem Verladen ausgesondert hatte, war die Leistungsgefahr nach § 300 II auf K übergegangen, so dass er bei nachträglichem Unvermögen nach § 275 I von seiner Leistungspflicht frei wird. Er ist auch nicht schadensersatzpflichtig, weil er nur noch für Vorsatz und grobe Fahrlässigkeit zu haften hat (§ 300 I).

§ 300 II gewinnt ferner bei Geldschulden (→ § 9 Rn. 1ff.) Bedeutung, weil hier ein Gefahrübergang durch Konkretisierung (§ 243 II) regelmäßig nicht eintritt (§ 270 I; → § 12 Rn. 17).

4. Übergang der Preisgefahr beim gegenseitigen Vertrag

Nach § 326 II 1 behält der Schuldner den Anspruch auf die Gegenleistung, wenn ihm seine Leistung durch einen von ihm nicht zu vertretenden Umstand zu einer Zeit unmöglich geworden ist, in der sich der Gläubiger im Annahmeverzug befindet. Der Annahmeverzug bewirkt also beim gegenseitigen Vertrag, dass die Preis- oder Vergütungsgefahr, die nach § 326 I 1 normalerweise der Schuldner zu tragen hat, auf den Gläubiger übergeht. 15

Im **Fall d** kann V, obwohl er nach § 275 I von seiner Leistung frei geworden ist, trotzdem den Kaufpreis fordern (§ 326 II 1).

5. Sonstige Wirkungen

- Der Gläubigerverzug berechtigt den Schuldner, die weiterhin geschuldete Sache zu **hinterlegen** (§ 372 S. 1; → § 15 Rn. 1ff.). Bezieht sich die Verbindlichkeit dagegen auf die Herausgabe eines Grundstücks oder eines eingetragenen Schiffes, dann darf der Schuldner nach vorheriger Androhung **den Besitz aufgeben** (§ 303). 16
- Während des Annahmeverzugs braucht der Schuldner eine Geldschuld **nicht zu verzinsen** (§ 301).

- Ist der Schuldner zur Herausgabe oder zum Ersatz von Nutzungen verpflichtet (zB nach §§ 292, 346f., 987ff.), so **beschränkt** sich seine Verpflichtung während des Annahmeverzugs **auf die tatsächlich gezogenen Nutzungen** (§ 302).
- Schließlich kann der Schuldner vom Gläubiger die Mehraufwendungen erstattet verlangen, die ihm durch den Annahmeverzug entstanden sind, zB Kosten für Aufbewahrung oder Erhaltung des geschuldeten Gegenstandes (§ 304).

Hätte V im **Fall c** einwandfreien Wein angeboten, wäre K in Annahmeverzug geraten; K hätte dann die Lagerkosten nach § 304 dem V erstatten müssen. Da K dann zugleich seine Abnahmepflicht (§ 433 II) verletzt hätte, müsste er diese Kosten auch als Verzögerungsschaden nach §§ 280, I, II, 286 ersetzen.

Gläubigerverzug, §§ 293ff.

I. Voraussetzungen
1. Leistungsberechtigung
2. Leistungsvermögen (§ 297)
3. Angebot (§ 293)
   a) Tatsächliches (§ 294)
   b) Wörtliches (§ 295)
   c) Entbehrlichkeit eines Angebots (§ 296)
4. Nichtannahme (§§ 293, 298)

II. Rechtsfolgen
1. Haftungsbeschränkung des Schuldners (§ 300 I)
2. Übergang der Leistungsgefahr auf den Gläubiger (§ 300 II)
3. Übergang der Preisgefahr auf den Gläubiger (§ 326 II 1)
4. Sonstige Wirkungen: § 372 S. 1, §§ 301, 302, 304

§ 27. Störung der Geschäftsgrundlage

1 **Schrifttum:** *Dauner-Lieb/Dötsch,* Prozessuale Fragen rund um § 313 BGB, NJW 2003, 921; *Eckelt,* Vertragsanpassungsrecht, 2008; *Eidenmüller,* Der Spinnerei-Fall: Die Lehre von der Geschäftsgrundlage nach der Rechtsprechung des Reichsgerichts und im Lichte der Schuldrechtsmodernisierung, JURA 2001, 824; *Feldhahn,* Die Störung der Geschäftsgrundlage im System des reformierten Schuldrechts, NJW 2005, 3381; *Köhler,* Die Lehre von der Geschäftsgrundlage als Lehre von der Risikobefreiung, in: 50 Jahre Bundesge-

richtshof, Festgabe aus der Wissenschaft, 2000, Band I, 295; *Lettl*, Die Anpassung von Verträgen des Privatrechts, JuS 2001, 144, 248, 347, 456, 559, 660; *Loyal*, Vertragsaufhebung wegen Störung der Geschäftsgrundlage, NJW 2013, 417; *Lüttringhaus*, Verhandlungspflichten bei Störung der Geschäftsgrundlage, AcP 213 (2013), 266; *Picker*, Schuldrechtsreform und Privatautonomie, JZ 2003, 1035; *Riesenhuber*, Vertragsanpassung wegen Geschäftsgrundlagenstörung – Dogmatik, Gestaltung und Vergleich, BB 2004, 2697; *Riesenhuber/Domröse*, Der Tatbestand der Geschäftsgrundlagenstörung in § 313 BGB – Dogmatik und Falllösungstechnik, JuS 2006, 208; *Rösler*, Störung der Geschäftsgrundlage nach der Schuldrechtsreform, ZGS 2003, 383; *ders.*, Grundfälle zur Störung der Geschäftsgrundlage, JuS 2004, 1058; 2005, 27, 120; *Scherpe*, Vermögensrechtliche Abwicklung beendeter nichtehelicher Lebensgemeinschaften, JZ 2014, 659; *Thole*, Renaissance der Lehre von der Neuverhandlungspflicht bei § 313 BGB?, JZ 2014, 443; *Walker*, Rückabwicklung gemeinschaftsbezogener Zuwendungen nach Scheitern der Gemeinschaft, FS Rüßmann, 2013, 355; *Wieser*, Der Anspruch auf Vertragsanpassung wegen Störung der Geschäftsgrundlage, JZ 2004, 654.

Fall a: V vermietet an M für den Rosenmontag seinen Balkon, damit M den unter dem Balkon vorbeiführenden Karnevalszug beobachten kann. Der Karnevalszug wird aber kurzfristig wegen eines heftigen Unwetters abgesagt. Muss M die Miete trotzdem zahlen? → Rn. 5, 6, 7, 8, 16

Fall b: V verkauft an K sein Grundstück. Bei der Berechnung des Kaufpreises legen die Parteien den soeben im Amtsblatt der Gemeinde veröffentlichten üblichen Grundstückspreis von 200 EUR pro qm zugrunde. Nach Vertragsschluss stellt sich heraus, dass der im Amtsblatt mitgeteilte Betrag auf einem Fehler beruht; tatsächlich beträgt das übliche Preisniveau 300 EUR pro qm. Auswirkungen auf den Kaufvertrag? → Rn. 8, 9, 11, 14

Fall c: V schenkt seinem zukünftigen Schwiegersohn S 100.000 EUR, damit dieser den Bau eines Familienheims für sich und die Tochter T des V finanzieren kann. Das Haus wird auf einem Grundstück des S gebaut, S und T heiraten und leben fünf Jahre in dem Haus. Dann wird die Ehe geschieden. S und T ziehen aus und S vermietet sein Haus. V verlangt von S die 100.000 EUR zurück. → Rn. 5, 6, 7, 8, 10, 11

I. Gesetzliche Regelung und Bedeutung

Verträge können in ihren Grundlagen dadurch schwer beeinträchtigt werden, dass sich entweder die bei Vertragsschluss vorliegenden Umstände nachträglich unerwartet ändern oder sich erst nachträglich herausstellt, dass die bei Vertragsschluss vorausgesetzten Umstände in Wirklichkeit gar nicht vorgelegen haben. In solchen Fällen stellt sich die Frage, ob die Parteien trotzdem an den Vertrag mit unverändertem Inhalt gebunden sind. Hierzu wurde schon lange vor der

Schuldrechtsreform das Rechtsinstitut vom Fehlen oder Wegfall der Geschäftsgrundlage entwickelt.

2 Es diente nach dem 1. Weltkrieg vor allem dazu, bestehende Vertragsverhältnisse den einschneidenden wirtschaftlichen Veränderungen der Inflationszeit anpassen zu können, später aber ganz allgemein der Vertragsanpassung an die nachträglich geänderten oder von den Vertragsparteien nicht erkannten Umstände. Als Rechtsgrundlage für die Lehre von der Geschäftsgrundlage wurde meist der Grundsatz von Treu und Glauben (§ 242) herangezogen. Die Vertragsanpassung war nach allgemeiner Ansicht von strengen Voraussetzungen abhängig; denn durch sie durfte der Grundsatz „pacta sunt servanda" nicht ausgehebelt und eine Vertragspartei nicht von den von ihr zu tragenden Vertragsrisiken entlastet werden.

3 Seit dem 1.1.2002 hat die Lehre von der Störung (= Fehlen oder Wegfall) der Geschäftsgrundlage in § 313 eine gesetzliche Grundlage. Deshalb braucht nicht mehr auf § 242 zurückgegriffen zu werden. Durch § 313 sollten aber die schon vorher anerkannten Grundsätze nicht geändert werden.[1] Daher kann zur Auslegung des § 313 die Rechtsprechung und das Schrifttum aus der Zeit vor der Schuldrechtsreform weiterhin herangezogen werden.

II. Voraussetzungen

4 Eine Störung der Geschäftsgrundlage kann gem. § 313 in Form ihres nachträglichen Wegfalls (Abs. 1) oder ihres ursprünglichen Fehlens (Abs. 2) vorliegen.

1. Wegfall der objektiven Geschäftsgrundlage (§ 313 I)

a) Nachträgliche Änderung vertragswesentlicher Umstände. § 313 I setzt voraus, dass sich Umstände, die zwar nicht Inhalt, aber doch Grundlage des Vertrags geworden sind, nach Vertragsschluss schwerwiegend verändert haben. Die Vorschrift stellt nur auf **objektive Umstände** ab. Das folgt im Umkehrschluss aus Abs. 2, der sich auf die Vorstellungen der Parteien, also auf subjektive Umstände bezieht. Von dieser Aufteilung der objektiven und subjektiven Geschäftsgrundlage auf Abs. 1 und Abs. 2 ist auch der Gesetzgeber ausgegangen.[2]

---

1 BT-Drs. 14/6040, 175.
2 BT-Drs. 14/6040, 176.

Beispiele: Sozialkatastrophen wie Krieg, Währungsverfall oder Umweltkatastrophen können zu einer Störung des Äquivalenzverhältnisses zwischen Leistung und Gegenleistung führen. Beschaffungshindernisse zB aufgrund einer Krise im Land des Lieferanten oder aufgrund einer Insolvenz des Herstellers können es einer Partei erschweren, die geschuldete Leistung zu erbringen.

Fraglich ist, wann ein Umstand „zur Grundlage des Vertrags geworden" ist. Voraussetzung dafür ist, dass der Umstand von mindestens einer Vertragspartei bei Abschluss des Vertrags als für den Vertragsschluss wesentlich vorausgesetzt wurde und dass sich die andere Partei auf die Berücksichtigung dieses Umstandes redlicherweise hätte einlassen müssen. Der Geschäftswille der Parteien muss auf dem Umstand aufgebaut haben.[3] **5**

Im **Fall a** ist die Veranstaltung des Karnevalszugs Geschäftsgrundlage für die Miete des Balkons gewesen, zumal dieser andernfalls gar nicht gemietet worden und auch nicht vermietbar gewesen wäre. Sie ist durch die Absage nachträglich weggefallen. Im **Fall c** dürfte die gemeinsame Nutzung des Hauses durch S und T Grundlage für die Schenkung des V gewesen sein.[4] Andernfalls hätte dieser keinen Anlass gehabt, dem S 100.000 EUR zu schenken. Ob das auch bei internen Zuwendungen zwischen den Partnern einer Ehe oder einer eheähnlichen Lebensgemeinschaft gilt, wenn später die Ehe/Gemeinschaft scheitert, ist umstritten.[5]

b) Umstände außerhalb des Vertragsinhalts. Die fehlenden oder weggefallenen Umstände dürfen nicht Vertragsinhalt gewesen sein.[6] Andernfalls sind die Rechtsfolgen der Störung nämlich durch (ergänzende) Vertragsauslegung zu ermitteln oder den gesetzlichen Vorschriften (§§ 275, 280 ff., 323 ff.) zu entnehmen. In diesen Fällen ist für die Anwendung des § 313 kein Raum. **6**

Beispiel: Ein Kinobetreiber verkauft Karten für eine Filmvorführung, die dann aber ausfällt, weil die Vorführung des Films durch die zuständige Behörde verboten wird. Hier war die Vorführung des Films Vertragsinhalt. Der Kinobetreiber ist wegen rechtlicher Unmöglichkeit frei geworden (§ 275 I). Die Käufer der Karten können den bereits gezahlten Preis gem. §§ 326 IV,

3 RGZ 103, 328 (332); BGHZ 25, 390 (392); 89, 226 (231); *BGH* NJW 2001, 1204 (1205); 2005, 2069 (2071); 2006, 1037 ff.

4 *BGH* NJW 2015, 690 (691); 2015, 1014 (1015) mAnm *Wellenhofer* JuS 2015, 271.

5 **Bejahend** *BGH* NJW 2014, 2638 f.; NJW-RR 2013, 404 (405); NJW 2011, 2880 (2881 ff.), wonach eine Rückabwicklung sowohl nach den Regeln vom Wegfall der Geschäftsgrundlage als auch nach § 812 I 2, 2. Fall (Zweckverfehlungskondiktion) in Betracht kommt. **aA** etwa *Scherpe* JZ 2014, 659 (662 ff.), *Sorge* JZ 2011, 660 (661 f.) und *Walker* FS Rüßmann, 355 (358 f., 361 f.), wonach nur § 812 I 2, 2. Fall eingreift. Siehe auch *Brox/Walker* SchuldR BT § 40 Rn. 32, 36.

6 *BGH* NJW 2012, 2728.

346 zurückverlangen. § 313 ist nicht anwendbar. Dagegen hat im **Fall a** der V nicht die Durchführung des Karnevalszuges geschuldet. Deshalb liegt auch keine Unmöglichkeit vor. Auch im **Fall c** ist die dauerhafte gemeinsame Nutzung des mit dem geschenkten Geld finanzierten Hauses nicht Gegenstand des Schenkungsvertrags zwischen V und S. Bei einer Schenkung unter (geschiedenen) Ehegatten kann nach Ansicht des BGH die Ehelichkeit eines Kindes Geschäftsgrundlage für die Schenkung sein, wenn beide Parteien die Vorstellung haben, dass der Schenkungsgegenstand auch zugunsten des vermeintlich gemeinsamen Kindes verwendet wird.[7]

7 **c) Kein Vertragsschluss bei Voraussehung dieser Änderung.** Ferner setzt § 313 I voraus, dass die Parteien, wenn sie diese Veränderung vorausgesehen hätten, den Vertrag nicht oder nicht mit diesem Inhalt geschlossen hätten. Hierbei handelt es sich um einen Fall, in dem der hypothetische Kausalverlauf berücksichtigt wird. Der mutmaßliche Wille der Parteien ist durch Auslegung zu ermitteln.

Wenn im **Fall a** die Absage des Karnevalszuges bekannt gewesen wäre, hätte M den Balkon des V nicht gemietet. Hätte V im **Fall c** gewusst, dass die Ehe von T und S nach wenigen Jahren geschieden wird, hätte er dem S keine 100.000 EUR geschenkt.

8 **d) Unzumutbarkeit des Festhaltens am unveränderten Vertrag.** Das Festhalten am unveränderten Vertrag muss für den einen Teil unter Berücksichtigung aller Umstände des Einzelfalls, insbesondere der vertraglichen oder gesetzlichen Risikoverteilung, unzumutbar sein. Wenn der Gesetzgeber für die Auswirkungen, die sich aus den Fehlvorstellungen der Parteien ergeben, in anderen Vorschriften eine Risikoverteilung vorgenommen hat, scheidet eine Anwendung des § 313 über die Störung der Geschäftsgrundlage aus (→ Rn. 19).[8] Fehlt es an einer solchen Risikozuweisung, ist von einer Unzumutbarkeit nur dann auszugehen, wenn das Festhalten am Vertrag zu untragbaren, mit Recht und Gerechtigkeit nicht zu vereinbarenden Ergebnissen führen würde;[9] andernfalls bleibt es bei dem Grundsatz „pacta sunt servanda“. Für die Beurteilung der Unzumutbarkeit spielt es auch eine Rolle, ob die betroffene Partei bewusst ein riskantes Geschäft mit möglicherweise spekulativem Charakter geschlossen hat und ob eine Veränderung der Umstände zumindest als möglich vorhergesehen werden konnte.

---

7 *BGH* NJW 2012, 2728 (2729 f.).
8 *BGH* ZIP 2018, 2112 Rn. 15.
9 BGHZ 84, 1 (9); 121, 378 (393); 133, 316 (321); vgl. aus jüngerer Zeit *BGH* NJW 2015, 690 (692); 2015, 1014 (1015) mAnm *Wellenhofer* JuS 2015, 271; 2015, 1523 (1524) mAnm *Wellenhofer* JuS 2015, 1125.

Beispiel: Im **Fall a** kommt es darauf an, ob bei Vertragsschluss Anhaltspunkte für ein Unwetter und eine Absage des Zuges vorlagen. Andernfalls ist für den M ein Festhalten an dem Mietvertrag unzumutbar. Im **Fall b**, der allerdings einen Fall der subjektiven Geschäftsgrundlage iSv § 313 II betrifft, hätte der Verkäufer sich bei Kenntnis des tatsächlichen Preisniveaus auf den vereinbarten Kaufpreis von 200 EUR je qm nicht eingelassen. Wegen der Zugrundelegung der üblichen Preise kann auch von einem Spekulationsgeschäft keine Rede sein. Deshalb ist es für den Verkäufer nicht zumutbar, am vereinbarten Preis von 200 EUR statt des üblichen Preises von 300 EUR je qm festgehalten zu werden. Im **Fall c** haben S und T das Haus nur fünf Jahre gemeinsam genutzt. Selbst wenn man berücksichtigt, dass das Scheitern einer Ehe heute nicht mehr als Ausnahmefall angesehen werden kann, ist die von V zur Geschäftsgrundlage gemachte Mitbegünstigung der T doch unerwartet schnell beendet worden.[10]

2. Fehlen der subjektiven Geschäftsgrundlage (§ 313 II)

Nach § 313 II steht es einer nachträglichen Veränderung der objektiven Umstände gleich, wenn wesentliche Vorstellungen, die zur Grundlage des Vertrags geworden sind, sich nachträglich als unzutreffend herausstellen. Die Norm betrifft das ursprüngliche Fehlen der subjektiven Geschäftsgrundlage. Nach der Gesetzesbegründung soll es hierbei um die Fälle des gemeinschaftlichen Motivirrtums sowie um solche Fälle gehen, in denen sich nur eine Partei falsche Vorstellungen macht, die andere Partei diesen Irrtum aber ohne eigene Vorstellungen hingenommen hat.[11] Die rechtliche Einordnung dieser Fälle war vor der Schuldrechtsreform umstritten. In § 313 II hat der Gesetzgeber sie bewusst als Anwendungsfall der Geschäftsgrundlage geregelt. 9

Beispiele: In **Fall b** ist der „übliche Grundstückspreis“ zwar nicht als Inhalt des Kaufvertrags vereinbart worden. Aber die Parteien hatten beide die irrtümliche Vorstellung, mit den 200 EUR je qm von dem üblichen Preisniveau auszugehen. Es handelt sich um eine Störung der Geschäftsgrundlage in der Form des beiderseitigen Motivirrtums.

Die Parteien eines Kaufvertrags über ein noch zu vermessendes Grundstück gehen übereinstimmend von einer ungefähren Größe der in einem maßstabsgerechten Plan eingezeichneten Fläche aus, und die tatsächliche Größe des später vermessenen Grundstücks weicht wesentlich von dieser Vorstellung ab.[12]

10 Vgl. *BGH* NJW 2010, 2202 (2207). Zur Notwendigkeit einer Unzumutbarkeitsprüfung im Einzelfall bei „fehlgeschlagenen“ Schwiegerelternschenkungen auch *BGH* NJW 2015, 690 (692) und 2015, 1014 mAnm *Wellenhofer* JuS 2015, 271.
11 BT-Drs. 14/6040, 176.
12 *BGH* NJW-RR 2004, 735.

Beim Abschluss eines Behandlungsvertrags gehen Krankenhausträger und Patient irrtümlich davon aus, es bestehe eine gesetzliche Krankenversicherung, welche die Kosten des Krankenhausaufenthaltes übernehme.[13]

III. Rechtsfolgen

10 § 313 sieht bei einer Störung der Geschäftsgrundlage zwei verschiedene Rechtsfolgen vor:

1. Anspruch auf Anpassung des Vertrags

Gemäß § 313 I kann derjenige Vertragspartner, dem ein Festhalten am Vertrag unzumutbar ist, eine Anpassung des Vertrags verlangen. Diese Anpassung erfolgte vor der Schuldrechtsreform kraft Gesetzes, ohne dass es dazu einer Erklärung bedurfte. § 313 sieht eine andere Konstruktion vor. Danach hat der berechtigte Vertragspartner einen Anspruch auf Vertragsanpassung, den er gegenüber dem anderen Vertragspartner geltend machen muss. Dadurch wird erreicht, dass die Parteien zunächst selbst über die Anpassung verhandeln. Wenn sie sich nicht einigen, kann der Anspruch auf Anpassung in einem Prozess durch eine Klage, die entweder auf Mitwirkung bei der formulierten Änderung des Vertrags oder unmittelbar auf die angepasste Leistung gerichtet ist, geltend gemacht werden.[14]

Im **Fall c** kommt eine Anpassung des Schenkungsvertrags in dem Sinne in Betracht, dass V von den 100.000 EUR den Teilbetrag zurückverlangen kann, der nach Abzug des auf fünf Jahre Nutzungsmöglichkeit für T entfallenden Betrages verbleibt. Die Bemessung ist eine Einzelfallentscheidung, die dem Tatrichter obliegt.[15]

2. Recht zum Rücktritt vom Vertrag oder zur Kündigung des Vertrags

11 Nach § 313 III 1 kann der benachteiligte Teil vom Vertrag zurücktreten, soweit eine Anpassung des Vertrags nicht möglich oder dem anderen Teil nicht zumutbar ist.

Beispiel: Im **Fall b** kann eine Anpassung an das tatsächlich übliche Preisniveau (300 statt 200 EUR je qm) für den K unzumutbar sein, sofern dieser sich

---

13 *BGH* NJW 2005, 2069 (2071).
14 BT-Drs. 14/6040, 176; *BGH* NJW 2012, 373 (376); krit. dazu *Thole* JZ 2014, 443 (444 ff.).
15 *BGH* NJW 2010, 2202 (2207).

entsprechend seiner finanziellen Leistungsfähigkeit eine Höchstgrenze für den Kaufpreis gesetzt hat.

Durch die Formulierung in § 313 III 1 hat der Gesetzgeber klargestellt, dass eine Aufhebung des Vertrags nur subsidiär in Betracht kommt und dass sie einer rechtsgestaltenden Erklärung, nämlich der Rücktrittserklärung, bedarf. Der Rücktritt löst die Rechtsfolgen der §§ 346 ff. aus. Die bereits ausgetauschten Leistungen sind also zurückzugewähren.

Im **Fall c** scheidet ein Rücktritt des V mit der Folge, dass er gem. § 346 I den gesamten Betrag von S zurückverlangen könnte, aus, wenn eine Anpassung des Vertrags (→ Rn. 10) möglich ist.

Bei **Dauerschuldverhältnissen** tritt an die Stelle des Rücktritts- 12
rechts das Recht **zur (außerordentlichen) Kündigung** (§ 313 III 2). Die Kündigung bewirkt im Gegensatz zum Rücktritt nur eine Beendigung des Dauerschuldverhältnisses für die Zukunft. Eine Rückabwicklung der in der Vergangenheit ausgetauschten Leistungen nach §§ 346 ff. oder nach §§ 812 ff. findet nicht statt. Zur Kündigung von Dauerschuldverhältnissen → § 17 Rn. 15 ff.

Störung der Geschäftsgrundlage

I. Voraussetzungen
1. **entweder:** Wegfall der objektiven Geschäftsgrundlage (§ 313 I)
   a) Nachträgliche Änderung vertragswesentlicher Umstände
   b) Umstände nicht Vertragsinhalt

   oder:
   Fehlen der subjektiven Geschäftsgrundlage (§ 313 II) = vertragswesentliche Vorstellungen unzutreffend
2. Kein Vertragsschluss bei Voraussehung der Änderung bzw. bei Kenntnis der unzutreffenden Vorstellung
3. Unzumutbarkeit des Festhaltens am unveränderten Vertrag

II. Rechtsfolgen
1. vorrangig: Anspruch auf Vertragsanpassung (§ 313 I)
2. subsidiär: Recht zum Rücktritt oder (bei Dauerschuldverhältnissen) zur Kündigung (§ 313 III)

IV. Abgrenzung von anderen Rechtsinstituten

13 Bereits vor der Kodifikation des Wegfalls der Geschäftsgrundlage in § 313 war die Abgrenzung von anderen Rechtsinstituten schwierig. Diese Abgrenzungsproblematik stellt sich nach wie vor.

1. Vertragsauslegung

Wenn die Parteien das Fehlen oder den Wegfall der Geschäftsgrundlage bedacht und für diesen Fall eine vertragliche Vereinbarung getroffen haben, geht diese dem § 313 vor. Eine solche Vereinbarung ist durch (uU ergänzende) Vertragsauslegung zu ermitteln. Bei ihr kann es sich etwa um eine Anpassungsklausel oder um eine Auflösungsvereinbarung handeln. Ergibt die Auslegung, dass der Vertrag unter der auflösenden Bedingung der Änderung bestimmter Umstände geschlossen wurde, führt der Eintritt der Bedingung gem. § 158 II zur Unwirksamkeit des Rechtsgeschäfts, ohne dass es eines Anpassungsversuchs oder einer Rücktrittserklärung bedarf.

2. Irrtumsanfechtung

14 Grundsätzlich stellt das Recht der Irrtumsanfechtung (§§ 119ff.) eine Spezialregelung dar, die dem § 313 vorgeht. Das gilt allerdings nicht für den beiderseitigen Motivirrtum, bei dem sich wesentliche Vorstellungen der Parteien, die zur Grundlage des Vertrags geworden sind, als falsch herausstellen. Dabei handelt es sich vielmehr gem. § 313 II um eine Störung der subjektiven Geschäftsgrundlage (→ Rn. 9; **Fall b**).[16]

3. Unmöglichkeit

15 Die Störung der Geschäftsgrundlage ist ferner abzugrenzen von der Unmöglichkeit. In seinem Anwendungsbereich geht § 275 dem § 313 grundsätzlich vor; denn die Frage einer Anpassung kann sich nur stellen, wenn der Schuldner nicht schon nach § 275 frei geworden ist. In folgenden Fällen kann aber problematisch sein, ob der Anwendungsbereich des § 275 überhaupt betroffen ist:

---

16 Zum Verhältnis des beiderseitigen Motivirrtums zum offenen Kalkulationsirrtum siehe *Brox/Walker* BGB AT § 18 Rn. 21.

a) Zweckstörung. Wenn der geschuldete Leistungserfolg nicht mehr herbeigeführt werden kann, weil dieser bereits ohne Zutun des Schuldners eingetreten ist (Zweckerreichung; → § 17 Rn. 9) oder weil das Objekt weggefallen ist, an dem die geschuldete Leistung erbracht werden sollte (Zweckfortfall; → § 17 Rn. 10), sind die Regeln über die Unmöglichkeit anzuwenden. 16

Wenn dagegen der geschuldete Leistungserfolg zwar noch herbeigeführt werden kann, der Gläubiger an ihm aber kein Interesse mehr hat (Zweckstörung), liegt kein Fall der Unmöglichkeit vor. Vielmehr findet grundsätzlich § 313 Anwendung.[17] Erforderlich ist allerdings, dass die Zweckbestimmung nicht nur für eine Vertragspartei, sondern auch für die andere Partei beim Vertragsschluss von Bedeutung war. Das ist etwa dann der Fall, wenn der Zweck für die Berechnung des Preises von Bedeutung ist.

Wenn im **Fall a** der Rosenmontagszug ausfällt, liegt keine Unmöglichkeit vor; denn die Vorführung des Rosenmontagszuges war nicht Vertragspflicht des V und die Vertragspflicht (Überlassung des Balkons) kann noch erfüllt werden. Aber die Geschäftsgrundlage für die Miete des Balkons am Rosenmontag ist weggefallen (→ Rn. 5 ff.).

b) Wirtschaftliche Unmöglichkeit. Von wirtschaftlicher Unmöglichkeit spricht man, wenn die Leistung zwar an sich möglich ist, ihr aber solche Schwierigkeiten entgegenstehen, dass sie dem Schuldner wegen Überschreitung der „Opfergrenze“ nicht zugemutet werden kann. 17

Beispiele: Die Herstellungskosten für eine Sache wachsen nach Vertragsschluss aufgrund unvorhersehbar gestiegener Rohstoffkosten auf das 15-fache an.

Diese Fälle werden nach dem Willen des Gesetzgebers von § 275 II nicht erfasst. Sie gehören daher nicht zur Unmöglichkeit, sondern sind nach dem § 313 über die Geschäftsgrundlage zu lösen (vgl. schon → § 22 Rn. 21).

c) Persönliche Unmöglichkeit. Bei persönlich zu erbringenden Leistungen bestimmt § 275 III, dass der Schuldner die Leistung verweigern kann, wenn sie ihm unter Abwägung des seiner Leistung entgegenstehenden Hindernisses mit dem Leistungsinteresse des Gläubigers nicht zugemutet werden kann. 18

---

17 Palandt/*Grüneberg* BGB § 313 Rn. 35.

Beispiel: Die Sängerin weigert sich aufzutreten, weil ihr Kind lebensgefährlich erkrankt ist.

In solchen Fällen geht § 275 III grundsätzlich dem § 313 vor.

4. Mängelrechte

19 Innerhalb des Anwendungsbereichs der Mängelrechte sind diese vorrangig gegenüber § 313. Andernfalls würde die Risikoverteilung, die den §§ 434 ff. zugrunde liegt, verändert.[18] Das ist auch dann der Fall, wenn der Mängelanspruch verjährt ist[19] oder die kaufrechtlichen Mängelrechte wirksam abbedungen wurden.[20]

5. Zweckverfehlungskondiktion

20 Sowohl bei der Störung der Geschäftsgrundlage als auch bei der Zweckverfehlungskondiktion gem. § 812 I 2, 2. Fall[21] wird ein vom Gläubiger verfolgter Zweck nicht erreicht. Die Grenze zwischen einer für § 812 erforderlichen **Zweckvereinbarung**, die auch stillschweigend erfolgen kann, und der Einordnung des **Zwecks als Geschäftsgrundlage** ist nahezu fließend.[22] Bei schwiegerelterlichen Schenkungen, die im Hinblick auf die Ehe des eigenen Kindes an das Schwiegerkind erfolgen, hält der BGH nach dem Scheitern der Ehe sowohl einen Rückforderungsanspruch nach den Regeln vom Wegfall der Geschäftsgrundlage als auch einen Anspruch nach § 812 I 2, 2. Fall für möglich.[23] Nach anderer Ansicht kommt in diesem Fall eine Zweckverfehlungskondiktion nicht in Betracht, weil der mit der Zuwendung verfolgte Zweck nicht Inhalt des Rechtsgeschäfts (Schenkung), sondern nur dessen Geschäftsgrundlage war.[24] Grundsätzlich ist der Anspruch aus § 812 I 2, 2. Fall gegenüber den vertraglichen Grundsätzen über die Geschäftsgrundlage subsidiär,[25] zumal diese eine flexiblere Rechtsfolge (Vertragsanpassung) bereithalten.[26]

---

18 *BGH* ZIP 2018, 2112 Rn. 16.
19 RGZ 135, 339 (346).
20 Vgl. *BGH* NJW 2012, 373 (374); BGHZ 98, 100 (103).
21 Dazu *Brox/Walker* SchuldR BT § 40 Rn. 31 ff.
22 Zur Abgrenzung siehe auch *Scherpe* JZ 2014, 659 (660 ff.).
23 *BGH* NJW 2010, 2202 ff.
24 *Walker* FS Rüßmann, 355 (366).
25 Palandt/*Grüneberg* BGB § 313 Rn. 15; str.
26 NK-BGB/*Krebs* § 313 Rn. 24.

6. Kündigung aus wichtigem Grund

Soweit ein Dauerschuldverhältnis für die Zukunft aufgehoben werden soll (vgl. § 314; → § 17 Rn. 19 ff.), verdrängt die Kündigung aus wichtigem Grund den § 313 (§ 313 III 2). Das Kündigungsrecht ist jedoch nach § 313 III 1 ausgeschlossen, wenn die Störung durch eine zumutbare Anpassung beseitigt werden kann. 21

9. Kapitel. Schadensersatzpflicht

§ 28. Überblick über die Voraussetzungen eines Schadensersatzanspruchs

1 **Schrifttum:** *Ady,* Die Schadensersatzrechtsreform 2002, ZGS 2002, 237; *Däubler,* Die Reform des Schadensersatzrechts, JuS 2002, 625; *Deutsch/Ahrens,* Deliktsrecht: Unerlaubte Handlungen, Schadensersatz und Schmerzensgeld, 6. Aufl., 2014; *Geigel,* Der Haftpflichtprozess, 27. Aufl., 2015; *Homann,* Typische Probleme des Schadensersatzrechts und ihre systematische Einordnung, JuS 2002, 554; *Chr. Huber,* Das neue Schadensersatzrecht, 2003; *Lange/Schiemann,* Schadensersatz, 3. Aufl., 2003; *Mohr,* Grundlagen des Schadensersatzrechts, JURA 2010, 168; *Prinz von Sachsen Gessaphe,* Verbesserter Opferschutz im Straßenverkehr und beim Schmerzensgeld, JURA 2007, 481; *Rauscher,* Die Schadensrechtsreform – Vergleich der neuen Regelungen mit der bisherigen Rechtslage –, JURA 2002, 577; *Wagner,* Das Zweite Schadensersatzrechtsänderungsgesetz, NJW 2002, 2049; *Walker,* Verschulden im Zivilrecht, Ad Legendum 2015, 109.

Fall a: R greift den Spaziergänger S an, um ihn zu berauben. S schlägt ihn mit einem Kinnhaken zu Boden. Um den Hund des R abzuwehren, reißt S eine Latte vom Gartenzaun des E und bringt dem Hund eine Schlagwunde bei, der dann von ihm ablässt. Dann tritt S auf den am Boden liegenden R und bricht ihm drei Rippen. R verlangt Schadensersatz, weil er 100 EUR für den Zahnarzt, 50 EUR für den Tierarzt und 200 EUR für den Chirurgen bezahlt hat. E will die Kosten für die Ausbesserung des Zaunes ersetzt haben. →Rn. 3, 5, 7, 8, 9

Fall b: Ein Reisender wird verletzt, als der Lokführer plötzlich bremsen muss. Er verlangt Schadensersatz von der Deutschen Bahn AG. → Rn. 8

Erleidet jemand an seinen Rechten oder Rechtsgütern eine unfreiwillige Einbuße und wird ihm dieser Schaden von einem anderen zugefügt, so kann er ihn nur dann ersetzt verlangen, wenn das Gesetz dafür eine Anspruchsgrundlage bereithält.

Man unterscheidet zwischen Schadensersatzansprüchen aus Vertrag und aus Gesetz. Von einem vertraglichen Schadensersatzanspruch spricht man, wenn das Gesetz die Schadensersatzpflicht an eine Vertragsverletzung knüpft (Störungen im Schuldverhältnis; → §§ 20 ff.). Als gesetzliche Schadensersatzansprüche bezeichnet man insbesondere die Ansprüche aus §§ 823 ff. (unerlaubte Handlungen)[1].

---

1 *Brox/Walker* SchuldR BT §§ 44 ff.

Dem Umstand, dass jemand einem anderen Schadensersatz zu leisten hat, kommt kein Strafcharakter zu. Eine Bestrafung setzt, wie insbesondere die Vorschriften des StGB zeigen, immer ein Verschulden voraus; die Höhe des Strafmaßes richtet sich nach der Schwere des Verschuldens. Allerdings macht auch das Zivilrecht in den meisten Fällen die Ersatzpflicht von einem Verschulden des Schädigers abhängig (zB §§ 280, 276; § 823); es kennt aber außerdem eine Haftung ohne Verschulden und ohne Rechtswidrigkeit, wie die zahlreichen Fälle der Gefährdungshaftung zeigen (→ Rn. 8)[2]. Auch hängt der Umfang der Ersatzpflicht nicht vom Grad des Verschuldens im Einzelfall ab (Ausnahme im Fall des Mitverschuldens des Verletzten, § 254, sowie bei der eingeschränkten Haftung des Arbeitnehmers, → § 20 Rn. 21 f.). In der Regel hat vielmehr der Schädiger unabhängig von der Form seines Verschuldens (Vorsatz oder Fahrlässigkeit) den gesamten von ihm in zurechenbarer Weise verursachten Schaden zu ersetzen. Das Schadensersatzrecht wird in erster Linie vom Gedanken der Ausgleichung bestimmt; Ziel und Zweck des Schadensersatzes bestehen im Ausgleich und in der Wiedergutmachung des durch das schädigende Ereignis eingetretenen Erfolgs. 2

Nur ausnahmsweise tritt in solchen Fällen, in denen eine Ausgleichung und Wiedergutmachung nicht möglich ist (zB bei nicht ersetzbarem immateriellen Schaden, etwa bei psychischen Beeinträchtigungen) der Gedanke der Genugtuung hinzu (vgl. → Rn. 4 f.).[3]

Eine Schadensersatzpflicht hat mehrere Voraussetzungen, die herkömmlicherweise in folgender Reihenfolge geprüft werden:

I. Tatbestand

Durch ein Tun oder Unterlassen muss eine vertragliche Pflicht oder, soweit es um Schadensersatz wegen unerlaubter Handlung geht, ein geschütztes Rechtsgut oder Recht verletzt sein. 3

Beim Unterlassen ergibt sich eine Besonderheit. Erleidet zB ein Kind dadurch einen Körperschaden, dass es längere Zeit nicht ernährt wird, so hat jedermann durch sein Verhalten (Unterlassen der Ernährung) den Schaden des Kindes verursacht. Tatbestandsmäßig handeln aber nur die Personen, die eine **Garantenstellung** haben, zB die El-

2 Siehe auch *Brox/Walker* SchuldR BT § 54.
3 Siehe auch *Brox/Walker* SchuldR BT § 52 Rn. 7 ff.

tern (aus Gesetz), die Krankenschwester (aus Vertrag). Deshalb ist im Rahmen des objektiven Tatbestandes festzustellen, ob überhaupt eine Pflicht zum Handeln bestand. Diese kann sich aus Gesetz, Vertrag, vorangegangenem Tun ergeben. Hier spielen auch die **Verkehrs(sicherungs)pflichten**[4] eine Rolle. Sie sind zudem bei lediglich mittelbaren Rechtsgutverletzungen von Bedeutung.

Beispiele für ein Tun: V zerstört die an K verkaufte Sache; er verletzt damit seine vertragliche Verpflichtung zur Übereignung und Übergabe (vgl. § 22). – Im **Fall a** hat S den Körper und das Eigentum (Hund, vgl. § 90a) des R sowie das Eigentum (Zaun) des E durch sein Tun verletzt (§ 823 I).

Beispiele für ein Unterlassen: V unterlässt es, die verkaufte Sache dem K zum vereinbarten Termin zu liefern (vgl. § 23). – Der Vater unterlässt es, sein Kind vor dem Sturz aus dem Fenster zu bewahren. Der Tatbestand der unerlaubten Handlung ist hier jedoch nur dann erfüllt, wenn es dem Vater als Garanten überhaupt möglich war einzugreifen.

II. Rechtswidrigkeit

4 Weiterhin setzt ein Schadensersatzanspruch regelmäßig voraus, dass die Pflichtverletzung oder Rechts(gut)verletzung widerrechtlich ist. Das Verhalten des Schädigers muss gegen ein Rechtsverbot oder -gebot verstoßen.

In § 823 I wird die Widerrechtlichkeit ausdrücklich genannt. Aber auch eine Vertragsverletzung löst nur dann eine Schadensersatzpflicht aus, wenn sie rechtswidrig ist. Allerdings braucht die Widerrechtlichkeit häufig nicht besonders geprüft zu werden, weil bei Erfüllung des objektiven Tatbestandes regelmäßig auch Rechtswidrigkeit gegeben ist;[5] wie im Strafrecht indiziert die Tatbestandsmäßigkeit die Rechtswidrigkeit.

5 Eine besondere Prüfung der Rechtswidrigkeit ist dann erforderlich, wenn Anhaltspunkte für einen Rechtfertigungsgrund (zB Notwehr, Einwilligung des Verletzten) bestehen. Wer sich auf den Ausnahmetatbestand eines Rechtfertigungsgrundes beruft, ist dafür beweispflichtig.

Im **Fall a** verwirklicht S den objektiven Tatbestand des § 823 I durch positives Tun. Die Verletzung des R durch Kinnhaken ist durch Notwehr (§ 227), die Beschädigung des Hundes durch bürgerlich-rechtlichen Verteidigungsnot-

---

4 *Brox/Walker SchuldR BT § 45 Rn. 32 ff.*
5 Vgl. *Brox/Walker* SchuldR BT § 45 Rn. 50.

stand (§ 228 iVm § 90a) und die Beschädigung des Zaunes durch Angriffsnotstand (§ 904 S. 1) gerechtfertigt. Deshalb fehlt die Widerrechtlichkeit, so dass ein Schadensersatzanspruch aus § 823 I entfällt. Dagegen ist die Schadenszufügung durch Fußtritt nicht durch Notwehr gerechtfertigt, da der Angriff des R bereits abgewehrt ist und § 227 II ua einen gegenwärtigen Angriff voraussetzt; hier fehlt es also an einem Rechtfertigungsgrund, so dass die Widerrechtlichkeit zu bejahen ist.

Der Teilnehmer an einem Wettkampfspiel (Fußball) willigt in solche Verletzungen ein, die bei regelgerechtem Spiel nicht zu vermeiden sind; danach setzt ein Schadensersatzanspruch gegen einen Mitspieler den Nachweis voraus, dass der Schädiger sich nicht regelgerecht verhalten hat.[6] Selbst bei einem geringfügigen Regelverstoß kann ein Schadensersatzanspruch mangels Verantwortlichkeit (→ Rn. 8; zB Foul im Eifer des Gefechts) ausgeschlossen sein.

Erweitert man mit der Rechtsprechung und der ganz hM den Anwendungsbereich des § 823 I auf den eingerichteten und ausgeübten Gewerbebetrieb und das Persönlichkeitsrecht,[7] dann muss in diesen Fällen allerdings die Rechtswidrigkeit immer besonders festgestellt werden.[8] 6

In seltenen Ausnahmefällen löst sogar eine rechtmäßige Handlung eine Schadensersatzpflicht aus. So handelt der Täter beim Angriffsnotstand des § 904 gegenüber dem Eigentümer der Sache rechtmäßig (vgl. § 904 S. 1); der duldungspflichtige Eigentümer kann aber als Ausgleich dafür Ersatz des ihm entstandenen Schadens verlangen (§ 904 S. 2). 7

Im **Fall a** ist S dem E wegen des Schadens am Zaun nach § 904 S. 2 ersatzpflichtig.

III. Verantwortlichkeit

Regelmäßig macht das Gesetz eine Schadensersatzpflicht davon abhängig, dass der Schädiger die tatbestandsmäßige, rechtswidrige Schädigungshandlung auch zu vertreten hat (→ § 20 Rn. 1 ff.). 8

Im **Fall a** hat S rechtswidrig und schuldhaft die Rippenbrüche des R verursacht; er ist also insoweit nach § 823 I schadensersatzpflichtig. Andererseits muss R dem S wegen des erlittenen Schadens (Zaunreparatur bei E) Ersatz leisten (§ 823 II iVm § 249 StGB).

Nach besonderen Gesetzen wird zB für Unfälle beim Kraftfahrzeug-, Eisenbahn-, Luftverkehr auch ohne Verschulden gehaftet

6 Vgl. BGHZ 63, 140; *BGH* NJW 1976, 957; *OLG Celle* VersR 1980, 874.
7 *Brox/Walker* SchuldR BT § 45 Rn. 15 ff.
8 Einzelheiten: *Brox/Walker* SchuldR BT § 45 Rn. 52 ff.

(sog. Gefährdungshaftung).[9] Diese Haftung setzt weder ein rechtswidriges Handeln noch ein Verschulden voraus. Es handelt sich hier nämlich nicht um ein Einstehenmüssen für rechtswidriges und schuldhaftes Tun; denn das jeweilige Verhalten (zB Betrieb eines Kraftfahrzeuges, einer Eisenbahn) ist sogar erlaubt. Die Gefährdungshaftung beruht vielmehr auf dem Gedanken, dass derjenige, der erlaubterweise eine gefährdende Betätigung ausübt und daraus Nutzen zieht, die Schäden zu tragen hat, die Außenstehende dadurch erleiden, dass die Gefahr sich verwirklicht.

Im **Fall b** haftet die Deutsche Bahn AG nach § 1 HPflG dem Reisenden auf Schadensersatz.[10]

Beim Unterlassen (→ Rn. 3) trifft den Garanten ausnahmsweise keine Verantwortlichkeit, wenn es für ihn unzumutbar ist, die Verletzung des Rechtsguts abzuwenden.[11]

Beispiel: Der Kaufhausdetektiv beobachtet, wie seine Ehefrau ein Stück Seife einsteckt, ohne zu bezahlen. Es ist ihm nicht zumutbar, gegen sie einzuschreiten.

IV. Schaden

9 Durch die Verletzung einer vertraglichen Pflicht oder eines Rechts(gutes) iSv § 823 I muss ein Schaden (→ § 29 Rn. 1) verursacht worden sein. Zwischen der Pflicht- oder Rechts(gut)verletzung und dem eingetretenen Schaden muss ein Kausalzusammenhang bestehen.

Im **Fall a** sind dem R durch die von S verursachte Körperverletzung die Arztkosten und dem E durch die Beschädigung des Zaunes die Reparaturkosten für den Zaun entstanden. Damit liegen jeweils der Vermögensschaden und die sog. haftungsausfüllende Kausalität (→ § 30 Rn. 6) vor.

§ 29. Schaden und Geschädigter

1 **Schrifttum:** *Armbrüster*, Grundfälle zum Schadensrecht, JuS 2007, 508; *Arntz*, Das Schmerzensgeld im Lichte der empirischen Glücksforschung, NJW 2017, 3329; *Benecke/Pils*, Der Ersatz des Nutzungsinteresses – Nut-

9 Dazu *Brox/Walker* SchuldR BT § 54.
10 Vgl. *Brox/Walker* SchuldR BT § 54 Rn. 20 ff.
11 Vgl. zur Unzumutbarkeit als Schuldausschließungsgrund Palandt/*Grüneberg* BGB § 276 Rn. 7.

zungsersatz für eigenwirtschaftlich genutzte Gegenstände als Schwäche der Differenzmethode, JA 2007, 241; *Bitter*, Wertverlust durch Nutzungsausfall, AcP 205 (2005), 743; *Bredemeyer*, Das Prinzip der „Drittschadensliquidation“, JA 2012, 102; *Deutsch*, Schmerzensgeld für Vertragsverletzungen und bei der Gefährdungshaftung, ZRP 2001, 351; *Ebbing*, Ausgleich immaterieller Schäden, ZGS 2003, 223; *Exner*, Der Ausfall des Internetzugangs als Vermögensschaden?, JuS 2015, 680; *Fleckner*, Schadensausgleich beim Handeln in eigenem Namen für fremde Rechnung, in: Perspektiven des Wirtschaftsrechts, 2008, 3; *Gomille*, Die Drittschadensliquidation im System des Haftungsrechts, JURA 2017, 619; *Henn*, Zur Daseinsberechtigung der so genannten „Drittschadensliquidation“, 2011; *Horlach*, Referendarexamensklausur – Zivilrecht: Drittschadensliquidation und gestörte Gesamtschuld – Sturz unterm Riesenrad, JuS 2009, 242; *Jaeger*, Ausfall von Telefon, Fax und Internet: Genussschmälerung oder wirtschaftlicher Schaden?, NJW 2013, 1031; *ders.*, Bemessung des Schmerzensgeldes bei der Haftung aus Gefährdungstatbeständen, ZGS 2004, 217; *Katzenmeier*, Hinterbliebenengeld – Anspruch auf Entschädigung für seelisches Leid, JZ 2017, 869; *ders.*, Die Neuregelung des Anspruchs auf Schmerzensgeld, JZ 2002, 1029; *Knütel*, Die Schwächen der „konkreten“ und „abstrakten“ Schadensberechnung und das positive Interesse bei der Nichterfüllung, AcP 202 (2002), 555; *Looschelders/Makowsky*, Relativität des Schuldverhältnisses und Rechtstellung Dritter, JA 2012, 721; *Luther*, Kompensationsschadensersatz statt Drittschadensliquidation, AcP 213 (2013), 572; *Martens*, Schadensersatz für entgangene Theaterfreuden?, AcP 209 (2009), 445; *Medicus*, Allgemeines Schadensrecht – Insbesondere zur Grenzziehung zwischen Vermögens- und Nichtvermögensschaden, Festgabe 50 Jahre BGH, Bd. I, 2000, 201; *Mohr*, Berechnung des Schadens nach der Differenzhypothese, JURA 2010, 327; *Neuner*, Das Schmerzensgeld, JuS 2013, 577; *Oetker*, Versendungskauf, Frachtrecht und Drittschadensliquidation, JuS 2001, 833; *Sanden/Danner/Küppersbusch*, Nutzungsausfallentschädigung 2013, Beil. 1/2013 zu NJW Heft 1–2/2013; *Stamm*, Die Auflösung der Drittschadensliquidation im Wege der Gesamtschuld, AcP 217 (2017), 165; *ders.*, Rechtsfortbildung der Drittschadensliquidation im Wege eines originären und rein deliktsrechtlichen Drittschadensersatzanspruchs analog § 844 Abs. 1 BGB, AcP 203 (2003), 366; *ders.*, (Original-)Referendarexamensklausur-Zivilrecht: Drittschadensliquidation – Immer Ärger mit den Handwerkern, JuS 2017, 56; *Steffen*, Der normative Verkehrsunfallschaden, NJW 1995, 2057; *Thüsing*, Schadensersatz für Nichtvermögensschäden bei Vertragsbruch, VersR 2001, 285; *Verweyen*, Gegenläufige Entwicklungstendenzen bei der Drittschadensliquidation?, JURA 2006, 571; *Wagner*, Schadensersatz in Todesfällen – Das neue Hinterbliebenengeld, NJW 2017, 2641; *ders.*, Angehörigenschmerzensgeld, FS Stürner, 1. Teilband, 2013, 231; *ders.*, Das Zweite Schadensersatzrechtsänderungsgesetz, NJW 2002, 2049; *Walker*, Die Entschädigung für immaterielle Schäden nach deutschem Zivilrecht, FS Ulusan, 2016, Bd. III, 743; *Weiss*, Die Drittschadensliquidation – alte und neue Herausforderungen, JuS 2015, 8; *Wietfeld*, Der Umfang von Schadensersatzansprüchen statt der Leistung nach berechtigter Erfüllungsverweigerung, AcP 215 (2015), 716; *Wittschier*, Der

Anspruch auf Hinterbliebenengeld bei tödlichen Arbeitsunfällen, JZ 2018, 490; *ders.*, Die Schwacke-Liste als Schätzungsgrundlage für die Erstattung von Mietwagenkosten zum Normaltarif, NJW 2012, 13.

Fall a: A hat in Briefen an drei Personen unwahre, ehrenrührige Tatsachen über B behauptet. Die Empfänger der Briefe haben bei B nicht mehr eingekauft, und diesem ist ein Gewinn von 1.000 EUR entgangen. B verlangt von A Schadensersatz und Schmerzensgeld. → Rn. 2, 4, 6

Fall b: Der Kraftfahrer K hat den Schauspieler S fahrlässig verletzt, so dass die Theatervorstellung ausfallen muss. S verlangt von K seinen Verdienstausfall. Der Theaterunternehmer T und der Wirt W des Theaterrestaurants machen ihren entgangenen Gewinn geltend. → Rn. 12, 13

Fall c: Welche Rechte hat die Ehefrau des S, wenn sie beim Anblick des Unfalls einen Nervenzusammenbruch erleidet und ihr Arztkosten entstehen? → Rn. 12, 13

Fall d: V versendet an K die Kaufsache durch den Transportunternehmer T. Durch dessen Verschulden wird die Sache zerstört. K verlangt von T Schadensersatz. → Rn. 14, 18

I. Begriff des Schadens

Unter einem Schaden versteht man jede **unfreiwillige Einbuße** an Gütern. Demgegenüber werden freiwillige Opfer als Aufwendungen bezeichnet (→ § 10 Rn. 2).

Der Schaden wird dadurch ermittelt, dass man die gegenwärtige Lage mit der Lage, wie sie ohne das Schadensereignis bestehen würde, vergleicht (vgl. § 249 I).

Beispiele: Nach dem Verkehrsunfall ist der linke Kotflügel des Pkw eingedrückt, der linke Oberschenkel des Fahrers gebrochen; ohne den Verkehrsunfall hätte der Fahrer während der acht Wochen, die er im Krankenhaus liegen musste, als Handelsvertreter Geld verdienen können. Durch den beleidigenden Zeitungsartikel ist die Ehre des X verletzt worden.

II. Schadensarten

2 Die Frage, inwieweit ein Schaden zu ersetzen ist, bestimmt sich maßgeblich nach der Art des Schadens.

1. Materieller und immaterieller Schaden

a) Materieller Schaden. Mit einem materiellen Schaden ist ein Vermögensschaden gemeint. Ein solcher ist gegeben, wenn der gegenwärtige tatsächliche Wert des Vermögens geringer ist als der Wert der Vermögenslage, in der sich der Geschädigte ohne den Eintritt des schädigenden Ereignisses befinden würde (sog. Differenzhypothese oder Differenzmethode). Vermögensschäden sind grundsätzlich in Natura und in Geld ersatzfähig.

Einen Vermögenswert haben solche Güter oder Positionen, die in Geld bemessen werden können.

Beispiele: Vermögensminderung durch Entzug, Zerstörung oder Beschädigung einer Sache, durch Verlust einer Forderung (entgangenes Einkommen; 1.000 EUR im **Fall a**) oder durch Aufwendungen zwecks Beschaffung einer Ersatzsache. Auch die Unterhaltsbelastung der Eltern für ein nicht gewolltes Kind, das nach einer fehlerhaften ärztlichen Behandlung (fehlgeschlagene Sterilisation) oder Beratung (über die Sicherheit bestimmter Mittel zur Empfängnisverhütung) geboren wurde, kann einen ersatzfähigen Vermögensschaden darstellen.[1]

In bestimmten Fällen kann die Einordnung eines Schadens als Ver- 3
mögensschaden schwierig sein. Wird etwa die Gebrauchsmöglichkeit einer Sache vorübergehend aufgehoben, ist das Vorliegen eines Vermögensschadens dann zweifelhaft, wenn der Betroffene keine Aufwendungen macht, um sich Ersatz zu verschaffen.

Die Rechtsprechung sieht den vorübergehenden Verlust der Gebrauchsmöglichkeit an einem Pkw auch dann als ersatzfähigen Schaden an, wenn der Betroffene keinen Ersatzwagen anmietet.[2] Zur Berechnung werden in der Praxis die regelmäßig aktualisierten Tabellen über Nutzungsausfallentschädigung[3] herangezogen,[4] die jährlich aktualisiert in der NJW veröffentlicht werden. Allerdings setzt ein Nutzungsausfallschaden einen fühlbaren wirtschaftlichen Nachteil voraus. Daran fehlt es bei der Schädigung eines gewerblich genutzten Fahrzeugs, wenn dem Geschädigten ein gleichwertiges Ersatzfahrzeug zur Verfügung steht, dessen Anmietungskosten ihm ersetzt werden.[5] Als ein lediglich immaterieller Schaden (dazu sogleich → Rn. 4), der nur in den engen Grenzen des § 253 zu entschädigen ist, wurde dagegen der Entzug der Nutzungsmöglichkeit an einem Wohnwagen,[6] Pelzmantel,[7] Schwimmbad[8] und einem Motorsportboot[9] eingeordnet. Nach der Entscheidung des Großen Se-

1 *BGH* NJW 2007, 989 (990); *BVerfG* NJW 1998, 519.
2 BGHZ 40, 345; 45, 212; 88, 11; *BGH* NJW 1988, 484; 2005, 277; NJW-RR 2008, 1198; NJW 2013, 1149 (1151).
3 Siehe zuletzt NJW 2011, Beilage zu Heft 1–2.
4 *BGH* NJW 2005, 277; 2011, 1947 (1948) (Abweichungen von den Tabellen aufgrund von Einzelfallumständen möglich).
5 *BGH* NJW 2008, 913 ff.
6 BGHZ 86, 128.
7 BGHZ 63, 393.
8 BGHZ 76, 179; *BGH* NJW-RR 2008, 1198 (Wohnmobil).
9 BGHZ 89, 60.

nats des BGH[10] soll eine Nutzungsausfallentschädigung immer dann in Betracht kommen, wenn es sich um ein Wirtschaftsgut von allgemeiner zentraler Bedeutung handelt, auf dessen ständige Verfügbarkeit die eigenwirtschaftliche Lebenshaltung typischerweise angewiesen ist. Nicht nur der Bestand des Vermögens, sondern auch die in ihm enthaltene Möglichkeit, es zur Verwirklichung der Lebensziele zu nutzen, stelle einen eigenständigen Wert dar und sei mit geschützt.[11] Demnach kann der Käufer für den vorübergehenden Entzug der Möglichkeit, den gekauften Wohnraum zu benutzen, Schadensersatz wegen Nichterfüllung nur verlangen, wenn der Raum für seine Lebensführung von zentraler Bedeutung war und er ihn auch selbst bewohnen wollte.[12] Insoweit spielt es aber keine Rolle, ob dem Käufer die bereits bestehende Nutzungsmöglichkeit entzogen oder ob ihm (wegen verspäteter Übergabe durch den Bauträger) von vornherein die Nutzungsmöglichkeit vorenthalten wird.[13] Nach Ansicht des BGH[14] kann es einen ersatzfähigen Vermögensschaden darstellen, wenn dem Inhaber eines DSL-Anschlusses die Möglichkeit genommen wird, seinen Zugang zum Internet zu benutzen, auch wenn ihm hierdurch keine Mehraufwendungen entstehen oder Einnahmen entgehen. Bei der vorübergehenden Entziehung der Gebrauchsmöglichkeit eines Motorrads ist zu differenzieren:[15] Stand das Motorrad dem Geschädigten als einziges Kraftfahrzeug zur Verfügung und wurde es nicht ausschließlich zu Freizeitzwecken genutzt, steht ihm wie bei der Entziehung der Gebrauchsmöglichkeit eines Pkw eine Nutzungsausfallentschädigung zu. Verfügt der Geschädigte dagegen neben dem Motorrad auch über einen Pkw und dient das Motorrad vor allem dem Hobby des Geschädigten oder dazu, ihm im Vergleich zur Fahrt mit einem Pkw ein anderes Fahrgefühl zu vermitteln, fehlt es an einem entschädigungsfähigen Vermögensschaden.

4 **b) Immaterielle Schäden.** Immaterielle Schäden sind solche, die sich nicht in einer Vermögensminderung zeigen.

Beispiele: Körperliche Schmerzen, seelische Beeinträchtigungen, Ehrverletzungen (**Fall a**).

Hinsichtlich der Ersatzfähigkeit von immateriellen Schäden hat sich die Rechtslage am 1.8.2002 geändert.[16] Nach dem damals neu eingefügten § 253 I kann wegen eines Nichtvermögensschadens eine

10 BGHZ 98, 212; dazu *Medicus* JURA 1987, 240; *Schiemann* JuS 1988, 20; bestätigt von *BGH* NJW 2013, 1072; 2014, 1374 mAnm *Schwab* JuS 2014, 938 und Anm. *Oetker* JZ 2015, 102; NJW 2018, 1393 Rn. 6f.
11 BGHZ 98, 212 (214f.).
12 BGHZ 117, 260; *BGH* NJW 2014, 1374 (1375) mAnm *Schwab* JuS 2014, 938.
13 *BGH* NJW 2014, 1374f. mAnm *Schwab* JuS 2014, 938.
14 *BGH* NJW 2013, 1072 (1074) mAnm *Spindler* JZ 2013, 897 (verneint dagegen für den Verlust der privaten Nutzungsmöglichkeit eines Telefaxgeräts); krit. zum BGH *Exner* JuS 2015, 680.
15 *BGH* NJW 2018, 1393 Rn. 9.
16 Zweites Schadensersatzrechtsänderungsgesetz v. 19.7.2002, BGBl. I 2674.

Entschädigung in Geld nur in den durch das Gesetz bestimmten Fällen gefordert werden.

aa) Schmerzensgeldanspruch nach § 253 II. Eine solche gesetzliche Regelung findet sich in § 253 II. Danach kann auch wegen eines Schadens, der nicht Vermögensschaden ist, eine billige Entschädigung in Geld gefordert werden, wenn wegen einer Verletzung des Körpers, der Gesundheit, der Freiheit oder der sexuellen Selbstbestimmung Schadensersatz zu leisten ist. Dieser allgemeine Schmerzensgeldanspruch gilt sowohl bei der verschuldensabhängigen deliktischen[17] und vertraglichen Schadensersatzhaftung als auch bei der verschuldensunabhängigen Gefährdungshaftung.[18] **4a**

Bis 31.7.2002 war gem. § 253 aF bei immateriellen Schäden eine Entschädigung in Geld mit Ausnahme der deliktischen Schmerzensgeldhaftung (§ 847 aF) ausgeschlossen. So gab es in den Fällen der lediglich vertraglichen Haftung und der Gefährdungshaftung kein Schmerzensgeld. Damit entfiel bei immateriellen Schäden allerdings nur ein Ersatzanspruch auf Geld; die Naturalrestitution des immateriellen Schadens kann der Geschädigte, soweit das möglich ist, stets fordern. – § 253 aF beruhte auf der inzwischen überholten Erwägung des historischen Gesetzgebers, dass es dem deutschen Rechts- und Sittlichkeitsbewusstsein widerstrebe, die immateriellen Lebensgüter auf die gleiche Stufe mit den Vermögensgütern zu stellen und einen immateriellen Schaden mit Geld aufzuwiegen.[19] Die Rechtsprechung hatte sich allerdings schon seit langem über die Wertung des § 253 aF hinweggesetzt und bei schwerwiegenden Verletzungen des Persönlichkeitsrechts einen Anspruch auf Ersatz des immateriellen Schadens bejaht.[20]

Die Erweiterung des Schmerzensgeldes auf die vertragliche Haftung wirkt sich vor allem bei der Einschaltung eines Gehilfen aus. In solchen Fällen kann eine deliktische Haftung des Geschäftsherrn nach § 831 nämlich daran scheitern, dass diesem der Exkulpationsbeweis (§ 831 I 2)[21] gelingt. Dagegen ist im Rahmen der vertraglichen Haftung über § 278 eine Exkulpation nicht möglich (zu den Unterschieden zwischen § 831 und § 278 → § 20 Rn. 39 ff.). Der Geschäftsherr haftet dann auf Schadensersatz und gem. § 253 II auf Schmerzensgeld (was nach § 847 aF nicht der Fall gewesen wäre). **5**

---

17 *Brox/Walker* SchuldR BT § 52 Rn. 7 ff.
18 Dazu *Brox/Walker* SchuldR BT § 54.
19 Prot. I, 622.
20 BGHZ 26, 349; 35, 363; 39, 124; BVerfGE 34, 269; *Brox/Walker* SchuldR BT § 52 Rn. 15 ff.
21 Dazu *Brox/Walker* SchuldR BT § 48 Rn. 6 ff.

6 **bb) Entschädigung wegen Persönlichkeitsrechtsverletzung.** Bei der Aufzählung der Tatbestände, die nach § 253 II einen Schmerzensgeldanspruch auslösen, ist das **allgemeine Persönlichkeitsrecht** zwar nicht genannt. Das steht aber einer Geldentschädigung in diesen Fällen unter den von der Rechtsprechung entwickelten Voraussetzungen nicht entgegen. Dieser Anspruch wurde nämlich schon vor dem 1.8.2002 unmittelbar aus § 823 (und nicht etwa aus § 847 aF) hergeleitet,[22] und er besteht daher unabhängig von dem neuen § 253 II.

Im **Fall a** kann B gem. § 823 I (Ehre als geschütztes Rechtsgut)[23] neben dem Ersatz seines Vermögensschadens von 1.000 EUR auch eine Geldentschädigung nach § 253 II verlangen.

6a **cc) Hinterbliebenengeld.** Einen weiteren gesetzlich bestimmten Fall einer Geldentschädigung wegen immaterieller Schäden bildet das Hinterbliebenengeld nach § 844 III.[24] Danach hat im Fall einer Tötung der Ersatzpflichtige dem Hinterbliebenen, der zur Zeit der Verletzung zu dem Getöteten in einem besonderen persönlichen Näheverhältnis stand, für das ihm zugefügte seelische Leid eine angemessene Entschädigung in Geld zu leisten (§ 844 III 1). Ein besonderes persönliches Näheverhältnis wird vermutet, wenn der Hinterbliebene der Ehegatte, der Lebenspartner, ein Elternteil oder ein Kind des Getöteten war (§ 844 III 2). Diese Regelung kommt vor allem den Hinterbliebenen von Unfallopfern (zB schuldhaft herbeigeführter Flugzeugabsturz) zugute.

Bis zur Einfügung des § 844 III war der durch den Tod einer nahestehenden Person erlittene immaterielle Schaden grds. nicht ersatzfähig. Der BGH billigte lediglich in Ausnahmefällen nahen Angehörigen von Unfallopfern, die den Unfall miterlebt und dadurch selbst einen sog. Schockschaden erlitten haben, ein angemessenes Schmerzensgeld zu.[25] Der Entschädigungsanspruch nach § 844 III ist dagegen nicht von einem eigenen Gesundheitsschaden des Hinterbliebenen abhängig.

2. Normativer Schaden

7 Von dem nach der Differenzmethode berechneten Vermögensschaden, der stets eine tatsächliche Vermögenseinbuße voraussetzt, ist der

22 *BGH* NJW 2005, 215; *Brox/Walker* SchuldR BT § 52 Rn. 16.
23 *Brox/Walker* SchuldR BT § 45 Rn. 25.
24 Neu eingefügt durch Gesetz vom 17.7.2017 mit Wirkung zum 22.7.2017 (BGBl. I S. 2421). Zu § 844 III auch *Brox/Walker* SchuldR BT § 45 Rn. 3.
25 *BGH* NJW 2015, 1451 f.

sog. normative Schaden zu unterscheiden. Beim normativen Schaden wird aufgrund wertender Betrachtung ein Vermögensschaden angenommen, obwohl sich beim Vergleich der beiden Vermögenslagen rechnerisch kein Nachteil ergibt. Die Einzelheiten sind sehr umstritten.[26]

Beispiel: T hat den Handelsvertreter V krankenhausreif geschlagen. Deshalb muss er ihm die Krankenhauskosten und den entgangenen Gewinn (Ausfall der Provisionen, die V als Handelsvertreter ohne die Tat des T erlangt hätte) ersetzen. Ist V aber Arbeitnehmer und in der gesetzlichen Krankenversicherung gegen Krankheit versichert, so trägt die Krankenversicherung die Krankenhauskosten, und der Arbeitgeber zahlt dem V trotz des Arbeitsausfalls den Lohn weiter (vgl. § 3 Entgeltfortzahlungsgesetz – EFZG). V erleidet also keine Vermögenseinbuße. Das darf aber nicht dazu führen, dass T keinen Schadensersatz zu leisten hat; denn die Krankenversicherung und die Lohnfortzahlung sollen den V vor den wirtschaftlichen Folgen eines vorübergehenden Verlustes seiner Arbeitskraft schützen, nicht aber den Schädiger T entlasten. Andererseits soll V aus seiner Verletzung keinen Gewinn erzielen, indem er zusätzlich von T die Krankenhauskosten und den Lohn kassiert. Diese Beträge müssen vielmehr dem Versicherungsträger bzw. dem Arbeitgeber zustehen, weil sie durch ihre Leistungen Vermögensnachteile des Geschädigten verhindert haben. Das Gesetz erreicht dieses Ergebnis dadurch, dass es die Ansprüche des V kraft Gesetzes auf den Versicherungsträger (§ 116 SGB X) und auf den Arbeitgeber übergehen lässt (§ 6 EFZG).

Ein normativer Schaden setzt danach zweierlei voraus:[27] Der Eintritt einer Vermögenseinbuße liegt deshalb nicht vor, weil diese nicht durch den Schädiger, sondern auf andere Weise ausgeglichen worden ist. Zum anderen muss die gesetzliche Wertung erkennen lassen, dass dadurch der Schädiger nicht entlastet werden soll.

Die Lehre vom normativen Schaden erfasst einen Teil der Fälle, die früher bei der Schadensberechnung im Rahmen der Vorteilsausgleichung erörtert wurden und bei denen eine solche abgelehnt wurde (→ § 31 Rn. 23). Sie behandelt die Problematik dieser Fälle bereits bei der Entstehung des Schadens und nicht erst bei der Schadensberechnung.

3. Erfüllungs- und Vertrauensschaden

Im rechtsgeschäftlichen Bereich unterscheidet das Gesetz zwischen 8
Erfüllungs- und Vertrauensschaden. Welcher Schaden ersatzfähig ist, hängt von der jeweiligen Anspruchsgrundlage ab.

26 Vgl. die Übersicht bei *Medicus* JuS 1979, 233.
27 *BGH* BeckRS 2016, 112172 mAnm *Walker* LMK 2017, 388008

a) Erfüllungsschaden. Erfüllungsschaden (= Erfüllungs- oder positives Interesse) ist der Schaden, der dem Partner dadurch entstanden ist, dass der andere nicht erfüllt hat. Hier muss der Geschädigte so gestellt werden, wie er stehen würde, wenn erfüllt worden wäre.

Wichtigstes Beispiel: Nach § 280 III (→ § 22 Rn. 50ff.) kann der Gläubiger vom Schuldner Schadensersatz statt der Leistung verlangen. Hätte er den geschuldeten Gegenstand etwa mit 400 EUR Gewinn verkaufen können, so ist das sein Erfüllungsinteresse.

9 **b) Vertrauensschaden.** Vertrauensschaden (= Vertrauens- oder negatives Interesse) ist der Schaden, der dem Partner daraus erwachsen ist, dass er auf die Gültigkeit des Rechtsgeschäfts vertraut hat. Der Geschädigte muss so gestellt werden, wie er stehen würde, wenn er von dem Geschäft nichts gehört hätte.

Beispiele: § 122 (bei Nichtigkeit der nicht ernstlich gemeinten [§ 118] oder der nach §§ 119f. angefochtenen Willenserklärung); Haftung für vorvertragliche Pflichtverletzung (→ § 25 Rn. 15). Hier kann der Gläubiger zB Ersatz seiner Aufwendungen (Porto, Telefonkosten) verlangen; diese wären ihm nämlich nicht entstanden, wenn von dem Geschäft nie die Rede gewesen wäre.

10 **c) Begrenzung des Vertrauensschadens durch das Erfüllungsinteresse.** Meist ist der Vertrauensschaden geringer als der Erfüllungsschaden. Das braucht aber keineswegs immer so zu sein. In manchen Fällen begrenzt das Gesetz den Ersatz des Vertrauensschadens auf den Betrag des Erfüllungsinteresses (zB § 122).

Beispiel: M mietete von V schriftlich ab 1.7. für einen Monat eine Ferienwohnung für 1.500 EUR. Da er sich verschrieben hatte (er wollte ab 1.8. mieten), focht er seine Erklärung wegen Erklärungsirrtums (§ 119 I) an. V kann Ersatz des Vertrauensschadens (§ 122) verlangen. Hat er mit Rücksicht auf den Mietvertrag mit M ein anderes Mietangebot für den Monat Juli zu 1.400 EUR Mietzins abgelehnt, so ist das sein negatives Interesse. Dieses beliefe sich auf 1.600 EUR, wenn ihm ein Mietangebot in dieser Höhe gemacht worden wäre. Es ist aber zu berücksichtigen, dass V bei Gültigkeit des Vertrags mit M für den Monat Juli nur 1.500 EUR erhalten hätte; hierin würde sein Erfüllungsinteresse bestehen. Nach § 122 I ist aber das Vertrauensinteresse (1.600 EUR) nur bis zur Höhe des Erfüllungsinteresses (1.500 EUR) zu ersetzen. Der Anspruchsberechtigte (V) soll durch die Vernichtung der Willenserklärung nicht besser gestellt werden, als er bei Gültigkeit der Erklärung gestanden hätte.

4. Unmittelbarer und mittelbarer Schaden

Unter dem **unmittelbaren** Schaden versteht man den Schaden **am verletzten Rechtsgut selbst**, unter dem **mittelbaren** den **Folgeschaden.** 11

Beispiel: Unmittelbarer Schaden ist die Verletzung des Körpers, mittelbarer dagegen der Verdienstausfall als entgangener Gewinn. Streitig ist, wozu die Arztkosten zu rechnen sind.

Die Schadensersatzpflicht tritt ein ohne Unterschied, ob die Handlung oder Unterlassung unmittelbar oder mittelbar den Schaden bewirkt hat.[28]

III. Geschädigter

1. Unmittelbar und mittelbar Geschädigter

Eine Handlung kann mehrere Personen schädigen **(Fall b).** Damit ist aber nicht gesagt, dass alle Geschädigten gegen den Schädiger einen Anspruch auf Ersatz des Schadens haben. Es ist vielmehr bei jedem einzelnen Geschädigten zu prüfen, ob eine Anspruchsgrundlage für den geforderten Schadensersatz besteht. 12

Demnach ist bei einer Vertragsverletzung nur der Vertragspartner ersatzberechtigt, wenn man vom Vertrag zu Gunsten Dritter (→ § 32 Rn. 2, 10, 16) und vom Schuldverhältnis mit Schutzwirkung für Dritte (→ § 33 Rn. 13 ff.) einmal absieht. Bei unerlaubter Handlung hat einen Schadensersatzanspruch nur derjenige, in dessen Person der Tatbestand etwa der §§ 823 I, II, 826 erfüllt ist (Ausnahmen: §§ 844, 845).

Im **Fall b** hat lediglich S einen Schadensersatzanspruch aus § 823 I, da K nur dessen Körper fahrlässig verletzt hat. Zwar haben auch T und W durch das Verhalten des K einen Schaden erlitten; jedoch ist nur ihr Vermögen verletzt, und das Vermögen ist kein in § 823 I geschütztes Rechtsgut. Da ihnen auch kein Schadensersatzanspruch aus den übrigen Bestimmungen über unerlaubte Handlungen (insbes. §§ 823 II, 826) zusteht, braucht K ihre Schäden nicht zu ersetzen. Im **Fall c** hingegen ist die Ehefrau selbst in ihrer Gesundheit verletzt (§ 823 I).

Ersatzberechtigt ist also nur derjenige Verletzte, in dessen Person die Voraussetzungen eines Schadensersatzanspruchs gegeben sind 13

28 Mot. II, 18.

(sog. **unmittelbar Geschädigter**). Andere Personen, die infolge der Verletzung des unmittelbar Geschädigten einen Schaden erleiden, ohne dass in ihrer Person ein zum Schadensersatz berechtigender Tatbestand (zB Vertragsverletzung oder unerlaubte Handlung) erfüllt ist – sog. **mittelbar Geschädigte** –, sind in der Regel nicht ersatzberechtigt.

Im **Fall c** ist die Ehefrau unmittelbar Geschädigte; in ihrer Person ist der Tatbestand des § 823 I (fahrlässige Gesundheitsbeschädigung) gegeben. Dagegen sind im **Fall b** T und W nur mittelbar Geschädigte; sie sind lediglich in ihrem Vermögen geschädigt, ohne dass die Tatbestände des § 823 I (keine Verletzung der dort genannten Rechtsgüter und Rechte), § 823 II oder § 826 erfüllt sind.

Diese Begrenzung des Kreises der ersatzberechtigten Geschädigten ist geboten; denn anderenfalls würde die Ersatzpflicht einen ganz unangemessenen Umfang bekommen. Das Gesetz lässt nur in eng begrenzten Ausnahmefällen einen Schadensersatzanspruch von besonders schutzwürdigen mittelbar Geschädigten zu (siehe §§ 844, 845)[29].

2. Drittschadensliquidation

14 Hat der Schädiger seine Vertragspflichten gegenüber dem Vertragspartner verletzt und ist dadurch nicht diesem, sondern einem Dritten ein Vermögensschaden entstanden, so braucht der Schädiger nach dem bisher Gesagten keinen Schadensersatz zu leisten. Denn der Vertragspartner hat zwar wegen der Pflichtverletzung einen Anspruch, aber keinen eigenen Schaden, der zu ersetzen wäre; der Dritte hat zwar einen Schaden, aber keinen vertraglichen Anspruch gegen den Schädiger, weil ihm gegenüber keine Vertragsverletzung begangen wurde.

Beispiel: Im **Fall d** wird V von seiner Leistungspflicht frei (§ 275 I). Er behält aber den Anspruch auf den Kaufpreis, weil nach § 447 die Gefahr des Untergangs (sog. Preisgefahr) bereits mit der Übergabe an die Transportperson auf K übergegangen war.[30] V hat zwar gegen T einen Anspruch wegen Verletzung des Transportvertrags, aber keinen zu ersetzenden Schaden. K hat zwar einen Schaden, weil er die Kaufsache nicht bekommt und trotzdem den Kaufpreis an V zahlen muss; aber er hat (sofern nicht § 421 I 2 HGB eingreift) keinen Anspruch gegen T, weil er nicht dessen Vertragspartner ist.

---

29 *Brox/Walker* SchuldR BT § 52 Rn. 21 ff.
30 *Brox/Walker* SchuldR BT § 3 Rn. 19 ff.

Eine entsprechende Situation ist bei einer unerlaubten Handlung möglich: Hier kann die Rechtsgutverletzung bei der einen Person, der daraus entstehende Vermögensschaden bei der anderen eingetreten sein.

Im **Fall d** hat V gegen T zwar einen Anspruch gem. § 823 I (Eigentumsverletzung), aber keinen Schaden. K hat zwar einen Schaden, aber keinen Anspruch gegen T aus § 823 I, weil er zur Zeit der Zerstörung der Sache noch nicht deren Eigentümer war.

Das Ergebnis, dass der Schädiger in solchen Fällen keinen Schadensersatz zu leisten braucht und der Geschädigte auf seinem Schaden sitzen bleibt, ist unbillig. Die Rechtsprechung und die hM im Schrifttum lassen deshalb unter bestimmten Voraussetzungen zu, dass der Verletzte den Schaden des Dritten gegen den Schädiger geltend macht (Drittschadensliquidation) und den Ersatz an den geschädigten Dritten weiterleitet.

a) Voraussetzungen. Die gesetzlich nicht geregelte Drittschadensliquidation hat eine lückenfüllende Funktion. Sie kommt deshalb nur in Betracht, wenn der verursachte Schaden nicht schon aufgrund einer gesetzlichen Regelung oder einer vertraglichen Vereinbarung geltend gemacht werden kann. Daraus ergeben sich für die Drittschadensliquidation folgende Voraussetzungen: **15**

- Erstens müssen gegenüber einer Person die Tatbestandsvoraussetzungen einer Anspruchsgrundlage erfüllt worden sein, aber dieser Person darf kein ersatzfähiger Schaden entstanden sein **(Anspruch ohne Schaden)**.
- Zweitens muss ein Geschädigter vorhanden sein, dem gegenüber aber nicht die Tatbestandsvoraussetzungen einer Anspruchsgrundlage erfüllt worden sind **(Schaden ohne Anspruch)**
- Drittens muss der verursachte Schaden zufälligerweise von dem Anspruchsberechtigten auf einen Dritten verlagert worden sein **(zufällige Schadensverlagerung)**.

Die Zufälligkeit der Schadensverlagerung ist gerade der Gesichtspunkt, aus dem der Schädiger keinen Vorteil ziehen soll. Sie ist aus der Sicht des Schädigers zu beurteilen. An der Zufälligkeit fehlt es deshalb, wenn der Schädiger an der Schadensverlagerung durch eine vertragliche Vereinbarung mitgewirkt hat. Im Falle einer solchen Vereinbarung (Vertrag zu Gunsten Dritter; Vertrag mit Schutzwirkung für Dritte; dazu → § 32 und → § 33) ist diese dann die Rechtsgrundlage für einen Schadensersatzanspruch, so dass es der Drittschadensliquidation nicht bedarf.

16 **b) Rechtsfolgen.** Die Rechtsfolge der Drittschadensliquidation besteht zunächst darin, dass der Schaden zum Anspruch gezogen wird: Der Anspruchsberechtigte erhält die Möglichkeit, den bei einem Dritten eingetretenen Schaden zu liquidieren.

Damit das Ziel der Drittschadensliquidation, dem geschädigten Dritten einen Ersatz oder Ersatzanspruch zukommen zu lassen, erreicht wird, muss der nichtgeschädigte Gläubiger des Ersatzanspruchs im Innenverhältnis zu dem geschädigten Dritten verpflichtet sein, diesem den Schadensersatzanspruch abzutreten oder den eingezogenen Schadensersatz zu übertragen. Diese Pflicht ergibt sich in vielen Fällen aus § 285. Danach muss der Anspruchsberechtigte dem geschädigten Dritten als seinem Gläubiger anstelle der ihm unmöglich gewordenen Leistung den Schadenersatz(anspruch) herausgeben (abtreten), den er gegen den Schädiger wegen dessen Herbeiführung der Unmöglichkeit erworben hat. Wenn § 285 nicht eingreift, folgt die Pflicht zur Abtretung oder Übertragung im Zweifel aus dem Vertragsverhältnis zwischen dem Anspruchsberechtigten und dem Geschädigten.

17 **c) Fallgruppen.** Die Drittschadensliquidation muss als Durchbrechung des Grundsatzes, dass jeder Gläubiger nur seinen eigenen Schaden ersetzt verlangen darf, die Ausnahme bleiben. Sie ist deshalb nur in folgenden Fallgruppen, die sich nicht verallgemeinern lassen, anerkannt:

18 aa) Die Drittschadensliquidation ist zulässig bei einer **obligatorischen Gefahrentlastung.** Diese ist insbesondere beim Versendungskauf gegeben.

Geht die Kaufsache während des Transports unter **(Fall d),** wird der Verkäufer von seiner Leistungspflicht frei (§ 275 I). Er behält aber den Anspruch auf den Kaufpreis (§ 447)[31]. Hat der Transportunternehmer den Untergang verschuldet, steht dem Verkäufer gegen ihn zwar ein Schadensersatzanspruch wegen Verletzung des Transportvertrags und wegen Eigentumsverletzung (§ 823 I) zu; jedoch hat der Verkäufer keinen ersatzfähigen Schaden. Er steht vielmehr so da, als ob ordnungsgemäß erfüllt worden wäre; er ist nämlich von seiner Verpflichtung aus § 433 I 1 frei geworden und erhält trotzdem den Kaufpreis. Den Schaden hat der Käufer, da er die Kaufsache nicht bekommt, aber den Kaufpreis zu zahlen hat. Ihm steht (sofern nicht § 421 I 2 HGB eingreift) kein Anspruch gegen den Transportunternehmer zu; denn er ist weder dessen Vertragspartner, noch war er Eigentümer der zerstörten Kaufsache. Aus Sicht des Schädigers ist es ein Zufall, dass der von ihm verursachte Scha-

---

31 *Brox/Walker* SchuldR BT § 3 Rn. 13, 19 ff.

den nicht bei seinem Vertragspartner (Verkäufer), sondern bei einem Dritten (Käufer) eintritt.

Gäbe es den § 447 nicht, dann hätte der Verkäufer gem. § 326 I 1 keinen Anspruch auf die Gegenleistung (den Kaufpreis); dann wäre er nicht nur Anspruchsberechtigter, sondern auch selbst Geschädigter und könnte Schadensersatz verlangen. Aus der Regelung des § 447, welche nur das Verhältnis zwischen Verkäufer und Käufer, nicht aber die Interessen der Transportperson behandelt, soll diese keinen Vorteil haben. Deshalb kann hier ausnahmsweise der anspruchsberechtigte Verkäufer den Schaden des Dritten (des Käufers) geltend machen. Der Käufer ist befugt, vom Verkäufer die Abtretung des Schadensersatzanspruchs zu verlangen (vgl. § 285) und nach erfolgter Abtretung selbst gegen die Transportperson vorzugehen. Hat der Verkäufer den Schaden des Käufers beim Transportunternehmer bereits liquidiert, kann der Käufer nach § 285 Herausgabe des Erlangten verlangen.

Diese Fallgruppe der Drittschadensliquidation bei obligatorischer Gefahr- 19
entlastung hat allerdings nur eine eingeschränkte Bedeutung. So bedarf es der Drittschadensliquidation nicht, wenn § 421 HGB eingreift. Nach dieser Bestimmung kann der Empfänger die Ansprüche aus dem Frachtvertrag im eigenen Namen gegen den Frachtführer geltend machen.[32] Ferner ist bei der Lösung eines Falls immer zu berücksichtigen, dass § 447 I beim Verbrauchsgüterkauf gem. § 475 II zumeist keine Anwendung findet. Solange in solchen Fällen deshalb die Gefahr noch nicht auf den Käufer übergeht, ist der Verkäufer bei einer Zerstörung während des Transports selbst der Geschädigte, weil er seinen Kaufpreisanspruch verliert. Dann macht der Verkäufer gegenüber dem Transporteur keinen Drittschaden, sondern einen eigenen Schaden geltend.

Zum Teil wird die Schädigung beim Versendungskauf auch ohne das 20
Rechtsinstitut der Drittschadensliquidation gelöst.[33] Danach soll der anspruchsberechtigte Verkäufer gegenüber der Transportperson den Ersatz eines eigenen Schadens geltend machen, weil die Gefahrverlagerung auf den Käufer nur das Innenverhältnis zwischen Verkäufer und Käufer betreffe und im Verhältnis zum Schädiger nicht zu berücksichtigen sei. Diesen Ersatzanspruch muss der Verkäufer gem. § 285 an den Käufer abtreten.

Eine Gefahrentlastung ist ferner im Verhältnis zwischen dem Er- 21
ben und dem Vermächtnisnehmer gegeben.

Beispiel: Der Erblasser hat im Testament den E als Alleinerben eingesetzt und weiter bestimmt, dass V ein bestimmtes Bild als Vermächtnis erhalten

32 Dazu *Homann* JA 1999, 978; *Herber* NJW 1998, 3297.
33 *Büdenbender* NJW 2000, 986 mN

soll. Bevor E das Bild dem V übereignet, wird es von D zerstört. E hätte als Eigentümer des Bildes (§ 1922) einen Schadensersatzanspruch aus § 823 I gegen D. Aber E hat keinen Schaden, weil er von seiner Verpflichtung zur Übereignung des Bildes an V (§ 2174) frei geworden ist (§ 275 I); wie beim Versendungskauf trägt also der Gläubiger (hier der Vermächtnisnehmer) die Gefahr des vom Schuldner nicht zu vertretenden Untergangs. Den Schaden hat V; dieser hat aber keinen Anspruch gegen D. Auch hier kann E den Schaden des V gegen D geltend machen; er muss dann gem. § 285 den Ersatz an V weiterleiten.

22 bb) Bei der **mittelbaren Stellvertretung** handelt der mittelbare „Stellvertreter" gerade nicht als Stellvertreter im Namen eines anderen, sondern im eigenen Namen, allerdings für Rechnung eines anderen. Beauftragt beispielsweise D den K als Kommissionär (vgl. §§ 383 ff. HGB)[34], bestimmte Waren einzukaufen, dann schließt K im eigenen Namen mit dem Verkäufer V einen Kaufvertrag für Rechnung des D. Verletzt V seine Verkäuferpflichten, indem er etwa zu spät liefert (→ § 23 Rn. 3 ff.), dann kann nur K gegen ihn einen Anspruch haben; denn er ist Vertragspartei des Kaufvertrags. K hat aber keinen Schaden; insbesondere ist er dem D nicht schadensersatzpflichtig, weil ihn kein Verschulden trifft. Geschädigt ist allein D; aber er hat keinen Anspruch gegen V, da er nicht dessen Vertragspartner ist und V ihm gegenüber keine unerlaubte Handlung (§§ 823 ff.) begangen hat. Die Schadensverlagerung von K auf D ist aus Sicht des V auch zufällig eingetreten.

Wäre K als direkter Stellvertreter des D gegenüber V aufgetreten, so hätte er im Namen des D den Kaufvertrag geschlossen. Dann hätte der geschädigte D als Vertragspartei des V gegen diesen einen vertraglichen Schadensersatzanspruch. Wenn nun das Gesetz die mittelbare Stellvertretung zulässt, dann ist damit nicht der Zweck verbunden, den Schädiger (V) von seiner Schadensersatzpflicht zu entlasten. Vielmehr kann hier der mittelbare Stellvertreter (K) den Schaden des Dritten (D) in dessen Interesse liquidieren.

23 cc) Ferner kommt nach wohl hM bei der **Obhut für fremde Sachen** eine Liquidation des Drittschadens in Betracht.

Beispiel: A hat von E ein wertvolles Gemälde in Verwahrung genommen. Bei Elektrikerarbeiten, die der seit zehn Jahren sorgfältig arbeitende Geselle G für seinen Meister M im Hause des A ausführt, entsteht durch Fahrlässigkeit des G ein Brand, bei dem das Gemälde vernichtet wird. A hätte gegen M zwar Ansprüche wegen Pflichtverletzung gem. § 280 I iVm § 278; er hat je-

34 *Brox/Henssler* HandelsR Rn. 424 ff.

doch keinen Schaden erlitten, da er gem. § 275 I von der Verpflichtung zur Rückgabe des Gemäldes und damit von einer Ersatzpflicht gegenüber E frei geworden ist. Geschädigt ist lediglich der E. Dessen Anspruch aus § 823 I gegen G wird möglicherweise nicht realisierbar sein, da bei G „nichts zu holen" ist. Ein Anspruch des E gegen M aus unerlaubter Handlung scheitert am Entlastungsbeweis nach § 831 I 2. M soll aber nicht deshalb von seiner Haftung frei werden, weil (aus seiner Sicht) zufällig eine fremde Sache beschädigt worden ist. Deshalb hat A das Recht, den vertraglichen Anspruch auf Ersatz des dem E entstandenen Schadens geltend zu machen.

Die Anwendung der Drittschadensliquidation ist auch in diesen Fällen nicht unumstritten. Immerhin hat hier der Geschädigte einen eigenen deliktischen Anspruch aus § 823 I und gegebenenfalls auch gegen den Geschäftsherrn aus § 831 I, und es lässt sich durchaus bezweifeln, ob die Drittschadensliquidation den Sinn hat, den Geschädigten von dem Realisierungsrisiko zu entlasten. **24**

dd) Schließlich kann eine zufällige Schadensverlagerung mit der Folge, dass Anspruchsberechtigter und Geschädigter auseinanderfallen, auch in den sog. **Treuhandverhältnissen** auftreten, wenn der Treuhänder zwar Inhaber des Anspruchs, der Treugeber aber geschädigt ist.[35] **25**

Beispiel: G hat seine Forderung gegen S zur Sicherung eines Darlehens an die Bank B abgetreten. Da S in Schuldnerverzug kommt und erst verspätet an B zahlt, muss G längere Zeit Darlehenszinsen an B entrichten. Hier steht der Bank als Treuhänderin (Inhaberin der sicherungsweise abgetretenen Forderung) zwar ein Anspruch auf Ersatz des Verzugsschadens zu (§§ 280 I, II, 286), aber ihr ist gar kein Schaden entstanden, weil G weiter Zinsen auf das Darlehen gezahlt hat. G hat wegen der länger dauernden Zinszahlung zwar einen Schaden erlitten, aber er war nach der Sicherungsabtretung als Treugeber rechtlich nicht mehr Inhaber der Forderung gegen S, so dass er auch keinen Anspruch auf Verzugsschaden hat. Hier darf die Bank B bei Geltendmachung ihres Anspruchs aus den §§ 280 I, II, 286 den bei G entstandenen Schaden gegenüber S liquidieren, und sie muss diesen Anspruch oder den liquidierten Betrag an G weiterleiten. Das folgt hier zwar nicht aus § 285, weil es nicht um einen Fall der Unmöglichkeit geht, aber aus dem Treuhandverhältnis zwischen G und B.

ee) **Kein Fall der Drittschadensliquidation** liegt vor bei den sog. **Käuferketten.**[36] Verkauft A an B, dieser weiter an C, C seinerseits an D und wird die Leistung durch Verschulden des A unmöglich, so hat B gegen A einen Schadensersatzanspruch (§§ 280 I, III, 283). Er ist zwar gegenüber C von seiner Leistung frei geworden (§ 275 I); **26**

35 *BGH* NJW-RR 1997, 663; NJW 1995, 1282.
36 Vgl. dazu BGHZ 40, 91 (100); 51, 91 (93).

sein Schaden besteht aber darin, dass er von C nicht den Kaufpreis verlangen kann (§ 326 I 1). Durch die Nichtlieferung von B an C kann diesem ebenfalls ein Schaden entstehen (zB entgangener Gewinn). Schließlich kann sich aus dem Verhalten des A für D ein Schaden ergeben. Für die Schäden von C und D braucht A nicht einzustehen. Eine Schadensliquidation im Drittinteresse scheidet aus. Sie kommt lediglich in Betracht, wenn aus der Verletzung eines Rechtsgutes **nur ein** Schaden entsteht, der ausnahmsweise nicht beim Träger des Rechtsgutes, sondern bei einem Dritten eintritt. Im vorliegenden Fall ist jedoch dem B durch die Vertragsverletzung des A ein eigener Schaden entstanden. Ein Auseinanderfallen von Anspruchsberechtigung und Schaden, also eine Schadensverlagerung, liegt hier nicht vor. Wenn A auch die Schäden von C und D wieder gutmachen müsste, würde der Umfang seiner Ersatzpflicht umso größer, je länger die Käuferkette ist. Eine derartige Ausweitung der Haftung wollte das Gesetz gerade verhindern.

Drittschadensliquidation

I. Voraussetzungen
1. Anspruch ohne Schaden
2. Schaden ohne Anspruch
3. Zufällige Schadensverlagerung
   Fallgruppen:
   a) Obligatorische Gefahrentlastung (§ 447)
   b) Mittelbare Stellvertretung
   c) Obhut für fremde Sachen
   d) Treuhandverhältnisse

II. Rechtsfolge
1. Schaden wird zum Anspruch gezogen = Anspruchsberechtigter darf Drittschaden liquidieren
2. Verpflichtung des Anspruchsberechtigten zur Abtretung des Anspruchs oder zur Herausgabe des Schadensersatzes an den Geschädigten (oft aus § 285)

§ 30. Verursachung und Zurechnung des Schadens

Schrifttum: *Armbrüster*, Grundfälle zum Schadensrecht, JuS 2007, 605; *Medicus*, Die psychisch vermittelte Kausalität im Zivilrecht, JuS 2005, 289; *Mohr*, Zurechnung von mittelbaren Verletzungsfolgeschäden, JURA 2010, 567; *Musielak*, Kausalität und Schadenszurechnung im Zivilrecht, JA 2013, 241; *Wertenbruch*, Haftung des Unfallverursachers für Zweitschädigung durch ärztliche Behandlung, NJW 2008, 2962. 1

Fall a: Durch Verschulden des Taxifahrers T verpasst der Fahrgast F seinen Zug und kann deshalb ein Geschäft nicht abschließen, das ihm 10.000 EUR Gewinn gebracht hätte. Diesen Betrag verlangt er von T. → Rn. 8

Fall b: Hätte T auch die Krankenhauskosten zu ersetzen, wenn F mit einem späteren Zug verunglückt? → Rn. 8

Fall c: Bei einem durch A schuldhaft verursachten Verkehrsunfall erleidet der Beamte B eine Kopfverletzung. Der behandelnde Arzt stellt eine verborgene Arteriosklerose des B fest, die zu dessen vorzeitiger Pensionierung führt. B verlangt von A Schadensersatz wegen Minderung seiner Bezüge. → Rn. 5, 14

Fall d: Muss A, der einen Verkehrsunfall verschuldet hat, dem Grundstückseigentümer E den Schaden ersetzen, den ungeduldige Kraftfahrer diesem dadurch zufügen, dass sie über sein Grundstück fahren, um die Unfallstelle umgehen zu können? → Rn. 23

I. Verursachung

Jeder Schadensersatzanspruch setzt voraus, dass der Schädiger einen Schaden verursacht hat. Sein Verhalten muss also für den Schaden ursächlich sein.

Beispiel: A verbrennt das von B geliehene Buch. Dadurch kommt es bei B zu einem Vermögensschaden.

1. Äquivalenztheorie

Verursachung (= Kausalität) im naturwissenschaftlichen Sinn liegt vor, wenn ein bestimmtes Ereignis ein bestimmtes anderes Ereignis notwendigerweise zur Folge hat. Daran knüpft die Äquivalenz- oder Bedingungstheorie an. Danach ist Ursache **jede Bedingung, die nicht hinweggedacht werden kann, ohne dass der Erfolg entfiele** (Conditio-sine-qua-non-Formel).[1] Die „Gleichwertigkeit" aller für den 2

1 Siehe nur *BGH* NJW-RR 2017, 329 Rn. 17 mAnm *Riehm* JuS 2017, 1022; NJW 2011, 2960 Rn. 35.

Schaden ursächlichen Bedingungen kommt in dem Begriff der „Äquivalenz" zum Ausdruck.

Die Äquivalenztheorie muss allerdings modifiziert werden in Fällen der sog. **Doppelkausalität**. Davon spricht man, wenn derselbe Schaden durch mehrere Umstände (zB mangelhafter Baustoff und fehlerhafte Verarbeitung) verursacht worden ist und jede dieser Ursachen für sich allein ausgereicht hätte, um den ganzen Schaden herbeizuführen. Dann sind sämtliche Umstände als ursächlich anzusehen, obwohl keiner von ihnen als conditio sine qua non qualifiziert werden kann. Andernfalls könnte der Schaden auf keine der tatsächlich wirksam gewordenen Ursachen zurückgeführt werden.[2]

Ursache kann jedes menschliche Verhalten, also sowohl ein positives Tun als auch ein Unterlassen sein. Ein Unterlassen kann – wie ein positives Tun – eine Pflicht- oder Rechts(gut)verletzung verursachen.

So macht es keinen Unterschied, ob V, der den Hund des E in Verwahrung hat, den Hund vergiftet oder verhungern lässt. In beiden Fällen verletzt er seine Pflicht aus dem Verwahrungsvertrag und das Eigentum des E.

3 Im Gegensatz zum positiven Tun setzt ein Unterlassen, also ein Nichtstun, keinen Kausalablauf in Gang. Hier prüft man die Kausalität nach der Formel, dass ein Unterlassen dann ursächlich ist, wenn **die unterlassene Handlung nicht hinzugedacht werden kann, ohne dass der Erfolg mit an Sicherheit grenzender Wahrscheinlichkeit entfiele**. Es handelt sich also bei der Kausalität des Unterlassens nicht um einen wirklichen, sondern nur um einen gedachten Kausalzusammenhang.

2. Haftungsbegründende und haftungsausfüllende Kausalität

4 Um die Verursachung eines Schadens iSd Äquivalenztheorie bejahen zu können, ist unter Umständen eine doppelte Kausalitätsprüfung erforderlich. Wenn nämlich schon der Tatbestand der Anspruchsgrundlage die Herbeiführung eines bestimmten Erfolges voraussetzt (Verletzung eines Rechts[gutes] bei § 823 I oder bei der Verletzung bestimmter Schutzpflichten iSv § 241 II), unterscheidet man zwischen haftungsbegründender und haftungsausfüllender Kausalität.

Bei sonstigen Pflichtverletzungen, die zur Haftungsbegründung ausreichen, ohne einen bestimmten Erfolg vorauszusetzen (zB verspätete Lieferung der Kaufsache; Herstellung eines mangelhaften Werkes), ist nur eine einzige Kau-

---

2 *BGH* ZIP 2014, 1532 (1533) mAnm *Keil* EWiR 2014, 651 und Anm. *Riehm* JuS 2014, 833; NJW 2013, 2018 (2019); NJW-RR 2012, 728 (730).

salitätsprüfung, nämlich bezogen auf die Verbindung zwischen der haftungsbegründenden Pflichtverletzung und dem Schaden (haftungsausfüllende Kausalität), erforderlich.

a) Haftungsbegründende Kausalität. Haftungsbegründende Kausalität ist der Kausalzusammenhang zwischen dem menschlichen Verhalten und der Rechts(gut)verletzung.[3] 5

Beispiele: Das Verbrennen des entliehenen Buches verursacht die Eigentumsverletzung. Im **Fall c** verletzt A den Körper und die Gesundheit des B.

b) Haftungsausfüllende Kausalität. Haftungsausfüllende Kausalität ist der Kausalzusammenhang zwischen der Rechts(gut)verletzung und dem Schaden.[4] 6

Beispiel: Wenn A widerrechtlich und vorsätzlich auf B schießt und ihm dadurch eine Wunde am Bein beibringt, hat er den Tatbestand des § 823 I erfüllt (= haftungsbegründende Kausalität). Entstehen dem B durch die Körperverletzung Arztkosten und Verdienstausfall, so sind diese Vermögensschäden als Folgeschäden der Körperverletzung von dieser verursacht (= haftungsausfüllende Kausalität).

Im Gutachtenaufbau ist die haftungsausfüllende Kausalität noch nicht im Zusammenhang mit dem tatbestandsmäßigen Verhalten des Anspruchsgegners, sondern erst nach der Feststellung eines ersatzfähigen Schadens zu prüfen.

II. Zurechnung

Die Verursachung iSd Äquivalenztheorie ist nur ein grobes Sieb, durch das bei der Schadensersatzpflicht alle diejenigen Schäden ausgeschieden werden, für welche das Verhalten des Schädigers keine conditio sine qua non ist. Sie kann dagegen nicht verhindern, dass diesem auch die entferntesten Schäden zugerechnet werden. So haben zB auch die Eltern, Großeltern usw. des Schädigers eine Ursache für den von diesem verursachten Schaden gesetzt. Man könnte endlose Kausalketten bilden. Zur Einschränkung einer uferlosen Schadensersatzpflicht hat man Kriterien entwickelt, durch die eine Grenze gezogen wird, bis zu der dem Verursacher die Folgen seines Verhaltens zuzurechnen sind. Dabei handelt es sich um die Adäquanz (1) sowie um die Berücksichtigung des Schutzzwecks der verletzten Norm (2), des rechtmäßigen Alternativverhaltens (3), der hypothetischen Kau- 7

3 *Brox/Walker* SchuldR BT § 45 Rn. 28 ff., 60.
4 *Brox/Walker* SchuldR BT § 45 Rn. 60.

salität (4) und der Verursachungsbeiträge des Geschädigten selbst oder eines Dritten (5). Bei diesen Kriterien geht es nicht mehr um die Kausalität im naturwissenschaftlichen Sinne, sondern um eine Zurechnung unter wertenden Gesichtspunkten. Diese können dazu führen, dass der eingetretene Schaden dem Schädiger nicht zugerechnet wird und daher von ihm auch nicht zu ersetzen ist. Einzelne dieser Kriterien spielen vorrangig im Zusammenhang mit der haftungsbegründenden Kausalität, andere überwiegend bei der haftungsausfüllenden Kausalität eine Rolle.

1. Adäquanztheorie

8 Nach dieser Theorie ist ein Schaden dem Handelnden nur dann zuzurechnen, wenn die von ihm gesetzte **Bedingung im Allgemeinen und nicht nur unter ganz besonders eigenartigen, ganz unwahrscheinlichen und nach dem regelmäßigen Verlauf der Dinge außer Betracht zu lassenden Umständen zur Herbeiführung eines Erfolges geeignet** war.[5] Damit werden im Rahmen der haftungsbegründenden Kausalität die entferntesten Rechts(gut)verletzungen und im Rahmen der haftungsausfüllenden Kausalität die entferntesten Schadensfolgen ausgeschlossen, weil diese dem Handelnden nicht zugerechnet werden können. Dagegen sind alle nicht völlig unwahrscheinlichen Schäden adäquat verursacht. Bei der Adäquanztheorie handelt es sich also nicht um eine Kausalitätslehre; vielmehr geht es um die Zurechnung von Schadensfolgen aufgrund einer wertenden Betrachtung[6] und um ein Wahrscheinlichkeitsurteil.

Im **Fall a** sind demnach der entgangene Gewinn, im **Fall b** dagegen nicht die Krankenhauskosten zu ersetzen.

9 Bei der Beurteilung, ob die Ursache generell zur Herbeiführung des Erfolgs geeignet war, kommt es nicht auf die (subjektive) Prognose des Schädigers an; damit käme man in den Bereich des Verschuldens. Entscheidend ist vielmehr die objektive Vorhersehbarkeit, also die Prognose eines objektiv urteilenden Dritten. Die Rechtsprechung[7] stellt dabei auf das Wissen eines optimalen, also eines nahezu allwissenden Beobachters ab; damit wird die Grenze der Adäquanz sehr weit gezogen, so dass sie in die Nähe der Äquivalenztheorie rückt.[8]

5 Vgl. RGZ 133, 126; *BGH* NJW 2002, 2232 (2233); 2018, 944 Rn. 16.
6 Vgl. BGHZ 18, 286.
7 BGHZ 3, 261.
8 Ebenfalls kritisch *Looschelders* SchuldR AT § 45 Rn. 13 ff.

Beispiel: Wenn der Ehemann die Tür zu der Wohnung eintritt, in der sich seine getrennt lebende Ehefrau mit einem Bekannten aufhält, sieht der BGH es als adäquat an, dass der Bekannte vor Schreck aus dem acht Meter hohen Fenster springt,[9] s. auch → Rn. 23.

Nach dem Gesagten kann die Kausalkette aus noch so vielen Glie- 10
dern bestehen. Voraussetzung für die Zurechnung der Schadensfolgen ist nur, dass zwischen den einzelnen Gliedern eine adäquate Kausalität gegeben ist.

Beispiele: Die Körperverletzung vermindert die Erwerbsfähigkeit des Verletzten; das hat die Zwangsversteigerung seines Grundstücks zur Folge, wodurch dem Verletzten ein weiterer Schaden entsteht.[10] Dem Unfallverletzten muss das Bein amputiert werden; wegen der geringeren Standsicherheit kommt er Jahre später zu Fall, so dass ein weiterer Körperschaden eintritt.[11] Wenn ein Zuschauer bei einem Fußballspiel Pyrotechnik zündet, ist es durchaus adäquat, dass der veranstaltende Verein deshalb mit einer Verbandsstrafe belegt wird und dadurch einen Schaden erleidet.[12]

Andererseits ist eine Kausalkette beendet, wenn zwischen zwei 11
Gliedern keine adäquate Kausalität besteht. Fehlt diese, dann sind auch alle folgenden Schäden nicht mehr vom Schädiger adäquat verursacht. Man spricht von einer Unterbrechung des Kausalzusammenhangs.

Beispiel: Körperverletzung – Aufnahme ins Krankenhaus – dort Grippeinfektion – deshalb Verlängerung des Krankenhausaufenthalts – dabei Diebstahl der Geldbörse durch Krankenschwester – deshalb Nichtzahlung einer Verbindlichkeit – dadurch Anfallen von Gerichtskosten. Bis zu dem durch Grippeinfektion bedingten verlängerten Krankenhausaufenthalt und den damit zusammenhängenden Kosten besteht zur Körperverletzung ein adäquater Kausalzusammenhang; denn diese Ansteckung im Krankenhaus liegt nicht außerhalb aller Wahrscheinlichkeit.[13] Jedoch ist der Diebstahl einer Geldbörse beim Krankenhausaufenthalt nicht typisch. Deshalb wurde dieser Schaden nicht mehr adäquat kausal durch die Körperverletzung verursacht.

2. Schutzzweck der Norm

In bestimmten Fällen ist es auch bei Vorliegen adäquater Kausali- 12
tät, durch die nur ganz außergewöhnliche Bedingungen als Ursachen

---

9 *BGH* NJW 2002, 2232 (2233).
10 RGZ 141, 169.
11 RGZ 119, 204.
12 *BGH* NJW 2016, 3715 Rn. 12 mAnm *Mäsch* JuS 2017, 261; *Walker* NJW 2014, 119 (120).
13 RGZ 105, 264.

ausgeschlossen werden, nicht gerechtfertigt, dem Täter die Verursachung des Schadens zuzurechnen. So ist es allgemein anerkannt, dass eine Schadensersatzpflicht wegen des begrenzten Schutzbereichs der verletzten Norm (Vertragspflicht oder gesetzliche Vorschrift) ausgeschlossen sein kann.

Beim Schutzzweck der Norm geht es darum, ob ein Schaden auch dann zu ersetzen ist, wenn er bei rechtmäßigem Verhalten zwar nicht entstanden wäre, von der verletzten Norm aber gar nicht verhindert werden sollte. Grundgedanke der Lehre vom Schutzzweck der Norm ist, dass jede Pflicht und jede Norm einen bestimmten Interessenbereich umfasst und dass der Täter nur für Verletzungen dieses geschützten Bereichs einzustehen hat. Voraussetzung einer Haftung ist also stets, dass der Schaden im Bereich der geschützten Interessen liegt.

Der Schutzumfang der Norm ist neben der adäquaten Verursachung bei jedem Schadensersatzanspruch zu beachten.

13 **a) Schutzzweck einer Vertragspflicht.** Das ist bei Verletzung einer Vertragspflicht ohne weiteres einzusehen. Denn jeder Vertrag schützt nach seinem jeweiligen Inhalt und Zweck nur ganz bestimmte Interessen der Vertragspartner. Der durch die Verletzung der Vertragspflicht adäquat verursachte Schaden kann aber außerhalb des geschützten Interessenbereichs liegen.

Beispiele: Die Bank verletzt fahrlässig ihre Pflicht, den Kunden auf eine günstige Möglichkeit, seine Aktien zu verkaufen, hinzuweisen. Über die dadurch entstandenen Verluste erregt sich der Kunde derart, dass er einen Arzt aufsuchen und bezahlen muss. Diesen Schaden hat die Bank durch Verletzung ihrer Vertragspflicht adäquat verursacht. Da aber die Beratungspflicht den Kunden nicht vor Gesundheitsschäden schützen soll, kann aus ihrer Verletzung kein Schadensersatzanspruch wegen der Gesundheitsschädigung erwachsen.

Ein Krankenhausvertrag[14] soll einen Patienten in wesentlich höherem Maße vor dem Risiko einer Vireninfektion schützen als ein Arbeitsvertrag. Erleidet ein Patient auf der Intensivstation eine Gesundheitsschädigung durch eine Erkältung wegen schlechter Reinigung und daraus folgendem erhöhten Virenaufkommen, ist das dem Krankenhausträger zuzurechnen. Gleiches kann aber nicht für einen Arbeitgeber gelten, wenn ein Arbeitnehmer in der Reparaturhalle einer Autowerkstatt arbeitet. Auch in diesem Fall steht zwar der Schmutz in der Halle in einem adäquat kausalen Zusammenhang zu der Gesundheitsschädigung, da es nicht außerhalb jeder Wahrscheinlichkeit liegt,

---

14 Vgl. *Brox/Walker* SchuldR BT § 22 Rn. 8 ff.

dass die bei der Reinigung nicht abgetöteten Viren die Erkältung verursachen. Der Arbeitsvertrag eines Automechanikers verpflichtet den Arbeitgeber jedoch grds. nicht, den Arbeitnehmer vor einer normalen Erkältung zu schützen.

Der auf Schwangerschaftsverhütung gerichtete Behandlungs- oder Beratungsvertrag zwischen Arzt und Patientin kann dazu dienen, diese und ihren Partner vor ungewollten Unterhaltsbelastungen zu schützen.[15]

Der Zuschauer bei einem Fußballspiel stürmt während des Spiels auf den Platz und bewirkt durch dieses störende Verhalten, dass der Verein vom Sportgericht zu einer Geldstrafe wegen unzureichender Sicherheitsvorkehrungen verurteilt wird. Er hat durch sein Verhalten eine Schutzpflicht (§ 241 II) aus dem Vertrag, der ihn zum Betreten des Stadions und zum Zuschauen von einem bestimmten Platz aus berechtigt, verletzt. Adäquate Kausalität zwischen Pflichtverletzung und Schaden bei dem Verein liegt vor. Der Schaden (Geldstrafe) dürfte auch unter den Schutzzweck der Vertragspflicht fallen; denn die Pflicht, sich nicht störend zu verhalten, dient nicht nur dem Schutz der anderen Zuschauer und der Mannschaften, sondern auch dazu, den veranstaltenden Verein vor Schädigungen zu bewahren.[16]

b) Schutzzweck einer gesetzlichen Vorschrift. Die Prüfung des Normzwecks ist gleichermaßen im außervertraglichen Bereich anzustellen. Für § 823 II ergibt sich das bereits daraus, dass die Verletzung eines Schutzgesetzes erforderlich ist.[17] Aber auch bei allen anderen Schadensersatzansprüchen – insbesondere auch bei § 823 I – ist im Einzelfall zu prüfen, ob die verletzte Norm den Zweck hat, den eingetretenen Schaden zu verhindern. 14

Im **Fall c** ist der durch Minderung der Bezüge entstandene Schaden nicht nach § 823 I zu ersetzen. Denn das Verbot, den Körper und die Gesundheit eines anderen zu verletzen, soll nicht davor schützen, dass bei dem Verletzten eine verborgene Krankheit entdeckt und der Verletzte früher in den Ruhestand versetzt wird, als es sonst geschehen wäre.[18] Die vorzeitige Pensionierung wegen Dienstunfähigkeit (vgl. etwa § 44 BBG) gehört zu den allgemeinen Lebensrisiken, die jeder Beamte zu tragen hat. In den Normzweckbereich des § 823 I fallen aber nur die besonderen Risiken, die den Geschädigten gerade wegen der Verletzung seiner Rechtsgüter treffen und denen er ohne diese Verletzung nicht ausgesetzt wäre.

Durch das Zurechnungskriterium des Schutzzwecks der Norm wird dasjenige der Adäquanz nicht überflüssig (str.). Die Adäquanz beruht auf Erfahrungswissen und allgemeiner Vorhersehbarkeit. Da- 15

15 *BGH* NJW 2007, 989 (990) mwN
16 *OLG Rostock* NJW 2006, 1819 (1820).
17 *Brox/Walker* SchuldR BT § 46 Rn. 2–12.
18 *BGH* NJW 1968, 2287; vgl. auch BGHZ 27, 137.

gegen folgt der Schutzzweck der Norm aus abstrakten Zielen des Gesetzgebers, bestimmte Schäden zu verhindern.

Beispiel: Wenn jemand einem anderen rechtswidrig und schuldhaft eine Schramme beigebracht hat und dadurch dem Verletzten wegen seiner anomalen Konstitution (Bluter) ein besonders großer Schaden entsteht, liegt dieser zwar im Schutzbereich der verletzten Norm (§ 823 I: Körperverletzung). Er ist aber nach der Adäquanztheorie nicht zu ersetzen, weil danach die besonders unwahrscheinlichen Umstände (Bluter) außer Betracht bleiben müssen.

3. Rechtmäßiges Alternativverhalten

16 Mit dem Einwand des rechtmäßigen Alternativverhaltens wird geltend gemacht, dass ein Schaden nicht zu ersetzen sei, weil er bei rechtmäßigem Verhalten ebenfalls entstanden wäre.

Beispiel: Der Arbeitnehmer N kündigt ohne Grund fristlos und bleibt der Arbeit fern. Der Arbeitgeber G verlangt von ihm Ersatz der Kosten für eine Zeitungsanzeige, durch die eine andere Arbeitskraft gesucht wird. N macht geltend, die Anzeigekosten wären auch entstanden, wenn er fristgerecht gekündigt hätte.[19]

Wenn der Schaden auch durch rechtmäßiges Verhalten hätte herbeigeführt werden können, ändert das zwar nichts daran, dass der konkret eingetretene Schaden durch die Vertragsverletzung adäquat verursacht wurde und vom Schutzzweck der Pflicht zur Vertragserfüllung erfasst ist. Er beruht allerdings nicht gerade auf der Rechtswidrigkeit der Vertragsverletzung. Deshalb wird insoweit auch vom Fehlen des Rechtswidrigkeitszusammenhangs gesprochen (bei dieser Terminologie ist vieles streitig). Ob der Einwand des rechtmäßigen Alternativverhaltens beachtlich ist, hängt vom Zweck der jeweils verletzten Norm ab.[20] Dieser besteht darin, den Eintritt eines Schadens zu verhindern und auszugleichen. Der Schaden, der durch ein rechtmäßiges Verhalten herbeigeführt werden kann, lässt sich aber durch das Schadensersatzrecht weder verhindern noch ausgleichen. Wenn also eine Verhaltenspflicht einen bestimmten Schaden zwar grundsätzlich verhindern soll (Schutzzweck), im Einzelfall aber nicht verhindern kann, weil der Schaden auch bei Beachtung der Verhaltenspflicht entstanden wäre, führt der Einwand des rechtmäßigen Alternativverhaltens in der Regel zum Ausschluss der Ersatzpflicht.

19 Vgl. *BAG* SAE 1984, 217 mAnm *Brox*.
20 *BGH* NJW 2017, 1104 Rn. 24; 2012, 2022 (2023); 1993, 520; 1986, 576.

Wären im Beispielsfall die Kosten für die Zeitungsanzeige auch entstanden, wenn N die Kündigung seines Arbeitsverhältnisses unter Einhaltung der gesetzlichen Kündigungsfristen ausgesprochen hätte, könnte G diese Kosten nicht ersetzt verlangen. N müsste allenfalls für den Schaden aufkommen, der durch die überstürzte Vertragsbeendigung entstanden ist, bei vertragsgemäßer Einhaltung der Kündigungsfrist jedoch nicht eingetreten wäre (also nur den sog. Verfrühungsschaden).[21]

Wenn es dagegen um die Schädigung durch Verletzung einer vertraglichen Zahlungspflicht geht, kann sich der Schuldner nach Ansicht des BGH[22] nicht darauf berufen, er hätte aufgrund einer vertraglichen Vereinbarung innerhalb einer bestimmten Frist auch vom Vertrag zurücktreten können. Voraussetzung für die Berücksichtigung des rechtmäßigen Alternativverhaltens sei, dass derselbe Schaden bei pflichtgemäßem Verhalten tatsächlich eingetreten wäre; die bloße Möglichkeit, ihn rechtmäßig herbeizuführen, reiche nicht aus.[23] Das folge aus dem Schutzzweck der Zahlungspflicht, die unabhängig von einem vertraglichen Rücktrittsrecht bestehe.

Umstritten war lange, ob sich der Arzt, der seine Aufklärungspflicht verletzt hat, mit Erfolg darauf berufen kann, der Patient hätte auch bei ordnungsgemäßer Aufklärung der Behandlung zugestimmt.[24] Hierzu wurde verbreitet vertreten, die Aufklärungspflicht des Arztes solle in jedem Fall die Entscheidungsfreiheit des Patienten sichern. In § 630h II 2[25] ist nunmehr klargestellt, dass der Behandelnde sich auf die hypothetische Einwilligung bei rechtmäßigem Alternativverhalten (ordnungsgemäße Aufklärung) berufen kann.

4. Hypothetische Kausalität

Vom rechtmäßigen Alternativverhalten zu unterscheiden ist die hypothetische Kausalität. Hier beruft der Schädiger sich nicht darauf, er hätte den Schaden auch durch ein rechtmäßiges Verhalten herbeiführen können. Vielmehr macht er geltend, der Schaden wäre ganz oder teilweise auch ohne sein Verhalten aufgrund anderer bereits vorhandener oder später eingetretener Umstände („**Reserveursachen**") eingetreten. 17

21 Vgl. *BAG* SAE 1984, 217 mN.
22 *BGH* NJW 2012, 2022 (2023).
23 *BGH* NJW 2017, 1104 Rn. 24.
24 Zum Meinungsstand siehe etwa MüKoBGB/*Oetker* § 249 Rn. 222.
25 Die §§ 630a–630h über den Behandlungsvertrag (dazu *Brox*/Walker SchuldR BT § 22) sind am 26.2.2013 in Kraft getreten (BGBl. I 277).

Beispiel: Das von A fahrlässig beschädigte Auto des B wird, bevor es repariert werden kann, bei einem Brand völlig zerstört.

Ob und inwieweit eine solche **hypothetische Kausalität** oder **„Reserveursache"** zu Gunsten des Schädigers berücksichtigt werden muss, ist in Schrifttum und Rechtsprechung umstritten.

Das Reichsgericht hatte in ständiger Rechtsprechung die Berücksichtigung derartiger „Reserveursachen" abgelehnt. Es hatte diese Problematik ebenso wie der historische Gesetzgeber[26] als eine Frage der Kausalität angesehen und war zu dem Ergebnis gelangt, dass ein einmal bestehender Kausalzusammenhang nicht durch später hinzutretende Ereignisse wieder in Frage gestellt werden könne.[27] Heute besteht im Wesentlichen darüber Einigkeit, dass es sich hierbei nicht um ein Problem des Ursachenzusammenhangs, sondern um ein solches des Zurechnungszusammenhangs handelt. Die höchstrichterliche Rechtsprechung[28] hat in bestimmten Fällen auch hypothetische Schadensursachen berücksichtigt, jedoch eine abschließende Stellungnahme bisher vermieden. In der Wissenschaft wird teilweise die Auffassung vertreten, derartige „Reserveursachen" seien grundsätzlich zu berücksichtigen.[29] Eine verbreitete Ansicht unterscheidet nach der Art des Schadens; bei unmittelbaren Schäden (→ § 29 Rn. 11) sollen Reserveursachen unbeachtlich, bei mittelbaren Schäden dagegen beachtlich sein.[30]

Aus verschiedenen gesetzlichen Regelungen ist zu entnehmen, dass die Berücksichtigung eines hypothetischen Ursachenzusammenhangs keineswegs generell verwehrt sein kann. Eine „Reserveursache" darf jedoch nur dort berücksichtigt werden, wo das mit dem Sinn und Zweck der Schadensersatzregelung vereinbar ist. Deshalb müssen einzelne Fallgruppen unterschieden werden.

18 **a) Beachtlichkeit kraft Gesetzes.** Die hypothetische Kausalität ist in folgenden Fällen kraft Gesetzes zu berücksichtigen:

aa) Nach dem Gesetz greift die Zufallshaftung beim Schuldnerverzug (§ 287 S. 2; → § 23 Rn. 74) und bei der Sachentziehung (§ 848) dann nicht ein, wenn die Unmöglichkeit oder der Untergang auch ohne das Verhalten des Schuldners eingetreten wäre.

19 bb) Auch beim Ersatz entgangenen Gewinns nach § 252 S. 2 ist auf einen hypothetischen Kausalverlauf abzustellen. Hiernach ist nämlich der Gewinn zu ersetzen, der nach dem gewöhnlichen Verlauf der

26 Mot. II, 769.
27 Vgl. RGZ 141, 365; 144, 80; 169, 117.
28 BGHZ 10, 6.
29 *Esser/Schmidt* SchuldR I AT § 33 IV.
30 *Larenz* SchuldR AT § 30 I mN.

Dinge oder nach den besonderen Umständen mit Wahrscheinlichkeit erwartet werden konnte. Wenn sich also feststellen lässt, dass sich die Einkommensverhältnisse des Geschädigten etwa in Folge seiner Tüchtigkeit oder der günstigen Konjunktur gebessert hätten, so hat der Schädiger auch Ersatz für die entgangene Besserstellung zu leisten; andererseits muss dann auch zu Ungunsten des Geschädigten berücksichtigt werden, dass er etwa infolge Krankheit, sinkender Konjunktur oder mangelhafter beruflicher Vorbildung voraussichtlich eine günstige Berufsstellung auf Dauer nicht behalten hätte.[31]

Beispiel: Der Direktor einer Fabrik war 1944 entlassen worden, weil ein Ortsgruppenleiter der NSDAP ihn verdächtigt hatte, sich gesetzwidrig verhalten zu haben. Dieser machte gegenüber dem Schadensersatzanspruch geltend, bei Kriegsende wäre der Direktor als alter Parteigenosse ohnehin entlassen worden.[32]

b) Beachtlichkeit von vorher vorhandenen Reserveursachen (Schadensanlagen). Die Berücksichtigung eines hypothetischen Ereignisses ist ebenfalls dort geboten, wo der Schädiger eine Person oder eine Sache verletzt, die zu diesem Zeitpunkt bereits mit einer Schadensanlage behaftet ist. 20

Beispiele: A erschießt den todkranken Hund des B. – S wird aufgrund einer Verletzung durch V erwerbsunfähig und erleidet bis zur Verrentung einen Verdienstausfall. Dieser wäre aber wegen einer schon vorher vorhandenen Erkrankung des S zu einem bestimmten Zeitpunkt auch ohne die Verletzung durch V eingetreten.

Die schadensträchtige Anlage fällt bei der Schadenszurechnung ins Gewicht. Der Schaden aufgrund der Vorerkrankung ist dem Schädiger nicht zuzurechnen.[33] Der Schädiger hat nur den Wert des mit der Schadensanlage behafteten Gegenstandes zu ersetzen. Das kann unter Umständen dazu führen, dass eine Schadensersatzpflicht überhaupt entfällt.[34]

Die in den genannten Fällen an sich zulässige Berücksichtigung von „Reserveursachen" scheitert aber oft an Beweisschwierigkeiten. Denn der Schädiger muss nachweisen, dass das hypothetische Schadensereignis schon angelegt war und tatsächlich eingetreten wäre.[35]

---

31 So BGHZ 10, 6.
32 BGHZ 10, 6.
33 *BGH* NJW 2016, 3785 Rn. 9.
34 Vgl. auch BGHZ 20, 275; 29, 207.
35 BGHZ 8, 288; *BGH* VersR 1969, 43.

21 **c) Unbeachtlichkeit von später eintretenden Reserveursachen.** Dagegen müssen solche Reserveursachen, die erst nach Entstehung der Schadensersatzpflicht des Schädigers eintreten, außer Betracht bleiben, selbst wenn sie denselben Schaden herbeigeführt hätten.[36] Andernfalls würde das spätere Ereignis mit schuldtilgender Kraft auf den – regelmäßig mit dem Eingriff des Schädigers entstandenen – Schadensersatzanspruch einwirken. Das entspricht nicht dem Zweck des Gesetzes, was sich deutlich in den Fällen zeigt, in denen ein anderer für die „Reserveursache" hätte einstehen müssen, wenn sie wirksam geworden wäre. Könnte sich der Schädiger darauf berufen, dass der andere denselben Schaden später schuldhaft angerichtet hätte, dann würde der Geschädigte seinen Schaden überhaupt nicht ersetzt erhalten; denn der spätere Schädiger könnte geltend machen, dass sein Verhalten für den bereits vorher eingetretenen Schaden nicht ursächlich gewesen ist.

Beispiel: A raubt dem X die Brieftasche. A kann sich nicht darauf berufen, an der nächsten Straßenecke hätte B den X in gleicher Weise beraubt. X hat nur einen Schadensersatzanspruch gegen A, nicht aber gegen B. Würde man bei dem Schadensersatzanspruch gegen A die hypothetische Ursache (Raub des B) berücksichtigen, dann würde X leer ausgehen.

Auch wenn ein späteres Ereignis die schon beschädigte, (noch) nicht reparierte Sache erneut beschädigt und der Zweitschädiger den von ihm verursachten Schaden begleicht, bleibt der Erstschädiger einstandspflichtig.

Beispiel:[37] An einem Pkw wird in einer Waschanlage ein Karosserieteil beschädigt. Der Geschädigte macht die fiktiven Reparaturkosten (→ § 31 Rn. 5) geltend. Danach wird bei einem Unfall dasselbe Teil zerstört. Die Versicherung des Zweitschädigers zahlt die Reparaturkosten. Dadurch wird der Betreiber der Waschanlage von seiner vorher schon entstandenen Schadensersatzpflicht für den von ihm verursachten Erstschaden nicht befreit. Er hätte auch Schadensersatz leisten müssen, wenn der Geschädigte den Erstschaden sofort hätte reparieren lassen.

22 Eine Einschränkung ist jedoch zu machen: Bei Folgeschäden wie etwa einer fortwirkenden Minderung des Erwerbs oder beim Ausfall ähnlicher langdauernder Vorteile, ist eine Berücksichtigung der „Reserveursache" geboten. Dieser Gedanke lässt sich aus der gesetzlichen Wertung zB in § 844 II entnehmen, wonach bei der dort geregelten

36 Vgl. BGHZ 29, 215.
37 *BGH* NJW-RR 2009, 1030.

Pflicht zur Zahlung einer Geldrente der hypothetische Kausalverlauf zu berücksichtigen ist. Soweit allerdings die „Reserveursache", wenn sie wirksam geworden wäre, die Schadensersatzpflicht eines Dritten ausgelöst hätte, bleibt es auch hier bei ihrer Nichtberücksichtigung.

Zwar kann es hingenommen werden, wenn der Geschädigte keinen Ersatz für solche Folgeschäden erhält, die ihm später ohnedies erwachsen wären, ohne dass er hierfür durch einen Ersatzanspruch Ausgleich erhalten hätte. Unverständlich wäre es aber, wenn er nur deshalb ohne Ersatzanspruch bliebe, weil ein anderer ihm denselben Schaden auch zugefügt hätte. Da der „Zweitschädiger" nicht schadensersatzpflichtig werden kann (er hat den konkreten Schaden nicht verursacht), muss es bei der Ersatzpflicht des „Erstschädigers" bleiben.

5. Zurechnung eines schadensverursachenden Handelns des Verletzten selbst oder eines Dritten

Nach dem Gesagten muss dem Schädiger grundsätzlich auch die Schädigung zugerechnet werden, die auf einem Fehlverhalten des Verletzten selbst oder eines Dritten beruht. 23

Beispiele: Ein wegen Fahrens ohne Führerschein zu Jugendarrest verurteilter Jugendlicher flüchtet vor dem Polizeibeamten durch Sprung aus dem Fenster. Der Beamte, der ihn festnehmen will, springt ihm nach und verletzt sich dabei. Im **Fall d** sind die Autofahrer aus Anlass des von A verursachten Verkehrsunfalls über das Grundstück des E gefahren.

Würden auch solche Fremdverursachungen immer dem Schädiger zugerechnet, nur weil er seinerseits irgendeine Ursache für das fremde Verhalten gesetzt hat, könnte das Haftungsrisiko des Schädigers ins Unermessliche wachsen. Deshalb hat die Rechtsprechung sich auch insoweit bemüht, die objektive Zurechnung durch eine wertende Betrachtung einzuschränken. Sie stellt darauf ab, ob das Verhalten des Schädigers den Entschluss für das Handeln des Verletzten oder des Dritten **herausgefordert hat** und ob der Verletzte oder Dritte sich überhaupt in der von ihm gewählten Weise **herausgefordert fühlen durfte.**[38] Diese Fälle werden deshalb auch unter dem Begriff der **Herausforderungsfälle** erörtert. Eine zurechnungsbegründende Herausforderung ist zu bejahen, wenn der Schädiger bei dem Dritten oder dem Verletzten eine „mindestens im Ansatz billigenswerte Motivation" zu dessen Verhalten hervorgerufen hat.[39] Der

38 ZB *BGH* NJW 2012, 1951 (1952); 2001, 512 (513).
39 *BGH* NJW 2012, 1951 (1952); 2002, 2232 (2233); 1978, 421; 1987, 2926.

Schädiger haftet nur für das von ihm verursachte gesteigerte Risiko, nicht für das allgemeine Lebensrisiko des Verletzten.

Beispiele: Der Beamte, der bei der Verfolgung des Jugendlichen aus dem Fenster gesprungen und sich dabei verletzt hat, hat keinen Schadensersatzanspruch gegen den Jugendlichen; denn das mit dem Sprung aus dem Fenster verbundene erhöhte Verfolgungsrisiko steht außer Verhältnis zum Verfolgungszweck.[40] Anders dürfte der Fall zu beurteilen sein, wenn es etwa um die Festnahme eines gefährlichen Gewaltverbrechers geht; denn hier wird von der Polizei die Eingehung höherer Verfolgungsrisiken erwartet. – Der Bekannte einer getrennt lebenden Ehefrau darf sich nach Ansicht des BGH herausgefordert fühlen, aus Angst vor dem gewaltsam in die Wohnung eindringenden Ehemann aus dem acht Meter hoch gelegenen Fenster zu springen.[41] Er muss sich aber uU ein Mitverschulden vorwerfen lassen.

Im **Fall d** kann E seinen Schaden nicht von A ersetzt verlangen, weil dieser das Verhalten der Kraftfahrer nicht „herausgefordert" hat.[42] E kann sich nur an die Kraftfahrer halten, die über sein Grundstück gefahren sind. Dass diese nicht auffindbar sind, gehört zum allgemeinen Risiko des E. Dagegen haftet der im Nebel zu schnell fahrende Kraftfahrer, der auf einen langsamer fahrenden Lastwagen auffährt, auch für die Personen- und Sachschäden, die dadurch entstehen, dass weitere Fahrzeuge in seinen Wagen hineinfahren.

§ 31. Art und Umfang des Schadensersatzes

1 **Fall a:** A möchte den von ihm bei einem Verkehrsunfall fahrlässig beschädigten Pkw des B in seiner Autowerkstatt ausbessern. B lehnt das ab und verlangt Zahlung von 2.000 EUR Reparaturkosten und 300 EUR als Minderwert. → Rn. 5, 6, 7

Fall b: Im Fall a verlangt B Reparatur des Pkw. A macht geltend, der Wagen sei schrottreif; die Wiederherstellung koste mehr als ein neuer Pkw. → Rn. 9

Fall c: Kaufmann K, der eine Ware für 1.000 EUR von V gekauft hat, macht nach § 376 HGB Schadensersatz wegen Nichterfüllung geltend, indem er die Differenz zum Marktpreis (1.200 EUR), also 200 EUR verlangt. V will aber nur 100 EUR zahlen, da K sich bei einem anderen Verkäufer mit der Ware zum Preis von 1.100 EUR eingedeckt habe. → Rn. 19, 20

Fall d: B, der durch schuldhaftes Verhalten des A schwer verletzt worden ist, verlangt von A Schadensersatz. A meint, B müsse sich anrechnen lassen, was seine Sportkameraden für ihn anlässlich des Unfalls gesammelt hätten und was er aus seiner Unfallversicherung erlangt habe. → Rn. 27, 28

---

40 Vgl. BGHZ 63, 189.
41 *BGH* NJW 2002, 2232 (2233 f.).
42 Vgl. BGHZ 58, 162.

Fall e: B lässt an seinem Pkw in der Werkstatt des U die Reifen wechseln. U zieht die Schrauben nicht richtig an. B wundert sich über die ungewohnten Fahreigenschaften des Wagens, kümmert sich aber nicht weiter darum. Ein Rad löst sich. B fährt in den Graben. U will nicht den ganzen Schaden ersetzen. → Rn. 36, 39

Fall f: Wie ist die Rechtslage, wenn der Fahrer des B den Pkw abholt? → Rn. 49

I. Art des Schadensersatzes

Schrifttum: *Armbrüster*, Grundfälle zum Schadensrecht, JuS 2007, 411; *Förster*, Schadensrecht – Systematik und neueste Rechtsprechung, JA 2015, 801; *Gsell*, Keine Abrechnung auf „Neuwagenbasis“ ohne konkretes Deckungsgeschäft, NJW 2009, 2994; *Heinrich*, Schadensberechnung nach Kauf eines Ersatzfahrzeugs, NJW 2005, 2749; *Hirsch*, Schadensersatz nach Verkehrsunfall – Reparaturkosten oder Wiederbeschaffungsaufwand?, JuS 2009, 299; *Koch*, Erstattungsfähigkeit von Abschleppkosten, NJW 2014, 3696; *G. Müller*, Das neue Schadensersatzrecht, DRiZ 2003, 167; *Peetz*, Kfz-Totalschaden und Umsatzsteuer, ZGS 2004, 370; *Rebler*, Unfallschäden – Berücksichtigung des Integritätsinteresses und der 130 %-Grenze bei der Regulierung, MDR 2017, 132; *Reinking*, Abgrenzung von Schadensersatzansprüchen des Kauf- und Werkrechts mit Blick auf § 249 Abs. 2 Satz 2 BGB, ZGS 2003, 143; *Sanden/Völtz*, Sachschadenrecht des Kraftverkehrs, 9. Aufl., 2011; *Schnell*, Die nachträgliche Unmöglichkeit der Naturalrestitution im allgemeinen Schadensrecht, 2006; *Vuia*, Der merkantile Minderwert als Teil des Vermögensschadens, NJW 2012, 3057; *Wellner*, Typische Fallgestaltungen bei der Abrechnung von Kfz-Schäden, NJW 2012, 7; *Wittschier*, Reparaturkosten im Rahmen der 130 %-Grenze, NJW 2008, 898; *Zschieschack*, Probleme der Abrechnung des Fahrzeugschadens nach einem Verkehrsunfall in der Rechtsprechung des Bundesgerichtshofes, JURA 2008, 801. 2

Der Schaden kann durch Naturalherstellung oder durch Geldzahlung ersetzt werden (§§ 249 ff.).

1. Naturalherstellung

Im Regelfall ist der Schaden durch Naturalherstellung (Naturalrestitution) zu ersetzen; nach § 249 I ist der Zustand herzustellen, der bestehen würde, wenn der zum Ersatz verpflichtende Umstand nicht eingetreten wäre. Damit ist nicht gemeint, dass der frühere Zustand wieder herzustellen ist; denn das ist nicht möglich, da Geschehenes sich nicht ungeschehen machen lässt.[1] Vielmehr ist vom Gesetz die Herstellung eines wirtschaftlich gleichwertigen Zustands gewollt.[2]

Beispiele: Ausbesserung der beschädigten Sache; Widerruf der ehrverletzenden Äußerung. Bei Zerstörung vertretbarer Sachen (§ 91) ist Naturalrestitution durch Lieferung von Sachen gleicher Art und Güte möglich.

3 Bei der Beschädigung eines Kraftfahrzeugs bildet auch die Beschaffung eines (gleichwertigen) Ersatzfahrzeugs eine Form der Naturalherstellung.[3] Das gilt auch bei einem sog. wirtschaftlichen (im Gegensatz zum technischen) Totalschaden; hier verbleibt dem Geschädigten der Herstellungsanspruch aus § 249, wenn es ihm möglich ist, sich mit wirtschaftlich vernünftigem Aufwand ein gleichwertiges Ersatzfahrzeug zu beschaffen.[4]

Der Geschädigte hat grundsätzlich diejenige Form der Naturalherstellung zu wählen, die den geringsten Aufwand erfordert (§ 249 II 1: „erforderlichen Geldbetrag“; Wirtschaftlichkeitsgebot).[5] Deshalb bemessen sich etwa die erstattungsfähigen Kosten für das Entfernen eines unbefugt auf dem Privatgrundstück abgestellten Fahrzeugs nach den ortsüblichen Kosten für das Abschleppen und unmittelbar damit verbundenen Vorbereitungsarbeiten.[6] Die größte Rolle spielt das Wirtschaftlichkeitsgebot bei der Reparatur von Kfz-Schäden. Der geschädigte Kfz-Halter muss bei der Frage, ob er sein beschädigtes Kraftfahrzeug reparieren lassen oder sich ein Ersatzfahrzeug anschaffen will, einen Vergleich der (ggf. von einem Sachverständigen geschätzten) Reparaturkosten (einschl. Minderwert) mit den Wiederbeschaffungskosten anstellen. Für die Berechnung der Reparaturkosten dürfen grundsätzlich die üblichen Stundensätze einer markengebundenen Fachwerkstatt zugrunde gelegt werden, sofern der Geschädigte sich nicht ausnahmsweise (zB mehr als drei Jahre altes Fahrzeug, das ohnehin nicht scheckheftgepflegt war) auf die Inanspruchnahme einer kostengünstigeren, aber gleichwertigen marken**un**gebundenen Werkstatt verweisen lassen muss (→ Rn. 41).[7] Bei dem Vergleich zwischen Ersatzbeschaffungs- und Reparaturkosten können Letztere grundsätzlich bis zur Höhe des (nicht um einen etwaigen Restwert geminderten) Wiederbeschaffungswertes ersetzt verlangt werden; denn ein Restwert wird bei einer tatsächlichen Reparatur nicht realisiert.[8] Diese fiktiven Reparaturkos-

1 RGZ 165, 260.
2 RGZ 76, 146; stRspr.
3 BGHZ 115, 364; *BGH* NJW 2007, 1674 (1675).
4 BGHZ 115, 375.
5 *BGH* NJW 2014, 3727 (3728) mAnm *K. Schmidt* JuS 2015, 269; 2003, 2085; 2006, 2179 (2180); 2007, 1674 (1675); 2008, 437 (438); 2009, 3022 (3023); 2010, 608; 2010, 2118 f.; 2010, 2722 (2723); 2010, 2725 f.; 2010, 2727.
6 *BGH* NJW 2014, 3727 f. mAnm *K. Schmidt* JuS 2015, 269; dazu *Koch* NJW 2014, 3696.
7 Vgl. *BGH* NJW 2017, 2182; 2013, 2817; 2010, 606 (607 f.); 2010, 2725; 2010, 2727.
8 *BGH* NJW 2003, 2085 (2086); 2005, 2541; 2007, 588 (589).

ten bis zur Höhe des Wiederbeschaffungswertes ohne Abzug des Restwertes können auch dann verlangt werden, wenn das Fahrzeug gar nicht repariert, sondern in unrepariertem Zustand mindestens sechs Monate weiter benutzt wird; denn auch in diesem Fall wird der Restwert vom Gläubiger nicht realisiert.[9]

Da das Integritätsinteresse des Geschädigten regelmäßig stärker ist als sein Interesse an einer Ersatzbeschaffung, ist es mit den Grundsätzen des Schadensrechts vereinbar, dass dem Geschädigten solche Kosten der fachgerechten Instandsetzung des Fahrzeugs zuerkannt werden, die den Aufwand für eine Ersatzbeschaffung in Grenzen übersteigen. Der BGH hat wiederholt einen Zuschlag von 30 % auf den um den Restwert geminderten Wiederbeschaffungswert gebilligt,[10] sofern der Geschädigte sein Integritätsinteresse dadurch zum Ausdruck bringt, dass er das Fahrzeug tatsächlich reparieren lässt und mindestens sechs Monate weiter benutzt.[11] Ob die Reparaturkosten sich innerhalb der 130 %-Grenze bewegen, wird in der Regel von einem Sachverständigen zu ermitteln sein; dabei kommt es auf die Bruttoreparaturkosten (also einschließlich Mehrwertsteuer) an.[12] Gelingt es dem Geschädigten, eine fachgerechte Reparatur entgegen der über 130 % des Wiederbeschaffungswertes liegenden Schätzung des Sachverständigen innerhalb der Kosten des Wiederbeschaffungswertes durchzuführen, kann er diese Kosten ersetzt verlangen.[13] Wenn dagegen die Reparaturkosten die 130 %-Grenze übersteigen, kann die Erstattungsfähigkeit von 130 % des Wiederbeschaffungswertes nicht allein dadurch herbeigeführt werden, dass dem Geschädigten auf die tatsächlich höheren Kosten ein Rabatt gewährt wird.[14] Wird die 130 %-Grenze zwar eingehalten, aber die Reparatur nicht fachgerecht und vollständig nach den Vorgaben des Sachverständigen durchgeführt, sind die über dem Wiederbeschaffungswert liegenden Reparaturkosten nicht erstattungsfähig.[15] Die Notwendigkeit einer sechsmonatigen Weiternutzung bedeutet nicht, dass der Schadensersatzanspruch erst sechs Monate nach dem Unfall fällig wird; sonst müsste der Geschädigte die Reparaturkosten vorfinanzieren, was ihm häufig gar nicht möglich sein wird. Die Fälligkeit tritt vielmehr sofort ein. Zahlt der Schädiger oder sein Versicherer, kann er den über dem Wiederbeschaffungswert liegenden Betrag unter einem Rückforderungsvorbehalt leisten.[16]

Auch im umgekehrten Fall, in dem der Ersatzbeschaffungsaufwand den Reparaturaufwand übersteigt, kann das Wirtschaftlichkeitsgebot durch das Integritätsinteresse des Geschädigten eingeschränkt sein. So ist anerkannt, dass bei einer erheblichen Beschädigung eines fabrikneuen Fahrzeugs (nicht mehr

---

9 *BGH* NJW 2008, 1941; 2006, 2179 (2180).
10 BGHZ 115, 364 (371); *BGH* NJW 2003, 2085 (2086); 2005, 1108 (1109); 2007, 1674 (1675); 2008, 437 (438); 2009, 1340 f.
11 *BGH* NJW 2008, 437 (438); 2008, 439; 2008, 2183; NJW-RR 2010, 377.
12 *BGH* NJW 2009, 1340 f.
13 *BGH* NJW 2012, 52; 2011, 669 f.
14 *BGH* NJW 2011, 1435 (1436).
15 *BGH* NJW 2012, 52 (53); bestätigt in NJW 2015, 2958.
16 Zur Fälligkeit bei Schadensberechnung im Bereich der 130 %-Grenze *BGH* NJW 2009, 910.

als 1000 km), das selbst nach Durchführung einer fachgerechten Reparatur den Charakter der Neuwertigkeit verliert, der Geschädigte die höheren Kosten für die Beschaffung eines Neuwagens (Zug um Zug gegen Übereignung des beschädigten Fahrzeugs) beanspruchen kann. Eine solche Schadensabrechnung „auf Neuwagenbasis" setzt allerdings voraus, dass der Geschädigte tatsächlich ein gleichwertiges Neufahrzeug erwirbt.[17]

Macht der Geschädigte im Totalschadensfall von der Beschaffung eines Ersatzfahrzeugs Gebrauch, kann er nur Ersatz des Wiederbeschaffungswertes abzüglich eines eventuellen Restwertes verlangen.[18] Dabei kommt es grundsätzlich nicht auf den vom Sachverständigen geschätzten, sondern auf den tatsächlich erzielten Restwert an.[19]

2. Geldersatz

4 Geldersatz bedeutet, dass der Schaden durch eine Geldzahlung wiedergutgemacht wird. Der Geldbetrag muss so bemessen sein, dass der Geschädigte dadurch in die Lage versetzt wird, den Schaden in vollem Umfang auszugleichen.

Ob der Geschädigte im Einzelfall statt der grundsätzlich geschuldeten Naturalherstellung Geldersatz verlangen kann und ob der Schädiger seine Schadensersatzpflicht durch Geldleistung zu erfüllen vermag, ist nach den §§ 249–251 zu bestimmen. Das Gesetz löst hier den Interessenstreit zwischen Gläubiger und Schuldner nach Zumutbarkeitsgesichtspunkten.

5 **a) Bei Verletzung einer Person oder Sachbeschädigung.** Bei Verletzung einer Person sowie bei einer Sachbeschädigung kann der Gläubiger den für die Naturalrestitution erforderlichen Geldbetrag verlangen (§ 249 II 1; Ersetzungsbefugnis; → § 8 Rn. 14 ff.). Der Grund dafür liegt darin, dass der Gläubiger nicht gezwungen sein soll, sich auf Herstellungsexperimente des Schuldners einzulassen.

Im **Fall a** hat B Anspruch auf Reparaturkosten in Höhe von 2.000 EUR. A hat auch die Mehrkosten zu tragen, welche die von B beauftragte Werkstatt durch unsachgemäße Arbeit verursacht.[20] Zu den Herstellungskosten können auch die Finanzierungskosten gehören, die dem Geschädigten dadurch entstehen, dass er einen Bankkredit aufnehmen muss, weil der Schädiger nicht zahlt.[21]

Der nach § 249 II 1 erforderliche Geldbetrag kann bei der Beschädigung einer Sache auch dann verlangt werden, wenn eine Reparatur gar nicht erfolgt,

17 *BGH* NJW 2009, 3022 (3024).
18 *BGH* NJW 2000, 800 (801).
19 *BGH* NJW 2006, 2320.
20 BGHZ 63, 182.
21 Vgl. BGHZ 61, 346.

der Geschädigte das noch verkehrssichere oder wieder verkehrssicher gemachte Fahrzeug aber mindestens sechs Monate weiter benutzt (fiktive Reparaturkosten auf Grundlage eines Sachverständigengutachtens)[22]. Allerdings sieht der am 1.8.2002 neu eingefügte § 249 II 2 vor, dass die bei einer Reparatur oder Ersatzbeschaffung[23] zu zahlende Umsatzsteuer von dem zu zahlenden Geldbetrag nur dann umfasst wird, wenn und soweit sie tatsächlich angefallen ist, also nicht bei fiktiver Schadensberechnung. Wenn der Geschädigte also weder eine umsatzsteuerpflichtige Reparatur durchführen lässt noch bei der Ersatzbeschaffung eines neuen Fahrzeugs (von privat) Umsatzsteuer anfällt, kann er auch nicht Erstattung von Umsatzsteuer auf der Grundlage eines Sachverständigengutachtens verlangen.[24] Falls der Geschädigte nach Einholung eines Sachverständigengutachtens sein Fahrzeug fachgerecht reparieren lässt und die tatsächlichen Reparaturkosten die vom Gutachter veranschlagten Kosten unterschreiten, beschränkt sich auch im Rahmen einer fiktiven Schadensberechnung der Geldbetrag auf die tatsächlich angefallenen Kosten; andernfalls könnte sich der Geschädigte an dem Schadensfall bereichern, was nicht Sinn des Schadensersatzes ist.[25] Wenn der Geschädigte die fiktive Schadensabrechnung wählt, kann er die im Rahmen einer durchgeführten Reparatur tatsächlich angefallenen Kosten nicht ersetzt verlangen. Eine Kombination aus fiktiver und konkreter Schadensabrechnung ist unzulässig.[26]

Um einen Sonderfall handelt es sich, wenn der Schaden in dem Verlust vertretbarer Sachen besteht. Der Geschädigte hat dann zwar grundsätzlich ein Wahlrecht zwischen Naturalrestitution und Geldentschädigung. Wenn der Geschädigte aber selbst eine Ersatzbeschaffung vornimmt und dadurch den Vermögensverlust ausgleicht, beschränkt sich sein Schadensersatzanspruch auf Geldausgleich.[27]

b) Nach fruchtlosem Ablauf einer Frist zur Naturalrestitution. 6
Der Gläubiger kann dem Schuldner zur Herstellung eine angemessene Frist mit der Erklärung bestimmen, dass er die Naturalherstellung nach Fristablauf ablehne; nach fruchtlosem Fristablauf hat er Anspruch auf Geldersatz, nicht mehr auf Naturalrestitution (§ 250).

Im **Fall a** wird B nicht nach § 250 vorgehen; denn er kann schon nach § 249 II 1 (Sachbeschädigung) Geldersatz begehren. Setzt er aber eine Frist mit Ablehnungsandrohung (§ 250), so hat A bis zum Fristablauf das Recht, Schadensersatz durch Naturalrestitution zu leisten, was B gerade nicht will. – Vom Weg des § 250 ist dem Gläubiger auch dann abzuraten, wenn er auf Naturalherstellung (zB wegen Arbeitskräftemangels, Währungsverfalls) Wert legt; denn nach fruchtlosem Fristablauf hat er immer nur einen Anspruch auf Geldersatz.

---

22 ZB *BGH* NJW 2008, 1941; 2003, 2086 mwN; 2011, 667 (668).
23 Dazu *BGH* NJW 2005, 2220.
24 *BGH* NJW 2017, 1310 Rn. 11; 2013, 3719 (3720).
25 *BGH* NJW 2014, 535 f.
26 *BGH* NJW 2017, 1664 mAnm *Schwab* JuS 2017, 1111.
27 *BGH* NJW 2008, 2430 (2431).

7 **c) Bei Unmöglichkeit der Naturalrestitution.** Soweit Naturalherstellung nicht möglich oder zur Entschädigung des Gläubigers nicht genügend ist, hat der Schuldner Ersatz in Geld zu leisten (§ 251 I).

Erleidet das Fahrzeug des A bei einem von B verschuldeten Unfall einen technischen Totalschaden, so ist Naturalherstellung nicht möglich. A kann von B den Wiederbeschaffungswert seines Wagens als Entschädigung ersetzt verlangen (§ 251 I). – Lässt sich der Wiederbeschaffungswert mangels Marktpreises (zB selbstgebautes Modellboot) nicht feststellen, muss der zu zahlende Geldbetrag durch Vergleich mit ähnlichen Objekten, die einen Marktpreis haben, ermittelt werden.[28] – Lassen sich nach der Vernichtung eines Datenbestandes auf der Festplatte eines betrieblich genutzten Computers die verlorenen Dateien nicht wieder herstellen, hat das Gericht deren Wert zur Berechnung des Wertersatzanspruchs nach § 251 I zu schätzen (§ 287 ZPO).[29] Dabei können sowohl die konkret aufgewendeten Kosten für die Herstellung von Ersatzdateien als auch Vermögenseinbußen durch die Störung von Betriebsabläufen berücksichtigt werden.

8 Das Gesetz lässt die Möglichkeit offen, dass der Gläubiger teilweise Naturalrestitution und, soweit das nicht möglich ist, Geldersatz begehrt (§ 251 I: soweit).

Der Gläubiger verlangt Reparatur des beschädigten Kraftfahrzeugs und Geld für den Minderwert **(Fall a).** Auch der **merkantile Minderwert** von 300 EUR steht dem B zu. Dabei handelt es sich nicht um einen künftigen Schaden, der sich erst bei einem späteren Verkauf des Pkw auswirkt. Vielmehr besteht insoweit eine gegenwärtige Werteinbuße; denn bei einem großen Teil des Publikums besteht vor allem wegen des Verdachts verborgener Mängel eine den Preis beeinflussende Abneigung gegen den Erwerb unfallbeschädigter Kraftfahrzeuge (Unfallwagen!).[30]

Zum Nutzungsausfall: → § 29 Rn. 3.[31]

9 **d) Bei unverhältnismäßig aufwendiger Naturalrestitution.** Der Schuldner kann Geldentschädigung leisten, wenn die Naturalherstellung nur mit unverhältnismäßigen Aufwendungen möglich ist (§ 251 II). Grund: Hier soll der Schuldner geschützt werden, wenn ihm eine Naturalrestitution ausnahmsweise nicht zumutbar ist. Ob die Voraussetzungen gegeben sind, ist im Einzelfall durch Abwägen der Schuldner- und Gläubigerinteressen festzustellen.

---

28 BGHZ 92, 85 (93).
29 *BGH* JZ 2009, 742 mAnm *Schiemann.*
30 Vgl. BGHZ 35, 396; *BGH* NJW 1980, 281; 2005, 277 (279).
31 Zu den sog. Freistellungskosten: BGHZ 61, 325.

Im **Fall b** ist A berechtigt, B in Geld zu entschädigen. Die Höhe des Geldbetrags ist so zu bemessen, dass B sich ein entsprechendes Fahrzeug kaufen kann.

Wenn der Käufer nach § 437 Nr. 3 oder der Besteller nach § 634 Nr. 4 Schadensersatz wegen eines Mangels der Kaufsache oder des Werks geltend macht, weil Nacherfüllung gem. § 439 IV oder § 635 III wegen Unverhältnismäßigkeit der Kosten verweigert wird, kann Schadensersatz in Geld nicht etwa in Höhe der Mangelbeseitigungskosten, sondern nur in Höhe des mangelbedingten Minderwerts der Kaufsache oder des Werks verlangt werden.[32] Denn die §§ 439 IV und 635 III bezwecken gerade, dass der Verkäufer oder Unternehmer nicht mit den unverhältnismäßigen Kosten belastet werden soll, und zwar weder im Wege der Nacherfüllung noch im Wege des Schadensersatzes.

Aufwendungen für die **Heilbehandlung eines verletzten Tieres** sind nicht bereits dann unverhältnismäßig, wenn sie dessen Wert erheblich übersteigen. Das bestimmt § 251 II 2 ausdrücklich. Für die Bestimmung der Verhältnismäßigkeit ist maßgeblich, was ein verständiger Tierhalter an Stelle des Geschädigten aufgewendet hätte.[33] Die Rechtsprechung berücksichtigt insoweit ua, wie hoch die jährlichen Unterhaltskosten für das Tier sind.[34] Das ist mE ein wenig überzeugendes Kriterium.

e) **Bei immateriellen Schäden.** Bei immateriellen Schäden (→ § 29 10
Rn. 4 ff.) kommt eine Entschädigung in Geld nach dem seit 1.8.2002 geltenden § 253 II in Betracht. Voraussetzung ist danach, dass wegen einer Verletzung des Körpers, der Gesundheit, der Freiheit oder der sexuellen Selbstbestimmung Schadensersatz zu leisten ist.

II. Schadensberechnung

Schrifttum: *Exner*, Der Ausfall des Internetzugangs als Vermögensscha- 11
den?, JuS 2015, 680; *Huber*, Versagte Vorteilsausgleichung bei Beschädigung staatlichen Eigentums, NJW 2005, 950; *Knütel*, Die Schwächen der „konkreten" und „abstrakten" Schadensberechnung und das positive Interesse bei der Nichterfüllung, AcP 202 (2002), 555; *Medicus*, Neue Perspektiven im Scha-

---

32 *BGH* NJW 2013, 370 für das Werkvertragsrecht und ZIP 2014, 1532 (1535 f.) für das Kaufrecht.
33 BT-Drs. 11/5463, 7.
34 *BGH* NJW 2016, 1589 Rn. 17 (dreifache Höhe der jährlichen Unterhaltskosten) mAnm *Mäsch* JuS 2016, 650.

densersatzrecht – Kommerzialisierung, Strafschadensersatz, Kollektivschaden, JZ 2006, 805; *Meier/Jocham*, Die Rentabilitätsvermutung – Aufwendung als Schaden?, JuS 2018, 1168; *Metzger*, Vorteilsausgleichung in Leistungsketten – Verlagerung oder Wegfall des Schadens?, JZ 2008, 498; *Möller*, Das Präventionsprinzip des Schadensrechts, 2006; *Mohr*, Normativer Schadensbegriff und Berechnung des Schadensersatzes nach den Grundsätzen der Naturalrestitution, JURA 2010, 645; *Peters*, Vorteilsausgleichung in der werkvertraglichen Lieferkette, JR 2008, 177; *Pfeifer*, Schadensfall Tod: Zur Ersatzfähigkeit entgangenen Gewinns bei Tötungsdelikten, AcP 205 (2005), 795; *Schiemann*, Das Rätsel der Vorteilsausgleichung, FS Picker, 2010, 695; *Schimmel*, Entgangener Spekulationsgewinn als Verzugsschaden?, WM 2000, 946; *Schmitz-Herscheidt*, Der Unterhaltsschaden in der Praxis, VersR 2003, 33; *Schur*, Die Verknüpfung wechselseitiger Leistungen, JuS 2006, 673; *Wetzel*, Die Änderung der Schadensberechnung nach § 249 Abs. 2 S. 2 BGB, ZGS 2002, 434; *Witt*, Schadensberechnung bei Unfällen mit Kraftfahrzeugen, NJW 2010, 3329.

Der Vermögensschaden wird dadurch berechnet, dass man die gegenwärtige Lage mit der Lage, wie sie ohne das Schadensereignis bestehen würde, vergleicht (→ § 29 Rn. 1). Er besteht in der Vermögenseinbuße und dem entgangenen Gewinn. Hat das schädigende Ereignis dem Geschädigten aber auch einen Vermögensvorteil gebracht, kann sich insoweit der Schaden mindern (Vorteilsausgleichung).

1. Vermögenseinbuße

12 Die Vermögenseinbuße (damnum emergens) kann in einer Verminderung des Aktivvermögens (zB die Fensterscheibe ist zerbrochen) und in einer Vermehrung des Passivvermögens (zB der Glaser hat eine Forderung wegen des Einsetzens einer neuen Fensterscheibe) bestehen.

a) Objektiver Wert. Der Gläubiger einer Schadensersatzforderung kann stets **Ersatz des gemeinen Werts** verlangen. Darunter versteht man den Wert, den der zu ersetzende Gegenstand **für jedermann** hat (pretium commune). Er ist nach rein objektiven Maßstäben zu ermitteln; dabei bleibt unberücksichtigt, welche Vermögenseinbuße gerade diesem Geschädigten zugefügt wurde.

Nach einigen Gesetzesbestimmungen ist die Ersatzleistung nach dem gemeinen Wert bestimmt (Beispiel: § 429 III HGB).

13 **b) Subjektiver Wert.** Es kann nach §§ 249ff. aber auch Ersatz des Wertes begehrt werden, den der Gegenstand gerade **für den Gläubi-**

ger hat (pretium singulare). Das folgt aus dem Sinn des Schadensersatzes, wonach der Geschädigte so gestellt werden soll, wie er ohne das zum Schadensersatz verpflichtende Ereignis stehen würde.

Wenn zB ein Stück aus einer dem Gläubiger gehörenden Sammlung vernichtet worden ist, dann besteht die Einbuße des Geschädigten nicht nur im Verlust dieses Stückes, sondern auch in der Wertminderung der Sammlung. Dieses Beispiel zeigt, dass der individuelle Wert meist den gemeinen Wert übersteigt.

c) Liebhaberwert. Dagegen ist der persönliche Liebhaber- oder Erinnerungswert, den der Gegenstand für den Geschädigten hat, **nicht** zu ersetzen (Affektionsinteresse). Insoweit fehlt es an einem berechenbaren Vermögenswert; ein immaterielles Interesse wird grundsätzlich nicht in Geld ersetzt (§ 253 I). 14

Beispiel: Die ererbte Brosche der Großmutter hat für den Geschädigten einen besonderen Erinnerungswert. Zu ersetzen ist nur der individuelle Vermögensschaden. – Es ist aber möglich, dass sich die Wertschätzung eines Gegenstandes (zB eines Kunstwerks oder eines Oldtimers) im Preis niederschlägt; dann handelt es sich um einen Marktwert.

2. Entgangener Gewinn

Da der Geschädigte so gestellt werden soll, wie er ohne das schädigende Ereignis stehen würde, ist bei der Schadensberechnung auch festzustellen, ob das Ereignis beim Gläubiger eine **Vergrößerung des Vermögens verhindert hat**. Deshalb stellt § 252 S. 1 klar, dass der zu ersetzende Schaden auch den entgangenen Gewinn (lucrum cessans) umfasst. 15

Beispiele: Der beim Verkehrsunfall am Handgelenk verletzte Zahnarzt, der eine eigene Praxis betreibt, ist durch die Verletzung bei seiner zahnärztlichen Tätigkeit dauerhaft beeinträchtigt und erleidet dadurch einen Verdienstausfall.[35] Dem falsch beratenen Kapitalanleger entgehen Anlagezinsen, weil er einen Geldbetrag, der ihm bei richtiger Beratung zur Verfügung gestanden hätte, nicht zu den üblichen Zinsen anlegen kann.[36]

Da der Nachweis eines entgangenen Gewinns für den Gläubiger im Einzelfall sehr schwierig sein kann, gibt § 252 S. 2 eine Beweiserleichterung:[37] Der Gläubiger muss die Umstände dartun, aus denen der Gewinn mit Wahrscheinlichkeit erwartet werden konnte;[38] dann 16

35 Zur Berechnung des Verdienstausfalls *BGH* NJW 2018, 864 Rn. 13 ff.
36 *BGH* NJW 2012, 2266.
37 Vgl. *BGH* NJW 2018, 864 Rn. 15; BGHZ 29, 393; *BAG* NJW 1985, 2545.
38 *BGH* NJW 1964, 661.

wird vermutet, dass der Gewinn auch gemacht worden wäre. § 252 S. 2 erleichtert also den Beweis des Gewinns; die Wahrscheinlichkeit der Gewinnerwartung genügt. Der Schuldner kann die Vermutung widerlegen, indem er nachweist, dass der Gewinn aus einem anderen Grund doch nicht gemacht worden wäre.

17 Der Wortlaut des § 252 S. 2 ist missverständlich, er ist geradezu eine Anfängerfalle. Die Wortfassung erweckt den Anschein, als ob **nur** der Gewinn zu ersetzen sei, der zur Zeit des schädigenden Ereignisses mit Wahrscheinlichkeit vorauszusehen war. Das aber trifft nicht zu. Denn sonst könnte zB der Eigentümer eines Lotterieloses vom Dieb nicht den Hauptgewinn verlangen, der später gerade auf dieses Los fiel; dieser Gewinn konnte zur Zeit des Diebstahls nicht mit Wahrscheinlichkeit erwartet werden. Die Entstehungsgeschichte der Vorschrift beweist, dass damit der Praxis eine Anweisung für die Beweiswürdigung gegeben werden sollte. Die Wahrscheinlichkeit des Gewinns ist also von einer nachträglichen Prognose aus (Zeitpunkt der letzten mündlichen Verhandlung im Prozess) zu beurteilen,[39] so dass der weitere Verlauf der Dinge nach dem schädigenden Ereignis mit zu berücksichtigen ist. – Aus dem Zweck des § 252 S. 2 als Beweiserleichterungsregel folgt ferner, dass das Wort „gilt" nicht die Bedeutung einer Fiktion oder einer unwiderleglichen Vermutung hat. Vielmehr handelt es sich hierbei um eine widerlegbare Vermutung.[40]

18 Klagt beispielsweise der beim Verkehrsunfall verletzte Handelsvertreter seinen Verdienstausfall gegen den Schädiger ein, dann ist der Richter bei der Ermittlung der Schadenshöhe schon durch § 287 ZPO sehr frei gestellt, da er die entgangene Provision schätzen kann.[41] Darüber hinaus hilft die Beweisvermutung des § 252 S. 2. Der Geschädigte wird also zB dartun müssen, was er in dem entsprechenden Zeitraum des Vorjahres verdient hat. Sind die Gewinne im letzten Jahr gestiegen, wird der Richter die Provisionen anderer vergleichbarer Personen der Branche zur Schadensermittlung heranziehen müssen. Macht der Schädiger geltend, der Geschädigte hätte aus familiären Gründen eine Woche ohnehin nicht reisen können, dann ist er dafür beweispflichtig. Gelingt der Beweis, mindert sich entsprechend der zu ersetzende Schaden.

3. Konkrete und abstrakte Schadensberechnung

19 Der Schaden des Gläubigers muss grundsätzlich konkret, er kann ausnahmsweise auch abstrakt berechnet werden.

a) Konkreter Schaden. Konkreter Schaden ist der Schaden, der sich **nach den besonderen Umständen des Einzelfalls**, insbesondere nach den getroffenen Anstalten und Vorkehrungen, ergibt.

39 *BGH* NJW 2018, 864 Rn. 14.
40 BGHZ 29, 393.
41 *BGH* NJW 2018, 864 Rn. 12, 15.

Beispiele: Der Käufer hat wegen Nichtlieferung der Ware zu einem höheren Preis einkaufen müssen. – Der Verkäufer hat die Ware wegen Abnahmeverweigerung des Käufers nur zu einem geringeren Preis absetzen können.

Die Differenz zwischen dem Preis des Deckungsgeschäfts und dem Vertragspreis ist der konkrete Schaden.

Im **Fall c** beträgt der konkrete Schaden: 1.100 EUR (Deckungskaufpreis) minus 1.000 EUR (Vertragspreis) = 100 EUR.

b) Abstrakter Schaden. Abstrakter Schaden ist der Schaden, der sich **nach dem gewöhnlichen Lauf der Dinge** ergibt. Diese Art der Schadensberechnung räumt das Gesetz dem Gläubiger nur ausnahmsweise ein (zB § 288 I; § 376 II HGB[42]). 20

Die Differenz zwischen dem Marktpreis und dem Vertragspreis ist der abstrakte Schaden. Der Geschädigte wird diese Berechnungsart wählen, wenn er einen höheren konkreten Schaden nicht nachweisen kann oder will.

Im **Fall c** beträgt der abstrakte Schaden: 1.200 EUR (Marktpreis) minus 1.000 EUR (Vertragspreis) = 200 EUR. V kann sich nicht mit Erfolg darauf berufen, dass der konkrete Schaden des K geringer ist; denn K hat sich nach § 376 II HGB zulässigerweise für die abstrakte Berechnung entschieden.

4. Vorteilsausgleichung

a) Bedeutung von Vorteilen für die Schadensberechnung. Wenn das schädigende Ereignis dem Geschädigten außer einem Schaden auch einen Vorteil gebracht hat, so ist dieser bei der Schadensberechnung zu berücksichtigen. Das ergibt sich aus dem Sinn des Schadensersatzrechts: Der erlittene Schaden soll zwar wieder gutgemacht, der Geschädigte aber nicht besser gestellt werden, als er ohne das Ereignis stehen würde (schadensrechtliches Bereicherungsverbot).[43] Man spricht von Vorteilsausgleichung (compensatio lucri cum damno). Damit ist nicht gesagt, dass der Schädiger hinsichtlich des Vorteils des Geschädigten einen Gegenanspruch hätte. Der Wert des Vorteils ist nur ein Rechnungsposten bei der Schadensberechnung.[44] Der Schädiger hat die **Differenz von Schaden und Vorteil** zu ersetzen. 21

Beispiele: Ein Jockey überanstrengt gegen das Verbot des Eigentümers das Rennpferd. Er gewinnt das Rennen, aber das Pferd geht ein. Der Jockey hat

42 *Brox/Henssler* HandelsR Rn. 397.
43 *BGH* ZIP 2014, 1532 (1534) mAnm *Keil* EWiR 2014, 651 und Anm. *Riehm* JuS 2014, 833; NJW 2007, 2695 (2696).
44 RGZ 146, 275.

hier den Wert des Pferdes (Schaden) abzüglich der Siegesprämie (Vorteil) zu ersetzen. – Beim Schadensersatz wegen eines Mangels der Kaufsache gem. § 437 Nr. 3[45] führt die Vorteilsausgleichung dazu, dass der Käufer einer mangelhaften Sache nicht besser stehen darf als bei ordnungsgemäßer Erfüllung. Deshalb sind solche für eine Mangelbeseitigung erforderlichen Aufwendungen, die der Käufer auch bei einer mangelfreien Kaufsache hätte tätigen müssen, nicht ersatzfähig.[46]

22 **b) Voraussetzungen für die Berücksichtigung von Vorteilen.** So einfach die Schadensberechnung bei Berücksichtigung eines Vorteils ist, so schwer ist die Frage zu beantworten, ob im Einzelfall ein anrechenbarer Vorteil vorliegt. Das Gesetz enthält darüber keine generelle Regel; der Gesetzgeber hat die Beantwortung dieser Frage der Wissenschaft und Praxis überlassen.[47]

Nach der Rechtsprechung sind bei der Schadensberechnung von vornherein solche Vorteile nicht zu berücksichtigen, die mit dem schädigenden Ereignis in keinem adäquaten Kausalzusammenhang stehen.[48]

Aber auch adäquat verursachte Vorteile sind nur dann anzurechnen, wenn es dem Sinn und Zweck der Schadensersatzpflicht entspricht.[49] Dabei ist die Interessenlage der Beteiligten zu würdigen. So hat die Anrechnung eines Vorteils als unzumutbar zu unterbleiben, wenn sie etwa den Schädiger unbillig begünstigen würde.[50] Andererseits muss der Geschädigte sich einen Werksangehörigenrabatt anrechnen lassen, den er auf die Reparaturrechnung erhält; denn er soll an dem Schadensfall nichts verdienen.[51]

23 **c) Nicht berücksichtigungsfähige Leistungen Dritter.** Das Gesetz lässt in einigen Bestimmungen erkennen, dass der Schädiger durch Leistungen Dritter nicht entlastet werden soll. Über die gesetzliche Regelung hinaus sind Rechtsprechung und Lehre in weiteren Fallgruppen zum gleichen Ergebnis gekommen; dabei handelt es sich teilweise um Fälle, die zum normativen Schaden (→ § 29 Rn. 7) gerechnet werden.

45 *Brox/Walker* SchuldR BT § 4 Rn. 79 ff.
46 *BGH* ZIP 2014, 1532 (1534) mAnm *Keil* EWiR 2014, 651 und Anm. *Riehm* JuS 2014, 833.
47 Mot. II, 19.
48 Vgl. BGHZ 49, 61; 81, 275; *BGH* NJW 1990, 1360.
49 BGHZ 10, 107; 91, 210; *BGH* NJW 2012, 50 (51); 2006, 499.
50 BGHZ 10, 107; *BGH* NJW 2006, 499; 2007, 2695 (2696); NJW-RR 2009, 1030 (1031).
51 *BGH* NJW 2012, 50.

aa) So wird nach § 843 IV der Schadensersatzanspruch eines körperlich Verletzten nicht dadurch ausgeschlossen, dass diesem ein anderer Unterhalt zu gewähren hat. Aus dieser Bestimmung ist die gesetzliche Wertung zu entnehmen, dass der Schädiger nicht entlastet werden soll, wenn **ein anderer den Unterhalt des Geschädigten sichert**.[52]

Schließen die Eltern des von A schuldhaft verletzten Kindes im eigenen Namen einen Behandlungsvertrag mit dem Arzt ab, so entsteht für das Kind zwar kein Schaden nach der Differenzhypothese, wohl aber ein normativer Schaden.

bb) **Entgeltfortzahlungsansprüche**, die ein Arbeitnehmer bei un- 24
verschuldeter Arbeitsunfähigkeit hat (vgl. § 616; § 3 EFZG), beruhen auf sozialpolitischen Gesichtspunkten und Gründen der Humanität.[53] Sie sollen den Dienstpflichtigen schützen und nicht den Schädiger, der die Arbeitsunfähigkeit verschuldet hat.

Der Arbeitgeber ist wegen der Lohnzahlung ohne entsprechende Gegenleistung geschädigt. Eine Ausgleichsregelung trifft § 6 EFZG. Danach geht der dem **Arbeitnehmer** zustehende Anspruch auf Ersatz des (normativen) Schadens insoweit auf den Arbeitgeber über, als dieser dem Arbeitnehmer das Arbeitsentgelt und die von ihm zu entrichtenden Anteile zur Sozialversicherung gezahlt hat.

cc) **Leistungen aus der Sozialversicherung oder aufgrund des** 25
Beamtenrechts sollen den Schädiger nicht entlasten. Das ergibt sich aus den gesetzlichen Bestimmungen (vgl. etwa § 116 SGB X, → § 29 Rn. 7; § 76 BBG), wonach die Ansprüche des Geschädigten kraft Gesetzes mit ihrer Entstehung auf den Versicherungsträger bzw. den Dienstherrn übergehen. Wegen dieses gesetzlichen Forderungsübergangs stellt sich hier das Problem der Vorteilsausgleichung nicht; denn der Geschädigte erlangt keinen Vorteil.

dd) Entsprechendes gilt bei der **Schadensversicherung** (Feuer, 26
Diebstahl). Soweit der Versicherer dem geschädigten Versicherungsnehmer den Schaden ersetzt, geht der Schadensersatzanspruch gegen den Schädiger auf den Versicherer über (§ 86 VVG).

ee) **Leistungen aus einer privaten Lebens- oder Unfallversiche-** 27
rung des Geschädigten sind nicht anrechenbar; denn der Geschädigte hat sich in seinem Interesse versichern lassen und die Versicherungs-

52 Zum Sinn des § 843 IV *BGH* NJW 2004, 2893.
53 Mot. II, 463.

prämien nicht zu dem Zweck gezahlt, den Schädiger von seiner Schadensersatzpflicht zu entlasten **(Fall d)**[54]. – Hat dagegen der Schädiger die Versicherung abgeschlossen und leistet der Versicherer an den Geschädigten, so ist das bei der Schadensberechnung zu berücksichtigen; denn das bezweckte der Versicherungsnehmer.[55]

28 ff) **Freiwillige Leistungen eines Dritten**, die nach dessen Willen dem Geschädigten zugute kommen sollen, werden nicht angerechnet[56] **(Fall d).** Anders ist es, wenn der Dritte mit seiner Leistung letztlich den Schädiger entlasten will (vgl. § 267).

29 **d) Abzutretende Schadensersatzansprüche gegen Dritte.** Liegt der Schaden im **Verlust einer Sache oder eines Rechts** und besteht deshalb gegen eine Person ein Schadensersatzanspruch, dann ist diese zum Ersatz nur verpflichtet, wenn ihr der Geschädigte die Ansprüche abtritt, die ihm aufgrund des Eigentums oder aufgrund des Rechts gegen Dritte zustehen (§ 255).

Beispiel: A leiht ihrer Freundin B ihren Schmuck. Dieser wird der B infolge ihres Verschuldens durch D gestohlen. A hat einen Schadensersatzanspruch gegen B. Außerdem kann sie von D Herausgabe des Schmucks verlangen. Aus § 255 ist zu entnehmen, dass weder B noch D sich darauf berufen können, A habe einen anrechenbaren Vorteil erlangt, weil sie einen Anspruch gegen den anderen habe. Es steht der A frei, an wen sie sich wendet. Erhält sie von D den Schmuck zurück, hat sie keinen Anspruch gegen B mehr, da es nun an einem Schaden fehlt. Sie kann aber auch von B Schadensersatz verlangen. Leistet B Ersatz, würde A bereichert werden, da sie noch gegen D vorgehen kann. Es wäre nicht gerechtfertigt, wenn A schließlich von B Schadensersatz und von D den Schmuck bekommt. Deshalb muss sie der B ihre Ansprüche gegen D abtreten.

30 § 255 beruht also auf dem Gedanken der Vorteilsausgleichung. Nur der Weg ist hier besonders geregelt: Es erfolgt keine Anrechnung bei der Ermittlung des Schadens. Vielmehr sind alle Ansprüche, die der Geschädigte gegen einen Dritten aufgrund des Eigentums an der Sache (oder aufgrund des Rechts) hat, abzutreten. Die Abtretung hat Zug um Zug zu erfolgen. Der in Anspruch genommene Schädiger hat ein Zurückbehaltungsrecht (§ 273; → § 13 Rn. 2ff.).

---

54 Vgl. BGHZ 19, 94; 73, 109.
55 Vgl. RGZ 152, 200.
56 Vgl. BGHZ 21, 117.

5. Besonderheiten beim Ersatz von Alt durch Neu

Beim Ersatz von Alt durch Neu erhält der Geschädigte nicht nur einen Schadensausgleich, sondern einen zusätzlichen Vermögensvorteil. Das aber widerspricht dem Grundgedanken des Schadensersatzrechts (schadensrechtliches Bereicherungsverbot). Diese Problematik kann sowohl bei Naturalherstellung als auch beim Geldersatz auftreten. 31

Hat A schuldhaft den Anzug des B beschädigt und entscheidet sich B für **Naturalherstellung**, so scheidet ein Flicken des Anzugs aus, weil diese Art des Schadensersatzes dem B, der keine geflickten Anzüge trägt, unzumutbar ist. Aus dem gleichen Grund kommt auch die Lieferung eines entsprechenden, bereits von einem anderen getragenen Anzugs nicht in Betracht. Es bleibt nur die Übereignung eines neuen Anzugs entsprechender Qualität übrig. Dadurch würde aber der Gläubiger zu gut gestellt, da der beschädigte Anzug nicht mehr neuwertig war.

Entscheidet der Gläubiger (B) sich für **Geldersatz** (§ 249 II 1), so scheidet eine Geldleistung zum Ausflicken des Anzugs aus den genannten Gründen aus. Zahlt der Schuldner (A) den Gebrauchtwert, dann kann der Gläubiger sich mit diesem Betrag nur einen gebrauchten Anzug kaufen; das aber kommt für ihn nicht in Betracht. Will er einen neuen Anzug, muss er selbst einen Betrag dazulegen, um ihn kaufen zu können. Ist er dazu nicht in der Lage, stellt sich die Problematik wie bei der Naturalherstellung. Entsprechendes gilt, wenn Schadensersatz wegen eines Mangels der Kaufsache verlangt wird (§ 437 Nr. 3). Müssen bei der Beseitigung des Mangels (zB Beseitigung von Hausschwamm im gekauften Haus) Arbeiten miterledigt werden, die der Käufer auch ohne den Mangel hätte erledigen müssen und die zu einer Wertsteigerung der Kaufsache führen, sind die dafür anfallenden Kosten unter dem Gesichtspunkt „Abzug neu für alt“ nicht ersatzfähig.[57]

Die Lösung wird wie folgt zu finden sein: Zunächst ist festzustellen, ob dem Gläubiger eine Ausbesserung der beschädigten Sache oder Lieferung einer gebrauchten Ersatzsache als Schadensersatz zumutbar ist. Das ist beim Pkw eher der Fall als bei einem Kleidungsstück. War der Anzug schon geflickt, so wird eine Ausbesserung genügen. Kommt aber nur Lieferung einer neuen Sache in Frage, dann ist diese bei Naturalherstellung regelmäßig gegen Ausgleichung des Mehrwerts zu leisten (Gedanke der Vorteilsausgleichung[58]; str.). Bei Geldersatz ist vom Wiederbeschaffungspreis für eine neue Sache ein entsprechender Abzug zu machen. Nur ausnahmsweise ist der Mehr- 32

57 *BGH* ZIP 2014, 1532 (1535 f.) mAnm *Keil* EWiR 2014, 651 und Anm. *Riehm* JuS 2014, 833.
58 BGHZ 30, 29; *BGH* NJW 2004, 2526 (2528).

wert nicht auszugleichen bzw. ein Abzug vom Wiederbeschaffungspreis unzulässig, wenn das für den Geschädigten unzumutbar ist, weil er sich sonst die neue Sache nicht beschaffen könnte (§ 242).[59]

Verursacht A an dem Wagen des B einen Totalschaden, muss er den Nennwert ohne Abzug erstatten, wenn der Wagen erst 1000 km gelaufen ist.[60] Bei einer höheren Fahrleistung ist ein Abschlag vom Neupreis zu machen (Faustregel: 1 % für je 1000 km).

6. Ersatz von Vorsorgekosten

33 **Schrifttum:** *Canaris,* Zivilrechtliche Probleme des Warenhausdiebstahls, NJW 1974, 521; *Dauner/Echtler,* Grundzüge für die Berechnung von Vorhaltekosten, VersR 1986, 717; *dies.*, Rechnerisches Verfahren zur Ermittlung der Reservehaltungskosten – Vorhaltekosten für Fahrzeuge im Güterkraft- und Personenverkehr, VersR 1988, 335; *Klimke,* Grundzüge für die Berechnung von Vorhaltekosten, VersR 1985, 720; *Ruhwedel,* Vorhaltekosten und ihre Ersetzbarkeit, JuS 1982, 27.

Streitig ist, ob auch die sog. Vorsorgekosten vom Schädiger zu ersetzen sind. Darunter versteht man Aufwendungen, die schon vor der Schädigung zwecks Vermeidung oder Verringerung des Schadens gemacht werden.

Beispiele: Ein Verkehrsbetrieb unterhält Reservewagen für durch Fremdschädigung verursachte Ausfälle von Fahrzeugen. Ein Warenhaus beschäftigt Hausdetektive, lässt Beobachtungskameras anbringen und setzt Fangprämien für die Ergreifung von Ladendieben aus.

Meines Erachtens ist die Frage, ob der Geschädigte die anteiligen Kosten für diese Maßnahmen vom Schädiger ersetzt verlangen kann, wie folgt zu beantworten:

34 **a) Kosten der Schadensabwendung oder -minderung.** Liegt die Vorbeugemaßnahme auch im Interesse des Schädigers, weil der Schadensumfang klein gehalten wird, ist der Schädiger zum Ersatz der anteiligen Kosten verpflichtet. Das ergibt sich schon aus § 254 II 1, wonach der Geschädigte im Interesse des Schädigers gehalten ist, den Schaden abzuwenden oder zu mindern (→ Rn. 41).

Die Reservehaltung von Fahrzeugen durch den Verkehrsbetrieb kommt dem Schädiger zugute; denn ohne sie hätte er den (höheren) Verdienstausfall zu ersetzen. Deshalb ist es gerechtfertigt, dass er die (geringeren) anteiligen

---

59 *BGH* NJW 2004, 2526 (2528); MüKoBGB/*Oetker* § 249 Rn. 351 mwN.
60 *BGH* NJW 1982, 433; 1983, 2694.

Kosten für die Vorsorgemaßnahme ersetzt. Voraussetzung ist jedoch, dass der Geschädigte die Aufwendungen zwecks Verringerung des Schadens machte und für erforderlich halten durfte. Die vorsorglich getroffenen Aufwendungen sind bis zur Höhe des Schadens zu ersetzen, der ohne Vorsorgemaßnahmen entstanden wäre.[61]

b) Kosten der Schadensermittlung und -abwicklung. Traf der Geschädigte die Vorbeugemaßnahme dagegen nur im eigenen Interesse, kommt sie nicht dem Schädiger zugute, so dass die in § 254 II 1 zum Ausdruck gekommene Wertung nicht eingreift. Deshalb hat der Schädiger die anteiligen Kosten nicht zu ersetzen. 35

Der ertappte Ladendieb hat zwar hinsichtlich der gestohlenen Waren Ersatz zu leisten; Bearbeitungskosten (Anteil an Detektiv- und Bürounkosten) hat er aber nicht zu erstatten.[62] Zum Ersatz der ausgesetzten Fangprämie ist der Täter nur insoweit verpflichtet, als diese nicht unangemessen hoch ist.[63]

III. Mitwirkendes Verschulden des Geschädigten

Schrifttum: *Hilpert-Janßen*, Verkehrsunfall – Die Grenzen des Mitverschuldens am Beispiel der „Fahrradhelm-Entscheidungen“, MDR 2014, 689; *Looschelders*, Die haftungsrechtliche Relevanz außergesetzlicher Verhaltensregeln im Sport, JR 2000, 265; *Mohr*, Berechnung des Schadensersatzes im Wege der Kompensation und Anrechnung eines Mitverschuldens, JURA 2010, 808; *Morell*, Die Rolle von Tatsachen bei der Bestimmung von „Obliegenheiten“ im Sinne von § 254 BGB am Beispiel des Fahrradhelms, AcP 214 (2014), 387; *Schnabel*, Nichterhebung der Verjährungseinrede als Mitverschulden, NJW 2000, 3191; *Stoll*, Handeln des Verletzten auf eigene Gefahr als Argument gegen die Haftung, Festgabe 50 Jahre BGH, Bd. I, 2000, 223; *Waas*, Mitwirkendes Verschulden im Sinne des § 254 BGB durch Abschluss eines Vertrages mit dem Schädiger, JR 2001, 1; *Walker*, Verschulden im Zivilrecht, Ad Legendum 2015, 109. 36

1. Bedeutung

Hat der Geschädigte selbst bei Eintritt oder Vergrößerung des Schadens in zurechenbarer Weise mitgewirkt **(Fall e)**, würde es dem Grundsatz von Treu und Glauben widersprechen, wenn er vom Schädiger Ersatz des ganzen Schadens verlangen könnte.[64] Deshalb hängt es nach § 254 bei mitwirkendem Verschulden des Geschädigten

61 Vgl. BGHZ 32, 284; 70, 199.
62 BGHZ 75, 230.
63 BGHZ 75, 230.
64 Kritisch zur Herleitung aus Treu und Glauben *Looschelders* SchuldR AT § 50 Rn. 4.

von den Umständen des Einzelfalls ab, ob ein Schadensersatzanspruch gemindert ist oder sogar gänzlich entfällt. Dabei ist zu beachten, dass § 254 keine selbständige Anspruchsgrundlage, sondern eine Einwendung gegenüber einem Schadensersatzanspruch ist.

Während im gemeinen Recht ein mitwirkendes Verschulden den Ersatzanspruch ausschloss, sofern der Schädiger nicht vorsätzlich gehandelt hatte, rückt § 254 von diesem Alles oder Nichts-Prinzip ab. Die Vorschrift räumt dem Richter im Prozess die Befugnis ein, die besonderen Umstände des Einzelfalls frei zu würdigen.

Viele Schadensersatzansprüche aus Verkehrsunfällen werden nur deshalb nicht außergerichtlich abgewickelt, weil Schädiger und Geschädigter sich nicht darüber einigen können, zu welcher quotalen Aufteilung des Schadens § 254 führt. Hat das Gericht in einem Grundurteil (§ 304 ZPO) rechtskräftig ausgesprochen, dass der eingeklagte Ersatzanspruch dem Grunde nach zB zur Hälfte gerechtfertigt ist, dann einigen sich die Prozessparteien oft außergerichtlich über den zu ersetzenden Betrag.

2. Voraussetzungen

37 **a) Verschulden des Geschädigten.** Nach dem Wortlaut des § 254 muss ein Verschulden des Geschädigten mitgewirkt haben. Damit ist nicht ein Verschulden des Geschädigten gegenüber einem anderen (vgl. → § 20 Rn. 2ff.) oder allgemein die Verletzung einer Rechtspflicht gemeint; denn es besteht keine Rechtspflicht gegenüber dem Schädiger, die der Geschädigte schuldhaft verletzen könnte. § 254 stellt auf ein Verschulden gegen sich selbst ab (Obliegenheitsverletzung). Wenn der Geschädigte die im Verkehr erforderliche Sorgfalt zur Vermeidung eigenen Schadens außer Acht lässt, kann man ihm daraus keinen Vorwurf machen. Aber dieses Außerachtlassen derjenigen Sorgfalt, die ein ordentlicher und verständiger Mensch zur Vermeidung eigenen Schadens anzuwenden pflegt (Verschulden im untechnischen Sinn) führt nach § 254 dazu, dass der Geschädigte seinen dadurch verursachten Schaden zumindest teilweise selbst zu tragen hat.[65] Dabei können nur solche Umstände zu Lasten des Geschädigten berücksichtigt werden, die wirklich eingetreten und für den Schaden (mit-)ursächlich geworden sind. Dafür trägt der Schädiger die Beweislast.[66]

65 StRspr; siehe nur *BGH* NJW 2014, 2493 (2494) mwN mAnm *Keil* EWiR 2015, 411 und Anm. *Mäsch* JuS 2015, 455.
66 *BGH* NJW 2013, 2018 (2019).

Verschulden setzt auch hier Verschuldensfähigkeit voraus (vgl. § 276 I 2; → § 20 Rn. 4 ff.). Demgegenüber soll nach anderer Ansicht[67] § 254 auch bei Verschuldensunfähigkeit des Geschädigten anzuwenden sein, so dass ein Deliktsunfähiger sich sein Fehlverhalten anrechnen lassen müsste. Es widerspricht jedoch dem gesetzgeberischen Ziel des Minderjährigenschutzes, wenn man das Risiko der Haftung des Schädigers ganz oder teilweise auf den verlagern wollte, der sich mangels Einsicht vor Gefahren nicht schützen kann. Maßgebend für die Verschuldensfähigkeit sind die entsprechend anzuwendenden §§ 827, 828, wobei auch der Gedanke des § 829 herangezogen werden kann.[68] Deshalb scheidet ein mitwirkendes Verschulden zB bei einem noch nicht sieben Jahre alten geschädigten Kind regelmäßig aus (vgl. aber → Rn. 45 ff.). Im Übrigen ist jeder Grad des Verschuldens (Vorsatz, Fahrlässigkeit; § 276; → § 20 Rn. 7 ff.) zu berücksichtigen. 38

Das Verschulden des Geschädigten kann sich auf ein Tun oder Unterlassen beziehen; es kann bei oder nach Eintritt des schädigenden Ereignisses bestehen. 39

Beispiele: Der Fußgänger geht bei Dunkelheit auf der rechten Straßenseite, anstatt den an der linken Seite befindlichen Fußgängerweg zu benutzen; er wird von einem ohne Licht fahrenden Radfahrer erfasst und verletzt. Er hätte im letzten Augenblick noch zur Seite springen und dadurch den Unfall vermeiden können. Die erlittene Verletzung lässt er nicht von einem Arzt behandeln; dadurch vergrößert sich der Schaden. Siehe auch **Fall e.**

Zwei Fälle des **Unterlassungsverschuldens** werden in § 254 II 1 besonders genannt: 40

aa) Der Geschädigte hat es schuldhaft unterlassen, den Schädiger **auf die Gefahr eines ungewöhnlich hohen Schadens aufmerksam zu machen**, die der Schädiger weder kannte noch kennen musste.

Dabei genügt ein allgemeiner Hinweis, dass ein Schaden eintreten könne, nicht; vielmehr muss der konkret drohende Schaden schon näher dargestellt werden, damit dem anderen die Folgen eines zum Schadensersatz verpflichtenden Handelns vor Augen geführt werden.

Beispiel: Der Bankkunde weist seine Bank darauf hin, dass die Geldüberweisung noch am selben Tage erfolgen müsse, weil ihm sonst der Verlust eines Patents drohe. Unterlässt er diesen Hinweis, kann er jedenfalls nicht Ersatz des ganzen Schadens verlangen.

bb) Der Geschädigte hat es schuldhaft unterlassen, den **Schaden abzuwenden oder zu mindern.** 41

---

67 *Esser/Schmidt* SchuldR I AT § 35 I 3 b.
68 Vgl. BGHZ 37, 102.

Ihn trifft die Pflicht, alles ihm Zumutbare zur Abwendung oder Minderung eines eigenen Schadens zu tun. So muss zB der Radfahrer bremsen, wenn er erkennt, dass ein Pkw ihm die Vorfahrt nimmt. Der Kfz-Insasse hat den Sicherheitsgurt anzulegen.[69] Der Motorradfahrer muss einen Schutzhelm tragen.[70] Dagegen trifft den Fahrradfahrer kein Mitverschulden, wenn er ohne Helm fährt und bei einem Unfall eine Kopfverletzung erleidet, die bei Tragen eines Helms verhindert oder abgemildert worden wäre; denn es besteht weder eine entsprechende Rechtspflicht noch ein allgemeines Verkehrsbewusstsein zur Erforderlichkeit des Tragens von Fahrradhelmen.[71] Der ohne Helm fahrende Radfahrer lässt daher nicht diejenige Sorgfalt außer Acht, die ein verständiger Mensch zur Vermeidung eigenen Schadens anzuwenden pflegt. – Der Unfallverletzte muss sich in ärztliche Behandlung begeben und sich notfalls einer nicht besonders gefahr- und schmerzvollen Operation unterziehen, wenn Aussicht auf Heilung oder jedenfalls Besserung besteht. Kann er infolge seiner Verletzung seinen bisherigen Beruf nicht mehr ausüben, hat er sich auf einen anderen umschulen zu lassen. Im Einzelfall ist aber immer zu prüfen, ob dem Verletzten ein solches Tun zumutbar ist. Entstehen ihm dadurch Aufwendungen (zB Operations-, Umschulungskosten), so sind sie ihm vom Schädiger als Teil des Schadens zu ersetzen.[72] Der Inhaber eines unfallbeschädigten Kraftfahrzeugs muss ausnahmsweise die Reparatur bei einer kostengünstigeren marken**un**gebundenen Fachwerkstatt ausführen lassen, wenn er wegen des Alters seines Fahrzeugs und des Umstandes, dass dieses ohnehin nicht scheckheftgepflegt ist, kein berechtigtes Interesse an der Reparatur durch eine (teurere) markengebundene Fachwerkstatt hat.[73] Gleiches gilt, wenn der Schädiger darlegt und beweist, dass die „freie" Werkstatt vom Qualitätsstandard her einer markengebundenen Werkstatt entspricht.[74] Wenn er sein beschädigtes Fahrzeug veräußert, darf er sich zwar grundsätzlich an der von einem Sachverständigen erstellten Wertermittlung (bei Verkauf an einen Gebrauchtwagenhändler) orientieren; er kann aber unter dem Gesichtspunkt der Schadensminderungspflicht gehalten sein, eine ihm zumutbare günstigere Verwertungsmöglichkeit (zB Verkauf an einen spezialisierten Restwertaufkäufer) wahrzunehmen.[75]

Zur Schadensminderungspflicht gehört jedoch nicht, dass der Geschädigte, dessen Pkw zu Beginn einer Urlaubsreise einen Totalschaden erleidet, sich unter Verzicht auf einige Urlaubstage ein Ersatzfahrzeug beschafft, anstatt die Fahrt mit einem Mietwagen fortzusetzen; er darf aber nicht auf das erstbeste Angebot eingehen, sondern muss ein oder zwei Konkurrenzangebote einho-

---

69 BGHZ 74, 25 ff.; vgl. auch BGHZ 83, 71; *BGH* NJW 1993, 53; 2001, 1485.
70 *BGH* NJW 1965, 1075.
71 *BGH* NJW 2014, 2493 (2494 f.) (bezogen auf einen Unfall im Jahr 2011) mAnm *Keil* EWiR 2015, 411 und Anm. *Mäsch* JuS 2015, 455.
72 BGHZ 32, 280.
73 Vgl. *BGH* NJW 2010, 606 (609); 2010, 2118 (2119); 2010, 2725 f.; 2010, 2727; 2010, 2941.
74 *BGH* NJW 2017, 2182 Rn. 7; 2015, 2110.
75 *BGH* NJW 2010, 2722 (2723 f.); 2010, 2724 f.

len.[76] – Auch die Aufnahme von Krediten zur Vorfinanzierung der Schadensregulierung ist dem Geschädigten nur ausnahmsweise zumutbar.[77]

b) Sach- oder Betriebsgefahr des Geschädigten. Obwohl § 254 von einem Verschulden des Geschädigten ausgeht, muss diese Bestimmung auch dann angewandt werden, wenn auf Seiten des Geschädigten kein Verschulden, sondern nur eine Sach- oder Betriebsgefahr mitgewirkt hat, welche dem Geschädigten aus dem Gesichtspunkt der Gefährdungshaftung[78] zuzurechnen ist.[79] Die Berücksichtigung einer solchen Sach- oder Betriebsgefahr rechtfertigt sich aus dem § 254 zugrunde liegenden Gedanken, dass der Schaden von allen Beteiligten zu tragen ist, denen die den Schaden bedingenden Ursachen aus irgendeinem Rechtsgrund zuzurechnen sind. 42

Beispiel: Durch Verschulden des Radfahrers A wird der anfahrende Pkw des B beschädigt. Hier muss sich B die Betriebsgefahr seines Pkw nach § 254 auf seinen Schadensersatzanspruch aus § 823 I anrechnen lassen; denn nach § 7 I StVG[80] hat er für die Betriebsgefahr seines Pkw einzustehen. Die Anrechnung der Betriebsgefahr hat jedoch zu unterbleiben, wenn der Zusammenstoß mit A für B durch höhere Gewalt verursacht wurde (vgl. § 7 II StVG)[81].

§ 254 ist auch dann zu berücksichtigen, wenn der Schädiger aus einem Tatbestand der Gefährdungshaftung schadensersatzpflichtig ist und den Geschädigten an der Entstehung des Schadens ein Mitverschulden trifft. Die Anwendung des § 254 bei einem Mitverschulden des Verletzten im Rahmen der Gefährdungshaftung ist in mehreren Fällen sogar gesetzlich bestimmt (zB § 9 StVG;[82] § 4 HPflG). 43

Ist der Schädiger nur aus Gefährdungshaftung zum Schadensersatz verpflichtet und hat auf Seiten des Geschädigten eine Sach- oder Betriebsgefahr den Schaden mitverursacht, so findet § 254 ebenfalls Anwendung. In verschiedenen Fällen der Gefährdungshaftung hat der Gesetzgeber besonders angeordnet, dass auf Seiten des Geschädigten eine diesem zuzurechnende Sach- oder Betriebsgefahr zu berücksichtigen ist (zB § 17 I StVG)[83].

76 *BGH* NJW 1985, 2637 (2639).
77 *BGH* NJW 1989, 290.
78 *Brox/Walker* SchuldR BT § 54.
79 *Walker* Ad Legendum 2015, 109 (117).
80 Vgl. *Brox/Walker* SchuldR BT § 54 Rn. 3 ff.
81 *Brox/Walker* SchuldR BT § 54 Rn. 10 ff.
82 Vgl. *Brox/Walker* SchuldR BT § 54 Rn. 15.
83 Vgl. *Brox/Walker* SchuldR BT § 54 Rn. 15.

43a **c) Vom Geschädigten zu tragendes Betriebsrisiko bei der eingeschränkten Arbeitnehmerhaftung.** § 254 wird analog angewendet, wenn dem Verschulden des Schädigers zwar kein Mitverschulden des Geschädigten gegenübergestellt werden kann, aber ein von diesem zu tragendes Betriebs- oder Schadensrisiko.[84] Das ist bei der eingeschränkten Arbeitnehmerhaftung (→ Rn. 21 f.) von Bedeutung. Wenn ein Arbeitnehmer bei einer betrieblich veranlassten Tätigkeit einen Schaden des Arbeitgebers verursacht, wird in analoger Anwendung des § 254 das Verschulden des Arbeitnehmers mit dem vom Arbeitgeber zu tragenden Betriebsrisiko abgewogen. Dieses müsste der Arbeitgeber nämlich auch tragen, wenn er selbst alle betrieblichen Tätigkeiten ausüben würde. Die analoge Anwendung des § 254 führt nach ständiger Rechtsprechung des Bundesarbeitsgerichts, die im Kern gewohnheitsrechtlich anerkannt ist, zu folgender pauschalierender Haftungslösung: Bei leichter Fahrlässigkeit des Arbeitnehmers überwiegt das vom Arbeitgeber zu tragende Betriebsrisiko, so dass der Arbeitnehmer gar nicht haftet. Bei mittlerer Fahrlässigkeit muss der Arbeitnehmer sich mit einer im Einzelfall zu bestimmenden (nicht notwendig hälftigen) Quote am Schaden beteiligen. Bei grober Fahrlässigkeit kommt nur unter engen Voraussetzungen eine Haftungsbegrenzung in Betracht. Wenn der Arbeitnehmer den Schaden vorsätzlich herbeigeführt hat, tritt dahinter das Betriebsrisiko zurück und der Arbeitnehmer ist in vollem Umfang ersatzpflichtig.

44 **d) Selbstgefährdung des Geschädigten.** Auch beim **Handeln auf eigene Gefahr**, dh bei einer bewussten Selbstgefährdung des Verletzten (zB jemand lässt sich von einem betrunkenen Kraftfahrer mitnehmen und verunglückt), wendet der BGH § 254 an.[85] Er hat damit die Konstruktion eines (fiktiven) vertraglichen Haftungsausschlusses aufgegeben.

45 **e) Mitverschulden des gesetzlichen Vertreters oder Gehilfen des Geschädigten.** § 254 ist zum Nachteil des Geschädigten auch dann zu berücksichtigen, wenn sein gesetzlicher Vertreter oder sein Gehilfe den Schaden mitverschuldet hat. § 254 II 2 bestimmt: Die Vorschrift des § 278 findet entsprechende Anwendung. Diese unglückliche Formulierung hat zu manchen Streitfragen Anlass gegeben. Um diese zu verstehen, ist es unerlässlich, sich zunächst die Verantwortlichkeit für fremdes Verschulden (→ § 20 Rn. 23 ff.) klarzumachen.

84 *Walker* Ad Legendum 2015, 109 (117).
85 BGHZ 34, 355.

aa) Aus der entsprechenden Anwendung des § 278 folgt, dass sich der Geschädigte das Verschulden seines gesetzlichen Vertreters (→ § 20 Rn. 26f.) und seines Erfüllungsgehilfen (→ § 20 Rn. 28ff.) anrechnen lassen muss.

bb) § 254 II 2 bezieht sich seiner Stellung nach nur auf die in § 254 II 1 genannten Fälle des Unterlassungsverschuldens. Eine entsprechende Anwendung des § 278 ist aber ebenso bei einer Mitverursachung nach § 254 I geboten. § 254 II 2 ist also als Absatz III zu lesen, der sich auf Absatz II und auf Absatz I bezieht. Es handelt sich hier nämlich um ein Redaktionsversehen. 46

cc) § 278 setzt ein bestehendes Schuldverhältnis voraus. Demnach wendet ihn die ständige höchstrichterliche Rechtsprechung nur dann entsprechend an, wenn schon im Zeitpunkt der Schädigung eine schuldrechtliche Beziehung zwischen Schädiger und Geschädigtem besteht.[86] 47

Beispiel: Der Meister M schickt seinen Gehilfen G mit seinem Fahrrad zu einer Besorgung. Ein anderer Radfahrer R verletzt die Vorfahrt. Es kommt zum Unfall, bei dem das Rad des M beschädigt wird. R ist dem M nach § 823 schadensersatzpflichtig. Auch wenn G durch unvorsichtiges Fahren den Unfall mitverschuldet hat, ist § 278 nach § 254 II 2 deshalb nicht entsprechend anzuwenden, weil kein Schuldverhältnis zwischen M und R bestand.

Außerhalb von Schuldverhältnissen tritt eine Haftung für Hilfspersonen nur ein, wenn der Tatbestand des § 831 (Haftung für Verrichtungsgehilfen; → § 20 Rn. 43)[87] erfüllt ist. Dieser Haftungsmaßstab muss auch dann gelten, wenn dem Geschädigten das Handeln seines Verrichtungsgehilfen als mitwirkendes Verschulden entgegengehalten wird.[88] Deshalb ist § 254 II 2 so zu lesen: Die Vorschriften der §§ 278, 831 finden entsprechende Anwendung. 48

Im obigen Beispiel muss sich M ein mitwirkendes Verschulden anrechnen lassen, wenn § 831 gegeben ist. Kann M den Entlastungsbeweis führen (§ 831 I 2; → § 20 Rn. 42)[89], entfällt § 254; R muss den Schaden in vollem Umfang ersetzen.

Diese Rechtsprechung wird im Schrifttum vielfach abgelehnt. Es wird die Auffassung vertreten, im Rahmen des § 254 sei immer (auch wenn vorher noch kein Schuldverhältnis bestanden habe) § 278 entsprechend anzuwenden. Wenn nämlich bei unerlaubter

86 Seit RGZ 62, 346.
87 *Brox/Walker* SchuldR BT § 48 Rn. 3 ff.
88 RGZ 77, 211; BGHZ 1, 248.
89 Siehe auch *Brox/Walker* SchuldR BT § 48 Rn. 6 ff.

Handlung der Geschädigte sich nach § 831 entlasten könnte, dann hätte der Schädiger das Verhalten des Gehilfen des Geschädigten mitzuvertreten; das sei unbillig. Dieser Vorwurf richtet sich letztlich gegen den Entlastungsbeweis des § 831.

49 dd) Wenngleich die Rechtsprechung für die Anwendung des § 278 eine bestehende Verbindlichkeit oder etwas einer Verbindlichkeit Ähnliches voraussetzt,[90] so hat sie doch den Begriff des Erfüllungsgehilfen weiter gefasst. Es ist nicht erforderlich, dass der Gehilfe in Erfüllung einer Verbindlichkeit des Geschädigten gegenüber dem Schädiger gehandelt hat; vielmehr muss es für die Anwendung des § 278 im Rahmen des § 254 genügen, dass sich der Geschädigte der Hilfsperson zur Wahrung seiner eigenen Belange bedient hat.[91]

Im **Fall f** muss B sich das Mitverschulden seines Fahrers gem. § 278 zurechnen lassen. Diese Zurechnung kann nicht mit § 166 I begründet werden; denn es geht nicht um die rechtlichen Folgen einer Willenserklärung.

3. Rechtsfolgen

50 Liegen die Voraussetzungen des § 254 vor, so hängen die Ersatzpflicht und ihr Umfang von den Umständen, insbesondere davon ab, inwieweit der Schaden vorwiegend von dem einen oder dem anderen Teile verursacht worden ist (§ 254 I aE). Der Richter muss also im Streitfall alle Umstände des Einzelfalls würdigen. Dabei ist vor allem auf den Grad der beiderseitigen Verursachung im Sinne der Adäquanz (→ § 30 Rn. 8) abzustellen. Daneben ist auch das Maß des beiderseitigen Verschuldens gegeneinander abzuwägen.[92]

Im Ergebnis kann es zu einer Verteilung des Schadens nach Quoten kommen; es ist auch möglich, dass der Schädiger den vollen Schaden zu ersetzen hat (zB wenn er vorsätzlich, der Geschädigte aber nur leicht fahrlässig gehandelt hat)[93]. Denkbar ist aber auch der umgekehrte Fall, dass die Schadensersatzpflicht wegen § 254 ganz entfällt (zB wenn den Geschädigten ein besonders schweres Verschulden trifft, der Schädiger jedoch ohne Verschulden nur wegen einer Sach- oder Betriebsgefahr haftet).

---

90 Vgl. RGZ 75, 258.
91 Vgl. BGHZ 3, 46.
92 Vgl. *BGH* VersR 1968, 1093.
93 Vgl. *BGH* NJW 1982, 1756; vgl. ferner *BGH* NJW 2002, 1335, wonach fehlendes Misstrauen des Darlehensgebers gegenüber dem Wort des mit ihm befreundeten Darlehensnehmers im Verhältnis zu dessen Aufklärungsverschulden nicht ins Gewicht fällt.

10. Kapitel. Beteiligung Dritter am Schuldverhältnis

§ 32. Vertrag zu Gunsten Dritter

Schrifttum: *Kannowski/Zeller*, Anfängerhausarbeit – Bürgerliches Recht: Sekundäransprüche beim Vertrag zu Gunsten Dritter, JuS 2006, 983; *Looschelders/Makowsky*, Relativität des Schuldverhältnisses und Rechtstellung Dritter, JA 2012, 721; *Petersen*, Die Drittwirkung von Leistungspflichten, JURA 2013, 1230; *ders.*, Der Dritte im Allgemeinen Schuldrecht, JURA 2014, 580; *Rahbari*, Der Anwendungsbereich des Vertrags zugunsten Dritter gem. §§ 328 ff. BGB, ZGS 2010, 172. 1

Fall a: K kauft im eigenen Namen bei V eine Waschmaschine für seine Mutter M mit der Abrede, dass M selbst von V Übereignung der Maschine verlangen kann. Infolge unsachgemäßer Montage entsteht in der Wohnung der M ein Wasserschaden. Wem steht ein vertraglicher Schadensersatzanspruch zu? → Rn. 1, 2, 4, 16

Fall b: K kauft beim Händler V ein Fernsehgerät. Da V das Modell nicht vorrätig hat, vereinbart er mit seinem Großhändler G, dieser solle unmittelbar an K liefern. Von wem kann K Erfüllung verlangen? → Rn. 3, 6

Fall c: Um seinem Patenkind P eine Aussteuer zu sichern, errichtet der Kaufmann K bei der Bank B ein Sparkonto auf den Namen der P und zahlt 50.000 EUR ein. Er vereinbart mit der Bank, dass das Geld im Falle seines Todes der P gehören solle. Nach dem Tod des K verlangen dessen Erben und die P von B das Geld. → Rn. 9

I. Arten und Abgrenzung

1. Arten

Während beim vertraglichen Schuldverhältnis der Schuldner im Regelfall nur an seinen Vertragspartner zu leisten hat, muss er beim Vertrag zu Gunsten Dritter die Leistung einem Dritten erbringen. Der Schuldner wird hier als Versprechender, der Gläubiger als Versprechensempfänger und der Dritte als Begünstigter bezeichnet.

Beispiel: K (Versprechensempfänger) kauft für seine Mutter (Begünstigte) bei V (Versprechender) eine Waschmaschine **(Fall a)**.

Man unterscheidet zwei Arten des Vertrags zu Gunsten Dritter.

2 **a) Echter Vertrag zu Gunsten Dritter.** Beim echten oder berechtigenden Vertrag zu Gunsten Dritter erwirbt der Dritte aus diesem Vertrag einen Anspruch gegen den Schuldner (§ 328 I).

Beispiele: Lebensversicherungsvertrag des Ehemannes zu Gunsten seiner Ehefrau; Kaufvertrag im **Fall a.**

3 **b) Unechter Vertrag zu Gunsten Dritter.** Um einen unechten (ermächtigenden) Vertrag zu Gunsten Dritter, der von den §§ 328ff. nicht erfasst wird, handelt es sich, wenn der Schuldner zwar an einen Dritten leisten, der Dritte aber keinen Anspruch auf die Leistung haben soll.

Im **Fall b** erwirbt K keinen Anspruch gegen G; er kann nur von V Lieferung des Geräts verlangen. Gläubiger des G ist allein V; nur dieser hat einen Anspruch gegen G auf Leistung an K.

Abweichend vom Regelfall des § 362 I wird hier der Schuldner ermächtigt und verpflichtet, seine Verbindlichkeit durch Leistung an einen Dritten zu erfüllen. Im Übrigen bestehen keine rechtlichen Besonderheiten gegenüber einem Vertrag, an dem Dritte nicht beteiligt sind. In → Rn. 7ff. wird daher nur der echte Vertrag zu Gunsten Dritter behandelt.

2. Abgrenzung

4 Ob im Einzelfall ein echter, dh den Dritten berechtigender, oder ein unechter Vertrag zu Gunsten Dritter vorliegt, ist durch Vertragsauslegung (§§ 133, 157) zu ermitteln. Soweit nicht eine ausdrückliche Vereinbarung (wie im **Fall a**) getroffen ist, sind die gesamten Umstände, vor allem der Vertragszweck, zu berücksichtigen (§ 328 II).

5 Außerdem enthält das Gesetz in §§ 329, 330 Auslegungsregeln. So sind Lebensversicherungs- oder Leibrentenverträge zu Gunsten eines Dritten sowie die Vereinbarung einer Abfindung an Dritte in Verträgen über Vermögens- oder Gutsübernahmen im Zweifel als echte Verträge zu Gunsten Dritter anzusehen (§ 330).

Der Gesetzgeber geht hier mit Recht davon aus, dass bei Verträgen, welche die Versorgung eines Dritten bezwecken, diesem in der Regel ein eigener Anspruch gegen den Versprechenden eingeräumt werden soll.

6 Demgegenüber ist ein Vertrag, durch den sich jemand gegenüber einem Schuldner verpflichtet, dessen Gläubiger zu befriedigen (Erfüllungsübernahme), im Zweifel ein unechter Vertrag zu Gunsten Dritter (§ 329).

Verspricht zB F seinem Freund S, dessen Bankschulden zu begleichen, so soll nach dem Willen der Parteien normalerweise die Bank nicht einen zusätzlichen Schuldner erhalten; denn F will nur seinem Freund und nicht der Bank helfen. – Ganz allgemein wird man einen Rechtsanspruch des Dritten zu verneinen haben, wenn die Vereinbarung zwischen Gläubiger und Schuldner nur dazu dient, die Vertragsabwicklung zu erleichtern. So wird im **Fall b** durch die Lieferung von G an K der Umweg über V vermieden.

II. Rechtsbeziehungen zwischen den Beteiligten

Beim **echten** Vertrag zu Gunsten Dritter sind die Rechtsbeziehungen zwischen Versprechendem und Versprechensempfänger (Deckungsverhältnis), zwischen Versprechensempfänger und Drittem (Zuwendungs- oder Valutaverhältnis) sowie zwischen Versprechendem und Drittem zu unterscheiden. Das Deckungsverhältnis wird deshalb so bezeichnet, weil der Versprechende aus ihm (jedenfalls bei entgeltlichem Vertrage) die Gegenleistung, also die Deckung für seine Leistung an den Dritten erwirbt. Das Zuwendungs- oder Valutaverhältnis gibt Aufschluss darüber, aus welchem Rechtsgrund der Versprechensempfänger die Leistung dem Dritten durch den Versprechenden zuwendet. 7

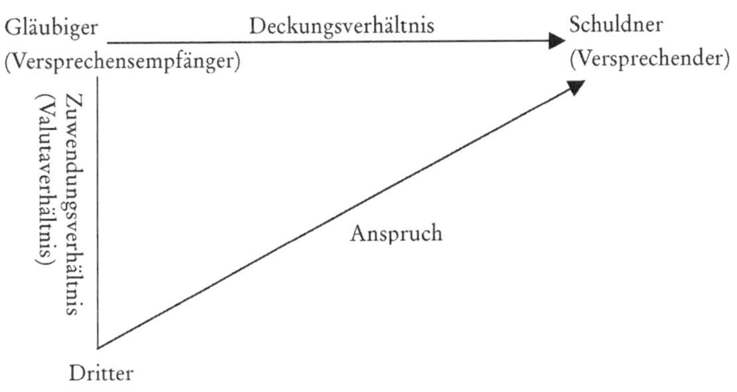

1. Deckungsverhältnis

a) Vertrag zwischen Versprechendem und Versprechensempfänger. Für den Vertrag zwischen Versprechendem und Versprechens- 8 empfänger gilt der Grundsatz der Vertragsfreiheit. Der Vertrag zu Gunsten Dritter ist kein eigenständiger Vertragstyp neben den im Besonderen Teil des Schuldrechts geregelten Vertragstypen. Vielmehr kann jeder typische (zB Kauf-, Mietvertrag) und atypische Vertrag als Vertrag zu Gunsten Dritter geschlossen werden.

Ein Anspruch des Dritten ergibt sich niemals allein aus § 328 I, sondern immer nur im Zusammenhang mit einem Anspruch etwa aus § 433 oder § 535.

Die Person des Dritten braucht zum Zeitpunkt des Vertragsschlusses noch nicht genau bestimmt zu sein; es reicht aus, dass sie bestimmbar ist.

Beispiel: Vereinbarung einer Garantie zwischen Hersteller und Großhändler zu Gunsten des noch nicht bestimmten Endabnehmers.[1]

9 **b) Form des Vertrags.** Für die Form des Vertrags zu Gunsten Dritter gelten die allgemeinen Regeln. Der Vertrag ist formfrei, sofern das Gesetz nicht ausnahmsweise etwas anderes bestimmt, wie etwa in § 311b.

Fraglich ist, ob der Vertrag zu Gunsten Dritter nicht dann einer Form bedarf, wenn er zur Deckung eines formbedürftigen Rechtsgeschäftes im Valutaverhältnis geschlossen wird.

Beispiel: Der Onkel verspricht seinem Neffen einen Sportwagen (vgl. § 518). Er schließt mit dem Autohändler einen entsprechenden Kaufvertrag zu Gunsten des Neffen.

Man ist sich darüber einig, dass das Deckungsverhältnis von Formerfordernissen des Valutaverhältnisses unberührt bleibt.[2] Das gilt auch dann, wenn vereinbart ist, dass die Leistung an den Dritten nach dem Tode des Versprechensempfängers erfolgen soll (§ 331 I) und im Valutaverhältnis eine Schenkung von Todes wegen (§ 2301) vorliegt.

Im **Fall c** bedurfte der Sparvertrag zwischen K und B zu Gunsten der P nicht der Form des § 518 oder der des § 2301. Aufgrund des wirksamen Vertrags hat P einen Anspruch gegen B auf Auszahlung des Guthabens erlangt (§§ 488, 328, 331). Das Hauptproblem in diesem Fall liegt allerdings darin, ob zwischen K und P ein Schenkungsvertrag zustande gekommen ist oder

1 Vgl. BGHZ 75, 75.
2 BGHZ 54, 145; 66, 9 (12).

ob die P mangels eines solchen Rechtsgrundes einem Bereicherungsanspruch der Erben des K ausgesetzt ist.[3]

c) Rechtsstellung des Dritten. Das Deckungsverhältnis ist maßgebend für die Rechtsstellung des Dritten gegenüber dem Versprechenden. Danach richtet es sich, ob der Dritte den Anspruch sofort, erst später oder unter bestimmten Voraussetzungen erwirbt (vgl. §§ 328 II, 331 I). Nach dem Deckungsverhältnis bestimmt sich auch, ob die Vertragsparteien dem Dritten die erlangte Rechtsposition wieder entziehen können (§§ 328 II, 332, 331 II). Dieses Verhältnis ist weiterhin für die Einwendungen entscheidend, welche der Versprechende dem Dritten entgegensetzen kann (§ 334; → Rn. 14). 10

d) Rechtsstellung des Versprechensempfängers. Ob neben dem Dritten auch der Versprechensempfänger den Anspruch gegen den Versprechenden geltend machen kann, ergibt sich ebenfalls aus dem Deckungsverhältnis. Im Zweifel ist er dazu berechtigt; er kann aber nur Leistung an den Dritten verlangen (§ 335). 11

2. Valutaverhältnis

Normalerweise wird der Versprechensempfänger den Versprechenden nur dann zur Leistung an den Dritten veranlassen, wenn er dem Dritten hierzu verpflichtet ist. Diese Verpflichtung kann auf Vertrag (zB Kauf, Schenkung) oder Gesetz (zB Unterhaltspflicht) beruhen. Hat der Dritte vom Versprechenden die Leistung erhalten, ohne dass im Verhältnis von Versprechensempfänger und Drittem eine solche Verpflichtung bestand, kann der Versprechensempfänger das ohne Rechtsgrund Geleistete herausverlangen (§ 812)[4]. 12

3. Verhältnis zwischen Versprechendem und Drittem

Da der Dritte das Recht gegen den Versprechenden aufgrund des Deckungsverhältnisses, also ohne sein Zutun, erhält, räumt das Gesetz ihm die Möglichkeit ein, das Recht zurückzuweisen; dann gilt das Recht rückwirkend als nicht erworben (§ 333). 13

3 Siehe dazu etwa BGHZ 46, 198; RGZ 83, 223 (sog. Bonifatius-Fall); *Brox/Walker* ErbR Rn. 760 ff.; *Medicus/Petersen* BürgerlR Rn. 394 ff.
4 *Brox/Walker* SchuldR BT § 40 Rn. 10 ff.

III. Einwendungen und Einreden des Versprechenden

14 Da sich die Leistungsverpflichtung des Versprechenden gegenüber dem Dritten aus dem Deckungsverhältnis ergibt, kann der Versprechende dem Anspruch des Dritten die **Einwendungen** entgegenhalten, welche auf diesem Verhältnis beruhen (§ 334). Kann der Versprechende sich gegenüber dem Versprechensempfänger also etwa auf Nichtigkeit des Vertrags berufen, muss auch der Dritte das gegen sich gelten lassen.

Nach der Rechtsprechung soll der Versprechende mit einer Forderung gegen den Versprechensempfänger gegenüber dem Anspruch des Dritten nicht aufrechnen können, weil es an der Gegenseitigkeit fehle.[5]

Zu den Einwendungen i. S. des § 334 gehören auch die mit dem Vertrag in rechtlichem Zusammenhang stehenden **Einreden** (zB §§ 320, 273).

IV. Leistungsstörungen

15 Die Frage nach der Auswirkung von Leistungsstörungen ist deshalb problematisch, weil Rechtsbeziehungen nicht nur zwischen den Vertragspartnern bestehen, sondern der begünstigte Dritte einen eigenen Anspruch gegen den Versprechenden hat.

1. Leistungsstörung durch den Versprechensempfänger

Keine besonderen Schwierigkeiten bestehen, wenn die Leistungsstörung vom Versprechensempfänger ausgeht. Dann hat der Versprechende gegenüber dem Versprechensempfänger die Rechte aus den §§ 280 ff. Diese kann er auch dem Dritten entgegen halten (→ Rn. 14).

2. Leistungsstörung durch den Versprechenden

16 Bei einer Leistungsstörung durch den Versprechenden können sich sowohl für den Dritten als auch für den Versprechensempfänger Rechte ergeben:

---

5 *BGH* MDR 1961, 481.

a) Schadensersatzanspruch. Soweit der Versprechende wegen einer Leistungsstörung auf Schadensersatz in Anspruch genommen werden soll, kann regelmäßig der geschädigte Dritte, aber auch der Versprechensempfänger den Anspruch geltend machen (§ 335); der Versprechensempfänger muss jedoch Leistung an den Dritten verlangen.

Im **Fall a** steht sowohl M als auch K ein Anspruch aus §§ 280 I, 437 Nr. 3 zu; K kann jedoch nur Leistung an M verlangen.

b) Rücktrittsrecht. Der Dritte ist nicht zum Rücktritt (§ 323) berechtigt. Der Rücktritt gestaltet das Vertragsverhältnis um (→ § 18 Rn. 2, 16 ff.). An diesem ist der Dritte aber gar nicht beteiligt. Vertragspartner des Versprechenden ist allein der Versprechensempfänger. Deshalb kann nur er das Rücktrittsrecht ausüben. Wenn der Dritte bereits eine nicht mehr entziehbare Forderung erworben hat (§ 328 II), ist hierzu jedoch nach hM seine Zustimmung erforderlich.[6] 17

3. Leistungsstörung durch den Dritten

Verletzt der Dritte die Abnahmepflicht (zB gem. § 433 II) oder verschuldet er die Unmöglichkeit der Leistung, kann der Versprechende seine sich daraus ergebenden Befugnisse gegenüber dem Versprechensempfänger geltend machen, der sich das Verhalten des Dritten anrechnen lassen muss.[7] 18

§ 33. Schuldverhältnis mit Schutzwirkung für Dritte

Schrifttum: *Brors*, Vertrauen oder Vertrag – gibt es eine Haftung für Wertgutachten nach § 311 Abs. 3 BGB?, ZGS 2005, 142; *Finn*, Zur Haftung des Sachverständigen für fehlerhafte Wertgutachten gegenüber Dritten, NJW 2004, 3752; *Fischer*, Vertragliche Dritthaftung von Rechtsanwälten, Steuerberatern und Wirtschaftsprüfern, DB 2012, 1489; *Frassek*, Umfang der Haftung eines vertraglichen Ratgebers und Einbeziehung Dritter in den Schutzbereich vorvertraglicher Pflichten – *BGH* NJW-RR 2003, 1035, JuS 2004, 285; *Haferkamp*, Der Vertrag mit Schutzwirkung für Dritte nach der Schuldrechtsreform – ein Auslaufmodell?, in: Dauner-Lieb/Konzen/Schmidt, Das neue Schuldrecht in der Praxis, 2002, 171; *Höhne/Kühne*, Der Vertrag mit Schutzwirkung zu Gunsten Dritter – Anspruchsgrundlage und Anspruchsumfang, JuS 2012, 1

6 RGZ 101, 275; Jauernig/*Stadler* BGB § 328 Rn. 17.
7 *Lange* NJW 1965, 660; RGRK/*Ballhaus* BGB § 328 Rn. 27.

1063; *Leyens*, Expertenhaftung: Ersatz von Vermögensschäden im Dreipersonenverhältnis nach Bürgerlichem Recht, JuS 2018, 217; *Looschelders/Makowsky*, Relativität des Schuldverhältnisses und Rechtstellung Dritter, JA 2012, 721; *Mäsch*, Schuldrecht BT: Reisende im Schutzbereich des Vertrags zwischen Flughafen und Fluglinie, JuS 2017, 884; *Papadimitropoulos*, Schuldverhältnisse mit Schutzwirkung zu Gunsten Dritter, 2007; *Pinger/Behme*, Der Vertrag mit Schutzwirkung für Dritte als Rechtsgrundlage der Gutachterhaftung gegenüber Dritten, JuS 2008, 675; *Rohe/Winter*, Der praktische Fall – Bürgerliches Recht: Vertrag mit Schutzwirkung für Dritte, JuS 2003, 872; *Schwab*, Grundfälle zu culpa in contrahendo, Sachverwalterhaftung und Vertrag mit Schutzwirkung für Dritte nach neuem Schuldrecht, JuS 2002, 773, 872; *Schwarze*, Subsidiarität des vertraglichen Drittschutzes, AcP 203 (2003), 348; *Stamm*, Rechtsfortbildung der Drittschadensliquidation im Wege eines originären und rein deliktsrechtlichen Drittschadensersatzanspruchs analog § 844 Abs. 1 BGB, AcP 203 (2003), 366; *Sutschet*, Schutzansprüche und Schutzpflichten Dritter im Lichte des § 311 III BGB, FS Ehmann, 2005, 95; *Walker*, Die zivilrechtliche Haftung des Fußballspielers und seines Vereins für Verletzungen eines Gegenspielers, FS Tolksdorf, 2014, 143; *Wertenbruch*, Einwendungen beim Vertrag mit Schutzwirkung für Dritte und konkurrierenden Deliktsansprüchen, FS Huber, 2006, 637; *Zenner*, Der Vertrag mit Schutzwirkung zu Gunsten Dritter – Ein Institut im Lichte seiner Rechtsgrundlage, NJW 2009, 1030; *Zugehör*, Uneinheitliche Rechtsprechung des BGH zum (Rechtsberater-)Vertrag mit Schutzwirkung zu Gunsten Dritter, NJW 2008, 1105.

Fall a: Die Putzfrau des Vermieters V bohnert die Treppe unsachgemäß, so dass der Sohn des Mieters sowie dessen Freund zu Fall kommen und sich verletzen. Sie verlangen von V Schadensersatz. → Rn. 4, 8, 9

Fall b: Mutter M möchte für ihre Tochter T bei V ein Kleid erwerben. Als sie das Geschäft betreten, rutscht T auf einer Bananenschale aus, die V dort hat liegen lassen. T verlangt Ersatz ihrer Schäden. → Rn. 5, 8, 9

Das Schuldverhältnis ist eine Sonderverbindung zwischen bestimmten Personen. Darin kommt sein relativer Charakter zum Ausdruck. Dementsprechend bestehen nicht nur die Leistungs-, sondern auch die Schutzpflichten iSd § 241 II grundsätzlich nur im Verhältnis der am Schuldverhältnis beteiligten Personen. Das sind im Falle eines vertraglichen Schuldverhältnisses die Vertragspartner bzw. (im vorvertraglichen Stadium) die künftigen Vertragspartner (→ § 5 Rn. 8). Nur sie können vertragliche Schadensersatzansprüche gegeneinander haben und solchen Ansprüchen ausgesetzt sein. Im Verhältnis zu anderen Personen besteht dagegen grundsätzlich allein deliktischer Rechtsschutz.

2 Rechtsprechung und Literatur sind sich im Grundsatz aber seit langem einig, dass auch Dritte, die am Schuldverhältnis nicht beteiligt sind, nach vertraglichen Grundsätzen haften und berechtigt sein kön-

nen. Der Gesetzgeber hat diese Entwicklung im Zuge der Schuldrechtsreform aufgegriffen: Ein Schuldverhältnis mit Pflichten nach § 241 II kann auch zu Personen entstehen, die nicht selbst Vertragspartei werden sollen (§ 311 III 1; → § 5 Rn. 9).

Um eine **Haftung** des Dritten auf vertraglicher Grundlage geht es in den Fällen der Eigenhaftung von Vertretern aus c. i. c. wegen Inanspruchnahme besonderen Vertrauens bzw. wegen eines erheblichen Eigeninteresses am Vertragsschluss sowie in den Fällen der sog. Sachwalter- und Gutachterhaftung (Dritthaftung aus c. i. c.; → § 5 Rn. 10ff.).

Im Folgenden soll es demgegenüber um die **Berechtigung** eines an dem vertraglichen oder vorvertraglichen Schuldverhältnis nicht beteiligten Dritten gehen. Man spricht hier vom vertraglichen (= Vertrag mit Schutzwirkung für Dritte) bzw. vorvertraglichen Drittschutz (= vorvertragliches Schuldverhältnis mit Schutzwirkung für Dritte). 3

I. Bedeutung und Rechtsgrundlage

1. Bedeutung

Das Rechtsinstitut des Vertrags mit Schutzwirkung für Dritte wurde von der Rechtsprechung entwickelt, um die Schwäche deliktischer Schadensersatzansprüche durch Schaffung eines vertraglichen Anspruchs zu überwinden. Das lässt sich an folgendem **Beispiel** klarmachen: 4

Im **Fall a** hätte der Sohn des Mieters gegen den Vermieter nur einen deliktischen Anspruch (§ 831); Ansprüche aus Vertrag (iVm § 278) entfielen, weil der Sohn nicht Vertragspartei ist. Der Vermieter brauchte keinen Schadensersatz zu leisten, wenn ihm der Entlastungsbeweis gelänge (§ 831 I 2). Dieses Ergebnis wurde insbesondere in den Fällen als unbillig empfunden, in denen eine vertragliche Leistung nach dem Zweck des Vertrags auch dritten Personen zugutekommen soll (zB Mietvertrag über eine Familienwohnung). Um die Entlastungsmöglichkeit auszuschließen, ist man bestrebt, diese Personen in den vertraglichen Schutzbereich einzubeziehen und ihnen dadurch einen vertraglichen Schadensersatzanspruch (iVm § 278) zu geben.

Aber auch in den Fällen, in denen es nicht um das Einstehen für Hilfspersonen geht, kann die Zuerkennung einer vertraglichen Haftungsgrundlage von Bedeutung sein. Das ergibt sich daraus, dass § 823 I die Verletzung eines Rechtsgutes oder eines absoluten Rechts voraussetzt und deshalb nicht bei einer bloßen Vermögensschädigung 5 eingreift[1] sowie aus der unterschiedlichen Beweislastverteilung in § 823 einerseits und § 280 I 2 andererseits.

Ist im **Fall b** das Verschulden des V im Prozess nicht nachweisbar, obsiegt T nur dann, wenn sie ihren Anspruch auf eine vertragliche Grundlage stützen kann. Denn hier muss gem. § 280 I 2 der V beweisen, das ihn ein Verschuldensvorwurf nicht trifft.

2. Rechtsgrundlage

6 Die Rechtsgrundlage für das Schuldverhältnis mit Schutzwirkung für Dritte ist seit jeher umstritten. Ursprünglich wurde die Rechtsfortbildung auf § 328 gestützt. Der Vertrag zu Gunsten Dritter und der Vertrag mit Schutzwirkung für Dritte unterscheiden sich jedoch wesentlich voneinander (→ Rn. 17). Man ist sich daher seit langem einig, dass die §§ 328 ff. grundsätzlich nicht auf das Schuldverhältnis mit Schutzwirkung für Dritte anwendbar sind. In manchen Fällen lässt sich die Erstreckung von Schutzpflichten auf Dritte mit einer ergänzenden Vertragsauslegung (§§ 133, 157) begründen.[2] Teilweise wird die Haftungserweiterung gegenüber Dritten – jedenfalls für den vorvertraglichen Bereich – auf den Grundsatz von Treu und Glauben (§ 242) gestützt. Die Auswirkungen der verschiedenen Begründungen sind gering; denn das (vor-)vertragliche Schuldverhältnis mit Schutzwirkung für Dritte ist schon seit langem gewohnheitsrechtlich anerkannt.[3] Seit der Schuldrechtsreform findet das vorvertragliche Schuldverhältnis mit Schutzwirkung für Dritte in § 311 III eine zusätzliche Grundlage.

II. Voraussetzungen

7 Die Voraussetzungen eines Schuldverhältnisses mit Schutzwirkung für Dritte sind nicht gesetzlich geregelt, auch nicht in § 311 III. Es besteht Einigkeit, dass die Anerkennung dieses Rechtsinstituts nicht dazu führen darf, dass jeder Dritte, der aufgrund des Verhaltens des Schuldners einen Schaden erlitten hat, einen Schadensersatzanspruch aus dem zwischen Gläubiger und Schuldner geschlossenen Vertrag herleiten kann. Denn damit würde die gesetzliche Unterscheidung

---

1 Dazu *Brox/Walker* SchuldR BT § 45 Rn. 9.
2 Zu diesem Begründungsansatz etwa *BGH* NJW 2018, 1537 Rn. 16; NJW-RR 2017, 888 Rn. 15.
3 *Mäsch* JuS 2013, 935 (936).

zwischen unmittelbar und mittelbar Geschädigten außer Acht gelassen und die Regel missachtet, dass die Haftung aus einem Vertrag an das Band geknüpft ist, das den Gläubiger mit seinem Partner verbindet.[4] Vielmehr kommt die Ausweitung der vertraglichen Schutzpflichten über den Kreis der Vertragsparteien hinaus nur in engen Grenzen, die von der Rechtsprechung entwickelt wurden, in Betracht.[5]

1. Leistungsnähe

Der Dritte muss bestimmungsgemäß den Gefahren des Schuldverhältnisses ebenso ausgesetzt sein wie der Gläubiger (sog. „Leistungsnähe" des Dritten)[6], und der einbezogene Personenkreis muss eng und überschaubar sein. 8

Beispiele: Im Gefahrenbereich eines Mietvertrags befinden sich bestimmungsgemäß diejenigen Personen, die mit dem Mieter in der Wohnung zusammenwohnen oder in dem gemieteten Büro zusammen arbeiten.[7] Das ist im **Fall a** für den Sohn des Mieters zu bejahen, für dessen Freund dagegen zu verneinen. – Die Übertragung der Streupflicht vom Vermieter auf einen Dritten dient auch dem sicheren Zugang zum Mietobjekt. Die dort wohnenden Mieter kommen deshalb bestimmungsgemäß mit der Hauptleistung aus dem Vertrag zwischen dem Vermieter und dem Dritten in Berührung.[8] – Leistungsnähe ist bei einem Mietvertrag über gewerbliche Räume auch für die Vorbehalts- und die Sicherungseigentümer der Waren des Mieters zu bejahen. – Ein Fußballspieler ist in den Schutzbereich des Schuldverhältnisses zwischen den gegeneinander spielenden Vereinen einbezogen; denn er ist bestimmungsgemäß den Gefahren bei der Durchführung des Spiels ausgesetzt.[9]

Im **Fall b** ist T den Gefahren des vorvertraglichen Schuldverhältnisses zwischen V und M (§ 311 II) ebenso ausgesetzt wie M.

In den Schutzbereich eines auf Schwangerschaftsverhütung gerichteten Vertrags zwischen Arzt und Patientin ist deren (ehelicher oder nichtehelicher) Partner einbezogen, der vom Fehlschlagen der Verhütung betroffen ist, weil er für den Unterhalt des ungewollten Kindes aufzukommen hat.[10] Dagegen ist in den Schutzbereich eines auf Information über Empfängnisverhütung ge-

4 *BGH* NJW 1968, 1929.
5 Vgl. etwa *BGH* NJW 2018, 1537 Rn. 18; NJW-RR 2017, 888 Rn. 17; vorher schon BGHZ 51, 96; *BGH* NJW 1970, 40; 1975, 868; 2008, 2245 (2247).
6 BGHZ 70, 327 (329); *BGH* NJW 2008, 2245 (2247) (verneint für den Bankkunden gegenüber den Vertragsverhältnissen zwischen den am bargeldlosen Zahlungsverkehr beteiligten Banken); NJW 2010, 3152.
7 *BGH* NJW 2010, 3152 (3153).
8 *BGH* NJW 2008, 1440 (1441).
9 *Walker* FS Tolksdorf, 2014, 143 (152).
10 *BGH* NJW 2007, 989 (991).

richteten Vertrags der (nicht mit der Mutter verheiratete) Vater eines zu dieser Zeit bereits gezeugten Kindes mangels Leistungsnähe nicht einbezogen.[11]

2. Schutz- oder Einbeziehungsinteresse des Gläubigers

9 Der Gläubiger muss ein berechtigtes Interesse an der Einbeziehung des Dritten in den Schutzbereich des Vertrags haben. Zunächst nahm die Rechtsprechung das nur dann an, wenn der Gläubiger aufgrund eines Rechtsverhältnisses mit personenrechtlichem Einschlag für das „Wohl und Wehe" des Dritten mitverantwortlich ist.[12]

Das ist im **Fall a** für den Sohn des Mieters und im **Fall b** für T zu bejahen, denn sie stehen in einem familienrechtlichen Fürsorgeverhältnis zum Gläubiger. – Eine solche Fürsorgepflicht kann sich auch aus einem Dienst- oder Arbeitsverhältnis[13] ergeben (vgl. § 618). Deshalb hat jeder Fußballverein ein Interesse an der Einbeziehung seiner Spieler in den Schutzbereich des Schuldverhältnisses mit dem gegnerischen Verein.[14]

Weiteres **Beispiel:** Bei einem Vertrag zwischen einer Krankenversicherung und einem von dieser herangezogenen ärztlichen Gutachter hat die Versicherung ein besonderes Schutzinteresse gegenüber dem Versicherungsnehmer, wenn das Gutachten Auswirkungen auf die Einstandsbereitschaft der Versicherung für eine Behandlung hat; denn ein solches Gutachten berührt Rechtsgüter (Leben und Gesundheit) des Versicherungsnehmers, deren Wahrung und Schutz er von seinem Vertragspartner (Versicherung) in besonderem Maße erwarten darf.[15]

10 Auch heute wird die Verantwortlichkeit für das „Wohl und Wehe" des Dritten noch als hinreichender Grund für das Einbeziehungsinteresse des Gläubigers anerkannt. Aber inzwischen begründet die Rechtsprechung das Gläubigerinteresse alternativ mit einem anderen Gesichtspunkt: Es wird beim Fehlen einer Fürsorgepflicht nämlich auch dann bejaht, wenn die im Vertrag versprochene Leistung auch aus Sicht der Vertragspartner als Grundlage für Dispositionen des Dritten mit insbesondere vermögensrechtlichen Folgen dient und der Dritte im Vertrauen auf die Leistung solche Dispositionen getroffen hat.[16]

Beispiel: Der Käufer ist in den Schutzbereich eines Vertrags, den der Verkäufer mit einem Sachverständigen über die Begutachtung des zu verkaufen-

11 *BGH* NJW 2002, 1489 (1490).
12 BGHZ 56, 273.
13 *BGH* NJW 2010, 3152 (3153).
14 *Walker* FS Tolksdorf, 2014, 143 (152).
15 *BGH* NJW 2002, 2625 (2626).
16 *BGH* NJW-RR 2017, 888 Rn. 16, 19; NJW 2002, 3625 (3626); 2001, 514 (516) und 3114 (3116).

den Gegenstandes schließt, einbezogen, wenn das Gutachten zur Grundlage der Kaufentscheidung werden soll.[17]

3. Erkennbarkeit für den Schuldner

Die unter 1. und 2. genannten Voraussetzungen müssen für den Schuldner bei Entstehung des Schuldverhältnisses erkennbar sein;[18] denn er muss wissen können, auf welches Risiko er sich einlässt. Es genügt allerdings, dass er den geschützten Personenkreis nach allgemeinen Merkmalen abgrenzen kann; er braucht die in den Schutzbereich einbezogenen Personen nicht zu kennen. 11

In den Schutzbereich eines Gutachtenauftrags zur Wertermittlung eines Grundstücks kann deshalb auch eine namentlich nicht bekannte Vielzahl von Kreditgebern fallen, wenn der Gutachter wusste oder damit rechnen musste, dass das Grundstück als Sicherheit zur Erlangung eines Kredits eingesetzt werden sollte.[19] Für einen Fußballverein ist ohne Weiteres erkennbar, dass der gegnerische Verein ein Interesse an der Einbeziehung seiner Spieler in den Schutzbereich des zwischen den Vereinen bestehenden Schuldverhältnisses hat. Dagegen fehlt es an der Erkennbarkeit der Drittbezogenheit bei dem Vertrag über die tierärztliche Untersuchung eines Pferdes, wenn der Auftraggeber zwar die Verwendung des Untersuchungsergebnisses gegenüber Kaufinteressenten plant, dies dem Tierarzt aber nicht mitteilt.[20]

4. Schutzbedürftigkeit des Dritten

Der Dritte muss schutzbedürftig sein. Daran fehlt es regelmäßig, wenn er selbst einen vertraglichen Anspruch vergleichbaren Inhalts hat.[21] Ein nur deliktischer Anspruch beseitigt sein Schutzbedürfnis dagegen nicht. 12

Beispiele: Der Untermieter ist nicht schutzbedürftig, wenn er gegen den Mieter als seinen Untervermieter einen Anspruch aus § 536a hat; er ist deshalb in den Schutzbereich des Hauptmietvertrags nicht einbezogen und hat keinen Schadensersatzanspruch gegen den Hauptvermieter.[22] Der Kfz-Käufer, der einen Nacherfüllungsanspruch gegen den Verkäufer hat, kann nicht Schadensersatz von dem Sachverständigen verlangen, den der Verkäufer zur Begutachtung des Kfz eingeschaltet hat.[23] Der geschädigte Arbeitnehmer des

17 BGHZ 127, 378.
18 BGHZ 75, 323; *BGH* NJW 1985, 2411; 2004, 3035 (3038).
19 *BGH* NJW 2004, 3035.
20 *OLG Hamm* NJW-RR 2015, 891 f.
21 BGHZ 133, 168 (173); *BGH* NJW 2004, 3630 (3632); NJW-RR 2011, 462 (463) mAnm *Schinkels* LMK 2011, 315341; krit. *Schwarze* AcP 203 (2003), 348.
22 Vgl. BGHZ 70, 327 (330).
23 *BGH* NJW-RR 2011, 462 (463) mAnm *Schinkels* LMK 2011, 315341; → § 5 Rn. 11.

Werkunternehmers, der nach den Grundsätzen des Vertrags mit Schutzwirkung zugunsten Dritter einen Schadensersatzanspruch wegen Schutzpflichtverletzung gegen den Besteller hat, ist nicht auch noch in den Schutzbereich eines zwischen dem Besteller und einem von ihm eingeschalteten Erfüllungsgehilfen einbezogen, dessen Verschulden dem Besteller gem. § 278 zuzurechnen ist; ihm steht deshalb kein weiterer Schadensersatzanspruch gegen den Erfüllungsgehilfen des Bestellers zu.[24] Dagegen ist der bei einem Fußballspiel von einem Spieler des gegnerischen Vereins verletzte Spieler bedürftig, in den Schutzbereich des zwischen den Vereinen bestehenden Schuldverhältnisses einbezogen zu werden, um einen eigenen vertraglichen Schadensersatzanspruch gegen den gegnerischen Verein zu haben; denn er hat gegen seinen Gegenspieler nur einen deliktischen Anspruch, der seine Schutzbedürftigkeit nicht ausschließt.[25]

III. Wirkungen

1. Schadensersatz

13 Wenn und soweit die genannten Voraussetzungen vorliegen, tritt neben das vertragliche oder vorvertragliche Schuldverhältnis zwischen Gläubiger und Schuldner ein vertragsähnliches Schuldverhältnis zwischen Schuldner und Drittem. Aufgrund dieses Schuldverhältnisses ohne primäre Leistungspflichten obliegen dem Schuldner bestimmte Schutzpflichten iSd § 241 II auch gegenüber dem Dritten. Dieser hat im Falle ihrer Verletzung folglich einen eigenen Anspruch auf Ersatz der dadurch entstandenen Schäden, und zwar sowohl der Körper- als auch der Sachschäden.[26] Die Schadensersatzpflicht des Schuldners richtet sich nach vertraglichen Grundsätzen (§ 280); es gilt also insbesondere § 278, der im Gegensatz zu § 831 eine Entlastungsmöglichkeit nicht vorsieht.

14 Die Entwicklung des Schuldverhältnisses mit Schutzwirkung für Dritte nahm zwar bei der Verletzung von Schutzpflichten ihren Ausgangspunkt, ist dabei allerdings nicht stehen geblieben. Die Rechtsprechung hat in bestimmten Fällen dem Dritten einen Anspruch auf Ersatz auch solcher Schäden zuerkannt, die auf der Verletzung der Hauptleistungspflicht beruhen. Hier geht es nicht mehr um einen Anspruch auf Ersatz von Integritätsschäden, sondern um einen Anspruch auf Schadensersatz statt der Leistung.

---

24 *BGH* NJW 2018, 1537 Rn. 26.
25 *Walker* FS Tolksdorf, 2014, 143 (153).
26 BGHZ 49, 353.

Beispiel: Der Erblasser beauftragte einen Rechtsanwalt mit der Errichtung eines Testaments. Dieser blieb jedoch bis zum Tod des Erblassers schuldhaft untätig. Der BGH hat hier dem designierten Erben einen Schadensersatzanspruch gegen den Anwalt gegeben, obwohl dieser nur dem Erblasser zur Erfüllung verpflichtet war.[27] – Entsprechend hat der BGH im Sachverständigenfall (→ Rn. 10) entschieden.

2. Einwendungen des Schuldners

15 Nach dem entsprechend anwendbaren Rechtsgedanken des § 334 dürfen dem geschädigten Dritten nicht mehr Rechte zustehen, als sie dem Gläubiger aus dem Schuldverhältnis zustehen würden.[28] Eine vertragliche Haftungsbeschränkung zwischen Gläubiger und Schuldner wirkt deshalb nach hM auch zu Lasten des geschützten Dritten.[29]

Andererseits darf die Rechtsstellung des Dritten durch seine Einbeziehung in den Schutzbereich aber auch nicht verschlechtert werden. Seine deliktischen Schadensersatzansprüche bleiben ihm deshalb erhalten und werden von einer vertraglichen Haftungsbeschränkung zwischen Gläubiger und Schuldner nicht erfasst.[30]

16 Ein eigenes Mitverschulden muss sich der Dritte nach § 254 anrechnen lassen. Ein Verschulden des Gläubigers muss jedenfalls dann anspruchsmindernd wirken, wenn dieser gesetzlicher Vertreter oder Erfüllungsgehilfe des Geschädigten ist (§§ 254 II 2, 278). Das gilt für einen vertraglichen wie für einen gesetzlichen Schadensersatzanspruch gleichermaßen. Ob sich der Dritte darüber hinaus nach dem Rechtsgedanken des § 334 ein Mitverschulden des Gläubigers stets anrechnen lassen muss, ist außerordentlich umstritten. Die Frage sollte aber jedenfalls für den deliktischen Schadensersatzanspruch verneint werden;[31] denn die Rechtsstellung des Dritten soll durch das Schuldverhältnis mit Schutzwirkung für Dritte nicht verschlechtert werden.

---

27 Vgl. *BGH* NJW 1965, 1955.
28 Vgl. BGHZ 33, 247.
29 BGHZ 56, 269 (272 ff.).
30 Vgl. BGHZ 56, 269 (275).
31 Verneinend auch *Looschelders* SchuldR AT § 9 Rn. 15.

IV. Abgrenzung

1. Vertrag zu Gunsten Dritter

17 Der Vertrag mit Schutzwirkung für Dritte weist gewisse Parallelen zum Vertrag zu Gunsten Dritter (§ 328; dazu → § 32) auf. Das wird besonders deutlich, wenn man dem Dritten beim Vertrag mit Schutzwirkung auch einen Anspruch wegen Verletzung der Hauptleistungspflicht gewährt (→ Rn. 14). Der entscheidende Unterschied besteht darin, dass der Dritte beim Vertrag mit Schutzwirkung keinen Erfüllungsanspruch auf die vertragsgemäße Leistung des Schuldners erhält.

2. Drittschadensliquidation

18 Von der Schadensliquidation im Drittinteresse unterscheidet sich das Schuldverhältnis mit Schutzwirkung für Dritte dadurch, dass der Dritte hier einen eigenen Ersatzanspruch gegen den Schuldner erhält. Bei der Drittschadensliquidation macht dagegen der Gläubiger den Anspruch des Dritten geltend.

Bei der Drittschadensliquidation wird der Schaden zur Anspruchsgrundlage gezogen. Dagegen zieht man beim Vertrag mit Schutzwirkung für Dritte die Anspruchsgrundlage zum Schaden.[32]

Vertrag mit Schutzwirkung für Dritte
I. Voraussetzungen 1. Leistungsnähe des Dritten 2. Interesse des Gläubigers am Schutz des Dritten 3. Erkennbarkeit für den Schuldner 4. Schutzbedürftigkeit des Dritten **II. Wirkung** 1. Eigener Schadensersatzanspruch des Dritten unter den Voraussetzungen des § 280 a) Schuldverhältnis (Vertrag mit Schutzwirkung) b) Pflichtverletzung c) Vertretenmüssen (§§ 280 I 2, 276, ggf. § 278)

32 *Medicus/Petersen* BürgerlR Rn. 839.

2. Wirkung von Einwendungen des Schuldners aus dem Vertrag auch gegenüber dem Dritten (Rechtsgedanke des § 334)

§ 34. Gläubigerwechsel

Schrifttum: *Ahcin/Armbrüster*, Grundfälle zum Zessionsrecht, JuS 2000, 450, 549, 658, 865; *Coester-Waltjen*, Aufrechnung bei Abtretung, JURA 2004, 391; *Haertlein*, Die Rechtsstellung des Schuldners einer abgetretenen Forderung, JuS 2007, 1073; *Huffer*, Kenntnis des Schuldners bei Abtretung titulierter Ansprüche?, ZGS 2005, 256; *Lorenz*, Grundwissen – Zivilrecht: Abtretung, JuS 2009, 891; *Peters*, Die Zession, § 402 BGB und das Recht des Schuldners auf informationelle Selbstbestimmung, AcP 206 (2006), 843; *Petersen*, Die Abtretung, JURA 2014, 278; *ders.*, Ansprüche auf Abtretung, JURA 2014, 406; *ders.*, Der Dritte im Allgemeinen Schuldrecht, JURA 2014, 580; *Regenfuß*, Der Schutz des Schuldners gegen Ungewissheit hinsichtlich der Person des Gläubigers, JA 2017, 81 und 161; *Reichold*, Aufrechnung nach Vorausabtretung, 2006; *Schilken*, Zur Auslegung des § 407 Abs. 2 BGB: Schuldnerschutz und Rechtskrafterstreckung bei Abtretung der eingeklagten Forderung vor Rechtshängigkeit, ZZP 130 (2017), 271; *Schreiber*, Vertraglicher und gesetzlicher Forderungsübergang, JURA 1998, 470; *Schwarz*, Schuldnerschutz durch § 406 BGB bei der Vorausabtretung, WM 2001, 2185; *ders.*, Zum Schuldnerschutz bei der Aufrechnung abgetretener Forderungen, AcP 203 (2003), 241; *Walker*, Die Bedeutung der Pfändbarkeit für die Abtretbarkeit von Geldforderungen nach § 400 BGB, FS Musielak, 2004, 655. 1

Fall a: V verkauft eine Forderung gegen S auf Zahlung von 500 EUR für 450 EUR an K und tritt sie an K ab. Später stellt sich heraus, dass die Forderung dem G zusteht. Hat K die Forderung erworben? Wie ist die Rechtslage, wenn G die Abtretung billigt? → Rn. 10

Fall b: Händler H hat Möbel von der Fabrik F unter Eigentumsvorbehalt bezogen und alle Forderungen aus künftigen Weiterverkäufen dieser Möbel an F abgetreten. Als er später einen neuen Bankkredit benötigt, überträgt er ua auch die genannten Forderungen an die Bank B zu deren Sicherheit. Wem stehen die Forderungen zu? → Rn. 17

Fall c: Im Fall b zahlt der Kunde K des H den Kaufpreis für einen Schrank an H. Ist er frei geworden? → Rn. 23

Fall d: Im Fall b zahlt der Kunde K an die Bank, da er nur von der Abtretung an die Bank erfahren hatte. → Rn. 27

I. Arten des Gläubigerwechsels

Das Gesetz kennt drei Arten des Gläubigerwechsels. In §§ 398ff. ist der **rechtsgeschäftliche** Forderungsübergang (Abtretung) geregelt (→ Rn. 2ff.). Diese Vorschriften finden nach § 412 auf einen **gesetzlichen** Gläubigerwechsel (cessio legis) entsprechende Anwendung.

Beispiele für gesetzlichen Forderungsübergang: § 268 III (→ § 12 Rn. 6), § 426 II (→ § 37 Rn. 28) und § 774.[1] Praktisch bedeutsam: § 86 VVG und § 116 SGB X (Übergang eines Schadensersatzanspruchs auf den privaten Versicherer bzw. öffentlich-rechtlichen Versicherungsträger; → § 29 Rn. 7). Mit dem Tod einer Person geht deren Vermögen, also auch deren Forderung, auf den Erben über (§ 1922 I).

Ein Gläubigerwechsel kann schließlich auch **durch staatlichen Hoheitsakt** eintreten.

Das Hauptbeispiel ist die Zwangsvollstreckung des Vollstreckungsgläubigers in eine Forderung des Vollstreckungsschuldners, die diesem gegen einen Dritten zusteht (§§ 829, 835 ZPO)[2]: Wird die gepfändete Geldforderung dem pfändenden Gläubiger **an Zahlungs statt** überwiesen, dann geht die gepfändete Forderung mit der Zustellung des Überweisungsbeschlusses an den Dritten auf diesen über. – Davon zu unterscheiden ist die in der Praxis übliche Überweisung **zur Einziehung** (§§ 835f. ZPO)[3].

II. Begriff, Bedeutung und besondere Arten der Forderungsabtretung

1. Begriff

2 Abtretung (Zession) ist ein zwischen altem und neuem Gläubiger geschlossener Vertrag, durch den der bisherige Gläubiger (Zedent) seine Forderung gegen den Schuldner auf den neuen Gläubiger (Zessionar) überträgt (§ 398). Die Forderungsabtretung ist also die rechtsgeschäftliche Übertragung des Gläubigerrechts auf einen Dritten.

3 Die Abtretung ist – wie zB die Übereignung (§ 929) – eine Verfügung; denn hierdurch wird ein bestehendes Recht unmittelbar übertragen. Mit Abschluss des Vertrags verliert der bisherige Gläubiger

---

1 *Brox/Walker* SchuldR BT § 32 Rn. 37 ff.
2 *Brox/Walker* ZwangsVollstrR Rn. 500 ff.
3 *Brox/Walker* ZwangsVollstrR Rn. 634 ff.

die Forderung. Die Abtretung ist also kein Verpflichtungsgeschäft. Wohl liegt ihr regelmäßig ein solches Geschäft zugrunde, das oft gleichzeitig mit ihr vorgenommen wird.

Beispiel: Der Vater schenkt seinem Sohn zum Geburtstag eine Forderung. Die Erklärung des Vaters enthält das Angebot sowohl zum Schenkungsvertrag als auch zur Abtretung; das Danke schön des Sohnes ist die Annahme beider Angebote. Da durch die Abtretung der Forderung die schenkweise versprochene Leistung bewirkt wird, bedarf das Schenkungsversprechen nicht der Form (§ 518 II).

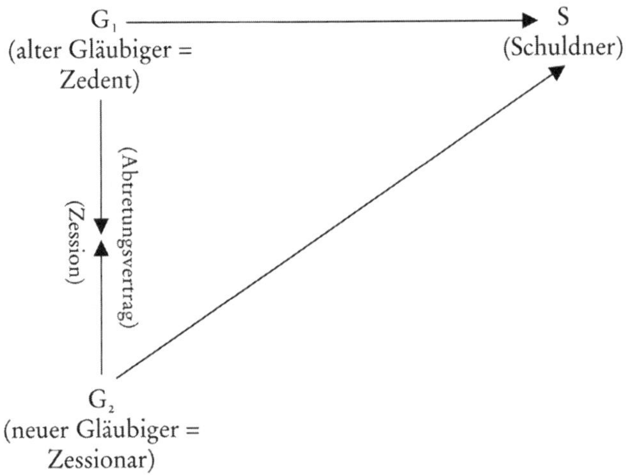

4 Die Abtretung ist – wie die Übereignung – als abstraktes Verfügungsgeschäft in ihrem Bestand unabhängig von dem zugrunde liegenden Kausalgeschäft. Fehlt ein Kausalgeschäft oder ist es (zB wegen Anfechtung) nichtig, so bleibt davon die Gültigkeit der Abtretung unberührt; jedoch steht in diesen Fällen dem bisherigen Gläubiger gegen den neuen ein Bereicherungsanspruch (§ 812) auf Rückabtretung zu.

5 Die Regeln über die Forderungsabtretung sind nach § 413 regelmäßig auch auf die Übertragung anderer Rechte (zB Immaterialgüterrechte, gewerbliche Schutzrechte) entsprechend anzuwenden.

2. Bedeutung

6 Die Abtretung hat im Wirtschaftsleben erhebliche Bedeutung. So tritt etwa der Käufer dem Verkäufer mit dessen Einverständnis anstelle der Kaufpreiszahlung eine ihm zustehende Forderung ab. Ebenso ist der Gläubiger in der Lage, seine noch nicht fällige Forderung an einen anderen zu verkaufen und abzutreten, um sich auf diese Weise vorzeitig Barmittel zu beschaffen. Praktisch bedeutsam sind ferner die Sicherungsabtretung und die Inkassozession (→ Rn. 7f.).

3. Besondere Arten

7 Besondere Arten der Abtretung sind die Sicherungsabtretung und die Inkassozession.

a) Sicherungsabtretung. Bei der Sicherungsabtretung tritt der Zedent eine ihm zustehende Forderung an den Zessionar ab, um diesem eine Sicherung für eine Forderung gegen ihn, den Zedenten, zu verschaffen (vgl. auch Sicherungsübereignung). So lassen sich etwa Banken zur Sicherung eines Kredits von ihren Kunden Forderungen abtreten. Diese Art der Sicherung wird der Forderungsverpfändung vorgezogen, weil die Verpfändung zu ihrer Wirksamkeit einer Anzeige an den Schuldner bedarf (§ 1280), was sich für den Gläubiger der Forderung kreditschädigend auswirken kann.

Maßgebend für die Rechte und Pflichten des neuen Gläubigers im Verhältnis zum Zedenten ist die Sicherungsabrede, die der Abtretung zugrunde liegt. Hiernach bestimmt sich zB, ob der Zessionar berechtigt ist, die Abtretung dem Schuldner anzuzeigen, die Forderung einzuziehen oder das Erlangte zu behalten. Wenn der Kredit zurückgezahlt ist und auch die sonstigen Verpflichtungen (zB Zinszahlung) erfüllt sind, muss der Zessionar die sicherungshalber abgetretene Forderung zurück übertragen. Möglich ist auch die Vereinbarung, dass die Abtretung durch die Rückzahlung des Kredits auflösend bedingt sein soll; dann fällt mit der Rückzahlung die Forderung automatisch an den Sicherungsgeber zurück.

8 **b) Inkassozession.** Bei der Inkassozession tritt der Zedent die Forderung an den neuen Gläubiger lediglich zu dem Zweck ab, dass dieser sie für ihn einziehe. Anders als die Sicherungsabtretung dient die Inkassozession daher regelmäßig nicht dem Interesse des Zessionars, sondern dem des Zedenten.

Beispiel: Ein Gläubiger überträgt seine Forderungen gegen seine Schuldner an ein Inkassobüro. Dieses wird Gläubiger der Forderungen. Es kann sie im eigenen Namen als Partei einklagen.

III. Voraussetzungen der Abtretung

1. Vertrag

Erforderlich ist ein Vertrag zwischen bisherigem und neuem Gläubiger, dass diesem die Forderung zustehen soll (§ 398 S. 1). Eines Einverständnisses des Schuldners oder auch nur einer Anzeige an ihn bedarf es zur Wirksamkeit des Forderungsüberganges nicht; der Schuldner braucht von der Abtretung nichts zu wissen, und er braucht erst recht nicht mitzuwirken. 9

Für den Vertrag gelten die Regeln der §§ 104ff. Beim Erwerber der Forderung genügt beschränkte Geschäftsfähigkeit, da die Abtretung ihm lediglich rechtlichen Vorteil bringt (§ 107).

Der Abtretungsvertrag bedarf regelmäßig **keiner Form.** Das gilt auch dann, wenn die Begründung der Forderung formbedürftig ist (zB Kaufpreisforderung beim Grundstückskaufvertrag; § 311b I). In Ausnahmefällen ist eine Form vorgeschrieben (Beispiel: Abtretung einer Hypothekenforderung; § 1154).

2. Bestehen der Forderung

Voraussetzung für den Forderungsübergang ist es, dass die Forderung besteht und dem Abtretenden auch zusteht. Anders als beim Eigentumserwerb gibt es keinen gutgläubigen Erwerb einer Forderung von einem Nichtberechtigten (vgl. aber → Rn. 21). Beim Erwerb des Eigentums an einer beweglichen Sache wird der gute Glaube des Erwerbers an das Eigentum des besitzenden Veräußerers geschützt (vgl. § 932); hier soll der Erwerber auf den durch die Innehabung des Besitzes veranlassten Rechtsschein (vgl. § 1006 I 1) vertrauen dürfen. Bei dem Erwerb einer Forderung fehlt dagegen ein Sachverhalt, der – wie etwa der Besitz beim Eigentumserwerb – einen ausreichenden Anhaltspunkt für die Berechtigung des Zedenten gibt und damit einen Rechtsschein setzt, auf den der Zessionar vertrauen kann. 10

Im **Fall a** hat K die Forderung nicht erworben, sofern G sich nicht mit der Abtretung einverstanden erklärt. Dem V ist die Erfüllung seiner Pflicht gegenüber K unmöglich (§ 275 I). Der Kaufvertrag zwischen V und K ist trotzdem wirksam (§ 311a I). Allerdings braucht K den Kaufpreis nicht zu zahlen (§ 326 I). Unter den Voraussetzungen des § 311a II iVm §§ 280ff. kann K Schadensersatz verlangen. Billigt dagegen G die Abtretung, geht die Forderung auf K über (§ 185); der Kaufvertrag ist erfüllt. G hat gegen V einen Bereicherungsanspruch aus § 816 I.[4] – Über die Besonderheit des Gläubigerschutzes in § 405 → Rn. 21.

3. Übertragbarkeit der Forderung

11 In der Regel ist jedes Recht übertragbar. Etwas anderes kann sich jedoch aus dem Gesetz oder der besonderen Natur des Rechts ergeben.

a) Ausschluss bei Inhaltsänderung. Nach § 399 ist eine Übertragung ausgeschlossen, wenn die Leistung an einen anderen als den ursprünglichen Gläubiger nicht ohne Veränderung ihres Inhalts erfolgen kann.

Beispiel: Der Anspruch eines Arbeitnehmers auf Urlaubsgewährung ist nicht abtretbar, weil er nach seinem Zweck an die Person des Berechtigten gebunden ist.

12 **b) Ausschluss durch Vereinbarung.** Die Übertragung kann auch durch Vereinbarung zwischen Gläubiger und Schuldner ausgeschlossen sein (§ 399).

Beispiel: Um die Mehrarbeit in der Buchhaltung zu vermeiden, vereinbart der Arbeitgeber mit den Arbeitnehmern, dass diese auch ihre pfändungsfreien Lohnansprüche nicht an Dritte abtreten. Ein Arbeitnehmer tritt dennoch zur Tilgung von Schulden aus Teilzahlungskäufen pfändungsfreie Lohnansprüche an den Verkäufer ab, der von der Abrede im Arbeitsvertrag nichts weiß. Der Arbeitgeber, dem die Abtretung bekannt ist, zahlt mit Recht an den Arbeitnehmer. Denn die Forderung war wegen der Vereinbarung nicht abtretbar; die Abtretung ist unwirksam, so dass der Arbeitnehmer noch Gläubiger der Forderung ist.[5] Da es hier keinen Schutz des guten Glaubens gibt, kommt es auf die Unkenntnis des Verkäufers nicht an. Weil der Ausschluss der Abtretbarkeit lediglich zum Schutze des Schuldners (= Arbeitgebers) vereinbart wurde, kann dieser auf seinen Schutz verzichten und durch seine Zustimmung die Abtretung wirksam machen (Gedanke des § 185).

Eine Abtretung kann auch konkludent ausgeschlossen werden. So lässt sich etwa die Vereinbarung zwischen Bank und Kunde, über die Geschäftsverbindung Verschwiegenheit zu wahren, als Abtretungsverbot auslegen.

4 *Brox/Walker* SchuldR BT § 42 Rn. 17.
5 Vgl. aber auch BGHZ 40, 156.

Die Abtretung ist jedoch trotz der Vereinbarung gem. § 399 wirksam, wenn das Rechtsgeschäft, das die Forderung begründet hat, für beide Teile ein Handelsgeschäft ist (Einzelheiten: § 354a HGB).[6]

c) Ausschluss bei Unpfändbarkeit. Eine unpfändbare Forderung kann nicht abgetreten werden (§ 400). Diese Bestimmung soll dem Gläubiger auch im Interesse der Allgemeinheit das Existenzminimum erhalten. Deshalb kann der Gläubiger auf diesen Schutz nicht wirksam verzichten. Die Pfändungsgrenzen ergeben sich vor allem aus den §§ 850ff. ZPO.[7] 13

§ 400 steht dann einer Abtretung nicht entgegen, wenn sein Schutzzweck nicht vereitelt wird. Überträgt beispielsweise G seine unpfändbaren Rentenansprüche gegen den Schädiger S seinem Arbeitgeber unter der Bedingung, dass dieser ihm entsprechende Beträge zahlt, so ist diese Abtretung gültig; denn sie wird erst wirksam, wenn der Arbeitgeber an G gezahlt hat. Damit ist der Schutz des G und der Allgemeinheit gewahrt.[8]

d) Ausschluss aus sonstigen Gründen. Das Gesetz kennt noch zahlreiche weitere Fälle, in denen eine Abtretung nicht möglich ist. 14

Beispiele aus dem Schuldrecht: §§ 473, 717.

Auch ohne ausdrückliche gesetzliche Anordnung kann eine Abtretung wegen der Besonderheit des Rechtsverhältnisses ausgeschlossen sein.

Beispiele: Familienrechte, soweit sie höchstpersönlicher Natur sind (eheliche Lebensgemeinschaft, elterliche Sorge; anders: Zugewinnausgleichsforderung, § 1378). – Die Abtretung einer ärztlichen oder anwaltlichen Honorarforderung ist ohne Zustimmung des Patienten oder Mandanten gem. § 134 iVm § 203 I StGB unwirksam, weil der Arzt oder Anwalt nach § 402 verpflichtet wäre, dem neuen Gläubiger die zur Geltendmachung der Forderung nötige Auskunft zu erteilen, was zur Verletzung der ärztlichen Schweigepflicht oder der anwaltlichen Geheimhaltungspflicht führen würde.[9] Dagegen stehen der Abtretung von Darlehensforderungen weder das Bankgeheimnis noch der Datenschutz entgegen, obwohl die daraus folgende Verschwiegenheitspflicht mit der Auskunftspflicht des Zedenten nach § 402 in Konflikt geraten kann; denn für diesen Fall enthält § 203 StGB keine Sanktion, und insoweit fehlt es an einem gesetzlichen Verbot.[10]

---

6 *Brox/Henssler* HandelsR Rn. 374 ff.
7 *Brox/Walker* ZwangsVollstrR Rn. 539 ff.
8 BGHZ 4, 163; 13, 360; 59, 109.
9 Vgl. BGHZ 115, 123 (130); 116, 268 (272 f.); 122, 115; *BGH* NJW 2005, 507 (Abtretungsverbot im konkreten Fall verneint, weil der Zedent die Sache schon umfassend kannte).
10 *BGH* NJW 2007, 2106 (2107 f.); vom *BVerfG* NJW 2007, 3707 f. für verfassungsrechtlich unbedenklich erklärt.

4. Bestimmbarkeit der Forderung

15 Im Interesse der Rechtssicherheit muss Klarheit darüber vorhanden sein, ob und in welchem Umfang eine Forderung noch dem alten oder schon dem neuen Gläubiger zusteht. Deshalb muss eine Forderung, die abgetreten werden soll, genügend bestimmt, mindestens aber **bestimmbar** sein. Die Abtretungsvereinbarung muss also so getroffen werden, dass ohne weiteres Zutun der Parteien Inhalt, Höhe und Schuldner der Forderung spätestens im Zeitpunkt ihrer Entstehung bestimmt sind. In diesen Grenzen ist auch eine Abtretung **künftiger** Forderungen möglich.

Tritt der Eigentümer eines noch im Bau befindlichen Miethauses alle Mietzinsforderungen oder die für die erste Etage ab, so ist damit das Bestimmbarkeitserfordernis erfüllt, selbst wenn Mieter und Miethöhe noch nicht feststehen. Anders liegt es dagegen, wenn etwa nur die Mietzinsforderung für eine der Wohnungen, die aber nicht näher bezeichnet ist, übertragen wird.

16 Unter dem Gesichtspunkt der Bestimmbarkeit bestehen auch gegen eine **Globalzession** keine Bedenken. Sie liegt zB vor, wenn alle künftigen Forderungen aus einem Geschäftsbetrieb abgetreten werden. Schranken können sich allerdings aus § 138 ergeben (Knebelung).[11]

IV. Wirkungen der Abtretung

1. Übergang der Forderung

17 Mit Vertragsabschluss geht die Forderung auf den neuen Gläubiger über (§ 398 S. 2). Nach wirksamer Abtretung ist der bisherige Gläubiger also nicht in der Lage, diese (ihm nun nicht mehr zustehende) Forderung noch einmal auf einen anderen zu übertragen.

Im **Fall b** erwirbt F und nicht B die Forderungen (Grundsatz der Priorität).[12]

Aus der Abtretung ergeben sich besondere Pflichten des Zedenten (§§ 402 f.).

18 Kein Forderungsübergang liegt dagegen beim Inkasso**mandat** vor. Hier handelt es sich nur um eine **Einziehungsermächtigung**. Der

11 Dazu *BGH* NJW-RR 1990, 1459.
12 BGHZ 30, 149; 32, 361.

Gläubiger tritt die Forderung nicht ab, sondern ermächtigt einen anderen, die Forderung im eigenen Namen (nicht als Stellvertreter des Gläubigers) einzuziehen. Der Gläubiger behält also seine Forderung und kann die Ermächtigung einseitig widerrufen.

Die Einziehungsermächtigung ist rechtlich zulässig. Sie wird von der Rechtsprechung als eine auf § 185 beruhende Einwilligung in die Verfügung (Einziehung) über ein Recht des Einwilligenden angesehen.[13] Von der hL wird sie als richterliche Rechtsfortbildung gewohnheitsrechtlich anerkannt.[14]

2. Übergang der Neben- und Vorzugsrechte

Akzessorische Sicherungsrechte (zB Pfandrechte, Bürgschaften) **19**
sind nach der Abtretung für den bisherigen Gläubiger wertlos; deshalb gehen sie mit dem Hauptanspruch kraft Gesetzes (§ 401 I) auf den neuen Gläubiger über.

§ 401 ist jedoch nicht zwingend. Wenn zB der Nichtübergang eines Pfandrechts vereinbart wird, erlischt es (vgl. § 1250 II).[15]

Auch Rechte, die dem Gläubiger in der Zwangsvollstreckung oder bei Insolvenz einen Vorzug einräumen, gehen mit der Forderung auf den neuen Gläubiger über (§ 401 II).

Ist über die abgetretene Forderung ein Schuldschein ausgestellt worden, so steht das Eigentum daran kraft Gesetzes dem neuen Gläubiger zu (§ 952). Dieser kann ihn von jedem Besitzer herausverlangen (§ 985).

3. Einwendungen und Einreden des Schuldners

a) Grundsatz: Fortbestand gegenüber dem neuen Gläubiger. **20**
Durch die Abtretung geht die Forderung so über, wie sie in der Person des alten Gläubigers bestanden hat. Deshalb bleiben auch alle Einwendungen und Einreden bestehen, die der Schuldner gegen den bisherigen Gläubiger hatte (§ 404). Die Rechtsstellung des Schuldners wird daher durch die Abtretung nicht verschlechtert.

Der Schuldner kann sich also gegenüber dem Zessionar darauf berufen, dass die Forderung zB verjährt oder vom Zedenten gestundet worden ist. Die Einwendung braucht noch nicht zur Zeit der Abtretung bestanden zu haben; es genügt, dass sie ihren Grund in dem Schuldverhältnis zwischen dem bisheri-

---

13 BGHZ 4, 164; 70, 393 ff.
14 Vgl. *Rüssmann* JuS 1972, 170; Palandt/*Grüneberg* BGB § 398 Rn. 32.
15 RGZ 85, 363.

gen Gläubiger und dem Schuldner hat.[16] So kann der Schuldner zB geltend machen, er sei wegen eines erst nach der Abtretung eingetretenen Umstandes vom Kaufvertrage zurückgetreten, so dass er nunmehr den abgetretenen Kaufpreisanspruch nicht mehr zu erfüllen brauche. Gleiches gilt für eine erst nach der Abtretung erklärte Kündigung eines Dauerschuldverhältnisses.[17]

Wird eine Forderung mehrfach wirksam weiter übertragen, kann der Schuldner dem letzten Zessionar nach § 404 also alle Einwendungen entgegensetzen, die er gegenüber einem der Vormänner hatte.

21 **b) Ausnahme bei Abtretung unter Urkundenvorlegung.** Nach § 405 wird der Schuldner jedoch mit zwei Einwendungen nicht gehört:

Hat er nur zum Schein (§ 117) eine Schuldurkunde ausgestellt und ist sie dem neuen Gläubiger bei der Abtretung vorgelegt worden, so wird dieser in seinem Vertrauen auf den vom Schuldner veranlassten Rechtsschein geschützt (seltener Fall des gutgläubigen Erwerbs einer Forderung). Der neue Gläubiger hat den Schutz des § 405 dann nicht, wenn er den Sachverhalt kannte oder fahrlässig nicht kannte (§§ 405, 122 II).

Hat G eine wegen § 117 nicht entstandene Forderung, für die S einen Schuldschein ausgestellt hat, an den gutgläubigen G 1 abgetreten, so erwirbt dieser die im Schuldschein genannte Forderung. S muss also an G 1 leisten. Wenn der gutgläubige G 1 die Forderung an G 2 abtritt, so wird dieser selbst dann Gläubiger der Forderung, wenn er bösgläubig ist; denn er erwirbt vom Berechtigten. War dagegen G 1 bösgläubig, so kann G 2 nur bei Gutgläubigkeit vom Nichtberechtigten erwerben.

Entsprechendes gilt, wenn die Abtretung der Forderung durch Vereinbarung zwischen Gläubiger und Schuldner ausgeschlossen ist und in der Schuldurkunde von der Unabtretbarkeit nichts steht (§§ 405, 399).

Gutglaubensschutz gibt es aber immer nur bei rechtsgeschäftlichem Erwerb. Diese Regeln sind also auf einen Forderungsübergang kraft Gesetzes oder Hoheitsaktes nicht anwendbar.

V. Schuldnerschutz

22 Der Schuldner ist an der Abtretung nicht beteiligt; er kann dabei seine Interessen nicht wahrnehmen. Deshalb muss er besonders ge-

16 Vgl. BGHZ 25, 27 (29); *BGH* NJW 1986, 920; NJW-RR 2004, 1347 (1348).
17 *BGH* NJW-RR 2004, 1347 (1348).

schützt werden. Er kann einmal durch Vertrag mit dem Gläubiger die Abtretbarkeit der Forderung ausschließen (§ 399, → Rn. 11 f.). Zum anderen behält er trotz Abtretung alle Einwendungen (§ 404, → Rn. 20). Das Gesetz sieht aber noch weitere Schutzbestimmungen vor.

1. Unkenntnis des Forderungsübergangs

a) Leistung an den Zedenten. Leistet der Schuldner in Unkenntnis der Abtretung an den bisherigen Gläubiger, so leistet er zwar an den falschen; aber der neue Gläubiger muss diese Leistung gegen sich gelten lassen (§ 407 I; **Fall c**), seine Forderung erlischt. Er kann sich nur an den bisherigen Gläubiger halten; als Anspruchsgrundlage kommen die der Abtretung zugrunde liegende Vereinbarung, § 826,[18] jedenfalls aber § 816 II[19] in Betracht. 23

§ 407 greift auch ein, wenn der Schuldner ohne Kenntnis der Abtretung mit dem bisherigen Gläubiger ein Rechtsgeschäft hinsichtlich der Forderung vornimmt (zB Stundung, Erlass der Forderung). Da es sich um eine Schutzvorschrift zugunsten des Schuldners handelt, liegt es bei ihm, ob er diesen Schutz in Anspruch nimmt. Er kann also auch seine an den bisherigen Gläubiger erbrachte Leistung nach § 812 zurückfordern und sich durch Zahlung an den neuen Gläubiger von seiner Leistungspflicht befreien.[20] 24

Der Verzicht auf den Schutz des § 407 ist für den Schuldner dann von Vorteil, wenn er gegenüber dem neuen Gläubiger aufrechnen könnte. An einer solchen Aufrechnung wird der Schuldner interessiert sein, falls er auf der einen Seite befürchten muss, dass seine Forderung gegen den neuen Gläubiger schwer realisierbar ist, er auf der anderen Seite sicher ist, vom bisherigen Gläubiger die erbrachte Leistung zurückzuerhalten.

Rechtsgeschäfte und Rechtshandlungen, die der bisherige Gläubiger **zu Ungunsten** des Schuldners vornimmt (zB Kündigung, Mahnung), sind unwirksam; § 407 ist nicht anwendbar, weil er nur **zu Gunsten** des Schuldners eingreifen soll. 25

b) Erstreckung der Rechtskraft. § 407 II gibt dem Schuldner einen entsprechenden Schutz im Prozess: **Klagt G nach Abtretung** der Forderung an G 1 diese gegen S ein, so kann S bei Kenntnis der Abtretung vorbringen, dem G stehe die Forderung wegen der Abtretung nicht mehr zu, so dass die 26

18 *Brox/Walker* SchuldR BT § 47.
19 *Brox/Walker* SchuldR BT § 42 Rn. 28.
20 BGHZ 52, 154; *BGH* LM Nr. 3 zu § 407; **aA** *OLG Dresden* MDR 1995, 559.

Klage abgewiesen wird. Weiß S jedoch nichts von der Abtretung und erreicht er aus anderen Gründen ein klageabweisendes Urteil, so würde das einen neuen Rechtsstreit zwischen G 1 und S nicht ausschließen, denn das erste Urteil wirkt nur zwischen den Prozessparteien (G und S). Um dieses für S missliche Ergebnis zu vermeiden, bestimmt § 407 II, dass G 1 das im Rechtsstreit zwischen G und S ergangene Urteil gegen sich gelten lassen muss. § 407 II als eine den Schuldner schützende Norm meint nur ein für den Schuldner günstiges Urteil.

Für eine **Abtretung nach Klageerhebung** gelten die §§ 265, 325 ZPO.

27 **c) Mehrfache Abtretung.** Der Schuldnerschutz greift auch dann ein, wenn G nach Abtretung der Forderung an G 1 diese noch einmal (unwirksam) an G 2 abtritt und S von der ersten (wirksamen) Abtretung keine Kenntnis hat. Leistet S in Kenntnis der zweiten Abtretung an den nichtberechtigten G 2, so wird er durch § 408 I in gleicher Weise wie in § 407 geschützt **(Fall d)**.

28 Entsprechendes gilt bei einem Überweisungsbeschluss in der Zwangsvollstreckung (§ 408 II). Ist zugunsten des X eine Forderung des G gegen S gepfändet und sie dem X überwiesen worden (§§ 829, 835 ZPO), so sind diese Maßnahmen wirkungslos, wenn G die Forderung schon vorher abgetreten hatte. Dennoch wird S bei Unkenntnis der Abtretung geschützt, wenn er an denjenigen (X) zahlt, der im Pfändungs- und Überweisungsbeschluss genannt ist.[21]

2. Aufrechnung

29 Der nach seinem Wortlaut schwer verständliche § 406 enthält zwei Wertungen; eine entspricht dem § 404, die andere dem § 407.

a) Fortwirkung der Aufrechnungslage gegenüber dem neuen Gläubiger. Konnte der Schuldner gegenüber dem alten Gläubiger mit einer Gegenforderung aufrechnen (§ 387), so soll seine Rechtsstellung nicht dadurch verschlechtert werden, dass die Forderung abgetreten wird. Obwohl nun keine Gegenseitigkeit der Forderungen mehr besteht, soll dem Schuldner die Aufrechnungsmöglichkeit erhalten bleiben.

Beispiele: G hat seit dem 1.3. eine Forderung gegen S. Dieser erwirbt am 1.4. eine fällige und gleichartige Forderung gegen G. Am 1.5. tritt G seine Forderung an G 1 ab. Hat S keine Kenntnis von der Abtretung, dann kann er schon nach § 407 gegenüber G aufrechnen. Erfährt er von der Abtretung, so kann er ebenfalls gegenüber G 1 aufrechnen (§ 406; Grundgedanke des § 404).

---

21 *Brox/Walker* ZwangsVollstrR Rn. 651.

Wurde die Forderung des S erst nach der Abtretung der Hauptforderung durch G fällig, so kann S danach noch wirksam aufrechnen. § 406 macht zwar nur eine Ausnahme von der Gegenseitigkeit, nicht von den anderen Aufrechnungsvoraussetzungen (→ § 16 Rn. 4 ff.). Es genügt aber, dass diese zur Zeit der Aufrechnungserklärung vorhanden sind; denn ohne Abtretung hätte der Schuldner jetzt aufrechnen können, und durch die Abtretung soll ihm kein Nachteil erwachsen.[22]

b) Schaffung der Aufrechnungslage gegenüber dem neuen Gläubiger. Erwirbt der Schuldner die Gegenforderung gegen den bisherigen Gläubiger erst nach der Abtretung, so haben sich beide Forderungen niemals aufrechenbar gegenübergestanden. Trotzdem soll der gutgläubige Schuldner entsprechend dem Grundgedanken des § 407 geschützt werden und aufrechnen können, wenn er zur Zeit des Erwerbs der Gegenforderung von der Abtretung noch keine Kenntnis hatte.[23] 30

Folgende Fälle sind zu unterscheiden:

G tritt seine Forderung am 15.3. an G 1 ab. S erwirbt am 1.4. eine Gegenforderung gegen G. Hat S beim Erwerb Kenntnis von der Abtretung, wird er nicht geschützt; denn er wusste von vornherein, dass er nicht aufrechnen konnte. Hatte S dagegen keine Kenntnis von der Abtretung, so kann er noch aufrechnen, weil er in seinem Vertrauen auf die Aufrechnungsmöglichkeit beim Erwerb der Forderung geschützt werden soll.

Wenn im obigen Beispiel die Gegenforderung des S erst nach dem Erwerb durch S und später als die abgetretene Forderung fällig wird, kommt eine Aufrechnung gem. § 406 aE nicht in Betracht. Sie ist vielmehr nur dann zulässig, wenn die Gegenforderung vor erlangter Kenntnis von der Abtretung oder nicht später als die abgetretene Forderung fällig geworden ist.[24] Grund: Hier hätte der Schuldner auch ohne Abtretung nicht auf eine Möglichkeit der Aufrechnung vertrauen können (vgl. → § 16 Rn. 9)[25].

Mit „Erwerb“ iSv § 406 ist nur der Ersterwerb einer Forderung gemeint, nicht dagegen der Rückerwerb nach einer Sicherungsabtretung; denn wirtschaftlich gehört die zur Sicherheit abgetretene Forderung noch zum Vermögen des Zedenten. Der Inhaber der Gegenforderung braucht also nicht zu befürchten, durch eine zwischenzeitliche Sicherungsabtretung seine Aufrechnungsbefugnis zu verlieren.[26]

22 *BGH* JZ 1962, 92; beachte aber BGHZ 19, 153.
23 Zum Erfordernis der Gutgläubigkeit *BGH* NJW 2002, 2865 (2866).
24 Vgl. BGHZ 19, 153.
25 Ausnahme: BGHZ 63, 338 (342 f.).
26 *BGH* NJW 2003, 1182.

3. Abtretungsanzeige und Urkundenvorlegung

31 **a) Abtretungsanzeige.** Der bisherige Gläubiger kann dem Schuldner anzeigen, dass die Forderung abgetreten sei. Durch diese Anzeige wird einerseits im Interesse des neuen Gläubigers vermieden, dass der Schuldner wegen § 407 I noch mit befreiender Wirkung an den bisherigen Gläubiger leistet. Andererseits muss sich der Schuldner auf die Abtretungsanzeige verlassen können: Auch wenn die Forderung nicht oder nicht wirksam abgetreten worden ist, muss der Zedent die Leistung des Schuldners an den Zessionar gegen sich gelten lassen, weil er durch die Anzeige den Rechtsschein einer wirksamen Abtretung gesetzt hat (§ 409 I 1). Aber auch hier ist, obwohl das Gesetz schweigt, wie bei §§ 407, 408 der Schuldner nur schutzwürdig, wenn er den wahren Sachverhalt nicht kennt.[27]

Entsprechendes gilt, wenn der alte Gläubiger dem neuen eine Abtretungsurkunde ausstellt und sie dem Schuldner vorgelegt wird (§ 409 I 2).

Um den durch die Anzeige erzeugten Rechtsschein zu zerstören, kann sie mit Zustimmung dessen zurückgenommen werden, der als neuer Gläubiger bezeichnet ist (§ 409 II). Die Pflicht zur Zustimmung kann sich aus Vertrag oder § 812 ergeben.

32 **b) Aushändigung der Abtretungsurkunde.** Zur Sicherung des Schuldners bestimmt § 410 I 1, dass er gegenüber dem neuen Gläubiger ein Leistungsverweigerungsrecht hat, bis ihm die Abtretungsurkunde ausgehändigt wird. Die Vorschrift begründet keinen Gegenanspruch und damit auch kein Zurückbehaltungsrecht nach § 273, sondern ein eigenständiges Leistungsverweigerungsrecht, das der Schuldner dem neuen Gläubiger einredeweise entgegenhalten kann.[28] Dadurch wird der Schuldner vor der Gefahr geschützt, dass er an einen Nichtgläubiger leistet und ein zweites Mal vom richtigen Gläubiger in Anspruch genommen wird.[29]

Eine Kündigung oder Mahnung des neuen Gläubigers ohne Urkundenvorlegung ist unwirksam, wenn der Schuldner sie mit dieser Begründung unverzüglich zurückweist (§ 410 I 2). Der Schuldner kann dann durch die Mahnung nicht in Verzug gesetzt werden. Dagegen reicht allein das Vorliegen des Leistungsverweigerungsrechts nach § 410 I (ohne unverzügliche Zurückweisung)

---

27 Anders die **hM**, zB BGHZ 29, 82; *Looschelders* SchuldR AT § 52 Rn. 62.
28 *BGH* NJW 2012, 3426 f.; 2007, 1269 (1271).
29 *BGH* NJW 1993, 1468 (1469).

oder das Bestreiten der Abtretung nicht aus, um den Eintritt des Schuldnerverzugs zu verhindern.[30]

Einer Sicherung des Schuldners gem. § 410 I bedarf es jedoch nicht, wenn ihm der bisherige Gläubiger die Abtretung schriftlich angezeigt hat (§ 410 II). Dann scheidet auch eine Zurückweisung einer Mahnung aus. Ferner steht dem Schuldner nach Treu und Glauben kein Leistungsverweigerungsrecht gem. § 410 zu, wenn eine anderweitige Inanspruchnahme durch den Zedenten nach Lage des Falles ausgeschlossen und der Schuldner deshalb nicht schutzbedürftig ist.[31]

Abtretung (§§ 398 ff.)

I. Voraussetzungen
1. Abtretungsvertrag
2. Bestehen der abgetretenen Forderung
3. Bestimmtheit oder Bestimmbarkeit der Forderung
4. Übertragbarkeit der Forderung
   a) Ausschluss bei Inhaltsänderung (§ 399, 1. Fall)
   b) Ausschluss durch Vereinbarung (§ 399, 2. Fall)
   c) Ausschluss bei Unpfändbarkeit der Forderung (§ 400 iVm §§ 850 ff. ZPO)
   d) Ausschluss aus sonstigen Gründen

II. Wirkungen
1. Übergang der Forderung auf neuen Gläubiger
2. Übergang von Neben- und Vorzugsrechten (§ 401)
3. Fortbestand von Einwendungen des Schuldners gegenüber dem neuen Gläubiger (§ 404); Ausnahme: § 405
4. Schutz des Schuldners
   a) Befreiung bei Leistung an den alten Gläubiger (§ 407 I)
   b) Bindung des neuen Gläubigers an die Rechtskraft eines dem Schuldner günstigeren Urteils gegen den alten Gläubiger (§ 407 II)
   c) Befreiung bei Leistung an den falschen Gläubiger bei mehrfacher Abtretung (§ 408 I)
   d) Erhaltung einer gegenüber dem alten Gläubiger bestehenden Aufrechnungsmöglichkeit gegenüber dem neuen Gläubiger (§ 406)

30 *BGH* NJW 2007, 1269 (1271 f.).
31 *BGH* NJW 2012, 3426 f.

e) Schaffung einer Aufrechnungsmöglichkeit gegenüber dem neuen Gläubiger (§ 406)
f) Schutz des Vertrauens des Schuldners auf die Wirksamkeit der angezeigten Abtretung (§ 409 I)

§ 35. Schuldübernahme und Schuldbeitritt

1 **Schrifttum:** *Bartels,* Der vertragliche Schuldbeitritt im Gefüge gegenseitiger Dauerschuldverhältnisse, 2003; *Grigoleit/Herresthal,* Die Schuldübernahme, JURA 2002, 393; *dies.,* Der Schuldbeitritt, JURA 2002, 825; *Leible*, Die Schuldübernahme, Gedächtnisschrift für Unberath, 2015, 269; *Nörr/Scheyhing/Pöggeler,* Sukzessionen, 2. Aufl., 1999; *Wagemann*, Die gestörte Vertragsübernahme, AcP 205 (2005), 547.

Fall a: S schließt mit S 1 einen Vertrag, in dem S dem S 1 sein Geschäft verkauft und S 1 eine Geschäftsschuld des S übernimmt; der Gläubiger genehmigt die Schuldübernahme. S 1 verweigert später die Erfüllung, weil er den Vertrag mit S wegen dessen arglistiger Täuschung wirksam angefochten habe. → Rn. 13

Fall b: S 1, der von S dessen Kaufpreisschuld übernommen hat, macht gegenüber dem Zahlung verlangenden Gläubiger G geltend: 1. G habe dem S den Kaufpreis für ein halbes Jahr gestundet; 2. er (S 1) sei von dem mit S geschlossenen Geschäftsübernahmevertrag, aufgrund dessen er die Kaufpreisschuld übernommen habe, wirksam zurückgetreten; 3. er rechne mit einer eigenen Gegenforderung auf; 4. er rechne mit einer Gegenforderung des S auf. → Rn. 16

I. Begriff, Bedeutung und Abgrenzung

1. Begriff

Das Gesetz kennt zwei Arten der Schuldübernahme: die befreiende (= privative) und die kumulative (= Schuldbeitritt).

a) Befreiende Schuldübernahme. Befreiende Schuldübernahme bedeutet, dass ein neuer Schuldner an die Stelle des alten tritt (Schuldnerwechsel). Der Altschuldner wird von seiner Schuld befreit. Der rechtsgeschäftliche Schuldnerwechsel ist also das Gegenstück zum rechtsgeschäftlichen Gläubigerwechsel (= Abtretung).

Es ist demnach regelmäßig möglich, dass die Partei eines Schuldverhältnisses Rechte an einen Dritten abtritt und dieser auch die Schulden der Partei übernimmt. Mit der Übertragung einzelner Rechte und der Übernahme einzelner Schulden ist der Dritte aber noch nicht Partei des gesamten Schuldverhältnisses geworden. Für einen solchen Parteiwechsel im gesamten Schuldverhältnis (Vertragsübernahme) besteht vor allem bei Dauerschuldverhältnissen (zB Miet-, Arbeitsvertrag) ein Bedürfnis. Eine derartige Vertragsübernahme bestimmt das Gesetz nur für einige Sonderfälle als Folge eines anderen Rechtsgeschäfts; so tritt der Grundstückserwerber in die Mietverträge (§ 566) [1] und der Erwerber eines Betriebs in die Arbeitsverträge (§ 613a)[2] ein. Jedoch ist eine vertragliche Vertragsübernahme im Gesetz nicht geregelt; ihre Zulässigkeit lässt sich mit der Privatautonomie begründen. Erforderlich ist stets das Einverständnis aller Beteiligten.[3]

b) Kumulative Schuldübernahme. Kumulative Schuldübernahme bedeutet, dass der Altschuldner nicht von der Schuld befreit wird, sondern dass der Neuschuldner neben den Altschuldner als Gesamtschuldner tritt (Schuldbeitritt; dazu und zur Abgrenzung von der Bürgschaft: → Rn. 19ff., 21). 2

2. Bedeutung

Die Anwendungsmöglichkeiten der Schuldübernahme sind in der Praxis vielfältig: Beim Verkauf eines Geschäftsbetriebs übernimmt der Erwerber die bestehenden Schulden (vgl. auch § 25 HGB);[4] dafür braucht er nur einen entsprechend geringeren Kaufpreis zu zahlen. Beim Hausbau haben die Handwerker die Arbeit eingestellt, weil der Bauherr seine laufenden Zahlungsverpflichtungen nicht mehr erfüllt; ein solventer Mieter, der möglichst schnell einziehen will, übernimmt die Schuld des Bauherrn oder tritt ihr bei, damit weitergearbeitet wird. Der Erwerber eines Grundstücks übernimmt die auf dem Grundstück lastenden Hypotheken unter Anrechnung auf den Kaufpreis (vgl. auch § 416; → Rn. 14). 3

3. Abgrenzung

Die Schuldübernahme ist von anderen Rechtsinstituten zu unterscheiden. Was im Einzelfall gewollt ist, muss durch Auslegung der Vereinbarung ermittelt werden. 4

1 *Brox/Walker* SchuldR BT § 12 Rn. 5 ff.
2 *Brox/Rüthers/Henssler* ArbR Rn. 600 ff.
3 Vgl. BGHZ 95, 88.
4 *Brox/Henssler* HandelsR Rn. 136.

a) Erfüllungsübernahme. Bei der Erfüllungsübernahme (§ 329; → § 32 Rn. 6) verpflichtet sich ein Dritter gegenüber dem Schuldner, dessen Schuld gegenüber dem Gläubiger zu erfüllen. Hier hat nur der Schuldner gegen den Dritten einen Anspruch (auf Befreiung von der Verbindlichkeit); der Gläubiger kann sich nach wie vor nur an seinen Schuldner halten.

5 **b) Garantievertrag.** Beim Garantievertrag verpflichtet sich der Dritte (formlos), unabhängig von dem Bestehen einer Verbindlichkeit für einen bestimmten Erfolg einzustehen oder die Gewähr für einen künftigen, noch nicht entstandenen Schaden zu übernehmen.[5]

Diese Erfolgshaftung ist nicht akzessorisch, also schuldunabhängig; sie setzt deshalb einen dahingehenden Verpflichtungswillen voraus. Beispiele: Erklärung gegenüber einer Bank: Ich mache mich stark, dass für Schecks, die ein anderer auf die Bank gezogen hat, kurzfristig Deckung angeschafft wird.[6]

6 **c) Vertragsübernahme.** Bei der Vertragsübernahme geht es darum, dass aufgrund Vertrags oder kraft Gesetzes eine Partei aus einem bestehenden Vertragsverhältnis ausscheidet und an ihre Stelle ein Dritter als Partei in den Vertrag eintritt. Auf den eintretenden Dritten gehen alle sich aus dem bestehenden Schuldvertrag ergebenden Rechte und Pflichten der ausscheidenden Partei über.[7] Dagegen übernimmt bei der befreienden Schuldübernahme der Neuschuldner lediglich die Schuld einer Vertragspartei, ohne an deren Stelle in das Vertragsverhältnis einzutreten.

Eine gesetzliche Vertragsübernahme sieht das Gesetz in bestimmten Fällen vor (→ Rn. 1).

II. Voraussetzungen der befreienden Schuldübernahme

7 Bei der befreienden Schuldübernahme sind der Neuschuldner und der Gläubiger besonders schutzwürdig. Da der Neuschuldner mit einer Schuld belastet wird, kann die Schuldübernahme nur mit seinem Willen geschehen. Auf der anderen Seite muss der Gläubiger einverstanden sein, wenn an die Stelle des bisherigen Schuldners ein anderer (vielleicht weniger solventer) treten soll. Demgegenüber ist der Alt-

5 *BGH* NJW 1958, 1483.
6 *BGH* NJW 1967, 1020.
7 Vgl. *BGH* NJW 1985, 2528.

schuldner nicht schutzwürdig, da er von seiner Schuld befreit wird. Dieser Interessenlage trägt das Gesetz in §§ 414 f. Rechnung.

Eine befreiende Schuldübernahme kann auf zwei verschiedenen Wegen erfolgen:

1. Vertrag zwischen Neuschuldner und Gläubiger

Nach § 414 kann die Schuld von einem Dritten durch Vertrag mit 8
dem Gläubiger übernommen werden.

Wegen der möglicherweise nachteiligen Folgen der befreienden Schuldübernahme für beide Vertragsparteien sind an ihre Willenserklärungen strenge Anforderungen zu stellen. Ein Wille des Gläubigers, auf seinen bisherigen Schuldner zu verzichten, muss deutlich zum Ausdruck gebracht werden oder sich klar aus den Umständen ergeben. Allein das Ausstellen einer Rechnung auf einen am Schuldverhältnis nicht beteiligten Dritten und deren Begleichung durch diesen reicht für eine befreiende Schuldübernahme nicht aus.[8]

Der Vertrag zwischen Neuschuldner und Gläubiger bedarf keiner Form, es sei denn, dass die übernommene Verpflichtung (zB wegen § 311b I) formbedürftig ist. – Sind die Vertragsparteien sich darüber einig, dass die Forderung beim Altschuldner nicht beizutreiben und sie deshalb für den Gläubiger ohne Wert ist, so kann ein Schenkungsversprechen des Neuschuldners an den Gläubiger vorliegen, das nach § 518 I der Form bedarf.

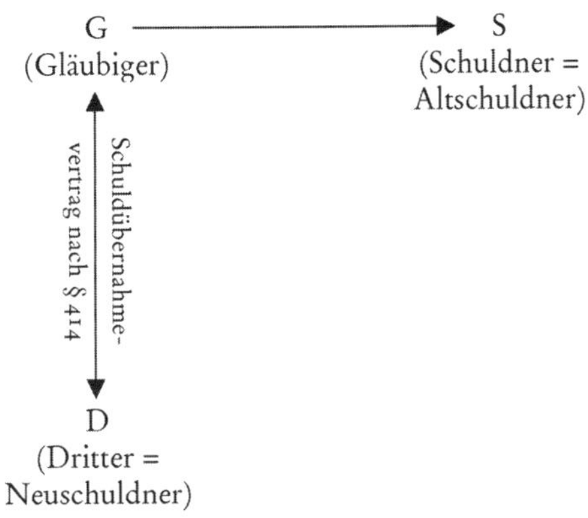

8 *BGH* NJW-RR 2012, 741 f.

2. Genehmigter Vertrag zwischen Alt- und Neuschuldner

9 Ein Vertrag zwischen Alt- und Neuschuldner reicht nicht aus. Hinzukommen muss die *Genehmigung* des Gläubigers (§ 415 I 1), weil dieser sonst ohne seinen Willen seinen bisherigen Schuldner verlieren würde.

a) Erklärung, Verweigerung und Wirkung der Genehmigung. Die Genehmigung kann erst erfolgen, wenn der Alt- oder der Neuschuldner dem Gläubiger die Schuldübernahme mitgeteilt hat (§ 415 I 2).

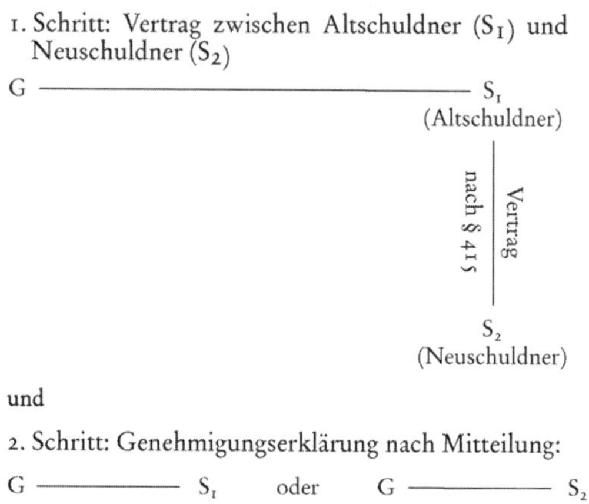

Die beiden Vertragsparteien sollen es dadurch in der Hand haben, die Übernahme noch nicht eintreten zu lassen, bis sie sich zB über das der Schuldübernahme zugrunde liegende Geschäft geeinigt haben. Demnach ist eine Genehmigung des Gläubigers, der ohne Mitteilung auf andere Weise von dem Vertrag erfahren hat, wirkungslos.

10 Alt- oder Neuschuldner können dem Gläubiger bei oder nach der Mitteilung eine Frist zur Erklärung über die Genehmigung setzen (§ 415 II 2), um so den Schwebezustand zu beenden. Die Genehmigung kann – wie jede Willenserklärung – ausdrücklich oder konkludent erklärt werden. Bloßes Schweigen reicht jedoch nicht aus (Sonderfall: Hypothekenübernahme, § 416; → Rn. 14). Bis zur Genehmigung können die Parteien den Übernahmevertrag ändern oder aufheben (§ 415 I 3), weil bis dahin die Rechtsstellung des Gläubigers durch solche Änderungen nicht berührt wird. Wird die Genehmi-

gung (§§ 182ff.) erteilt, so wirkt sie auf den Zeitpunkt des Vertragsschlusses zurück (§ 184). Bei Verweigerung der Genehmigung gilt die Schuldübernahme als nicht erfolgt (§ 415 II 1). Wenn der Schuldnerwechsel nicht eintritt, so ist der Vertrag zwischen Alt- und Neuschuldner im Zweifel dahin auszulegen, dass der Neuschuldner jedenfalls dem Altschuldner gegenüber verpflichtet ist, den Gläubiger zu befriedigen (§§ 415 III, 329; Erfüllungsübernahme; → § 32 Rn. 6).

Die Vermutung des § 415 III, dass eine bloße Erfüllungsübernahme gewollt sei, ist widerlegt, wenn die Parteien für den Fall der Verweigerung der Genehmigung eine andere Regelung getroffen haben oder wenn aus dem Vertrag hervorgeht, dass eine der Parteien das Risiko eines Scheiterns der Schuldübernahme tragen soll.[9]

b) Rechtliche Konstruktion der Schuldübernahme. Streitig ist, wie die Schuldübernahme nach § 415 rechtlich zu erklären ist. 11

Die herrschende **Verfügungstheorie** erblickt in dem Vertrag zwischen Alt- und Neuschuldner eine Verfügung vom Nichtberechtigten über die Forderung des Gläubigers, welche dieser als Berechtigter genehmigt (§ 185 II 1). Für sie sprechen sowohl der Wortlaut des § 415 als auch die Gesetzesmaterialien.[10]

Die **Angebots- oder Vertragstheorie** sieht dagegen in der Mitteilung nach § 415 I 2 ein Angebot an den Gläubiger, das dieser durch seine Genehmigung annimmt. § 415 hat also nach dieser Ansicht gegenüber § 414 keine selbständige Bedeutung. Die Auswechslung des Schuldners soll auch im Falle des § 415 durch einen Vertrag zwischen Neuschuldner und Gläubiger erfolgen. 12

Konsequenzen des Theorienstreits: 13

Hat zB der Neuschuldner den Übernahmevertrag wegen arglistiger Täuschung durch den Altschuldner angefochten **(Fall a),** dann wäre vom Standpunkt der Vertragstheorie die Täuschung durch einen Dritten (den nicht am Vertragsschluss beteiligten Altschuldner) erfolgt; demnach wäre die Erklärung des Neuschuldners nur dann anfechtbar, wenn der Erklärungsempfänger (Gläubiger) die Täuschung kannte oder kennen musste (§ 123 II 1). Bei formaler Anwendung der Verfügungstheorie könnte der Neuschuldner seine Erklärung unabhängig davon anfechten, ob der Gläubiger die Täuschung kannte oder kennen musste; denn hier ist der täuschende Altschuldner selbst Vertragspartner (§ 123 I).[11]

Rein konstruktive Erwägungen vermögen aber ein unterschiedliches Ergebnis nicht zu rechtfertigen. Auch wenn § 415 der Verfügungstheorie folgt, muss

9 *BGH* NJW 1991, 1822.
10 Mot. II, 144 ff.
11 So BGHZ 31, 321.

der Gläubiger ebenso wie im Fall des § 414 in seinem Vertrauen auf den Bestand des Übernahmevertrags geschützt werden.[12]

3. Sonderfall: Hypothekenübernahme

14 Ist zur Sicherung einer Forderung des Gläubigers gegen den Schuldner an dessen Grundstück eine Hypothek bestellt worden und übereignet der Schuldner das Grundstück an den Erwerber, so wird dieser mit dem Eigentumserwerb auch (dinglicher) Schuldner der Hypothek, während der Veräußerer (persönlicher) Schuldner der Forderung bleibt. Ziel des Veräußerers und des Erwerbers wird es sein, dass der Erwerber anstelle des Veräußerers auch persönlicher Schuldner der Forderung wird, insbesondere wenn er die Schuld in Anrechnung auf den Kaufpreis übernommen hat. Das kann nach § 414 oder § 415 geschehen. Eine Erleichterung bringt § 416: Da der Gläubiger bei diesem Schuldnerwechsel deshalb weniger schutzwürdig ist als in den bisher behandelten Fällen, weil er durch die Hypothek am Grundstück gesichert ist, genügt hier für die Schuldübernahme, dass er nach Mitteilung des Veräußerers innerhalb von sechs Monaten dazu schweigt. Hier gilt also – in Abweichung von § 415 – bloßes Schweigen als Genehmigung. Einzelheiten: § 416.

III. Wirkungen der befreienden Schuldübernahme

1. Schuldnerwechsel

15 Der Neuschuldner tritt bei der befreienden Schuldübernahme an die Stelle des bisherigen Schuldners (vgl. § 414).

2. Einwendungen

16 Der Neuschuldner kann Gründe vorbringen, die gegen die **Gültigkeit des Übernahmegeschäfts** sprechen. Bei dessen Nichtigkeit ist es nämlich zu keinem Schuldnerwechsel gekommen. Zur Anfechtung → Rn. 13.

Durch den Schuldnerwechsel wird die Forderung des Gläubigers nicht verändert. Deshalb kann der Neuschuldner dem Gläubiger die Einwendungen entgegensetzen, die sich aus dem **Rechtsverhältnis zwischen Gläubiger und Altschuldner** ergeben (§ 417 I 1; zB Stundung; **Fall b, 1.**).

Dagegen kann der Neuschuldner keine Einwendungen aus dem **Rechtsverhältnis zwischen Alt- und Neuschuldner**, das der Schuld-

12 Näheres: *Brox* JZ 1960, 369 ff.

übernahme zugrunde liegt, herleiten (§ 417 II; Abstraktionsprinzip; zB Rücktritt vom Kausalgeschäft; **Fall b, 2.**).

Einwendungen aus den **Beziehungen zwischen Neuschuldner und Gläubiger** sind möglich (der Neuschuldner kann mit einer ihm gegen den Gläubiger zustehenden Forderung aufrechnen; § 387; **Fall b, 3.**).

Mit einer dem Altschuldner zustehenden Forderung kann der Neuschuldner nicht aufrechnen (§ 417 I 2; **Fall b, 4.**); denn dann würde die übernommene Schuld aus dem Vermögen des Altschuldners getilgt.

3. Neben- und Vorzugsrechte

a) Nebenrechte. Blieben bei einer Schuldübernahme Nebenrechte 17
(zB Bürgschaften, Pfandrechte) bestehen, dann würde damit die Rechtsstellung der Personen beeinträchtigt, die ein solches Nebenrecht bestellt haben; sie werden möglicherweise eher in Anspruch genommen, weil der Neuschuldner weniger solvent ist. Da die Schuldübernahme ohne ihr Zutun erfolgt, müssen sie geschützt werden. Das Gesetz berücksichtigt diese Interessen: Bürgschaften und Pfandrechte (an beweglichen Sachen) für die übernommene Forderung erlöschen (§ 418 I 1); die Hypothek geht auf den Eigentümer über (§§ 418 I 2, 1168 I). Der Gläubiger verliert also Rechte; er ist aber auch nicht schutzwürdig, da ohne seine Zustimmung (§§ 414, 415) eine Schuldübernahme nicht möglich ist. Andererseits bedarf der Bürge oder Pfandrechtsbesteller dann keines Schutzes, wenn er in die Schuldübernahme einwilligt; deshalb bleiben bei Einwilligung die genannten Rechte bestehen (§ 418 I 3).

b) Vorzugsrechte. Hatte der Gläubiger gegen den Altschuldner eine 18
Forderung, die im Insolvenzverfahren bevorrechtigt wäre (zB Arbeitslohn), und wird die Schuld vom Neuschuldner übernommen, so kann dieses mit der Forderung verbundene Vorzugsrecht nicht im Insolvenzverfahren über das Vermögen des Neuschuldners geltend gemacht werden (§ 418 II; Grund: Schutz der übrigen Gläubiger des Neuschuldners).

IV. Vertraglicher Schuldbeitritt

1. Begriff und Begründung

19 **a) Begriff.** Vertraglicher Schuldbeitritt bedeutet, dass der Gläubiger durch Vertrag neben dem bisherigen Schuldner noch eine andere Person als Schuldner erhält.

Ein praktisches Bedürfnis für einen vertraglichen Schuldbeitritt besteht vor allem dann, wenn der Gläubiger trotz Übernahme der Schuld durch einen anderen seinen bisherigen Schuldner nicht verlieren will. Durch den vertraglichen Schuldbeitritt wird die Stellung des Gläubigers verstärkt, da dieser für seine Forderungen einen zusätzlichen Schuldner bekommt.

20 **b) Begründung.** Der vertragliche Schuldbeitritt kann – wie die befreiende Schuldübernahme – entweder durch Vertrag zwischen dem Beitretenden und dem Gläubiger (→ Rn. 8) oder durch Vertrag zwischen dem Altschuldner und dem Beitretenden (→ Rn. 9) begründet werden. Im letzteren Fall ist – anders als bei der befreienden Schuldübernahme – eine Mitwirkung des Gläubigers nicht erforderlich. Der Gläubiger ist hier nicht schutzwürdig, da sich seine Rechtsstellung durch Hinzutreten des Beitretenden nur verbessert.

2. Abgrenzung von der Bürgschaft

21 Vom vertraglichen Schuldbeitritt ist die Bürgschaft (§§ 765 ff.)[13] zu unterscheiden. Der **Bürge** verpflichtet sich, für eine **fremde** Schuld einzustehen; die Schuld des Bürgen richtet sich in ihrem jeweiligen Bestand nach der Hauptschuld. Demgegenüber übernimmt beim **Schuldbeitritt** der Beitretende die Schuld als **eigene**; er will unabhängig von der Schuld des Schuldners haften und wird dazu regelmäßig nur bereit sein, wenn er damit ein eigenes rechtliches oder wirtschaftliches Interesse verfolgt. Der Bürge hingegen will – zB aus Gefälligkeit – für einen anderen einstehen. Aus dieser unterschiedlichen Interessenlage ergibt sich auch ein Unterschied für die Form des Rechtsgeschäfts: Der Bürge soll gewarnt werden; deshalb bestimmt § 766 die Schriftform der Bürgschaftserklärung. Der Beitretende weiß, dass er die Schuld als eigene übernimmt und verfolgt dabei ein

13 *Brox/Walker* SchuldR BT § 32.

eigenes Interesse. Deshalb braucht er nicht gewarnt zu werden, so dass der Schuldbeitritt nicht formbedürftig ist.

Ob im Einzelfall eine Bürgschaft oder ein vertraglicher Schuldbeitritt vorliegt, muss durch Auslegung unter Berücksichtigung der unterschiedlichen Interessenlage ermittelt werden. 22

Dabei kommt es auf die gebrauchte Formulierung allein nicht entscheidend an; maßgebend sind die gesamten Umstände und vor allem der Zweck der Vereinbarung. Die hM[14] verlangt für den (formfreien) Schuldbeitritt mit Recht ein eigenes wirtschaftliches oder rechtliches Interesse, da wegen dieses Eigeninteresses auf die Warnfunktion des § 766 verzichtet werden kann.

Beispiel: Dem Ehepaar X droht eine Räumungsklage wegen Mietrückstandes. Der Sohn S des Ehepaares X, der bei diesem wohnt, erklärt dem Vermieter, dass er für die Mietschulden der Eltern einstehen werde. Hier liegt keine formnichtige Bürgschaft, sondern ein gültiger Schuldbeitritt vor, da der Sohn ein eigenes wirtschaftliches Interesse an der Aufrechterhaltung des Mietvertrags hat.

Aus dem Gesagten ergibt sich, dass eine formungültige Bürgschaft nicht nach § 140 in einen Schuldbeitritt umgedeutet werden darf.

3. Wirkungen

a) Gesamtschuld. Beim vertraglichen Schuldbeitritt sind dem Gläubiger der Altschuldner und der Beitretende als Gesamtschuldner (→ § 37 Rn. 1 ff.) verpflichtet. 23

b) Einwendungen. Der Beitretende kann entsprechend § 417 I 1 die Einwendungen, die in der Person des Altschuldners bis zum Schuldbeitritt entstanden sind, gegenüber dem Gläubiger geltend machen. Für später entstehende Einwendungen des Altschuldners gelten die §§ 422–425 (→ § 37 Rn. 13 ff.). 24

Wurde der Beitrittsvertrag zwischen dem Altschuldner und dem Beitretenden geschlossen, können Einwendungen aus dem Deckungsverhältnis zwischen den beiden Schuldnern entgegen § 417 II auch dem Gläubiger entgegengesetzt werden, solange der Beitrittsvertrag dem Gläubiger noch nicht mitgeteilt worden ist; denn so lange ist dieser nicht schutzwürdig.

---

14 *BGH* NJW 1986, 580.

V. Gesetzlicher Schuldbeitritt

25 In einigen Fällen entsteht ein Schuldbeitritt kraft Gesetzes. Nachdem der frühere § 419 über die Vermögensübernahme zum 1.1.1999 aufgehoben wurde, sind insoweit allerdings nur noch § 613a I, II, § 25 HGB und § 2382 zu nennen:

Wird ein Betrieb oder Betriebsteil aufgrund eines Rechtsgeschäfts auf einen neuen Inhaber übertragen, tritt der Erwerber gem. § 613a I in die Verpflichtungen aus den bestehenden Arbeitsverhältnissen ein, für die gem. § 613a II auch der Veräußerer weiter haftet.

Führt der Erwerber eines Handelsunternehmens dieses unter der bisherigen Firma fort, so haftet er gem. § 25 HGB für die Geschäftsschulden des früheren Inhabers.[15]

Der Käufer einer Erbschaft haftet gem. § 2382 den Nachlassgläubigern für Nachlassverbindlichkeiten.[16]

---

15 *Brox/Henssler* HandelsR Rn. 136 ff.
16 *Brox/Walker* ErbR § 45 Rn. 7.

11. Kapitel. Mehrheit von Gläubigern und Schuldnern

Schrifttum: *Petersen*, Gläubigermehrheiten, JURA 2014, 483; *Selb*, Mehrheiten von Gläubigern und Schuldnern, 1984; *Weitnauer*, Personenmehrheit auf der Gläubiger- und Schuldnerseite, FS Hauß, 1978, 373.

An einem Schuldverhältnis müssen wenigstens zwei Personen beteiligt sein. Damit ist aber nicht ausgeschlossen, dass sowohl auf der Gläubiger- als auch auf der Schuldnerseite mehrere Personen stehen. Die Beteiligung mehrerer Personen an einem Schuldverhältnis ist vornehmlich in den §§ 420–432 geregelt. Diese Bestimmungen gehen von der Unterscheidung zwischen teilbaren und unteilbaren Leistungen aus (vgl. §§ 420–430 einerseits und §§ 431 f. andererseits). Das Gesetz sieht für eine Personenmehrheit auf der Schuldnerseite drei verschiedene Gestaltungsformen vor, nämlich Teilschuldnerschaft (→ § 36 Rn. 1 ff.), Gesamtschuldnerschaft (→ § 37 Rn. 1 ff.) und Schuldnergemeinschaft (→ § 38 Rn. 1 ff.); dem entsprechen für eine Personenmehrheit auf der Gläubigerseite Teilgläubigerschaft (→ § 36 Rn. 4 f.), Gesamtgläubigerschaft (→ § 37 Rn. 32 ff.) und Gläubigergemeinschaft (→ § 38 Rn. 3 ff.).

§ 36. Teilschuldner- und Teilgläubigerschaft

Schrifttum: *Jürgens*, Teilschuld – Gesamtschuld – Kumulation, 1988; *K. Schmidt*, Quotenhaftung von BGB-Gesellschaftern, NJW 1997, 2201. 1

Fall a: Um in den Genuss eines Mengenrabatts zu gelangen, bestellen K 1 und K 2 gemeinsam bei V einen Tankwagen Heizöl mit der Abrede, dass jeder von ihnen die Hälfte des Öls erhalten und auch die Hälfte des Kaufpreises zahlen soll. V will die Lieferung an K 1, der schon gezahlt hat, zurückbehalten, bis auch K 2 seinen Kaufpreis entrichtet. → Rn. 1, 2, 4
Fall b: Im Fall a will K 1 das den Käufern eingeräumte Rücktrittsrecht ausüben. → Rn. 5

I. Teilschuldnerschaft

Teilschuldnerschaft liegt vor, wenn jeder der Schuldner nur zu einem Teil der Leistung verpflichtet ist (vgl. § 420).

Die Vereinbarung einer Teilschuldnerschaft ist nur bei teilbarer Leistung möglich. Eine Leistung ist teilbar, wenn sie ohne Wertverlust in mengenmäßig verschiedene, qualitativ aber gleichartige Teile zerlegbar ist (zB vertretbare Sachen, Geld); denn allein dann ist eine Aufspaltung in mehrere selbständige Schulden möglich.

Im **Fall a** besteht hinsichtlich der Zahlungsverpflichtung eine Teilschuldnerschaft. Jeder der beiden Käufer schuldet einen (selbständigen) Teil der Kaufpreisschuld. Der Verkäufer kann nicht den ganzen Kaufpreis von einem der Käufer fordern, auch dann nicht, wenn der andere zur Zahlung des von ihm geschuldeten Preises nicht in der Lage ist.

2 Bei einer Teilschuldnerschaft handelt es sich um voneinander unabhängige Schulden der einzelnen Schuldner. Deshalb kann jeder von ihnen seine Schuld (zB durch Zahlung oder Aufrechnung) tilgen. Andererseits beruhen die Teilschulden auf einem einheitlichen Schuldverhältnis. Daher kann ein Rücktritt oder eine Kündigung nur von allen oder gegenüber allen erklärt werden (vgl. § 351).

Im **Fall a** steht dem V gegenüber K 1 und K 2 die Einrede des nicht erfüllten Vertrags (§ 320) zu, wenn auch nur einer von ihnen (K 2) noch nicht gezahlt hat (§ 320 I 2).

3 Nach § 420 soll bei einer Schuldnermehrheit die Teilschuldnerschaft (mit gleichen Anteilen) die Regel bilden. Die Aufteilung einer Verbindlichkeit in mehrere Teilschulden wird jedoch im Allgemeinen den Belangen des Gläubigers nicht gerecht. Die Durchsetzung seiner Forderung wird ihm erschwert, weil er gegen alle Teilschuldner vorgehen muss. Außerdem trägt er das Risiko, wenn die Forderung bei einem Teilschuldner nicht beigetrieben werden kann. Deshalb hat das Gesetz in den praktisch wichtigsten Fällen der Schuldnermehrheit, nämlich bei vertraglichen und deliktischen Ansprüchen, zum Schutz des Gläubigers die gesamtschuldnerische Haftung angeordnet (vgl. §§ 427, 840 I). Teilschulden bestehen lediglich dann, wenn sie von den Parteien besonders vereinbart werden.

II. Teilgläubigerschaft

4 Teilgläubigerschaft ist gegeben, wenn jeder von mehreren Gläubigern vom Schuldner nur einen Teil der Leistung zu fordern berechtigt ist. Für sie gilt auf der Gläubigerseite das zur Teilschuldnerschaft Gesagte entsprechend (vgl. § 420).

Im **Fall a** besteht hinsichtlich des Anspruchs auf Lieferung des Heizöls Teilgläubigerschaft. Jeder der beiden Käufer hat ein (selbständiges) Forderungsrecht auf Lieferung der Hälfte des Öls. Der Verkäufer wird durch Lieferung der Gesamtmenge an einen der Käufer nicht von seiner Verpflichtung gegenüber dem anderen Käufer frei.

Haben die Parteien Teilforderungen begründet, dann steht jedem Gläubiger ein eigenes, unabhängig von den Forderungen der anderen Teilgläubiger bestehendes Forderungsrecht zu, über das er selbständig zu verfügen in der Lage ist. Deshalb kann er auch Schadensersatzansprüche wegen Unmöglichkeit oder Verzugs unabhängig von den anderen Teilgläubigern geltend machen. Seine Rechtsstellung unterscheidet sich daher nicht wesentlich von der eines Einzelgläubigers. Die einheitliche Entstehung der Teilforderungsrechte wirkt sich aber zB insofern aus, als die Gläubiger nur gemeinsam vom Vertrag zurücktreten können (§ 351) und beim gegenseitigen Vertrag dem Schuldner wegen der gesamten Gegenleistung der Gläubiger die Einrede des nicht erfüllten Vertrags (§ 320 I 2) zusteht. 5

Könnte K 1 im **Fall b** allein vom Vertrag zurücktreten, würden die Interessen des V nicht hinreichend berücksichtigt, weil dieser an K 2 weiterhin zum ermäßigten Preis liefern müsste. K 1 ist rechtlich auch nicht in der Lage, durch seine Rücktrittserklärung auf das Rechtsverhältnis V – K 2 einzuwirken. Wie der Rücktritt kann auch die Minderung nur einheitlich ausgeübt werden (§ 441 II).

§ 37. Gesamtschuldner- und Gesamtgläubigerschaft

Schrifttum: *Bartels,* Die Sicherungsgesamtschuld als akzessorische Kreditsicherheit, JZ 2000, 608; *Ehmann*, Gesamtschulden – Abschied von der Einheits-Gesamtschuld?, AcP 211 (2011), 491; *Hoffmann*, Sicherungsgemeinschaften im System einer differenzierenden Gesamtschuldlehre, AcP 211 (2011), 703; *Medicus,* Leistungskondiktion und Gesamtschuld, FS W. Lorenz, 2001, 229; *Meier*, Die Gesamtgläubigerschaft – ein unbekanntes, weil überflüssiges Wesen?, AcP 205 (2005), 858; *ders.*, Schuldnermehrheit im europäischen Vertragsrecht, AcP 211 (2011), 435; *Pfeiffer*, Gesamtschuldnerausgleich und Verjährung, NJW 2010, 23; *Schmieder*, Die gestörte Gesamtschuld – ein Normenkonflikt, JZ 2009, 189; *Schünemann/Bethge*, „Allgemeine Gleichbehandlung“ von Gesamtschuldnern, JZ 2009, 448; *Selb,* Die mehrfach hinkende Gesamtschuld, FS W. Lorenz, 1991, 245; *Stamm,* Die Gesamtschuld auf dem Vormarsch, NJW 2003, 2940; *ders.*, Die Bewältigung der „gestörten Gesamtschuld“, NJW 2004, 811; *Walker*, Haftungsprivilegierungen, JuS 2015, 865; *Zerres*, Die Gesamtschuld, JURA 2008, 726. 1

Siehe auch die Nachweise vor → § 36.

Fall a: D 1 und D 2 stehlen gemeinsam bei G Schmuck im Wert von 10.000 EUR. G verlangt von D 1, D 2 und der Versicherungsgesellschaft V, bei der er gegen Diebstahl versichert ist, Ersatz des entstandenen Schadens. → Rn. 11

Fall b: B 1, der sich neben B 2 für die Darlehensschuld des G in Höhe von 500 EUR verbürgt hat, will den Betrag bei Fälligkeit begleichen. G lehnt die Annahme der Geldscheine ab, weil er B 2 in Anspruch nehmen will. Auf dem Rückweg wird dem B 1 das Geld gestohlen. G verklagt B 2 auf Zahlung. → Rn. 13

Fall c: G 1 und G 2 haben bei der S-Bank ein gemeinsames Konto errichtet und mit ihr vereinbart, dass jeder allein über das Guthaben verfügen kann. G 1 verklagt S auf Auszahlung des Restguthabens. Daraufhin zahlt S den Betrag an G 2 aus. → Rn. 33, 36

I. Gesamtschuldnerschaft

Die bei weitem häufigste Form einer Schuldnermehrheit ist die Gesamtschuldnerschaft. In diesem Fall haben mehrere Schuldner eine Leistung in der Weise zu bewirken, dass der Gläubiger sie nach seinem Belieben von jedem Schuldner ganz oder teilweise, insgesamt aber nur einmal fordern kann (§ 421). Mit der Leistung durch einen Schuldner werden insoweit auch die anderen befreit (§ 422 I). Die Gesamtschuldnerschaft ist für den Gläubiger die sicherste Form der Schuldnermehrheit, weil er schon dann befriedigt wird, wenn auch nur einer der Gesamtschuldner leistungsfähig ist.

1. Entstehung des Gesamtschuldverhältnisses

2 **a) Gesetzliche Anordnung oder Auslegungsregel.** In zahlreichen Fällen ergibt sich das Vorliegen einer Gesamtschuld aus einer gesetzlichen Anordnung oder aufgrund einer Auslegung.

aa) Sind für den aus einer **unerlaubten Handlung** entstandenen Schaden mehrere nebeneinander verantwortlich, so haften sie als Gesamtschuldner (§ 840 I).[1]

Beispiel: Verletzen A und B den C bei einer Schlägerei, so ist jeder von ihnen nach §§ 823 I, 830 dem C zum Ersatz des ganzen Schadens verpflichtet. Gemäß § 840 I haften A und B dem C als Gesamtschuldner. Soweit A dem C Schadensersatz leistet, wird B von seiner Verpflichtung gegenüber C frei.

---

1 Dazu *Brox/Walker* SchuldR BT § 51 Rn. 13 ff.

bb) Mehrere Schuldner einer **unteilbaren Leistung** haften unabhängig vom Rechtsgrund als Gesamtschuldner (§ 431), niemals als Teilschuldner. 3

Beispiele: Verpflichtung zur Rückgabe der Mietsache; andere Herausgabeverpflichtungen.

Wenn sich dagegen mehrere vertraglich zu einer nicht einzeln, sondern nur gemeinsam erbringbaren Leistung verpflichten, (zB Auftritt eines Chors oder Orchesters), wird das regelmäßig nicht als Vereinbarung einer Gesamtschuld, sondern einer gemeinschaftlichen (gesamthänderischen) Schuld (→ § 38 Rn. 1 ff.) aufzufassen sein. Denn bei einer Gesamtschuld kann gem. § 421 der Gläubiger von jedem einzelnen Schuldner die ganze Leistung verlangen, und es ist nicht anzunehmen, dass sich die einzelnen Schuldner zu einer für sie allein nicht möglichen Leistung verpflichten wollen. 4

cc) Bei gemeinschaftlicher (nicht notwendig gleichzeitiger) **vertraglicher Verpflichtung** zu einer **teilbaren Leistung** ist im Zweifel davon auszugehen, dass sich die Schuldner als Gesamtschuldner verpflichten wollen (§ 427; Ausnahme zu § 420; → § 36 Rn. 1 ff.). Bei § 427 handelt es sich zwar nicht um eine gesetzliche Anordnung der Gesamtschuld, aber doch um eine gesetzliche Auslegungsregel in diesem Sinne. 5

Beispiel: Gemeinsame Heizölbestellung von Nachbarn.

dd) Eine Gesamtschuld findet sich darüber hinaus sowohl bei rechtsgeschäftlichen Verpflichtungen (§ 769; § 78 I VVG; Art. 47 I WG) als auch bei gesetzlichen Schuldverhältnissen (§§ 42 II 2, 53, 1833 II 1, 2219 II; § 93 II 1 AktG; § 43 II GmbHG). Häufig ergibt sich eine gesamtschuldnerische Haftung als gesetzliche Folge bestimmter Rechtsgeschäfte: §§ 613a II, 2382 I 1; § 25 I 1 HGB. Zu erwähnen sind schließlich die Fälle persönlicher Haftung bei einigen Gesamthandsgemeinschaften (§§ 1437 II 1, 1459 II 1, 1480 S. 1, 2058; § 128 S. 1 HGB). 6

b) Allgemeiner Gesamtschuldtatbestand. Über die genannten speziellen Fälle hinaus enthält § 421 nach heute ganz überwiegender Auffassung einen allgemeinen Tatbestand für die Begründung eines Gesamtschuldverhältnisses. Streitig ist allein noch, ob er diesen abschließend regelt.[2] Nach hM ist über den Gesetzeswortlaut hinaus ein zusätzliches Kriterium erforderlich.[3] 7

2 So zB Staudinger/*Looschelders* BGB § 421 Rn. 8 f.
3 ZB *Medicus/Lorenz* SchuldR I Rn. 892.

8 aa) Aus dem Wortlaut des § 421 lassen sich vier Voraussetzungen ableiten:

- Mehrere Personen müssen Schuldner eines Gläubigers sein.
- Diese Personen müssen dem Gläubiger „eine Leistung" schulden. Das setzt nicht notwendig voraus, dass es sich um identische Leistungsgegenstände handelt; es genügt, wenn die Leistungen dazu bestimmt sind, dasselbe Leistungsinteresse des Gläubigers zu befriedigen (zB: Naturalherstellung und Geldersatz)[4].
- Jeder Schuldner muss zur Bewirkung der ganzen Leistung verpflichtet sein. Daran fehlt es, wenn die Schuldner die Leistung nur gemeinschaftlich erbringen können (→ § 38 Rn. 1). Bei einer teilbaren Leistung ist nach § 420 im Zweifel eine Teilschuld anzunehmen.
- Schließlich setzt § 421 voraus, dass der Gläubiger die Leistung nur einmal zu fordern berechtigt ist (vgl. auch die Tilgungswirkung in § 422). Keine Gesamt-, sondern eine kumulierte Schuld liegt daher vor, wenn die Schuldner das Leistungsinteresse des Gläubigers mehrfach befriedigen sollen (zB: Der Gläubiger bestellt den benötigten Wein vorsichtshalber bei zwei Lieferanten).

9 bb) Innerhalb der hM, die in § 421 nur die Mindestvoraussetzungen einer Gesamtschuld normiert sieht, besteht Uneinigkeit darüber, welches **zusätzliche Kriterium** an das Vorliegen einer Gesamtschuld anzulegen ist.

Als überholt kann die Lehre vom **einheitlichen Schuldgrund** gelten. Sie lässt sich insbesondere nicht mit § 769 vereinbaren. Vornehmlich die ältere Rechtsprechung stellte auf die **Zweckgemeinschaft** zwischen den Schuldnern ab.[5] Danach kommt es darauf an, ob die Verpflichtungen zur Erreichung desselben Zwecks miteinander verbunden sind. Damit geht dieses Erfordernis aber über dasjenige der Identität des Leistungsinteresses (→ Rn. 8) nicht hinaus.

10 Heute wird für das Vorliegen einer Gesamtschuld überwiegend verlangt, dass die Verbindlichkeiten **gleichstufig** oder **gleichrangig** seien.[6] Gleichstufigkeit ist danach zB bei mehreren Verursachern desselben Schadens wie etwa bei Nebentätern[7] zu bejahen. Die Recht-

---

4 BGHZ 43, 227.
5 Vgl. BGHZ 43, 227; 58, 216; 59, 97.
6 So insbesondere auch der BGH: BGHZ 106, 313 (319); 137, 76 (82); *BGH* NJW 2012, 1070 f.; 2012, 1071 f.; 2004, 2892 (2893); kritisch etwa *Looschelders* SchuldR AT § 54 Rn. 22 f.
7 *Brox/Walker* SchuldR BT § 51 Rn. 12.

sprechung nimmt eine gleichstufige Verantwortlichkeit und damit eine Gesamtschuld zB an, wenn mehrere Werkunternehmer durch fehlerhafte Leistungen Mängel (im Putz) verursachen, die nur einheitlich (durch Auftragen eines neuen Putzes) beseitigt werden können.[8] Auch die Haftung des vom Käufer beauftragten Tierarztes für eine fehlerhafte Ankaufsuntersuchung eines Pferdes und die Haftung des Verkäufers wegen eines Sachmangels des Pferdes werden als gleichstufig angesehen, weil beide für die infolge der Kaufpreiszahlung entstandenen Vermögensnachteile des Käufers aufzukommen haben.[9] Dagegen liegt im Verhältnis zwischen einem Primärschuldner und einem Sekundärschuldner wie zB zwischen Hauptschuldner und Bürgen[10] keine Gleichstufigkeit vor. Ebenfalls zu verneinen ist die Gleichstufigkeit zwischen dem Anspruch auf Ausgleich vermehrter Bedürfnisse nach § 843 I gegen den Schädiger und dem (subsidiären) Unterhaltsanspruch des Geschädigten gem. §§ 1601 ff. gegen seine Eltern.[11] In den verbleibenden Fällen, in denen auch die Gleichrangigkeit der Verpflichtung nicht eindeutig feststellbar ist, wird die Annahme einer Gesamtschuld nur im Einzelfall begründet werden können. Maßgeblich sind die dem Gesetz (§§ 421–426) zugrunde liegenden Wertentscheidungen und der durch Auslegung zu ermittelnde Parteiwille. Namentlich wird man annehmen können, dass der Gesetzgeber die Fälle der cessio legis (zB § 774 I 1) und des § 255 nicht unter die Regelungen der §§ 421 ff. fassen und daher nicht als Gesamtschuld verstanden wissen wollte. Hier soll vielmehr ein Schuldner vor- und der andere nachrangig haften.

Im **Fall a** haften nur D 1 und D 2 gesamtschuldnerisch (§§ 840, 830). Obwohl V für dasselbe Leistungsinteresse des G einzustehen hat, ist sie nicht Gesamtschuldnerin neben D 1 und D 2. § 86 VVG, wonach der Anspruch des G gegen D 1 und D 2 auf V übergeht, lässt vielmehr erkennen, dass der Gesetzgeber im Verhältnis der Versicherung zum Schädiger keine gesamtschuldnerische Haftung beabsichtigt hat. – Gibt der Eigentümer seine Sache in Verwahrung und wird sie infolge Verschuldens des Verwahrers gestohlen, so liegt selbst bei Annahme eines gleichen Leistungsinteresses keine Gesamtschuld zwischen dem Verwahrer und dem Dieb vor. Aus § 255 ergibt sich, dass der Verwahrer zum Ersatz nur gegen Abtretung der dem Eigentümer gegen den Dieb zustehenden Rechte verpflichtet ist. Eine Tilgungsgemeinschaft wie bei der Gesamtschuld, bei der die Erfüllung durch einen Schuldner auch die ande- 11

8 *BGH* NJW 2003, 2980.
9 *BGH* NJW 2012, 1070 f.; 2012, 1071 f.
10 *Brox/Walker* SchuldR BT § 32 Rn. 27, 36 ff.
11 *BGH* NJW 2004, 2892 (2893).

ren Schuldner gegenüber dem Gläubiger befreit (§ 422 I), so dass kein Anspruch des Gläubigers mehr besteht, der an den zahlenden Schuldner abgetreten werden könnte, ist vom Gesetz nicht gewollt.

2. Außenverhältnis gegenüber dem Gläubiger

12 Ist ein Gesamtschuldverhältnis entstanden, dann richtet sich das Verhältnis der Gesamtschuldner zum Gläubiger im Einzelnen nach den §§ 421–425.

a) Verpflichtung jedes Schuldners zur gesamten Leistung. Der Gläubiger kann, solange die geschuldete Leistung nicht bewirkt ist, nach seinem Belieben jeden der Schuldner ganz oder teilweise in Anspruch nehmen (§ 421).

Der Wahlfreiheit des Gläubigers sind nur nach dem Grundsatz von Treu und Glauben Grenzen gesetzt. Er handelt etwa dann rechtsmissbräuchlich, wenn er nur deshalb gegen einen bestimmten Gesamtschuldner vorgeht, um gerade diesem Schuldner Schaden zuzufügen.[12]

13 **b) Gesamtwirkung.** Die Erfüllung durch einen Gesamtschuldner tilgt die Schuld. Deshalb werden dadurch auch die anderen Gesamtschuldner dem Gläubiger gegenüber befreit (§ 422 I 1). Die gleiche Wirkung tritt bei der Leistung an Erfüllungs statt, der Hinterlegung und der Aufrechnung ein (§ 422 I 2; beachte bei der Aufrechnung § 422 II).

Erlässt dagegen der Gläubiger einem Gesamtschuldner die Schuld (§ 397), so ist es möglich, dass die Parteien des Erlassvertrags nur diesen Gesamtschuldner von der Schuld befreien wollen; dann bleiben die Verpflichtungen der übrigen Gesamtschuldner von dem Erlass unberührt. Ist aber die Vereinbarung zwischen dem Gläubiger und dem Gesamtschuldner dahin auszulegen, dass durch den Erlass auch die Forderung des Gläubigers gegenüber den anderen Gesamtschuldnern getilgt sein soll, werden auch diese befreit (§ 423).

Kommt der Gläubiger gegenüber einem Gesamtschuldner in Annahmeverzug (§§ 293 ff.), wirkt dieser auch im Verhältnis des Gläubigers zu allen Gesamtschuldnern (§ 424), weil die nicht angenommene Leistung zugleich die anderen Schuldner befreit hätte.

Im **Fall b** ist deshalb nicht nur der Gesamtschuldner B 1, sondern auch B 2 wegen Annahmeverzugs des G nach §§ 300 II, 275 (→ § 26 Rn. 13 f.) von seiner Leistung frei geworden (§§ 424, 769).

---

12 *BGH* NJW 2010, 861 (863).

Außerdem wirkt ein Mitverschulden des Geschädigten, dass dieser sich im Verhältnis zu einem Gesamtschuldner anrechnen lassen muss, auch zu Gunsten der anderen Gesamtschuldner.[13]

c) Einzelwirkung. Alle anderen, nur in der Person eines Gesamtschuldners eintretenden Tatsachen beeinflussen die Rechtsbeziehungen der Mitschuldner zum Gläubiger im Regelfall nicht (§ 425 I). 14

§ 425 II nennt hierfür neben der die Fälligkeit des Anspruchs herbeiführenden Kündigung und den Leistungsstörungen (Verzug, Unmöglichkeit) die Verjährung (einschließlich deren Neubeginn, Hemmung und Ablaufhemmung), die Vereinigung von Forderung und Schuld sowie das rechtskräftige Urteil. Der Gläubiger kann also zB Ersatz eines Verzögerungsschadens nur von dem Gesamtschuldner verlangen, in dessen Person die Voraussetzungen der §§ 280 I, II, 286 erfüllt sind. Die Aufzählung ist nicht abschließend. Deshalb berührt zB auch die Verwirkung (→ § 7 Rn. 17) gegenüber einem Gesamtschuldner nicht den Anspruch gegenüber einem anderen Gesamtschuldner.[14]

Von der in § 425 II genannten Fälligkeitskündigung ist die Beendigungskündigung zu unterscheiden. Wenn etwa ein mit mehreren Darlehensnehmern als Gesamtschuldnern abgeschlossener Darlehensvertrag gekündigt werden soll, kann die Kündigung nur einheitlich gegenüber allen Darlehensnehmern ausgesprochen werden.[15] Aus der Einheitlichkeit des Darlehensvertrags folgt, dass dieser nicht gleichzeitig gegenüber einem Darlehensnehmer durchgeführt und gegenüber einem anderen beendet werden kann.

3. Innenverhältnis der Gesamtschuldner

a) Ausgleichsanspruch. Um zu verhindern, dass derjenige, den der Gläubiger in Anspruch nimmt, auch im Verhältnis der Gesamtschuldner die Schuld endgültig zu tragen hat, begründet § 426 I ein Ausgleichsschuldverhältnis. Hiernach sind, soweit nicht ein anderes bestimmt ist, die Gesamtschuldner im Verhältnis zueinander zu gleichen Anteilen verpflichtet. § 426 I 1 gibt einen selbständigen Anspruch, der von einem etwaigen Anspruch aus einem besonderen Rechtsverhältnis (zB Auftrag) zu unterscheiden ist. Er verjährt nach § 195 in drei Jahren. 15

13 BGHZ 90, 86 (90 f.).
14 *BGH* NJW-RR 2002, 478 (479).
15 *BGH* NJW 2002, 2866 (2867).

Die für den Verjährungsbeginn maßgebliche Entstehung des Anspruchs (§ 199 I Nr. 1) liegt nicht erst in der Zahlung durch den ausgleichsberechtigten Gesamtschuldner, sondern bereits in der Begründung der Gesamtschuld.[16] Die ferner notwendige Kenntnis des Ausgleichsberechtigten von den anspruchsbegründenden Umständen und der Person des Ausgleichsverpflichteten (§ 199 I Nr. 2) setzt voraus, dass der Anspruchsberechtigte Kenntnis hat von den tatsächlichen Umständen, die einen Anspruch des Gläubigers gegen ihn selbst und gegen den Ausgleichsverpflichteten begründen, sowie von den Umständen, die für das Gesamtschuldverhältnis und die Ausgleichspflicht im Innenverhältnis maßgeblich sind.[17] Die zutreffende rechtliche Würdigung dieser Tatsachen ist keine Voraussetzung für den Verjährungsbeginn.

16 aa) Solange noch keiner den Gläubiger befriedigt hat, ist jeder Gesamtschuldner verpflichtet, an der Befriedigung des Gläubigers mitzuwirken, um auf diese Weise die Inanspruchnahme eines der Gesamtschuldner über den auf ihn im Innenverhältnis entfallenen Anteil hinaus zu verhindern.[18] Daraus kann sich die Pflicht gegenüber den übrigen Gesamtschuldnern ergeben, die Schuld anteilig beim Gläubiger zu tilgen.[19] Wer dieser Verpflichtung nicht nachkommt, haftet den anderen Gesamtschuldnern nach allgemeinen Regeln (zB §§ 280, I, II, 286) auf Schadensersatz.[20]

17 bb) Wenn ein Gesamtschuldner mehr als den auf ihn entfallenden Teil der Schuld getilgt hat, entsteht für ihn insoweit ein Ausgleichsanspruch gegen die anderen Gesamtschuldner. Da dieser Ausgleich zu einer einmaligen und endgültigen Abwicklung führen soll, haften mehrere ausgleichspflichtige Schuldner dem ausgleichsberechtigten regelmäßig nicht wiederum als Gesamt-, sondern als Teilschuldner (Ausnahme zB in Art. 47 I, III WG).

Schulden S 1, S 2, S 3 und S 4 dem G als Gesamtschuldner 1.200 EUR und hat S 1 die Forderung des G durch Zahlung getilgt, dann kann er von den übrigen drei Gesamtschuldnern Zahlung von je 300 EUR verlangen.

18 cc) Ist der Ausgleich von einem Gesamtschuldner (zB wegen Vermögenslosigkeit) nicht zu erlangen, so haben alle übrigen diesen Ausfall nach dem Verteilungsmaßstab des § 426 I 1 zu tragen. Insoweit entsteht dem ausgleichsberechtigten Gesamtschuldner ein weiterer Anspruch (§ 426 I 2).

---

16 *BGH* NJW 2010, 60 (61); dazu *Cziupka* ZGS 2010, 63; *Peters* ZGS 2010, 154.
17 *BGH* NJW 2010, 60 (62).
18 BGHZ 23, 363; hM.
19 *BGH* NJW 1994, 2231 (2232); vgl. auch MüKoBGB/*Bydlinski* § 426 Rn. 12.
20 *BGH* NJW 1974, 693 (694).

Ist im **Beispielsfall** S 4 vermögenslos, dann ist der auf ihn entfallende Betrag von 300 EUR auf S 1, S 2 und S 3 gleichmäßig (§ 426 I 1), also zu je 100 EUR, zu verteilen, so dass der ausgleichsberechtigte S 1 von S 2 und S 3 zusätzlich Zahlung von je 100 EUR verlangen kann.

dd) In den weitaus meisten Fällen bemisst sich die Höhe nicht nach 19 dem in § 426 I 1 vorgesehenen Verteilungsmaßstab, weil „ein anderes bestimmt ist". Beruht das Gesamtschuldverhältnis auf einem gemeinsam abgeschlossenen Rechtsgeschäft (§ 427), dann haben die Gesamtschuldner meistens zugleich eine Abrede über den internen Ausgleich getroffen. Fehlt es an einer ausdrücklichen Vereinbarung, kann sich eine solche doch aus den Umständen des Einzelfalls ergeben.[21] Eine von § 426 I 1 abweichende Quote kann sich aber auch aus Inhalt und Zweck des jeweiligen Rechtsverhältnisses zwischen den Gesamtschuldnern oder aus der Natur der Sache, also aus der besonderen Gestaltung des tatsächlichen Geschehens, ergeben.[22] Häufig trifft das Gesetz selbst eine abweichende Regelung über die interne Lastenverteilung.

Beispiele: Eine „anderweitige Bestimmung" der Haftung im Innenverhältnis liegt nahe, wenn die alleinige Schuldentilgung durch einen der getrennt lebenden oder geschiedenen Ehegatten bei der Berechnung des dem anderen zustehenden Unterhalts berücksichtigt wurde.[23] Denn durch die Reduzierung des Unterhalts beteiligt sich der unterhaltsberechtigte Teil bereits wirtschaftlich an der Schuldentilgung. Das spricht dafür, dass er nicht noch einmal im Rahmen des Gesamtschuldnerausgleichs in Anspruch genommen werden soll.

Wenn in einer nichtehelichen Lebensgemeinschaft aufgrund der von den Partnern gewählten Aufgabenverteilung einer von ihnen die Kosten für die gemeinsame Lebensführung (zB Miete) tragen soll, schließt diese anderweitige Bestimmung einen Ausgleichsanspruch nach § 426 I 1 aus. Das gilt selbst dann, wenn die Partner sich trennen und die vor der Trennung fällig gewordenen Zahlungsverpflichtungen gegenüber dem Gläubiger (zB Vermieter) erst nach der Trennung erfüllt worden sind.[24]

Bei einer gesamtschuldnerischen Haftung des Verrichtungsgehilfen neben dem Geschäftsherrn (§ 840 I) hat im Innenverhältnis der Verrichtungsgehilfe den Schaden allein zu tragen (§ 840 II). Vgl. auch §§ 840 III, 841, 1833 II 2; § 17 StVG.

21 Zur Frage, ob eine anderweitige Bestimmung iSd § 426 I bereits dann anzunehmen ist, wenn ein Ehegatte nach der Trennung die gemeinsamen Schulden allein weiter tilgt und der andere keinen Trennungsunterhalt geltend macht, siehe *BGH* NJW 2005, 2307.

22 *BGH* NJW 2008, 849 (850).

23 *BGH* NJW 2008, 849 (850).

24 *BGH* NJW 2010, 868 (869).

Nach hM ist im Verhältnis mehrerer Schädiger der Rechtsgedanke des § 254 heranzuziehen.[25] Die Höhe des Ausgleichsanspruchs richtet sich folglich danach, inwieweit der Schaden vorwiegend von dem einen oder dem anderen Gesamtschuldner verursacht worden ist; das gilt sowohl für die Fälle des Zusammentreffens von Verschuldens- und Gefährdungshaftung als auch für die Mitschuldner aus Verschuldenshaftung. Das Maß der Verursachung und des Verschuldens des einen Teils kann im Einzelfall dazu führen, ihm den gesamten Schaden aufzuerlegen.

20 ee) Eine **Störung des Gesamtschuldverhältnisses** tritt ein, wenn die Haftung eines Gesamtschuldners gegenüber dem Gläubiger ausgeschlossen oder beschränkt ist. Der Haftungsausschluss und die Haftungsbeschränkung können auf einer Vereinbarung oder auf Gesetz beruhen.

(1) Die **Vereinbarung über einen Haftungsausschluss** zwischen einem der Gesamtschuldner und dem Gläubiger wirkt sich im Außenverhältnis gegenüber dem Gläubiger und im Innenverhältnis der Gesamtschuldner aus.

Beispiel: S 1 nimmt G in seinem Pkw mit; beide vereinbaren für den Fall eines Unfallschadens einen Haftungsausschluss. Bei einem von S 1 (= Erstschädiger) und S 2 (= Zweitschädiger) gleichermaßen fahrlässig verschuldeten Unfall entsteht dem G ein Schaden von 2.000 EUR.

Im Außenverhältnis hat der Gläubiger gegen den Schuldner, mit dem er den Haftungsausschluss vereinbart hat (= S 1 als Erstschädiger), wegen des Haftungsverzichts keinen Anspruch. Im Übrigen lassen sich mehrere Lösungen denken:

21 **Erste Lösung**: Der Gläubiger kann den Schaden in voller Höhe von dem (nicht haftungsbegünstigten) Zweitschädiger (S 2) ersetzt verlangen. Dieser hat keinen Ausgleichsanspruch gegen den Erstschädiger (S 1), da dieser wegen des Haftungsverzichts nicht Schuldner geworden ist, so dass kein Gesamtschuldverhältnis vorliegt. Diese Lösung ist abzulehnen, weil die Vereinbarung eines Haftungsausschlusses zwischen dem Gläubiger und dem Erstschädiger sich zu Lasten des Zweitschädigers auswirkte, der letztlich den ganzen Schaden allein zu tragen hätte.

22 **Zweite Lösung**: Der Zweitschädiger muss zwar dem Gläubiger den ganzen Schaden ersetzen; er kann aber vom Erstschädiger Ausgleich (im Beispielsfall in Höhe von 1.000 EUR) verlangen, da der Haftungsverzichtsvertrag nur im Verhältnis der Vertragsparteien, also zwischen Gläubiger und Erstschädiger, von Bedeutung ist. Diese vom BGH[26] vertretene Lösung wirkt sich zu Lasten des haftungsbegünstigten Erstschädigers aus: Dieser verliert den durch den

25 *BGH* NJW 1983, 623.
26 BGHZ 12, 213; 58, 220; vgl. auch *BGH* NJW 1992, 2286.

Haftungsverzicht erlangten Vorteil auf dem Wege des Rückgriffs des Zweitschädigers; er steht schlechter, als er stünde, wenn er allein für den Schaden verantwortlich wäre. Das aber war von den Parteien des Verzichtsvertrags nicht gewollt; der dadurch begünstigte Erstschädiger sollte überhaupt nicht, also weder vom Gläubiger direkt noch auf dem Umweg über den Zweitschädiger, in Anspruch genommen werden können.

Dritte Lösung: Der Gläubiger kann den nicht haftungsbegünstigten Zweitschädiger nur insoweit in Anspruch nehmen, als der Zweitschädiger im Innenverhältnis zum Erstschädiger den Schaden zu tragen hätte, wenn ein Haftungsverzicht nicht vereinbart worden wäre. 23

Im **Beispielsfall** beschränkt sich demnach der Schadensersatzanspruch des G gegen S 2 auf 1.000 EUR. Ein Ausgleichsanspruch des S 2 gegen S 1 besteht nicht.

Diese Lösung wird von der hM[27] vertreten; sie ist interessengerecht. Der haftungsbegünstigte Erstschädiger ist weder im Außenverhältnis gegenüber dem Gläubiger noch im Innenverhältnis gegenüber dem Zweitschädiger zum Ersatz verpflichtet. Der Zweitschädiger ist gegenüber dem Gläubiger nur insoweit verpflichtet, als der Schaden nach Abwicklung des Innenverhältnisses an ihm hängen bliebe, wenn kein Haftungsverzicht vorläge; durch den Haftungsverzicht des Gläubigers gegenüber dem Erstschädiger soll der Zweitschädiger letzten Endes nicht besser und nicht schlechter stehen als ohne diesen Haftungsverzicht. Der Gläubiger aber muss den Nachteil, dass er nur einen Teil seines Schadens ersetzt erhält, tragen, weil er das – durch seinen Haftungsverzicht – so gewollt hat. 24

Hat der Zweitschädiger dem Gläubiger in Unkenntnis des Haftungsverzichts den ganzen Schaden ersetzt oder ist er zum Ersatz des ganzen Schadens verurteilt worden, muss ihm ein Ausgleichsanspruch gegen den Erstschädiger zustehen. Dieser kann jedoch den gezahlten Betrag von dem Gläubiger wegen dessen Haftungsverzichts ersetzt verlangen (ergänzende Vertragsauslegung).

(2) Bei der **Vereinbarung einer Haftungsbeschränkung** gilt dasselbe wie bei der Vereinbarung eines Haftungsausschlusses. 25

Ist im Beispielsfall zwischen G und S 1 vereinbart, dass S 1 bei einem Unfallschaden des G nur für diejenige Sorgfalt einzustehen hat, die er in eigenen Angelegenheiten anzuwenden pflegt, und kommt es zum Unfall infolge leichter Fahrlässigkeit des S 1 und des S 2, so haftet S 1 dem G nicht, wenn er die eigenübliche Sorgfalt angewandt hat. Nach der zuvor vertretenen Ansicht kann G den S 2 nur in Höhe der

27 Vgl. etwa BGHZ 61, 51; 155, 205; *BGH* NJW 2005, 2309 (2310); *Larenz* SchuldR AT § 37 III mN in Fn. 38; *Medicus* JZ 1967, 398; MüKoBGB/*Bydlinski* § 426 Rn. 57; *Walker* JuS 2015, 865 (873 f.).

Hälfte des ihm entstandenen Schadens, also auf Zahlung von 1.000 EUR, in Anspruch nehmen.

26 (3) Ein **gesetzlicher Haftungsausschluss** kann etwa bei einem Arbeitsunfall,[28] Dienstunfall eines Beamten und Arbeitnehmerhaftung (→ § 20 Rn. 21 f.) vorkommen.

Beispiel: Der Arbeitnehmer A erleidet bei einem Arbeitsunfall, der von seinem Arbeitskollegen S 1 (= Erstschädiger) und dem betriebsfremden S 2 (= Zweitschädiger) fahrlässig verursacht worden ist, körperliche Schäden. Gem. §§ 104, 105 SGB VII ist S 1 dem A zum Ersatz der Personenschäden nicht verpflichtet. Soweit jedoch die Berufsgenossenschaft B dem A Leistungen aufgrund des Unfalls erbringt, geht der Schadensersatzanspruch des A gegen S 2 gem. § 116 SGB X auf B über. B macht den auf sie übergegangenen Schadensersatzanspruch gegen S 2 geltend.

Die Interessenlage entspricht der beim vertraglichen Haftungsausschluss. Hier folgt der BGH mit Recht der oben genannten dritten Lösung.[29] Der auf die Berufsgenossenschaft übergegangene Schadensersatzanspruch des Verletzten gegen den Zweitschädiger ist auf das beschränkt, was dieser ohne die Regelung der §§ 104 f. SGB VII im Innenverhältnis endgültig hätte leisten müssen.

27 (4) Eine **gesetzliche Haftungsbeschränkung** ist etwa in §§ 708, 1359, 1664 I für Gesellschafter, Ehegatten, Eltern vorgesehen; sie haften nur für die Sorgfalt, die sie in eigenen Angelegenheiten anzuwenden pflegen. Auch hier muss das gelten, was für den Fall der vereinbarten Haftungsbeschränkung (→ Rn. 25) gesagt wurde.

Der BGH wendet jedoch die genannten Haftungsbeschränkungen bei der Teilnahme am Straßenverkehr nicht an,[30] so dass das Problem der gestörten Gesamtschuld insoweit nicht auftaucht. Sonst folgte der BGH hier ursprünglich der zweiten Lösung, so dass der Haftungsbegünstigte im Innenverhältnis ausgleichspflichtig war;[31] diese Ansicht ist später mit Recht aufgegeben worden.[32]

Insgesamt ist der dritten Lösung der Vorzug zu geben, so dass ein Haftungsausschluss und eine Haftungsbeschränkung schon beim Anspruch des Geschädigten gegen den nicht haftungsbegünstigten Gesamtschuldner zu berücksichtigen ist.[33]

28 **b) Übergang der Forderung des Gläubigers gegen die übrigen Gesamtschuldner.** Um die Rechtsstellung des ausgleichsberechtigten

28 *Brox/Rüthers/Henssler* ArbR Rn. 357 ff.
29 Vgl. BGHZ 51, 37; 61, 51; 94, 173; *BGH* NJW 2004, 951; 2005, 3144 (3145).
30 Vgl. BGHZ 46, 313; 53, 352; 61, 104.
31 Vgl. BGHZ 35, 322.
32 *BGH* NJW 1988, 2667.
33 *Walker* JuS 2015, 865 (874).

Gesamtschuldners zu verstärken, ordnet § 426 II an, dass auf ihn die ursprüngliche Forderung des Gläubigers übergeht, soweit er den Gläubiger befriedigt hat und von den übrigen Gesamtschuldnern Ausgleich verlangen kann. Mit diesem gesetzlichen Forderungsübergang bezweckt das Gesetz vor allem, dass etwaige an der Gläubigerforderung bestehende Sicherungsrechte (zB Hypotheken, Pfandrechte) dem befriedigenden Gesamtschuldner erhalten bleiben (§§ 412, 401). Ihm stehen deshalb zwei rechtlich selbständige Ansprüche zu: einmal der Ausgleichsanspruch nach § 426 I, zum anderen der nach § 426 II auf ihn übergegangene Anspruch des Gläubigers. Einwendungen und Einreden, die einem der Ansprüche entgegenstehen, beeinflussen den anderen grundsätzlich nicht.

Ist beispielsweise der nach § 426 II übergegangene Anspruch verjährt, weil für ihn eine kürzere als die regelmäßige Verjährungsfrist vereinbart wurde (vgl. § 202 I), so ist der ausgleichsberechtigte Gesamtschuldner nicht gehindert, gegen den ausgleichspflichtigen Gesamtschuldner aus § 426 I vorzugehen, für den die regelmäßige Verjährungsfrist des § 195 gilt. Der Ausgleichspflichtige kann die Verjährungseinrede, die ihm gegen den Gläubiger zugestanden hätte, dem nach § 426 I Ausgleichsberechtigten nicht entgegenhalten.[34]

Die Anspruchsberechtigung nach § 426 I wirkt sich allerdings im Rahmen des § 426 II insofern aus, als der ursprüngliche Anspruch des Gläubigers nur übergeht, soweit der befriedigende Gesamtschuldner nach § 426 I oder aufgrund eines Vertrags von den übrigen Schuldnern Ausgleich verlangen kann. 29

Beispiel: Hat S 1 die Darlehensforderung des G in Höhe von 1.200 EUR getilgt und steht ihm deshalb gegen S 2, S 3 und S 4 eine Ausgleichsforderung von je 300 EUR zu, dann geht auch die ursprüngliche Forderung des Gläubigers nur in dieser Höhe (900 EUR) auf ihn über.

Ebenso wie für die Forderung nach § 426 I haben die ausgleichspflichtigen Schuldner auch für die auf den ausgleichsberechtigten übergegangene Forderung nicht mehr als Gesamt-, sondern als Teilschuldner einzustehen. 30

Hat ein Gesamtschuldner den Gläubiger nur teilweise befriedigt, dann kann der gesetzliche Forderungsübergang nicht zum Nachteil des Gläubigers geltend gemacht werden (§ 426 II 2). Das bedeutet: Der restliche beim Gläubiger verbliebene Anspruch geht dem nach § 426 II 1 übergegangenen Anspruch (zB im Insolvenzverfahren oder bei der Befriedigung aus einem Grundstück; § 1147) vor. 31

34 *BGH* NJW 2010, 62; 2010, 435 (436).

Gesamtschuldnerschaft

I. Voraussetzungen (§ 421)
1. Mehrere Schuldner desselben Gläubigers
2. Eine Leistung geschuldet (nicht notwendig einheitlicher Leistungsgegenstand, aber auf dasselbe Leistungsinteresse des Gläubigers gerichtet)
3. Verpflichtung jedes Schuldners zur ganzen Leistung
4. Anspruch des Gläubigers nur auf einmalige Leistung
5. Gleichstufigkeit der Verbindlichkeiten (hM)

II. Wirkungen
1. Im Außenverhältnis gegenüber dem Gläubiger
   a) Verpflichtung jedes Schuldners zur gesamten Leistung (§ 421)
   b) Gesamtwirkung der Erfüllung/Hinterlegung/Aufrechnung durch einen Schuldner auch zu Gunsten der anderen Schuldner (§ 422)
   c) Gesamtwirkung eines Erlassvertrags mit einem Schuldner auch gegenüber den übrigen Schuldnern bei entsprechendem Parteiwillen (§ 423)
   d) Gesamtwirkung des Annahmeverzugs gegenüber einem Schuldner auch gegenüber den anderen Schuldnern (§ 424)
   e) Gesamtwirkung des Mitverschuldens gegenüber einem Schuldner auch gegenüber den anderen Schuldnern
   f) Einzelwirkung anderer Tatsachen wie zB Kündigung, Verzug, Verschulden, Verjährung nur gegenüber dem einzelnen Gesamtschuldner (§ 425)
2. Im Innenverhältnis der Gesamtschuldner
   a) Ausgleichsanspruch des in Anspruch genommenen Schuldners gegen die übrigen Gesamtschuldner (§ 426 I) (hier ggf. Problem des gestörten Gesamtschuldverhältnisses)
   b) Übergang der Forderung (einschließlich aller daran bestehenden Sicherheiten) des Gläubigers auf den leistenden Gesamtschuldner in Höhe von dessen Ausgleichsberechtigung (§ 426 II)

II. Gesamtgläubigerschaft

Bei einer Gesamtgläubigerschaft kann jeder der Gläubiger vom Schuldner die ganze Leistung fordern; der Schuldner braucht nur einmal zu leisten (§ 428), und mit der Leistung an einen Gläubiger wird er von seiner Schuld befreit (vgl. §§ 429 III 1, 422 I 1; → Rn. 34). **32**

Die Gesamtgläubigerschaft kann **vertraglich vereinbart** werden (§ 311 I). Für sie spricht jedoch – anders als für die Teilgläubigerschaft (§ 420; → § 36 Rn. 4) – keine Vermutung. Rechtsgeschäftlich wird sie selten begründet. Die Gesamtforderung ist zwar für jeden Gläubiger insofern vorteilhaft, als er ohne Mitwirkung der übrigen die ganze vertragliche Leistung vom Schuldner verlangen kann; zugleich läuft er aber Gefahr, dass sich der Schuldner von seiner Verpflichtung durch Leistung an einen Mitgläubiger befreit. Ist die Leistung unteilbar, dann besteht nach § 432 ohnehin regelmäßig eine Gemeinschaftsforderung (→ § 38 Rn. 10). **Gesetzlich angeordnet** sind Gesamtforderungen nur im Fall des § 2151 III.[35]

1. Außenverhältnis gegenüber dem Schuldner

Jeder Gesamtgläubiger hat gegenüber dem Schuldner ein selbständiges Forderungsrecht auf die ganze Leistung, die aber nur einmal geschuldet wird (§ 428 S. 1). **33**

Im **Fall c** sind G 1 und G 2 Gesamtgläubiger; daher kann jeder von ihnen Auszahlung des gesamten Guthabens von S verlangen.

Der Schuldner hat die Wahl, an welchen Gesamtgläubiger er mit befreiender Wirkung leisten will (§ 428 S. 1). Das gilt selbst dann, wenn ein Gläubiger bereits Klage erhoben hat (§ 428 S. 2; **Fall c**).

Ist allerdings bei der Einrichtung eines Gemeinschaftskontos eines Ehepaares Gesamtgläubigerschaft gewollt und jedem Ehegatten eine Einzelverfügungsbefugnis eingeräumt (sog. „Oder-Konto"), soll durch den Kontovertrag das (dispositive) Wahlrecht der Bank (§ 428) typischerweise ausgeschlossen sein, sodass die Bank an den Ehegatten leisten muss, der Zahlung begehrt.[36] Eine Leistung an den nicht fordernden Gesamtgläubiger hat dann keine schuldbefreiende Wirkung.

---

35 *Brox/Walker* ErbR § 27 Rn. 11.
36 *BGH* NJW 2018, 2632 Rn. 19 mAnm *Schwab* JuS 2018, 1094; *OLG Nürnberg* NJW 1961, 510; *OLG Köln* FamRZ 1987, 1139.

Bei kollidierenden Weisungen der Mitinhaber eines Oder-Kontos, ist das kontoführende Institut an die zeitliche Priorität der Weisungen gebunden. Verstößt es dagegen, indem es ein zeitlich früheres vertragsgemäßes Zahlungsverlangen eines Kontomitinhabers nicht beachtet, kann es sich diesem gegenüber wegen Pflichtverletzung gem. § 280 I schadensersatzpflichtig machen.[37]

34 a) **Gesamtwirkung.** Das Gesetz hat in verschiedenen Bestimmungen dem Umstand Rechnung getragen, dass der Schuldner nur einmal zu leisten braucht und sich unter den mehreren Gläubigern den Empfänger seiner Leistung aussuchen darf (§ 428).

aa) Da der Schuldner nur einmal zu leisten hat, erlöschen bei **Befriedigung** eines Gläubigers durch Erfüllung, Leistung an Erfüllungs statt, Hinterlegung oder Aufrechnung die Forderungsrechte aller Gläubiger (§§ 429 III 1, 422 I).

bb) Die gleiche Wirkung tritt nach §§ 429 III 1, 423 ein, wenn ein Gesamtgläubiger mit dem Schuldner in einem **Erlassvertrag** vereinbart, dass das ganze Schuldverhältnis aufgehoben werden soll. Jedoch setzt eine solche Gesamtwirkung voraus, dass der Gesamtgläubiger eine entsprechende Verfügungsbefugnis hat.[38]

cc) Die Gesamtforderungen aller Gläubiger erlöschen nach § 429 II ferner dann, wenn sich Forderung und Schuld in einer Person vereinigen (**Konfusion**; → § 17 Rn. 7). Der Schuldner könnte nämlich als Gesamtgläubiger die Leistung an sich selbst wählen.

dd) Der **Annahmeverzug** eines Gesamtgläubigers wirkt nach § 429 I auch gegen die übrigen Gläubiger, weil die Annahme durch den Gesamtgläubiger die Erfüllung bewirkt hätte.

35 b) **Einzelwirkung.** Alle anderen, in der Person eines Gläubigers eintretenden Tatsachen wirken nur im Verhältnis zwischen ihm und dem Schuldner (vgl. §§ 429 III 1, 425). Ist beispielsweise das Rechtsverhältnis zwischen einem Gläubiger und dem Schuldner nichtig oder nachträglich verändert worden, dann bleibt davon die Rechtstellung der übrigen Gläubiger unberührt.

Nach §§ 429 III 1, 425 braucht sich ein Gesamtgläubiger ein schuldhaftes Verhalten eines Mitgläubigers nicht zurechnen zu lassen. Auch eine Kündigung wirkt regelmäßig nur gegen den kündigenden Gläubiger; allerdings werden Gestaltungsrechte nur von den Gesamtgläubigern gemeinsam ausgeübt

37 Vgl. *BGH* NJW 2018, 2632 Rn. 25 f.
38 *BGH* NJW 1986, 1862.

werden können.[39] Die Verjährung läuft gegen jeden Gläubiger gesondert. Schließlich hat die Forderungsabtretung durch einen Gesamtgläubiger keinen Einfluss auf die Rechtsstellung der übrigen.

2. Innenverhältnis der Gesamtgläubiger

Da die Leistung des Schuldners an einen Gesamtgläubiger auch die Forderungen der übrigen zum Erlöschen bringt, begründet § 430 für den Leistungsempfänger gegenüber seinen Mitgläubigern eine Ausgleichspflicht. Für die Ausgleichspflicht ist es unerheblich, auf welche Weise die Gesamtforderungen erloschen sind. § 430 greift deshalb zB auch bei Aufrechnung ein, selbst wenn sie vom Schuldner erklärt ist. **36**

Nach § 430 sind die Gesamtgläubiger untereinander zu gleichen Anteilen berechtigt; demnach entsteht mit der Leistung des Schuldners unter den Gläubigern eine Ausgleichspflicht zu gleichen Teilen. Das gilt aber nur, soweit nicht ein anderes bestimmt ist, so dass die Gläubiger durch Vereinbarung den Ausgleich anders regeln können.

Im **Fall c** hat die Bank mit befreiender Wirkung an G 2 gezahlt; ob dieser den Wert der Leistung endgültig behalten darf, richtet sich nach dem Innenverhältnis zwischen G 1 und G 2.

Die Ausgleichspflicht setzt voraus, dass der betreffende Gesamtgläubiger vom Schuldner mehr erhalten hat, als es seinem Anteil entspricht. Der Gesamtgläubiger, der nur seinen Anteil erhalten hat, ist aber ausnahmsweise ausgleichspflichtig, wenn eine Restschuld beim Schuldner nicht beigetrieben werden kann und daher die anderen Gesamtgläubiger leer ausgehen würden.

Gesamtgläubigerschaft
I. Voraussetzung: Vereinbarung oder gesetzliche Anordnung (§ 2151 III) der Gesamtgläubigerschaft **II. Wirkung** 1. Außenverhältnis gegenüber dem Schuldner a) Selbständiges Forderungsrecht jedes Gläubigers auf die ganze Leistung (§ 428 S. 1) b) Verpflichtung des Schuldners nur zur einmaligen Leistung an einen Gläubiger nach Wahl des Schuldners (§ 428 S. 1)

39 BGHZ 59, 187.

c) Gesamtwirkung der Erfüllung/Hinterlegung/Aufrechnung gegenüber einem Gläubiger auch gegenüber den anderen Gläubigern (§§ 429 III 1, 422 I)
d) Gesamtwirkung eines Erlassvertrags mit einem Gläubiger auch gegenüber den anderen Gläubigern (§§ 429 III 1, 423)
e) Gesamtwirkung einer Vereinigung von Forderung und Schuld (Konfusion; § 429 II)
f) Gesamtwirkung des Annahmeverzugs eines Gläubigers auch gegenüber den anderen Gläubigern (§ 429 I)
g) Einzelwirkung anderer Tatsachen (§§ 429 III 1, 425)

2. Innenverhältnis der Gesamtgläubiger: Ausgleichungspflicht (§ 430)

§ 38. Schuldner- und Gläubigergemeinschaft

1 **Schrifttum:** *Aderhold,* Grundstrukturen der Gesamthand, JA 1980, 136; *Coester-Waltjen,* Gesamthandsgemeinschaften, JURA 1990, 469; *Hadding,* Zur Mehrheit von Gläubigern nach § 432 BGB, FS E. Wolf, 1985, 107; *Langenfeld,* Das Innenverhältnis bei den Gläubigermehrheiten nach §§ 420 bis 432 BGB, 1994; *Medicus,* Mehrheit von Gläubigern, JuS 1980, 697; *Rütten,* Mehrheit von Gläubigern, 1989; *van Venrooy,* Die späte Gesamthänderin – *BGH* NJW 1980, 2464, JuS 1982, 93; *Weber-Grellet,* Die Gesamthand – ein Mysterienspiel?, AcP 182 (1982), 316.

Siehe auch die Nachweise vor § 36 und zu § 37.

Fall a: V, der ein ihm gehörendes Gemälde für 10.000 EUR an K verkauft hat, stirbt vor Erfüllung des Vertrags und wird von seinem Sohn S und seiner Tochter T beerbt. An wen soll K sich zwecks Lieferung des Gemäldes wenden? → Rn. 1, 2

Fall b: Im Fall a verlangt S von K 10.000 EUR, jedenfalls aber 5.000 EUR. → Rn. 5, 6

Fall c: M hat ein Haus gemietet, das im Bruchteilseigentum von E 1 und E 2 steht. E 1 will von M die halbe Miete für sich. → Rn. 8, 9

I. Schuldnergemeinschaft

Eine Schuldnergemeinschaft liegt dann vor, wenn sich eine Forderung gegen mehrere Personen gemeinsam richtet, die Leistung also nur von allen gemeinsam zu erbringen ist. Im Gesetz ist sie nur für Gesamthandsgemeinschaften vorgesehen.

Das geltende Recht kennt drei Grundformen von Gesamthandsgemeinschaften: Gesellschaft (§ 705), Gütergemeinschaft (§ 1415) und Erbengemeinschaft (§ 2032). Die Besonderheit der Gesamthandsgemeinschaften liegt darin, dass ein Vermögen mehreren Personen gemeinschaftlich zur gesamten Hand zusteht; dieses Sondervermögen (das Gesellschaftsvermögen bei der Gesellschaft, das Gesamtgut bei der ehelichen Gütergemeinschaft, der ungeteilte Nachlass bei der Miterbengemeinschaft) ist von dem Privatvermögen der einzelnen an der Gesamthand beteiligten Personen getrennt. Diesen steht nur ein Anteil an dem zweckgebundenen Sondervermögen insgesamt, nicht aber an den einzelnen dazu gehörenden Gegenständen (Sachen, Forderungen) zu; der einzelne Beteiligte kann nicht über einen zum Sondervermögen gehörenden Gegenstand verfügen.

Im **Fall a** gehört das Gemälde sowie die Kaufpreisforderung gegen K zum Nachlass als Sondervermögen. Keiner der beiden Miterben kann allein das Gemälde übereignen oder die Forderung abtreten (vgl. § 2040 I).

Für eine Gesamthandsschuld haben alle Gesamthänder gemeinsam **2**
mit dem gesamthänderisch gebundenen Sondervermögen einzustehen.

Im **Fall a** ist die von V herrührende Schuld (Lieferung des verkauften Gemäldes) auf die Kinder als Erben übergegangen (§ 1967 II). Beide schulden (in ihrer gesamthänderischen Verbundenheit) gemeinschaftlich dem K die Übereignung und Übergabe des Gemäldes (vgl. § 2059 II).[1]

Um in das Sondervermögen vollstrecken zu können, ist ein Vollstreckungstitel gegen alle Gesamthänder erforderlich (§§ 736, 747 ZPO; bei Vollstreckung ins Gesamtgut der Eheleute siehe § 740 I, II ZPO).[2]

Für die Vollstreckung in das Vermögen einer BGB-Gesellschaft genügt allerdings abweichend vom Wortlaut des § 736 ZPO auch ein Titel gegen die BGB-Gesellschaft als solche.[3]

Neben der Haftung der Gesamthand besteht in den meisten Fällen eine gesamtschuldnerische Haftung der einzelnen Gesamthänder mit ihrem Privatvermögen.

---

1 Einzelheiten: *Brox/Walker* ErbR § 41 Rn. 6 ff.
2 *Brox/Walker* ZwangsVollstrR Rn. 35 ff.
3 *BGH* NJW 2001, 1056 (1059).

Das ergibt sich für die Erbengemeinschaft aus § 2058, für die offene Handelsgesellschaft aus § 128 HGB und für rechtsgeschäftliche Verpflichtungen der Gesamthänder gegenüber einem Dritten aus §§ 427, 431.

II. Gläubigergemeinschaft

3 Bei einer Gläubigergemeinschaft steht die Forderung den Gläubigern nur gemeinsam zu; die Leistung kann nur allen Gläubigern gemeinsam erbracht werden. Eine solche gemeinschaftliche Forderungsberechtigung kennt das Gesetz bei den Gesamthandsgemeinschaften (→ Rn. 1), der Bruchteilsgemeinschaft (§§ 741 ff.) und den Schuldverhältnissen, die auf eine unteilbare Leistung gerichtet sind (§ 432).

1. Gesamthandsgläubigerschaft

4 Eine gemeinsame Forderungsberechtigung ergibt sich dann, wenn die Forderung zu einem gesamthänderisch gebundenen Sondervermögen gehört.

Eine Gesamthandsforderung steht nur den Gesamthändern in ihrer Verbundenheit zu. Erbringt der Schuldner also nur einem der Gesamthänder die geschuldete Leistung, erlischt die Forderung nicht.

Im **Fall b** steht die Kaufpreisforderung S und T gemeinsam zu; zahlt K an einen der Erben, erlischt die Kaufpreisforderung nicht. Deshalb kann S von K auch nicht Zahlung an sich verlangen.

5 Wegen seiner Gemeinschaftsbindung ist das gesamthänderische Vermögen gegenüber dem sonstigen (ungebundenen) Privatvermögen der Gesamthänder verselbständigt. Deshalb kann der Schuldner gegen eine Gesamthandsforderung nicht mit einer Forderung aufrechnen, die ihm lediglich gegen einen einzelnen Gesamthänder zusteht (vgl. § 719 II; fehlende Gegenseitigkeit).

6 Ansprüche der Gesamthandsgemeinschaft können regelmäßig nur von allen gemeinsam (zB § 709 I) oder von einem besonders bestellten Verwalter oder Geschäftsführer eingefordert werden.

Bei der Miterbengemeinschaft gestattet das Gesetz es hingegen dem einzelnen Gesamthänder, eine Gesamthandsforderung im eigenen Namen geltend zu machen; er muss aber Leistung an die Gesamthandsgemeinschaft verlangen (vgl. § 2039 S. 1; **Fall b:** Zahlung des Kaufpreises an S und T).

2. Bruchteilsgläubigerschaft

Bei einer Bruchteilsgläubigerschaft (§§ 741 ff.) steht jeder von mehreren Personen ein (einzelnes) Recht zu einem **ideellen** Bruchteil zu. Anders als bei der Teilgläubigerschaft ist der Gegenstand, auf den sich die Gemeinschaft bezieht, nicht real geteilt; vielmehr hat jeder der Teilhaber nur ein durch die Mitberechtigung der übrigen beschränktes (ideelles) Recht an dem (real) ungeteilten Gegenstand. Im Gegensatz zur Gesamthandsgemeinschaft besteht eine Bruchteilsgemeinschaft nur an einem einzelnen Gegenstand; jeder Teilhaber einer Bruchteilsgemeinschaft ist – anders als ein Gesamthänder einer Gesamthandsgemeinschaft – befugt, selbständig über seinen ideellen Anteil an dem Gegenstand zu verfügen (§ 747 S. 1). 7

Der praktisch wichtigste Fall einer Bruchteilsgemeinschaft ist das Miteigentum nach Bruchteilen. Miteigentum kann entstehen, wenn zB Korn des A und des B untrennbar vermischt wird (§§ 948, 947 I) oder E 1 und E 2 gemeinsam ein Grundstück erwerben (vgl. §§ 1008 ff.), ohne dass sie zu einer Gesamthandsgemeinschaft verbunden sind.

Liegt eine Bruchteilsgemeinschaft vor, so erstreckt sich die gemeinschaftliche Berechtigung auch auf die der Gemeinschaft erwachsenen Forderungen. 8

Beispiele: Forderung aus § 823 I gegen den, der das im Miteigentum von A und B stehende Korn vergiftet; Forderung aus einem Rechtsgeschäft über das von E 1 und E 2 gemeinsam erworbene Grundstück (**Fall c:** Vermietung).

Im Allgemeinen besteht an Forderungsrechten keine Bruchteilsgemeinschaft, weil die nur subsidiär geltenden §§ 741 ff. durch die Sonderregelung der §§ 420 ff. verdrängt werden (hM). Anders ist es jedoch, wenn die Forderungen aus einer bereits bestehenden Bruchteilsgemeinschaft (zB Miteigentum) erwachsen sind. Wären nämlich derartige mit dem gemeinschaftlichen Gegenstand verknüpfte Forderungen nach § 420 in Einzelrechte zu zerlegen, dann könnte jeder Bruchteilsberechtigte entgegen der Wertung der §§ 755, 743 ohne Rücksicht auf etwaige Lasten über sein Einzelrecht frei verfügen und es für sich verwerten. Damit würde zugleich das gemeinschaftliche Verwaltungsrecht des § 744 I weitgehend ausgehöhlt. 9

Obwohl im **Fall c** die Leistung des M (die Miete) teilbar ist, hat keiner der Miteigentümer Anspruch auf die halbe Miete. Aus der aufkommenden Miete werden erst die Kosten und Lasten der Unterhaltung des Hauses bestritten; nur der verbleibende Überschuss wird unter E 1 und E 2 verteilt. Deshalb steht beiden die Mietzinsforderung nur gemeinsam zu. Die im natürlichen Sinn teilbare Leistung ist demnach im Rechtssinn unteilbar.

3. Gemeinschaftliche Forderungsberechtigung bei unteilbaren Leistungen (§ 432)

10 Eine gemeinschaftliche Berechtigung mehrerer Gläubiger entsteht schließlich dann, wenn die Forderung auf eine unteilbare Leistung gerichtet ist (§ 432 I). Diese Regelung greift allerdings nur ein, wenn zwischen den mehreren Gläubigern nicht eine andere Rechtsgemeinschaft (zB Gesamtgläubigerschaft, Gesamthand) besteht (str.).

Beispiel: Nehmen X und Y am Taxenstand des Bahnhofs ein Taxi, da jeder von ihnen zum Flughafen will, ist ihre Forderung auf Beförderung, also auf eine unteilbare Leistung, gerichtet. Sofern keine andere Rechtsgemeinschaft zwischen X und Y besteht, kommen die folgenden Regeln in Betracht.

11 a) **Außenverhältnis.** Im Außenverhältnis gegenüber dem Schuldner kann jeder Gläubiger nach § 432 I Leistung an alle oder Hinterlegung für alle verlangen. Da alle Gläubiger nur gemeinsam empfangsberechtigt sind, befreit die Leistung an nur einen von ihnen den Schuldner nicht.

Anders als bei der Gesamthandsgläubigerschaft kann hier jeder Gläubiger über seine Mitberechtigung, dh seinen Anspruch darauf, dass an ihn mitgeleistet werde, verfügen.

Im **Beispielsfall** kann X über seinen Anspruch auf Beförderung zum Flughafen verfügen, also ihn zB an seinen Freund abtreten.

Die insoweit bestehende Eigenständigkeit der Forderung wird auch daran deutlich, dass nach § 432 II Tatsachen, die nur in der Person eines Gläubigers eintreten, nicht für und gegen die übrigen Gläubiger wirken.

12 Die Interessenlage stimmt also teilweise mit der bei der Gesamtgläubigerschaft überein (§§ 429 III, 425). Da aber im Falle des § 432 – anders als bei § 428 – nur alle Gläubiger gemeinsam für die Leistung empfangsberechtigt sind, kommt eine entsprechende Anwendung der §§ 422, 423 nicht in Betracht.

Deshalb wirkt sich die Hinterlegung für nur einen oder der Erlass durch nur einen Gläubiger nicht auf die Forderungsberechtigung der übrigen aus. Ebenso entfaltet die von einem Gläubiger ausgesprochene Kündigung oder Mahnung keine Rechtswirkung für die anderen.[4] Die gemeinschaftliche For-

4 Vgl. Mot. II, 172.

derungsberechtigung führt ferner dazu, dass die Gläubiger nicht in Annahmeverzug geraten, wenn der Schuldner die Leistung nur einem von ihnen anbietet (vgl. dagegen § 429 I). Anders ist es aber, wenn der Schuldner die Leistung allen Gläubigern angeboten und einer sie abgelehnt hat, weil der Schuldner hier allen gegenüber an der Erfüllung gehindert wird.[5]

b) Innenverhältnis. Das Innenverhältnis der Gemeinschaftsgläubiger richtet sich nach den §§ 741 ff., soweit nicht andere gesetzliche oder rechtsgeschäftliche Regelungen eingreifen. 13

5 MüKoBGB/*Bydlinski* § 432 Rn. 9.

Paragrafenregister

Die **fett** gesetzten Zahlen verweisen auf die Paragrafen des Buches, die mageren auf deren Randnummern.

Sachregister

Die **fett** gesetzten Zahlen verweisen auf die Paragrafen des Buches, die mageren auf deren Randnummern.